教育部人文社会科学重点研究基地
——兰州大学西北少数民族研究中心基金资助

该书为2008年教育部人文社科重点研究基地重大项目
"明清时期河湟岷洮地区少数民族对中华民族认同的研究"
(批准号: 08JJD850215)成果。

13—19世纪
河湟多民族走廊
历史文化研究

武沐 金燕红 ◎ 著

中国社会科学出版社

图书在版编目(CIP)数据

13—19世纪河湟多民族走廊历史文化研究／武沐，金燕红著.
—北京：中国社会科学出版社，2017.3
ISBN 978 - 7 -5161 -9956 -5

Ⅰ.①1… Ⅱ.①武…②金… Ⅲ.①民族历史 – 研究 – 青海 –
13世纪—19世纪 ②民族文化 – 研究 – 青海 – 13世纪—19世纪
Ⅳ.①K280.44

中国版本图书馆 CIP 数据核字（2017）第 042101 号

出 版 人	赵剑英
责任编辑	任　明
特约编辑	乔继堂
责任校对	郝阳洋
责任印制	李寡寡

出　　版	中国社会科学出版社
社　　址	北京鼓楼西大街甲 158 号
邮　　编	100720
网　　址	http：//www. csspw. cn
发 行 部	010 - 84083685
门 市 部	010 - 84029450
经　　销	新华书店及其他书店

印刷装订	北京市兴怀印刷厂
版　　次	2017 年 3 月第 1 版
印　　次	2017 年 3 月第 1 次印刷

开　　本	710 × 1000　1/16
印　　张	30.5
插　　页	2
字　　数	503 千字
定　　价	108.00 元

目　录

导　论

一　生存环境与自然资源

河湟多民族走廊主要包括今日甘肃、青海境内黄河上游以南大部分地区和湟水流域，其中甘肃、青海境内黄河以南大部分地区主要包括明代的河州（今甘肃省临夏回族自治州）、洮州（今甘肃省临潭县）、岷州（今甘肃省岷县、西和县、礼县等）、迭州（今甘肃省迭部县）、宕州（今甘肃省宕昌县）、阶州（今甘肃省武都县），湟水流域主要包括明代的积石州（今青海省贵德县一带）、湟州（今青海省乐都县）、鄯州（今青海省西宁市）、廓州（今青海省尖扎县）以及青海湖以东地区。

河、湟、岷、洮地区平均海拔高度在 2000 米左右，生态环境总体较好。这里既有畜牧生态区，也有农耕生态区，农耕活动多在 1580—2500 米。这一地区草场面积分布广泛，有高寒草甸、荒原草原、山地草原、草甸草原、沼泽化草原等多种类型的草场及灌木丛林，这些皆为畜牧业生产提供了优越的自然条件。

河、湟、岷、洮地区水资源较为丰富，黄河及其支流洮河、大夏河、湟水等河流流经境内，但水资源分布极不平衡，黄河两岸各支流河谷、川、原、台地水资源丰富，而丘陵山地山高水低，土质疏松，限制了水资源的开发利用。境内湟、鄯、廓、积石、熙（今甘肃省临洮县）、河、岷、洮、迭、宕等州自古以来就是农业发达地区，沿河地带成为主要农区。其中"武威之南至于洮、河、兰、鄯，皆故汉郡县，所谓湟中浩亹、大小榆、枹罕，土地肥美，宜五种者在焉"[①]；而湟州与鄯州地处湟水河谷平原，地险而土沃。湟水两岸水利灌溉发达，尤其适

---

①　《宋史》卷 328《王韶传》。

宜农耕，农业生产发达，粮食产量较高。积石州、廓州分处黄河南北，沿河谷地皆可耕可牧。

唐"安史之乱"后，强大的吐蕃开始向河湟地区扩张。宋代时，整个藏区基本形成了上部阿里（mngav ris）三围、中部卫藏四翼（dbus gtsang rubzhi）、下部朵康（又称多康）六岗（mdo khams sgang drug）三大藏区。阿里三围中，布让（spu rang，现为西藏普兰县）、芒域（mang yul，现为西藏达拉克县）、桑噶尔（zang dkar）三部为一围；黎域（li yul，今新疆于阗一带）、祝夏（bru sha，即唐代的大小勃律）、罢蒂（sbal ti）三部为一围；象雄（zhang zhung，即大小羊同，今西藏札达县一带）、上下赤代（khri te）三部为一围。卫藏四翼即吐蕃时代藏地冶如（gyas ru）、如拉（ru lag）两翼，卫地的伍如（dbu ru）、约如（gyon ru）两翼；① 下部朵康六岗的"朵康"，从字义上讲，应当包括安多与康区两地，即卫藏以东、以北的川、青、甘、滇全部藏区。但从《安多政教史》可知，"六岗"地区仅包括今西藏昌都地区和青海玉树、果洛两州，云南迪庆藏族自治州的一部分以及四川甘孜州全部（不含泸定的河东地区）。安多的绝大部分地区均未包括在内。所谓"朵康六岗"之说实际上并未概括整个朵康地面，故藏文史籍中又有"朵康三岗"之说，即将其分为"玛尔康"（原朵康区域）、"野摩塘"（朵康）、"吉塘"（宗喀）三部。② 这样划分虽然概括了整个朵康地区，却与"两水之间为一岗"的传统说法相悖。由此可见，藏地的命名是一种地理概念，而非严格的地理区划。按照这种理解，藏文史书中更为常见的是将藏区分成所谓"卫藏法区""朵康人区""安多马区"，即现在一般所称的康区、卫区、安多三大藏区。

宋代朵康又分为朵堆（朵甘或朵甘思）与朵麦两部分，朵麦在元代称朵思麻或脱思麻，明代称安多。朵，安多之略称，思麻，意为东部或下部。朵思麻意为下朵，即安多地区。据《安多政教史》记载，安多之名取自巴彦喀拉山东麓的阿庆冈嘉雪山与多拉山两座山名的首字。③ 安多藏区大体包括今四川西北部、甘肃南部、河西走廊东段部分地区以及青海除

---

① 智观巴·贡却乎丹巴绕吉：《安多政教史》，吴均、毛继祖、马世林译，甘肃民族出版社1989年版，第4页。

② 同上书，第3—4页。

③ 同上书，第5页。

玉树以外的全部藏族居住区。

　　河、湟、岷、洮地区地处青藏高原向黄土高原的过渡地带，是黄河与湟水流经的地区。黄河自发源地蜿蜒东流，绕过积石山后屈曲西北流，在今青海省海南藏族自治州兴海县境内逐渐转向东流，入青海省贵德县境内，流经尖扎县后进入今甘肃临夏回族自治州的东乡族自治县、永靖县，再从兰州向东进入宁夏境内。湟水自大通山南麓牛堆心曲折向东流，经西宁、乐都后汇入黄河。这一地区南部延伸到川西高原，东部地处黄土高原，北邻内蒙古高原。从河湟地区向北越过祁连山与河西走廊相连；向东越过大通河，沿庄浪河通凉州（今甘肃武威市）、会州（今甘肃靖远县）；向西抵日月山；向南限于小积石山。日月山位于青海湖东，今青海湟中县南，是青海牧区与农区的天然分界；小积石山在今甘肃临夏县西北。这一地区海拔高低悬殊，地形复杂，崇山峻岭，沟壑交错，道路险阻，交通极为不便，自古以来为羌、戎所居。东汉张衡《西京赋》谓："右有陇坻之隘，隔阂华戎。"① 北宋时期，河西走廊被西夏阻塞，青唐城（今青海西宁市）便成为宋朝与吐蕃及西域的交通枢纽，中外行人、贡使由渭水河谷经巩州（今甘肃陇西县）、熙州、河州至湟州，循湟水河谷抵青唐再转而西藏或新疆。

二　元代以前河湟岷洮地区的历史沿革

（一）秦汉时期

　　春秋战国时期，河、湟、岷、洮地区为"古西羌地"，与秦国毗邻，其中最早与秦国发生关系的是今岷县，当时称临洮。秦穆公三十七年（前623），"秦用由余谋伐戎王，益国十二，拓地千里，遂霸西戎"②。自此，今岷县地域进入秦国版图。秦昭王二十八年（前279），宣太后诱杀义渠王后，起兵伐义渠。"于是秦有陇西、北地、上郡，筑长城以拒胡。"③ 秦王嬴政八年（前239），"王弟长安君成蟜将军击赵，反，死屯

----

① （清）严可均：《全上古三代秦汉三国六朝文》第1册《全后汉文》卷52。
② 《史记》卷5《秦本纪》。
③ 《史记》卷110《匈奴列传》。

留，军吏皆斩死，迁其民于临洮"①，这是临洮最早见于史籍记载，也是岷县移民的最早记载。岷县因岷山而得名，岷山之所以读音为岷，是因为岷山北麓生活着大量的羌人，羌人自称"米""迷""密""美""弥""尔玛""尔弥"等，与"岷"发音相近，故秦人称此山为岷山，而岷山南麓由于早期没有羌人进入，故当地居民称此山为汶山。《说文》中"岷"写为"嵋"，从山、从昏，音"岷"，意为日落之山。"岷山"一词在《诗经》《左传》《国语》以及《论语》等战国以前的文献中均未见载，只在《尚书·禹贡》《山海经》《荀子》等战国时期的作品中见载，可见岷山是在战国后期才通过秦人进入中原人的视野，这恰恰符合秦国向西拓地千里，以岷山为西界，视岷山为日落之山的历史。

秦始皇统一六国后，陇西郡辖临洮、狄道（今甘肃临洮县）、上邽（今甘肃天水市）等 11 县。始皇三十三年（前 214），遣蒙恬率兵 30 万，"筑长城，因地形，用制塞险，起临洮，至辽东，延袤万余里"②。《史记》卷 6《秦始皇本纪》载秦初并天下，"地东至海暨朝鲜，西至临洮羌中，南至北乡户，北据河为塞，并阴山至辽东"。《汉书》卷 28《地理志》亦载："临洮，洮水出西羌中，北至枹罕东入河。"可见当时临洮已深入羌族腹地。相传秦始皇令阮翁仲将兵守临洮，威震匈奴。翁仲死后，秦始皇为其铸铜像，置于咸阳宫司马门外。匈奴人来咸阳，远见该铜像，还以为是真的翁仲，不敢靠近。于是后人就把立于宫阙庙堂和陵墓前的铜人或石人称为"翁仲"。司马贞《索隐》云："各重千石，坐高二丈，号曰翁仲。"③ 两汉时期，临洮始终属陇西郡，为陇西郡南部都尉治所。今临潭县在秦汉时尚无县一级行政建置，只有洮阳城（今甘肃临潭县），归临洮（今甘肃岷县）管辖。

河州因黄河而得名，《后汉书》卷 87《西羌列传》载，"河关（今甘肃省积石山保安族东乡族撒拉族自治县大河家镇——引者注）西南羌地是也"。秦厉公时，曾被秦人拘为奴隶的羌人爰剑逃至河湟，为众羌推为首领。此时大批羌人居住在黄河上游、湟水与赐支河地带，其地包括今甘

① 《史记》卷 6《秦始皇本纪》。
② 《史记》卷 88《蒙恬列传》；另对于秦长城始于岷县，近年来多有争议，有学者认为秦长城起于今临洮县新添镇三十里墩南坪村望儿咀（甘肃省文物局、甘肃省文物考古研究所：《临洮战国秦长城山丹汉、明长城调查报告》，甘肃人民出版社 2007 年版，第 2 页）。
③ 李修平：《李零：〈入山与出塞〉》，《台湾东亚文明研究学刊》2000 年第 1 期。

肃省的甘南藏族自治州与临夏回族自治州西部。河州在秦汉时期称为枹
罕，枹为鼓槌，罕指罕开羌。罕与开原系两个部落，因居地相近，合称为
罕开羌。罕开羌是河州的老住户，《汉书》卷 69《赵充国传》载赵充国
屯田便宜十二事云："又亡惊动河南大开、小开，使生它变之忧，十也。"
十六国时阚骃所著《十三州志》云："广大阪在枹罕西北，罕、开在
焉。"①《汉书》卷 28《地理志》载："金城郡，昭帝始元六年置……榆
中、枹罕、白石，离水出西塞外，东至枹罕入河。"这里的枹罕、白石
（今甘肃临夏西南）均在今甘肃省临夏州境内，只是史学界对于枹罕置县
向有秦县、汉县之争。胡小鹏主张枹罕置县在秦代，他认为："考古资料
也表明秦时已在枹罕筑城戍守了，与史料记载相吻合。"②这里所说的史
料为《元和郡县志》，其云："枹罕……故罕羌侯邑，秦灭为县，后遂因
之。""罕羌侯邑"表明，枹罕地区是罕羌首领的封地，秦灭之后置县。
主张枹罕置县在汉代的学者，普遍认为枹罕置县应在汉武帝时，而绝非始
于昭帝始元六年。《后汉书》卷 87《西羌列传》载：

> 及武帝征伐四夷，开地广境，北却匈奴，西逐诸羌，乃度河、
> 湟，筑令居塞；初开河西，列置四郡，通道玉门，隔绝羌胡，使南北
> 不得交关。于是障、塞、亭、燧出长城外数千里。时先零羌与封养、
> 牢姐种解仇结盟，与匈奴通，合兵十余万，共攻令居、安故，遂围
> 枹罕。

《汉书》卷 6《武帝纪》将先零羌等"共攻令居、安故，遂围枹罕"定在
元鼎五年（前 112），并于元鼎六年条下云："冬十月，发陇西、天水、安
定骑士及中尉、河南、河内卒十万人，遣将军李息、郎中令徐自为征西
羌，平之。"令居（甘肃兰州市永登县境内）元狩年间设为塞，元鼎二年
置县，属张掖郡，昭帝时改属金城郡。安故亦为陇西郡的县名，由此推断
枹罕在汉武帝元鼎五年前也应当为县名，属陇西郡。
　　西宁古为西羌地，《后汉书》卷 87《西羌列传》曾详尽描述了这一
地区的山川地貌。西汉初年，小月氏来居，号湟中月氏胡。武帝元狩二年

---

①　《水经注》卷 2《河水》注引。

②　胡小鹏：《西北民族文献与历史研究》，甘肃人民出版社 2004 年版，第 1 页。

（前121），骠骑将军霍去病击破匈奴右地后，遂进军湟水流域。为巩固新拓疆土，西汉王朝一方面安抚降羌，另一方面向湟水流域迁徙汉人，开置公田，并在今西宁市及其周围陆续设立具有军事和邮驿性质的西平亭（青海西宁市旧城）、长宁亭、东亭等，属陇西郡，这是西宁建制之始。昭帝始元六年（前81）设金城郡后，西平亭属金城郡临羌县（青海湟中县多巴）。临羌县是湟水流域的第一个县级建置，其建设与李息、徐自为讨平羌乱之事有关。临羌县之临羌城，唐代改称临蕃城，但民间仍沿呼旧称。唃厮啰人称之为林檎城、林金城等，实际还是叫它临羌城。临羌县设置后，汉朝又陆续在湟水流域设立破羌（青海乐都县老鸦城）、允吾（青海民和回族土族自治县南古鄯镇北古城）、安夷（青海平安县西）等县，这是青海历史上建立较早的一批古城，至今仍有遗迹可寻。汉代金城郡所辖浩亹（甘肃永登西南河桥镇）、令居、允街（甘肃兰州市红古区花庄一带）等县也都在湟水流域。自此，青海东部地区正式纳入了中央王朝的郡县体系。随着西汉统治区域的向西扩展，金城郡的郡治也从原来的金城县迁到允吾。此外，宣帝神爵二年（前60），西汉设金城属国以及护羌校尉，这是两汉时期主管境内羌人事务的重要军政建置和职官，秩比二千石。护羌校尉开府治事，有属官、吏民，治事不辖地，领民（羌）不领县，是平行于郡的军政机构。金城属国与护羌校尉的设置，是河湟地区羌、胡各部落纳入西汉中央王朝疆域内的政治表现。西汉末年，王莽秉政，设西海郡，治龙夷（又名龙耆，在今青海海晏县三角城）。王莽政权崩溃后，西海郡随之废弃。东汉初，省金城郡属陇西郡。复置护羌校尉于令居，又先后移至狄道、安夷、临羌、张掖等地。建武十三年（37），复置金城郡。东汉建安中分金城郡置西平郡，治西都县（青海西宁市），辖境相当于今青海湟源、乐都两县间湟水流域。

（二）魏晋南北朝时期

临洮（甘肃岷县）在三国时属魏国陇西郡，蜀汉延熙十七年（254），蜀将姜维曾进兵临洮，与魏兵大战于境内。景耀五年（262），姜维由临洮攻魏，进逼洮阳（甘肃临潭县）。西晋统一后，临洮属秦州陇西郡。惠帝时曾合九县置临洮郡。十六国期间，岷县地域先后属前赵、前凉、前秦、西秦、后秦统辖，沿用陇西郡建置。

南北朝期间，北魏武帝太平真君六年（445）置临洮郡，属河州，领赤水、龙城、石门三县。西魏文帝大统十年（544）置岷州，领同和郡（后改为临洮郡），改临洮县为溢乐县，为州治所在地。北周在同和郡置溢乐、和政二县。岷县自秦国正式设县至北朝西魏以前，地属关系虽多有变化，但县名始终称临洮。岷州作为地名与行政建制名始见于西魏文帝大统十年。

元康二年（292），晋惠帝设洮阳县，这是中原王朝第一次在今临潭县境内设立的县一级行政建制。东晋十六国时期，今临潭县境成为东晋、前赵、前秦、西秦等各方政权较量和征战的场所。北魏统一北方后，设洪和郡，位置在今临潭县的新城。此后，吐谷浑又扩建洮阳城，即今天临潭县的旧城。北魏末年，吐谷浑王夸起兵，占领了洮阳、洪和，设洮州，这是临潭县历史上第一次以"洮州"为名的行政建制。

东汉末年至魏晋南北朝是河州历史上一个兴盛的时期。《三国志·魏书》卷1《武帝纪》建安十九年（214）载："初，陇西宋建自称河首平汉王，聚众枹罕，改元，置百官，三十余年。（曹操）遣夏侯渊自兴国讨之。冬十月，屠枹罕，斩建，凉州平。"[1]

西晋初年，枹罕属秦州陇西郡。前凉张骏秉政期间，版图极度扩大，太宁元年（建兴十二年，323），张骏取河南地区（甘肃黄河以南），尽有陇西之地，分武威、武兴、西平、张掖、酒泉、建康、西海、西郡、湟河、晋兴、广武十一郡为凉州，分兴晋、金城、武始、南安、永晋、大夏、武成、汉中为河州（建元二年，前凉太元二十一年，344），河州之名自此始见。前凉张重华时，正值后赵称霸北方，石虎多次遣凉州刺史麻秋攻枹罕，不克，叹曰："吾以偏师定九州，今以九州之力困于枹罕，彼有人焉，未可图也。"[2] 前凉之后，枹罕相继为后赵、前秦、后秦、西秦、后凉、南凉等诸政权的辖地，这其中对河州地区影响最大的莫过于鲜卑乞伏氏建立的西秦政权。

西秦政权曾频繁迁都，公元385年9月建都勇士城（甘肃兰州市榆中县），公元388年9月建都金城（甘肃兰州市），公元399年建都西城（甘肃榆中县苑川西），公元400年建都苑川，公元409年4月建都度坚山（甘肃靖远县西），公元412年2月建都谭郊（甘肃临夏县西北，一说在

---

① 《资治通鉴》卷67，献帝建安十九年亦有相同记载。

② 《资治通鉴》卷97，《晋纪》19，穆帝永和三年（347）。

今青海省循化撒拉族自治县东），同年 6 月迁于枹罕。西秦政权建都枹罕的时间最久，达 19 年。西秦政权对枹罕的影响主要表现在四个方面：一是带来大量人力资源，加速了当地经济的发展。粗略统计，当时迁于枹罕的人口约有 20 万；二是促进了各民族间的文化交流、渗透，当时枹罕境内住有吐谷浑、羌、鲜卑、匈奴、氐、汉等民族，西秦政权任用汉族士大夫，延请名儒，"以教生徒"，学习汉文化；三是大力传播佛教文化，开凿炳灵寺石窟，延聘名僧大师讲经；四是增进了与内地的交往，西秦政权期间曾于黄河上造"飞桥"，极大地方便了东西交通。

南北朝时期，北魏太平真君六年（445）置枹罕镇。太和十六年（492），改枹罕镇为河州，作为北魏西北边防重镇。西魏亦于枹罕置河州，北周延之。周武帝保定四年（564），以西道空虚，置河州总管府，节制河、洮、鄯三州、七防诸军事。

魏晋时期，今西宁一带分别隶属西平郡与金城郡管辖。魏文帝黄初三年（222），西宁扩建为西平郡，凭倚西平亭，增筑南、西、北三城。晋武帝统一全国后，在今甘、青境内设立凉州等七郡，其中西平郡属凉州刺史部，管辖西都、临羌、安夷和新置的长宁县。晋永宁元年（301），前凉张轨从西平郡分置晋兴郡（青海民和县川口镇）。《十三州志》曰："允吾县西四十里有小晋兴是也。"[①]西平郡仍属凉州，领四县：西都、临羌、安夷、长宁。东晋太元元年（376），前凉被秦所灭，此时西平郡辖境约今青海省的湟源县、湟中县、西宁市、平安县、大通县、互助县一带。后凉太元十七年（392），今西宁市归后凉统治，后凉改西平郡为西河郡，仍辖四县，并在今青海化隆县置河湟郡、今乐都县置乐都郡、今民和县置三河郡、今贵德县置浇河郡、今民和县置晋兴郡、今甘肃永登县置金城郡。南凉秃发乌孤曾以今乐都和西宁建立南凉政权，据为国都，自称西平王。公元 399 年，秃发利鹿孤继位，镇西平，迁都西平郡，更称河西王。东晋义熙十年（414），西秦乞伏炽盘攻灭南凉，占领了湟水流域及河西走廊一带（今西宁置鄯州），陆续辖有西平、河湟、乐都、三河、晋兴、浇河六郡。北凉除领西都、临羌、安夷、长宁四县外，还领有河湟郡、乐都郡、金城郡。西凉时置西都郡，领三县：临羌、长宁、安夷，并领有晋兴郡、河湟郡。北魏太平真君六年（445），置鄯州。西魏移西都于今碾

---

① 《水经注》卷 2 《河水》注引。

伯县，属鄯州。西魏废帝二年（553），左丞相安定公宇文泰改置州郡，以西平都为乐都郡，广武为浇河郡，浩门为龙居、路仓二县。北周武帝建德五年（576），置廓州（青海尖扎县）。

（三）隋唐至宋辽金夏时期

隋文帝开皇三年（583），隋朝罢临洮郡，以其地属岷州。开皇九年，岷州瘟疫大行，病者多死。刺史辛公义捐俸购药，亲至病榻前料理，移风易俗，合境呼为"慈母"。隋炀帝大业三年（607），复置临洮郡，领十一县，郡治在美相（甘肃临潭县境内），溢乐改用临洮旧名。隋恭帝义宁二年（618），复置岷州，再次改临洮为溢乐。自此，作为地名的临洮便与岷县地域脱离了关系。

唐朝时，今岷县地域为陇右道所辖，称谓多有变更，但总体上多以岷州称之。开元二十一年（733），岷县地属陇右道之岷州，领溢乐、佑川（在甘肃岷县东南）、和政三县，州治在溢乐。宝应二年（763）后，岷州为吐蕃统治达300年之久，直至宋神宗熙宁六年（1073）熙河路经略安抚使王韶大败吐蕃，收复河州后，岷县吐蕃首领木征始以城降，宋朝复置岷州和政郡，属熙河路，后改秦凤路。秦凤路下辖1府19州，岷州是其一，领佑川、大潭（甘肃西和县西南）、长道（甘肃礼县东）三县，州治在佑川；另有白石镇（甘肃西和县）、宕昌寨（甘肃宕昌县）以及盐官、故城、铁城、梅川等堡寨，其辖境相当今于甘肃西和、礼县、岷县、宕昌等县以及甘南藏族自治州东南地区。南宋时，岷县地域属利州路西和州和政郡。宋高宗绍兴元年（1131）岷州为金朝所占，金朝在岷州设佑川县；绍兴十二年，宋金议和，改名西和州，州治在长道县白石镇，仍领佑川等三县。宋宁宗开禧二年（1206），再度为金朝所占。

隋唐时期，今临潭地区出现了较大的变化，先是隋朝设临潭县，后吐蕃占领该地区，将洮州（甘肃临潭县）改为临洮，并在此修筑了定秦堡和巩令城。北宋收复此地后，建立了"铁城四寨"——中寨、梨园、磨沟、王庆。宋金议和后，洮州属于秦凤路，下辖通岷寨（甘肃卓尼县）、迭州城（甘肃迭部县）。

隋文帝开皇十七年（597）时，河州仍为总管府，以太平公史万岁为河州刺史，行总管事，以拒突厥。大业五年（609），隋炀帝西征吐谷浑，出临津关（今甘肃积石山保安族撒拉族东乡族自治县大河家镇），渡河至西平。大业十三年，金城校尉薛举反隋，败隋将皇甫绾于赤岸（甘肃东乡族自治县红崖村），攻取河州，以薛仁越为何州刺史。唐武德二年（619），秦王李世民讨平薛仁杲，置河州，属陇右道。玄宗开元二年（714），置陇右节度使，治鄯州，辖制河州。开元二十一年，唐朝划全国为 15 道，各置采访使。陇右道治所鄯州，河州属之。开元二十六年，设镇西军于安乡郡，城内驻兵 1.1 万人，马 300 匹。宝应元年（762），吐蕃将尚野息、尚悉东赞率大军渡凤林（甘肃永靖县西南黄河渡口）河桥，攻占河州。吐蕃于河州大夏川设东道元帅府，以尚塔藏为东道元帅。贞元年间（785—805），吐蕃相继攻占陇右、河西以至西域，并一度陷落唐朝首都长安。吐蕃各部纷纷离境，入居陇右、河西。不少原居于陇右、河西的吐谷浑人、党项人、汉人没入吐蕃部落，历史地形成了日后安多藏区的民族格局。建中四年（783）唐蕃清水会盟，长庆元年（821）唐蕃长安会盟，协议划界，唐王朝事实上承认了吐蕃对陇右、河西部分地区的领属权。吐蕃人日渐成为这些地区的土著居民之一，并以部落组织形式扎根于此。大中五年（851），河西张义潮持沙、瓜、西、甘、肃、凉、兰、鄯、河、廓、岷 11 州图籍归唐。此后，吐蕃对陇右、河西的统治虽有更替，但领属权的更替并不意味着当地民族格局的改变，而且也未能阻挡这一地区"吐蕃化"的进程。河州自宝应元年陷于吐蕃后，虽有张义潮等短暂统治，但 100 年间基本为吐蕃统治，其间唃厮啰政权统治约 60 年。

北宋英宗治平元年（1064），授河州吐蕃首领木征为河州刺史。神宗熙宁四年（1071），置洮、河安抚司，王韶主之。熙宁五年，置熙河路（甘肃临洮县），以王韶为经略安抚使。熙宁六年，王韶克河州，河州属熙河路，后属秦凤路，下辖宁河（今甘肃和政县）以及定羌（今甘肃广河县）、南川、东谷、大通、循化、怀羌、通津等城、堡、寨，并筑康乐城（甘肃康乐县）、刘家川堡（甘肃康乐县流川）、香子城（甘肃和政县城关），以通饷道。熙宁七年，王韶招募汉、蕃弓箭手 8086 人，屯田河州；在近城河川地区招汉人弓箭手，在山坡地招蕃人弓箭手。熙宁十年，河州等地置榷场，交易百货，宋廷许榷场以市易司为名。崇宁四年（1105），升宁河寨为县。金太宗天会九年（1131），金将宗弼、阿卢辅克河州，以河州属临洮府。大定十年（1163）秦凤、熙河、永兴路 13 州、3 军为金占有，河州属熙秦路（即临洮路），治所在今临夏县东北。贞祐四年（1216），金升河州为平西军。

隋开皇三年（583），罢乐都郡。开皇十八年改西平郡为湟水县。仁寿元年（601）改浇河郡为化隆县。隋炀帝大业三年（607），重置西平、浇河二郡。唐高祖武德二年（619），置鄯州西平郡、都督府，为陇西节度治。武德五年，以米川县置米州，十年废米州为米川县，属河州。高宗永徽六年（655），以河州米川县属廓州。咸亨二年（671）以靖边镇为积石军，咸亨三年，置鄯城县。睿宗景云元年（710），改化隆县为化成。天宝元年（742）改浇河郡为宁塞郡，改化成县为广威。天宝十三年，复置浇河郡于积石西。代宗广德元年（763），吐蕃陷河、鄯州。吐蕃王朝瓦解后，昔日进入河、鄯地区的吐蕃屯戍军及其部落群体并未退回西藏本土，他们世代相传，繁衍生息。根据近年来全国地名普查资料及藏文典籍显示，甘青藏族部落不少是唐代吐蕃屯戍的后裔，如今青海黄南藏族自治州隆务河流域的同仁县牙浪乡娘洛、祝村、阿如、宁村、阿庄等"多宁七村"及牙浪、乙里、安中、卡贡、赛杂、加莫林等村，曲库乎乡的加仓、主仓、东加、额萨、杭加、松多卡、多巴、贾加旺家等"古德八村"，年都乎的曲玛、美加玛尔尕、尚保、勒加、录合相、叶日等村，均称他们是松赞干布时期吐蕃大相禄东赞干布之子赛·尖参本的后裔；又加吾乡的佐治、萨科日、哈隆、麻巴、多巴、江日、曼丛贡玛、曼丛秀玛、曲加、拉德麻岗、牙岗、完路乎等村，均称他们的先祖是噶尔·东赞之孙赛·阿加。[①] 这些口碑资料与汉藏文典籍相印证，完全可以说明吐蕃占领军及北迁部落是安多藏族部落的重要来源。

北宋景德三年（1006），唃厮啰立，居宗哥城。英宗治平二年（1065），唃厮啰死，子董毡嗣。神宗熙宁五年（1072），北宋秦凤经略使王韶谕青唐蕃部俞龙珂，降之。北宋在秦凤路设廓州、湟州（后改名乐州，州治邈川，今青海乐都县）、西宁州、积石军（军治平夏城，今青海贵德县）。廓州下辖肤公、米川、同波、绥平、宁塞等城、堡、寨；湟州下辖来宾、大通等城，安川、宁川、通川、南宗等堡，安疆、通湟、宁洮等寨，其辖境大体相当于今青海乐都、民和、化隆、循化等县地；西宁州，崇宁三年（1104）设，这是"西宁"之称始见史载，西宁州下辖宁西、宣威、龙支等城，绥边、保寨、清平等寨，即今青海西宁、互助、湟中等市、县地。积石军下辖怀和寨以及顺通、临松二堡。南宋绍兴元年

① 见同仁县县志办编《青海省同仁县地名普查材料》。

(1131)，金人攻陷西宁州，以甘谷、鸡川、治平三县隶之。

　　北宋自熙宁五年起，虽与河湟吐蕃间有几次小摩擦，但友好往来是主流。特别是王韶治理河湟期间，在闲田处屯田，招募弓箭手，耕战结合，修筑道路，架通黄河浮桥、洮河永通桥，置市易司，设置蕃学，虽为战争服务，但对河湟地区的经济发展有着积极的意义。

建置篇

一 元代吐蕃等处宣慰司都元帅府的机构设置

（一）吐蕃等处宣慰司都元帅府设置的年代

13 世纪初，蒙古族在大漠南北崛起后便迅速进行了西征和南下。脱思麻地区作为东西与南北交通的大通道，自然是蒙古大军南下的重点区域之一。元太祖二十一年（1226），命大将速不台"攻下撒里畏吾特勤、赤闵等部及德顺、镇戎、兰、会、洮、河诸州，得牝马五千匹，悉献于朝"①。次年初，在蒙古军大举进攻西夏中兴府的同时，成吉思汗亲自率主力渡黄河攻取了西夏所属的积石州；二月，攻破临洮府，进入金朝境内；三月，蒙古军又攻占了金朝所属的洮州、河州以及西夏所属的西宁州。② 太宗七年（1235），命"皇子阔端征秦、巩"。"十一月，阔端攻石门，金便宜都总帅汪世显降"。③ 八年，阶州、岷州、迭州、宕州、吐蕃十八族降于蒙古汗国。西夏和金朝的势力由此退出河湟一带，开启了蒙元统治时期。

元朝统一后，包括河湟多民族走廊在内的三大藏区全部纳入了元朝的管辖范围。至元元年（1264），忽必烈迁都北京，在中央设立掌管全国佛教事务和藏区地方行政事务的机关——总制院，授命八思巴以国师身份监管总制院。八思巴因此成为中央政权的一位高级官员。此后不久总制院改为宣政院，成为与中书省、枢密院、御史台平行的中央机构。在地方，元朝先后设立了三大宣慰司都元帅府以管理藏区军政事务。三大宣慰司都元

---

① 《元史》卷 121《速不台传》。

② 《元史》卷 1《太祖纪》。

③ 《元史》卷 2《太宗纪》。

帅府，即吐蕃等处宣慰司都元帅府、吐蕃等路宣慰司都元帅府、乌斯藏纳里速古鲁孙等三路宣慰司都元帅府。河湟多民族走廊所处的藏区归属于吐蕃等处宣慰司都元帅府，治所在河州。

对于元代吐蕃等处宣慰司都元帅府的设置时间，学术界多有研究，如陈庆英在《元代朵思麻宣慰司的设置年代和名称》一文中对于脱思麻宣慰司设置的年代进行了精辟的考证。他认为吐蕃等处宣慰司都元帅府的前身是吐蕃宣慰司都元帅府。吐蕃宣慰司都元帅府的设置年代在至元六年（1269），主要依据是这一年元朝政府"以河州属吐蕃宣慰使都元帅府"。由于乌斯藏宣慰司和朵甘思宣慰司都是在此之后十几年乃至几十年才设置，因此此时的"吐蕃宣慰司"实际上是整个藏区唯一的一个宣慰司。乌斯藏纳里速古鲁孙等三路宣慰司都元帅府与吐蕃等路宣慰司都元帅府设置后，以河州为治所的吐蕃宣慰司都元帅府遂更名为"吐蕃等处宣慰司都元帅府"[1]。而张云在《元代吐蕃等处宣慰司史地考证》一文中则认为吐蕃等处宣慰司都元帅府的设置应早于至元六年，当时的治所在脱思麻路，至元六年河州属吐蕃宣慰使都元帅府后，吐蕃等处宣慰司都元帅府的治所移至河州。[2] 其依据是：早在吐蕃等处宣慰司都元帅府治于河州前的至元五年（1268），元廷曾割安西州（今甘肃卓尼县、临潭县一带）属脱思麻路总管府；[3] 七年又并洮州（今甘肃临潭县）入安西州；八年，割岷州（今甘肃岷县）属脱思麻路。[4]

笔者在这里考证的重点并不在于元代吐蕃等处宣慰司都元帅府何时设置，而在于吐蕃等处宣慰司都元帅府的机构究竟如何设置。对于这一点《元史》卷 87《百官三》、卷 91《百官七》中虽有一些记载，但略显凌乱无序，以至于成为困扰研究者的一大疑难问题。

（二）元代吐蕃等处宣慰司都元帅府的机构设置

元代吐蕃等处宣慰司都元帅府实际上是由两个机构合并而来，其一是

---

① 陈庆英：《元代朵思麻宣慰司的设置年代和名称》，《中国藏学》1997 年第 3 期。

② 张云：《元代吐蕃等处宣慰司史地考证》，《西北民族研究》1997 年第 2 期。

③ 《元史》卷 5《世祖纪》载：至元元年秋七月，"以西番十八族部立安西州，行安抚司事"。元初安西州隶属巩昌路，为巩昌都总帅府所管二十七州之一。因"载籍疏略，莫能详录"（《元史》卷 60《地理志》），故至元七年以后安西州建置情况无考。明太祖洪武初年，曾经"命陕西行省员外郎许允德招谕吐蕃十八族，大石门、铁城、洮州、岷州等处"。

④ 《元史》卷 60《地理志三》，《新元史》卷 48《地理志》。

吐蕃等处宣慰司；其二是都元帅府，这在《元史》卷87《百官三》、卷91《百官七》以及卷60《地理三》中有较多记载，《元史》卷87《百官三》载：

吐蕃等处宣慰司都元帅府，秩从二品，宣慰使五员，经历二员，都事二员，照磨一员，捕盗官二员，儒学教授一员，镇抚二员。其属二：

脱思麻路军民万户府，秩正三品，达鲁花赤一员，万户一员，副达鲁花赤一员，副万户一员，经历一员，知事一员，镇抚一员。

西夏中兴河州等处军民总管府，秩正三品，达鲁花赤一员，总管一员，同知一员，治中一员，府判一员，经历一员，知事一员。属官：税务提领，宁河县官，宁河脱脱禾孙五员，宁河弓甲匠达鲁花赤。

洮州元帅府，秩从三品，达鲁花赤一员，元帅二员，知事一员。

十八族元帅府，秩从三品，达鲁花赤一员，元帅一员，同知一员，知事一员。

积石州元帅府，达鲁花赤一员，元帅一员，同知一员，知事一员，脱脱禾孙一员。

礼店文州蒙古汉军西番军民元帅府，秩正三品，达鲁花赤一员，元帅一员，同知一员，经历、知事各一员，镇抚二员，蒙古奥鲁官一员，蒙古奥鲁相副官一员。

礼店文州蒙古汉军奥鲁军民千户所，秩从五品，达鲁花赤一员，千户一员，副千户一员，总把五员，百户八员。

礼店文州蒙古汉军西番军民上千户所，秩正四品，达鲁花赤一员，千户一员，百户一员，新附千户二员。

礼店阶州西水蒙古汉军西番军民总把二员。

吐蕃等处招讨使司，秩正三品，招讨使二员，知事一员，镇抚一员。其属附：脱思麻探马军四万户府，秩正三品，万户五员，千户八员，经历一员，镇抚一员。脱思麻路新附军千户所，秩从五品，达鲁花赤一员，千户一员，副千户一员。

文扶州西路南路底牙等处万户府，秩从三品，达鲁花赤一员，万户二员。

凤翔等处千户所，秩从五品，达鲁花赤一员，千户一员，百户二员。

庆阳宁环等处管军总把一员。

文州课程仓粮官一员。

岷州十八族周回捕盗官二员。

常阳帖城阿不笼等处万户府，秩从三品，达鲁花赤一员，千户一员。

阶文扶州等处番汉军上千户所，秩正五品，达鲁花赤一员，千户二员。

贵德州，达鲁花赤、知州各一员，同知、州判各一员，脱脱禾孙一员，捕盗官一员。

必呈（里）万户府，达鲁花赤二员，万户四员。

松潘宕迭威茂州等处军民安抚使司，秩正三品，达鲁花赤一员，安抚使一员，同知一员，佥事一员，经历、知事、照磨各一员，镇抚一员。威州保宁县，茂州汶山县、汶川县皆隶焉。

静州茶上必里溪安乡等二十六族军民千户所，达鲁花赤一员，千户一员。

龙木头都留等二十二族军民千户所，达鲁花赤一员，千户一员。

岳希蓬萝卜村等处二十二族军民千户所，达鲁花赤一员，千户一员。

折（招）藏万户府，达鲁花赤一员，万户一员。

《元史》卷91《百官七》"宣慰司"载："都元帅府都元帅二员，副元帅二员，经历、知事各一员。"同卷载有九个元帅府，其中八个均属吐蕃等处宣慰司都元帅府，它们是：

1. 李（礼）店文州元帅府；
2. 帖城河里洋脱元帅府；
3. 常阳元帅府；
4. 岷州元帅府；
5. 积石州元帅府；
6. 洮州路元帅府；

7. 脱思麻路元帅府；

8. 十八族元帅府；

9. 朵甘思元帅府。

右九府，唯李店文州增置同知、副元帅各一员；其余八府，隶土蕃宣慰司，设官并同。

《元史》卷 60《地理三》载：

土蕃等处宣慰司都元帅府，至元九年于土蕃西川界立宁河站。

河州路，下，领县三：定羌，下；宁河，下；安乡，下。

雅州，下。宪宗戊午岁，攻破雅州，石泉守将赵顺以城降，领县五：名山，下；泸山，下；百丈，下；荣经，下；严道，下。

黎州，下；至元十八年，给黎、雅州民千一百五十四户、钞二千三百八锭，以资牛具种实。领县一：汉源，下。

洮州，下，领县一：可当，下。

贵德州，下。

茂州，下，县二：汶山，下；汶川。

脱思麻路：

岷州，下。

铁州，下。

碉门鱼通黎雅长河西宁远等处宣抚司，至元二年，授雅州碉门安抚使高保四虎符，高保四言："碉门旧有城邑，中统初为宋人所废，众依山为栅，去碉门半舍，欲复戍故城，便于守佃。"敕秦蜀行省："彼中缓急，卿等相度，顺得其宜，城如可复，当助成之。"三年，谕四川行枢密院，遣人于碉门、岩州西南沿边，丁宁告谕官吏军民，有愿来归者，方便接纳，用意存恤，百姓贫者赈之，愿徙近里城邑者以屋舍给之。

……

礼店文州蒙古汉儿军民元帅府，自河州以下至此多阙，其余如朵甘思、乌斯藏、积石州之类尚多，载籍疏略，莫能详录也。

上述记载不能说不详尽，但毫无章法可言，总管府、万户府、元帅府、安抚司、千户所等杂乱地排列、堆砌在一起，以至于研究者很难直接从中清晰地判断出各机构之间的隶属关系，如《元史》卷91《百官七》"宣慰司"中载有九个元帅府，而《元史》卷87《百官三》中只记载了四个；元代吐蕃等处宣慰司都元帅府除招讨使司下辖的万户府外，《元史》卷87《百官三》又记载了四个万户府，但从其他记载中我们至少发现了六个属于元代吐蕃等处宣慰司都元帅府的万户府，而且这些万户府与吐蕃等处宣慰司都元帅府究竟是何种关系，《元史》卷87《百官三》并未说明；再譬如《元史》卷60《地理三》明明记载有脱思麻路，但《元史》卷87《百官三》及卷91《百官七》中却缺少管理脱思麻路的行政机构，有的只是脱思麻路军民万户府。所以说，要想清晰地获得有关元代吐蕃等处宣慰司都元帅府机构设置的框架，首先要对《元史》卷87《百官三》与卷91《百官七》的记载进行详细的梳理，并相互参照以及参考各类文献、碑刻，才能将元代吐蕃等处宣慰司都元帅府的机构设置做一简单划分。

1. 吐蕃等处宣慰司都元帅府的性质与所属

吐蕃等处宣慰司设置后常常与都元帅府合二为一，这大大强化了吐蕃等处宣慰司衔都元帅府的军事作用，使之成为一个军政合一的机构。

元代吐蕃等处宣慰司都元帅府不隶属中书省系统，直接归宣政院管辖，但遇有征伐等事，则需要同枢密院商议。《元史》卷24《仁宗一》载："敕宣政院：'凡西番军务，必移文枢密院同议以闻。'"元朝宣政院与中书省、枢密院、御史台是平行的。宣政院名义上领之于帝师，但帝师往往年纪幼小、阅历不深，所以实权通常都操纵在作为院使的蒙古王室重要人物手里。为了解决这一问题，元朝规定宣政院第二名院使必须由僧人担任。《元史》卷202《释老传》载："宣政院，其为使位居第二者，必以僧为之。出帝师所辟举，而总其政于内外者。帅臣以下，亦必僧俗并用，而军民统摄。"元代宣政院之下还设有分院与行宣政院。《元史》卷87《百官三》载："宣政院，秩从一品，掌释教僧徒及吐蕃之境而隶治之。遇吐蕃有事，则为分院往镇，亦别有印。"《元史》卷92《百官八》载："行宣政院，元统二年正月，革罢广教总管府一十六处，置行宣政院于杭州……至元二年五月，西番寇起，置行宣政院，以也先帖木儿为院使往讨之。"

《元史》卷91《百官七》"宣慰司"条在记述宣慰司的职能时云：

"宣慰司：掌军民之务，分道以总郡县，行省有政令则布于下，郡县有请则为达于省。"有学者据此认为吐蕃等处宣慰司是接受宣政院、陕西行省的双重管理。这是因为《元史》把吐蕃等处宣慰司都元帅府既列于《地理志三》"陕西"目下，又列于《百官三》"宣政院"目下。实际上作为一般行省下设置的宣慰司的确要做到"行省有政令则布于下，郡县有请则为达于省"，但元代吐蕃等处宣慰司在《元史》卷87《百官三》中是明确记载在"宣政院"条下，直接受宣政院管辖，它不需要执行所在行省的政令，自然也不存在接受宣政院、陕西行省的双重管理，只是由于元代吐蕃等处宣慰司地处陕西行省境内，所以《元史》卷60《地理志三》才将吐蕃等处宣慰司记载在"陕西"目下。这里需要说明的是，《元史》卷60《地理志三》载："陕西等处行中书省，为路四、府五、州二十七、属州十二、属县八十八"，但接下来仅列举了三个路，即丰元路、延安路、兴元路，另一个路很可能是之后记载的巩昌路。"巩昌路，元初改巩昌路便宜都总帅府，统巩昌、平凉、临洮、庆阳、隆庆五府及秦、陇、会、环、金、德顺、徽、金洋、安西、河、洮、岷、利、巴、沔、龙、大安、褒、泾、邠、宁、定西、镇原、阶、成、西和、兰二十七州，又于成州行金洋州事。"① 继陕西行省四路之后，又在吐蕃等处宣慰司都元帅府目下记载了河州路、脱思麻路，而河州在至元六年前仅仅是巩昌路便宜都总帅府下辖的一个州，至元六年"以河州属吐蕃宣慰司都元帅府"后，河州升为路，因此河州路、脱思麻路均不属于陕西等处行中书省下的路一级行政单位。对于这一点，明初史官在撰写《元史》时还是比较清楚的，但清初史官在撰写《明史》时已模糊不清，所以在《明史》出现了将元代吐蕃等处宣慰司都元帅府或省称为吐蕃宣慰司或称为陕西行省吐蕃宣慰司的现象，如《明史》卷42《地理志三》"陕西"载："元礼店文州军民元帅府，属吐蕃宣慰司"，文州、河州、洮州、雅州等"元属陕西行省吐蕃宣慰司"。这也是造成一些现代论著中将元代吐蕃等处宣慰都元帅府司归于陕西行省管辖或由宣政院、陕西行省的双重管理的由来。

2. 吐蕃等处宣慰司都元帅府的机构设置及管理体系

《元史》卷87《百官三》及卷91《百官七》中对于吐蕃等处宣慰司

---

① 《元史》卷60《地理志三》。

都元帅府的机构设置及管理体系的记载虽然十分混乱，但分门别类地甄别后可以发现，元代吐蕃等处宣慰司都元帅府的机构设置实际上是由这样几部分组成：一是"掌军民之务"的宣慰司系统，如总管府以及总管府下辖的各州、县，这一系统是以行政管理为主，辅助以少量的军事力量。二是都元帅府所属的军事系统，如元帅府等。三是吐蕃等处宣慰司兼管的万户府等。四是设在吐蕃地区的吐蕃等处招讨使司。以上二、三、四系统均以军事管理为主。五是管理藏传佛教、汉传佛教的宗教机构，但这一系统不在本书讨论大范畴中。一些论著中之所以未能理清元代吐蕃等处宣慰司都元帅府的管理体系，其原因就在于吐蕃等处宣慰司都元帅府内部一方面是众多机构交织在一起，另一方面又是军事与行政职能交织在一起，如元代吐蕃等处宣慰司与都元帅府两大系统都兼有一定的军政管理职能，也都管辖着相应的行政与军事机构，只是吐蕃等处宣慰司更侧重于行政管理，而都元帅府则偏重于军事防务。

3. "掌军民之务"的宣慰司系统

元代吐蕃等处宣慰司虽不隶属于行省，但在总管府的设置上却与其他宣慰司一样。《元史》卷91《百官七》载：

> 诸路总管府，至元初置。二十年，定十万户之上者为上路，十万户之下者为下路，当冲要者，虽不及十万户亦为上路。上路秩正三品，达鲁花赤一员，总管一员并正三品，兼管劝农事，江北则兼诸军奥鲁，同知、治中、判官各一员。下路秩从三品，不置治中员，而同知如治中之秩，余悉同上。至元二十三年，置推官二员，专治刑狱，下路一员。经历一员，知事一员或二员，照磨兼承发架阁一员，司吏无定制，随事繁简以为多寡之额；译史、通事各一人。

按照《元史》卷60《地理三》的记载，元代吐蕃等处宣慰司管辖的路一级行政区划在大多数情况下只有两个，即河州路与脱思麻路①，而西夏中兴河州等处军民总管府与脱思麻路总管府则是河州路与脱思麻路的行政管理机构。

---

① 《元史》卷50《五行一》载：泰定三年（1325）五月"洮州路可当县、临洮府狄邑雨雹"，则洮州亦曾设为路，但时间不长。

（1）西夏中兴河州等处军民总管府

《元史》卷60《地理三》载，吐蕃等处宣慰司都元帅府下辖有河州路，《元史》卷87《百官三》载，吐蕃等处宣慰司都元帅府下辖有西夏中兴河州等处军民总管府。至元六年（1269）前，河州归"巩昌路便宜都总帅府"统辖，至元六年"以河州属吐蕃宣慰使都元帅府"后，西夏中兴河州等处军民总管府成为吐蕃等处宣慰司都元帅府下负责掌管河州路的最高军政机构，早期属军政合一的性质，后只负责民事。《元史》卷5《世祖二》中统三年十二月诏："各路总管兼万户者，止理民事，军政勿预。其州县官兼千户、百户者，仍其旧。"同月又诏："诸路管民官理民事，管军官掌兵戎，各有所司，不相统摄。"

《元史》卷60《地理三》"河州路"下标有雅州、黎州、洮州、贵德州、茂州以及各州所辖数量不等的县。不过从现有的史籍记载来看，元代河州路在行政区划上似乎并不包括雅州、黎州、洮州、茂州，而应如《元史》卷87《百官三》所载，西夏中兴河州等处军民总管府辖有贵德州、积石州以及定羌、宁河、安乡三县等。《明史》卷42《地理志三》陕西河州条下注云："（河州）又西北有积石州，元属吐蕃宣慰司。洪武四年正月改置积石州千户所。"《元史》卷87《百官三》将积石州元帅府、必呈（里）万户府、贵德州等均列在吐蕃等处招讨使司之下，这为后世学者带来不必要的混乱。

西夏中兴河州等处军民总管府何以称作"西夏中兴河州"，应当与蒙元时期的西夏中兴等路有关。中统二年（1261），忽必烈在西夏故地设立中兴等路行中书省，至元三年（1266），罢行省而设宣慰司，直隶于中书省。八年，立西夏中兴等路行尚书省，不久改行中书省。然《元史》卷157《张文谦传》载："张文谦，字仲谦，邢州沙河人。至元元年（1264），诏文谦以中书左丞行省西夏中兴等路"，可见西夏中兴等路至迟在至元元年就已设立。西夏中兴河州应当是张文谦行省的西夏中兴等路之一。至元六年（1269），西夏中兴河州等路归属于吐蕃等处宣慰司都元帅府，元设西夏中兴河州等处军民总管府。

（2）脱思麻路军民总管府

元代吐蕃脱思麻作为地理用词指脱思麻地区，作为职官用词则有专指与泛指之别。专指主要指元朝吐蕃等处宣慰司所辖脱思麻路总管府、脱思麻路军民万户府、脱思麻路元帅府等；泛指则指元朝吐蕃等处宣慰司，故吐蕃等处宣慰司亦可称为脱思麻宣慰司，其原因正如张云所说："至元六年河州属吐蕃宣慰使都元帅府后，吐蕃等处宣慰司都元帅府的治所移至河州。"① 在《元史》的记载中，脱思麻路境内曾先后设立过军民总管府、万户府、元帅府，如《元史》卷5《世祖二》至元元年："以西番十八族部立安西州，行安抚司事"；《元史》卷60《地理三》载："至元五年，割安西州属脱思麻路总管府"；《元史》卷87《百官三》中有"脱思麻路军民万户府"；《元史》卷92《百官七》中有"脱思麻路元帅府"。这其中脱思麻路总管府在《元史》卷87《百官三》与卷92《百官七》中并未见载，见载的只是"脱思麻路军民万户府"，仿佛脱思麻路并未设有行政管理机构或脱思麻路总管府，只是设置时间不长的行政机构，而脱思麻路军民万户府、脱思麻路元帅府才是脱思麻路的管理机构。故有学者认为"脱思麻路当为军民万户府之省。又有脱思麻路总管府当与其密切相关，为管民与诸军奥鲁的机构"②。造成如此的误解，完全归责于《元史》卷87《百官三》与卷92《百官七》的漏记，或者说《元史》卷60《地理三》已有记载，《元史》卷87《百官三》与卷92《百官七》则不再记载。事实上按照《元史》卷60《地理三》的记载，元代脱思麻路总管府早在吐蕃等处宣慰司都元帅府设治所于河州前就已存在，并相伴元朝始终。它是吐蕃等处宣慰司下负责管辖脱思麻路的最高行政机构，而脱思麻路元帅府是吐蕃等处宣慰司都元帅府系统所辖的九个元帅府之一，脱思麻路军民万户府则是吐蕃等处宣慰司兼管的万户府，三者各有所统，管军的管军，管民的管民，互不兼代。

4. 元代吐蕃等处宣慰司都元帅府所属的军事系统

《元史》卷91《百官志七》"宣慰司"条载：

（宣慰司）有边陲军旅之事，则兼都元帅府，其次则止为元帅府。其在远服，又有招讨、安抚、宣抚等使，品秩员数，各有差等……宣慰使司都元帅府，秩从二品，使三员，同知二员，副使二员，经历二员，知事二员，照磨兼架阁管勾一员……都元帅府，都元帅二员，副元帅二员，经历、知事各一员……元帅府，秩正三品，达

---

① 张云：《元代吐蕃等处宣慰司史地考证》，《西北民族研究》1997年第2期。
② 同上。

鲁花赤一员，元帅一员，经历、知事各一员。

《元史》卷91《百官七》"宣慰司"目下记载了作为军事系统的元代吐蕃等处宣慰司都元帅府境内的九个元帅府，它们是李（礼）店文州元帅府（即礼店文州蒙古汉军西番军民元帅府）、帖城河里洋脱元帅府、常阳元帅府、岷州元帅府、积石州元帅府、洮州路元帅府、脱思麻路元帅府、十八族元帅府、朵甘思元帅府。按照《元史》卷91《百官七》"宣慰司"的说法，这九个元帅府中除李店文州元帅府外，其余八个元帅府均隶属吐蕃宣慰司都元帅府，设官并同。《元史》卷24《仁宗一》载："吐蕃寇礼店、文州，命总帅亦怜真等讨之"，可见在吐蕃各元帅府之上有一个总帅。这里需要提出的是，将朵甘思元帅府亦隶属吐蕃等处宣慰司都元帅府之下似不太符合元代的行政区划，而李店文州元帅府反倒是在相当长的时期内隶属吐蕃等处宣慰司都元帅府，且只有李店文州元帅府为正三品秩，其余均为从三品秩。所以元代吐蕃等处宣慰司都元帅府下辖的元帅府应当是七八个，朵甘思元帅府不应包括在吐蕃等处宣慰司都元帅府之内。这七八个元帅府中有六个元帅府在元末仍见设置，《明兴野记》载：

> （洪武三年）四月，（徐）达遣左副将军邓愈率仁和、襄阳、六安、沔阳、巩昌、临洮等卫将士数万众克河朔。土番宣政院使锁南领洮州、岷州、常阳、帖成（应为城——引者）、积石等十八族六元帅府大小头目，赍所授元宣敕金银牌面、银铜印信，亲诣愈前降，愈悉纳之，具名闻。①

吐蕃宣政院使锁南所率的元帅府中缺少李（礼）店文州元帅府、脱思麻路元帅府，想必李（礼）店文州元帅府此时已不属于吐蕃等处宣慰司都元帅府管辖，而脱思麻路元帅府或已罢设。

除元帅府外，吐蕃等处宣慰司都元帅府还管辖有松潘、宕、迭、威、茂州等处军民安抚司以及碉门鱼通黎雅长河西宁远等处宣抚司，《元史》卷23《武宗本纪二》至大二年（1039）秋七月壬辰载：

---

① 陈学霖：《史林漫识》附录（三）俞本《明兴野记》（《纪事录》）洪武三年四月，中国友谊出版社2001年版。

宣政院臣言："武靖王搠思班与朵思麻宣慰司言：'松潘宕迭威茂州等处安抚司管内，西番、秃鲁卜、降胡、汉民四种人杂处，昨遣经历蔡懋昭往蛇谷陇迷招之，降其八部，户万七千，皆数百年负固顽狡之人，酋长令真巴等八人已尝廷见。今令真巴谓其地邻接四川，未降者尚十余万。宣抚司官皆他郡人，不知蛮夷事宜，才至成都灌州，畏惧即返，何以抚治？宜改安抚司为宣抚司，迁治茂州，徙松州军千人镇遏为便。'臣等议，宜从其言。"诏改松潘迭宕威茂州安抚司为宣抚司，迁治茂州汶川县，秩正三品，以八儿思的斤为宣抚司达鲁花赤，蔡懋昭为副使，并佩虎符。

松潘、宕、迭、威、茂州等处军民安抚使司改为宣抚司后，静州茶上必里溪安乡等二十六族军民千户所、龙木头都留等二十二族军民千户所、岳希蓬萝卜村等处二十二族军民千户所应为其所属。

5. 元代吐蕃等处宣慰司兼管的万户府

《元史》卷91《百官志七》"宣慰司"条载："宣慰使兼管军万户府，每府宣慰使三员，同知、副使各一员，经历一员，都事二员，照磨兼管勾一员。"万户府与元帅府虽然均属于军事系统，但两者之间并不是隶属关系，而是相互独立的军事机构。元帅府的上级是都元帅府，万户府则由宣慰司兼管。元代吐蕃等处宣慰司兼管的万户府与都元帅府管辖的元帅府在地位上是平等的，如元代吐蕃等处宣慰司都元帅府兼管的万户府中只有脱思麻路军民万户府为正三品秩，其余均为从三品秩，而吐蕃等处宣慰司都元帅府隶属的元帅府中也只有李店文州元帅府为正三品秩，其余亦为从三品秩。

从《元史》卷87《百官三》、卷92《百官七》以及碑刻记载可知，元代吐蕃等处宣慰司都元帅府兼管的万户府有：折（招）藏万户府，必呈（里）万户府，常阳帖城阿不笼等处万户府，即汉（常）阳军民万户府①，文扶州西路南路底牙等处万户府，即文扶州万户府，脱思麻路军民

_____

① 参见至元六年（1340）《大元崖石镇东岳庙之记》碑，现存甘肃礼县崖城；至正十年（1350）《敕封太祖山灵渊庙祠记碑》，现存甘肃西和县兴隆乡下庙村；《太皇万福殿嘉庆之图》碑，现存甘肃西和县苏合乡太华山太皇殿；光绪《礼县新志》卷3，甘肃省图书馆藏。

万户府，礼店蒙古万户府，文州吐蕃万户府等。① 这些万户府有的终元之世仍见存在，有的在元朝末年已不见载。这里值得一提的是礼店蒙古万户府。

礼店蒙古万户府曾几度游离于陕西行省与吐蕃等处宣慰司都元帅府之间。《元史》卷7《世祖本纪》载："至元九年（1272）冬十月癸卯，立文州。"光绪《阶州直隶州续志》卷3《沿革》载："元世祖至元九年，复置（文）州，省县，并入脱思麻路礼店。"《元史》卷98《兵志一》载：

> 大德十一年（1307）四月，诏礼店军还属土番宣慰司。初，西川也速迭儿、按住奴、帖木儿等所统探马赤军，自壬子年属籍礼店，隶王相府。后王相府罢，属之陕西省，桑哥奏属土番宣慰司，咸以为不便，大德十年命依壬子之籍，至是复改属焉。

这里所说的"桑哥奏属土番宣慰司，咸以为不便，大德十年命依壬子之籍"，很可能就是《元史》卷22《武宗一》记载："大德十一年秋七月丙寅，以礼店蒙古万户属土番宣慰司非便，命仍旧隶脱思麻宣慰司，防守陕州"，只是其中的"脱思麻宣慰司"很可能是陕西行省之误，理由是：（1）若以礼店蒙古万户府隶脱思麻宣慰司，怎么能远隔千里去"防守陕州"？（2）脱思麻宣慰司即吐蕃等处宣慰司，两者不存在非此即彼的关系。

此外，《元史》卷87《百官三》所载"凤翔等处千户所、庆阳宁环等处管军总把"等，很可能是礼店蒙古万户府归属陕西行省管辖时分流下来的。礼店蒙古万户府曾多次分流，如至元十五年（1278），帖木儿（赵国安）改任随路拔都万户府元帅，移镇重庆，成为四川六个万户府之一；至元二十一年（1284），彻里之子步鲁合答以功授云南万户府达鲁花赤，"子忙古不花袭管军万户"②。因此，凤翔等处千户所、庆阳宁环等处管军总把等作为礼店蒙古万户府归属陕西行省或防守陕州时分流下来的职官也

---

① 参见《元史》卷121《按竺迩传》；至元六年（1340）《大元崖石镇东岳庙之记》碑，现存甘肃礼县崖城。

② 《元史》卷132《步鲁合答传》。

是完全有可能的，只是礼店蒙古万户府归属土蕃等处宣慰司后，这几个职官是否仍属于礼店蒙古万户府还有待进一步考证。

折藏万户府，"折藏"又可写作"招藏"，《明太祖实录》洪武四年河州卫下有"招藏军千户所"。《岷州志》卷 2《民里》所载岷州卫十七里中有招藏里，此均可视为"折藏"的不同译写。

6. 吐蕃等处招讨司及其属附脱思麻探马军四万户府

元代招讨司本为临时设置的机构，但吐蕃等处招讨使司设置后却长期存在于河州。《元史》卷 87《百官三》将吐蕃等处招讨使司及脱思麻探马军四万户府列于西夏中兴河州等处军民总管府名下，误也，应当与吐蕃等处宣慰司都元帅府并列。吐蕃等处招讨司及其属附脱思麻探马军四万户府的设置与元代高昌王纽林的斤镇戍河州有直接关系。《元史》卷 122《巴而术阿而忒的斤传》载："有旨师出河西，俟北征诸军齐发，遂留永昌。会吐蕃脱思麻作乱，诏以荣禄大夫平章政事，领本部探马等军万人镇吐蕃宣慰司。"《亦都护高昌王世勋碑》亦载："会吐蕃脱思麻作乱，诏（纽林的斤——引者注）以荣禄大夫、平章政事、吐蕃宣慰使领本部探马等军镇吐蕃。"① 此事发生在至元二十四年（1287），它是目前所能见到的高昌回鹘迁徙河州最直接的记载。

纽林的斤所率探马等军万人镇守的脱思麻，当是泛指，即吐蕃等处宣慰司。纽林的斤所率探马等军万人镇戍河州后，元廷设吐蕃等处招讨使司及其属附脱思麻探马军四万户府以处之。《元史》卷 87《百官志三》载："吐蕃等处招讨使司，秩正三品，招讨使二员……其属附：脱思麻探马军四万户府，秩正三品，万户五员，千户八员，经历一员，镇抚一员。"

纽林的斤以驸马身份出镇吐蕃宣慰司后，不仅担任了吐蕃等处招讨使一职，而且还身兼吐蕃等处宣慰司都元帅等职。两者之间的合署办公，使吐蕃等处招讨使司都元帅府因此变得更加强大。纽林的斤离任后，其弟钦察台继续留在河州，并承袭吐蕃等处宣慰使一职。② 嘉靖《河州志》卷 3《文籍志》引延祐七年学士倪镗所撰《儒学文庙碑记》云："河州儒户张德载始自建宣圣庙于蒙塾。延祐二年，平章、宣慰使钦察台重修殿阁廊

① 党寿山：《亦都护高昌王世勋碑》，载《考古与文物》1983 年第 1 期；另见《经世大典》序录。

② 详见武沐、赵洁《高昌回鹘与河州》，《民族研究》2009 年第 3 期。

庑，绘塑贤哲。继而，宣慰使着思吉巴拨田赡学，养育人才。"康熙《河州志》卷3亦载：钦察台"仁宗延祐初年以驸马、平章为河州吐蕃宣慰使司宣慰使"。

吐蕃等处招讨使司所属脱思麻探马军四万户府在元朝属上万户府。[1]《元史》卷91《百官七》载："上万户府，管军七千之上。达鲁花赤一员，万户一员，俱正三品，虎符；副万户一员，从三品，虎符。"脱思麻探马军万户府很可能驻扎在河州南乡，为此留下"万户沟"的地名。嘉靖《河州志》卷1《地理志·屯寨》载河州南百里有"万户沟"，明初在这里设有"万户沟寨"，戍兵屯田。清代分为上、下万户沟。[2] 明代早在建国之初就已"革诸将袭元旧制枢密、平章、元帅、总管、万户诸官号"[3]，故万户沟作为地名应当是元代万户府驻扎于此而得名，并延续至清朝。如上所述，元代河州、岷州、洮州一带共有七个万户府，这其中只有脱思麻探马军四万户府驻扎在河州，故万户沟当属脱思麻探马军四万户府的驻扎地。

二　明代河湟多民族走廊的军政建设

（一）明朝初年在河湟多民族走廊的军事行动

洪武二年（1369）三月，明大将"常遇春、冯宗异（冯胜——引者注）等发西安，进取凤翔"。[4] 盘踞在关中地区的元太尉、枢密使、总理全陕西军务的李思齐不战而退，率部众十余万人逃奔临洮（今甘肃临洮县），企图西入吐蕃，做最后的顽抗。四月，明大将徐达会诸将于凤翔，商议军队去向，最后确定了首先攻打临洮的战略方针。《明太祖实录》卷41洪武二年四月乙亥载：

> 大将军徐达至巩昌，元守将平章梁子中、侍郎陈子林、郎中谭某、员外郎鄢某出降。既而总帅汪灵真保、平章商暠、左丞周添祥、

① 《元史》卷17《世祖纪》。

② 徐兆藩修，黄陶庵纂：《续修导河县志》卷3《地理》。

③ 《明史》卷90《兵志二》。

④ 谈迁：《国榷》卷3太祖洪武二年三月癸卯。

达鲁花赤张虎都帖木儿、万户董禔、雷清、石荣等亦继至，达皆礼待之。遂以都督佥事郭子兴守其城，送灵真保等赴京。仍遣右副将军冯宗异将天策、羽林、骁骑、雄武、金吾、豹韬等卫将士征临洮。

《明兴野记》亦载："洪武二年四月，（徐达）至巩昌，土官汪灵真保率军民以城降，达令都督郭子兴镇之。"① 同月，"右副将军冯宗异师至临洮，李思齐降，宗异遣人送之大将军营……立临洮卫"②。实际上，李思齐早在凤翔时，太祖朱元璋就曾遣使致书李思齐曰：

朕遣使通问，至今未还。岂所使非人，忤足下而留之欤？抑元使适至，足下不能隐而杀之欤？若然，亦时势之常，大丈夫当磊磊落落，岂以小嫌介意哉！夫坚甲利兵，深沟高垒，必欲极力抗我军，不知意竟何为？昔足下在秦中，人以兵众地险而从之，虽有张思道专尚诈力，孔兴等自为保守，扩廓帖木儿以兵出没其间，然皆非劲敌。足下当时不能图秦自王，已失此机。今中原全为我有，向欲与足下相为犄角者，皆披靡窜伏；足下孤军相持，徒伤物命，终无所益，厚德者岂为是哉！朕知足下不守凤翔，则必深入沙漠，以图后举。足下初入其地，胡或面从，然非族类，其心必异。据其地不足以为资，失其地实足以自损。使兵威常强，尚云可也，倘中原相从之众，以胡地荒凉，或不乐居，其心叵测，一旦变生肘腋，孑然孤弱，妻孥不能相保矣！且足下本汝南之英，祖宗坟墓所在，深思远虑，独不及此乎？诚能以信相许，去夷就华，当以汉待窦融之礼相报。否则，非朕所知也。③

接到朱元璋的招降书，李思齐已有降意，但在犹豫不决时，被"其养子赵琦者与麾下绐之，与西入土蕃，思齐信之，遂俱奔临洮。琦等私窃

① 陈学霖：《史林漫识》附录（三）俞本《明兴野记》（《纪事录》）洪武二年四月，中国友谊出版社2001年版。

② 《明太祖实录》卷41洪武二年四月丁丑；又《明兴野记》载："洪武二年四月，达遣大都督冯胜追思齐至临洮。"

③ 汪元絅修，田而穟等纂：（康熙）《岷州志》卷17《艺文上》，甘肃图书馆藏。

宝货、妇女避匿山谷间，思齐遂穷蹙。至是，宗异师至，遂举临洮降"①。
不过在《明兴野记》的记载中李思齐是被"土官平章赵脱儿挟思齐出城
降"②。赵脱儿一名脱脱帖木儿，亦即赵琦，吐蕃唃厮啰后代，世为元职
官。③ 李思齐归附后，"上欲怀远人，授思齐为平章，食禄而不署事。灵
真保为巩昌卫指挥同知，脱儿为临洮卫指挥佥事。达以二城降兵土著者仍
为土著，客兵分调各卫听征，农民俱复本业，汪、赵二指挥俱颁以金筒诰
命，亦令自举千、百户、镇抚，管领土著军士"④。"大将军徐达遣指挥韦
正及赵琦、司马来兴、朵儿只吉等守之（临洮）。"⑤

　　明军夺取临洮后，西番与故元军队多次进攻，企图收回失地。"洪武
二年七月丁未，西番、达达寇临洮，会宁指挥杨广击走之。"⑥ 九月，以
指挥韦正守临洮，立临洮府，以金、兰、狄道、渭源等县隶之。⑦ 韦正审
时度势，制定了"诏谕为主，军事行动为辅"的战略决策，"诏赦临洮吏
卒之亡匿山谷者"⑧，恢复生产、生活秩序。《明太祖实录》卷47洪武二
年十二月庚寅载：

　　　　诏赦临洮将士之亡匿山谷者。诏曰："天地以生物为心，帝王以
　　不杀为德。自三代以下汉高祖、唐太宗、宋太祖皆承天运，奋武威以
　　定乱，行仁义以安人。惟秦不然，坑赵降卒十万，古今非之。虽能混
　　一，享国不长，天道昭然矣。朕每遣将出师，必加训谕，降者抚之，
　　抗者诛之，故凡其来降大小咸授以职，保其父母妻子。近者兵至西
　　土，鄃国公李思齐率其部属将士悉来臣附。大将军以其精锐随军征
　　进，老幼安居，城郭未尝妄杀，可谓鉴秦之过，恪遵朕命矣。当临洮
　　受降之初，如或妄加诛戮，尔众安能保全。今尔将士乃有怀思其家，

　　① 《明太祖实录》卷41洪武二年夏四月丁丑。

　　② 陈学霖：《史林漫识》附录（三）俞本《明兴野记》（《纪事录》）洪武二年十二月，中
国友谊出版社2001年版。

　　③ 《明太祖实录》卷41洪武二年夏四月丁丑。

　　④ 陈学霖：《史林漫识》附录（三）俞本《明兴野记》（《纪事录》）洪武二年十二月，中
国友谊出版社2001年版。

　　⑤ 《明太祖实录》卷41洪武二年四月丁丑。

　　⑥ 《明太祖实录》卷43洪武二年七月丁未。

　　⑦ 《明太祖实录》卷45洪武二年九月壬辰。

　　⑧ 谈迁：《国榷》卷3洪武二年十二月庚寅。

遁藏岩谷者，夫父母妻子之恋人之常情，虽新附之众，未能悉知朕
怀。朕为民父母，可不矜念，诏书到日，凡逃窜山谷者，毋自惊疑罪
无大小并行赦之。"

《明兴野记》载：

> （徐）达、（常）遇春议彝（疑为宗异，即冯胜——引者注，下
> 同）非守城材……彝苛刻，贪贿嗜杀，临洮内外军民远遁，间有附
> 者，彝嗔来迟，即凌迟之。自（洪武二年）四月至九月，无一降者。
> 时有河西戎謷至城下摽掠，达知之，遂有此代（指以韦正代冯宗异
> 为临洮卫指挥——引者注）。正至临洮，尽收刑具于市中焚之，远近
> 闻正代彝，渐有降者。正给以衣粮，遽者遣人赍，御榜以招之，远居
> 土穴者抚之，再四负固者，率壮士掘出之，亦不加刑。河州土官院使
> 锁南领番、戎至城下哨掠，① 被擒者即令浴身易衣、梳剃，给以酒肉
> 饼饵，纵令还其家中，伤者命医治之。四山潜伏军民，自此闻风相率
> 而至者无虚日。土著土卒来降悉置之左右，访其地理人情，此地遂
> 安。十一月，河西番兵集于西岸，欲出兵追之，洮水归槽，深不可
> 渡。韦正乃仰天拜祝，须臾，有一巨水筏自上流而下，直至其处，坚
> 冻不动。正令兵布沙土而渡，大败锁南之兵，擒者纵之，兵还而冰复
> 解矣。若非天佑，何以致此。临洮地寒，上遣使督运战衣绵布、绵花
> 给赐军士，赐韦正御衣一领，御酒二以之。正令千、百户、镇抚共饮
> 其酒。下诏谕之，略曰："广牧牛只，以备来春耕种，遐迩之民，无
> 不畏威怀德矣。"

《明太祖实录》卷45洪武二年九月乙卯亦有类似的记载：

> 吐蕃寇临洮，屯于洮河原，指挥韦正率兵御之。时河水未冰，师
> 不得济。正焚香祝曰："正仗国家威德，镇抚一方，将以休养生民。
> 今贼在迩而不得击，何以报国家。天意使贼平则令河水，未几，有冰

---

① 此记载恰好印证《明太祖实录》卷43洪武二年七月丁未所载："洪武二年七月丁未，西
番、达达寇临洮，会宁指挥杨广击走之。"

如巨屋自上流而下,风随之。河水遂合。正即率兵直捣虏营。虏大惊
以为神,俱投戈请降。正之守临洮也,善于招徕。时土酋赵琦,弟同
知赵三及孙平章、祁院使等皆先后来归,正悉与衣冠厚遗而遣之。自
是诣部土官相率来降。"①

吐蕃对临洮的这两次军事行动表明曾经深受蒙古人优待的吐蕃上层,
对于明朝的认同尚未确立,河陇一带的吐蕃酋长皆驻足观望,并试图抵
抗。为此朱元璋多次诏谕吐蕃,《明太祖实录》卷52洪武三年五月载:

己丑,大将军徐达分遣左副将军邓愈招谕吐蕃,而自将取兴元。
宁国卫指挥佥事陈德成从征西蕃,战殁于岷州,上命有司致祭,厚葬
之。仍恤其家,追赠德成指挥副使,授其子千户……辛亥,左副将军
邓愈自临洮进克河州,遣人招谕吐蕃诸酋。

在明王朝的感召下,困守岷州的元将完颜铁木尔见大势已去,遂献岷
州图籍以降。为了表彰韦正等人的功绩,洪武三年十一月,明太祖下诏奖
励陕西军士:

临洮城濒洮河,密迩吐蕃,与寇垒相邻。虽无兰州、凤翔攻围之
急,然寇盗出入往往近城剽掠。指挥王子明、韦正、孙德、赵脱脱帖
木儿备御有方,人民安堵,屡出精锐攻剿贼类,威振西陲。其功次于
凤翔,指挥人赏文绮、帛八匹;千户、卫镇抚六匹;百户、所镇抚四
匹;曾御敌征守军士,总旗人赏白金八两;小旗七两五钱;军人七
两。巩昌城在凤翔、临洮之间,当固关。定西未定之时,群盗出没,
人心动摇,佥都督郭子兴、指挥杨广、汪灵真保、张虎都帖木儿、于
光、潘贵、陈德成等屡出讨捕,转粮饷应援临洮。元兵尝驻洮河西
岸,子兴等率众履冰渡河掩杀甚众,保障一方,其功与临洮不异。佥
都督郭子兴文绮、帛十四匹;指挥以下赏与临洮同。

除军事将领的招抚外,朱元璋又遣许允德招谕吐蕃十八族、大石门、

---

① 《明太祖实录》卷45洪武二年九月。

铁城、洮州、岷州等处。① 许允德乃故元陕西行省员外郎，其特殊的身份更容易取得吐蕃上层的信任，从而完成招抚吐蕃首领的任务。针对吐蕃笃信藏传佛教的特点，朱元璋还"命僧克新等三人往西域招谕吐蕃，仍命图其所过山川地形以归"②。《明太祖实录》卷53洪武三年六月载：

> 故元陕西行省吐蕃宣慰使何锁南普等以元所授金、银牌印、宣敕，诣左副将邓愈军门降，及镇西武靖王卜纳剌亦以吐蕃诸部来降。先是，命陕西行省员外郎许允德招谕吐蕃十八族、大石门、铁城、洮州、岷州等处，至是何锁南普等来降。

《明兴野记》亦载有此事：

> （洪武三年）四月，（徐）达遣左副将军邓愈率仁和、襄阳、六安、沔阳、巩昌、临洮等卫将士数万众克河朔。土番宣政院使锁南领洮州、岷州、常阳、帖成（应为城——引者）、积石等十八族六元帅府大小头目③，赍所授元宣敕金银牌面、银铜印信，亲诣愈前降，愈悉纳之，具名闻。上以锁南为河州卫指挥同知，以其弟汪家奴为河州卫指挥佥事。改洮州六元帅府为千户府，其百户、镇抚敕谕锁南举之。锁南、汪家奴颁以金筒诰命，各千户、百户、镇抚俱给诰命，敕金（疑为命——引者）锁南仍颁原管土著军民。④

《续文献通考》卷247《四裔考·西域》亦云：

> 明太祖洪武二年，既定陕西，即遣官赍诏，招谕吐番诸部。时西番酋长皆观望，复遣使招之，乃多听命。明年五月，吐番宣慰司索诺木诺尔布（何锁南普——引者）等以元所授印敕来上，会邓愈克河

---

① 《明太祖实录》卷53洪武三年六月；《明史》卷330《西域二》。

② 《明太祖实录》卷53洪武三年六月甲寅。

③ 此处应为：土番宣政院使锁南领洮州、岷州、常阳、帖城、积石、十八族等六元帅府大小头目。

④ 陈学霖：《史林漫识》附录（三）俞本《明兴野记》（《纪事录》）洪武三年四月，中国友谊出版社2001年版。

州，遂诣军前降，其镇西武靖王布拉纳（卜纳剌——引者）亦以吐番诸部来纳欵。

实际上，在《明兴野记》的记载中，早在邓愈克河州之前，大都督冯胜就曾率兵攻入河州，并将河州焚之一炬而去，而镇西武靖王卜纳剌也不是与锁南同时归附。《明兴野记》洪武三年四月对此有生动而翔实的记载：

> 大都督冯胜先于洪武二年四月克河州，以化外之地不可守，将城楼、库、房屋尽行焚烧殆尽，拘虏南归。自洮河至积石关，三百余里，骸骨遍野，人烟一空。至是愈复克之，韦正守其地，军士食苦薇，采木葺之城楼，仓库、卫大门、厅舍一新……十月，武靖王卜纳剌、院使马迷率番将三十余众及家属万人，至答蛮沟下营，遣人至河州，谓韦正曰："我等胡人，畏威不敢造次近城，韦相公若到营中，同饮金酒即降。若不来，我等即回。"正谓俞本曰："我不造营纳其降，彼兵远来，饥甚，必大掠良民而归，虽无大害，恐烦上虑。托圣天子洪福，去必无虞。夏月远劳官军追袭。今亲领众至此，机不可失，我以诚信待人，彼已知之。"整马步兵数千，四鼓遂行。布马步于两翼，亲率骁士百余骑，直造房营。相去百余步，令骑士下马，俱止此地，仅与俞本数骑至营。卜纳剌、马迷迎之，互拜毕，共坐帐中，大小头目罗拜于前。正谕以天道人事。西番俗例以金磨酒共饮为誓，设大牢宴之，至酉而回。次日，卜纳剌、马迷领部下大小番酋所授元朝金、银、铜印、金、银牌面、宣敕及金玉图书，曰："此王者所持信物也，具省院官员姓名、番军人数目，率家属于城东驻剳十营，具本奏闻。"上于河州设武靖卫，以卜纳剌为指挥同知，马迷为指挥佥事，诠注河州，俱颁以金筒诰命，设千、百户、镇抚之职，给以五花诰敕，管领旧蛮、番酋。

《明太祖实录》卷 245 洪武二十九年三月亦载：

> （宁正）洪武三年五月从邓愈克河州，留正镇守。时元镇西武靖王卜纳剌等诸酋长拥兵犹众。正遣兵追之于宁河，杀获颇多。于是沙

家失里与诸酋长遣人来请降。正即策马往谕之。酋长皆感悦，献其全部军马及元所授金、玉印章、金牌宣命。擢临洮卫世袭指挥同知。

由于冯胜不负责任的行为，致使邓愈、韦正攻入河州后，即陷入粮食匮乏的困境，于是邓愈、韦正与何锁南等集议，"劝奖六千户军民，家输纳米、麦六千石，以济家需"，但这一举措并没有使粮食匮乏得到缓解，粮食危机显然比最初的预料要严重得多，民间甚至传言官军将弃城而去。《明兴野记》载：

> 河州军士饥甚，夜逾城而遁者七百余人。是夜三鼓，骑士俞本谓韦正曰："兵志不固，奈何？"正起云："汝呼千户来，集旗军于门下，待吾语之。"比晓，官军列侍，正扬言曰："圣天子养吾等数十年，托命边城，汝等不受暂时饥寒。吾自武安州与汝等败元游兵，擒李二左丞，曾蒙主上重赏，汝等思归，我当独守此土，以待转运。"遂泣拜入内，将士感泣，令各百户具所遁士卒名数，遣人于临洮、结河二桥，凡见逃者，即以正语告之。闻者复回。民间讹言，官军某月某日弃城去矣，人心不安。正即遣军占荒田屯牧，民心遂安。

明太祖为表彰锁南普的义举，赐锁南以何姓。随后设河州卫以管辖故元蒙古、藏族等。

河州自蒙元以来一直在中央政府中享有特殊的地位，这一方面是由于河州地处中原通往藏区的咽喉要道，是中央政权管理甘青藏区的政治中心和"西北屏藩"；另一方面它又是内地通往河西走廊的门户之一，是蒙古军队频繁往来，重兵把守的地区。事实上，自吐蕃民族兴起后，汉藏走廊一线早已成为吐蕃与中原地区直接接触和交通往来的交会点。因此，何锁南普与镇西武靖王卜纳剌的归顺不仅为明朝势力进入藏区开启了枢机，而且还为明朝安辑河湟以及河西地区的蒙古军民提供了良好的平台。《明史纪事本末》卷 10 载："于是，河州以西、甘朵（当为朵甘——引者注）、乌斯藏等部皆来归，征哨极甘肃西北数千里始还。""洪武四年十二月，故元宣政院副常继祖等自河州来降"①；"五年，故元参政呵失宁自西蕃来

---

① 《明太祖实录》卷 70 洪武四年十二月甲申。

降贡马，以灌顶国师玉印来。上诏赐织金文绮"①。这些均表明，河州的平定对于招抚河湟多民族走廊一带藏族以及故元蒙古将领发挥了至关重要的作用。

在西宁方面，洪武四年，故元甘肃行省右丞朵儿只失结、西宁州同知李南哥等在明将宁正的招谕下相继降附。五年，故元右丞朵儿只失结会同河州卫指挥徐景等领兵至西宁息利思沟闪古儿之地（今青海互助县），攻破故元岐王朵儿只班营。朵儿只班遁去，明军获岐王金印、司徒银印等物而还。②

在岷州方面，《明太祖实录》卷60洪武四年春正月癸卯载：

> 西番十八族元帅包完卜乩、七汪肖遣侄打蛮及各族都管哈只藏卜、前军民元帅府达鲁花赤坚敦肖等来朝，诏以包完卜乩为十八族千户（所）正千户、七汪肖为副千户，坚敦肖为岷州千户所副千户，哈只藏卜等为各族都管，赐袭衣、靴袜。

"洪武五年，西番十八族千户包完卜乩等来朝贡马。"③

在洮州方面，洪武三年，原洮岷地区吐蕃宣慰副使王星吉巴归附，授百户职。不久，元洮州元帅府世袭达鲁花赤虎舍那藏布率部降明。洪武十一年,西番数犯洮州，朱元璋以沐英为征西大将军率兵出征，洮州底古族头目南秀杰率部投降。洪武十二年，"洮州十八族番酋三副使等叛，据纳麟七站之地。命征西将军沐英等讨之，又命李文忠往筹军事。英等至洮州旧城，寇遁去，追斩其魁数人，尽获畜产。遂于东笼山南川度地筑城置戍，遣使来奏……英等进击番寇，大破之，尽擒其魁，俘斩数万人，获马牛羊数十万。自是，群番震慑，不敢为寇"④。

明朝在河湟多民族走廊的军政管理体制与元代相比有较大的变化，归纳起来为两点：第一点是军政合一的管理建制。这种建制主要实施于陕西行都指挥司管辖下的河西诸卫所以及明初陕西都指挥司管辖下的河、岷、洮三卫。第二点是土官制度。明代河湟多民族走廊基本没有宣慰司、宣抚

---

① 《明太祖实录》卷73 洪武五年三月壬午。

② 《明太祖实录》卷76 洪武五年九月壬申。

③ 《明太祖实录》卷72 洪武五年四月。

④ 《明史》卷330《西域二》；《明太祖实录》卷122。

司等土官建制，只有卫指挥、指挥同知、土千户、土百户等土官。明朝大部分时间里尚未称这类土官为土司。明代河湟多民族走廊的土官主要分布在边关内外，依附于卫所之下，实行以流官为主的"土流参治"。这种土流参治的卫所制度是明代汉藏走廊地区独具特色的管理体制。

明初河、湟、岷、洮地区与全国一样实施了卫所制度，建立起河州、岷州、洮州、西宁四卫。洪武二十六年，"定天下都司卫所，共计内外卫三百二十九，守御千户所六十五。后多所增改，卫增至四百九十三，千户所三百五十九"①，并规范了卫所指挥的职责。《明太祖实录》卷256洪武三十一年二月癸亥载：

> 上谕五军都督府臣曰："近闻守边将帅多不究心，如五开守御指挥、千、百户私役军人，受贿弄法，以致军伍缺少，城寨不修，蛮獠窃发攻劫，屯戍男女死者八百余人，皆将帅怠弛之故也。自今如一卫五千六百人，指挥五员，则以左、右、前、后四所分四指挥管领，中所则掌印官管之。凡修缮城池五千户均分其工，敌至且守且战，四千户各守四门，掌印指挥提调中所，总四指挥而一。其部伍如城壁不高，壕堑不深，屯种不勤，则坐本管指挥、千、百户之罪；军容不整，器械不精，操练不熟，则罪分管之官。其遣人往谕各卫，一循前后处分慢令者究治之。"

与内地卫所不同的是，河湟多民族走廊四卫的设置较为复杂。从行政归划上看，西宁卫属陕西行都指挥司管辖，实行军政合一的管理体制；河、岷、洮三卫虽属于陕西都指挥司管辖，但在明初基本上没有实行府、州、县建制，而实行的是军政合一的卫所制。只是到了明中期，这一体制才有了较大的变化。成化九年（1473），洮州设州一级行政机构，属巩昌府，改军民指挥使司为卫，实行军政分置。十年，"巡抚都御史马文升奏改河州卫原治四十五里为河州，隶临洮府。卫仍军民指挥使司"②。岷州卫在实施了暂短的军政分治后，仍恢复为军政合一的卫所制。

---

① 《明史》卷90《兵志二》。

② 吴祯纂：(嘉靖)《河州志》卷1《地理志·沿革》；另《明史》《明会典》将河州卫与河州分置定为成化九年；《续通志》作成化七年；《读史方舆纪要》卷60《陕西九》"河州"记为景泰二年。今从吴祯纂《河州志》。

明朝之所以这样设置，乃明代甘肃的战略地位所决定。明代最大的边患莫过于北元蒙古贵族的侵扰。西北沿边更是屡遭瓦剌、鞑靼、吐鲁番的侵扰，特别是鞑靼长期驻牧于河套后，甘肃可谓无岁无警，深受其害。为此，明王朝在东起辽东，西至甘肃的边防线上建立起以九镇为重点的庞大军事防务体系。甘肃的河西走廊以及庄浪、兰州、靖虏、庆阳等卫地处这一防御体系的西北端，故明廷设甘肃镇以统辖河西防务，并在沿边修筑了边墙，从而组成了明代甘、青地区北部的一条重要防线；明代西北地区另一条防线则起始于西宁，向南至河州、岷州、洮州、松州、迭州、宕昌，这条防线防御的重点主要是甘、青以及川西北地区的吐蕃诸部，而河、岷、洮、西宁四卫正是这一防线中必不可缺的关键环节。《明武宗实录》卷45正德三年十二月载："陕西守臣奏，西北边方有五，而陕西实当其三，若以环、庆、洮、岷、兰、河等卫所言之，尤为要害。诚非他处可拟。"

（二）河州卫

1. 河州卫、河州府与陕西行都指挥使司的设置

洪武三年六月何锁南普归降后，立即与其弟汪家奴一道于十二月底到南京觐见朱元璋皇帝，并受到朝廷极高的礼遇。《明太祖实录》卷59洪武三年十二月载："辛巳，吐蕃宣慰使何锁南普等一十三人来朝，进马及方物……壬午，赐土蕃宣慰使何锁南普及知院汪家奴等袭衣。"洪武四年正月，"以何琐南普为河州卫指挥同知，朵儿只、汪家奴为指挥佥事……仍令何琐南普子孙世袭其职"①。《明太祖实录》卷61洪武四年二月辛未载：

> 河州卫指挥同知何锁南普等辞归，诏赐何锁南普文绮二十四、汪家奴一十五匹，以下官属各一十五匹。既而上复以何锁南普等识达天命，自远来朝，加赐何锁南普文绮十匹，汪家奴八匹，官属人一匹。

《明史》卷330《西域二》载："冬，何锁南普等入朝贡马及方物。帝喜，赐袭衣。四年正月设河州卫，命为指挥同知，予世袭，知院朵儿只、汪家

---

① 《明太祖实录》卷60洪武四年正月辛卯。

奴并为指挥佥事。设千户所八，百户所七，皆命其酉长为之。"实际上，河州卫并非《明史》所言为洪武四年正月所设，《明兴野记》载：

> 洪武三年四月设河州卫……八月，杀马关守者报韦正曰："山后马步数千人，云：西安王、豫王欲越境东走。"正即整兵令指挥孙德率将士追之，至打剌海大战，擒西安王母老哈及平章木把黑厮番骑士卒马匹辎重以归。

《明太祖实录》卷 56 载洪武三年五月设河州卫。洪武三年九月有关于河州卫指挥韦正如何治理河州卫的记载，而洪武三年十一月徐达等所上贺表中亦有"虏众望风而降附，吐蕃枹罕列障，土崩忙忽，高昌群首面缚"① 的颂词。枹罕即河州的古称，可见此时明军早已治理河州。

洪武三年所设的河州卫，属右军都督府陕西都司管辖。洪武五年二月，"河州卫指挥使司佥事朵儿只、汪家奴来朝贡名马、蕃犬，诏赐文绮、袭衣"②。洪武七年，在赏赐京师文武百官的同时，也"赐河州卫指挥同知何锁南普等三人白金各二百五十两"③。《明太祖实录》卷 125 洪武十二年七月丁未载：

> 河州卫指挥同知何锁南普、镇抚刘温各携其家属来朝。敕中书省臣曰："君子贵守信而行义，今何锁南普自归附以来信义甚坚。前遣使乌斯藏宣布朕命，远涉万里，不惮勤劳，及归所言皆称朕意。今与刘温各以家属来朝，宜加礼待。其赐何锁南普米、麦各三十石，刘温米十石，麦如之。"

明姚士观等编校《明太祖文集》卷八《敕》之《敕命中书劳西番指挥何锁南》亦载：

> 君子守信，以义从仁，所以仁者盛，义者兴，此理道之行者也。

---

① 《明太祖实录》卷 58 洪武三年十一月壬辰。
② 《明太祖实录》卷 72 洪武五年二月壬辰。
③ 《明太祖实录》卷 87 洪武七年正月壬午。

今西番指挥何锁南自附以来，信义甚坚。前岁命往乌斯，宣布朕命，远涉万里，不惮劳苦，至乌思所言朕命如敕。今年以家小来京，命加礼待，使足养其亲。下程米三十石，麦如之，其镇抚刘温，人职虽微，心亦怀诚，眷属亦至京，下程米一十石，麦如之。

何锁南普的归顺，使明朝军队没有费多大力，便将元代吐蕃等处宣慰司都元帅府所辖的各族部属全部招抚到明廷麾下。

洪武六年以后，河州的建制发生了一系列变化，首先是设河州府，实行府、卫分治。《明太祖实录》卷 78 洪武六年春正月庚戌载："河州卫请设州、县，专掌钱粮，诏从。其请置河州各府、州、县，寻罢之。"① 紧接着明廷又对河州卫所辖的土千户、土百户所进行了一次调整。《明太祖实录》卷 79 洪武六年二月庚辰载："置洮州、常阳、十八族等处千户所六，百户所九，各族都管十七，俱以故元旧官辍辍等为之。"《国榷》卷 5 太祖洪武六年二月庚辰亦载："置洮州、常阳、十八族等处千户所六，百户所九，各族都管十七，并故元将吏。"洮州、常阳、十八族等处土千户所早在洪武四年就已设置，此次何以重设？这很可能与河州卫划分为南、北两大辖区有关，其中北部辖区辖有积石州、蒙古军、灭乞军千户所、必里千户所、南加巴千户所、失保赤千户所、归德守御千户所等土、流千户所。南部辖区管辖铁城、岷州、十八族、招藏军、洮州、常阳等土千户所。为配合这一系举措，明廷特将西安左卫官兵调遣至河州，以加强河州南、北两大辖区的守备。《明太祖实录》卷 87 洪武七年春正月甲子载："大都督府奏：'近以西安左卫兵分隶河州卫，宜以凤翔卫兵补左卫'，从之。"西安左卫调入河州后，明廷于洪武七年七月设西安行都卫于河州，② 以便于管理河州地区存在的两个军卫以及强化对河州、朵甘、乌斯藏等藏区的管理。洪武八年十月，明廷改各都卫为各都指挥使司，③ 西安行都卫改为陕西行都指挥司，韦正为第一任陕西行都指挥使，不过在《明兴野记》里，韦正任陕西行都指挥使被记载在洪武五年，恐有误，其曰：

---

① 关于设河州府的时间还有：（嘉靖）《河州志》卷 1《地理志·沿革》载为洪武五年；《明兴野记》载为洪武四年二月。这里从《明太祖实录》。

② 《明太祖实录》卷 91 洪武七年七月己卯。

③ 谈迁：《国榷》卷 6 太祖洪武八年十月癸丑。

洪武五年壬子……上升韦正为陕西行都指挥使，岁俸职田共一千五百名。五月，宋国公冯胜领河南、陕西等各卫马步兵十余万征甘肃，克之……十二月，冯胜惧回鹘之兵，将甘州所葺城池、营房、仓库、转运米麦料豆二十余万石及军需尽焚之，弃城归，并宁夏、西凉、庄浪三城之地亦弃，仅以牛羊马驼令军人赶归……又限陕西都指挥濮英搜其仆妾金珠，谮于上曰："濮英守陕西有不法者数事。"上宣英于殿前，不究情由，降为陕西前卫指挥，不许到任。遣领西安、平凉、巩昌、临洮将士往西海追袭朵只巴，出兰州，由大通河，直抵西宁铁佛寺。遣陕西行指挥使韦正，自归德州渡黄河，由巴亦咂沿西海边抵北而进。上命卫国公邓愈授以征西将军印，遣人赍制谕付愈，愈遣俞本赍制追英，督英与正合兵，凡六昼夜大雪，不及而归。①

韦正在临洮卫、河州卫以及西安（陕西）行都指挥司职位上共职守了九年。为此明太祖特赐玺书以示犒劳。《明太祖实录》卷 105 洪武九年四月载：

河州卫都指挥使宁正守边有功，上赐玺书劳之曰："卿守西疆今已九年，恩威远播于戎羌，号令严明于壮士，忠心昭著于朝野，朕甚嘉焉。时当初尤特遣人往劳卿，宜慎抚边戎，晨昏毋怠。"正初冒姓韦，至是，命复本姓。

然韦正的仕途并非一帆风顺，《明太祖实录》卷 105 洪武九年八月载："西番土官朵儿只巴叛，率众寇罕东。河州卫指挥使宁正率兵击走之，追至西海北山口而还。"《明太祖实录》卷 245 洪武二十九年三月载："（洪武）十一年，西平侯沐英征西番，遣正追袭叛虏朵儿只巴，获其羊、马、辎重而还。"《明太祖实录》卷 125 洪武十二年七月庚戌载："升河州卫千户宁正为宁夏卫指挥佥事。"从西安行都指挥使降到河州卫指挥使，再降为河州卫千户，此中缘故《明太祖实录》未明载，《明兴野记》对此却有所交代，其云：

---

① 陈学霖：《史林漫识》附录（三）俞本《明兴野记》（《纪事录》）洪武五年，中国友谊出版社 2001 年版。

（洪武十一年戊午）……六月，归德州西番土人汝奴叛遁亦砸地方。宋国公冯胜遣人于韦正处索马，正不与，胜憾之，于上前谮曰："韦正不以国法为重，不善治西番，致有叛。"敕遣中书舍人徐光祖赍御劄谕正，赦其死，降为归德州守御千户。

洪武二十九年三月，宁正卒。《明太祖实录》在回顾宁正一生时云："（洪武）十二年，兼领宁夏卫事，至则修筑汉唐旧渠，令军士屯田引河水灌田数万顷，兵食以足。"①《明史》卷135《宁正传》亦云："（朱元璋）玺书嘉劳，始复宁姓，兼领宁夏卫事。"《明太祖实录》卷141洪武十五年春正月戊戌载："升宁夏卫指挥佥事宁正为四川都指挥使。"后改云南都指挥使、授荣禄大夫、右军都督府左都督。《明兴野记》亦载："洪武十五年壬戌……调四川都指挥使宁正为云南都指挥使。"《明太祖实录》卷234洪武二十七年八月丙戌载：

> 陕西阶文千户张者等叛，命右军都督府左都督宁正为平羌将军，会都督佥事徐凯率陕西、成都卫兵讨之。初秦州卫令者亲率本所军往两当听调，者不听命，卫遣人逮之。者遂与千户赵原吉等率所部八百人伐木遮道，据守文县及打江、牛头关等处。道梗不通，事闻，遂命正等率兵一万八千余人往讨之。

此事在《明兴野记》中又有另外一番记载：

> （洪武二十七年）八月，文州土官千户张赭，因陕西都司差来尚指挥至彼点军阅城索马，逼赭反。十月，上遣右军左都督宁正，授以平羌将军印剑总兵，于十一月初十日平之。是年，洮州西番叛。

《明太祖实录》卷245洪武二十九年三月载：

> 二十五年，沐英卒。诏授正荣禄大夫，右军都督府左都督，代英

---

① 《明太祖实录》卷245洪武二十九年三月。

镇守。久之命为平羌将军，总陕西、四川兵讨阶文千户张者之乱，平之。二十八年正月率兵从秦王往洮州打鱼沟等处，克平番寇。

陕西行都指挥使司于洪武九年罢设，河州卫仍属陕西都指挥司管辖。为防止陕西行都指挥司罢设后在管理上出现的混乱，明廷于洪武九年至洪武十年之际设河州左、右二卫。《明兴野记》载：

> 洪武九年丙辰五月，卫国公邓愈、西平侯沐英、南熊侯赵庸，上授以征西将军印剑，伐川藏，以都指挥使韦正为前锋，直抵昆仑山，屠西番，获牛、羊、马匹数十万以归，遂于昆仑崖石间刻"征西将军邓愈总兵至此"，绘其地理进上。十二月，上遣中书舍人张道宁宣韦正至京，诣西征事于玄清宫，赐宴。次日，宣正于寝殿，朝皇后马氏，赐以巨珠耳坠。又降敕曹国公李文忠宴于私室，越三日于奉天门，上赐以龙衣令归。添设河州左卫。

嘉靖《河州志》卷1《地理志·沿革》载："（洪武）十年，立河州左、右二卫。十二年革行都司及河州府县，调右卫立洮州卫，改置左卫为河州卫军民指挥使司，隶陕西都司，领七千户所。"综上可知，河州在洪武七年时就已存在两个军卫，但如何称呼，不得而知；洪武九年至洪武十年之际，立河州左、右二卫；洪武十一年，"胡兵寇陕西归德三岔口，河州右卫指挥徐景等率兵击败，歼之。得马、牛、羊以万数"①；洪武十二年，"改河州右卫指挥使司为河州军民指挥使司，革河州府"②。《明兴野记》载："洪武十二年八月己未，改设河州右卫为河州卫，革陕西行都指挥司及河州府宁河县，河州左卫官军调守洮州。"嘉靖《河州志》卷2《人物志·名宦》载："徐景，凤阳寿州人。洪武十二年，诏改河州府县为军民指挥使司，以景升指挥使。"嘉靖《河州志》卷4《文籍志下》载《南门城楼记》云："洪武十二年，诏并为一，改曰河州卫军民指挥使司。以佥事徐公，智勇兼备，升本卫指挥使。"《明太祖实录》卷133洪武十三年九月壬寅载："以河州卫军民指挥佥事徐景权为指挥使。"明姚士观等编校《明太祖文集》卷8

---

① 《明太祖实录》卷118洪武十一年五月庚子。
② 《明太祖实录》卷125洪武十二年七月丁未。

《敕》之《谕曹国公李文忠西平侯沐英等敕》载：

> （洪武十二年）三月初二日，捷音至京。云二月十八日，番寇溃
> 散，余者见行追袭。然此其守御洮州城池，当仔细定夺。今拟西番已
> 得，地方宁静，其河州两卫军马止留一卫在河州，拨一整卫守洮州。
> 岷州原守军马且不敢拨动，但留镇静。

《明太祖实录》卷 123 洪武十二年三月亦载：敕"河州二卫之兵止留
一卫，以一卫守洮州，其岷州守御士卒未可轻动，宜留以镇静之"。从上
述记载判断，河州卫应为河州右卫改设，嘉靖《河州志》所载有误。河
州卫分为设为左、右二卫后，原河州南部辖区的岷州于洪武十一年设卫，
河州左卫守洮州，河州北部辖区则归河州卫管辖。为了加强对千户的控
制，明廷曾于洪武二十年十月命"各卫指挥同知、佥事分领千户所事"①。
《明宣宗实录》卷 57 宣德四年八月丙戌载："设河州卫阴阳医学，从守备
都指挥刘永请也。"河州府前后存在了七个年头，永乐时，解缙在谈到河
州行政建制上的变迁时说：

> 国初置陕西行都司于河州，控西夷数万里，跨昆仑，通天竺，西
> 南距川，入于南海。元勋大臣先后至其处，军卫既肃，夷戎率服，通
> 道置驿，烟火相望。乃罢行都司，革河州、宁河等府县，设军民指挥
> 使司治之，与中原郡县等。②

解缙说的河州卫军民指挥使司"与中原郡县等"，实际上指的就是河州卫同
样履行着中原地区府、县的行政职责。这种军政民事统一的管理体制，大
约持续了100年。《明宪宗实录》卷 123 成化九年（1473）十二月癸酉载：

> 复设陕西河州及文县、礼县。巡抚都御史马文升奏："陕西布政
> 司原有河州及文县、礼县。后革河州，而以其民属河州卫，又以卫为
> 军民指挥使司；革文县，而以其民属文县千户所；革礼县，而以其民

---

① 谈迁：《国榷》卷 8 太祖洪武二十年十月壬子。
② 《明经世文编》卷 11《解学士文集·送习贤良赴河州序》。

属秦州。然各州、县所管辖者皆土达人户，实被军职挠害，且地相隔远，赋役不便。乞复河州，仍隶临洮府，除知州、同知、吏目各一员，专除判官各一员，监收河州卫仓粮。于文县千户所设文县，隶阶州；礼店千户所设礼县，隶秦州。各除之县典史一员。"从之。

《明宪宗实录》卷 143 成化十一年七月辛酉载："增设陕西州县收粮官……临洮之河州判官二员……从巡抚甘肃都御史朱英请也。"

2. 明初河州卫的土官

明初河州卫管辖范围十分广阔，它包括河州、岷州、洮州、积石州、归德州以及迭州、阶州、文州、宕州的一部分和巩昌府、临洮府的一部分地区，而且以一个军卫辖有四个土军卫以及数量众多的土千户所、土百户所，以安置归顺者，这在明代历史上是十分罕见的。明初河州卫所辖的四个土军卫是：武靖卫、岐山卫、高昌卫、必里卫。其具体设置情况是：洪武三年八月"故元高昌王和尚、岐王桑哥朵儿只班以其所部来降"[1]，洪武三年十一月，"上以高昌王和尚降卒冬寒无衣，命人给布二匹"[2]。"定元降臣高昌王、岐王皆三品服，陪祭。"[3]《国榷》卷 4 洪武四年正月庚寅载："立武靖、岐山、高昌三卫，卜纳剌为武靖卫指挥同知，朵儿只班为岐山卫指挥同知，和尚为高昌卫（指挥）同知。"《明兴野记》云："河北岐王阿剌乞巴亦赍金印降，遂设岐山卫于河州，以阿剌乞巴为指挥同知，颁以金筒敕诰命。"[4]《明太祖实录》卷 66 洪武四年六月戊子载：

> 以吐蕃来降院使马梅为河州卫指挥佥事，故元宗王孛罗罕、右丞朵立只答儿为正千户，元帅克失巴卜、同知卜颜歹为副千户，同知管不失结等为镇抚、百户及其部属以下各赐袭衣、文绮有差。先是三年冬，马梅遣管不失结等贡马及方物，至是偕孛罗罕等来朝，复贡马及铁甲、刀箭。上嘉其诚，故有是命，且谕礼部臣曰："时方隆兴，马梅等远来，宜早遣赴卫。"于是，复赐文绮及帛各十匹，其部属以下

---

① 《明太祖实录》卷 55 洪武三年八月乙丑。

② 《明太祖实录》卷 58 洪武三年十一月庚寅。

③ 谈迁：《国榷》卷 4 洪武三年十一月丁酉。

④ 陈学霖：《史林漫识》附录（三）俞本《明兴野记》（《纪事录》）洪武三年四月，中国友谊出版社 2001 年版。

各二匹，而遣之。

此马梅与上述《明兴野记》中所载马迷是否为一人，不甚清楚。如果是，则马梅应当如《明兴野记》所载，洪武三年四月"上于河州设武靖卫，以卜纳剌为指挥同知，马迷为指挥佥事，诠注河州"。以宣政院院使马梅为首的故元官员并不属元代吐蕃等处宣慰司都元帅府所辖，他们是元末明初退守到河州一带，明初被就地安置为武靖卫指挥佥事，属河州卫管辖的客籍土官。洪武七年十一月，"命河州卫指挥佥事马梅署河阳卫事"①。洪武五年十二月，"以武靖卫指挥同知卜纳剌为杭州都卫指挥同知"②。洪武六年七月，"武靖卫指挥同知卜纳剌卒"③。洪武九年八月，"命河州武靖卫故土官指挥卜纳剌男答里麻剌咂带刀宿卫"。④ 洪武九年十月，"以陕西河州武靖卫故土官指挥卜纳剌男答里麻剌咂为指挥同知"⑤。

明初河州必里卫的设置在永乐年间，设置过程比较复杂。《明太祖实录》卷69洪武四年十一月丁丑载："置必里千户所，属河州卫，以朵儿只星吉为世袭千户。必里在吐蕃朵甘司界，故元设必里万户府，朵儿只星吉为万户。至是来降。河州卫指挥使韦正遣送至京，故有是命。"《明太祖实录》卷84洪武六年八月戊寅载："以故元蒙古世袭万户阿卜束等十五人为必里千户所千、百户，领其土人，镇御番溪（汉）界首。"《明太宗实录》卷19永乐元年四月丁卯载："河州、洮州番族朝贡，命礼部定赏例。礼部议奏：河州卫必里千户所千户每员银六十两，彩币六表里，钞百锭。"永乐初，必里千户所因受到成祖朱棣的赏识升为卫，但仍属河州卫管辖。《明太宗实录》卷20永乐元年五月辛巳载：

　　升必里千户所为必里卫，以故千户哈即尔加弟剌麻失加、千户阿卜束男结束为指挥佥事，设川卜簇千户所，隶河州卫，以头目令真奔等为千、百户，给印、诰，赐冠带、织金、文绮、袭衣。

① 《明太祖实录》卷94洪武七年十一月壬戌。
② 《明太祖实录》卷72洪武五年十二月乙丑。
③ 《明太祖实录》卷83洪武六年七月戊辰。
④ 《明太祖实录》卷108洪武九年八月己卯。
⑤ 《明太祖实录》卷110洪武九年十月癸未。

《明太宗实录》卷65永乐五年三月载："并谕……川卜千户所、必里、朵甘、陇答王（疑为三——引者）卫、川藏等族复置驿站，以通西域之使。令洮州、河州、西宁三卫以官军马匹给之。"《明太宗实录》卷99永乐七年十二月癸卯载："西番陇答卫指挥巴禄等遣镇抚端竹坚藏，必里卫千户朵儿只及川卜等千户完旦加思等贡马，赐钞币、袭衣。"《明太宗实录》卷255永乐二十一年春正月丙午载："陕西必里卫指挥剌马失加遣子俺奔贡马，赐俺奔钞八十锭，彩币五表里，纻丝衣一袭，仍给马直。"

《明太宗实录》卷20永乐元年五月戊子载："遣河州卫千户康寿赍敕抚谕撒里维吾及安定卫诸部落。"《明太宗实录》卷29永乐二年三月丙寅载：

> 安定卫指挥朵儿只束等来朝，自陈愿纳差发马五百匹。命河州卫指挥佥事康寿往受之。寿言："必里、罕东等卫所纳马，其直皆河州军民运茶与之。今安定卫遥远，运恭（茶）甚难，请给布绢为便。"上曰："诸番市马皆用茶给，著为令。今安定卫来朝之初，自愿纳马，其意可嘉，姑以绢布给之，后仍以茶为直。"于是，上马给绢二匹，布二匹；中马绢一匹，布二匹；下马绢一匹，布一匹。

康寿本为河州必里卫土官，后渐升为都指挥佥事。《明宣宗实录》卷42宣德三年闰四月丙午载："命陕西河州卫故都指挥佥事康寿孙济袭为必里卫指挥佥事，赐之诰命。"《明英宗实录》卷18正统元年六月乙巳载："命故必里卫指挥佥事康济叔宇袭职。"《明英宗实录》卷80正统六年六月壬申载："命故必里卫指挥佥事俺奔子汪束袭职。"

在土军卫之外，明初河州卫还设有众多的土千户、土百户。《明太祖实录》卷60记载了洪武四年正月时河州卫所属土千户所、土百户所的名称：

> 置所属千户所八：曰铁城、曰岷州、曰十八族、曰常阳、曰积石州、曰蒙古军、曰灭乞军、曰招藏军；军民千户所一：曰洮州；百户所七：曰上寨、曰李家五族、曰七族、曰番客、曰化州等处、曰常家族、曰爪黎族；汉番军民百户所二：曰阶文扶州、曰阳砚等处。

根据上述《明兴野记》的记载，铁城、岷州、十八族、常阳、积石州、洮州千户所应当是从元代吐蕃等处宣慰司的六个元帅府改置而来；蒙古军千户所、灭乞军千户所显然是从元代脱思麻探马赤军万户府改置而来；招藏军千户所很可能是从礼店万户改置而来。事实上明代河州卫所辖的土千户、土百户所远不限于此，《明太祖实录》卷96洪武八年春正月载：

> 甲子，置陕西归德守御千户所一，罕东等百户所五，以故元宣政院同知端竹星吉、万户玉伦、管卜答儿三人为千户。① 辛巳，河州卫请以喃加巴总管府为喃加巴千户所，酋长阿乩等六人为千、百户，从之。丙戌，置失保赤千户所，以答术儿为正千户，世袭其职，隶河州卫。

洪武二十年，明太祖以故元降将五十八为"明威将军，金河州卫指挥使司事，俾享天禄"②。五十八为阿速人，元末迁徙漠北，身居北元平章高位。降明后，太祖赐姓汪。"洪武二十一年十二月戊寅，召赴京师，舆疾即行，道卒长安。"《明宣宗实录》卷49宣德三年十二月辛巳载："朵颜卫镇抚脱欢、陕西岷州卫显卜等族番僧领占星吉、河州卫故土官千户宗思义子敬等来朝贡马。"《明宣宗实录》卷61宣德五年正月丙辰载："陕西河州卫刺麻劄思巴失捻亦马刺，卫指挥完者秃等来朝贡马。"《明宣宗实录》卷80宣德六年六月己丑载："镇守河州都督同知刘昭奏，罗思囊族西番千户阿失吉为亲弟工噶所杀，而据其地。按间已引服，当斩。上曰：杀兄非常罪，斩之，枭其首以徇，使远人知有法。"《明英宗实录》卷96正统七年就月丙子载："兵部奏：'陕西河州卫言：洮州卫土番千户奔刺与河州川卜、汪束等番簇互相仇杀，宜行镇守洮州都督李达，河州都指挥刘永从宜处分。'从之。"《明代宗实录》卷225景泰四年正月己未载：

> 镇守河州都指挥同知蒋斌奏："欲将果吉族移住黄河以南莽刺等

---

① 《明兴野记》洪武四年二月载："以归德州土官王伦奴为千户，设西番、达达二百户所，具奏。上准设，给以诰敕。"此土官王伦奴与《明太祖实录》所载"万户玉伦"应为同一人。

② 张鸿翔：《明代各民族人士入仕中原考》卷3引《黄金开国功臣录》卷32，中央民族大学出版社1999年版。

处旧址，恐因而激变，宜仍存留黄河迤北住牧，令河州必里卫管束，善加抚恤，密切防闲。不许擅去西宁等处抢掠头畜。如违，该管头目一体治罪。"从之。

《明代宗实录》卷249景泰六年正月丙寅载：

> 镇守西宁内官保受奏："河州卫果吉、思答令等族千户竹卜等，剽掠乌斯藏使臣行李，且杀伤使臣一人。乞敕镇守令陕西副使耿九畴等会议，遣官同镇守河州都指挥蒋斌，亲诣该族，宣明朝廷恩威，令还使臣行李。其杀伤使臣一人，依番俗偿之以牛，庶边方宁谧。"从之。

除上述土千、土百户所外，《循化志》卷5《土司》中还记载了几位明初河州的卫土千、卫土百户，他们是：

> （1）珍珠族始祖韩端月坚藏，系山外川卜族番僧。明洪武六年奉勘合同胞弟韩哈麻率领部番归附。以招中茶马之劳，永乐年间赐韩哈麻安抚司之职。
> （2）乩藏族始祖王且禄，明洪武三年大夫邓愈招抚，安插河州乩藏地方，编入河州银川里十甲输徭，以且禄为抚番头目。
> （3）撒拉族始祖韩宝，旧名神宝，系前元撒喇尔世袭达鲁花赤。洪武三年五月邓大夫下归附。六年收集撒剌尔世袭百户，拨河州卫……韩沙班系河州卫右所军籍。
> （4）向化族土千户一员哈锁南札矢，管理南乡二十一寨番民。
> （5）边都沟世袭土百户一员锁南，管理西乡七寨，户七百九十六户。
> （6）沙马族土司苏姓，在中马十九番族之内，久为厅属。

土官一经册封，就有义务听从朝廷的调遣，或从征，或守边，或屯种。《明太祖实录》卷179洪武十九年十一月载："诏陕西都指挥使司，令诸卫土著铁甲马军悉令整备器械赴京给赏、听操，惟西宁、西凉二卫临边且留守御。"《明太祖实录》卷180洪武二十年正月乙卯载："陕西河州、巩昌、岷州、临洮四卫土著铁甲马军二千九百余人至京听操。人赐钞八锭。"《明太祖实录》卷186洪武二十年十月丙寅载:"诏长兴侯耿炳文率陕西土军三万三千人往云南屯种,听征。"《明太宗实录》卷244永乐十九年十二月甲辰载:"敕镇守河州都指挥刘昭于河州卫选土军一百人,人马二匹,委指挥康寿率领,明年三月至北京。"

3. 明代河州军事方面的设置

明初河州卫指挥司本身就是一个军政合一的机构,属兵部管辖。在河州卫指挥使之上,明廷还陆续设有镇守、守备、参将等军职。《明会典》卷126《兵部九》载:"凡天下要害地方,皆设官统兵镇戍。其镇一方者,曰镇守……其总镇或挂将印或不挂印,皆曰总兵……若陕西止称镇守官,贵州、蓟州等处,虽名总兵,俱无将军印。"明代镇守一职变化颇多,情况非常复杂。朱元璋起兵之初至建文朝,镇守、总兵官之授,专以委任出兵征讨之大将,故徐达、常遇春、蓝玉、李景隆等皆历是职。然此时的镇守、总兵官是兵兴则授,事结则收,如《明太祖实录》洪武二十五年二月癸酉载:"上以西凉、山丹等处远在西陲,凡诸军务宜命重臣专制之,乃命都督宋晟为总兵,都督刘真副之,遣使制谕曰:'其西凉、山丹诸卫军马,凡有征调悉听节制。'"镇守一地的专职总兵官始设于建文四年,即洪武三十五年。《明太宗实录》洪武三十五年八月己未载:"命右军都督府左都督何福佩征虏前将军印充总兵官往镇陕西、宁夏等处,节制陕西都司、行都司、山西都司、行都司、河南都司官军。"此时镇守总兵官尚没有后世那样严格的规定,其辖区也比后世大得多,但确是后来23镇总兵官格局形成之始。明初朝廷曾派重官镇守河州,但此时的镇守并不是一个官职,与后来的镇守不是一个概念。《明兴野记》载:

（洪武十一年戊午）……以陕西都指挥叶升代镇河州。升贪婪无耻,至则尽更正（宁正——编者注）令。十一月,剌哥站土官剌哥率合族酋长以牛、羊、马匹、羊毛至河州易粮。升见头畜无数,欲尽得之,诡文密奏西番侵河州。上允其奏,悉收诛之。升拘番货牛、羊、马匹尽入私家,其余六站番民闻之皆遁去,朵甘思、乌斯藏之路自此亦梗,不复通往来矣。[①]

---

① 陈学霖:《史林漫识》附录（三）俞本《明兴野记》(《纪事录》),洪武十一年,中国友谊出版社2001年版。

50

13—19 世纪河湟多民族走廊历史文化研究

嘉靖《河州志》卷2《管政志·行署》"参将府"条载:"洪武初,以河州地方为西陲之地。钦命帅臣镇守,控制蕃夷,因建帅府。每有更替,必赐敕书,委任之重,凡一应军马、城堡、关隘、蕃族,俱听节制。"实际上河州镇守是在永乐朝以后才成为一级官职。《明会典》卷110《兵部五》载:

> 凡天下要害处所,专设官统兵镇戍,其总镇一方者,曰镇守,独守一路者,曰分守,独守一城一堡者,曰守备,有与主将同处一城者,曰协守……守备一百处:陕西洮州、阶文、固原、环庆等处、靖虏卫、兰州、河州、岷州、灵州、西宁、镇番、红城子、山丹、永昌……

镇守之下的是守备,河州镇守改置为守备是在正统八年(1443)。嘉靖《河州志》卷2《官政志·行署》"参将府"条载:"守备府……正统八年(1443)建。嘉靖乙未(嘉靖十四年,1535)①,更设参将,改为参将府。"《明英宗实录》卷360天顺七年(1463)十二月癸卯载:"命守备河州署都指挥佥事韩春移守岷州。升河州卫指挥使蒋玉为署都指挥佥事,代春守备。从陕西镇守总兵巡抚等官举也。"嘉靖《河州志》所载第一位守备为蒋玉,乃天顺八年(1464)任,可见正统八年设河州守备一职后,至少有韩春担任过此职。

河州参将是由河州守备改置而来,《明世宗实录》卷470嘉靖三十八年三月乙亥载:

> 总督陕西三边军务侍郎魏谦吉以俺答拥众盘据西海,势将入犯条奏预防七事:"一旧规防秋总督驻花马池,巡抚驻固原。今虏势异常,未可执一,当相时进止。若虏寇延、庆,巡抚即移驻庆阳,以便防守。若犯庄、宁,则暂驻兰、巩,以壮声援。总督则量贼势缓急调度策应。一河州地势孤悬,先年唯设守备一员,权轻兵寡,宜改设参

---

① 据嘉靖《河州志》卷2《官政志·秩官》载:"陶时,宁夏卫指挥,升守备。嘉靖己未年(嘉靖三十八年)任。守备自此改设参将。"如此,则此处的"嘉靖乙未年"应为"嘉靖己未年"之误。

将，增兵三千人，与洮、河参将分地防守……一洮、岷、阶、文等处戍卒单弱，宜暂于附近军余及各州县民兵借拨防守……疏下兵部，言六事俱如所拟，惟河州改设参将非难，而增兵为难当先议，增兵三千于何召补，储饷于何措办，方可施行。今已调集诸路兵西援河州，不若随宜调遣为便。上从部议已。谦吉覆奏：'前项军数募补已完，堪以改设，其河州守备宜如前议裁革。'"从之。

《明史》卷76《职官五》载：

> 镇守陕西总兵官一人，旧驻会城，后移驻固原。分守副总兵一人，洮岷副总兵，万历六年改设，驻洮州。分守参将五人，曰河州参将，曰兰州参将，曰靖虏参将，曰陕西参将，曰阶文西固参将。

不过上引嘉靖《河州志》卷2《官政志·行署》"参将府"条载："嘉靖乙未（嘉靖十四年，1535），更设参将，改为参将府。"嘉靖《河州志》的作者吴祯就是嘉靖朝人，当朝人记当朝事，应当不会有太大的出入。《明穆宗实录》卷45隆庆四年五月壬辰："户部覆原任陕西三边总督王崇古条陈陕西善后事宜：'又河州参将居番虏之冲，军无见粮，而西固、阶、文四守备士马刍饷颇有奇羡，宜衰多益寡以均岁支之数。'报可。"

在行省按察司系统，兵备道是按察司的分职机构，但因其职责在于"整饬兵备"，故隶属兵部管理，是属于文官系统按察司的一级军事权力层级。兵备道集监察、军事于一身，是明代后期重要的一项地方制度，在明朝的军事和政治体系中扮演了重要角色。明代兵备官的设置始于天顺六年（1462）到天顺八年（1464），最迟在正德四年（1509）之前，整饬兵备已发展成为一级常设机构，即兵备道。兵备道由最初的兼任发展到常设，并且遍及全国。《明世宗实录》卷458嘉靖三十七年四月甲午载：

> 陕西总督抚按言："河州密迩疆场，乃临巩之藩篱，而大同（通）河实河州之门户也。乞留甘凉班军与客兵共戍之。又河州旧隶洮岷兵备道，隔越五百里。乞就近改属临巩兵备便。"兵部覆奏报可。

《明神宗实录》卷461万历三十七年八月乙丑载："升山西按察使李维祯为陕西洮岷道右布政。"

州判官，明代的州有两种，即属州和直隶州。属州的待遇与县同等，直隶州的待遇与府同等，但品秩相同。据《皇明大政记》载，洪武十七年（1384）八月，"诏州民户不满三千者皆改为县，凡三十七州"①。此后全国尚存有234个州，河州、岷州、洮州即属其中。州设知州一人（从五品），掌一州之政令，同知（从六品），判官（从七品）无定员，视其州事之繁简以供其职。凡不到30里的州，又无属县，不设同知、判官。有属县的，不设同知而置判官。《国榷》卷37宪宗成化十一年（1475）七月辛酉载："增靖宁、秦州、河州判官。兰县、金县县丞。收粮。"《明世宗实录》卷485嘉靖三十九年（1560）六月壬寅载："复设兰州督饷郎中、河州管粮临洮府通判各一员，移凉州监督通判驻劄庄浪。从故总督侍郎魏谦吉请也。"

4. 河州卫与吐蕃

早在明朝建立之初，朱元璋就曾遣使诏谕吐蕃。《明太祖实录》卷42洪武二年五月甲午载：

> 遣使持诏谕吐蕃。诏曰："昔我帝王之治中国，以至德要道民用和睦推及四夷，莫不安靖。向者胡人窃据华夏百有余年，冠履倒置，凡百有心孰不兴愤。比岁以来，胡君失政，四方云扰，群雄分争，生灵涂炭。朕乃命将率师悉平海内，臣民推戴为天下主，国号大明，建元洪武。式我前王之道，用康黎庶。惟尔吐蕃邦居西土，今中国一统，恐尚未闻，故兹诏示使者至吐蕃。"吐蕃未即归命，寻复遣陕西行省员外郎许允德往诏谕之。

《国榷》卷3洪武二年五月载："遣陕西员外郎许允德诏谕吐蕃。"洪武二年十二月，"西域僧班的达等自中印度来朝"②。洪武三年五月，"徐达遣左副副将军邓愈招谕吐蕃"③。八月，"遣通事舍人巩哥锁南等往西域

---

① 朱国桢：（隆庆）《皇明大政记》卷2，洪武十七年八月。
② 谈迁：《国榷》卷3洪武二年十二月庚寅。
③ 谈迁：《国榷》卷4洪武三年五月己丑。

诏谕吐蕃"①。洪武四年十月，"置朵甘卫指挥使司"②。明朝建立之初的几年间，朝廷对于藏区的工作重点大多侧重于招抚，至于西番归顺后如何治理尚处在摸索的状态，并未形成完整的思路。《明太祖实录》卷79 洪武六年二月癸酉载：

> 诏置乌斯藏、朵甘卫指挥使司，宣慰司二，元帅府一，招讨司四，万户府十三，千户所四，以故元国公南哥思丹八亦监藏等为指挥、同知、佥事、宣慰使、同知、副使、元帅、招讨、万户等官，凡六十人。以摄帝师喃加巴藏卜为炽盛佛宝国师。先是，遣员外郎许允德使吐蕃，令各族酋长举故官至京授职，至是，喃加巴藏卜以所举故元国公南哥思丹八亦监藏等来朝贡，乞授职名。省台臣言："来朝者宜与官职，未来朝者宜勿与。"上曰："吾以诚待人，彼若不诚，曲在彼矣，况此人万里来朝，若俟其再请，岂不负远人归向之心"，遂皆授职名，赐衣帽、钞锭有差。仍遣招谕朵甘、乌斯藏等处，曰："我国家受天命，统驭万方，恩抚善良，武威不服，凡在幅员之内，咸推一视之仁。近者摄帝师喃加巴藏卜以所举乌斯藏、朵甘思地面故元国公、司徒、各宣慰司、招讨司、元帅府、万户、千户等官自远来朝，陈请职名……宜从所请，以绥远人。以摄帝师喃加巴藏卜为炽盛佛宝国师，给赐玉印。南哥思丹八亦监藏等为朵甘、乌斯藏武卫诸司等官，镇抚军民，皆给诰印。自今为官者，务遵朝廷之法，抚安一方；为僧者，务敦化导之诚，率民为善，以共乐太平。"初，玉人造赐喃加巴藏卜印，既成以进，上观其玉未美，亟命工易之。其制：兽钮涂金银印池。仍加赐喃加巴藏卜彩段表里二十四。未几，喃加巴藏卜等辞归，命河州卫镇抚韩加里麻等持敕同至西番，诏谕未附土酋。

明初设置的乌斯藏、朵甘二卫指挥使司曾一度归陕西行都指挥使司统管，陕西行都指挥使司罢设后，乌斯藏、朵甘二卫属于明廷直接管辖，但明廷很难直接操管藏区事务，所以明初在许多涉及藏区的具体事务上都有河州卫的参与。河州曾经是元吐蕃等处宣慰司都元帅府的治所。元代吐蕃

---

① 《明太祖实录》卷55 洪武三年八月庚申。
② 《明太祖实录》卷68 洪武四年十月乙未。

等处宣慰司都元帅府下辖脱思麻路军民万户府、河州等处军民总管府、洮州元帅府、岷州元帅府等，① 所以河州在建卫后相当长的时期里，不仅仍旧履行着元代吐蕃等处宣慰司都元帅府的职责，甚至比吐蕃等处宣慰司都元帅府的管辖范围还有所扩大，如洪武初何锁南普本人就曾"命往乌斯，宣布朕命"。《明太祖实录》卷 73 洪武五年四月丁酉载：

> 河州卫言："乌斯藏帕木竹巴故元灌顶国师章阳沙加，人所信服。今朵甘赏竹坚藏与管兀儿相仇杀，朝廷若以章阳沙加招抚之，则朵甘必内附矣。"中书省以闻。诏章阳沙加仍灌顶国师称号，遣使赐玉印及彩段表里，俾居报恩寺化导其民。

这里提到的报恩寺即在河州，可见明初的河州仍是西番活动的中心之一。《明太祖实录》卷 83 洪武六年九月己卯载：

> 番僧卒力加元率其徒朵只巴等来朝，诏赐文绮有差。升朵甘卫指挥佥事锁南兀即尔为指挥同知。初锁南兀即尔仕元为司徒，镇守朵思麻、朵甘司两界，及归本朝，授升朵甘卫指挥佥事，至是。

《明太祖实录》卷 83 洪武六年九月乙酉载："河州卫言：'朵甘司宣慰赏竹坚藏举西域头目可为朵甘卫指挥同知、宣抚司、万户、千户者二十二人。'诏从其请，命铸分司印与之。"朵甘司的事宜由河州卫代言，可见河州卫在处理西番事务中仍有相当的发言权。《明太祖实录》卷 87 洪武七年春正月己酉载：

> 故元甘肃行省平章汪文殊奴及左丞朵儿只星吉、副使失宁卜班、经历普烟不花、副使薛彻里、司卿倒剌沙、监丞那速立丁、元帅禄禄等携其家属自河州来归。诏长兴侯耿炳文等遣人送京师。

此时的河州卫，或可向中央政府反映朵甘藏区的情况，或受中央政府委派诏谕未附的吐蕃首领，甚至一些国师、卫所官员的任命，亦由河州卫

---

① 《元史》卷 87《百官志三》、卷 91《百官志七》。

拟请申报，河州卫实际上肩负着明政府与藏地的桥梁作用。《明太祖实录》卷91洪武七年七月乙卯载：

> 诏置西安行都指挥使司于河州，升河州卫指挥司韦正为都指挥使，总辖河州、朵甘、乌斯藏三卫。升朵甘、乌斯藏二卫为行都指挥使司，以朵甘卫指挥同知锁南兀即尔、管招兀即尔为都指挥同知。诏谕之曰："朕自布衣开创鸿业，荷天地眷佑，将士宣劳，不数年间削平群雄，混一海宇，惟尔西番朵甘、乌斯藏各族部属闻我声教，委身纳欵。已尝颁赏授职，建立武卫，俾安军民。迩使者还言各官，公勤乃职，军民乐业，朕甚嘉焉。尚虑彼方地广民稠，不立重镇治之，何以宣布恩威，兹命立西安行都指挥使司于河州，其朵甘、乌斯藏亦升为行都指挥使司，颁授银印，仍赐各官衣物。呜呼，劝赏者国家之大法，报效者臣子所当为。宜体朕心，益遵纪律。"

西安（陕西）行都指挥司设置于河州后，明朝在藏区有了明确的管理机构，此前管辖权并不十分明确的乌斯藏、朵甘二卫指挥司，现在统统归西安（陕西）行都指挥司所属。明朝设西安（陕西）行都指挥司很显然是想以西安（陕西）行都指挥司为管理乌斯藏、朵甘思、安多三大藏区，而不是某一藏区的最高军政机构，可以说这是废除元代宣政院后，明朝设置的第一个专门管理藏区的军政机构，虽然仅为省一级的行都指挥司，但其在藏区的职权范围已十分接近元代的宣政院。只是元朝宣政院对于乌斯藏、朵甘思、脱思麻藏区的管理为实质性的管理，而西安（陕西）行都指挥司在当时的条件下只能对安多藏区实行实质性的管理，对乌斯藏、朵甘思尚无力进行直接管理。西安（陕西）行都指挥司的设置虽然短暂，但对于进一步加速明朝在藏区的招抚工作却发挥了积极的推动作用。《明太祖实录》卷91洪武七年七月乙卯载：

> 朵甘、乌斯藏僧答力麻八剌及故元帝师八思巴之后公哥坚藏卜遣使来朝请师号，诏以答力麻八剌为灌顶国师，赐玉印，海兽纽，俾居朵多桑古鲁寺，给护持十五道。公哥坚藏巴藏卜为圆智妙觉弘教大国师，玉印狮纽。赐诏曰："佛教兴于西土，善因溥及华夷。虽无律以绳顽，惟仁心而。是则迩来西番入贡，有僧公哥坚藏巴藏卜、答力麻

八剌乃昔元八师巴帝师之后，深通奥典，笃志尤坚，化顽愚以从善，起仁心以涤衍。虽曰遥闻，特加尔号，其公哥坚藏巴藏卜为圆智妙觉弘教大国师，答力麻八剌为灌顶国师，统治僧徒。"

《明太祖实录》卷95洪武七年十二月壬辰载：

> 炽盛佛宝国师喃加巴藏卜及朵甘行都指挥同知锁南兀即尔等遣使来朝，奏举土官赏竺坚藏等五十六人。诏增置朵甘思宣慰司及招讨等司，招讨司六……万户府四……千户所十七……以赏竺坚藏等七人为朵甘都指挥司同知；南哥思丹八亦监藏等三人为乌斯藏都指挥司同知；星吉监藏等十一人为朵甘思宣慰司使；川搠藏卜等八人为朵甘思等六招讨司官；管者藏卜等五人为沙儿可等万户府万户；管卜儿监藏等十八人为朵甘思等一十七千户所千户；速令一人为伦卜卒，曰四族都管；监藏令占等三人为朵甘巡检司巡检。

《明太祖实录》卷95洪武七年十二月己未载："使西番礼部员外郎许允德卒于河州。"《明太祖实录》卷110洪武九年十二月癸酉载："罢西安行都指挥使司。"设置于河州的西安行都指挥司被撤销，后虽重设，已不在河州，但河州的地缘优势仍然存在，《明太宗实录》卷65永乐五年三月辛未载："敕都指挥刘昭、何铭等往西番、朵甘、乌斯藏等处设立站赤，抚安军民。"《明宣宗实录》卷26宣德二年四月甲子载：

> 以遣太监侯显往乌斯藏、尼八剌等处抚谕给赐，遣人赍敕驰谕都督佥事刘昭，令指挥后广等原调洮州等六卫官军护送出境。仍敕川卜、川藏、陇答、罕东、灵藏、上笼卜、下笼卜官牒、上卭部、下卭部、乌斯藏怕木竹巴、必力工瓦等处及万户寨官大小头目军民人等给道里费、且遣人防护。

《明太宗实录》卷65永乐五年三月丁卯载：

> 封馆觉灌顶国师宗巴干即、南哥巴藏卜为获教王。灵藏灌顶国师者思巴儿监藏为替善王。国师号悉如故，俱赐金印诰命并谕怕木竹巴

灌顶国师阐化王吉剌思巴监藏，巴里藏卜同。同获教王、赞善王。必力工瓦国师、川卜千户所、必里、朵甘陇答三卫、川藏等簇复置驿站以通西域之使。令洮州、河州、西宁三卫以官军马匹给之。

《明宣宗实录》卷53宣德四年四月丙戌载：

> 太监侯显等归自乌斯藏，以乌斯藏所遣朝贡剌麻僧人入见。命行在礼部供给如例。其留止河州者，敕都督刘昭如例给之。

《明英宗实录》卷30正统二年五月乙未载：

> 镇守河州都指挥同知刘永奏："乌斯藏等处使臣自宣德间入贡，以道梗河州。彼既羁留异土，此亦虚费边储。乞为发遣。"上敕永令与番使共筹可否？如道途可通，宜以兵卫其出境，毋乖朝廷绥怀远人之意。

《国榷》卷26英宗正统十一年八月辛酉载："河州卫番僧加矢领真在罕东卫通瓦剌，至是来朝，安置南京。"

《明英宗实录》卷149正统十二年正月己卯载：

> 乌斯藏答隆地面剌麻赏初坚锉巴藏卜等遣番僧奏称，宣德年间遣来使臣国师哈力麻、指挥必力工等三百余人分住于丹的寺等处，被达贼阻杀，至今未回。乞遣军马开通道路护送。上从之。仍谕礼部，宣德年间乌斯藏来朝使臣亦有在河州居住年久，家业已成不愿回者。今若一概逼迫出境，恐致失所。其令镇守西宁都指挥金事汪清同该卫官，体勘见在人数并各人实情，其愿回者，量拨人马护送出境，听其自回。仍严戒饬护送人在途不许生事扰害，有失远人之心。

《明英宗实录》卷158正统十二年九月癸巳载：

> 镇守西宁都指挥汪清等奏："奉旨取番僧赏初坚锉巴藏卜，已死。及原留河州居住国师剌麻使臣人等二百五十七人。今止余一百六

十二人，欲便发回。缘各僧生呈幻惊疑，不肯行。见在西宁等地自在游方化缘。宜听其便。"从之。

《明武宗实录》卷61正德五年三月癸未载：

> 乌斯藏大乘法王差剌麻绰吉我些儿等八百人从陕西河州卫入贡。礼部以其违例，宜减赏及究河州卫指挥使徐经不行审验之罪。上命巡按御史逮经治之，仍令是后宜加审验，不许重冒起送。

从西安行都指挥司设置于河州到陕西行都指挥使司移设甘州，其间的变化恰恰反映出明初中央政权在治理西北边防上的重心转移和职能演变。明朝初年，当河西地区尚未完全平定之前，明朝政府设西安行都指挥司于河州，领河州、朵甘、乌斯藏三地，其主要目的在于依托元代以来河州地区业已形成的地缘政治与民族关系的优势，治理三大藏区，并希望以河州为踏板使明朝势力进一步深入朵甘、乌斯藏藏区，而对于盘踞在河湟地区的蒙古势力，由于此时河西、河湟的蒙古各部连为一体，河湟之蒙古势力仍能够以河西蒙古为后盾，因此，此时河湟地区的蒙古势力对于明朝军队的到来大多持观望态度。迫于这种形势，最初的西安行都指挥司的职能重心主要是针对西北、西南之藏族，以藏族的归附带动该地区的稳定，反过来又以该地区的稳定促进当地蒙古势力的分化和归降。但是，随着明朝军队的迅速西进，形势发生了较大的变化，西安行都指挥司的职能也随之转变，主要原因为：

（1）明朝军队在河西地区的节节胜利

洪武四年，明军招抚河州后，主力开始向河西用兵。洪武五年，宋国公冯胜率军进入兰州，此后，明军以破竹之势打败了驻守在凉州的元朝大将失剌罕，又在永昌击溃了元太尉朵儿只巴。元将上都驴率所部兵民8300余户投降。至此，元朝永昌路的大部分地区基本平定。永昌路的基本平定为西北政治局势带来了一系列变化：一方面，元朝军队在河西的失败使明朝在西北的统治区域由最初的河、湟、岷、洮等地向西北扩大到河西走廊；另一方面，原本连为一体的故元势力现在被横亘其中的河西走廊阻断为隔山遥望的南北两大部分，彼此间的联络基本断绝。河西走廊以北的蒙古势力与蒙古草原的北元势力联合在一起，继续与明朝军队抗衡，而河西走廊以南的故元势力则大多归顺明朝,成为明朝统治西北地区的蒙古土官。

明朝军队在河西地区的节节胜利使明初西北地区的政治形势发生了根本变化,明朝不得不下大力气与北元势力抗衡,而向朵甘思、乌斯藏地区的纵深发展已无能为力。因此,以治理西番为主的西安行都指挥司随着形势的发展必须移置到河西走廊一带,负责防御北元势力。洪武九年,明朝罢设西安行都指挥司正是在这一背景下出台的。

(2) 西安行都指挥司自身的缺陷

明朝建立之初,基本上沿袭了元代治理西番的模式,设西安行都指挥司于河州。元代吐蕃等处宣慰司主要负责行政管理,军事管理主要依两大机构:一是都元帅府,在军事需要的情况下,都元帅往往与吐蕃等处宣慰使为一人兼任;二是诸王出镇,河州一带主要有镇西武靖王及弘吉剌家族长吉驸马所率的军队,这是一些机动性很强的军队,也是该地区军事管理的主要依托。从这一点分析,元代对于河州地区军事管理的特点是以点带面。

西安行都指挥司设置后最大的问题就是缺乏一支强大的机动性能很强的军事力量长期镇守在此,作为该地区军事管理的依托和威慑,仅靠河州左、右二卫的军事力量远远不足以管理当地众多民族。事实表明,元代以点带面的军事管理模式并不适合于明初的河州地区,所以,随着形势的急剧发展,明廷必须改变元代以点带面的军事管理方式,为此,明廷于洪武十二年复设西安行都指挥司于庄浪的同时,又以河州卫为基础,增设了岷、洮二卫,用一条网状的防御带取代了元代的重点防御模式,以解决西安行都指挥司迁移后藏区的防御问题。应当说,明朝政府的这一举措对于此后西北地区的统治发挥了巨大的作用。

5. 明初河州卫的特点

(1) 地位显要

明初河州卫的地位之所以显要,主要受两方面的因素影响:一是蒙古势力在明初的河州一带仍然保持着强大的影响;二是河州在明初河湟多民族走廊所具备的地缘优势。

明初的河州不仅是主要藏区之一,而且在元代以来形成的三大藏区中,安多藏区是与内地联系最为紧密的藏区,是中央王朝通往乌斯藏等其他藏区的桥头堡。安多藏区的向背直接影响到中央王朝与广大藏区的关系,安多藏区的稳定与否也直接关系到中央王朝对藏区的治理，所以河州作为安多藏区的政治中心，必然成为中央王朝治理藏区的重中之重，只有有效地治理好河州地区，才能进一步将中央王朝的势力深入乌斯藏等其他藏区。明朝建立之初，朝廷派往乌斯藏等藏区的使者大多是从河州出发的，而藏区的归附者也大多是携部落至河州，然后从河州转至京师的。西安行都指挥使司设于河州后，总辖河州、朵甘、乌斯藏三卫，河州由此成为管理三大藏区的首府。从这一点讲，正是由于明初河州所具备的地缘优势，使河州在中央王朝治理藏区的大盘中获得了得天独厚的政治优势。

　　蒙古势力进入河州始于蒙元时期。元明时期的河州虽然以藏族为主要居民，但蒙古势力却在当地占据着统治地位，其在河州地区的影响远远超过其他藏区。元代蒙古统治者始终将河州视为有效实施管理的地区，同时也是蒙古势力向西南、西北地区发展的根据地之一。正因如此，元代以来大量蒙古军队盘踞和镇守在这一地区，大量蒙古官员在此地区任职。元末明初，大批蒙古将士退守到河州一带，这恰恰证明元朝统治者是将河州地区作为蒙古势力可以退守的可靠据点和最后防线。

　　明朝建立之初，随着大批蒙古高官贵戚与西蕃首领在河州归附，明廷在河州相继设立了武靖卫、岐山卫、高昌卫，以及必里千户所（后升置为必里卫）、岷州、洮州、十八族千户所等土官机构，以安置故元蒙古高官贵戚与藏族上层。依明制，卫一级的机构只能统辖千户所，守御千户所则不隶属于卫，但明初的河州卫其自身不仅有左、右二卫之分，而且还管辖着归德守御千户所，以及武靖卫、岐山卫、高昌卫、必里卫等卫一级的土官机构。洪武七年，西安行都卫设立于河州后，明廷也曾一度将河州升置为河州府，河州的地位陡然上升。这与其说是例外，倒不如说河州自元代以来早已在河湟多民族走廊形成了明显的地缘优势，其重要的战略地位自然不同于腹里一般卫所。此后陕西行都指挥使司虽然改设于庄浪、甘州，河州府也被取消，但河州仍不失为西北边防重镇之一。

　　（2）军队人数众多

　　《明会典》卷112《兵部七》载：

　　　　诸司职掌：凡内、外卫、所，军士俱有定数，大率以五千六百名为一卫，一千一百二十名为一千户所，一百一十一名为一百户所。其有卫分军士数多，千、百户所统则一。每一百户内设总旗二名，小旗一十名，管领钤束，大小相维，以成队伍。

明初的河州军民指挥使司虽为卫一级建制，但其规模则是腹里军卫无法比拟。洪武七年，明廷将西安左卫兵分隶河州卫后，① 河州卫实际上是由两个军卫组成，兵员远远超过万名。尽管如此，明廷仍"遣使者命邓愈发凉州等军士分戍碾北、河州等处"②。洪武十二年，河州左卫分离为洮州卫后，右卫即为河州卫军民指挥使司。此时的河州卫究竟有多少官军，嘉靖《河州志》卷1《地理志·沿革》载：分设后的河州卫有"官军九千八百八十八名。弘治、正德以后逃亡，见在五千五百五十九名"③。《明宣宗实录》卷37宣德三年二月辛未载：

> 守河州卫都指挥佥事刘永奏："河州官军及使臣往来，月用粮料七千余石，每岁西安等府运粮供给。今皆折钞，本卫缺粮"……奏："河州所属地方多是土軰、番人，比年天旱薄收，所欠洪熙元年至宣德二年粮一万六千八百四十一石，乞赐蠲免。"上谕行在户部臣曰："边卫粮储为急，其速遣官往陕西经理，别运粮给之。边民素贫，岁又不热（熟），所欠粮俱免征。"

河州月用粮料七千余石，若扣除使臣往来所用粮料一千石，则河州官军所用粮料大体在六千余石。按一名官军月用粮一石计，此时河州应有官军至少在六千名以上。嘉靖朝张雨《边政考》卷3《洮岷河图》载：

> 河州卫，官军原额马步七千七百员名，新旧招募壮丁二千二百九十二名……归德守御千户所，官军二百四十八员名……大通河堡，防守官军七十六名……冯家堡，防冬官军四百员名……弘化寺堡，防冬官军五百员名……积石关，防守官军九员名……乩藏关，防守官军一十二员名……老鸦关，防守官军二十员名……土门关，防守官军八员名……红崖子山口关，防守官军八员名……西儿脑山口关，防守官军

---

① 《明太祖实录》卷87洪武七年春正月甲子。

② 《明太祖实录》卷112洪武十年五月辛卯。

③ 吴祯纂：（嘉靖）《河州志》卷2《官政志·秩官》，甘肃省图书馆藏。

一十六员名……贾喇嘛山口关，防守军壮八名……火烧岭山口关，防守军壮八名……莫泥沟山口关，防守官军一十七员名……红板岭山口关，防守军壮八名……槐树关，防守官军二十员名……石嘴儿山口关，防守军壮二名……朵只把山口关，防守军壮二名……乔家岔山口关，防守官军二十员名……杀马关，防守官军二十六员名……沙沙刺麻山口关，防守军壮八名……思巴思山口关，防守军舍八名……宁河关，防守军壮三名……陡石关，防守官军二十一员名……大马家滩山口关，防守官军二十一员名……小马家滩山口关，防守官军一十八员名……麻山山口关，防守军舍一十三名……俺陇关，防守官军二十六员名……西山小路山口关，防守军壮九名。

《读史方舆纪要》卷 130《舆图要览》云：

> 河州镇，属卫一，所一，关二十四，堡三。马步官军九千二百十七员名……（其中）河州卫，马步官军七千七百员名；归德所，军一（应为"二"——引者注）百四十八员名；积石等关三十二，军二百九十三员名；大通河等堡，军九百七十六员名。

《读史方舆纪要》所用史料"大约以嘉、隆间为断"①，且大多来自张雨《边政考》，但尽管如此，这些记载仍可证明，明初河州卫分设为左、右二卫后，河州卫官军人数在万名以上，超过腹里卫所的两倍。不过到了弘治时，河、岷、洮三卫戍军已大量逃亡，其兵员已明显不足，不得不向明廷请求在秦州、巩昌等卫所招募义勇。《明孝宗实录》卷 198 弘治十六年三月乙未载：

> 时陕西洮、岷番贼杀掠哨探军士。镇巡等官以闻。因言洮、岷、河等卫兵粮不足，请将巩昌府并秦、巩等千户所召募义勇，简阅听召。而令有司督征粮草，以备支给。兵部覆奏。上命总制等官宜用心堤备，随宜抚处，毋致贻患地方。

---

① 顾祖禹：《读史方舆纪要》"凡例"，贺次君、施和金点校，中华书局 2005 年版。

　　然即使如此，河州卫在嘉靖年间仍有"军卫户四千二百一十一，口六千五百三十三"①。万历时河州、洮州等军卫兵源进一步减少。《国榷》卷74神宗万历十五年四月乙丑载：

　　　　巡按陕西御史杨有仁上言："洮、河旧无胡患，止防番族。自俺答迎佛建寺，招众驻莽剌等川，遂成巢穴。今日所当议有七。洮州兵不满七百。河州营沿边二十四关，皆贼要道，兵不满千。皆当增戍。"章下所司。

《明神宗实录》卷283万历二十三年三月丙戌载：

　　　　三边总督叶梦熊揭称："永、瓦二酋求款未遂，结连火酋谋欲大犯。今查河。洮一带主兵不满四千，必须调发固原镇东西各枝兵马。恐套虏又在窥伺，顾此瞻彼，殆难为计。若临时集众征兵，犹易厝饷实难。乞照先年备虏故事，慨发帑金延、宁、甘、固，每镇十万两，以备粮刍等用。"户部复议："陕西四镇自平叛后，兵饷已增至一十九万有余。况今帑藏匮乏，似难轻议。督臣既称虏谋叵测，合无将四镇年例银一并运发，听其通融接济，至冒破应裁老弱当汰。听督臣一意清查，以臻实效。"奏入，上从部议。

清康熙二十六年时，"河州卫屯丁实在下下丁五千九百六十九丁半"②。

　　明初戍边将士的到来为河州经济的恢复与发展带来了生机。河州卫不仅管辖着万余名戍边将士，而且还管辖着45里的民众，嘉靖《河州志》卷1《地理志·沿革》载：

　　　　成化十年（1474年——引者注），巡抚都御史马文升奏改河州卫原治四十五里为河州，隶临洮府。卫仍军民指挥使司，控制番夷，受守备地方都指挥使节制……嘉靖丙午，知州张宗儒因人丁消乏，奏攒

---

①　（民国）杨思、张维等撰：《甘肃通志稿》卷30《民族》，甘肃省图书馆藏。

②　高锡爵纂修：（康熙）《临洮府志》卷7《食货考上》，甘肃省图书馆藏。

三十一里。①

　　31 个里实际上是明朝政府设置州一级行政机构的最低限度。知州张宗儒因人丁消乏,不得不将"河州卫原治四十五里"奏攒为三十一里,减少了三分之一。但即使如此,此时的河州仍有"户五千二百四十四,口九万二千二百三十二"②,而此时"陕西布政司,人户二十九万四千五百二十六户,人口二百三十一万六千五百六十九口"③。河州占陕西布政司民户总人口的 1/25。

　　(3)统辖众多的卫所

　　明代腹里军卫一般辖有左、右、中、前、后五个直属千户所。嘉靖《河州志》卷 1《地理志·沿革》载:"河州卫军民指挥使司,隶陕西都司,领七千户所",这七个千户所应当是直属千户所,不包含土千户所,也不包含归德守御千户所。《国榷》卷 6 太祖洪武八年正月甲子载:"置陕西归德守御千户所一。"嘉靖《河州志》卷 1《地理志·城池堡寨》载:

　　　　归德州,州西鄙七百里,七站方至。即古归德州。洪武初年,征
　　西将军沐英平纳邻七站。洪武三年,征虏左副将军邓愈克河州,吐蕃
　　乌斯藏等部来归者甚众。四年,指挥宁正拨官军二百名备御。九年,
　　征西将军穷追蕃部至昆仑山,斩首数多。道路疏通,奏设必里一卫,
　　分二十一族……永乐四年(应为九年——引者注),都指挥使刘钊
　　(昭)奏调中左千户一所归德居住守御,仍隶河州卫,委指挥一员
　　守备。

《明宣宗实录》卷 21 宣德元年(1426)九月载:"镇守河州都督佥事刘昭奏:'河州卫官军六所欲于一所内拨六分马步相兼,往宁河城备御',从之。且敕昭严加约束,不可怠慢。若守备不严或出境生事,责有所归。"《读史方舆纪要》卷 60《陕西九》"河州条"云:洪武十二年,改置河州

─────────────

　　① 另《明宪宗实录》《明史》《明会典》将河州卫与河州分置定为成化九年;《通志》作成化七年;《读史方舆纪要》卷 60《陕西九》"河州"记为景泰二年,应以《明宪宗实录》为准。

　　② (民国)杨思、张维等撰:《甘肃通志稿》卷 30《民族》,甘肃省图书馆藏。

　　③《明会典》卷 20《户部五》。

卫，领千户所六，守御千户所一。嘉靖《河州志》卷 1《地理志·屯寨》载："每所十屯寨，计六十屯寨，在州境内；中左所十屯寨，在归德"，然而《河州志》实际只记载了五个千户所和 56 个屯寨的名称，较之《边政考》的记载要疏漏得多。《明世宗实录》卷 126 嘉靖十年六月壬戌载：

　　巡按陕西监察御史陈世辅题称："足食强兵莫善于屯田，而濠、堑、烽、堠、堡、寨又屯田之先务也。本镇沿边一带宜行镇巡官督同守巡将官，遍历边地，逐一阅视墩、堡、城、堑，宜修宜浚者，仍置立图册，拟定工粮，扣算月、日，以时兴举。堡、寨既修，徐议耕量其土，宜设立大、小屯堡。百人以上为大屯，立屯长、屯副；五十人以上为小屯，止立屯长。令其督率耕种。有缺种者官为借给，秋成抵斗还官。照旧纳粮，不系纳粮之地，候三年后起科。近堡设立小教场，暇则督屯丁习射。其中仍筑墩瞭望，遇警举火，收敛人畜，及将近日，京运盔甲，酌量分给。仍奏讨京运银数万两，解赴巡抚衙门，委官买马，分给各堡，令其轮流喂养，专备追贼。然兴事建功要在赏罚，以程督之，使考覆不严则因循玩愒不知所警。宜将前后工程约以年限，以三分为率，不及一分者，将各将领及守备操守等官量行罚治，不及二分者，定拟住俸，全无修举者乞请别议。若该迟误口粮，听巡抚官参究。其有留心边务，依期报完者，以礼犒赏。庶几边备可修，而患足御。"兵部覆，上诏准议行。

　　《边政考》正是嘉靖时所著，其卷 3《洮岷河图》记载了包括中左千户所在内的河州 91 个屯、堡、寨、站，其中屯寨 71 个，堡 14 个，站 6 个，它们是：

　　和政堡、定羌堡、三岔站堡、银川堡、长宁堡。
　　锁南巴寨、二郎原寨、红土坡寨、吹麻滩寨、马莲滩寨、郭儿寨、徐旗寨、红崖子寨、十里屯寨、小寨、马厂寨、松树寨、吉家寨、刁奇寨、莫泥沟寨、水泉坪寨、上五寨、中寨、下五寨、刺麻川寨、王宣寨、杜百户寨、贾百户寨、刘谭寨、打柴沟寨、林檎子寨、围场寨、张八里寨、甘草凹寨、广坡寨、七里屯寨、滴水崖寨、官草凹寨、玉伦沟寨、三条沟寨、江家寨、重台原寨、下川寨、麻家寨、古城寨、陈西寨、尹家寨、火烧寨、潘家寨、蓝达寨、莲花寨、黄家寨、冯家堡寨、槐树子寨、干沟寨、张百户寨、大南岔寨、梨子山寨、万户沟寨、巴羊沟寨、席百户寨。

民堡：大通河堡、弘化寺堡。

屯寨：郝百户寨、南川寨、小黑水寨。

民堡：罗家堡、司家堡、上党家堡、下党家堡、张家堡、魏家堡、梨家堡、麻家寨、撒剌站、清水站、讨来站、红土坡、孙百户寨、居家寨、史家寨、杨百户寨、保安站、窎沟、三岔站、李百户寨、缺（疑为"脱"——引者注）百户寨、季百户寨、周百户寨、王百户寨、吴百户寨。

（三）岷州卫

1. 《岷州卫筑城记》与《二郎山铜钟铭文》

史志对于岷州卫有一定的记载，如《明太祖实录》卷 119 洪武十一年六月辛丑载："命西平侯沐英率陕西属卫军士城岷州，置岷州卫镇之"，但这些记载过于笼统。不过《岷州卫筑城记》与《二郎山铜钟铭文》的发现弥补了这方面的缺憾，从而使岷州卫成为明初西北边防卫所中文献记载最为翔实的一个卫所。为了便于研究，这里先将《岷州卫筑城记》与《二郎山铜钟铭文》作一简要介绍。

1958 年岷县政府在拆除县城东门城墙时，在城门顶部砖石之中发现一块长 60 厘米、宽 30 厘米，刻有《岷州卫筑城记》的小碑石（以下简称《碑文》）。[①]《碑文》是洪武十四年（1381）由筑岷州卫城的监工千户李华、百户秦胜、张林、张胜、孟真等人镌刻的，以示竣工纪念。《碑文》并非官方正式庆典记载，但仍有极高的文献价值。全文如下：

> 岷州古和政郡，统三邑。熙宁六年，宋神宗皇帝开拓河、湟，明将军王韶率众克岷境，留副将种谔继守而整城垣。至淳熙三年，宋孝宗皇帝复命将军马云亦守之。至元废，而荒野颇有继迹。
>
> 洪武十一年秋八月，奉大明皇帝命，指挥马烨等官开设岷卫，统

---

① 此碑现存岷县博物馆，碑文载《岷县志》编纂委员会编《岷县志》，甘肃人民出版社 1995 年版，第 669 页。

率马、步、左、右、前、后、中壮士万余筑城垣、建四门，造战楼、敌台百余座；置仓廪，集粮料伍拾余万石；立屯所三处，辟荒捌千余亩，布种万石，集诸卒，验勤堕，多寡自食用之。十二年夏，奉敕衔将阶州、汉阳、礼店、洮州、岷州、十八族番汉军民千户所钱粮军马，并听岷州卫节制。承制奉行，钦此！

洪武十四年春，有旨造砖瓦，斩木董工。至秋，灰砖数百万卷，砌四城门。入深九丈，基长二十丈，高三丈五尺。盖战楼三层，上五、中七、下九间，点脊高七丈五尺，不及月旬，盖瓦彩画一新，实为固边之要，壮胜也哉！云记。洪武十四年甲申良旦丑时立。

武毅将军监工卷造千户：李华

昭信校尉监工卷造百户：秦胜、张林、张胜、孟真

岷县二郎山坐落在县城南，铜钟就悬挂在二郎山钟亭内。二郎山铜钟铸于洪武十六年（1383），其造型典雅古朴，发音洪亮。铜钟通高 1.65 米，口径 1.23 米，壁厚 8—10 厘米。钟身上下饰有两组六格四线方格纹，方格内铸有铭文。钟口沿饰宽带纹及八卦文。钟身肩部饰变形莲瓣纹，顶部饰以对称龙首钟纽。

铜钟原挂于岷县城内钟楼，钟楼毁于清末兵燹，铜钟移存至宣道会。民国时期完成的《岷县古物调查表》曾记载："古铜钟，明洪武年造，现存城内宣道会。"民国三十四年（1945），岷县民众集资修建二郎山钟亭后，遂将铜钟移至二郎山钟亭内悬挂。二郎山铜钟是岷县现存历史久远的金石文物之一，1982 年岷县人民政府将二郎山铜钟列为县级文物保护单位。

二郎山铜钟是为庆典岷州卫军民指挥使司的设置以及城垣建筑完毕而铸造的。铜钟铭文共分为两部分，第一部分记载了开设岷州卫的史实，第二部分为岷州卫"本卫官"与"合属官"的署名。由于年代久远，铜钟部分铭文已漫漶不清，尤其是序言部分，大多已不能完整读句，现将根据拓片整理的《二郎山铜钟铭文》（以下简称《铭文》），抄录如下：

明威将军佥岷州卫军民指挥司事马烨，淮东六合县人。洪武十一年秋八月，钦奉天子制开拓岷州卫……紫宸宫……皇图，钟鼓合鸣……天听，世世生生广为□□，敬以赞曰：铸钟功德之缘□妙……

之法，交穹响亮之声，以□□封疆之万里。祝圣寿以无量□□齐眉之万岁。烨等仰……天干圣永为亿载之……祈保宁谧之丰……降临坛所普济……阴功共成圆满。

洪武十六年九月初六丙午日本卫官

明威将军岷州卫军民指挥使司守御官：马烨

广威将军指挥佥事：姚贞、潘贵、杨政

经历司

登事郎知事：张仪

迪功郎知事：李文□

卫镇抚司

武毅将军管军卫镇抚：李富、金锐

兵居令史：杨晟、郑□

□□令史：师孝德、□□□、刘□□

吏□令史：赵纪、……

□□令史：毛友良

承发□典吏：陈泉

经历司典吏：张瑄、梁怡中、解名义、吴忠、罗文具、刘敏、郑光中

合属官

左千户所

武节将军管军正千户：杨忠

武毅将军管军副千户：□虎、李华、□□

承信校尉管军百户：杨华、朱富、……

忠显校尉管军所镇抚：……

右千户所

武节将军管军正千户：□□、朱铭

武毅将军管军副千户：□□

承信校尉管军百户：万志、孙原、宋□、张□、□□、陈文、□□、张□

忠显校尉管军所镇抚：杨华

中千户所

武毅将军管军副千户：陈才、□□、□□

承信校尉管军百户：张仝、孔兵、李□、张□、□□、丁用、马□、□□、周旺

前千户所

武毅将军管□□□□：……

武毅将军管军副千户：周荣、郎俊

承信校尉管军百户：李华、□□、□□、许□、吴良、贺瑾、陈英、□□、张□

忠显校尉管军所镇抚：尹谦

后千户所

武毅将军管军副千户：寻诚、刘成、乐信

承信校尉管军百户：赵成、许旺、刘温、沈安、张生、陈骏、孟真、杨义、牛麟、刘真、张林、唐继祖、刘文畅

忠□校尉管军所镇抚：葛礼、□□、王德、吴德、高通、杨情、何真、孙让、赵衡、韩福、王才义、张□、赵兰

……

礼□□千户所

□□将军管军正千户：赵□□

□□校尉管军百户：□□、□□……

忠显校尉管军所镇抚：苏□、赵鉴

吏目：李祥

阶州守御千户所

武节将军管军正千户：李□

武毅将军管军副千户：陈从

承信校尉管军百户：宋□、黄□、许□、孙才、□富

忠□□尉管军□镇抚：闵志、侯春

西固城军民千户所

武毅将军管军副千户：姚富

武略将军管军副千户：严志、严才

承信校尉管军百户：□□、周德、葛仁、曹旺、徐□、王仁、陈良、袁贵

忠显校尉管军所镇抚：杨春、石秀

吏目：谢泽

洮州军民千户所

武德将军正千户：虎朵尔只藏卜

昭信校尉百户：付答答、□哈石乩、赵哈石乩、马疋足、赵谷奴元宜、赵速南朵只

忠显校尉管军所镇抚：刘平

忠翊校尉都管：付契奴办、马党只藏卜、杜答答、赵党只官卜

武德将军岷州军民千户所正千户：王福德

十八族军民千户所

武略将军副千户：包旺

昭信校尉百户：马珍、包木明肖、包辇占肖、包阿速、包答蛮、郎扎即、包扎秀、赏占密

忠显校尉所镇抚：陈坚、谈谷智

忠翊校尉都管：成那速、包□、包辇占、包速南党、成先宜、□速南党只……

吏目：谭□

丰赡仓

大使：□□、卢尔德光

副使：贾士弘

岷山驿丞：□□□……

西津驿丞：闵□

酒店子驿丞：……

酒店子递运所大使：李□

梅川递运所大使：戴复初

野狐桥递运所大使：……

岷州卫铜冶作头：……

监工官

镇抚：宋保

百户：吴源

梅川守御官

武毅将军管军副千户：李茂、施茂、曹□、薛贵、王真、宋真

承信校尉管军百户：居全、张林、周山、陈讨、吴理、熊容、周元、焦成、明义、姜忠、礼遇、黄忠、李云、任龙、刘桂、席忠、刘

元、刘福、卢兴、李广

　　忠显校尉管军所镇抚：李容、杨继

　　礼店前千户所

　　武节将军管军正千户：张席

　　武毅将军管军副千户：叶茂

　　承信校尉管军百户：许逮、陈铭、何源、刘□

　　（说明：文中"……"表示丢失字数难以确认；"□"表示小面积缺字，但可以辨识缺少字数。）

　　岷州卫城建成后，历代多有维修，《明宣宗实录》卷68宣德五年七月甲子载："陕西岷州卫军民指挥司奏：'洪武初设卫治，历年既久，四门城楼、仓库、坛场、馆驿、铺舍皆毙。今当修葺。请于所属岷州借拨民丁与守城军士候农隙用工。'从之。"

　　《铭文》已静静地存在了600多年，却很少有人仔细研读，以至于永乐年间袁福征的《建修岷治记》中就已出现了"洪武初，李思齐降附，制命曹国公李景隆开设岷卫"等如此浅显的错误，[①]而康熙四十一年《岷州志》的编纂者汪元绸，这个在《岷州志》中多处标榜"钟楼……康熙三十九年同知汪元绸重修"的地方官吏，同样未仔细阅读过《铭文》，因此不仅沿袭了《建修岷治记》的讹误，更重要的是未能将如此珍贵的金石文献稽录于《岷州志》，从而影响到后世所著《陇右金石录》亦未收录该铭文。[②]《铭文》由于未正式刊录，[③]而《碑文》虽正式刊录，但影响范围有限，故这两件文物的珍贵价值竟被长期湮没。

　　2. 明初岷州卫的考述

　　（1）岷州军民千户所与岷州卫军民指挥使司

　　正如《明兴野记》所载：洪武之初，何锁南普领洮州、岷州、常阳、帖城、积石、十八族等六元帅府大小头目归附后，明廷改岷州、洮州等六元帅府为千户所。所以岷州军民千户所的前身就是元吐蕃等处宣慰司都元

----

　　① 康熙四十一年汪元绸修、田而襥等纂：《岷州志》卷18《艺文中》，甘肃省图书馆藏。

　　② 张维：《陇右金石录》，民国三十二年甘肃省文献征集委员会校印，甘肃图书馆藏。

　　③ 《二郎山铜钟铭文》曾收录于岷县政协编的《岷县文史资料选辑》第四编（未正式出版），1997年版。

帅府所辖的岷州军民元帅府。① 洪武三年（1370）置河州卫后，岷州千户所属河州卫管辖，性质为土千户所。洪武六年，明廷再次"置洮州、常阳、十八族等处千户所六，百户所九，各族都管十七，俱以故元旧官鞑靼等为之"②，岷州千户所亦在其中，仍为土官性质。河州卫分为左、右二卫后，原河州南部辖区归河州左卫管辖。洪武十年，西番川藏诸部邀杀明使者巩哥锁南③，明廷命邓愈为征西将军、沐英为副将军率兵讨伐。洪武十一年，"命西平侯沐英率陕西属卫军士城岷州，置岷州卫镇之"④。《明兴野记》载："洪武十三年庚申，曹国公李文忠领大军筑洮州新城于杨撒里及岷州旧城垣，各设卫所，铨官守之。"《明太祖实录》卷134 洪武十三年十一月戊申载："上念（刘）广之功，复命其子贵袭职，使镇守陕西岷州。"《明太祖实录》卷144 洪武十五年四月乙巳载："改岷州卫为军民指挥使司。"洪武十九年十二月，"番寇作耗（疑为乱——引者注），岷州军民指挥使司指挥佥事马烨，遣千户张广率阶、文等处官军击之，追至野麻峪、针条岭，杀获三百七十人，余众溃散"⑤。马烨虽为岷州卫第一任指挥使，但很快又随军征战云南等地。《明太祖实录》卷187 洪武二十一年正月癸丑载："长兴侯耿炳文承制遣陕西都指挥同知马烨率西安等卫兵三万三千屯戍云南。"《明太祖实录》卷194 洪武二十一年八月庚午载："置泸州赤水层台三卫指挥使司。时陕西都指挥马烨征南，还言泸州与永宁接壤，乃诸蛮出入之地，宜置守兵。遂从其言，调长安等卫官军一万五千二百二十人分置各卫。"《明史》卷42《地理三》载：

　　岷州卫，元岷州，以旧佑川县地置，属吐番宣慰司。洪武四年正月置岷州千户所，属河州卫。十一年七月升为卫，属陕西都司。十五年四月升军民指挥使司。嘉靖二十四年又置州，改军民指挥使司为卫。嘉靖四十年闰五月，州废，仍置军民指挥使司。洪武二十四年建岷王府。二十六年迁云南。北有岷山，洮河经其下。南有白水，一名临江。又东有石关。东北有铁州，元属吐蕃宣慰司。洪武四年正月置

①　《元史》卷87《百官志三》、卷91《百官志七》。

②　《明太祖实录》卷79 洪武六年二月庚辰。

③　在《明兴野记》中，此"巩哥锁南"为"速南藏卜"。

④　《明太祖实录》卷119 洪武十一年六月辛巳。

⑤　《明太祖实录》卷179 洪武十九年十二月己亥。

铁城千户所，属河州卫，后废。领所一。南距布政司千五百五十里。

康熙《岷州志》卷2《沿革》载：

> 是年（洪武十一年）秋，命指挥马烨掌岷州……永乐初设都指挥镇守地方。天顺间，改镇守为守备……成化四年设兵备道以弹压于上。嘉靖四年，用副使翟鹏奏，增设通判，监收粮饷。二十四年，巡按御史朱征议置州治之……三十八年，道臣孟养性请裁州守，一切粮税归通判、经历管理。四十二年，巡按御史韩君恩以经历官征不便约束，题准裁去通判，添置抚民同知，专理一十七里钱粮并岷州一切军民诉讼、仓库、狱囚、学校、城池、兵马、屯田、粮饷。迄今仍旧贯云。

《国榷》卷23宣宗宣德十年七月甲戌："起复岷州卫经历许垒，垒忧去。土民诸生各颂其德。上以一远幕能得下，复之。"《明世宗实录》卷298嘉靖二十四年四月丙午载："增置陕西岷州，治属巩昌府，裁革巩昌通判一员。"嘉靖二十四年（1545），巡按御史朱征奏请设岷州，改军民指挥使司为卫，隶巩昌府。后因"征发繁重，人日困疲，且番人恋世官，而流官又不乐居，遥寄治他所"①，嘉靖四十年，州废，仍置军民指挥使司。《岷州志》卷12《职官上》载："有明嘉靖四年，用副使翟公奏，设监收通判一员。至二十四年置州，添设官吏。三十八年裁去州官，一切粮税仍归诸通判。四十二年复裁通判而设抚民同知。"《明世宗实录》卷497嘉靖四十年闰五月乙巳载：

> 裁革陕西岷州。岷西临极边，番汉杂居。国初将土番十六族改为十六里，设卫以统之。羁縻当差，相沿且二百年矣。至嘉靖二十四年始设州治，由是民夷胥称不便，地方渐敝。至是督抚陕西都御史郭乾等言："岷自建州以来，徭役烦累，民皆逃散诡匿，加以水旱霜雹，生计无聊，人心摇惑。今州官假别差之故而寄他邦，兵备官羁縻旦夕，势不可久。且番夷之情，狃习世官，而流官之任更代不一，不若

---

① 《明史》卷330《西域二》。

仍卫革州，相安于无事。所遗人民仍属岷州卫历司兼管，添设巩昌府通判一员，住劄其地，监收民屯粮草。再设知事一员分理之。儒学仍改卫学，学正改选教授。庶几夷情顺而边境永宁矣。"上以为然，故有是命。

据《碑文》载，洪武十二年，岷州卫除直属的五个千户所外，明廷又将阶州、汉（常）阳、礼店、洮州、岷州、十八族番汉军民千户所等原本由河州左卫管辖的千户所统统转归岷州卫节制，而河州左卫成为后来的洮州卫，右卫则为分置后的河州卫。现在的问题是，原河州卫的官兵分流成洮州卫、河州卫，那么岷州卫的官兵从何而来。根据上引"西平侯沐英率陕西属卫军士城岷州"来看，岷州卫的官兵应当是从河州左、右二卫以外的陕西属卫中征集而来。

岷州卫是否如《明史》卷42《地理三》所言，直接由岷州千户所升置而来？有关这一点《大明一统志》《明会典》《边政考》等史籍以及康熙二十六年《岷州卫志》只记载了洪武十一年设岷州卫，未提及岷州卫与岷州千户所的关系。后世在言及明初岷州千户所与岷州卫的关系时几乎都沿用了《明史》卷42《地理三》的说法，即岷州卫是由岷州千户所升置而来。现据《碑文》与《铭文》可知，岷州卫并不是由岷州千户所直接升置而来，如《碑文》明确记载洪武十二年，岷州卫"奉敕衔将阶州、汉阳、礼店、洮州、岷州、十八族番汉军民千户所钱粮军马，并听岷州卫节制"。同样《铭文》中既有岷州卫军民指挥使司，又有岷州军民千户所。《碑文》立于洪武十四年，《铭文》铸于洪武十六年，此时岷州卫已设置数年，岷州军民指挥使司亦设置一年有余，但岷州军民千户所依然存在，并属岷州卫军民指挥使司管辖，这说明岷州卫不是由岷州千户所升置而来，岷州千户所也不是岷州卫的直属千户所，而是岷州卫管辖的一个土千户所。

岷州军民指挥使司设置后，岷州千户所与洮州军民千户所一样成为军政合一的军民千户所。值得一提的是，洮州军民千户所非但不属于洮州卫管辖，反而归岷州军民指挥使司管辖，且洮州军民千户所千户虎朵尔只藏卜家族日后的活动以及所担任的官职也都在岷州，可见洮州军民千户所虽冠以洮州之名，但无论在行政划分上还是在区域划分上都不属于洮州卫，这足以证明岷州卫的地位远远高于洮州卫。

　　为了保证岷州卫的供给与安全，明廷又在岷州卫相继设立了丰赡仓、三个递运所和一些关隘。《明太祖实录》卷 126 洪武十二年冬十月甲子载："置岷州卫丰赡仓。"《明太祖实录》卷 139 洪武十四年十月辛巳载："置陕西递运所四：巩昌漳县一，曰三岔；岷州卫三，曰酒店子、曰梅川、曰野狐桥。"《明太宗实录》卷 192 永乐十五年八月己未载："复设陕西临洮、巩昌、洮州、岷州等卫关隘。"

　　岷州卫升为岷州卫军民指挥使司后，其职能发生了很大改变，如《碑文》显示，岷州卫尚未升为军民指挥使司前，只统率五个直属千户所，对于阶州、汉阳、礼店、洮州、岷州、十八族番汉军民千户所等则需要"奉敕"节制，但洪武十五年，岷州卫升为军民指挥使司后，① 对于阶州、礼店前、礼店后、洮州、岷州、十八族番汉军民千户所、西固城军民千户所、梅川守御等千户所已不再是"奉敕"节制，而是如《铭文》所载，与五个直属千户所一道成为岷州卫军民指挥使司的"合署官"。能如此细微、完备地将明代军卫与军民指挥使司的区别加以记载，这在明代正史与方志中很难见到，而《碑文》与《铭文》则为我们提供了直接的证明。

　　明初的岷州卫军民指挥使司，其地位已上升成为与河州卫相提并论的卫所，甚至一度超越河州卫，如洪武末年朱元璋就曾打算将自己的儿子封为岷王，镇守岷州，后因形势有变，岷王改设云南。

　　永乐朝以后，岷州卫指挥使的职能开始分解，《岷州志》卷 13《职官下》载：

　　　　当洪武之初，岷卫戎甲盈万，卫指挥分辖之，即管民地之经历司亦隶于卫，军民之号，诚无添焉。迨夫永乐以后，军事则专归诸镇守、守备、指挥以及兵备道，而卫不与；嘉靖以后，民事则归诸别驾以及抚民郡丞，而卫不与。为指挥者，惟与二三僚佐专管屯务，而屯地之刑名钱谷，郡丞且得而综核之矣。

　　实际上，上述所云不独在岷州卫存在，在明代河、岷、洮、西宁四卫中均不同程度地存在，即卫所的军权大体在永乐以后已转移到镇守、守备、参将以及兵备道等职权之下，卫指挥使不再过问。

---

　　① 《明史》卷 42《地理三》。

（2）明初岷州卫的规模

①岷州卫所属千、百户所

明代岷州卫管辖的地域远远超过了今天的岷县范围，也较《岷州志》记载的范围为大，它涵盖了今甘肃陇南地区的大部，甘南自治州以及定西市的部分县区。与河州卫一样，明代岷州卫的规模也远远大于腹里军卫，但以往史籍对于明初岷州卫的记载却是郢书燕说。《大明一统志》卷37"岷州卫军民指挥使司"条载："岷州卫军民指挥使司……元于佑川县境复置岷州，属吐蕃等处宣慰都元帅府。本朝洪武十一年，置岷州卫军民指挥使司，隶陕西都司……领千户所四，军民千户所一：西固城军民千户所。"《读史方舆纪要》卷60《陕西九》"岷州卫"条载："洪武十一年置岷州卫军民指挥使司，领千户所四，军民守御千户所一，隶陕西都司。弘治中改属固原镇……西固城军民千户所，在卫南四百里。元置汉番军民上千户所，明初改今名，隶岷州卫。"康熙《岷州志》卷1《沿革》亦载："岷州卫领军民千户所四、西固军民千户所一。"从上述记载看，很容易诱导后人误以为明初的岷州卫只管辖有军民千户所四和一个西固军民千户所。实际上上述记载是说明初岷州卫除直属卫所外，还领有四个土军民千户所和一个西固城军民千户所，如《铭文》中除前、后、左、右、中以及礼店后千户所、梅川守御千户所、阶州守御千户所等流官卫所外，就剩下礼店前千户所、十八族军民千户所、岷州军民千户所、洮州军民千户所四个土千户所和一个西固城军民千户所，而明初的铁城、常阳、招藏等千户所或裁设或合并。康熙《岷州志》卷1《沿革》在重申"岷州卫领千户所四，军民千户所一"的同时，卷2《屯旗》进一步载：

　　　　按前代岷卫四所屯寨共一百五十七处：内左所屯寨四十处（静宁州二十处，秦安县十处，本卫地方七处）。右所屯寨四十处（秦安县十处，清水县七处，本卫地方二十三处）。中所屯寨五十三处（宁远县六处，清水县五处，静宁州四处，秦安县四处，本卫地方二十三处，铁城十一处）。中左所屯寨二十四处（河州二处，清水县三处，西和县八处，静宁州三处，本卫地方八处）。

很显然这是将流官管辖的堡寨与土官部落混淆了。由此可见《碑文》与《铭文》在一定程度上校正了《大明一统志》《明史》及《岷州志》

等史籍的记载。

方孔照《全边略记》卷4《陕西延绥略·固原镇》载:"(正统初),岷州千户苏玘奏:'本所额旗千一百二十名,先调甘,继调凉,除屯者而城守十之二。且岷隘五十,外薄西番,其照洪武例,一分屯田,九分守城,缓急无虞也。'从之。"这个苏玘应当是岷州卫所属西固城军民千户所的千户。《明英宗实录》卷125正统十年正月戊子载:"陕西西固城军民千户所千户苏玘、李瑛怀私互相诬讦,至八九年不释,其辞所连百余人。巡按监察御史蒋诚上其狱,俱当赎徒还职。上曰玘等长恶不悛,累及无辜,其特调甘肃边卫带操。"从这一记载看,正统时岷州卫西固城军民千户所的额军人数为1200名,相当符合明廷的相关规定,① 只是常常被征调他处或为官军私役。《明宣宗实录》卷52宣德四年三月壬寅载:

> 陕西岷州卫军雷霖言:"岷州卫山口旧设关隘哨,备用军千五百人。今多为管军官私役。仍于岷州调集民丁五百余人助军巡守,妨废农业,甚为民患。乞敕所司依旧例以军哨备,戒约管军官不许私役。若有死亡,急补其阙。庶使军民各得其职。"从之。

《明宪宗实录》卷103成化八年四月癸酉载:

> 整饬陕西洮、河兵备按察司副使吴玘奏:"岷州卫城守士卒仅三百五十人,而卫有大崇教寺。旧乃分卒五十人守之。比寺之殿庑毁于火者过半,而守卒如故,虚费粮赏。乞量留十人余。令悉还本卫城守。"从之。

但是根据《铭文》所载,明初岷州卫军民指挥使司所属各千、百户所的建制并不规范,如左千户所、中千户所各有三个以上的副千户;梅川守御官名下有5个副千户、20个百户;后千户所名下有13个百户、13个所镇抚;而大部分千户所名下则不足10个百户。然即便如此,《铭文》中岷州卫的指挥、千户、百户以及各级镇抚仍有百名之多。

明初西北军卫所辖的屯寨,大多为百户寨,即一个屯寨为一个百户。

① 《明会典》卷112《兵部七》。

明初岷州卫究竟管辖着多少个屯寨，已无确切记载。二郎山铜钟铭文由于漫漶不清，所载亦不十分完整，但毕竟还记载了明初岷州卫直属百户大体在 50 个左右，若加之后来并入直属千户所的梅川守御千户所，则岷州卫所辖百户大体在 70 个左右。《明宪宗实录》卷 68 成化五年六月申载：

> 巡抚陕西右副都御史马文升奏："岷、洮二州密迩番族，寇入之路颇多而寨隘空阔，难于防御，其屯住军民亦各散乱。寇辄乘夜剽掠或白昼于僻地邀劫行旅。岷、洮二卫官旗坐是失机左降殆尽。然情实可矜。今邻住多那诸族虽已听抚，然夷情叵测，不可不防。请于缘边番寇出没之地，修筑寨隘及军民屯堡，有警互相应援并力邀击，则守御有方而官军可安其职。"诏从之。凡新修屯堡五十余所。

嘉靖朝时，岷州仍有堡寨 63 个，张雨《边政考》卷 3《岷州卫》下载：

> 岷州卫，寨堡六十有三：答笼沟寨、仁沟寨、茶埠峪寨、梅川寨、班哈山寨、申都寨、永宁堡寨、白水川寨、红堆寨、卓落山寨、䂵𥗀岭寨、砖塔寺寨、酒店子寨、栗林寨、禄撒寨、西固口寨、陵兀赤寨、占藏龙寨、峪刚都寨、柏杨林寨、分水岭寨、大沟寨、甘寨、哈答川寨、赏家族寨、新桥寨、脚力寨、颠角寨、高楼寨、何家寨、宕昌寨、老鼠川寨、新城子寨、曹家寨、骆驼巷寨、中寨、庙儿寨、深沟寨、下冷地峪寨、野狐桥寨、冷地峪寨、桥头寨、坎卜他寨、鹿儿坝寨、马相沟寨、高石崖寨、章哈沟寨、老鸦山寨、镇羌寨、吾麻沟寨、三岔寨、木昔寨、栢木赤寨、怕石沟寨、水磨沟寨、马崖寨、师婆寨、栢杨铺寨、石关儿寨、中寨、三十里铺寨、西津堡。

康熙二十六年《岷州卫志》成书时，岷州仍有千、百户 34 员，屯寨 61 处，但其中有屯寨名称的仅 15 处。① 因此，张雨《边政考》记载的这些屯寨，其史料价值弥足珍贵。

除屯寨外，岷州卫还管辖着 17 个里的民众。康熙四十一年《岷州

---

① 　康熙二十六年余谠纂辑：《岷州卫志·官师》，甘肃省图书馆藏。

志》卷1《沿革》载："岷州卫……移直隶各省官军守之，并经历司编户十六里，又迁岐山县在城里民居之，谓之样民，总计一十七里。"

②岷州卫官军员额

由于明初岷州卫的军队并不是由河州卫分离出来的，而是由沐英、马烨等征讨吐蕃时带来的，所以其官军员额并不受河州卫的限制。《岷州志》卷13《职官下》载："当洪武之初，岷卫戍甲盈万，卫指挥分辖之。"《岷州志》卷17《艺文上》引《重建学宫记》云："国朝洪武中……乃设军民指挥使司，戍以甲卒万。"《碑文》载："指挥马烨等官开设岷卫，统率马步左、右、前、后、中壮士万余筑城垣、建四门、造战楼、敌台百余座。"仅岷州卫直属千户所就有马步官军万余名，若加上后来设置的中左千户所、阶州守御千户所、文县守御千户所、前、后礼店千户所、西固城军民千户所等，则明初岷州卫军民指挥使司的马步官军人数不仅是腹里军卫的两倍，甚至超过了河州卫。《读史方舆纪要》卷130《舆图要览》"岷州"条载明初官军规模时云：

> 岷州镇，属卫一，所三，寨七十，堡八。马步官军一万四千九百三十八员名……岷州卫，军七千五百五十四员名；阶州守御千户所，军二千七百五十二员名；文县守御千户所，军二千九百三十一员名；西固城军民千户所，军一千六百三十九员名。

嘉靖时期，卫所军屯人员大量逃亡，官军规模骤减，如张雨《边政考》卷3《岷州卫》载，岷州卫"官军原额马步五千九百一十三员名"，若除去"逃故、分拨凉州、轮班守御"等因素，实际见在"各城堡防守、摆塘二千五百九十名，留城八百八员名"；"阶州守御千户所，官军原额马步二千八十五员名……见在黄鹿坝等寨六百六十七员名，留城一千一十八员名"；"文县守御千户所，官军原额马步二千四百八十一员名，除逃故外，见在各寨堡九百三十二名，轮班、见操、屯种旗军二百五十名，留城二百七十员名"；"西固城军民千户所，官军原额马步一千一百一十五员名，除逃故外，见在各寨防守五百二十四员名，屯田军三百二十员名，留城六百三十八员名"。与明初相较，张雨《边政考》所载的"官军原额"已经是几经逃亡后的军屯人员数，但即使如此，这仍然是一个庞大的屯垦大军。

（3）阶州、文县守御千户所与西固城军民千户所

①文县、阶州守御千户所

《明太祖实录》卷60记载了洪武四年正月河州卫属下的两个汉番军民百户所中就有"阶、文、扶州汉番军民百户所"，但此时"阶、文、扶州汉番军民百户所"很可能是遥设，缘此时阶、文二州仍为夏明升统治着，尚未在明朝羽翼之下。《明太祖实录》卷64洪武四年四月载：

> 丙午，颍川侯傅友德攻蜀阶州，克之。先是，陛辞，上密语之曰："蜀之人闻吾兵西伐，必悉其精锐东守瞿塘，北阻金牛，以拒我师。彼必谓地险而吾兵难至。若出其不意，直捣阶、文门户，既隳，则腹心自清。兵贵神速，但患尔等不勇耳。"友德受命，驰至陕西，集诸道兵。扬言出金牛，而潜使人觇见青州、果阳空虚。阶、文虽有兵垒而守备单弱。于是引兵趋陈仓，选精兵五千为前锋，攀缘山谷，昼夜兼行，大军继之，直抵阶州。蜀守将平章丁世真率众来拒，友德击败之，生擒其将双刀王等十八人。世真遁去，遂克阶州……己丑，颍川侯傅友德兵至文州，距城三十里，蜀人断白龙江桥以阻我师。友德督兵修桥以渡，至五里关，蜀平章丁世真等后集兵拒险，都督同知汪兴祖跃马直前，中飞石死。友德怒，奋兵急攻，破之。世真仅以数骑遁去，遂拔文州。

文州、阶州既克，明廷设文州汉番千户所。《明太祖实录》卷64洪武四年四月乙巳载："置文州汉番千户所，以王均谅为副千户，赐文绮十匹及袭衣、靴袜。先是，均谅为汉番千户，受夏主命摄礼店元帅府同知，至是来朝贡马，因授以职，使还戍其地。"王均谅返回后不久，即被丁世真等磔杀。《明太祖实录》卷66洪武四年六月戊戌载：

> 伪夏平章丁世真率众寇陷文州，指挥佥事朱显忠死之。显忠，泰州如皋人。初同兄贞事张士诚。我师下松江，显忠兄弟率部下来降。吴元年，授濠梁卫指挥佥事。后从御史大夫邓愈下河州，抵土蕃，还守河州。及从颍川侯傅友德克文州，遂留守之。至是，世真诱合番寇数万来攻……显忠被伤……战力不支，城破为乱兵所杀。千户王均谅被执，不屈，蜀人磔之于文州东门。

与文州汉番千户所同时存在的还有文县,明初归阶州管辖。张雨《边政考》卷3《阶州守御千户所》载:

> 岷岭西倾之间,有羊肠鸟道之险,雍梁之交,要荒之域也。汉置武都郡,西魏改武州,唐改置阶州,宋立利州路,元隶巩昌路。国初归附,仍为阶州,设守御千户所,南辖文县……本氏羌地,汉置阴平道,晋为阴平郡,西魏置文州,唐改阴平郡,乾元初复为文州,宋初因之,元置礼店文州蒙古汉儿军民元帅府。国初归附,改为文县,隶阶州,设守御千户所。

洪武六年十一月,"陕西文县土官千户赵伯达贡马二、虎二,并虎、豹、狱皮"[1]。洪武十年六月,"进阶、文二县为州。改两当县为徽县。裁广宗县"[2],但文州设置不久又降为县,继而并入阶州,故有《明太祖实录》卷201洪武二十三年四月丁巳所载"省阶州文县"。《大明一统志》卷35《巩昌府》载:

> 文县,在州东二百一十里……元属巩昌路,本朝洪武四年改为文县,属阶州,二十三年省入阶州,二十八年建文县守御军民千户所,隶陕西都司,寻废所置县……秦州卫,在州治东,洪武十五年建;礼店守御前千户所,在秦州西南二百二十里,洪武中建;阶州守御右千户所,在州治西,洪武四年建,俱隶秦州卫。

考之《铭文》,此处所谓阶州守御右千户所洪武四年建,俱隶秦州卫,误也。而洪武二十八年所建文县守御军民千户所的前身应当是文州汉番千户所。《明太宗实录》卷256永乐二十一年春二月戊辰载:"陕西文县守御军民千户所番人狱昔等贡马,赐狱昔等三人各钞四十锭,彩币一表里,衣一袭。"宣德三年,"陕西文县守御千户杨瑛往谕生番,胁饷需索激变。下都察院狱"[3]。《明英宗实录》卷38正统三年正月载:

---

① 《明太祖实录》卷86洪武六年十一月乙卯。

② 谈迁:《国榷》太祖洪武十年六月庚申。

③ 谈迁:《国榷》卷20宣宗宣德三年二月乙丑。

癸丑，陕西文县守御军民千户所、河南永宁县各奏，天雨淋漓，田禾漶没，办纳粮草艰难。上命行在户部遣官覆实免之……丁巳，陕西文县千户所奏："文县临江铺至尖石铺馈运所，经而地势险峻，时时有坠死者，其南岸地颇坦，夷可除道为便。"上命都督同知郑铭从宜整理。

《明宪宗实录》卷 39 成化三年二月庚申载："陕西文县守御军民千户所土番百户头目马麟等……来朝贡马，赐彩缎等物有差。"《明宪宗实录》卷 39 成化三年二月甲子载：

镇守陕西宁远伯任寿等奏："文县丹堡熟番结构白马等番为恶。百户王昭御之，遇伏战殁。杀伤官军，掠马骡军器等物以去。"兵部言自番夷寇乱累责总兵分守等官抚捕，未闻略行剿戮，少挫其锋，致今益逞凶犷。宜严责守臣必致首恶者，行法以警余党。从之。

陕西文县守御军民千户所曾一度为陕西文州军民千户所取代。《明宪宗实录》卷 40 成化三年三月庚午载："陕西文州军民千户所土番头目阿儿结等来朝贡马。礼部以所贡马少，请给半赏。既而阿儿结恳乞全给。有旨加赐彩缎一表里，以慰夷情。"《明宪宗实录》卷 138 成化十一年二月丙申载："开设陕西文县守御千户所。"《明神宗实录》卷 410 万历三十三年六月戊辰载："陕西文县千户所掌印指挥马继宾奏：'鹞子坪、把呷等一十四族番人告进年例方物。'上下其疏于所司。"

张雨《边政考》卷 3《文县守御千户所》载，明代文县守御千户所有关、寨、堡 22 个，它们是：

临江关、临江堡、玉垒关、梨树堡、新关堡、哈南寨、东屯寨、松平寨、大黑堡、镇羌寨、旧关堡、柳原堡、铁炉寨、烟雾寨、石鸡屯寨、竹园堡、阴平寨、阳汤寨、楼舍堡、阳汤屯寨、九原寨、九原堡。①

---

① （明）张雨：《边政考》卷 3《文县守御千户所》，北京大学图书馆藏。

阶州守御千户所设置于洪武四年十二月，《明太祖实录》卷70洪武四年十二月丙申载："置永宁、贵州二卫及瞿塘关、汉中、阶州三守御千户所。"《明史》卷90《兵志二》载："阶州千户所，旧属秦州卫，嘉靖二十二年改属都司。"《明史》卷42《地理三》"巩昌府秦州"条载：

  阶州，元属巩昌总帅府。洪武四年降为县，属府，十年六月复为州。旧城在东南坻龙冈上。今城，洪武五年所置。北有白水江。东北有犀牛江，即西汉水也。又西北有羌水，下流合白水江。又东有七防关巡检司。西北距府八百里。领县一：文，州东南。元文州。至元九年十月置，属吐蕃宣慰司。洪武四年降为县，属府。十年六月改属州。二十三年三月省。成化九年十二月复置，仍属州。东南有青唐岭，路入四川龙安府。东有白水，西有黑水，流合焉。又北有羌水，一名太白水。东有文县守御千户所，本文州番汉千户所，洪武四年四月置。二十三年改文县守御军民千户所。成化九年更今名。又东有玉垒关。西北有临江关。

按上述记载云，阶州守御千户所、文县守御千户所在洪武十二年前属秦州卫，但秦州卫的前身是洪武六年二月所置的秦州守御千户所，[①]洪武十五年秦州守御千户所才升置为秦州卫，而洪武四年设置的阶州守御千户所、文州汉番千户所显然不可能属于秦州卫，同样也不可能属于洪武十一年设置的岷州卫，而应当属于河州卫，因为洪武三年设置的河州卫中就辖有"阶、文、扶州汉番军民百户所"，这虽为虚设，但已表明明廷将阶、文、扶州的管辖权划归在河州卫名下。洪武十二年的《碑文》载：岷州卫"奉敕衔将阶州、汉阳、礼店、洮州、岷州、十八族番汉军民千户所钱粮军马，并听岷州卫节制"，洪武十六年的《铭文》明确载有阶州守御千户所，这表明阶州守御千户所在洪武四年至洪武十二年间属河州卫，洪武十二年至洪武十六年属归岷州卫节制。守御千户所本应属都司管辖，而阶州守御千户所归岷州卫节制，这在明朝体制管理上是很少见的。想必是阶州守御千户所地处遥远边陲，陕西都司难以有效控制，只得由岷州卫节制。

---

  ① 《明太祖实录》卷82洪武六年二月乙丑。

　　与阶州守御千户所不同的是，作为行政设置的阶州早在洪武时就属于巩昌府管辖。《明太祖实录》卷 113 洪武十年六月庚申载："以巩昌府阶、文二县为阶州，徽州及两当县为徽县。"《明英宗实录》卷 140 正统十一年四月癸卯载："改陕西巩昌府阶州峰帖山巡检司。从镇守右都御史陈镒奏请也。"成化七年，"开设陕西巩昌府阶州平落驿"①，但成化三年时一度出现过"秦州卫阶州抚降番人东竹坚苔等各来朝贡马及明甲等物，上命赐彩缎绢钞等物有差"的记载，② 不知何故。

　　永乐时阶州有阶州右千户所的记载，《明仁宗实录》卷 4 上永乐二十二年十月载：

　　　　阶州右千户所百户樊义言："阶州密尔生番，蛮夷之心不可测度。乞还向所调本卫官军九百三十余人往甘州等处备御者，仍守本卫黄鹿坝等寨关口。"从之。遂命陕西都司调附近卫所官军代往甘州。

　　英宗时阶州右千户所归秦州卫管辖。《明英宗实录》卷 31 正统二年六月辛未载："陕西西安等府、秦州卫阶州右千户所、河南怀庆府各奏，天久不雨，蝗蝻伤稼。上命行在户部遣官复视以闻。"《明英宗实录》卷 83 正统六年九月甲午载："陕西秦州卫阶州右千户所百户徐政奏：'本所军士原系七分屯田三分守城，番贼探知军少，不时出没。乞以六分屯田四分守城。其遗下原屯田地拨余丁补数屯种。'从之。"

　　与阶州右千户所不同的是，阶州守御千户、文县守御千户在明代大部分时期内为岷州卫或岷州镇所辖。③ 明晚期，朝廷曾在阶州设有守备一职。《明穆宗实录》卷 47 隆庆四年七月戊子载："升陕西阶州守备指挥同知陶承誉为署都指挥佥事，充固原游击将军。"《明神宗实录》卷 41 万历三年八月己卯载：

　　　　阶、文、西固地方与番为邻。先年设三守备，分地责成而总理于洮岷参将。其后番种日繁，残害日甚，洮岷参将势难遥制。三守备事

---

　　① 《明宪宗实录》卷 95 成化七年九月。

　　② 《明宪宗实录》卷 41 成化三年四月甲子。

　　③ （清）顾祖禹：《读史方舆纪要》卷 130《舆图要览》，贺次君、施和金点校，中华书局 2005 年版。

权相等，难以调度，往往失事。总督石茂华、巡抚陈省议将阶州守备改设参将，即以现任守备师范升游击，管理参将事。西固、文县二守备并三千户所悉听属洮岷参将。各换给敕书以便行事。兵部复议。从之。

《明神宗实录》卷75万历六年五月壬戌载："添设陕西阶州同知一员，驻劄西固所城，专管收放民屯钱粮，并管四里百姓及洮州卫二里土民亦令监收之。"

张雨《边政考》卷3《阶州守御千户所》载嘉靖时阶州守御千户所"堡、寨四十有一"，即：

东河寨、石碑寨、白马庙寨、朱拦寨、泥阳寨、小泥阳寨、沈家湾寨、索池子寨、高桥寨、中寨、阜城寨、横川寨、吴家坪寨、索落树寨、撒沙河寨、孤魂庙寨、大营寨、小湾儿寨、石嘴头寨、野干寨、大麦峪寨、小麦峪寨、麻池子寨、南峪寨、南平寨、征堆领寨、黄鹿坝寨、枣川寨、小山坪寨、清江坝寨、陈家坝寨、构林平寨、白河桥寨、鹿坝寨、水硙峪寨、耿盆峪寨、硙子沟寨堡、段河坝堡、烟墩堡、龙王山堡、杀贼桥堡。

②西固城军民千户所

《明太祖实录》卷88洪武七年三月载："戊寅，陕西阶县西固城故元千户韩文质遣副千户严志明来朝贡马，命赐文绮、袭衣……乙未，置巩昌西固城等处千户所，以故元番汉军民世袭千户韩文质为正千户，世袭；副千户严志明、严才为副千户。"康熙《岷州志》卷3《番属下》"附西固所"云："元至正二十六年，设西固千户所。明洪武四年，徐达兵至，千户韩文（应为韩文质——引者注）率众归附，改守御千户，隶岷州卫。"《大明一统志》卷37"西固城军民千户所"条云："西固城军民千户所，在卫城南四百里，元置汉蕃军民上千户所，本朝改今名。隶岷州卫。洪武十一年，置岷州卫军民指挥使司，领西固城军民千户所。"《明史》卷42《地理三》载："西固城守御军民千户所……本西固城千户所，洪武七年三月置，属巩昌府，十五年四月改置来属（岷州卫——引者注）。"张雨《边政考》卷3《阶州守御千户所》载：

> 西固城，重岗复岭，有四塞之雄。春秋战国时白马氏羌所居，汉置武都郡，领县九，一曰武都，即本所域也。宋建城堡，元立西固城军民上千户所，国初归附，设西固城军民千户所，隶岷州卫。

《读史方舆纪要》卷60《陕西九》"岷州卫"条记载略同。《明太祖实录》卷144洪武十五年四月乙巳载："改西固城千户所为军民千户所。"结合上述记载并考之《铭文》可以确定，明代西固城千户所乃洪武七年置，属巩昌府。洪武十五年改西固城千户所为西固城军民千户所后，隶岷州卫名下，故《铭文》有载而《碑文》无载。同时在洪武十九年的《重建西固城东狱行祠记》碑文中，西固城军民千户所亦属岷州卫管辖，其副千户姚富、严志（明）、严才已升为正千户，百户数也由原来的八个增至十个。① 这与《明史》卷42《地理三》记载完全相符，而与康熙《岷州志》《大明一统志》的记载略有出入。

洪武十五年西固城军民千户所设置后始终属岷州卫管辖。《明宣宗实录》卷68宣德五年七月乙卯载："陕西岷州卫奏：'所辖西固城千户所地连叠州，离本卫四百余里。路险山深，素无驿站，猝有警急，声息难通。请于高山利便之处，置烽堠设炮。就令把截官军瞭望传报，庶几不误。'从之。"《明宣宗实录》卷97宣德七年十二月己酉载："增置陕西岷州卫西固城千户所吏目一员。"《明宣宗实录》卷104宣德八年七月甲申载："置陕西都司岷州卫西固城军民千户所、陕西行都司镇夷守御千户所仓副使各一员。"《明宪宗实录》卷89成化七年三月亦有"陕西岷州卫西固城军民千户所"的记载。

张雨《边政考》卷3《西固城军民千户所》载嘉靖时西固城军民千户所"关、寨、堡一十有五"，即：

> 沙川桥寨、横岩寨、垭头寨、平定关寨、靖边寨、宁羌寨、峰铁古城、兰峪寨、梁家坝寨、杀贼桥寨、消水沟寨、安家凌寨、鹿川寨、沙坝寨、两河口寨。

---

① 《重建西固城东狱行祠记》碑现存于舟曲县文化馆内；此外，现存于舟曲县张家寺的嘉靖三十年《天寿寺记》碑文载："洪武十七年开立西固城，设军置里，经营制度。"考之岷县《二郎山铜钟铭文》，此载误也。

（4）十八族军民千户所与礼店千户所

①十八族军民千户所与中左千户所

《元史》卷5《世祖二》至元元年载："以西番十八族部立安西州，行安抚司事。"明洪武四年二月明廷置岷州十八族军民千户所，其正千户为包家族首领包完卜乩，副千户为七旺肖。同年底包完卜乩等启程进京，《明太祖实录》卷72洪武五年二月壬寅载："西番十八族千户包完卜乩等来朝贡马，诏赐文绮、衣服、靴袜有差。"

前引《岷州志》中有"中左千户所"一职官，而《铭文》中无此职官。中左千户所从何而来，史载阙如。不过《铭文》间接地为我们提供了线索，其设置很可能与十八族军民千户所有关，理由是《铭文》中十八族军民千户所属下有"昭信校尉百户：马珍"，正是这个马珍，其父马纪因功迁岷州卫千户，防守哈达川以下九族，并携眷百余由四川黎州安抚司徙占岷州城南120里宕昌立家。《马氏世谱记略》载，洪武四年时马珍曾奉调赴京，领授吕字七八号诰命一道，其文云：

> 奉天承运，皇帝圣旨：朕以威武定天下，凡慕义来归者，皆授之以官，眷此土番之要。尔马珍，世袭其职，当我师西征，即能来附，朕用嘉之。今擢尔武职，令子孙世世承袭。加尔昭信校尉、管领木家七族百户事。准此钦尊任事……洪武十五年三月内，奉调随曹国公同总兵、参游、守备等官征剿板儿等族，斩获首级二颗……后奉勘合，授本卫（岷州卫——引者注）中左所百户职事。①

《铭文》铸于洪武十六年，此时马珍正在担任十八族军民千户所昭信校尉百户一职，故《马氏世谱记略》所谓授岷州卫中左所百户职事只能在洪武十六年后，这就产生了两种可能：一是洪武十六年后，十八族军民千户所改为岷州卫中左千户所，马珍转而成为岷州卫中左千户所百户。二是洪武十六年后，在十八族军民千户所之外又新增设岷州卫中左千户所，马珍被授予新设的岷州卫中左千户所百户。笔者曾粗略地考察了相关史

----

① 康熙续修《马氏世谱记略》现存礼县博物馆。又《马氏历仕世职顶辈宗图》载，马珍"洪武五年阵亡，无子，胞弟虎蛮袭替……复升授世袭指挥使职"。现考之岷县《二郎山铜钟铭文》，马珍于洪武十六年时仍在任职，故马珍洪武五年阵亡，由马虎蛮冒名顶替之说有待考证。

志，岷州卫十八族军民千户的确在洪武十六年之后未曾出现，所以两者相较，前一种可能性较大。

②礼店千户所

洪武三年河州卫设置时并不辖礼店。《明太祖实录》卷69洪武四年十一月庚午载：

> 置礼店千户所，以孙忠谅、赵伯寿为正千户，石添寿等为副千户。忠谅本文州汉军，为西番万户府正万户。夏主授以礼店副元帅、达鲁花赤。闻颍川侯傅友德征蜀，师次秦州，率所部降，与汉番千户王均谅具从有德，克阶、文二州。至是，蜀平。忠谅率其军民千户、世袭达鲁花赤赵阿南、赵伯寿，东寨千户唐兀不花、达鲁花赤石添寿等入朝贡马。诏赐文绮衣各一袭及文绮有差。遂置千户所并所属百户所，以忠谅为千户。

《国榷》卷4洪武四年十一月庚午载："置礼店千户所。"《明史》卷42《地理三》载：

> 礼，州西南。元礼店文州军民元帅府，属吐蕃宣慰司。洪武四年十一月置礼店千户所。十一年属岷州卫。十五年改属秦州卫。成化九年十二月置礼县于所城，属州。故城在东。洪武四年移于今治。东南有西汉水。西南有岷峨山，岷江出焉，东南流入阶州界合于西汉水。又西有漩水镇、南有板桥山二巡检司。

万历朝郭子章《郡县释名》陕西卷上载：礼县"筑城于（礼店千户）所城西，从礼店之旧也"。乾隆《礼县志》卷1《沿革》载："洪武二年十一月，置礼店千户所，军属秦州卫，民属秦州辖。"乾隆《直隶秦州新志》亦有相同记载。《读史方舆纪要》卷59《陕西八》"秦州卫"云："礼县守御千户所，在礼县城内，洪武十五年建，隶秦州卫。"《甘肃通志》卷3下《建置沿革》"礼县条"载："礼县……元置礼店军民府，明初置礼店千户所，属岷州。洪武十五年改属秦州卫，成化九年，巡抚马文升奏设礼县。隶秦州，属巩昌府。"《甘肃通志》卷23《古迹》载：

礼店故城，在县东四十里。元志陕西行省领礼店文州军民府，明洪武初改置礼店千户所，移于今治，属岷州卫。成化九年，巡抚马文升以其地广民繁，奏设礼县于所城西。顺治十六年，省所入县，废守御所，在县治西，明洪武四年建，今裁。

依《明太祖实录》可知，礼店千户所乃洪武四年十一月置，洪武十二年前，礼店千户所属何处管辖并不十分清楚，很可能属河州卫或巩昌府管辖。乾隆《礼县志》《直隶秦州新志》《甘肃通志》所载均有误。《碑文》中礼店千户所于洪武十二年时已划归岷州卫节制。《铭文》中的礼店千户所分设为礼店前千户所与礼店后千户所，属岷州卫管辖，有关这一点几乎所有的史志均未交代清楚。《大明一统志》卷35《巩昌府》载云："礼店守御前千户所，在秦州西南二百二十里，洪武中建……具隶秦州卫。"《明史》卷90《兵志二》"陕西都司"条下亦有"礼店前千户所"的记载，而"礼店后千户所"只在《铭文》中见载。

（5）岷州卫土官

除上述机构外，明初岷州卫还有后氏家族、虎氏家族、包氏家族（详论见后）等相当多的土官，如《明太祖实录》卷150洪武十五年十二月庚子载："岷州卫百户达锁南乱等十三人谋叛，伏诛。"《明太宗实录》卷170永乐十三年十一月乙卯载："敕岷州、西宁、临洮各卫选土官舍人、余丁，不限名数，以明年春赴北京操练。"《明太宗实录》卷220永乐十八年正月乙巳载："叠州升朵等九族头目哈卜等来归，请授职，三年一贡。从之。命哈卜为千户，余为百户，各赐诰敕、冠带、衣、币。"《明宣宗实录》卷5洪熙元年闰七月己亥载：

上谕行在户部尚书夏原吉曰："岷州地临边疆，其土民旧令卫所带管者，盖欲使得安业。近闻卫所官扰害非一，致其逃窜者多。今虽赦宥复业，其居宅田土已为豪猾占据。宜行岷州，凡土民惟令本卫经历司带管。经历文官必能抚恤。凡产业为人占据者，皆令追还，庶几不致失所。"

《明宣宗实录》卷25宣德二年二月载："庚午，岷州卫叠州花言城等族剌麻南哈亦失……等贡马及方物……癸未，赐……岷州卫叠州花言城等族剌麻南哈亦失……等钞、彩币表里有差。"《明宣宗实录》卷35宣德三年正月丁酉载:"赐陕西岷州卫剌麻失劳、西宁卫剌麻失剌坚藏及叠州升朵族故千户哈卜子板的肖、昝吾等族番僧族头本卜节等钞、彩币表里、袭衣、绢布有差。"《明宣宗实录》卷48宣德三年十一月乙卯载:"乌斯藏花言城等族剌麻族头南哈亦什、土官百户札巴星吉、马巴族番僧宗竹札等来朝、贡马。"《明宣宗实录》卷48宣德三年十一月乙亥载:

> 赐陕西岷州卫剌答等族生番头目官着肖、洮州卫哈伦、朵哑等族土官百户结禄、番僧札巴星吉、乌斯藏花言城等族剌麻族头南哈亦失、土官百户札巴星吉、马巴族番僧宗竹札等三百二十人钞、彩币表里、金织纻丝、袭衣、靴袜有差。

《明宣宗实录》卷96宣德七年十月乙巳载:

> 行在右军都督府奏:"西番烟藏等族千户秦月作等所属番人聚众劫掠囊哥藏卜等族,杀其族首。阶州、西固城千户龙旺等失于备御。请皆治之。"上敕陕西三司及巡按御史各委廉干官率军往擒。犯者解京师,追还所掠就体。覆龙旺、秦月作等所犯具实以闻。

《明宣宗实录》卷96宣德七年十月乙巳载:"行在右军都督府奏,西番烟藏等族千户秦月作等所属番人聚众劫掠囊哥藏卜等族,杀其族首。阶州、西固城千户龙旺等失于备御,请皆治之。"《明宣宗实录》卷105宣德八年闰八月癸丑载:"陕西都司、布政司、按察司奏,比者阶州、西固城番族及秦月作族交相侵夺,命同巡按御史按其实,治不如法者。"《明宣宗实录》卷114宣德九年十一月丙子载:"陕西叠州升朵族土官千户板的失绰等贡马。"《明史》卷157《柴车传》载:

> 是时(正统初——引者注),西部动乱,朝廷命柴车协理甘肃军务。时岷州土官赵能冒功得升赏,车奏请加罪。能复请,帝命宥之。车复论其不可,曰:"诈冒如能者,实繁有徒,臣方次第按复,今宥能,何以戢众?若无功得官,则捐躯死敌者何以待之?"朝廷随从能请,然嘉车贤,遣使劳颂之。

《明英宗实录》卷 31 正统二年六月戊寅："陕西岷州卫土官男王兴……等俱来朝贡马，赐宴并彩币、钞绢有差。"《明英宗实录》卷 55 正统四年五月辛未载："赐叠州陇卜族千户喃葛监藏冠带。"康熙《岷州志》卷 3《舆地下·番属》载："土司赵廷贤，始祖绰思觉，系革耶族生番。明宣德间以功授世袭不支奉土官副千户。思觉子豁节，豁节子赵俊，俱未袭。俊子应福，应福子居化，居化子国臣，并于万历间相继承袭。"《明英宗实录》卷 65 正统五年三月戊申载："命黎牙等族剌麻匜利仓南卦尖藏为岷州卫僧纲司都纲，番僧落竹为副都纲，头目磋咱为文县守御千户所百户，仍各遣敕谕之。"《国榷》宪宗成化十年四月戊寅："岷州番入寇，杀千户包景。"康熙《岷州志》卷 13《职官下》"实授百户"条载："马党只秀，本卫人，洪武二十二年由本卫左所总旗升任。"

（四）洮州卫

1. 洮州卫的设置

如前所述，洮州卫并不是由洮州军民千户所升置而来，而是由河州左卫改设而成。洮州卫的设置与洮州十八族番首三副使有关。《明太祖实录》卷 83 洪武六年七月己巳载："洮州三副使阿都尔等以出猎聚众约故元岐王朵儿只班寇边。朵儿只班等驻大通山、黑城子，入寇河、兰二州，西宁卫千户祈者公孙哥等领兵击之，斩其知院满答立等百余人。千户伦达力战死，寇遂解去。"此事在《国榷》卷 5 太祖洪武六年七月己巳条下亦有记载。《国榷》的基本史料来自《明实录》，但《国榷》此处将"洮州三副使阿都尔"改为"洮州卫副使阿都尔"，显然有误，缘此时洮州卫尚未设立。

"洪武十一年，西番屡寇边，命西平侯沐英为征西将军率都督金事蓝玉、王弼将京卫及河南、陕西、山西马步官军征之。"① 洪武十二年，"洮州十八族番首三副使汪舒朵儿、瘿嗓子、乌都儿及阿卜商等叛据纳邻七站之地，命征西将军沐英移兵讨之"②。旋即明廷又"命曹国公李文忠往河州、岷州、临洮、巩昌、梅川等处整治城池，督理军务，边境事宜悉从节

---

① 《明太祖实录》卷 121 洪武十一年十一月庚午。
② 《明太祖实录》卷 122 洪武十二年春正月甲申。

制"①。《明太祖实录》卷122洪武十二年二月癸亥载:

> 遣使敕曹国公李文忠曰:"二月十五日报至知大军已入西番,朕思之自河州至西番多不过五、六日,今诸将已至其地,胜负必决矣。符至,尔即率师从洮州铁城之地取道而出。朕曾有密谕,当尊而行之。事宜速成。山西之军即令还卫。洮州克,宜择人守之。"

《筑洮城工竣碑记》载:

> 大明洪武己未(洪武十二年——引者注)春二月,大将军削平叛逆贼首汪轮朵只、赵党只乩、阿卜商并七站。各部落心怀疑二酋长……夏五月庚午建城垣于洮河之北。东珑山之南川。屯兵镇守,以靖边域。周凡九里余,不旬日而工完。
>
> 金大都督府事、奉国将军金朝兴奉总兵官、征虏左副将军曹国公钧旨,督工成造。
>
> 洪武己未夏五月戊申吉辰立

《明太祖实录》卷122洪武十二年二月丙寅载:

> 征西将军沐英等兵至洮州故城,番寇三副使阿卜商、河汪顺、朵罗只等率众遁去。我军追击之,获积石州叛逃土官阿昌,七站土官失那等,斩之。遂于东笼山南川度地势筑城戍守。遣使来报捷,且请城守事宜,上曰:"洮州西番门户,今筑城戍守是扼其咽喉矣。"遂命置洮州卫,以指挥聂纬、陈晖、杨林、孙祯、李聚、丁能等领兵守之。

为此,明太祖朱元璋敕国公李文忠、西平侯沐英等曰:

> 捷音至,知番寇溃散,大军见追余党。西番已定,河州二卫之兵止留一卫,以一卫守洮州,其岷州守御士卒未可轻动,宜留以镇静

---

① 《明太祖实录》卷122洪武十二年二月戊戌。

之。铁城诸地民多蓄积，军士可以自供。凡有酋长皆送京师。山西之兵闻以遣还，甚合朕意。而凉、宁夏之兵，亦即遣之。陕西、河南之兵，步卒先还，骑士留彼，悉收西戎余寇。事在乘势，毋至再三。①

洮州大局虽然已定，但对于是否镇守洮州，曹国公李文忠与朝廷产生了分歧。曹国公李文忠等遣使言："官军守洮州，馈运甚艰，民劳不便。"朱元璋敕谕之曰：

> 洮州西控番夷，东蔽湟陇，自汉唐以来，备边之要地也。今羌虏既斥，若弃之不守，数年之后番人将复为边患矣。虑小费而生大患，非计也。敕至，令将士慎守，所获牛羊分给将士，亦足为二年军食。阿卜商之遁，必走黑章咱之地，只于其地索之，瘿嗦子不论遁于何地，必擒缚送京而后已。②

明姚士观等编校《明太祖文集》卷8《敕》之《谕曹国公李文忠西平侯沐英等敕》中对于此次事件亦有详细记载：

> 三月初二日，捷音至京。云二月十八日，番寇溃散，余者见行追袭。然此其守御洮州城池，当仔细定夺。今拟西番已得，地方宁静，其河州两卫军马止留一卫在河州，拨一整卫守洮州。岷州原守军马且不敢拨动，但留镇静。即目铁城等处人民多不曾纳粮当差，地方多有积蓄，令军人稍取以为自供。其洮、铁二城，长阳地方人民切不可留一户在彼，尔当依朕前嘱，一应首目历历解来，乘此军势，不可再三，一了便了。
>
> 所有随征军马，山西已行发回，甚是的当，余有西凉、宁夏未见发回，敕文到日遣回本卫。京师、陕西、河南军马令步军挟人出来，军马可尽数在彼，收拾零碎西番，然后回还可矣。
>
> 敕谕曹国公、西平侯及蓝玉总兵等官知会。又西番人性多不怀德，畏威有之，今遣大军至彼，各各星前少有降者，不过面从而已，

---

① 《明太祖实录》卷123洪武十二年三月庚午。

② 同上。

非心服也。敕符到日云及诸将知会，毋得私己容留一人在于洮州地方，后为民患……致之严令或迁离本土，若令及一二人，必有从令者，首目绝不可容下，应有发来，庶无后患。本处事务都了，可令岷、洮、陕西等处官军乘此就札迭州，免致再三动众。此事在于彼中定拟，朝中所料未可必然，斟酌奉行。

又三月二十日，郑佛儿至京将到曹国公书所言事多系大概，内言转运艰辛，民力生受，更言洮守不守，恐久远难为转运，然此处地方皆系汉唐备边御侮要地，既逐去本处贼，徒若不守御，将久又为后患，必须守御。其地方人民一户也不要留在那里，如今守洮州就将所得牛、羊多拨些与军，折作二年官粮也可。地方人十分要打荡得干净，阿布彻走在何处？若无处寻他时，他只在黑章咱地面，那里有他亲多，去那里问要，颖喀子不问到那里，也要拿他来，如敕奉行。

为了进一步巩固洮州的防御，朱元璋多次遣使为陕西都指挥使司出谋划策，《明太祖实录》卷123洪武十二年三月丙申载：

敕曹国公李文忠、西平侯沐英等曰："中国所乏者马，今闻军中得马甚多，宜趁此青草之时牧养，壮盛悉送京师。犏牛则于巩昌、平凉、兰州、洮、河之地牧之。所获西番土酋遣人送至，毋容在彼为边患也。"

《明太祖实录》卷124洪武十二年四月己卯载："遣使敕陕西都指挥使司曰：'尔等将校若候与大军同还，恐误调遣，还至河州、洮州，即以书示都督张温、曹兴、周武、金朝兴、吴复、张龙令驰驿赴阙。'"《明太祖实录》卷125洪武十二年六月载：

壬申，遣使敕曹国公李文忠曰："使至，言尔已还至陇州，如见前日敕符，宜且住巩昌。若再往岷、洮，恐士卒劳倦难于随从。西平侯计，此时还师洮州，凡有计略必能自决。来使言铁城一路尚有余寇剽掠，恐大军已出，无能御之者。故前谕言，必守新城尔。初使去其文有二，一欲其遗于道路，一以至尔所。今土官捕逃者以献，乃其机之应也，尔知之乎"……辛卯，敕陕西都指挥使司曰："报至，知西固城番人作乱，已遣八百户兵击之，恐非决胜之计，此作乱者必瘿嗉子，此虏狡黠，未易轻也。宜预防之，勿中其计。"

《明太祖实录》卷125洪武十二年八月乙酉载：

陕西都指挥使司遣人来奏，言西番首贼虽已远遁，未即擒获，恐大军既还之后，乘间出没为边民患。请发三千骑驻巩昌、临洮，彼若出没，即乘机剿除。上遣使报曰："尔言是也……且以骑兵之骁勇者就各卫训练，有警即出，乃全策也。"

洪武十二年八月，"陕西都司械送所获番首二十二人"，九月，"征西将军沐英等兵击西番三副使之众，大败之，擒三副使瘿嗉子等，杀获数万人，获马二万，牛羊十余万，遂班师"①，"冬十月，征西将军沐英等至京，栏致番首三副使瘿嗉子等以献，命斩之。令兵部论从征将士功，定赏升职，赐文绮钱帛有差，死事者倍其赐"②。同年，"金大都督府事、奉国将军金朝兴奉总兵官、征虏左副将军曹国公钧旨，督工成造洮州卫城"③，升洮州卫为军民指挥使司，隶陕西都司。十五年，"升洮州军民指挥佥事聂纬为陕西都指挥使"④。洪武二十七年四月，以洮州卫指挥使陈军为都指挥同知。⑤《明太宗实录》卷10下洪武三十五年七月乙巳载："升洮州卫指挥佥事苏孛罗帖木儿为都指挥佥事。"永乐七年春正月，"改洮州卫指挥佥事张翔为府军后卫指挥佥事"⑥。永乐十三年九月，洮州指挥陈玘贡羊、马，赐赉有差。⑦永乐二十二年，"陕西洮州卫千户李智遣子进马，赐之钞币"⑧。《明英宗实录》卷62正统四年十二月丙申载："陕西洮州卫指挥徐贵奏：'本卫城临洮河，比水泛涨坏城一百五十余丈。宜速修

① 《明太祖实录》卷126洪武十二年九月己亥。
② 《明太祖实录》卷126洪武十二年冬十月己卯。
③ 《临潭筑城工竣碑》，此碑现存于临潭县新城乡城隍庙内。
④ 《明太祖实录》卷141洪武十五年春正月戊戌。
⑤ 《明太祖实录》卷236洪武二十七年四月癸未。
⑥ 《明太宗实录》卷87永乐七年春正月甲子。
⑦ 《明太宗实录》卷168永乐十三年九月丁酉。
⑧ 《明仁宗实录》卷6永乐二十二年十月癸丑。

理。请去其旧基十丈修筑为便。'从之。"

2. 洮州卫的规模

洮州卫既然是河州左卫改设而来，因此官军人数不会少于普通军卫，但究竟是多少，史籍记载不一。《明一统志》卷 37 "洮州卫军民指挥使司"条载："洪武四年，置洮州卫军民指挥使司，隶陕西都司，领千户所五。"张雨《边政考》卷 3《洮州卫》载："国初归附，设洮州卫军民指挥使司，领五千户所。"《洮州厅志》卷 2《沿革》引《续通考》载："（洪武十二年）洮州卫军民指挥使司隶陕西都司，领千户所五。"然同书卷 10《职官》却云："（洮州卫）明设军民千户所六"。另《读史方舆纪要》卷 60《陕西九》"洮州卫"亦载："洪武四年，置洮州卫军民指挥使司，领千户所六，皆在卫城内，隶陕西都司。"然而，无论是五个千户所，还是六个千户所，有一点比较明确，那就是明初的洮州卫的规模不会很大。《读史方舆纪要》卷 130《舆图要览》"洮州"载：

> 洮州镇，属卫一，关五，寨二，堡二十四。马步官军六千一百七十五员名，……（其洮州卫中）马步官军五千六百二十二员名，高楼等关马步官军七十二员名，杨升等寨马步官军三十员名，济洮等堡马步官军四百五十员名。

除此之外，洮州卫还有"舍人、土兵八百名"①。张雨《边政考》卷 3《洮州卫》载嘉靖时洮州卫官军人数云：

> 官军原额马步五千六百二十二员名，新旧召选舍人、土兵、民夫八百名。除逃、故外，又除分拨游兵官军五百二十三员名，见在本城守把关隘塞堡八百一十一员名，留城以前五百八十七员名。

《明神宗实录》卷 185 万历十五年四月乙丑载：

> 巡按陕西御史杨有仁上言："臣奉命巡枥西陲已周一载。于凡边

---

① （清）顾祖禹：《读史方舆纪要》卷 130《舆图要览》，贺次君、施和金点校，中华书局 2005 年版。

关要害，地势缓急，虏众出没，番情向背，兵之强弱，饷之虚实，自
到地方日与诸司道悉心讲求……洮、河诸处，保镇全关，虏酋住牧，
近在境内，兵饷寡弱，祸患易萌，尤不可不为之切虑者。计关中大
势，计之西、凤，譬之堂室。洮、河譬之门庭，河西五郡譬之藩
篱……臣查得洮、河地方，旧无虏患，止是防番。故当时原额兵额亦
不加多。自俺酋迎佛建寺，招结众住持莽剌寺川，一以恋水草之丰，
一以图诸番之利，久假不归，遂成巢穴。且又招引西海诸酋往来住
牧，而洮、河门屏之间，遂为腥膻屯聚之所矣。是当日关陕止有三
边，而今又增洮、河一边也。要害孤危，既与延、宁诸镇相埒，而兵
卒、粮饷一如旧日无事之时。不为议处可乎。"今日之所议者有七事
焉："一议洮州兵。洮州番虏之冲，而兵不满七百，当增兵马也；一
议河州营。以沿边二十四关皆贼通行要路，兵不满千，应增也……一
议军饷。旧洮州召军与家丁共一千一百名，月粮料草共该银一万三千
七百四十两，或于内帑银内或各边节省银内拨给也。一议重番站。归
德去河州八百余里，万山中止是番站六处，马八匹，军八人。若虏变
难于传报内援，当添头目与军也；一议设守备。裳家、大通、弘化寺
千观、台堡，其地并与边垣，可恃堵截逆虏。以操守官卑应改设守备
一员也；一议抚番族。洮、河诸番岁以茶马招之，使勿与虏合。虏强
番弱以番附虏难制也。"命下所司。

明代洮州卫军士常常被调往他处，《明英宗实录》卷 34 正统二年九
月戊子载："遣官谕祭庄浪阵亡官军。庄浪之捷虽大挫贼锋，而洮州等卫
官军被创至死者亦多。上闻之，既优恤其家，犹悼念不置。故有是命。"
《明宪宗实录》卷 244 成化十九年九月丁巳载：

> 户部会官议奏漕运巡抚等官所上事宜："洮州切近番族，而山
> 口、关隘、寨堡二百余处。除凉州操备官军七百余外，见存者止二千
> 二百余。乞存留操备凉州者，而以河州见在洮州官军五百名，并平凉
> 二百名赴凉州补所存之数。"……余皆如议。

《明英宗实录》卷 134 正统时年十月甲辰载："置陕西洮州卫八角寨
于安笼山口；移羊撒关于大草滩。"《明宪宗实录》卷 68 成化五年六月壬

申载：

> 巡抚陕西右副都御史马文升奏："岷、洮二州，密迩番族，寇入之路颇多，而寨、隘空阔，难于防御。其屯住军民亦各散乱。寇辄乘夜剽掠或白昼于僻地邀劫行旅。岷、洮二卫官旗坐是失机，左降殆尽。然情实可矜。今邻住、多那诸族虽已听抚，然夷情叵测，不可不防。请于缘边番寇出没之地修筑寨、隘，及军民屯堡，有警互相应援并力邀击则守御有方而官军可安其职。"诏从之。凡新修寨堡五十余所。

成化九年（1473），洮州置州，属巩昌府，改军民指挥使司为卫。明嘉靖时洮州卫有堡、寨28个，它们是：

> 郑旗寨、张雄寨、东石旗寨、秦百户寨、温旗寨、杨花寨、常旗寨、琵琶刘寨、马旗寨、朱旗寨、张旗寨、马仲德寨、刘旗寨、张仲和寨、上匾都寨、下匾都寨、戚旗寨、后川前寨、后川后寨、占旗寨、武旗寨、水磨沟寨、陈旗寨、石羊铺寨、小儿湾寨、上石门口寨、韩旗寨、纳郎堡。

永乐元年，李达以都指挥使镇守洮州。《李达墓志碑》载：

> 奉敕镇守洮州荣禄大夫、都督府都督金事李公达，乃左军都督李公胜之嫡长男也……累至陕西都指挥使。永乐元年，太宗文皇帝特命镇守洮州，抚安军民，控制戎狄……宣德十年，敕升今职，仍历镇守……俄至正统十年，在任寝终。①

《明宣宗实录》卷70宣德五年九月甲子载："镇守洮州都指挥使李达奏：'洮州大岭山路通河州，而去洮州城远。番寇往往潜伏其间，窥伺抢掠。请于大岭山北增设关堡，以旗军二十人守备。'从之。"《明英宗实

---

① 此碑今已不存，碑文录自张彦笃修，包永昌纂修：（光绪）《洮州厅志》卷15《艺文》，甘肃省图书馆藏。

录》卷 29 正统二年四月癸亥载：

> 镇守洮州右军都督佥事李达奏："洮州卫军张、王家等，先拨陕
> 西苑马寺牧马，累年倒死并亏欠孳驹。每军追偿孳多至八九匹。今又
> 追正统元年死马，各军征调者多，在卫者少，乞宽恤为便。"从之。

《明英宗实录》卷 29 正统二年四月丙子载：

> 镇守洮州都督佥事李达等奏："岷州卫番贼出没，杀死民人，俱
> 系剌章、札工、榆树三族贼首交结邻住、和睦、禄工部族熟民，叠州
> 答剌等族生番往来潜路劫掠。请调官军剿捕。"上敕达等曰："朕以
> 番夷梗黠乃其本性，若即调官军剿捕，不无伤害良善。尔等宜宣布恩
> 威，令其各安生业，若仍出没抢掠，即相机擒捕。将贼首监候具奏来
> 闻。务在事妥民安，毋因而激变，庶称委任。"

3. 洮州卫土官

明代洮州卫除辖有六个流官千户所外，还辖有数量不等的土千户与土
官百户。他们是：

土官苏亭罗帖木儿，《明太宗实录》卷 10 下洪武三十五年七月乙巳
载："升洮州卫指挥佥事苏亭罗帖木儿为都指挥佥事。"《明宣宗实录》卷
88 宣德七年三月戊辰载："陕西行都司土官佥事李文遣百户薛帖失加等、
洮州卫土官指挥同知苏霖等来朝，贡驼马。"《明英宗实录》卷 22 正统元
年九月丙午载："命陕西洮州卫带俸指挥同知苏宁理卫事。旧例外夷官不
署事。宁嗣职，颇知书，镇守洮州都督李达为之请，故有是命。"此处的
苏宁与上述苏霖很可能为洪武时的洮州卫指挥佥事苏亭罗帖木儿的后裔。

底古族昝南秀节，《岷州志》卷 3《舆地下·番属》"附洮番"载：
"土司昝继祖，始祖昝南秀节，系本卫底古族西番人。明洪武间，以功授
土官百户。秀节子尔结，以功授世袭土官，实授百户。"光绪《洮州厅
志》卷 16《番族》载："土司昝天赐……始祖南秀节系洮州卫底古族西
番头目，于前明洪武十一年率领部落投曹国公；十二年，督修洮州边缘、
城池。"《清史稿》卷 516《土司六》载：

咎南秀节，洮州卫底古族西番头目。明洪武十一年，率部落投诚。十二年，督修洮州边壕城池。十九年，随指挥马煜征叠州，以功授本卫世袭中千户所百户。子卜尔结，于洪武二十年袭。二十五年，同指挥李凯等招抚番、夷等，认纳茶马。永乐三年，赐姓咎。宣德五年，以护送侯显功，升本卫实授百户。传至咎承福，清顺治十年，归附。奉洮州卫军民指挥使司劄付，咎天锡于光绪二十年承袭。咎氏居资卜族。

火把族喃剌约思，《明太宗实录》卷 27 永乐二年春正月丙午载："洮州卫百户按宗已他立及西番火把等十三族头目喃剌约等来朝，贡马。赐银、钞、衣、币有差。"《明太宗实录》卷 99 永乐七年十二月戊申载："洮州卫火把等族头目南剌约思等来朝贡马，赐钞、币、袭衣。"《明仁宗实录》卷 2 永乐二十二年八月戊辰载："陕西洮州卫火把等族土官千户喃剌约思等及番僧管着卜各贡马，赐钞、币有差。"《明宣宗实录》卷 24 宣德二年二月壬戌载："陕西洮州卫……火把等族土官百户……剌麻朵儿只星吉等来朝，贡马。"《明宣宗实录》卷 25 宣德二年二月丙子载："赐陕西洮州卫……火把等族土官百户……剌麻朵儿只星吉等钞、彩币、大锦、绢布有差。"《明宣宗实录》卷 88 宣德七年三月辛酉载：

镇守洮州都指挥李达及火把等族国师班丹星吉等奏："番民容少等一百九十一户逃往松潘，思曩儿班班等族土官头目泼隔处遣人追取不还，又聚众抗敌官军。"遂敕松潘军民指挥司及泼隔即遣容少等还，庶几保全尔父母妻子，不还必发兵诛。

《明英宗实录》卷 1 宣德十年正月丙戌载："火把等族土官千户男只巴萧者，番僧领占乩等俱来朝贡马及方物，赐彩币等物有差。"
着藏族失加谛，《明太宗实录》卷 196 永乐十六年正月己未载：

西宁卫隆奔等族札省吉省、吉儿迦等及洮州卫着藏族头目失加谛等来朝，贡马。命札省吉省、吉儿迦二人为指挥佥事，可鲁阿、失加谛等六人为正千户，仰麻儿迦等十四人为副千户。赐诰敕、冠带、衣、币有差。

《明宣宗实录》卷 15 宣德元年三月载："戊戌，陕西洮州卫着藏族故土官正千户些的子昝秀乩等贡马……乙卯，赐陕西洮州卫故土官舍人昝秀乩……钞、彩币表里、袭衣有差。"《明宣宗实录》卷 24 宣德二年二月壬戌载："陕西洮州卫着藏……等族土官百户永鲁札……等来朝，贡马。"《明宣宗实录》卷 25 宣德二年二月丙子载："赐陕西洮州卫著藏……等族土官百户永鲁劄……等钞、彩币、大锦、绢布有差。"《明宣宗实录》卷 53 宣德五年二月丙子载："陕西洮州卫故土官百户永鲁札子宗札……等来朝，贡马。"《明宣宗实录》卷 100 宣德八年三月癸未载："着藏族土官百户朵儿只秀遣舍人昝卜……等来朝，贡马。"光绪《洮州厅志》卷 16《番族·僧纲》载：

> 着落寺僧纲杨溯洛旺秀，居洮城西七十里。始祖杨永鲁，系着藏族番目。明永乐十六年以功授昭信校尉、洮州卫指挥使司着藏族百户，分守隘口。永鲁之侄锁南藏卜于宣德二年为僧，宣传佛教，授都纲司世职，招中茶马。

这里有几个问题需要进一步确认：一是上述所云"洮州卫著藏族头目失加谛"与"洮州卫着藏族故土官正千户些的"应为同一人。"洮州卫着藏族故土官正千户些的"被认为是卓尼杨土司的始祖。光绪《洮州厅志》卷 16《番族·僧纲》载卓尼杨土司始祖些的"系洮州卫卓尼族人，明永乐二年率领叠番达拉等族献地投诚"，其所属 22 个部落中明确记载有"着藏族"。《清史稿》卷 516《土司六》亦载："些的，洮州卫卓尼族番人。明永乐二年，率叠番达拉等族投诚。十六年，授土官指挥佥事。正德间，玄孙旺秀调京引见，赐姓名杨洪。"由此可见，着藏族与后世卓尼族关系密切。

藏文史籍《卓尼政教史》记载，杨土司的祖先出于藏族古代的大姓噶氏，于吐蕃王朝时期从乌斯藏迁居到今甘肃省甘南藏族自治州。噶氏有四子，老大名达热京，其后裔噶·伊西达吉，系吐蕃赞普吃族的咱的大臣、赋税官员。噶·伊西达吉原活动于今甘肃省甘南藏族自治州的玛曲以及今四川省若尔盖县境内的黑河、白河、黄河汇流处，被拥为豪帅。噶·伊西达吉有五个儿子，老大一支中的江梯（或称"姜地""些的""姜太"）于元朝初年担任地方部落首领。永乐二年率部北上，途径岷山，征服了迭部达拉沟等十八族，迁居洮河北岸上、下作盖地区，再由上、下作盖迁居卓尼。永乐二年，江梯率叠番达拉等族归附明朝。江梯后来成为萨迦巴格西寺和卓尼寺的施主，统领当地藏族部落。同时他的一个弟弟仁钦龙布出家为僧，到乌斯藏学法，信奉了格鲁派，返回卓尼后将卓尼寺从萨迦派寺院改宗为格鲁派寺院，自任卓尼寺法台，后来受封为僧纲，从此形成卓尼杨土司家族"兄为土司，弟为僧纲"的政教合一局面。明正德三年卓尼土司旺秀进京朝贡，明武宗赐姓名杨洪，并赐予许多物品，命其掌管卓尼一带的藏族部落。杨洪之子杨臻在嘉靖三十年进京朝贡，受到明世宗的封赏，并封其属下为百户、百长、总旗等职，命杨臻整修武备，配合明朝军队防御西海蒙古部落的东进。

《岷州志》卷3《舆地下·番属》"附洮番"载："土司杨汝松，始祖些地，系本卫着藏族番人。明永乐间，以功授土官指挥佥事。"同卷土司赵廷贤条载赵土司"管中马番人四十三族"，其中就有"着藏族"与"达喇族"，可见"着藏族"与"达喇族"在岷州、洮州、叠州等地均有分布。《明宪宗实录》卷10天顺八年十月壬午载："岷州卫剌答等族族头番人坚车等各贡方物，赐衣服、彩缎等物有差。"《明宪宗实录》卷17成化元年七月丁未载："岷州卫剌答等族番人永竹官等各来朝，贡方物，赐衣服、彩缎等物有差。"《岷州志》成书于康熙四十一年，早《洮州厅志》与《清史稿》二百余年，其史料的可靠程度更高，且与《明实录》《卓尼政教史》的记载基本吻合，因此，作为卓尼杨土司始祖些的应当如《明实录》所载，出自洮州卫着藏族（今甘肃省卓尼县城关镇），其在《明实录》中被分别称为失加谛、些的，永乐十六年被授予洮州卫土官正千户，而指挥佥事等职应为后来所封，些的家族在明代属土官系统。

二是洮州卫着藏族土官百户永鲁札应当是洮州卫着藏族些的家族的另一支。如上所云，宣德元年三月，陕西洮州卫着藏族故土官正千户些的子昝秀乩等曾向朝廷贡马，次年二月陕西洮州卫着藏族土官百户永鲁札亦来朝贡马。宣德五年二月，陕西洮州卫故土官百户永鲁札子宗札等来朝贡马。很显然，此处着藏族的昝秀乩与永鲁札不像是同一人。《岷州志》卷3《舆地下·番属》"附洮番"载："头目杨世芳，始祖永鲁札剌肖，系著逊族番人，永乐间以功授土官百户。剌肖子彪，彪子林，相继承袭。"此处的永鲁札剌肖很可能就是《明实录》中的永鲁札，也是《洮州厅志》中的始祖杨永鲁，杨乃皇帝赐姓，而著逊族疑为着藏族的另一读法。《洮州厅志》卷 16《番族·僧纲》将杨永鲁归属于僧职土司，属僧纲系统，误也。

土官张喜，《明宣宗实录》卷 20 宣德元年八月戊辰载："陕西洮州卫土官百户张喜来朝贡马。"《明宣宗实录》卷 19 宣德元年七月辛酉载："赐……陕西洮州卫土官百户张喜……等钞币各有差。"《明宣宗实录》卷 20 宣德元年八月戊辰载："陕西洮州卫土官百户张喜来朝贡马。"

土官刺麻失宁卜肖，《明宣宗实录》卷 24 宣德二年正月戊午载："陕西洮州等卫土官百户刺麻失宁卜肖……等贡金、银器皿，羊、马。"《明宣宗实录》卷 25 宣德二年二月乙亥载："赐陕西洮州等卫土官百户刺麻失宁卜萧……等钞、彩币表里、纻丝、袭衣有差。"

哈伦族结禄，《明宣宗实录》卷 48 宣德三年十一月载：

> 丙辰，陕西岷州卫刺答等族生番头目官着有等、洮州卫哈伦族土官百户结禄等来朝，贡马……乙亥，赐陕西岷州卫刺答等族生番头目官着肖（有），洮州卫哈伦、朵哑等族土官百户结禄、番僧札巴星吉……等三百二十人钞、彩币表里、金织纻丝袭衣、靴袜有差。

必尔即族搠牙子禄牙，《明宣宗实录》卷 53 宣德五年二月丙子载："陕西洮州卫……必尔即族故土官百户搠牙子禄牙等来朝，贡马。"

思曩日族搠尔结，《明宣宗实录》卷 87 宣德七年二月乙卯载：

> 镇守洮州卫都指挥使李达奏："思曩日族番民盼舌搠尔节强掠本族人畜，杀千户搠尔结。臣今入番收马，请治其罪。"上谓行在兵部臣曰："民杀部长是无上下之分，不治则纲纪隳矣。当处之有道，不废法亦不激变。乃为得宜。尔其以朕意谕之。"

此思曩日族即思曩儿族，《明宣宗实录》卷 88 宣德七年三月辛酉载：

> 镇守洮州都指挥李达及火把等族国师班丹星吉等奏："番民容少等一百九十一户逃往松潘，思曩儿班班等族土官头目泼隔处遣人追取不还，又聚众抗敌官军。"遂敕松潘军民指挥司及泼隔即遣容少等还，庶几保全尔父母妻子，不还必发兵诛。

（五）西宁卫

洪武三年（1370），邓愈克河州，明朝势力由此进入青海东南部藏区。《明太祖实录》卷76洪武五年九月壬申载：

> 故元右丞朵儿失结会河州卫指挥徐景等领兵至西宁息利思沟闪古儿之地（今青海互助县境——引者注），攻破故元岐王朵儿只班营，朵儿只班遁去，获岐王金印一、司徒银印一及其士马而还。

《明太祖实录》卷78洪武六年春正月己未载：

> 置西宁卫，以朵儿只失结为指挥佥事。朵儿只失结，西宁人，仕元为甘肃行省右丞。初，王师下关陕，与太尉朵儿只班在青海。朵儿只班遣其来朝进马，上赐以袭衣、文绮，令还招谕其部曲。朵儿只班不奉诏，遁甘肃。朵儿只失结自率所部二千余人还西宁。遣弟齐答等赴京言朵儿只班不奉诏之故。及宋国公冯胜总兵征甘肃，遂以所部从行。胜乃命朵儿只失结同指挥徐景追袭朵儿只班，获其金、银印及军士、马匹。遣其弟答立麻送京师。至是，立西宁卫，命朵儿只失结为指挥佥事。

洪武七年，明朝通过朵儿只失结招抚了西宁等地的藏族。此后，明军兵临青海各地，或伐或抚，逐渐将青海各族纳入明王朝统治之下。《明太祖实录》卷135洪武十四年春正月丙午载："诏赐西宁卫指挥佥事朵儿只失结等文绮十四匹，钞一百二十四锭。"洪武十九年，明廷曾一度批准重建西宁城。《明太祖实录》卷177洪武十九年春正月壬午载："陕西都指挥使司及都督濮英奏：'西宁卫旧城卑狭不堪戍守，今度城西百二十里许，其地平衍可以改筑。'上可其奏。命调巩昌、临洮、平凉三卫军士筑之。未几，后停其役。"此次筑城虽很快停止，但时隔一年半明廷又命"长兴侯耿炳文率陕西诸卫军士城西宁"①。《明太祖实录》卷188洪武二十一年正月戊寅载："赐西宁卫指挥杨政、凉州卫指挥张文杰、庄德白金

---

① 《明太祖实录》卷185洪武二十年九月丁未。

各二百两，文绮十二匹，钞百锭。"《明太祖实录》卷 194 洪武二十一年十月乙巳载："命羽林左卫指挥佥事李成守西宁。"

明初西宁卫设有指挥一员，指挥同知七员、指挥佥事七员，另有都指挥同知或佥事一员镇守西宁。西宁卫初属陕西都司，洪武十一年改隶陕西行都司。《明宣宗实录》卷 96 宣德七年十一月丁卯载："改西宁卫为军民指挥使司，从都督刘昭奏。"《明史》卷 42《地理志》"陕西行都司"条载：

> 西宁卫元西宁州，直隶甘肃行省。洪武初废。六年正月置卫。宣德七年十一月升军民指挥使司。属陕西都司，后来属。西南有小积石山，与河州接界。东南有峡口山，亦曰湟峡。南有大河……又北有湟水，即苏木连河也，东入大河。又西南有赐支河，又城北有西宁河，皆流入大河。又西北有浩亹水，西南有宗哥川，俱流合于湟水。又西有西海，亦名卑禾羌海，俗呼青海。西北有赤海。又有乌海盐池。东南有绥远关。西北距行都司千三百五十里。

《西宁府新志》卷 31《纲领下》载西宁卫改为军民指挥使司为宣德八年，较《明宣宗实录》及《明史·地理志》晚一年。西宁卫升为军民指挥使司后，正式成为具有兼理地方民政职能的军政合一的机构。《明宣宗实录》卷 88 宣德七年三月庚午载：

> 命守西宁都督佥事史昭佩征西将军印，充总兵官，镇宁夏。命守河州都督同知刘昭兼治西宁。敕史昭曰："尔练达老成，公勤廉正，朕心所嘉。兹命往镇宁夏整饬城池，操练军马。凡事审度可否而行。须昼夜尽心守备，俾边境宁谧，军士得所。庶副朝廷委任。"

弘治元年（1488），明廷设整饬西宁兵备道，掌抚治沿边少数民族事宜、整饬兵备，统辖西宁、庄浪、古浪、凉州及镇番五卫、所。兵备官（多由陕西按察司副使出任）驻西宁卫，军政兼摄，地位显要。

今青海省大通县文物管理所馆藏一枚"西宁卫千户所管军印"，印上镌刻有"礼部造，洪武六年正月日"等字。西宁卫辖有左、右、中、前、后、中左共六个千户所，后来也称为西宁、碾伯、镇海、北川、南川、古鄯六千户所，其中右千户所治碾伯（今青海乐都县）①，其余各所均治卫城。嘉靖七年（1528），西宁举人李完在《请革庄浪参将带官西宁疏》云："西宁卫属陕西都司，内隶六千户所。"《明太祖实录》卷112洪武十年五月辛卯载："遣使命邓愈发凉州等卫军士分戍碾北、河州等处。"《明太祖实录》卷115洪武十年九月丁丑载："陕西都指挥使司言：'庄浪卫旧军四千，后增新军四千，地狭人众，难于屯种。乞将新军一千人往碾北守御，一千人于西宁修城。暇则俱令屯种。止以旧军守庄浪。'诏从之。"《明太祖实录》卷111洪武十年四月己酉载："命卫国公邓愈为征西将军，大都督府同知沐英为副将军率师讨吐蕃。先是吐蕃所部川藏邀杀使者巩哥锁南等，故命邓愈等讨之。"《明太祖实录》卷112洪武十年五月癸卯载："征西邓愈兵至吐蕃，攻败川藏之众，追至昆仑山，斩首甚众，获马牛羊十余万。遂遣凉州等卫将士分戍碾北等处而还。"《明太祖实录》卷112洪武十一年三月庚子载："置庄浪分卫于碾北，命指挥佥事李景守之。"《明太祖实录》卷119洪武十一年七月辛巳载："又置碾北卫指挥使司。"洪武十九年，碾北卫废置，徙西宁卫右千户所于此。成化中更名为碾伯守御千户所。正德初，复设为西宁卫右千户所。《明史》卷42《地理志》"陕西行都司"条载："碾伯守御千户所本碾北地。洪武十一年三月置庄浪分卫。七月改置碾北卫，后废，而徙西宁卫右千户所于此。成化中更名。南有碾伯河。西北距行都司千二百三十里。"洪武十一年七月设置的碾北卫，北接庄浪卫、西北与凉州卫接壤，成为河西走廊东段防御线上的一个重要据点。《明太祖实录》卷126洪武十二年八月壬辰载：

> 遣使敕庄浪、凉州、碾北三卫指挥曰："近碾北卫来报，番将朵儿只巴部下有人来降，皆言朵儿只巴与阿卜商、三副使乌合之，由未审然否，然不可不为之备。吾度其人马不下数万，不久必将入寇凉州、庄浪、碾北之地。尔等宜慎防之。"

《明神宗实录》卷3隆庆六年七月丁亥载："升凉州卫千户谢铉为指挥佥事，操守甘肃碾伯地方。"正德年间，时任西宁兵备副使的胡经在

---

①   杨应琚纂：（乾隆）《西宁府新志》卷23《官师志·职官》，甘肃省图书馆藏，另顾炎武《天下郡国利病书》卷62《西宁卫志》亦有相同记载。

《重修西宁兵备宪司记》中云："甘肃一镇计十五卫、所，西宁卫六所……惟祖宗之意，盖以西宁控制近番申中等十三族，远番罕东等四卫，故多设一所，以震压之，视他卫不同也。"这里说的远番四卫指的是安定、阿端、曲先、罕东四卫。四卫的设置是"法汉武创河西四郡，割断羌胡之意"，"以北拒蒙古，南捍诸番，俾不得相合"①。洪武八年正月，明朝设"罕东等百户所五"②，又应卜烟铁木尔的请求，在原来的撒里畏兀儿地方设安定、阿端二卫；在元曲先答林元帅府设曲先卫，其后，甘肃敦煌地区的罕东部首领锁南吉入贡，明朝设罕东卫。当时称为"西宁塞外四卫"，其政务多由西宁卫代管。《明宣宗实录》卷109宣德九年三月庚子载："命西宁卫百户刘浩赍敕往罕东卫的里木之地，以剌麻葛剌卓儿为禅师，头目赏思巴的思、阿失加等为千、百户等官。仍赐之彩币表里有差。"《明宣宗实录》卷110宣德九年四月癸丑载：

> 设毕力术江卫指挥使司。毕力术江在西番，中国使者往诸番皆由其地头目管着儿监藏等迎送有礼。又遣人朝贡，上嘉之，故立卫给印，而以管着儿监藏、阿黑巴为指挥、佥事，其余为千、百户者二十一人。遣西宁卫千户吉祥等赍敕往赐管着儿监藏等彩币表里有差。

《明宣宗实录》卷23宣德元年十二月甲子载：

> 升西宁卫指挥使陈通为都指挥同知，指挥同知祈贤为指挥使。先是朝廷遣通等往罕东、安定招抚番民皆复业，而安定卫指挥使阿延拜子剌等及罕东密罗族和尚端岳监藏遣头目绰失加等来朝，遂命阿延拜子剌为都指挥佥事，绰失加为所镇抚。赐冠带、衣物遣还。凡密罗族大头目之复业未来朝者，皆升赏有差。而通等以招抚劳亦皆得升云。

《明英宗实录》卷52正统四年闰二月丁酉载：

> 镇守西宁卫署都指挥佥事金玉奏："奉命遣人赍敕往谕罕东、安

---

① 《明史》卷330《西番二》。
② 《明太祖实录》卷96洪武八年春正月辛亥。

定、阿端三卫，俾其谨守法度，各安生业。缘所辖番族窎远，官军不
足调遣。乞将原调庄浪卫守备官军三百五十人发回。暂令入番为
便。"上以备御官军不可动，命本卫量拨人。

《明英宗实录》卷 123 正统九年戊子载：

> 先是安定王桑尔加失夹禅师赏竹领真于永乐间来降，令于西宁居
> 住。后其侄摄剌藏卜袭禅师职，亦留西宁。累遣同官军入番抚谕。至
> 是镇守西宁都指挥佥事汪清奏："其窥探中国，透泄边情，恐生不
> 测。"上命摄剌藏卜回本地，协同安定王化导番民。

明朝视西宁为"西夷重地""河西巨镇"。《明太祖实录》卷 140 洪武
十四年十二月乙卯载："置庄浪卫、西宁马驿四：庄浪卫二，曰在城，曰
大通河；西宁卫二：曰在城，曰老鸦城。每驿给以河州茶马司所市马十
匹，以兵士十一人牧之，就屯田焉。"洪武十九年十二月，明廷"诏陕西
都指挥使司令诸卫土著铁甲马军悉令整备器械赴京给赏听操，惟西宁、西
凉二卫临边，且留守御"[1]。洪武二十三年，朱元璋"诏陕西西宁卫以北
征所获马、牛、羊万九千三百八十三，给诸军牧养"[2]。《明太祖实录》卷
217 洪武二十五年三月载：

> 癸未，命宋国公冯胜等往陕西、山西、河南简阅士马，时上以陕
> 西、山西、河南诸处城池久不修浚，士马久不简阅，屯田之兵亦多
> 逃，恐武备渐至废弛，乃命胜往理西安四卫及华山、平凉等八卫；颍
> 国公傅友德理山西都指挥使司属卫；曹国公李景隆理巩昌、岷州、洮
> 州、临洮、河州五卫；凉国公蓝玉往理兰州、庄浪、西宁、西凉、甘
> 肃等七卫……甲申，凉国公蓝玉率兰州诸卫将士追逃寇祁者孙，遂征
> 西番罕东之地。

明初西宁卫有多少官军，据《西宁府新志》卷 16 《田赋》"户口"

---

① 《明太祖实录》卷 179 洪武十九年十二月己卯。
② 《明太祖实录》卷 202 洪武二十三年六月辛未。

载："洪武中，官军户七千二百，口一万五千八百五十四。永乐中，官军户七千二百，口一万二千九十二。嘉靖中，官军户三千五百七十八，口四万五千六百一十三。"《明宣宗实录》卷29宣德元年七月乙卯载：

> 罢遣西宁卫操练余丁归农。先是都指挥使李龙请于西宁卫余丁内每三丁选一丁，操练备用于兰县。月给粮饷，往复千里，既妨农作，又不得及时受粮。上闻命行在兵部悉遣归农，有事召用。

明中叶以后，为抵御蒙古鞑靼部寇边的需要，官军又增加到近万名。

在管理着六个流官卫所的同时，明代西宁卫还辖有数量众多的土官指挥、指挥佥事以及土千、土百户所。《西宁府新志》卷24《官师》"土司附"对此有较为详细的记载，择要如下：

> 祁贡哥星吉，元甘肃省理问所官。明洪武元年归附，授副千户，世袭；祁锁南，贡哥星吉子，永乐四年袭职，以功升正千户。
>
> 朵儿只失结，元甘肃行省右丞，明洪武四年归附。授指挥佥事，世袭；端竹，失结子。洪武二十九年袭职，没于阵，赠骠骑将军。祁震，竹子，洪武三十四年袭职。以功升指挥同知……祁麟，鉴子。洪（弘）十三年袭职。以功升指挥使。
>
> 李南哥，元西宁州同知。洪武四年归附。授都指挥，世袭；李英，南哥子。永乐六年袭职。以功封会宁伯。李昶，英子。天顺元年袭职。升右军都督佥事。
>
> 李文，英从子。宣德时为指挥，后以功封高阳伯。李镛，文子。成化四年授百户，后升指挥佥事。李璋，镛子。洪（弘）三年降袭百户。以功升副千户。李正，璋子。洪（弘）十三年袭副千户职。以功历升指挥同知。
>
> 南木哥，洪武四年领丁壮归附，以功授指挥佥事；调宁波副千户守御；汪失加，木哥子。洪武十八年袭副千户职。调西宁卫副千户职。无嗣。汪恺，木哥弟。永乐元年袭职。以功升正千户；汪福，恺子。二十年袭职。以功升指挥使。
>
> 沙蜜，洪武四年率部落投诚。授总旗。纳速剌，沙蜜子。永乐元年袭总旗。以功升副千户……纳启，福子。洪（弘）十二年袭职。

以功升正千户。

　　吉保，洪武四年归附，授百户。调锦衣卫前所镇抚。吉朵儿只，保子，洪武三十年袭职。调西宁卫中左所，以功授百户。吉祥，朵儿只子。永乐二十年袭职。以功历升指挥佥事。

　　陈子名，江南山阳人。元淮安右丞。明吴元年归附，授指挥；陈义，子名子。洪武十七年袭职。以功调升西宁卫指挥使。

　　赵朵只木，明洪武三年归附。以功授百户……赵胜，政子。永乐十七年袭职。以功升都指挥佥事。

　　薛都尔，西域缠头。元甘肃行省佥事。洪武四年归附，授职。也里只，都尔子。洪熙元年以功升所镇抚。

　　失喇，元甘肃省郎中。洪武四年归附，于本地驻牧听调。把尔加，失喇子。授小旗随征。阿吉，把尔加子。以功授百户。

　　帖木录，元百户。洪武四年归附，授职。大都，帖木录子。洪武二十年袭职。以功升千户；甘肃，都子。永乐十年袭。以功升正千户。

　　乩铁木，明洪武四年投充小旗。经刚保，铁木子。替役，以功升千户……朱洪启，荣子。宣德四年袭，加指挥佥事职。

　　朵力乩，洪武四年投充小旗。七十狗，力乩子。替役，以功授总旗。辛庄奴，七十狗子。替役，以功授百户。

　　哈剌反，洪武四年投充总旗。薛帖里加，剌反子。替役，以功授百户；剌苦，里加子。宣德十年袭职。以功升副千户。

　　《天下郡国利病书》原编第十九册《西宁卫志·番族》还记载了明代西宁卫一些不太为人所知的藏族土官：

　　申中族，一名申冲。洪武十三年招抚，居牧归德硖，后徙塞内孤山滩古牛心堆西也，去卫治四十余里。有城郭、庐室。田畜为业。户三百、口六百有奇。授指挥一，岁输马三百五十有奇。其俗多毛布，男子衣二截，上修倍下，下多纵缝。各衣兽皮，贵贱有异。女子椎发，披颊而下。贵者首项饰珍珠、珊瑚、琥珀、璋渠、玛瑙、腊珀、海螺之属。饮食恒牛羊、胡饼，重酪酥。间猎黄牛、黄鼠、獐鹿、野牛马、雉、兔食之。岁以麝香、犏牛、牦尾、马尾、土豹、狐皮出市。婚礼以马为聘，贵者十余匹，下亦二三。特不联帐居蕃部姻，恐其叛乱而蔓累之。每岁元旦及至日万寿节，十三族受爵大酋咸赴卫城，随班朝贺，次日宴于卫堂，颁赉而去……

隆奔族，洪武十三年招抚，居牧塞内，外周西纳，南、西、北三隅有城郭庐室。塞外者列帐，有夷警徙塞内。俗同申中、西纳也。有国师、指挥。岁输马一百三十有奇……

嘉儿即族，洪武十三年招抚。居牧塞内西纳北之金娥山南。国师一、指挥一，赐银印一、牙章各一。户三百，口千七百余。

此外，《明实录》中也有一些关于明代西宁卫土官的记载。《明太宗实录》卷 196 永乐十六年春正月己未载：

西宁卫隆奔等族札省吉省、吉儿迦等及洮州卫着藏族头目失加谛等来朝，贡马。命札省吉省、吉儿迦二人为指挥佥事，可鲁窝、失加谛等六人为正千户，你麻儿迦等十四人为副千户。赐诰敕、冠带、衣、币有差。

《明太宗实录》卷 209 永乐十七年二月甲午载："西宁卫昂藏族头目班麻来朝，命为正千户，赐诰及冠带、袭衣。"《明太宗实录》卷 217 永乐十七年十月丁酉载："西宁卫所属隆奔、巴哇、嘉儿即、申冲、申藏、革咂、果迷卜、章咂、西纳、隆卜、把沙十一族指挥、千、百户来朝，贡马赐之钞、币。"《明仁宗实录》卷 8 下洪熙元年三月丁酉载："升西宁卫章咂族土官千户阿勃尔加为指挥佥事，命致仕，以其子切塔儿加袭职。"《明宣宗实录》卷 23 宣德元年十二月己卯载："陕西巴哇等族指挥佥事锁南儿坚藏等来朝，贡马。"《明宣宗实录》卷 24 宣德二年正月戊申载："赐陕西巴哇等族指挥佥事锁南儿坚藏……等二百五人及乌斯藏番僧章结等钞、彩币表里有差。"《明宣宗实录》卷 48 宣德三年十一月丙子载："陕西西宁章咂族土官佥事切帖儿加、巩昌府僧钢司禅师锁南巴遣刺麻工葛坚赞、岷州卫刀札等族番僧头目南哈古中等来朝，贡马。"《明宣宗实录》卷 59 宣德四年十一月辛未载："西番把沙等族大国师仑奔完卜失儿坚藏及申冲等族指挥佥事星斤奔等来朝，贡马。"《明宣宗实录》卷 86 宣德七年正月戊寅载：

陕西行都司土官都指挥佥事李文奏："昨西番阿吉族大国师吒思巴领占，指挥同知星吉儿加等言，洪熙元年领本族剌麻阮丹、汪东（束）、锁南藏卜等军随会宁伯李英至安定卫雅令阔之地讨叛寇，多所斩获。其有功者今皆升赏。阮丹、汪束、锁南藏卜之功当为首，而吒思巴领占不为陈奏，二人不得与恩，恚恨，率所部亡入肃州盐池境，欲相仇杀。今渐悔过复回，居摆通川。乞宥吒思巴领占不奏功状之罪，加恩二人。俾仍管番民，办纳差发。"上曰："有功必赏，朕所不吝。彼独遗其功，安得不生仇怨。命所司升赏如例。"

《明宣宗实录》卷87宣德七年二月癸丑载：

甘肃总兵官都督刘广奏："比奉敕遣都指挥同知印铎同西宁卫土官都指挥佥事李文等往甘州白城山，招抚西番阿吉族逃徙番民七百余帐还居野马川。今千户他里巴言，头目朵里只领真等六十余帐逃往赤斤，俺官搬卜等三十余帐逃往肃州仙人坝。俱是土官管属番民。请仍敕李文招抚。"上曰："彼皆外番，何须朝廷下行其事。止令广移文谕之。"广又奏："初西番邀劫朝使，命臣追理，臣不敢不用心。但番寇劫掠是其常事，乞勿深究。"上谕尚书许廓等曰："邀劫朝使，岂可以为常事。自古寇患常起于细微。今广欲养痈长疽矣，尔移文诘之。令具实对。"

《明宣宗实录》卷115宣德九年十二月乙丑载："陕西西宁卫巴沙等族国师、禅师贾锁、西纳等族指挥列即答儿遣头目完卜扎思巴坚藏及土达金刚保等来朝，贡马。"《明英宗实录》卷4宣德十年四月乙巳载：

敕陕西西宁卫巴哇族舍剌竹曰："昔尔兄锁南剳以捕寇功授善智禅师，副本族指挥佥事锁南儿坚藏抚绥军民，每三年进纳金牌茶马、犏牛。尔兄物故，特命尔为头目，归代其任。尔宜同锁南儿坚藏协心，共修职贡，抚安民人。如强愎肆虐，罪不尔贷。"

《明英宗实录》卷18正统元年六月癸丑载："西宁都指挥佥事陈斌招徕把沙、阿吉等族头目写儿吉等。时把沙等番人屡出剽掠，总兵官任礼奉敕委

斌招之，至是归来。并纳其所虏牛、马。分处旧居长城等地。"《明英宗
实录》卷 123 正统九年十一月辛巳载："陕西平凉卫土官所镇抚朵罗秃，
西宁卫千户哈成来朝贡马、驼、鹰、犬等物，赐宴及彩币表里等物有
差。"《明神宗实录》卷 9 万历元年正月庚寅载："开豁西宁卫土舍李宽虚
增地粮二千八百九十五石有奇。"

《西宁志》载："万历元年都御使廖逢节议题帮筑城堡，康缠堡，徐
家北堡……祁家堡。以上一百三十四堡。与志开镇海、徐家、南堡……上
川口、巴州，共六十三堡寨具接。"①

---

① （明）刘敏宽、龙膺，（清）苏铣合编：《西宁卫志·西宁志》卷 5《岁计志·户口》，
青海人民出版社 1993 年版。

制度篇

一　元代只有土官之名没有土官之制

（一）问题的提出

土官制度（亦称土司制度）究竟形成于何时，向来被学术界所关注，近年来更是热议的焦点，研究成果层出不穷，观点众说纷纭、见仁见智。有许公武首倡的"土司制度肇始于秦汉之世"的观点；[①] 有凌纯声提出的"土司之起源……其起源甚早，如蜀汉昭烈授罗伽李恢为郡功曹书佐、主薄，晋帝用兴古爨琛做本郡太守"的观点；[②] 有朱祖明、刘介阐明的土司制度形成于宋代的观点；[③] 有杜玉亭为代表的土司制度形成于元代的观点；[④] 有江应樑、张永国认为土司制度形成于明代的观点。[⑤] 这其中土司制度形成于元朝、兴盛于明朝、衰落于清朝的观点影响最为广泛，李幹《略论元代土司制度中的几个问题》[⑥]、龚荫《中国土司制度史》[⑦] 等多数论著均主张此说。之所以会有如此多的分歧，这与如何定义"土官"有直接关系。如果认为"土官"就是中央政府授予土著之人的官，使之世

---

① 许公武：《土司制度考略》，《中国边疆》第 1 卷第 1 期，1943 年 2 月。

② 凌纯声：《中国边政之土司制度》（上、中、下），《边政公论》第二卷第十一、十二期，1943 年；第三卷第一、二期，1944 年。

③ 朱祖明：《改流前之天全土司》，《康导月刊》第 1 卷第 2 期，1943 年 12 月；刘介：《宋代僮族地主在土官统治下的经济形态》，《民族团结》1963 年 3 月号。

④ 杜玉亭：《试论云南土司制度研究中的几个问题》，《民族团结》1963 年 2 月号。

⑤ 江应樑：《略论云南土司制度》，《学术研究》（昆明）1963 年第 5 期；张永国：《也谈土司制度研究中的几个问题》，《学术研究》（昆明）1964 年第 3 期。

⑥ 李幹：《略论元代土司制度中的几个问题》，《民族研究》1984 年第 4 期。

⑦ 龚荫：《中国土司制度史》，云南民族出版社 1992 年版。

护其民、世领其地的话，或者认为"土官"即少数民族官员的话，那么"土司制度肇始于秦汉之世"的观点便可成立，而唐朝"羁縻州府"的首领亦可视为"土官"。如果认为土官制度是在"土官"一词出现后，针对土官而形成的一种制度的话，那么土官制度的出现或可在元代，或可在明代。本书同意江应樑、张永国认为土司制度形成于明代的观点，并愿在同仁研究的基础上，进一步就此类问题进行辨析。

（二）元代的"流官"与"土官"

1. 元代的"流官"

元代的"流官"与明代的"流官"名同而实异。元代流官称谓沿袭了唐宋以来的传统。唐朝官制是三省六部制，有文官和武官两大体系。文官体系分为流内官与流外官。流内官为九品十八级，且从四品开始，每级又分为上、下两等；流外官也分为九等，只是流外官实际不属于官，只能称为吏。同时在流内官中又有散官与职官之分，散官没有实际权力，仅挂名而已，地位完全比不上职官。《旧唐书》卷42《百官一》载："亲王国令，旧规流内正九品，太极年改。公主家令，旧规流内正八品，太极年改。"《新唐书》卷46《百官一》载："凡流外九品，取其书、计、时务，其校试、铨注，与流内略同，谓之小选。"《宋史》卷3《太祖三》载："诏中书吏擅权多奸赃，兼用流内州、县官。"《宋史》卷118《礼二十一·宾礼三》"百官相见仪礼条"载："公参之礼，列拜堂上，位高受参者答焉……流外见流内品官，并趋庭。"《元典章》卷2"官职二"对于流内、流外官吏亦有详尽规定，如"有出身未入流品人员受宣者"迁转规定：

> 有出身未入流品人员，已受江南勾当任回：受宣者三品拟同六品；四品拟同七品；正、从五拟同正八；历受敕者：正、从六品拟同从八品；七品、八品拟同正、从九品；正、从九品拟同提控案牍、巡检。

《至元新格》规定："诸在流品人员，凡能任繁剧，明达吏事，深识治礼或器非一用"；"内外四品以下普覃散官一等"规定："据应入流品有出身吏员、译史人等，亦自至大二年正月以前入役者，考满加散官一等";"迁调官员"规定:"军官、匠官、站官、医官、各投下人等,例不转入流。虽资品相应,不许铨注";"职官荫子例"规定:"今江南历仕官员荫叙定例:正六品官子巡检内任用,渐次转入流品;从六品子,止于近上钱谷官,虽任数十界,别无入流之例。"《元史》卷82《选举志二》"铨法上条"载:"凡匠官……一百户之下,院长一员,同院务,例不入流品,量给食钱。"

将流内官省称为"流官"至迟在金代就已出现,元代开始流行。《金史》卷70《宪宗传》载:"有司言,诸路猛安谋克,怙其世袭多扰民,请同流官,以三十月为考。"《元典章》中"流官"一词多见记载。《元典章·吏部》卷2"官职二·品官子孙当怯薛"载:"今议得:若依已拟,止于六品、七品子孙内当怯薛者,满日诠注流外监当怯薛,切缘三品以下至五品子孙便于合得品从叙用流官。"《元典章·吏部》卷3"官制三·杂职依前考第品级迁升例"载:"流官内选用者,任回,理流官月日。"《元典章·吏部》卷5"职制二"有"流官五品以上封赠""流官封赠通例"等规定,如"流官五品以上父母、正妻、七品以上正妻,尚书省次第议行封赠之制"。《元典章·吏部》卷6"吏治职官吏员"规定,内外诸衙门、令史、通事、知印、宣使有出身人等,一半应由无过文资流官内选取。《元史》卷81《选举志一》"科目条"载:"流官子孙荫叙……下第举人,年七十以上者,与从七品流官致仕。六十以上者,与教授。"《元史》卷83《选举志三》"铨法中"载:

> 大德四年,省议:"诸职官子孙荫叙……流官于巡检内用,杂职于省劄钱谷官内用……诸色目人比汉人优一等荫叙,达鲁花赤子孙与民官子孙一体荫叙,傍荫照例降叙"……泰定元年,诏:"内外流官已带覃官,准理实授……其有出身应入流品人等,如在恩例之前入役支俸者,考满亦依上例覃授"……凡减资升等:大德九年,诏:"外任流官,升转甚迟,但历在外两任,五品以下并减一资。"

《元史》卷90《百官志六》载:"经正监条":"监卿、太监、少监并奴都赤为之,监丞流官为之。"《元史》卷92《百官志八》"序"载:"每所置提领一员,正八品。大使一员,从八品。副使一员,正九品。流官内铨注。"

明初"流官"一词仍可指流内官,如《明兴野记》洪武元年十二月载:"是年,上命织五彩诰命……楷书文章,新旧勋迹,所授散官及姓名于上,分某卫某所,或世袭、或流官。"但就整个明代而言,明人所言的流官不仅包括了流内官,还包括了流外官以及正军的所有军职官员,这说明明代"流官"一词虽然是从元代"流官"一词演变而来,但它只是沿用了元代流官的称谓,其内涵较元代要宽泛得多。明代的流官已成为一个泛词,除土官外,基本都是流官。现代一些论著中往往将明代流官一词解释为可以在全国范围内流动的官员,所以称之为流官,这颇有望文生义之嫌。明代的流官固然可以在全国范围内调动,但唐宋乃至元代的流官均可以在全国范围内调动,所以流动只能是明代流官的特点之一,而不是称之为流官的原始。

2. 元代的土官

(1) 元代史籍中的土官

"土官"一词的含义大体有两大类,一类是作为礼仪中的官名、五行属土之官或土地神出现的,这在《礼记·月令》、唐陆龟蒙《祝牛宫辞序》以及《宋书》卷17《礼志四》中可见记载,但这一类土官与本文无关。① 另一类是作为土著首领的"土官",这在宋代以前鲜见记载,宋代开始零星使用。《续资治通鉴长编》卷418元祐三年(1088)载:"枢密院言,归明土官杨昌盟等乞依胡田所请,存留渠阳军,县依旧名,事应旧送县者,令渠阳寨理断,徒已上罪即送沅州。"洪迈《容斋四笔》卷16《渠阳蛮俗》载:"蛮酋自称曰官,谓其所部之长曰都幪,邦人称之为土官。"南宋范成大撰《桂海虞衡志·志蛮》载:北宋皇祐四年(1052),广源州壮族首领侬智高起义失败后,朝廷"因其疆域,参唐制,分析其种落,大者为州,小者为县,又小者为洞,凡五十余所。推其雄长者为首领,籍其民为壮丁,以藩篱内郡,障防外蛮,缓急追集备御,制如官军","有知州、权州、监州、知县、知洞,皆命于安抚,若监司给文帖朱记"。② 这些壮族首领被一些现代学者称为广西土官的肇始,但值得一提的是,《桂海虞衡志·志蛮》的作者并未使用"土

---

① 《宋书》卷17《礼四》有"社主土神,司空土官,故祭社使司空行事"的记载,但与本文无关。

② 范成大撰,严沛校注:《桂海虞衡志校注·志蛮》,广西人民出版社1986年版。

官"一词。

元代亦很少使用"土官"一词,如元代官方法律文献《元典章》中"土官"一词仅在同一案例中出现过两次。① 在元代丞相脱脱和史官阿鲁图先后主持修撰的《宋史》《辽史》《金史》中,"土官"一词也仅在《宋史》中出现过一次,② 仍然与宋代渠阳蛮有关,其载:"后以渠阳为诚州,命光僭之子供备库使昌达、供备库副使杨昌等同知州事,而贯保、丰山、若水等砦皆罢戍,择授土官,俾乂间毁楼橹,撤官舍,护领居民入砦。"③

不过相较"土官"而言,元代史官更愿意用"土人""土兵"等词。《宋史》中"土人"一词出现过 44 次,"土兵"一词出现过 33 次,这其中还有几处"土人"的记载或可作为"土官"存在的佐证。《宋史》卷 90《地理志六》"广南西路"载:"广南东、西路……民性轻悍。宋初,以人稀土旷,并省州县……大率民婚嫁、丧葬、衣服多不合礼。尚淫祀,杀人祭鬼。山林翳密,多瘴毒,凡命官吏,优其秩奉。春、梅诸州,炎疠颇甚,许土人领任。"《宋史》卷 171《职官志十一》"俸禄制上"载:

> 客省及皇城以下诸司副使,二十千。内殿承制,十七千。崇班,十四千。春绢各五匹,冬十匹,绵三十两。带阁门祗候并同。供奉官,十千。带阁门祗候者,十二千。春绢四匹,冬五匹,绵二十两。侍禁,七千。带阁门祗候者,一十千。殿直,五千。带阁门祗候者,九千。并春、冬绢各四匹,冬绵十五两。三班奉职、借职,四千。春、冬绢各三匹,钱二千。下茶酒班殿侍,一千。春、冬绢七匹,冬绵十五两。下班殿侍,七百。春、冬绢各五匹,二项并蕃官并土人补充者。

《宋史》卷 175《食货志上三》"漕运条"载:"绍圣二年,置汴纲,通作二百纲。在部进纳官铨试不中者,注押上供粮斛,不用衙前、土人、军将。未几,复募土人押诸路纲如故。"在元代史籍中"土人"遍布大江南

---

① 《元典章·新集》卷 6 "刑部·土官取受无禄同有禄人断"。

② 《金史》卷 15《宣宗中》载:"遣监察御史粘割梭失往河中、绛、解等郡,同守土官商度可保城池。"这里的土官是指守土之官,并非本文所指的土官。

③ 《宋史》卷 494《蛮夷传二·城徽州传》。

北。然而即使如此，宋人、元人不常用"土官"一词确属事实。

（2）明人笔下的元代土官

明人笔下的元代土官多集中在《元史》等史籍中。笔者将此类土官大体分为三类：

第一类是明人笔下的宋代土官。《元史》卷14《世祖十一》载："至元二十四年冬十月乙酉……罗北甸土官火者、阿禾及维摩合刺孙之子并内附。"至大三年正月，湖广省乖西带蛮阿马等联结万人入寇，元廷遣万户移刺四奴领军千人，及调思、播土兵并力讨捕，① 至大四年十一月，"立乖西府，以土官阿马知府事，佩金符"②。《元史》卷29《泰定帝一》载："泰定元年二月丁亥，平伐苗酋的娘率其户十万来降，土官三百六十人请朝。湖广行省请汰其众还部，令的娘等四十六人入觐，从之。"《元史》卷33《文宗二》载："天历二年二月癸丑，诸王月鲁帖木儿等至播州，招谕土官之从襄加台者，杨延里不花及其弟等皆来降。"《元史》卷42《顺帝五》载："至正九年夏四月辛丑，师壁安抚司土官田驴什用、盘顺府土官墨奴什用降，立长官司四、巡检司七。"《元史》卷44《顺帝七》载："至正十六年春正月戊申，云南土官阿芦降，遣侄腮斡以方物来贡。"《元史》卷210《外夷传三·缅传》载：

> 云南省遣云南诸路宣慰使都元帅纳速刺丁率蒙古、爨、僰、摩些军三千八百四十余人征缅，至江头，深蹂酋首细安立寨之所，招降其磨欲等三百余寨土官曲蜡蒲折户四千、孟磨爱吕户一千、磨奈蒙匡里答八刺户二万、蒙忙甸土官甫禄堡户一万、木都弹秃户二百，凡三万五千二百户，以天热还师。

《元史》乃明代史官所撰，但其中有如此多的宋代土官，究竟是宋代原本就称其为土官，还是明朝史官根据明人的习惯称这些宋代的少数民族首领为土官？结合上述可知，还是后者为主。

第二类是明人笔下的元代土官。蒙古人在统一中国过程中，为了巩固

① 《元史》卷23《武宗二》。
② 《元史》卷24《仁宗一》。

和扩大政权基础，相继采用了"参用汉人"①"参用南人"②"参用土人"③ 的政策。土官就是在蒙古统一江南的过程中，伴随"参用土人"而出现的。《元史》卷16《世祖十三》载："金竹府知府扫闾贡马及雨氈，且言：'金竹府虽内附，蛮民多未服。近与赵坚招降竹古弄、古鲁花等三十余寨，乞立县，设长官、总把，参用土人。'"《元史》卷38《顺帝一》载："平伐、都云、定云酋长宝郎、天都虫等来降，即其地复立宣抚司，参用其土酋为官。"《元史》卷61《地理四》"木来军民府条"："中书省奏置散府，以布伯为达鲁花赤，用其土人马列知府事。"《元史》卷91《百官志七》"诸蛮夷长官司"载："达鲁花赤、长官、副长官，参用其土人为之。"《元史》卷17《世祖十四》载：

> 至元二十九年九月丁卯，中书省臣言："茆灂、十围、安化等新附洞蛮凡八万，宜设管军民司，以其土人蒙意、蒙世、莫仲文为长官，以吕天佑、塔不带为达鲁花赤。八番斡罗思招附光兰州洞蛮，宜置定远府，就用其所举秃干、高守文、黄世曾、燕只哥为达鲁花赤、知府、同知、判官。"制曰：可。

《蒙兀儿史记》卷47《昔里钤部传》附《爱鲁传》载：至元十三年，特磨道首领侬士贵、左江土酋李维屏、右江土酋岑从威等二千余人至云南行省，各持土物纳款，"是岁广中降者八十余州，籍四十万户，东招靖江，南开广道，不劳一矢而安定"。《元史》卷19《成宗二》载："大德二年冬十月壬戌……立平珠、六洞蛮夷长官司二，设土官四十四员。"《元史》卷58《地理志》载："至元二十年，四川行省讨平九溪十八洞，以其酋长赴阙，定其地之可以设官者，与其人之可以入官者，大处为州，小处为县，并立总管府，听顺元路宣抚司节制。"

元代之所以大量任用土官，除扩大统治基础外，还存在着一些实际困难，即"参用土人"大多是在民族成分复杂、朝廷鞭长莫及的西南边远地区实施。对于蒙古人、色目人而言，因畏惮瘴疠，大多不敢到这些地区

---

① 《元史》卷12《世祖纪九》。
② 《元史》卷14《世祖纪十一》。
③ 《元史》卷16《世祖纪十三》。

赴任，有的地方甚至连汉人也不愿去，所以不得不"参用土人"。《元史》卷15《世祖十二》载："湖广省言：'左、右江口溪洞蛮獠，置四总管府，统州、县、洞百六十，而所调官畏惮瘴疠，多不敢赴，请以汉人为达鲁花赤，军官为民职，杂土人用之。'"《元史》卷26《仁宗三》载："远方蛮夷，顽犷难制，必任土人，可以集事。今或阙员，宜从本俗，权职以行，制曰：可。"《元史》卷83《选举志三》"铨法中条"载："本管地面，若有遐荒烟瘴险恶重地，除土官外，依例公选铨注，其有超用人员，多者不过二等。军官、匠官、医官、站官、各投下人等，例不转入流品者，虽资品相应，不许铨注。"《元史》卷125《赛典赤瞻思丁传》载："又患山路险远，盗贼出没，为行者病，相地置镇，每镇设土酋吏一人、百夫长一人，往来者或值劫掠，则罪及之。"可见土官的使用是在不得已的情况下采用的特殊措施，它是蒙元职官体制的一种补充和延伸。

除流内官外，土官亦可担任流外官。《南村辍耕录》卷2"土人作掾"载："至元间，别儿怯不花公为江浙丞相，议以本身所辖土人不得为掾史。时左丞佛住公谓曰：'若然，则中书掾当用外国人为之矣。'相有赧色，议遂不行。"

第三类是受明人影响而泛化的土官。《明太祖实录》卷67洪武四年七月乙未载："遣工部主事王伯彦往河州赐山后七驿世袭土官劳哥等文绮、银椀。"这条史料中的土官劳哥在《明兴野记》中记为土官剌哥。《明兴野记》载：

> （洪武四年）二月……韦正遣人招抚山后好来、阿仁、剌哥、美吉、朵的、云都、亦思麻因等七站人民。并下缺军总旗仲与等七人，委监站掌印，以土官为副，共牧人民。以归德州土官王伦奴为千户，设西番、达达二百户所，具奏。上准设，给以诰敕。①

《明兴野记》又载：

> （洪武十一年）六月……以陕西都指挥叶升代镇河州……十一

---

① 陈学霖：《史林漫识》附录（三）俞本《明兴野记》（《纪事录》），中国友谊出版社2001年版。

月，剌哥站土官剌哥率合族酋长，以牛、羊、马匹、羊毛至河州易
粮。升见头畜无数，欲尽得之，诡文密奏西番侵河州。上允其奏，悉
收诛之。升拘番货牛、羊、马匹，尽入私家，其余六站番民，闻之皆
遁去，朵甘思、乌斯藏之路自此亦梗，不复通往来矣。

对于这几条记载中的土官剌哥，包括明朝人在内的许多学者都认为是
元代遗留下来的土官，但事实值得商榷：第一，从人名上看剌哥很像是蒙
古人，而元代绝不将蒙古人称为土人或土官；第二，如果是明代的土官，
则明代驿站属流官系统，也不可能称其为土官。所以这应该是明朝初年的
人按照明朝的理解将本不应称为土官的蒙古人泛称为土官。类似的情况还
有，《明兴野记》至正二十六年载："四月，克泗州，徐州土官参政升
（陆）聚降。"《明兴野记》洪武二年四月载：

> 至巩昌，土官汪灵真保率军民以降……十二月，达遣大都督冯胜
> 追思齐至临洮，土官平章赵脱儿挟思齐出城降……达以二城降兵土著
> 者仍为土著，客兵分调各卫听征……八月，遣凤翔卫指挥韦正领全卫
> 马步兵，请临洮代之……河州土官院使锁南领番戎至城下哨掠。

《明兴野记》的作者俞本是明初随邓愈一路征战到河州，并将其所见
所闻以编年体的形式记录下来。这其中所说的土官汪灵真保属色目人，土
官平章赵脱儿为吐蕃人，亦属色目范畴，河州土官院使锁南为蒙古人，元
朝官方是不会将这些人视为土官的，如《元史》卷4《世祖一》载："中
统二年六月丙辰，以汪良臣同签巩昌路便宜都总帅，凡军民官并听良臣节
制。"《元史》卷15《世祖十二》载："至元二十六年六月己酉，巩昌汪
惟和言：'近括汉人兵器，臣管内已禁绝，自今臣凡用兵器，乞取之安西
官库。'帝曰：'汝家不与它汉人比，弓矢不汝禁也，任汝执之。'"《元典
章·吏部》卷1"官制一·拾存备照品官杂职"中便宜都总帅为正三品官
员。《元史》卷155《汪世显传》中也未将汪世显、汪良臣、汪惟和及其
后裔汪灵真保等称为土官，可见这是元末明初民间汉族人将所有少数民族
首领泛称为土官所致。

当我们考察了元代"流官"与"土官"之后发现：（1）元代"土
官"大体可归类为两大性质的土官，一类是未被朝廷任命的土官，即土

酋；一类是被朝廷任命的土酋，即属于元朝官僚体系之内的官员。
（2）元代"土官"并不像明代那样是相对"流官"而言的，元代土官既
可以是流内官，也可以是流外官；既可以是文职，也可以是武职，并无
"文""武"之分。元代的流官仍然沿袭了唐宋以来称谓，主要指九品十
八级的流内官（含杂流官）。明代学者以及现代学者往往用明代人的习惯
理解元代"流官"，以至于留下了元代也有与土官相对应的流官的印象，
这是一个隐形的误区。（3）元代"土官"一词的使用并不广泛，《元史》
中"土官"一词之所以被广泛使用，大多为明史官按照明代的习惯所致。
（4）元代土官仅仅是一个表明身份的称呼，指此官职为土人担任，用今
日的话说就是"本土官员"或"当地干部"，它并不能证明元代是否存在
着土官制度。

（三）　元代没有土官制度

所谓土官制度是针对土官而建立的一整套制度。以往学者在论述元代
存在土官制度时，大多从元代的职官体系，土官世袭，土官册封，土官选
用、升迁、惩罚等方面入手，本节也从这几个方面入手辨析元代并没有针
对土官而建立的一整套土官制度。

1. 职官体系

元代并不存在针对土官设置的一整套职官体系，如《元典章·吏部》
卷1"官制一·内外诸官员数"中是将元代内外诸官员分为有品级官员与
无品级官员，而不是分为流官与土官两大类。在有品级官员中又分为朝
官、京官、外任官，而朝官、京官、外任官类下又分有色目、汉官等，唯
独没有将土官列为一目，即所谓"江南归附之初，民情风土特异，除授
官员，难循资格。在后评定日久，南北通除，别无升等之例"[①]。元代土
官出身军政合一的部落，但土官一经封授，既可以是职官，也可以加授散
官称号。《元典章·吏部》卷1"官职一·职品"所载的各级职品中均将
土官所担任的官职列入其中，如在二品流内官中就将湖北、湖南、广东、
广西、四川南、沿边溪洞宣慰使，福建、八番顺元等处、广西两江、大理
金齿等处宣慰使司元帅，广南西道、乌撒乌蒙等处、罗罗斯、曲靖等路、

---

① 《元典章·吏部》卷2"官制二·承荫"之"职官荫子例"，陈高华、张帆、刘晓、党宝
海点校，中华书局、天津古籍出版社2011年版。

临安广西元江等处宣慰使兼管军万户等列入。《元史》卷 35《文宗四》载：

> 至顺二年五月己丑，置八百等处宣慰司都元帅府，以土官昭练为宣慰使都元帅。又置临（江）［安］元江等处宣慰司兼管军万户［府］、孟定路、孟员路并为军民总管府，秩从三品。者线、蒙庆甸、银沙罗等甸并为军民府，秩从四品。孟并、孟广、者样等甸并设军民长官司，秩从五品……庚寅，立云南省芦传路军民总管府，以土官为之，制授者各给金符……癸巳，云南威楚路之蒲蛮猛吾来朝贡，愿入银为岁赋，诏为置散府一及土官三十三所，皆赐金银符。

《元史》卷 140《太平传》至正十五年载："时诸军久出，粮饷苦不继。太平命有司给牛具以种麦，自济宁达于海州，民不扰而兵赖以济。议立土兵元帅府，轮番耕战。"

有学者将元代土官分为：行中书土官，宣慰使司土官，宣抚司、安抚司、招讨司土官，路总管府土官，土知府、土知州、土知县、土县丞土官，州县及秩如下州的长官司土官，土巡检、土千户、土酋吏之类土官等七大类，[1] 这也是大多数支持土官制度建立于元朝的学者最常用的论据之一，并将其视作元朝土官制度的重要内容，是元朝的一项重要创造。殊不知宣慰使、宣抚使、安抚使等只有在明朝才成为土官专用的职官，元代宣慰司、宣抚司、安抚司等是最普通的地方行政机构之一，其长官多为蒙古人、色目人，并不是土官特有的职官，只有"土人为之"者方可称为土官，但并不代表这些"司"就是土司。《元史》卷 91《百官七》载："宣慰司，掌军民之务，分道以总郡县，行省有政令则布于下，郡县有请则为达于省。"《元史》卷 5《世祖二》载："中统三年十二月丁巳，立十路宣慰司，以真定路达鲁花赤赵璃等为之。"即使是西南边远地区由土官担任首领的宣慰司、宣抚司、安抚司等，即所谓"其在远服，又有招讨、安抚、宣抚等使，品秩员数，各有差等"[2]，亦如前所述，其性质依然是职官，土官只表明担当者的民族身份，而不是一种官制。同样土知府、土知

---

① 李幹：《略述元代土司制度中的几个问题》，《民族研究》1984 年第 4 期。
② 《元史》卷 91《百官七》。

州、土知县等职官也仅仅表明了担当者的民族身份，而不是一种土官性质的官制。

2. 册封制度

许多论著还将元代土官的诰敕、印章、虎符、朝贡等列为土官制度的内容。诰敕、印章、虎符、朝贡等制度在《元典章·礼部》中有详尽的记载，作为元代土官固然要遵守这些制度，但这些制度是全体官员都要遵守的，并不是针对土官建立的，它是元代职官的基本制度，而不是元代土官独有的制度。

3. 选用、升迁、惩罚

元代土官在选用、升迁、惩罚等方面既有同于非土官的地方，也有别于非土官之处，这是元代土官较为特殊的方面。《元史》卷82《选举志二》"铨法上条"载：

> 凡蛮夷官：议："播州宣抚司保蛮夷军民副长官，系远方蛮夷，不拘常调之职，合准所保。其蛮夷地分，虽不拘常调之处，而所保之人，多有泛滥。今后除袭替土官外，急阙久任者，依例以相应人举用，不许预保，违者罪及所由官司。"

《元史》卷83《选举志三》"铨法中条"载："二十八年，诏：'腹里官员迁去云南近里城邑，拟升二等，若极边重地，更升一等。行省咨保人员，比依定夺。其蒙古、土人及招附百姓有功之人，不拘此例。'"保举是元代选官制度的主要内容之一，职官与军官均可依例保举，《元典章·圣政》卷1"典章二·举贤才"载：

> 天下之大，不可亡治，择人乃先务者也。仰御史台、翰林院、国史（院）、集贤院、六部，于五品以上诸色人内，各举廉能识治体者三人已上，行省、行台、宣慰司、肃政廉访司各举五人。务要皆得实才，毋但具数而已。

从制度层面讲，土官与非土官同样可保举，但由于土官保举"多有泛滥"，才出现了上述记载中的一些限制性规定，但这不属于制度层面的规定，只是执行政策中的一些措施。

　　元代对于"有勋劳"的土官是要进行升赏的，相反则要惩罚。《元史》卷 103《刑法二》载："诸土官有能爱抚军民，境内宁谧者，三年一次，保勘升官。其有勋劳及应升赏承袭，文字至帅府，辄非理疏驳，故为难阻者，罢之。"查《元典章》并无此项规定，但《元典章·吏部》卷 2 "官制二·选格"中有一条记载与此相关，其载："外任官员三周年为一考。除达鲁花赤、回回官员另行定夺。"这说明土官与外任官执行的是同一规定，只是在执行过程中一些地方官吏"辄非理疏驳，故为难阻"，所以有关土官"三年一次，保勘升官"的规定并不表明是针对土官专门制定的。

　　元代对于边远地区任职者的期限、考核亦有涉及土官的记载，《元典章·吏部》卷 2 "官职二·远方官吏月日"载：

　　　　吏部呈：钦奉圣旨节该："诸衙门令史、译史、宣使人等，今后一百二十月为满。钦此。"本部议得：远方令史、译史人员等月日内，甘肃、福建、四川，此间发去九十月为满，土人一百二十月。两广、海北海南道，此间发去八十月为满，土人一百二十月。云南行省八十月为满。俱呈找详。都省议得，下项去处虽系远方，平顶日久，令史、译史、通事、知印、宣使、奏差，自大德元年三月初七日以后勾当人员，此间发去者俱以九十月为满，土人依例一百二十月为满。

《元史》卷 84《选举志四》"考课条"亦载：

　　　　云南行省极边重地令、译、史人等，六十月考满。甘肃行省令译史人等，六十五月考满，本土人员，依旧例用。部议："远方令、译、史人等，甘肃、福建、四川于此发去，九十月为满。两广、海北、海南道于此发去，八十月满。云南省八十月满。土人一百二十月满"……都省议："俱以九十月为考满，土人依例一百二十月为满。"……部议："合准旧例，云南六十月，河西、四川六十五月，土人九十月为满。"

　　上述记载表明，按照元朝通例，各处行省令史，通例任满 120 个月，方许出职，土人依例也是以 120 个月为满，后经部议，以 90 个月为满，只有在云南、甘肃、福建、四川等边远地区任职的非土官可适当缩短任职期限，一般为60—90个月为满。由此可见，元代土官与非土官在任职期限方面执行的是同一法律和同一标准。

在惩罚方面，《元典章·新集》卷6"刑部·土官取受无禄同有禄人断"载：

延祐七年二月□日，江西行省准中书省咨：

延祐七年九月十七日奏过事内一件："御史台官人每，备着陕西行台文书，俺根底与文书有：'云南建昌路张姓的同知，因事取受人的马匹上头（事），本处廉访司官要了他的招状，依例断七十七下，例降散官二等。他是本土人有。依先定来的（例），依旧勾当。'么道，说将来的上头，俺叫刑部定拟呵，'是本处土官无禄人有。依无禄例，减一等，断六十七下，依旧勾当'。么道，定拟了，呈与俺文书有。俺商量来：待异者无禄减等断罪呵，土官犯罪不殿降，依旧勾当，更兼承袭父兄的职事。他是受宣命的人有，难比无禄的人。如今将他依着有禄人的例要罪过，今后拟这般土官犯赃呵，怎生？"奏呵，奉圣旨："那般者。钦此。"都省咨请钦此实行。

《元典章·圣政》卷2"典章三·需恩宥"载："湖南、云南边境诸蛮，互相仇杀，掳掠人民。如能悔过自新，即与免罪。"《元史》卷103《刑法二》载："诸内郡官仕云南者，有罪依常律，土官有罪，罚而不废。诸左右两江所部土官，辄兴兵相仇杀者，坐以叛逆之罪。其有妄相告言者，以其罪罪之。有司受财妄听者，以枉法论。"上述记载透露出如下信息：第一，土官中有无禄土官与有禄土官之分。第二，元代无禄土官有罪或可享受一定的减罪处罚，如"土官有罪，罚而不废"，或"本处土官无禄人有，依无禄例，（罪）减一等"。第三，这些规定都具有地域性，如"土官有罪，罚而不废"明确指的是云南土官，而左右两江所部土官似乎并不在此规定之内。《元史》卷185《吕思诚传》载："思诚纳印绶殿前，遂出佥广西廉访司事。巡行郡县，土官有于元帅者，恃势鱼肉人，恐事觉，阴遣其子迓思诚于道，思诚缚之，悉发其阴私，痛惩其罪，一道震肃。"实际上元代对待土官的原则是"叛则讨之，服则舍之"①，并不是一味的怀柔。有学者认为蒙元统治者自身属于边疆夷狄，较少有"华夷有别""内华夏、外夷狄"的大汉族的正统观，对其他边疆蛮夷的防范较少。这种观点只说对了一部分。在汉族统治者的"华夷之辨"中的确是将境内民族分为"华"与"夷"两大类，即"华夷有别"。蒙元统治者虽然较少有"华夷之别"的区分，但民族等级观念更为突出，不仅有蒙古人与色目人之别、蒙古人与汉人之别，而且还有蒙古人与南人之别、蒙古人与蛮夷之别。这其中蛮夷的地位最低，而元代土官大多为蛮夷，所以针对上述记载而言，元代土官所享受的减罪处罚应当是有限的。第四，这些规定亦存在着一定的时限性，如无禄土官，罪减一等只存在于延祐七年以前，按照上述记载，延祐七年后，大凡受宣命的土官犯赃，难比无禄之人，只能"依着有禄人的例要罪过"。总之，上述这些规定既存在着有别于非土官之处，也存在着相同之处，但就不同之处来看，基本上属于"有例可依，无法可循"的性质，大多为临时性、区域性的规定，属政策层面，尚未上升到法律层面，即国家制度层面。

4. 世袭制度

《元史》卷26《仁宗三》载："中书省臣言：'云南土官病故，子侄兄弟袭之，无则妻承夫职。'"元代土官可以世袭，这在许多论著中同样被列为元代土官制度的主要内容，但这里有一点需要说明，那就是世袭乃土官与生俱有的属性，没有世袭土官也就不成其为土官，但是部落首领世袭历代如此，并非元代创新或独有，元代只是沿袭了前朝的做法。从"土官有罪，罚而不废"来看，元朝将土官世袭纳入职官管理体系，更多的是着眼于土官能否按照元朝规定的继承资格和继承顺序承袭，而不是废除这一制度，如《元史》卷11《世祖八》载：至元十七年，"亦奚不薛病，遣其从子入觐。帝曰：'亦奚不薛禀命，辄以职授其从子，无人臣礼。宜令亦奚不薛出，乃还军。'"所以如果没有其他制度配合，单独拿是否允许世袭作为元代有土官制度的论据不足以说明问题。实际上，元代蒙古官员亦可以世袭，《元史》卷5《世祖二》中统四年载："陵州达鲁花赤蒙哥战死济南，以其子忙兀带袭职……以故亳州千户邸闰陷于宋，命其子荣祖袭职。"《元史》卷5《世祖二》至元元年载："以千户张好古殁

---

① 《元史》卷120《立智理威传》。

王事，命其弟好义、好礼并袭职为千户。"《元史》卷 5《世祖二》载：
"都元帅阔阔带卒于军，以其兄阿术代之，授虎符，将南边蒙古、汉军。"
《明太祖实录》卷 67 洪武四年七月乙未载："遣工部主事王伯彦往河州，
赐山后七驿世袭土官劳哥等文绮、银椀。"这里的劳哥即元代设置在今青
海同仁，贵德一带的刺哥站首领。《明太祖实录》卷 122 洪武十一年十一
月丙申载："陕西土鲁干保安驿丞宗失加及刺哥、美吉站黑鞑靼叛，掠驿
马而去。守御千户李德率兵追及，斩之。"《明兴野记》载：

> （洪武四年）二月，以西安卫指挥使司改为陕西都指挥使司。遣
> 本司使濮英诣各卫及沿边卫所归并军士。是月，韦正遣人招抚山后好
> 来、阿仁、刺哥、美吉、朵的、云都、亦思麻因等七站人民。并下缺
> 军总旗仲与等七人，委监站掌印，以土官为副，共牧人民。以归德州
> 土官王伦奴为千户，设西番、达达二百户所，具奏。上准设，给以
> 诰敕。

按照元代习惯，这些驿站名大多为驿站首领的名字或部落名。上述记
载表明，劳哥或刺哥为黑鞑靼，即蒙古人，世袭为刺哥站驿丞，但蒙古人
不会称自己为土官，所谓"土官劳哥"应当是明朝人将归附的蒙古将领
称为土官。此外，元代土官世袭与元代职官荫子、军官承袭是一脉相承
的。元代职官荫子、军官承袭制度已非常完备，这在《元典章·吏部》
卷 2 "官制二"之"承荫""承袭""儤使"中对职官子、军官子、低品
级职官子的承荫、承袭、儤使讲得十分详尽。如果说职官荫子、军官承袭
是七品以上普通职官以及军官所享受的特权，那么世袭则是土官享有的特
权，是元代秩官荫子制度在土官的延伸，虽有差别，但性质是相同的，它
不是制度上的问题，是土官本性所决定的细节上的差异。

　　5. 赋税制度

元代土官有纳赋税者，也有不纳赋税者，这要视土官归附元朝中央的
程度而定。《元史》卷 166《信苴日传》载：世祖忽必烈平定大理，大理
旧主段兴智入觐，献地图，"条奏治民立赋之法"。《元史》卷 10《世祖
七》载：至元十六年，纳速刺丁将大理军抵金齿、蒲骠、曲蜡、缅国界
内，招忙木、巨木秃等寨三百，籍户十一万二百，"诏定赋租"。纳过赋
的土官很可能享有俸禄，而不纳赋的土官则无俸禄，所以上述《元典

章·新集》卷6"刑部·土官取受无禄同有禄人断"所载土官分为有禄土官与无禄土官，很可能区别就在于此，而这也是元代土官与普通职官的一大区别，即部分不纳税赋的土官只有品，没有秩，不享有俸禄，这其中未入流的低级土官最多。但这些均无法构成判断是否存在土官制度的因素。

二　明代西北地区实施"土流参治"的原因

"土流参治"是明代对于周边少数民族的主要治理方式，只是明初统治者根据不同地域、不同民族以及他们与明王朝关系的亲疏，对周边各族分别采取了不同的"土流参治"的管理方式，概言之则北方及西北地区以流官管理为主，以土官管理为辅；西南及华南边疆以土官的自我管理为主，以流官管理为辅。

明代"土流参治"中的"土"指的是土官，"流"即流官。明代的土官是由于中央王朝不能直接管理少数民族地区而设立的。《国榷》卷38宪宗成化十五年十二月丁卯载：

> 四川叙州府奏，白罗罗羿子与都掌大霸夷相攻。礼部右侍郎周洪谟上言："臣叙人也。叙之夷情，臣固知之。戎、珙、筠、高四县，宋、元时皆立土官，羁縻之。国朝设流官，不谙夷情，苛刻激变。洪武、永乐、宣德、正统间，四命将随服随叛。景泰初，势益蔓。得汉人，缚之于狱射之。曰尔害我久矣。天顺、成化间屡叛。臣曾言剿之不成，抚之不从。惟立土官为久治。诸夷欣服。"

明代河湟多民族走廊上的土官主要是参设于流官卫所之中的土官，为武土官，属兵部管辖，明代河湟多民族走廊的土官多数属于这一类，它是明代河湟多民族走廊土官的主体。

明代河湟多民族走廊上的土官制度是明代土官制度中较为特殊的一种。明代西南地区的土官到了嘉靖中期以后，被形象地称为"土司"①，

──────────

　　① 本书不赞同将明代的"土官"与"土司"视为两个不同的概念，在明代土官适用于全国，而且是官方指定的称呼，土司仅仅是嘉靖以来民间对于西南地区土官的俗称。因土司一词较为直观与形象地反映了明代西南地区土官的特征，故得以在嘉靖以来的官方文献中广泛使用，但就概念而言，两者没有本质上的区别，只有适用范围的区别。

而终明一代河湟多民族走廊上的土官称号始终未变，从未称作"土司"。明代西南地区的土官既有文土官，如土知州、土知府、土知县等，亦有武土官，如宣慰司、宣抚司、长官司、招讨司等；而河湟多民族走廊上的土官仅限于武土官，始终没有文土官。不过在论述明代河湟多民族走廊土官制度前，有必要将明代土民、土官的概念作一界定。

（一）明代史籍中的土人、土官

土人，顾名思义即土著之人。"土著"一词早在汉代就已广泛使用，《史记》卷116《西南夷传》载："其俗或土著，或移徙。"《汉书》卷61《张骞传》载："身毒国在大夏东南，可数千里，其俗土著。""土著"一词照字面的解释应当是世代居住在本土的人，但实际上土著之人通常是指世代居住在边远地区或交通闭塞之地的人。明朝人所指的土人除了世代居住在边地的土著之人外，一些元朝时迁移入住到边地的居民，甚至是元末明初退守到边地的元朝军民也被称作土人，这一点与元朝及元朝以前历代土人的概念略有不同。明代的土人主要指周边少数民族，但也有指非少数民族的，如《国榷》卷26英宗正统十一年十一月丙寅载："陕西都指挥同知杨得乞募西安沿山猎户、土民，复其家。杀贼有功例赏。分命都司官训练班军。从之。"杨一清《为修复茶马旧制以抚驭番夷安靖地方事》载："访得西宁、河州、洮州地方土民，切邻番族，多会番语，各省军民流聚钜万，通番买马。顾倩土民，传译导引，群附党援，深入番境，潜住不出。"①

至于土官，学术界但凡提到明代土官立刻想到土官的几个特征：（1）子孙世袭；（2）世居其地、世护其民；（3）守疆听征；（4）朝觐纳贡；（5）不享受俸禄。这些特征笼统地看并无大错，但严格地讲又不十分确切，如上述土官的一些特征在明代流官中也程度不同地存在着。明代流官中有一种常见的类型，即世官制就具备了子孙世袭的特点，如明代镇守洮州卫都指挥使李达，其家族自永乐朝至明末皆世代袭职。洮州卫指挥金朝兴、金朝鼎兄弟家族终明一代世袭洮州卫指挥使；其所属千户、百户也多为世袭。更何况明代土官并不一定皆为世袭其职，《国榷》卷42孝

---

① 杨一清：《为修复茶马旧制以抚驭番夷安靖地方事》，见《杨一清集》上册，唐景坤、谢玉杰点校，中华书局2001年版。

宗弘治四年二月己巳载：

> 先是，周洪谟致仕。上十事，其安中国三……今广西左、右两
> 江，土兵不下四、五十万。若夷人出没，募土兵征剿。如通把事有功
> 升为冠带通把事；又有功，世袭；又有功，升随司长官；又有功，世
> 袭。土官知县有功升知州，知州升知府，知府升宣慰，又累功历至都
> 指挥都督。则人皆尽心，无不可破之贼。

《明神宗实录》卷 408 万历三十三年四月庚戌载："以云南土舍罗万象袭
土知州职衔，仍不世袭。"《明宣宗实录》卷 11 洪熙元年十一月乙卯载：

> 以云南丽江军民府石门关巡检司前巡检阿吉男阿俗为本司巡检。
> 时本府言吉洪武中归附，授巡检，永乐中病故，有嫡男阿俗，夷人信
> 服，请听承袭。行在吏部言："阿吉非世袭土官。"上曰："即新除流
> 官，恐未便服得夷人。今既夷人信服，可准所言，但不世袭。若其不
> 守法度，即罢之，别授流官。"

《明英宗实录》卷 135 正统十年十一月戊寅载：

> 命故会川伯赵安子英袭为临洮卫指挥使，仍率土军操备。安初以
> 指挥同知累功封流伯，不世袭。至是英例袭指挥同知。上以安在边年
> 久，故命英为指挥使。

《明孝宗实录》卷 132 弘治十年十二月己卯载：

> 湖广左布政使兼按察司副使带管广东岭西道陶鲁奏："比年两广
> 用兵，多藉土兵之力，其土官、土舍、族目人等有功，乞定为升赏之
> 例。"兵部议谓："土兵有功止于行赏，例不升官，但其愿赏者固多，
> 愿升者亦有之。若概不加升，恐无以示劝，欲赏官世袭又事体难行。
> 请自今族目人等有功，仍旧给赏。土官、土舍则听守臣第其功伐闻
> 奏，升授止终本身，如长官升宣抚、知州升知府者，仍旧管长官、知
> 州之事，衙门不得更易。"从之。

《明太祖实录》卷167洪武十七年（1384）闰十月乙未载：

> 云南布政使司言："所属大、小土官有世袭者，有选用者，如景
> 东府知府俄陶、阿迷州知州和宁则世袭者；云南府罗次县主簿赵和、
> 姚安府普昌巡检李智则选用者。世袭者世居本土，素有储蓄，不资俸
> 禄养廉可也。选用者多因流寓本土，为众所服，故一时用之，非给俸
> 禄无以养廉，况律官吏受财，有禄、无禄分为二等。今土官犯罪，律
> 条无所据依，乞加定议。"上命六部官会议，凡土官选用者，有犯依
> 流官律定罪。世袭者所司不许擅问，先以干证之人推得其实，定议奏
> 闻。杖以下则纪录在职，徒流则徙之北平。著为令。

所谓世袭土官亦可称为土著土官，他们有自己的部落与世居之地，并
被朝廷委任为世袭土官。所谓选用土官则不一定有自己的部落和世居之
地，他们因种种缘由流寓客土，为众所服，故一时为朝廷所用，这类土官
也有学者称其为客籍土官。客籍土官是明代特有的称谓，元代鲜有记载，
所以在这一点上，明代土官与元代土官略有不同。

明初仅河湟多民族走廊一带有许多客籍土官，如明初邓愈攻破河州
后，"故元陕西行省吐蕃宣慰使何锁南普等以元所授金、银牌印、宣敕，
诣左副副将邓愈军门降"①。洪武四年正月，"以何琐南普为河州卫指挥同
知，朵儿只、汪家奴为指挥佥事……仍令何琐南普子孙世袭其职"②。《明
兴野记》载：

> （洪武三年）四月，（徐）达遣左副将军邓愈率仁和、襄阳、六
> 安、沔阳、巩昌、临洮等卫将士数万众克河朔。土番宣政院使锁南领
> 洮州、岷州、常阳、帖成（应为城——引者）、积石等十八族六元帅
> 府大小头目，③赍所授元宣敕金银牌面、银铜印信，亲诣愈前降，愈
> 悉纳之，具名闻。上以锁南为河州卫指挥同知，以其弟汪家奴为河州
> 卫指挥佥事。改洮州六元帅府为千户府，其百户、镇抚勃敕谕锁南举

---

① 《明太祖实录》卷53洪武三年六月甲寅。

② 《明太祖实录》卷60洪武四年正月辛卯。

③ 此处应为：土番宣政院使锁南领洮州、岷州、常阳、帖城、积石、十八族等六元帅府大
小头目。

之。锁南、汪家奴颁以金简诰命，各千户、百户、镇抚俱给诰命，敕金（疑为命——引者）锁南仍颁原管土著军民。①

洪武四年六月，"以吐蕃来降院使马梅为河州卫指挥佥事，故元宗王孛罗罕、右丞朵立只答儿为正千户，元帅克失巴卜、同知卜颜歹为副千户，同知管不失结等为镇抚、百户及其部属以下各赐袭衣、文绮有差"②。洪武二十年，明太祖以故元降将五十八为"明威将军，金河州卫指挥使司事，俾享天禄"③。五十八为阿速人，元末迁徙漠北，身居北元平章高位。降明后，太祖赐姓汪。洪武七年，置凉州卫指挥使司，以故元知院脱林为凉州卫指挥佥事……元将上都驴率所部兵民八千三百余户投降。

这里的汪家奴、马梅、五十八、脱林等故元官员并不属元代吐蕃等处宣慰司都元帅府所辖，他们是元末明初退守到河湟多民族走廊一带的，归属后被就地安置，分别属河州卫、凉州卫管辖，所以他们不是土著土官，而是选用土官，即客籍土官。

客籍土官既非土著，又可像流官一样在全国范围内调动。《明太祖实录》卷78 洪武六年正月乙丑载："以武靖卫指挥同知卜纳剌为杭州都卫指挥同知。"这个武靖卫指挥同知卜纳剌正是明初在河州与何锁南普先后内附明朝的故元将领。《明太祖实录》卷83 洪武六年七月戊辰载：

> 武靖卫指挥同知卜纳剌卒，命有司治其丧，给殡葬之具。卜纳剌本蒙古部元世祖第七子西平王奥鲁赤五世孙。奥鲁赤生镇西武靖王、帖木儿不花，帖木儿不花生搠思班，搠思班生梁王脱班，脱班生卜纳剌，袭封武靖王。洪武三年，王师驻河州，卜纳剌率吐蕃部众诣征虏左副将军邓愈军门款附，既而入觐。上念其元裔，甚恩遇之。洪武五年，授怀远将军武靖卫指挥同知，子孙世袭。至是卒。

---

① 陈学霖：《史林漫识》附录（三）俞本《明兴野记》（《纪事录》）洪武三年四月，中国友谊出版社 2001 年版。

② 《明太祖实录》卷66 洪武四年六月戊子。

③ 张鸿翔：《明代各民族人士入仕中原考》卷3 引《黄金开国功臣录》卷32，中央民族大学出版社 1999 年版。

洪武七年十一月，"命河州卫指挥佥事马梅署河阳卫事，赐绮衾绵帛"①。

有一种较为流行的观点认为土官为少数民族，流官为汉族，这是根据明代土官多为少数民族首领这一事实得出的结论，然明代少数民族为流官、汉族为土官者不乏其人，如西宁卫土官陈子明，系元代淮安右丞，任职福建，因罪迁徙西宁州，明初封为土指挥。实际上早在宋代的桂西少数民族地区，当宋王朝平定侬智高起义后，就曾派狄青部下和加封土酋为土官。所以土官出现之初，就是少数民族与汉人均可担任，那种以是否少数民族作为土官的判定标准有失全面。

有学者根据是否享受俸禄作为判断土官与流官的标志，这在一定程度上讲是可行的。《明太祖实录》卷150洪武十五年（1382）十二月癸巳载："以故元平章月鲁帖木儿为建昌卫指挥使，赐以绮衣、金带，月给三品俸，赡其家。土官例无俸，此特恩也。"西宁卫土官李英也曾在特恩之例。《明宣宗实录》卷32宣德二年十月庚辰载："行在户部奏：'会宁伯李英岁禄一千一百石，其中三分米麦兼支，英家口在西宁，宜于本卫夫给为便，从之。'"宣德四年（1429）九月，岷州卫土官后能在疏奏中曾向朝廷请求道：

> 土官例无俸给，臣父祖旧有田地、房屋、水磨，今悉为人占据，乞令还臣，以代俸禄。上谕尚书郭敦曰："古者公卿有圭田，免其租税，使耕以自给。今文武官皆有廪禄代耕，而土官无俸，固当给田土，况是其父祖旧业。其即移文有司悉令还之。"②

《明太宗实录》卷46永乐三年（1405）九月丁酉载："升陕西都指挥同知赵忠、脱列干为后军都督佥事，脱列干食禄不视事。"《明宣宗实录》卷10洪熙元年（1425）十月载：

> 己巳，陕西行都司土官都指挥同知李英至京，进所获安定番童一十五人及马驼……敕谕都指挥李英、指挥康寿、鲁失加曰："尔等祗事我皇祖太宗文皇帝，虑忠竭诚，奋志效力。屡著勋劳，浔加爵

---

① 《明太祖实录》卷94洪武七年十一月壬戌。

② 《明宣宗实录》卷58宣德四年九月癸丑。

秩。"……辛未，以征安定、曲先功，升陕西行都司土官都指挥同知土官李英为右军都督府左都督，食禄不视事，给世袭诰命，并赐织金袭衣、钞、银、彩币表里……升罕东卫土官指挥使却里加、必里卫土官指挥同知康寿、庄浪卫土官指挥同知鲁失加俱为陕西行都司都指挥佥事，不理司事，给世袭诰命。

这里的脱列干、李英被明确记载是有俸禄的，只是"食禄不视事"，而低一级的土官却里加、康寿、鲁失加三人则既没有俸禄，也"不理司事"，但时隔不久，明朝就出现了一般土官也享受俸禄的记载。《明英宗实录》卷 22 正统元年九月丙午载："命陕西洮州卫带俸指挥同知苏宁理卫事。旧例外夷官不署事。宁嗣职，颇知书，镇守洮州都督李达为之请，故有是命。"《明英宗实录》卷 27 正统二年（1437）二月壬戌载："给陕西河州等八卫备边土官俸。旧制土官不给俸，至是，选调赴边策应，遂暂给之，如汉官制。"这是否明廷给予一般土官俸禄之始，暂无法确定，但前有车、后有辙，此例一开，土官带俸之人遂多。《明英宗实录》卷 70 正统五年八乙酉月载："陕西凉州卫带俸回回指挥同知恪伯赤……来朝贡驼、马，赐彩币等物有差。"《明宪宗实录》卷 287 成化二十三年二月甲戌载："宥陕西西宁卫抚夷指挥祁英罪，停俸三月，坐番贼掠甘肃，所贡马不能备御也。"

至于土民，较为流行的观点认为土民不纳税，这在一般情况下并无大错，但在有关明代文献中的确有土民纳税的记载。《明宣宗实录》卷 25 宣德二年二月辛巳载："复临洮、巩昌土官都指挥赵安、汪寿，指挥董俊、百户韩保家丁役。其应纳税粮俱输于本处官仓，以其能效力边陲，特优之也。"《明英宗实录》卷 3 宣德十年三月丁亥载："免西宁卫土民杂差，以土民有来诉者也。"《国榷》卷 23 宣宗宣德十年十二月辛亥载："免甘肃土民杂徭。"《国榷》卷 23 英宗正统元年九月丁未载："免西宁卫土达税粮。"《国榷》卷 26 英宗正统九年四月丁亥载："沙州卫、赤斤蒙古卫各告饥。户部谓，远夷不饷。上量给之。"《明英宗实录》卷 135 正统十年十一月丙戌载："免贵州程番等长官司土民绝户粮五百余石，以其各被妖贼焉卜班等杀死无遗也。"《明宪宗实录》卷 127 成化十年四月甲申载：

免陕西入伍土兵四千八百六十余人税粮。户二十石以下者全免，以上者免其半丁差。亦量减免以助供给。每兵无事时月支粮米三斗，有警添支布花。三年以后，量给边境空地召军民舍余承种，三年军纳子粒，余照民田轻例起科，以充边用。从巡抚左副都御史马文升请也。

《国榷》卷52世宗嘉靖二年九月壬午载："吏部定云贵土官应袭。内地宁谧，仍赴部袭职，免纳谷。其边远或仇杀，抚按代奏听袭，仍纳谷备赈。如勘报迟一年外，罪之。"

与世袭土官不同的是，明代选用土官始终是有俸禄的。按照上述《明太祖实录》卷167洪武十七年闰十月乙未所载，明代选用土官"多因流寓本土，为众所服，故一时用之，非给俸禄无以养廉"，所以选用土官自明朝之始就与流官一样享有俸禄。正因如此，才会出现"上命六部官会议，凡土官选用者，有犯依流官律定罪"的规定。明代的选用土官不仅有俸禄，还可以像流官那样在全国范围内调动，而不是听征，这在明代世袭土官是不可以的。

所以综合上述，如果一定要给明代土官定义的话，那么明代土官应当具备如下特征：

1. 明代土官首先是朝廷封授的官员，朝廷未封授的部落首领通常称为土目、头目、土酋等，如《明宣宗实录》卷15宣德元年三月庚子载："河州卫头目兀鲁思等来朝贡马。"

2. 明代土官的主体是世袭土官，即土著土官，但也存在着一定数量的选用土官，即客籍土官。客籍土官在明初曾广泛存在。

3. 明代世袭土官世守本土，世领其民，很少能异地任职，但选用土官可以在全国范围内调动。

4. 明代土官必须随时听候朝廷的征调，为朝廷守护边疆，征讨叛逆。

5. 明代土官要定期朝觐纳贡。

6. 明代选用土官享有俸禄，一般世袭土官在明初无俸禄，明中期后世袭土官开始享有俸禄。

7. 明代土官主要由少数民族担任，但也有一定数量的汉族土官存在。

（二）明代西北地区土官制度实施的原因

明代河、湟、岷、洮诸卫之所以实行"土流参治"的多民族共同管理，这与当地的民族格局有直接关系。唐宋时的河、湟、岷、洮地区，吐蕃曾几度成为当地主要民族，但进入元代后，随着蒙古族、色目人的大量涌进以及唐、宋、辽、金、夏时遗留的汉、吐谷浑、党项、女真、契丹等各族后裔，这一地区的民族成分呈现出十分复杂的局面，任何一个少数民族已不可能一统于河、湟、岷、洮地区。明初该地区虽然迁入了大量的汉族戍边将士，但汉族无论在人数上，还是在政治控制力上均没有达到绝对的优势，所以在这样的民族格局与政治格局下，明王朝对于该地区的统治只能建立在汉族与少数民族共同管理的基础上，而"土流参治"正是在这一背景下产生的，极具针对性。

但这里需要强调的是，学术界在谈到明代西北"土流参治"时，往往过于强调土官与流官的民族成分，认为"土流参治"就是由汉族担任流官、少数民族担任土官，而本书认为将"土流参治"仅仅理解为一种用人制度存在着明显的局限性，其着眼点仅仅是一种用人策略，即如何使用流官与土官。实际上"土流参治"不仅是贯穿于明代西北边政方方面面的宗旨与指导思想，更重要的是"土流参治"还是一个庞大的管理体系，其中包括卫所建设、戍边屯田、流官制度、土官制度、僧纲制度、茶马贸易等诸多方面。换句话说，明代治理西北边政的政策只有一个，那就是以流官为主、以土官为辅的"土流参治"，其他的都是"土流参治"之下的不同方面。正因如此，可以说"土流参治"是明代西北边防卫所军政管理体制中最为突出的贡献。

现在的问题是，明朝政府为何在河、湟、岷、洮地区实施了一种与西南地区土官制度迥然不同的土官制度，或者说明朝政府在河、湟、岷、洮地区实行的土官制度是出于何种考量。大多数学者对于这一问题的回答是实行土官制度的甘青地区较之实行土官制度的西南地区，其社会发展的整体水平高，实行土官制度的西南地区大多尚处在原始社会阶段。也有学者从不同的角度对此有进一步的分析，如高士荣认为，明代西北推行土司制度的原因是：（1）与最高统治者的怀柔思想有关；（2）威德兼施、剿抚并举，但以抚为主；（3）防御和招抚蒙古政策的需要；（4）地处边远、民族复杂，最宜土官世袭自治；（5）互为依存、互相利用。① 贾霄峰在其硕士论文《元明清时期西北与西南土司制度的比较研究》中认为，西北

① 高士荣：《明代西北推行土司制度原因刍议》，《西北史地》1996年第3期。

土司的特点在于：西北土司基本上是因军功封授土司世职，各族首领大多是原有民族内部的酋长，但也有汉人、蒙古人和色目人因功授封，或因居住时间长而成为某部首领，从而形成了许多客籍土司；西北土司主要分布在甘青地区，基本上在卫所任职，是武职，品级较低；与中央王朝的关系基本上和谐；土司始终是在流官的节制下按朝廷旨意办事，受流官节制，且比较成功。明朝之所以在西北地区实施这种土司制度，其原因在于：（1）西北地区社会发展水平整体较西南地区高；（2）西北地区在全国所具有的重要战略地位；（3）元明清王朝"因俗而治"，大力扶植和提倡藏传佛教。很显然，这些解释根本未触及问题的实质。本书认为，明朝政府之所以在甘青地区实施了一种与西南地区土官制度迥然不同的土官制度，可归因于以下三个方面。

1. 民族文化类型不同

明代西南地区少数民族大多散居在崇山峻岭之中，这里河流密布、沟壑纵横，险恶的地理环境限制了当地少数民族的活动空间，所以在他们的历史中很少有大范围、大规模的往来迁徙活动。明代西南地区少数民族的生计方式主要以锄耕农业为主，以狩猎、畜牧为辅，相当一部分地区仍处在刀耕火种的原始农业阶段。独特的自然地理环境和生计方式决定了明代西南地区少数民族的生存状态必然以定居为主，占山为王，守土为寨。明代西南地区少数民族不仅彼此之间缺乏密切的交往，而且也缺乏与中原王朝的广泛深入联系，往往处在与世隔绝、互不相统、各自为政的生活状态。

生活在此种状态下的民族，大多尚处在部落阶段，有相当一部分甚至处在母系、父系氏族社会阶段，其民族整合程度十分低下，民族整合手段与途径单一，很难形成人口规模与影响力巨大的民族，相当一部分甚至尚未形成完整的民族意识，部落意识远远大于民族意识。

明代甘青地区主要居住着藏族、蒙古族、汉族、土族、回鹘、伊斯兰各族以及宋元时期留居在当地的党项、女真等少数民族，这其中以藏族、蒙古族等游牧民族为多，他们过着逐水草而迁徙的游牧生活。为了获得更好的草场，他们每年都需要进行数次大范围的转场活动，因此，明代甘青地区游牧民族的活动范围极为广阔，他们自身之间、各游牧民族之间的交往以及游牧民族与中原农耕民族之间的交流，相对于明代西南地区少数民族而言，无论是交往的广度还是交往深度都远在其上。

明代甘青地区的游牧民族大多有着悠久的历史，他们人口众多，疆域广阔，民族影响力强大，其民族整合程度远在明代西南地区少数民族之上，民族意识早已形成和成熟。所以明朝政府在甘青地区所面临的众多少数民族与在西南地区所面临的少数民族在文化类型上存在着巨大的差异。针对如此现状，明朝政府只能因地制宜、因俗而治，在西南少数民族地区的"土流参治"中，实行"以土为主""以流为辅"的土官制度，而在甘青地区的"土流参治"中则实行"以流为主""以流制土"的土官制度。

2. 历史上中央王朝对于西南与西北地区的治理程度明显不同

甘青地区早在秦汉时就已纳入中央王朝的管辖。今甘肃省临夏回族自治州古称枹罕，是西汉初年陇西郡最西端的县。汉武帝征讨匈奴后，将归附的匈奴安置在五个属国，其中陇西属国就设在勇士县，即今天的甘肃省兰州市榆中县。汉武帝元鼎六年（前111），汉朝的军队进入湟水流域，在今青海省西宁市境内设西平亭，为驻军与转输粮秣之处。为了隔断匈奴与西羌的联系，汉武帝在河西走廊先后设立了张掖、酒泉、武威、敦煌四郡，以加强对西北地区的经营。东汉建安中，朝廷分金城郡置西平郡，治所在西都（今青海西宁市），管辖西都、临羌、安夷和后来设置的长宁县，属凉州刺史部，辖境相当于今青海湟源县、乐都县间的湟水流域。

为抵御匈奴入侵，汉代自文帝起就开始实行戍边政策，通过免税、赐爵、赎罪等途径迁徙大批人口至甘青地区，汉代著名将领赵充国就曾率军在河湟地区广泛屯田。汉代中央政权还在甘青地区设立多所牧师苑，牧养了十数万军马。魏晋南北朝时期，中原虽没有形成统一的中央王朝，但在甘青地区曾建立了不少割据政权，如由鲜卑族建立的南凉、西秦政权和陇西李氏建立的西凉政权都促进了甘青地区的发展与进步。

隋朝建立后，中央王朝更是加强了对今甘青地区的经营管理，先后设有安定、平凉、天水、陇西、金城、枹罕、浇河、西平、武威、张掖、敦煌、临洮、宕昌、武都等郡。隋大业五年（609）三月，隋炀帝西巡河右，并于张掖焉支山（又称燕支山）召开了著名的"二十七国交易会"，向周边各国摆阔扬威。同年六月，隋朝军队攻破伏俟城，吐谷浑国亡，隋朝在其地设鄯善、且末、西海、河源四郡，发天下罪人为戍卒以守之。

唐朝初年，今甘青地区大多包括在陇右、河西道的20个州中，并以甘青地区为基地，向西经营西域。"安史之乱"后，吐蕃一度强大，占据河西、陇右地区。唐与吐蕃进行了长期的军事斗争，今甘青地区成为唐朝与吐蕃争夺的主要战场。8世纪末，西、甘、肃、兰等河陇地区一度重归唐朝所有。

北宋时期，今甘青地区大量居住着吐蕃、党项、女真、契丹、回鹘等少数民族，汉族同样是当地主要民族之一。北宋政权虽然在此地的影响力有限，但仍程度不同地控制着相当大的区域，设郡立县，募兵屯田。

蒙古族建立的元朝使中国历史上的疆域达到顶峰。蒙元时期，甘青农区分别为陕西行省、甘肃行省所辖。甘青藏区的大部分为吐蕃等处宣慰司都元帅府所辖，少部分归吐蕃等路宣慰司都元帅府所辖。元朝在甘青藏区设有数量众多的万户府、总管府、元帅府等常设机构以及招讨使司等临时机构，有效地行使了中央王朝的管理职能。元朝政府在当地恢复生产，兴修水利，开辟水田，安置流民，不仅加强了中央王朝对于甘青地区的统治，而且也促进了甘青地区经济的发展。《元史·兵志·屯田》载："甘、肃、瓜、沙，因昔人之制，其地利盖不减于旧。"由此可见，在明朝建立前的大部分时期里，中央王朝对于甘青地区均实行了有效管理，即使在一些分裂时期，中央政府或地方政权仍对此地区存在着时断时续的管理，这些都为明朝在甘青地区的流官统治建立了雄厚的政治基础与坚实的经济基础。

与甘青地区相比较，西南地区在历史上并未得到中央王朝强有力的管理。汉代时"汉通西南夷道"[1]，说明当时西南与中原王朝还没有太多联系。此后中央王朝虽在西南设郡，如汉武帝元封二年（前109）发兵至滇，降滇王，以其地为益州郡，并赐"滇王王印，复长其民"[2]，这说明汉代对西南地区的管理大多是通过当地的部落首领完成的。三国时期，蜀国曾一度经营过西南地区，但仍然是任用南中夷汉豪强为地方官，甚至后期只任用当地夷帅，并许诺在南中地区"不留兵，不运粮"，才换得了南中地区"纲纪初定，夷汉粗安"的局面。唐朝时，中央政权开始在今广西、云南一带设置许多羁縻州、县。宋朝把岭南地区划分为广南东、西两路，仍在这些地区设置羁縻州、县、峒，由当地的部落酋长做知州、知县、知峒，称为"土官"。元朝为了加强对西南地区的管理，在行省之下

① 王雷鸣：《历代食货志注释》，农业出版社1984年版，第10页。

② 《史记》卷116《西南夷列传》。

设置了许多宣慰司、安抚司等机构，所谓"掌军民之务，分道以总郡县，行省有政令则布于下，郡县有请则达于省。有边陲军旅之事，则兼都元帅府，其次则止为元帅府"①。宣慰司、安抚司多设于边陲重地，其长官大多由当地少数民族首领担任。由此可见，明朝建立前，历代中央王朝对于西南地区的管理大多是通过当地部落首领完成的，其使用的主要手段是羁縻。从这一点看，中央政权在西南地区的治理程度远在甘青地区之下，缺乏广泛推行流官制度的基础，若贸然推行"以流制土"的政策，势必造成不必要的动乱，正如《明武宗实录》卷38正德三年五月癸丑载："裁革云南宁州流官知州旧额，惟土官。弘治十六年新添流官知州，至是，巡抚都御史吴文度以夷方地狭，奏请裁革。从之。"

3. 明初西北、西南地区所面临的边疆问题不同

所谓明初西北、西南地区所面临的边疆问题不同，简单地说就是西北边疆的主要任务是防边，而西南边疆的主要任务是安边。

明朝建立后，盘踞在蒙古高原的北元仍拥兵百万，不断南下侵扰，对明王朝的安全构成了极大威胁。明朝为此修筑长城并设置"九边"来巩固北方与西北边境，其中宁夏、固原、甘肃三边均在西北地区。同时，明初又分封秦王、肃王、庆王、韩王等守据在西安、甘州、兰州、宁夏、庆阳等西北要塞，这足以说明当时西北地区的边疆安全对于明王朝而言，乃是核心问题之一，绝不可掉以轻心。面对如此严峻的边疆安全形势，明王朝不可能将防御重任寄托于蒙古土官肩上，只能依托众多卫所来构建安全防御体系，以流官卫所为维系，将蒙古土官卫所参设于其间，如庄浪卫的鲁土官等。

在河湟多民族走廊，明朝政府虽然没有直接面对北元的威胁，但分布广泛、人口众多的藏族以及大量遗留在当地的故元蒙古降将、色目人等仍然是明朝政府防御与治理的重点对象之一。对于这一地区的防御，明朝政府既要依靠当地藏族、蒙古族等各少数民族和土著汉族，又不能完全依赖于当地各民族，只有坚持"以流为主""以土为辅"的基本格局，才能架构起这一地区的安全防御体系。

西南地区由于在历史上被称为蛮夷之地，"沿及汉武，置都尉县属，

① 《元史》卷91《百官志七》。

仍令自保，此即土官、土吏之所始欤"①，因此明代西南边疆地区除了各部落、民族之间仇杀和反叛无常之外，很少有强大的外部力量威胁到边疆安全和中央王朝的统治，故明王朝在这一地区的治理是以安边治民为主要任务。围绕这一主要任务，"以土为主""以流为辅"的治理格局便应运而生。从这一意义上讲，"防边"与"安边"的不同，是明朝政府在西北地区与西南地区的"土流参治"中，究竟选择"以流为主"或是"以土为主"的主要动因。

三　明代河湟多民族走廊的"土流参治"

为了更好地论述这一问题，本节将明代"土流参治"大体归结为三个基本层面，即第一层面的"土流参政"，第二层面的"土流参设"，第三层面的"土流参任"。具体论述如下：

（一）"土流参政"

明代"土流参治"的首要任务不是如何使用土官与流官，而是如何建立流官体系与土官体系，最大限度地实现少数民族与汉族的共同参政，即将该地区各民族最广泛地吸纳到明朝政府的管理体系中来。只有最大范围地实现各民族的"土流参政"，才有可能完成"土流参治"。所以广泛的"土流参政"不仅是"土流参治"的前提，更是"土流参治"的目的。为了顺利实现"土流参政"，明朝政府进行了多方面的努力，这在许多文章中早有论述，这里只概要列出：

（1）建立起适合于当地民族格局，又能广泛吸纳各民族参与的、易于管理的军政合一的卫所制度。与南方土司制度不同，北方及西北边疆地区没有土宣慰司、土宣抚司等少数民族机构，除关西七卫等特殊卫所外，少数民族机构是与流官机构共同存在于卫所之中的。（2）实行戍边屯田。以往各类论著中从未将戍边屯田与"土流参治"联系在一起，但实际上戍边屯田是实现"土流参治"的重要支柱，它为"土流参治"提供了足够数量的以汉族为主的军事力量，而这些军事力量的"参政"恰恰构成了"土流参治"中流官体系所依靠的基础与中坚力量，没有戍边屯田就

---

① 《明史》卷301《土司传》。

根本无法体现"土流参治"中流官系统的参与,但需要指出的是,戍边屯田中也有许多少数民族参与,如"陕西河州卫千户长吉帖木等来朝贡马"①;虎朵尔只藏卜,洪武年间调岷州卫中所正千户。② 这些少数民族流官与汉族流官一道共同戍边屯田,开发边疆。(3)广泛吸引少数民族首领到"土流参政"中来,为此,明初中央政府制定出各种优惠政策招抚少数民族首领。(4)尊崇少数民族宗教,通过封号等手段最大限度地优待少数民族宗教领袖。(5)实行"茶马贸易",用经济手段将少数民族纳入"土流参政"中来。

(二)"土流参设"

所谓"土流参设"即土官机构与流官机构的相互参设,这是"土流参治"在职官设置上的体现,它为"土流参治"搭建了军政管理体制上的基本框架,制定了主导方向。"土流参设"的关键是"参设",而不是"并设"。只有通过"土流参设"才能达到"以流治土"的目的,但"以流治土"最基本的途径是来自以机构设置为主要框架的体制上的制约,是以足够强大的流官机构为中坚制约着数量不等的土官机构,其次才是人员选用上的制约。正是因为存在着如此机制,机构设置的制约作用才能够远远超出人员制约的影响。那种认为"以流制土"就是以汉族流官制约少数民族土官的观点缺乏全面性。

明代西北"土流参治"中"土流参设"的基本形态为:(1)以流官机构为主,以土官机构为辅。(2)所有的土官机构均包括在流官性质的卫所之中,即流官系统之外不存在着独立的土官机构或实体,土官机构只能在卫一级的流官机构之下保持相对独立。所以大凡提到西北边疆的卫所建设都包含着土官机构的建设。在北方及西北边疆卫所中,几乎没有游离于卫所之外的少数民族机构,也很少有不包含少数民族机构的流官卫所。(3)无论是个体土官还是土官性质的实体只能参设到相应的流官机构中,而不是相反,但流官也可以以个体形式而不是机构的形式参设到土官机构中。正是此两种基本形态的建立,从体制上构建了土官机构受制于流官机构的基本格局,土官受制于流官的机制才得以形成。

---

① 《明宣宗实录》卷23宣德元年十二月乙亥。

② 《岷州志》卷13《职官下》,甘肃省图书馆藏。

　　明代"土流参设"中土官性质的机构主要是参设于西北地区的卫、千户所、百户所三级军政合一的地方机构中。在明代西北地区卫一级的军政机构中，除属于河州卫统辖的必里卫等少量卫一级机构为土官性质外，其余都属于流官性质。土指挥使、土指挥同知、土指挥佥事等均参设其中，如土官陈子名，明初归附后被授予西宁卫指挥使；朵儿只失结，明初归附后被授予西宁卫指挥佥事，其孙祁震，洪武年间以功升西宁卫指挥同知，六世孙祁麟，弘治年间以功升西宁卫指挥使；① 朵儿只班，岷州萨底族人，洪武年间任岷州卫指挥使，赐姓后；后能，朵儿只班孙，正统元年，以都指挥镇守岷州卫。②《明太宗实录》卷10下洪武三十五年七月乙巳载，升洮州卫指挥佥事苏孛罗帖木儿为都指挥佥事，任职陕西都司。这些参设于流官机构中的土官虽然也有指挥使、指挥同知、指挥佥事等职衔，但这只是个体任职于相应的流官机构，受同级流官的制约。他们的存在并不意味有都指挥使司一级的土官机构存在，况且卫以上的土官职衔多为荣誉性的散官，未经允许一般不参与流官机构的管理。

　　在卫与千户所的统辖关系中，流官性质的卫指挥使司在统辖左、右、中、前、后、中左千户所等众多流官千户所的同时，还统辖着数量不等的土千户所，如明初河州卫名下就有积石州千户所、蒙古军千户所、灭乞军千户所、必里千户所、失保赤千户所、喃加巴千户所、川卜族千户所以及孛罗罕与朵立只答儿所任的千户所等众多土千户所。此外，《明宣宗实录》卷80宣德六年（1431）六月己丑还载有罗思囊族西番千户阿失吉，《明代宗实录》卷225景泰六年（1453）正月丙寅载有河州果吉、思答令等族千户竹卜等。《循化志》中记载了明代河州中马十九族土官，其中珍珠族、打剌族土官韩端月坚藏七世后裔韩锁南被授予世袭指挥使；乩藏族土官王且录，其后裔王揣目以功升授百户，又升正千户。③ 明初西宁卫中，土官祁贡哥星吉被授予副千户，子祁锁南以功升正千户；土官南木哥任宁波副千户，子汪失加调西宁卫副千户，南木哥弟汪恺永乐元年升正千户；土官沙蜜，其子纳速剌永乐元年以功升副千户；土官帖木录，其子大都洪武年间以功升千户；土官乩铁木，其子经刚保永乐年间以功升千户。

---

① 杨应琚：（乾隆）《西宁府新志》卷24《官师·土司附》，青海人民出版社1988年版。
② 《岷州志》卷13《职官下》，甘肃省图书馆藏。
③ 龚景翰：（乾隆）《循化志》卷5《土司》，甘肃省图书馆藏。

明初岷州卫中，礼店后千户所、西固城军民千户所、洮州军民千户所、岷州军民千户所、十八族军民千户所等均为土千户所，此外洪武十六年后还设有一批土官性质的千户所。

同样，在流官性质的千户所名下，除统辖 10 个左右的流官百户外，还有众多土百户所参设其中，只是史志中这些百户所有的属于流官性质，有的属于土官性质，而更多的则往往不易区分，如《循化志》卷 5《土司》载：

> （撒拉族）始祖韩宝……洪武三年五月邓大夫下归附，六年收集撒剌尔世袭百户，拨河州卫。征黑、白二章哇等处，四月授值字六百五十六号世袭诰命一道，昭信校尉管军百户职衔。十八年拨河州卫右所管军（百户——引者注）。故，子韩撒都剌袭……二十七年征大炒围有功，九月授女字八百一十号诰命一道，昭信校尉百户职衔……故，子韩贵袭……正统元年升本卫所副千户。

按照上述记载，撒拉族始祖韩宝应当是河州卫右所管军百户，但嘉靖《河州志》卷 1《地理志·屯寨》中对于河州卫各流官屯寨有详细记载，唯独缺少有关撒拉族屯寨的记载，有的只是"撒剌川，州西积石关外二百里。夷、回五族土官百户督率，昔听守备节制，今设参将分守"的记载，可见韩宝管辖的百户所应当属于河州卫右千户所之下的土百户。

又如"永乐四年，都指挥使刘钊（昭）奏调（河州卫）中左千户一所归德居住守备，仍隶河州卫。委指挥一员守备"①。调往归德居住守备的河州卫中左千户所共辖 10 个屯寨，季屯、吴屯、脱屯、李屯是其中的四个屯寨，称为"保安四屯"。从脱屯的称呼判断，其居民应当以少数民族为主，但脱屯的确是河州卫中左千户所管辖下的一个流官百户所。

不过上述两个百户所仅仅是众多百户所中尚可辨别土、流性质的个案，而大多数流官千户所管辖的少数民族百户，其性质似土似流，难以确定，如《西宁府新志》卷 24《官师·土司附》载："吉保，洪武四年归附，授百户。调锦衣卫前所镇抚。吉朵儿只，保子，洪武三十年袭职。调

---

① 吴祯：（嘉靖）《河州志》卷 1《地理志》，甘肃图书馆藏；另刘钊（昭）担任陕西都指挥使应在永乐十三年。

西宁卫中左所，以功授百户。"前引《岷州志》及《马氏世谱记略》载，马珍曾被授予岷州卫中左千户所百户，但是这个马珍在铸于洪武十六年的《铭文》中是十八族军民千户所属下的"昭信校尉百户"。十八族军民千户所是一个土官性质的千户所，所以马珍究竟是流官性质的百户还是土官性质的百户，尚无法判断。《岷州志》卷 13《职官下》载：马党只秀，洪武二十二年由岷州卫左所总旗升任百户。在洮州，昝南秀节系底古族藏族首领，洪武十一年南秀节率部归附，十九年随马煜征迭州，因功授洮州卫中千户所世袭百户，其子卜尔结，以迎候显功实授百户。这些百户的性质的确难以辨别。

（三）"土流参任"

明代西北"土流参治"中的"土流参任"是指土官与流官在使用上的相互参任和制约，它是"土流参设"主导思想在职官任用上的延伸和具体实施，其结果是流官大多由汉族担任，土官大多由少数民族担任，但因此认为土官与流官的划分是以民族属性为准的话则大错特错。如上所述，"土流参设"中土官与流官的划分是以所在机构的性质为准，而不是以个体官员的民族属性为准。具体地讲，一个流官性质的卫所即使由少数民族担任首领，其性质依然是流官卫所，相反亦然。正因如此，在明代西北诸卫中既有汉族土官，也有少数民族担任的流官。

明代"土流参治"中的"土流参任"主要表现在五个方面：（1）以汉族流官担任正职，少数民族土官担任副职，由此构成"土流参任"的常规形态；（2）有相当数量的少数民族担任流官；（3）有少量汉族担任土官；（4）存在着个别流官与土官、汉族土官与汉族流官混合任职的现象；（5）少数汉族流官参治于土官机构中。这里只对后四种的非常规形态加以论述。

1. 汉族担任土官

明初汉族在西北地区担任土官者，首推西宁卫土官指挥陈子铭，系元末江南山阳汉族。明吴元年归附，授土指挥。子陈义，洪武十七年袭职。以功升西宁卫土指挥使。陈子铭之孙陈斌，宣德三年袭职。后以功守备凉州，兼管卫事。[①] 陈氏家族有明一朝共传九代十二世。

---

① 杨应琚：(乾隆)《西宁府新志》卷 24《官师·土司附》，青海人民出版社 1988 年版。

明初岷州卫所辖西固城军民千户所是由元代西固千户所转承而来的，千户由当地土著汉人担当。《明太祖实录》卷 87 洪武七年三月乙未载：

陕西阶县西固城故元千户韩文质遣副千户严志明来朝贡马，命赐文绮、袭衣……置巩昌西固城等处千户所，以故元番汉军民世袭千户韩文质为正千户，世袭；副千户严志明、严才为副千户。

康熙《岷州志》卷 3《番属下》"附西固所"云："元至正二十六年，设西固千户所。明洪武四年，徐达兵至，千户韩文（质）率众归附，改守御千户，隶岷州卫。"上述记载表明，明代西固城军民千户所设置之初是一个由土著汉人担任首领的土千户所，但随着戍边将士的到来，西固城军民千户所逐渐由一个土千户所向流官千户所演变，如洪武十六年的岷县《二郎山铜钟铭文》中有关西固城军民千户所的记载为：

武毅将军管军副千户：姚富；武略将军管军副千户：严志、严才；承信校尉管军百户：□□、周德、葛仁、曹旺、徐□、王仁、陈良、袁贵；忠显校尉管军所镇抚：杨春、石秀；吏目：谢泽。

在洪武十九年的《重建西固城东岳行祠记》碑文中，副千户姚富、严志（明）、严才已升为正千户，其中：姚富为"湖广常德府武陵县人"；严志（明）、严才为"本所土居千户"；"忠显校尉管军所镇抚：杨春、石秀"则变为"昭信校尉所镇抚：杨德、石秀"①。从姚富的身份看应当是戍边将领，属流官，而严志（明）、严才的身份则无疑是汉族土官。另外，甘肃舟曲县的《明校尉将军、西固所百户临溪房翁墓志铭》记载："上世直隶凤阳府邳州人。公祖成，从太祖高皇帝取天下，征西事定，遂授次祖政，实授百户。"② 现存于舟曲县张家寺的嘉靖三十年《天寿寺记碑》载："宣德年，先本城（西固城）千户李公讳瑛者，于上初殿塑像。"

---

① 《重建西固城东狱行祠记》碑现存于舟曲县文化馆内；此外，现存于舟曲县张家寺的嘉靖三十年《天寿寺记》碑文载："洪武十七年开立西固城，设军置里，经营制度。"考之岷县《二郎山铜钟铭文》，此载误也。

② 《明校尉将军、西固所百户临溪房翁墓志铭》，此墓志至今仍在墓志主人之后裔房存义家中收藏。

这说明后来的西固军民千户所中的确有一部分将士是从江淮一带戍边而来的。这标志着西固城军民千户所从一个由土著汉人担任千户的土千户所逐渐变为汉族土官与汉族流官混合编制的千户所，并最终归于流官系列。

《明宣宗实录》卷19宣德元年七月辛酉载："赐……陕西洮州卫土官百户张喜……等钞币各有差。"卷20德元年八月戊辰载："陕西洮州卫土官百户张喜来朝贡马。"从姓名看，这个张喜应当是当地的土著汉族首领。

2. 少数民族任流官

《明宣宗实录》卷23宣德元年十二月乙亥载："陕西河州卫千户长吉帖木等来朝贡马。"嘉靖《河州志》卷2《人物志·国朝武功》载："长福，本州木叶里人。父长吉贴木，天顺年间，任本卫中左千户副千户。福善骑射，勇悍过人，屡因军功，历升陕西都司都指挥佥事，寻充游击将军。"其家族后裔有：长夕虎，嘉靖年间封为"镇国将军"，协守凉州副总兵；长略，夕虎子，万历八年以"世袭指挥同知"，任贵德所分守游击。① 长吉贴木虽不知其族属，但从名字判断很可能为蒙古族，而这里提到的河州卫千户正是河州卫的中左千户所，是"保安四屯"所在的流官千户所。《明英宗实录》卷88正统七年正月庚午有河州"张瑀、脱让为守御官，刘永为镇守官"的记载，明万历二十八年《王廷仪碑》有"钦依保安堡防御守备河州卫指挥佥事脱九勒镌"的记载，此脱让、脱九很可能与"保安四屯"之脱屯有关，这说明不仅河州卫中左千户所是一个由少数民族担任首领的流官千户所，就连中左千户所之下的脱屯也是一个由少数民族担任首领的流官百户所。

在岷州卫，虎氏家族曾长期担任着流官职能，如虎朵尔只藏卜，洪武年间调岷州卫中所正千户；虎威，正德五年袭正千户职，以父虎雄军功升为指挥佥事；虎勇，以功升岷州卫指挥同知，万历十一年，以功升西固营守备。历升甘州都司，陕西行都司，三十五年掌本卫印。虎符，袭指挥同知职，以功任文县守备。万历四十一年掌本卫印。虎英，袭指挥同知职，以功升起台堡守备。天启三年（1623）掌本卫印。历升陕西都司、甘州

---

① 《大明诰封镇国将军协守凉州副总兵长公神道碑》，此碑至今尤存于临夏州积石山保安族东乡族撒拉族自治县徐家崖乡五十里铺村长家坟社长家后人家中；另《甘肃全省新通志》卷43《职官志》中亦有关于长略的记载。

参将。① 岷州卫的后氏家族虽然不属于流官系统，但通过"命掌本卫事"等朝廷授权亦可以行使流官职能，如始祖后朵儿只班，洪武初率众归附，授予金简诰命，擢为宣武将军，洪武年间命掌本卫事；后安，袭锦衣卫金事，调大宁卫。洪武二十三年，奉天征讨有功，升指挥同知。二十六年掌本卫事；后光基，本卫镇守指挥同知安四代孙，袭指挥同知职。正德间任本卫指挥使。②

3. 混合编制的机构

在混合编制的机构中，除前述明初岷州卫西固城军民千户所是一个由土著汉人与戍边汉人共同担任首领的千户所外，明初岷州卫所辖礼店千户所也是一个由汉族首领孙忠谅与少数民族首领赵伯寿共同执掌的土千户所，《明太祖实录》卷69洪武四年十一月庚午载：

> 置礼店千户所，以孙忠谅、赵伯寿为正千户，石添寿等为副千户。忠谅本文州汉军，为西番万户府正万户。夏主授以副元帅、达鲁花赤。闻颍川侯傅友德征蜀，师次秦州，率所部降，与汉番千户王均谅具从有德，克阶、文二州。至是，蜀平，忠谅率其军民千户、世袭达鲁花赤赵阿南、赵伯寿，东寨千户唐兀不花、达鲁花赤石添寿等入朝贡马。诏赐文绮、衣各一袭有差。遂置千户所并所属百户所，以忠谅为千户。

礼店千户所后来分为礼店前千户所与礼店后千户所。岷县《二郎山铜钟铭文》中有"礼□□千户所；□□将军管军正千户：赵□□；□□校尉管军百户：□□、□□……忠显校尉管军所镇抚：苏□、赵鉴；吏目：李祥"的记载。结合上下文推断，这个"礼□□千户所"应当是礼店后千户所。其中的赵□□很可能与上文中的赵伯寿、赵阿南为同族人。礼店赵氏家族本为雍古部按竺迩后裔。③ 元朝初年，按竺迩率蒙古军征战至礼店，任礼店元帅府世袭达鲁花赤。④ 元朝末年，按竺迩后裔翔鸮石麟

---

① 《岷州志》卷13《职官下》。

② 同上。

③ 《大元敕赐雍古氏家庙碑》，此碑现存礼县城南郊。

④ 《元史》卷121《按竺尔传》，另见元至元二年（1336）按竺迩之孙、元代名相赵世延立、赵孟頫书《雍古氏家庙碑》，该碑现存于礼县城南5公里处。

任礼店文州蒙古汉军西番军民元帅府达鲁花赤。① 赵伯寿、赵阿南等当与翔鹗石麟为同族，因此，明初的礼店后千户所应当是一个由少数民族担任首领的土千户所，而礼店前千户所如岷县《二郎山铜钟铭文》所载，正千户为张席，副千户为叶茂，管军百户为许逵、陈铭、何源、刘□，这应当是一个由汉族执掌的千户所。

值得一提的是，在明初河、湟、岷、洮诸卫中，镇抚一职十分特殊。岷县《二郎山铜钟铭文》所载岷州卫中，无论是少数民族、土著汉族的土千户所还是流官千户所，抑或混合编制的千户所，其镇抚官均由汉族担任，如土千户所中礼店后千户所下有"忠显校尉管军所镇抚：苏□、赵鉴，吏目：李祥"；洮州军民千户所下有"忠显校尉所镇抚：刘平"；十八族军民千户所下有"忠显校尉所镇抚：陈坚、淡谷智"等。镇抚之职，明代各卫均设，主要负责卫中刑名事宜。千户所亦设镇抚，负责刑名，但不一定是专职，若"镇抚无狱事，则管军；百户缺，则代之"②。明初河、湟、岷、洮诸卫的镇抚亦分为流官镇抚与土官镇抚，如洪武十二年河州卫指挥同知何锁南普觐见大明皇帝时，镇抚刘温随同前往，③ 这个刘温应当是汉族充当的流官镇抚。成化五年（1469）授后通为岷州卫中所镇抚，④ 此应为少数民族充任的流官镇抚。永乐年间明廷授"西番"珍珠族首领韩哈麻为河州卫珍珠族世袭镇抚，此应为土官镇抚。而上述岷州卫各土千户所中的汉族镇抚，其身份很可能是派驻到各土千户所中的流官。由此可见，明初河、湟、岷、洮诸卫的镇抚一职除负责卫中刑名事宜外，还有一项更为重要的职能，那就是用来监督少数民族的。

四 明代藏族僧纲不属于土官

（一）问题的提出

近年来，明代藏区僧纲制度已成为众多学者研究的主要内容之一，如

---

① 参见元至元六年（1340）《大元崖石镇东岳庙之记》碑，该碑现存于礼县崖城；另陈启生：《礼店文州元帅府考述》（《西北师范大学学报》1994 年第 3 期）对此有较为详尽的考证。

② 《明史》卷76《职官志五》。

③ 《明史》卷330《西域二》。

④ 汪元绸修，田而襁等纂：（康熙）《岷州志》卷13《职官下》，甘肃省图书馆藏。

张治东在《明代藏区僧纲制度探究》一文中指出明朝在藏区实行僧纲制度，对藏传佛教的兴盛起到很大的促进作用，尽管由此给明王朝带来一些不良的后果，但僧纲制度对促进西藏地方与中央关系的和谐、维护地方和平与民族团结起到了积极的作用。① 权平在《明代对西北地区实行的僧纲制度》一文中也认为明代对西北藏区实行的僧纲制度是其管理藏区事务的一部分，也是明代对汉传佛教采取的僧纲制度在西北地区的扩延。明朝把西北地区看作经营整个藏区的示范区，不少政策首先是在这里推行后才向藏区纵深地带延伸的，因此，研究安多地区实行的僧纲制度对研究明代藏族史有一定特殊作用。② 此外，戴燕、丁柏峰的《河湟区域地理环境与经济文化变迁》③、丁柏峰的《明代营边方略与河湟地区城镇体系的形成》④、朱普选的《明代青海藏传佛教文化发展的政策背景》⑤、杨福泉的《明代的治藏政策对纳西族和藏族上层之间关系的影响》⑥、陈楠的《明代藏传佛教对内地的影响》⑦、李清凌的《明代西北的佛教》⑧、王迎迎的《谈明朝治理藏传佛教的政策》⑨ 等论著中都涉及藏区或藏族僧纲及番僧纲司制度。

"僧职土官"或"僧职土司"的概念是 20 世纪末提出的。在此之前张维先生在《陇右土司辑录》中曾提出番僧纲类似于土司的观点。其子张令瑄在辑定先生遗稿而成的《甘肃青海土司志》中云：

> 明代袭元旧制，利用喇嘛教，以统治蒙藏人民，故明初封授番僧
> 为法王、国师、禅师，都管教权，兼辖户民，又予以世袭，其权势埒

① 张治东：《明代藏区僧纲制度研究》，《西藏民族学院学报》2011 年第 1 期。

② 权平：《明代对西北地区实行的僧纲制度》，《青海民族研究》2000 年第 3 期。

③ 戴燕、丁柏峰：《河湟区域地理环境与经济文化变迁》，人民出版社 2013 年版。

④ 丁柏峰：《明代营边方略与河湟地区城镇体系的形成》，《青海师范大学学报》2011 年第 1 期。

⑤ 朱普选：《明代青海藏传佛教文化发展的政策背景》，《西藏民族学院学报》2009 年第 5 期。

⑥ 杨福泉：《明代的治藏政策对纳西族和藏族上层之间关系的影响》，《云南社会科学》2004 年第 1 期。

⑦ 陈楠：《明代藏传佛教对内地的影响》，《藏学研究》1998 年第 4 期。

⑧ 李清凌：《明代西北的佛教》，《甘肃教育学院学报》2001 年第 2 期。

⑨ 王迎迎：《谈明朝治理藏传佛教的政策》，《河北民族学院学报》2012 年第 1 期。

乎土司。清初仅河州所辖，即有国师、禅师十九家……①

　　20世纪80年代初，王树民在《明代以来甘肃青海间的土司和僧纲及其与古史研究》一文中认为："僧纲与土司常为一族之人，甚至可由一人兼领，故名义虽殊，其政治作用则无二致。"② 文中列举了存在于甘青地区的部分世职僧纲，但并未将此类僧纲归入土司的行列。继其后者，谢重光、白文固在《中国僧纲制度史》中提出，僧纲作为一种制度起源于两晋南北朝时期。历经唐、宋、元三代的发展，有明一代得到迅速发展。而番僧纲司制度又是明代在藏区这个特殊环境中采取的特殊统治措施。因此在维护当地稳定、与中央王朝沟通事务方面起到了不可替代的作用，尤其在西北藏区，僧纲、土官同出一门或一人身兼僧俗两界要职，既是土官又是僧纲，从而在一定程度上更有利于藏区的稳定和团结。谢重光、白文固把"都纲喇嘛"与土司性质的都指挥、指挥并提，认为僧纲司具有土司衙门的性质。③ 王继光在《安多藏区僧职土司初探》一文中进一步将这一概念发展成为"僧职土司"，他详细论证了西北地区僧职土司的存在，认为：

　　　　在考察安多藏区土司制度时，我们发现，若干世纪以来（大约从14世纪、15世纪开始），这一地区存在并延续着一批僧职身份的土司。

　　　　如果我们将那些众所周知的土司称为俗界土司以示区别的话，那么，僧职土司与俗界土司相比，名号虽异，统治机构与承袭关系上不无差别，但在接受政府敕封，世袭其职，分土司民这个根本特点上，与俗界土司完全相同。④

　　此后，"僧职土官"或"僧职土司"的称谓被广泛使用。实际上，所谓"僧职土官"或"僧职土司"确切地说是将藏区的番僧纲划归在土官

---

　　① 张维鸿汀遗稿，张令瑄辑定：《甘肃青海土司志》，《甘肃民族研究》1983年第1—2期。
　　② 王树民：《明代以来甘肃青海间的土司和僧纲及其与古史研究》，《河北师范学院学报》（哲学社会科学版）1987年第2期。
　　③ 谢重光、白文固：《中国僧纲制度史》，青海人民出版社1990年版，第266—277页。
　　④ 王继光：《安多藏区僧职土司初探》，《西北民族研究》1994年第1期。

或土司范畴，而与内地的僧纲没有任何关系，但即使如此，笔者在查阅明代文献后发觉，无论是明清两代还是近现代，都不存在着"僧职土官"或"僧职土司"的事实，也就是说，番僧纲与土官或土司根本不是一回事。具体论述如下。

（二）番僧纲与土官的辨析

1. 番僧纲

明代番僧纲属于僧纲的范畴。明代僧纲是指管理寺庙和僧侣事务的官员，通常由僧人担任，以僧入官。围绕着僧纲随即产生了管理寺庙、僧尼的机构与制度，即僧纲制度。僧纲制度始于北魏时期，经各朝历代传承沿袭，到明代发展成较为完善的体制。其主要工作有：编辑僧尼户籍；制定寺院建制、僧尼定额、发放度牒、任命下属僧纲以及寺庙住持；主持重要的建寺、塑像、译经活动；管理僧尼日常生活及处理违法事件。

明代僧纲制度创始于明太祖时期。《明太祖实录》卷 29 洪武元年正月庚子载："立善世院，以慧昙领释教事。"《明史》74《职官志三》载：

> 洪武元年，立善世、玄教二院。四年革……十五年，给僧道度牒。始制僧录司、道录司……僧、道录司掌天下僧道。在外府州县有僧纲、道纪等司，分掌其事，俱选精通经典，戒行端洁者为之……释氏有法王、佛子、大国师等封号。

明朝中央设有僧录司以管理天下僧侣、寺院事务，据《明史》卷 74《职官三》记载，僧录司设有左、右善世二人，正六品；左、右阐教二人，从六品；左、右讲经二人，正八品；左、右觉义二人，从八品。中央之下设有僧纲司"分掌其事"，一般有府、州、县三级管理机构。分别为"府僧纲司，都纲一人，从九品；副都纲一人；州僧正司，僧正一人；县僧会司，僧会一人……俱洪武十五年置，设官不给禄，隶礼部"。由此可见，僧纲是指那些管理寺庙和僧侣事务的僧人，虽授予官职、给予品阶，但官品不超过正六品，且朝廷不会给予相应的俸禄。

由于民族和宗教信仰不同，明代西北藏区在僧纲司之下又有汉、藏之分，即汉僧纲司与番僧纲司。明初朝廷为了促进藏区的稳定和发展，对藏传佛教各教派上层均给予安抚优待。《明太祖实录》卷 42 洪武二年五月

甲午载:

> 昔我帝王之治中国，以至德要道，民用和睦，推及四夷，莫不安靖。向者胡人窃据华夏，百年有余，冠履倒置，凡百有心，孰不兴愤，比岁以来，胡君失政，四方云扰，群雄纷争，生灵涂炭。朕乃命将率师，悉平海内，臣民推戴为天下主，国号大明，建元洪武……惟尔吐蕃，邦居西土，今中国一统，恐尚未闻，故兹诏示。

洪武六年，乌斯藏喃加巴藏卜入朝，太祖敕封其"炽盛佛宝国师"。永乐五年，成祖封噶举派领袖哈立麻为"大宝法王"，后又封萨迦派领袖昆泽思巴为"大乘法王"。永乐十二年，成祖封格鲁派创始人宗喀巴的弟子释迦也失为"大国师"。宣德九年，宣宗封释迦也失为"大慈法王"。明代在西北藏区的番僧纲司正是为管理藏区寺院、僧侣而设置的专门机构。如洪武二十二年，"西、河、洮州等处，多有不曾开设僧司衙门，凭僧录司差汉僧、番僧去打点。着本处官司就举选通佛法的僧人发来考试，除授他去"①。《明太祖实录》洪武二十六年三月丙寅载："立西宁僧纲司，以僧三剌为都纲，河州卫汉僧纲司，以故元国师魏失剌监藏为都纲，河州卫番僧纲司，以僧月监藏为都纲，盖西番崇尚浮屠，故立之，俾主其教，以绥来远。"

僧纲司、番僧纲司在明代是一个常设机构，为各级政府之下的属官，与儒学、阴阳学、医学并列，其任职官员并无土流之分，即使一定要分出土与流，也应为流官，总归礼部统管。《大明会典》卷4《官志三》"外官"载:

> 各承宣布政使司……儒学，教授一员，训导四员（小府或三员、或二员、多不全设）；阴阳学，正术一员；医学，正科一员；僧纲司，都纲一员，副都纲一员；道纪司，都记一员，副都记一员。

《大明会典》卷6《诰敕》载："凡番僧袭替、国师、禅师应给诰敕，

---

① （明）葛寅亮撰：《金陵梵刹志》卷2《钦录集》，何孝荣点校，天津人民出版社2007年版。

礼部奏准，移咨本部单题撰写，其颁给与王诰事体同。"

明代内地僧纲的传承往往是师徒相袭，但在藏区普遍存在着一种家族性寺院，其传承方式较内地有所不同。所谓家族性寺院是指藏传佛教寺院僧团的领导权掌握在家族手中。寺院住持的法嗣传承既有师徒相袭的一面，又必须依某一固定家族的宗法血缘关系进行世袭。世袭的方式既有父子相袭，也有叔侄相袭，但多为侄袭叔职，师父即叔父，亲侄又是大弟子，这是他们传承以及袭职的主要依据，如此则寺院的领导权均出自某一固定的家族，僧纲封号的申报亦由世袭僧纲把持，外族是无法涉猎的。自11世纪以来，在相当长的时期内，这种家族性寺院曾经是藏传佛教内部普遍实行的一种僧团组织形式。典型的如元代显赫一时的萨迦派就是世代由后藏大族昆（款）氏统领；明代长期左右着卫藏政局的帕竹噶举派世代由山南朗氏，也即帕竹家族统领。明代甘青藏区同样普遍存在着家族性寺院并发展成为一股社会力量，岷州著名的大崇教寺正是这样一种寺院。据大崇教寺住持后氏族人拿把家后裔金钟等回忆说：

> 我们寺上的管理，外人是插不上手的，全部由我们本家人把持着。分工非常细，共由四大家分别管理：拿把家、二拿把家、头门家、压床家。拿把家是总管，二拿把家是二管家，头门家是三管家，压床家专门管理诵经等佛事活动。当时的这种分工，也就世袭性地在这四个大家庭中分别沿袭到解放初。①

2. 土官

与番僧纲司一样，土官也是明代在少数民族地区普遍设置的一种常设机构，但两者之间又有着本质上的不同。主要表现为：

（1）土流有别。明代土官是相对于流官而言，是有别于流官的一种职官体系，而番僧纲司则不属于土官体系，应属于流官范畴。

（2）隶属关系不同。明代土官分为武土官和文土官。武土官隶属兵部，明代甘青地区的土官主要是武土官；文土官隶属吏部，主要存在于明代西南地区。《大明会典凡例·弘治间凡例》记载："土官衙门属吏部者，列于府、州、县之次。属兵部者，列于卫、所之次。"而番僧纲司则隶属

---

① 此内容为笔者在岷县采访所得。

礼部，它与土官的隶属关系完全不同。到目前为止，笔者尚未见到有隶属礼部的土官。《明史》卷72《职官志》载："武选掌卫所土官选授、升调、袭替、功赏之事"，又"凡土司之官九级，自从三品至从七品，皆无岁禄，其子弟、族属、妻女、若壻及甥之袭替，壻从其俗。附塞之官，自都督至镇抚，凡十四等，皆以诰敕辨其伪冒。赠官死于王事，加二等，死于战阵，加三等"。

（3）承袭方式不同。明代土官分为选用土官与世袭土官，然而无论是世袭土官还是选用土官，只要是朝廷允许均可以世袭。世袭的主要形式为父子相袭，这恰恰有别于僧纲的师徒相袭或部分番僧纲的师徒相袭与叔侄传承合二为一的传承方式。

（4）担负的职责不同。明代土官必须随时听候朝廷的征调，为朝廷守护边疆，征讨叛逆，而番僧纲则无此义务。《明史》72《职官志》载："自都督府、都指挥司、留守司、内外卫守御、屯田、群牧千户所、仪卫司，土司，诸番都司卫所，各统其官军及其部落，以听征调、守卫、朝贡、保寨之令。"明代一般情况下番僧兵是不随土官听征的，明代史籍中偶尔也有番僧纲率兵征战的记载，但仅限于保卫寺院与家园，这与土官守护边疆、征讨叛逆有着本质不同，况且番僧纲领兵仅仅是特殊情况下的个案，并不是其主要职能。

（5）人选有别。明代土官主要由少数民族担任，但也有一定数量的汉族首领担任土官，而番僧纲司则绝无汉人担纲的事例，相反在明代甘青藏区倒是存在着藏人担任汉僧正的事例。嘉靖《河州志》卷2《典礼志》载："万寿寺，州北四里。唐初建，以镇西番朵思麻之地。后鄂国公尉迟恭重修，浮图十二层。洪武十三年，都纲失剌坚藏复修。二十六年，作汉僧正司。"

（三）番僧纲司的特殊性

现代学者之所以将明代番僧纲称为"僧职土官"或"僧职土司"，这应当与番僧纲司的特殊性有关。明代番僧纲司与内地僧纲司的最大不同，在于番僧纲司不但管辖着藏传佛教寺院、僧侣，还管辖着一定数量的属于寺院的部落，他们与一般部落一样招茶中马。这些部落只效忠于寺院，而寺院所辖部落的多少则视寺院地位的高低决定。《明史》卷330《西番二》记载："番僧萨喇为书招降罕东诸部，又建佛刹于碾白南川，以据其众。至是来朝贡马，请敕护持，赐寺额。帝从所请，赐额曰瞿昙寺。立西宁僧纲司，以萨喇为都纲。"瞿昙寺统十三族及"碾伯县山南番民系瞿昙寺所管部落"①。永乐六年所立圣旨碑的碑文中载："今特令主持瞿昙寺官员军民人等……一应庙宇、田土、山场、园林、财产、孳畜之类，不许侵占侵扰。"② 又"（康熙）三十六年，覆准瞿昙寺灌顶净觉宏济大国师以公葛丹净之孙观著圆思多荣进承袭"③。《岷州志》卷3《舆地下》记载，成化时岷州番僧班丹札释建功，封"宏济光教大国师"，并领僧纲司都纲之职。"（顺治）十七年，提准岷州卫二十六寺，内圆觉寺、大崇教寺番僧后只即丹子，缴明时所给诰命一道，敕书二十一道，肃谨戒行，图书一方，换给敕书一道，铜印一颗，授为护印僧纲司，命钤束岷州各寺番僧。"康熙十四年，以"后只即丹子，恪守敕印，纠兵攻贼"而重新准许其承袭"宏济光教大国师"名号，继而又赏给岷州官田五倾作为寺田。④光绪《洮州厅志》卷16《番族·僧纲》载：

　　垂巴寺僧纲赵班麻多智距城七十五里，始祖阿旺老布藏，原系西藏喇嘛，于成化三年入住在洮州衙西。他诵经集来僧人百余名建修寺院，后因流贼变乱，遂及于难，寺亦焚毁。其侄阿送恼布于正德四年重拓，僧人又在洮河北格吾那地建修寺院。于嘉靖元年，阿送恼布之侄洛扎排锁又建寺院二处为录巴寺、江口寺。请咨到礼部赏给僧纲之职，管理三寺，永为世袭。洛扎排锁之侄车吉洛知于万历八年承袭，遂敕赐垂巴寺名号及管理录巴、江口二寺敕书等件。车吉洛知于天启二年传其侄旦巴牙拜。康熙二十五年，旦巴牙拜又传其侄堪布喇嘛。乾隆三十三年堪布喇嘛传其侄洛只扯点。嘉庆九年洛只扯点传其侄旦知次力，至道光二十三年旦知次力遂传其侄班麻多智，现居寺俗名牙当寺，在洮城西七十里。管寺院三处，番僧四百一十名，番人十族，共计六十三户。（所管）番族：他移那族、洛路那族、果着族、下路族、木多族、鹿巴族、札札族、当住那族、牙当族、先梯族。

---

① 溥恒等编：（清）《皇清职贡图》卷5，广陵书社2008年版。

② 芈一之：《芈一之民族历史研究文集》，民族出版社2008年版，第196页。

③ 《钦定大清会典则例》卷142，台湾商务印书馆1986年版。

④ 同上。

由于番僧纲往往由大寺院的住持担任，番僧纲司也往往设在大寺院内，所以番僧纲也直接参与部落属民的管理，而寺院内也相应地设有管理僧侣与管理属民两大系统。这种既管寺院又管部落的现象在内地寺院是不可能出现的。内地寺院虽然也有一定数量的佃户，但两者之间很少存在着隶属关系，所谓"仆从以佃户充役……景泰三年令各处寺观田土，每所量存六十亩为业。其余拨与小民佃种纳粮"①。可见内地寺院是以佃户充杂役，而佃户则以交田租为生计的，更重要的是内地寺院没有武装。藏传佛教寺院所辖部落不仅为寺院提供实物田租、劳役地租和杂役，如遇有危急情况，部落属民则充为"僧兵"负责寺院的安全保卫工作，而这点看上去与土官有相似之处，即僧兵似土兵，僧纲似土官。所以康熙《河州志》卷2《职官》载：

> 查河州沿边有土司、国师共十九族，其中如鸿化族鸿化寺国师张卜藏坚错、灵藏族马营寺禅师赵罗藏锁南、珍珠族永昌寺国师韩且令札什，俱奉旨颁有敕札印信。……伊等各有衙门，各设刑具，虎据一方。

《循化志》卷5《土司》亦载：

> 又有僧职，亦世职，如鸿化、灵藏等寺皆有国师、禅师管理族民，如土司之例……寺院在边末，山多地少，处处峻岭深谷，非同腹里肥田。所以自古迄今，并无额粮。边民常言"下籽重，打籽轻"。今改征粮，征收难完。逃亡追捕，将责成有司，抑委寺院之土司乎。

在上述《河州志》的记载中，作者明确将土司与国师分列开来，而在《循化志》中作者将僧职比喻为"如土司之例"，可见僧职并不是土司，只是国师与土司"各有衙门，各设刑具，虎踞一方"，"如土司之例"。更何况雍正时，诸多国师、禅师均被"追回敕印，改为都纲，但管本寺僧人，而族民不受其约束矣"②。乾隆十二年，由于"甘肃所属各寺

---

① 《大明会典》卷226《僧录司》。
② 龚景翰：（乾隆）《循化志》卷5《土司》，甘肃省图书馆藏。

庙喇嘛自收国师、禅师印信以来，各自梵守静修，其属下众僧虽各设有法台，但约束不无涣散，自应照依地方之大小番僧之多寡定为职衔，以备稽察"，故在"河州普刚寺、灵庆寺、宏化寺应各设都纲一人；西宁县之西那寺、塔尔寺、扎藏寺、元觉寺、沙冲寺、仙密寺、佑宁寺，碾伯县之瞿昙寺、宏通寺、羊尔贯寺、普化寺，大同卫之广化寺，归德所之二叠阐寺、垂巴寺、马尼寺应各设僧纲一人，洮州卫之阎家寺、龙元寺、圆成寺应各设僧正一人"①。

现代学者正是看到藏区番僧纲还管辖着一定数量的部落，甚至还有僧兵武装，因此认定番僧纲应当属于土官一类的职官，这显然是对番僧纲司特殊性的一种误读。

明代番僧纲司与内地僧纲司的另一个特殊之处在于番僧纲与其家族之间的紧密关系。在明代的藏区，番僧纲与土官同出一家，即兄为土官、弟为僧纲的现象非常普遍，寺院实际上就是本部落，甚至就是本家族的属寺。寺院住持的承袭只在本家族中进行。不过寺院住持或僧纲虽然与土官同为兄弟，但在职掌上的分工还是明确的，他们分掌其职，土官是土官，僧纲是僧纲，既相互支持，又互不干涉，光绪《洮州厅志》卷16《番族·僧纲》载：

　　　　着洛寺僧纲杨溯洛旺秀居洮城西七十里。始祖杨永鲁系着藏族番目。明永乐十六年以功授昭信校尉洮州卫指挥使司着藏族百户，分守隘口。永鲁之侄锁南藏卜于宣德二年为僧纲，传佛教，授都纲司世职，招中茶马。锁南藏卜子领占伦卜于正统九年承袭，至正统十二年领占伦卜子班南尖助以功授卓尼寺世袭都纲。班南尖助子昂旺桑洛于万历年间袭都纲司职，昂王桑洛子班就尖采天启年间承袭，约番守隘。至国朝康熙一十四年班就尖采子杨生格以恢复洮岷功授都纲司职，管部落一十八族，生格子杨世杰于康熙三十九年承袭，世杰子杨松维布加粲于乾隆十四年承袭。松维布加粲子杨望宗者于乾隆五十八年承袭。望宗者子洛札加绽于嘉庆九年承袭。洛札加绽子杨丹增达吉于道光元年承袭。丹增达吉子杨洛札车排于道光十四年承袭。洛札车排之侄杨丹巴加绽于道光三十年承袭。至咸丰七年杨丹巴加绽之侄杨

---

① 《钦定大清会典则例》卷142，台湾商务印书馆1986年版。

国相以助剿狄河、巩昌、洮州等处逆回，案内保奏四品花翎，尽先都司。丹巴加绽之侄杨溯洛旺秀于同治三年领命，管番兵剿抚洮州，于同治十三年仍袭前职，现管堡族二十三族，番民兵共一百一十三户，把守红腰岘隘口，一处派兵五名，所管僧人详见卓尼寺。

着洛寺僧纲始祖本为番人头目，因有功授予土百户之职，其侄于宣德二年为僧纲，授予都纲司世职，开始从事佛教事业。着洛寺的僧纲除管有一定数量的番僧和部落之外，还统有一定数量的番兵，主要职责在于"约番守隘"，但这些番兵不归土官管理，他们不随土官听从国家征召四处征战。在藏区只有在土官无兄弟的特殊情况下，僧纲与土官才能由一个人担任。光绪《洮州厅志》卷16《番族·僧纲》载：

> 禅定寺禅师现土司杨积庆兼摄，始祖与土司同原系僧纲，国朝康熙四十九年主僧池莲因贡赴京，承圣祖顾问为土司杨朝栋之孙，遂赐崇梵净觉禅师名号，敕禅定寺匾额。原例土司生二子，以一子袭禅师帅马，至嘉庆十九年无人承袭，土司杨宗基兼摄，至今永未承袭，数辈皆土司兼摄云。

又《洮州厅志》卷16《番族·僧纲》载：

> 麻弥寺僧纲马昂王丹主在城西六十里，始祖力车加绽原籍西藏人，历授封膳王。明洪武六年以功授西藏膳王千户世袭。其子八点旺秀于永乐三年承袭后带僧人百名驻居洮州衙阳坡庄，建修麻弥寺以叠僧。案内保奏赏加禅师衔升世袭僧纲，兼管百户，分守关隘中马。八点旺秀之侄祥巴桑吉于正统二年承袭，祥巴桑吉子桑吉次力于正德十二年承袭，赏赐呼吉禅师，约僧管民。桑吉次力子勺吾加绽于嘉靖二十八年承袭，请颁寺院敕赐麻弥寺名号。勺吾加绽之侄昂旺加曾于万历十四年承袭，昂旺加曾之侄札巴多智于万历四十五年承袭，奉陕西总督兰州抚院洮州衙檄分拨三十三族番民，札巴多智子昂哈旺秀于国朝顺治四年承袭，因范家嘴丁七起戕官劫库，案内肃清有功，奉委请理旧洮指挥守备兼管部落。昂哈旺秀之侄洛藏弥麻于康熙十四年承袭。洛藏弥麻之侄札巴江措于雍正七年承袭。札巴江措之侄洛札初正

于乾隆十四年承袭。洛札初正之侄勺麻次力于乾隆五十二年承袭，勺麻次力之弟马祥于嘉庆十九年承袭。马祥之侄马成龙于道光八年代理僧纲于二十六年以功保奏蓝翎千总。马成龙子马中魁于咸丰八年代理僧纲，于同治二年以河回之变驰往巩昌各属救援，有功保奏花翎尽先都司。马忠魁子马昂旺丹王于同治十年承袭，现管番人二十一族，共计一百二十户，僧人一百八十三名，把守达加闇门一处。

在麻弥寺僧纲世袭过程中凸显出僧纲与土官由一人兼任的情况。"八点旺秀建修麻弥寺以叠僧，案内保奏赏加禅师衔升世袭僧纲，兼管百户"则说明土官和僧纲是不同的概念，否则也不会有"兼管"一说。在管理寺院事务的同时又肩负起"约僧管民"职责，由僧兵把守主要隘口，维护地方的安定，这说明藏区寺院有一些属于自己的属民和部落，因此也有一部分部落成员成为保护寺院的僧兵，他们隶属寺院，听从寺院僧纲的调遣。

现代学者想必是看到僧纲与土官有时由一人担当，便提出僧纲即土官的概念，这同样是一种误读。如上所述，禅定寺僧纲和土司兼任于一身的缘由是作为独子的杨宗基只能二者兼任，但这不表明僧纲就是土官，二者之间是有很大区别的，僧俗两界的鸿沟使僧纲无法替代土官，土官也无法抹去僧纲的痕迹。二者具有兼顾性并不代表二者可以混为一谈。

五 清代"土流分治"下河湟多民族走廊的土司

（一）清初河、湟、岷、洮地区为何没有大规模实施"改土归流"

清初，河、湟、岷、洮地区各家土司照旧任职承袭，一如明朝。雍正继位后，土司制度发生急剧变化，这其中西南、中南地区的土司大多被"改土归流"，而河、湟、岷、洮地区并没有实施大规模的"改土归流"。缘何如此，这在当时人看来是由于河、湟、岷、洮所在的甘青地区"土司但拥虚名而无实权"①，"输粮供役与民无异，俊秀读书，亦应文武

---

① 龚景瀚:（乾隆）《循化志》卷 4《族寨工屯》，甘肃省图书馆藏。

试"①；在《清史稿》的作者看来是甘青土司不像蜀、黔土司那样"纵部劫掠，行贾梗绝，称兵作乱，桀骜难驯"，而是有"捍卫之劳，无悖叛之事"②。现代学者高士荣认为，清代仍然在西北维持土司制度的原因是：(1) 因俗而治，因地制宜；(2) 恩威兼施，抚剿并举；(3) 国内外斗争形势的需要。③ 不过在我们看来，清代没有在甘青地区大规模实施"改土归流"的主要原因应当是：(1) 明代在甘青地区实行"以流制土"的土司制度使得西北大多数土司没有发展成为尾大不掉的地方势力；(2) 明末清初，甘青土司在遭受李自成农民军的沉重打击后，曾受到清朝政府的扶绥，对清政权充满感激之情，鼎力相助；(3) 甘青土司自身的汉化以及分化与整合导致土司势力的衰弱，已难成气候。具体论述如下。

1. 明代在甘青地区实行"以流制土"的土司制度使西北大多数土司没有发展成为尾大不掉的地方势力

明代土司制度的核心是"土流参治"，这在西南、中南地区主要表现为以土为主、以流为辅的"土流参治"；在西北甘青地区则主要表现为以流为主、以土为辅的"土流参治"。明代甘青地区的"土流参治"有两大特性：一是明代甘青地区没有文职土官，也没有宣慰使等武职土官，只有参设在各卫所中的土指挥使、同知、佥事、千户、百户等武土官。尽管明代甘青地区的土官不乏有都指挥使、同知、佥事，甚至有右军都督府左都督等职号者，如西宁李土司、永登鲁土司等，但这些职号基本上是荣誉性的虚职。在卫所中，土官大多担任卫所中的副职，其行动始终受所在卫所的制约和监督。二是甘青地区的土官一般不参与流官事务，如《明太宗实录》卷 46 永乐三年（1405）九月丁酉载："升陕西都指挥同知赵忠、脱列干为后军都督佥事，脱列干食禄不视事。"《明宣宗实录》卷 10 洪熙元年（1425）十月辛未载：

> 以征安定、曲先功，升陕西行都司土官都指挥同知土官李英为右军都督府左都督，食禄不视事，给世袭诰命……升罕东卫土官指挥使却里加、必里卫土官指挥同知康寿、庄浪卫土官指挥同知鲁失加俱为

---

① 杨应琚：（乾隆）《西宁府新志》卷 24《土司》，青海人民出版社 1988 年版。

② 《清史稿》卷 517《土司传》。

③ 高士荣：《西北土司制度研究》，民族出版社 1999 年版，第 146 页。

陕西行都司都指挥佥事，不理司事，给世袭诰命。

在道光年重修的《鲁氏世谱》中载有几封万历皇帝颁与庄浪鲁土司的敕书，敕书中均强调"命尔管束庄浪土官、土军、家口……一应军机重务，悉听总督、镇、巡等官节制调度。如有土人户婚、田土争讼，听尔处分。其官军更委，仍听该道查处"；"凡一应钱粮、词讼、军政，事属兵备、管粮官掌理者，毋得干预"；"一切军民词讼，不许擅受问理"。①

明代甘青地区土官的特性决定了这类土官本身就是在流官控制之下，其受中央政权监管的力度远远高于西南地区的土官，很难发展成独霸一方的割据势力，因此清朝政府没必要在这一地区大规模实施"改土归流"，把甘青土司当作尾大不掉的地方势力加以铲除。

2. 明末清初，甘青土司在遭受到李自成农民军的沉重打击后，受清朝政府的大力扶绥，对清政权充满感激之情，鼎力相助

在明末李自成领导的农民起义中，甘青是重点发展的地区之一。崇祯十六年（1643），李自成为了牵制明朝西北边兵对京师的援助，也为了将西北发展成农民军的大后方，令部将贺锦等攻取陕西、甘肃、青海各地。在进攻西宁城的战役中，农民军将军鲁文彬失利被害。随后农民军将领贺锦立即率大军由甘州南下，在北大通（今青海门源县）与鲁允昌交战。鲁允昌兵败退守连城，当地军民不满土官的长期欺压，纷纷阵前倒戈。农民军很快攻破鲁土司城堡，杀鲁允昌，俘获其子鲁宏。一向以骁勇善战著称的鲁家军顷刻瓦解。在西宁城下，面对农民军的进攻，西宁土司祁廷谏、祁兴周、祁肇周父子、李天俞、李洪远以及西宁藏族申中部千户完冲等，歃血为盟，在当地生员胡琏器的策划下，一面设计伪降，一面在西宁南川伏羌堡设下绊马索和陷阱，诱敌深入。贺锦部庄浪胜利后，轻骑直趋，贸然闯入了西宁守军的圈套，结果贺锦被杀，农民军阵亡3000余人。贺锦死后，农民军在辛恩中、朱永福等人的率领下，三攻西宁，终于破城。土官李洪远被杀，祁廷谏父子、李天俞等被俘，押解到西安。祁廷谏之子祁兴周逃亡青海湖一带，农民军紧追不舍深入环湖地区。当地藏族头人纷纷降附。②

---

① 鲁纪勋重修：（道光）《鲁氏世谱》，甘肃省图书馆藏。
② 《明史》卷330《西域二》。

经过明末农民起义军摧枯拉朽般的打击，甘青土司或亡、或逃、或降、或俘，土司衰败之像日渐呈现。在连城，伴随着鲁允昌身殁、鲁宏被擒，土司家族"自崇祯癸未遭贺锦之乱，图书法物，烬于兵燹。且朝不一代，代不一人，人不一事，而欲年经人纬，括数百年于尺幅，呜呼难矣"①。在西宁，李天俞被俘后，其妻王氏、妾匡氏偕李天俞之弟天翕、天命抗节死难，家人殉难者300余人；而西宁李土司家族的另一支首领李洪远及其妻、子、家丁120余人也死于农民军刀下，至此盘踞西宁200多年的东、西李土司几乎遭受了灭顶之灾。故《李氏宗谱》载："罹闯逆之变……故甘冒寇锋，危于朝露，妻孥粉骨，昆弟碎身……家珍沦于寇攘，编籍付之煨尘……庙祀倾圮，像谱煨烬，犹不胜其凄怆。"② 西宁祁土司家族的另一支东祁土司祁国屏也参与了抗击农民军的战斗，遭受重创，但幸免于难。《祁氏家谱》载："崇祯癸未冬，逆闯据西安，逆党贺锦据甘州，率众掠西宁……斩贼党鲁文斌，拥众破城，洪远公夫妇殉难。我祖廷谏被执送于西安闯贼。"西宁朱土司、甘土司家族在贺锦部进抵湟中后被打散，官诰、纸号丢失殆尽。③ 甘青地区其他土司也程度不同地遭受到打击。

清军入关后，元气大伤的甘青土司由于受到清政府的扶绥，对清政府充满感恩之情，在清政府恢复地方秩序中鼎力相助。顺治二年，"英亲王阿济格至关中，流寇溃散，天俞谒王，王赐衣冠、鞍马、银两、彩缎，令回西宁招抚番族"④。李天俞、祁廷谏被清军解救后，清世祖下诏书给李天俞："特仍依先例，命尔世袭明旧，管束土官、土军"，同时授予汉、满文对照的"西宁卫指挥同知印"。⑤《清世宗实录》卷38顺治五年闰四月辛丑载："授陕西庄浪土司祈廷谏、鲁安为指挥使。西宁土司李天俞为指挥同知。"同年，河西回民丁国栋、米喇印举旗反清，得到甘青地区回民的积极响应。总督孟乔芳给土司"发谕帖，令其会合各族就彼协捕贼"。⑥ 顺治十年（1653），顺治皇帝在一道上谕中云："各处土司已顺者，

① 鲁纪勋重修：（道光）《鲁氏世谱》，甘肃省图书馆藏。
② （顺治）《李氏宗谱》"李天俞跋"，现存青海省民和县档案馆。
③ 杨应琚纂：（乾隆）《西宁府新志》卷28《献征志》，青海人民出版社1988年版。
④ 《清史稿》卷517《土司传》。
⑤ 辛存文：《民和土族东伯府李土司世系考》，《青海民族学院学报》1981年第3期。
⑥ 杨应琚纂：（乾隆）《西宁府新志》卷34《艺文志》，青海人民出版社1988年版。

加意绥辑，未附者布信招怀，务使近悦远来，称朕延敷文德之意。"① 对于归附土司，清初政府"一切规制，悉仍明旧"②，如康熙十四年（1675），岷州土司赵宏基堂弟赵宏元因在平定吴三桂反叛中恢复洮岷有功，经甘肃提督张勇题叙，授世袭土千户。③ 可见清初甘青土司对于清朝政府大多心存感激之情，每遇地方靖难，他们往往会主动协助清政府绥靖地方，抚番联回，保一方安定。清初甘青土司的这种情结在西南土司中鲜有遇见。

　　3. 甘青土司自身的汉化以及分化与整合导致土司势力的衰弱，已难成气候

　　经过明代 200 多年的发展，甘青土司，尤其是河湟多民族走廊一带的土司自身也发生了较大的变化，这其中最为突出的是土司的汉化、土司内部的分化以及土司之间的兼并。就土司的汉化而言，生活在河湟多民族走廊一带的甘青土司在与汉族等农业民族的交往中，汉化、涵化现象十分普遍，《秦边纪略》载：

　　　　（河州）卫，今设副戎一，又起台堡、保安堡、归德堡守备三。土人或云："其先世夷人，居中土已久，服食男女与中国无别，且久与汉人连姻。汉人言则操汉音，又能通羌语，其实心为汉，非羌所可及云。"西宁、庄浪者亦然。④

　　就土司的分化与整合而言，明朝时活跃在河湟多民族走廊一带的土司及其部落在清初已有许多不见踪影了。以河州为例，据张雨《边政考》卷 9《西羌族口》载，嘉靖年间河州共有番族、蒙古族、撒拉族等 46 族（部落），河州所属归德守御千户所有番族 11 族，共计 57 族。顾炎武在其《天下郡国利病书》卷 59《临洮志·纳马番族》中记载河州有纳马番族 56 族。成书于康熙二十六年的《临洮府志》卷 10《茶马考》记载明代河州（含归德）有"纳马番族"55 族，然而在康熙四十六年的《河州

　　① 《清世祖实录》卷 75 顺治十年五月庚寅。
　　② 张维著，吴生贵、王世雄校注：《肃州新志校注·沿革》，中华书局 2006 年版。
　　③ 《清史稿》卷 517《土司传》。
　　④ （康熙）梁份：《秦边纪略》卷 1《河州卫》，赵盛世、王子贞、陈希夷校注，青海人民出版社 1987 年版。

志》卷2《中马番族附》中这50余族只剩有19族，其余30余族尽管有个别存在，但大多已分化或消失。实际上现存的19族中仍有分化整合乃至消失于汉族中的现象，《循化志》卷5《土司》载：

> 明初河州通判官二十四关土司，今皆不可考，然大抵中马十九族皆有之。或有一土司而监管数族者，如乩藏族之王土司管乩藏、红崖等六族是也。其后或存或亡，至康熙、雍正年间，犹有见于州巷者，如老鸦族之土司马镇国，川撒族之土司龙兴海是也，而今无闻焉，盖以夷为编户矣……珍珠、打剌二族世袭指挥使一员韩成璋……按打剌族亦十九族之一，今无其名，盖为珍珠族土司所监管而久，遂并为一族也……乩藏族世袭土百户一员王斌，管乩藏、红崖、端言、迭古、回回、仰华六族土兵二百名……按以上二土司皆口内也。其口内尚有鸿化、灵藏等族，或昂所或乡老或乡约，均无土司。各族有民粮、有族粮，民粮在州，族粮在厅。衣服风俗具与汉人无异，问之亦称为汉人。盖在内地多年，渐摩已久，即两土司亦徒拥虚名而实无事权也。

不止河湟多民族走廊的土司如此，明代庄浪卫鲁土司家族亦分化为若干支，举其要者有：（1）庄浪卫土指挥使鲁氏（巩卜失加），世居庄浪。崇祯十七年（1644），李自成农民军"左金王"贺锦部经略河西，鲁家军拼死抵抗，为此鲁家军遭受了没顶之灾，从此鲜见于史册。（2）庄浪卫土指挥使鲁氏（鲁镛），治所在今天祝藏族自治县南古城。鲁镛与鲁鉴同族，明时随征效力，防御榆林边有功，授总旗，管辖黄羊川等地，但不管土民。（3）庄浪卫土指挥使鲁氏，庄浪卫土指挥使鲁氏，治所在今古浪县大营湾，明代世系无考。（4）庄浪卫土指挥同知鲁氏，治所在今永登县西大通河下口，始祖鲁福。鲁福（又作鲁福从），鲁鉴次子，从其父征讨有功，正德十四年授庄浪卫指挥佥事。（5）庄浪卫土指挥佥事鲁氏，治所在今永登县红山堡，其始祖把只罕，明初归降，赐姓鲁。数传（不详）至鲁臣。李自成起义军西进，鲁臣曾侄孙鲁典曾率众与农民军战。

无论是土司的分化与整合，还是土司的汉化与涵化，均折射出土司的式微，尽管清初统治者曾一度扶绥甘青土司，以作为地方治理的依靠力量，但甘青土司的日渐衰败确是不争的事实。所以对于这样一批既俯首感恩，又势单力薄的土司，清政府不急于"改土归流"也就在情理之中了。

（二）清初甘青地区"土流分治"的措施

雍正以来，清政府虽然没有在甘青地区大规模实施"改土归流"，但这并不意味着清廷允许甘青土司的任意发展。实际上为了防范和遏制甘青土司势力的膨胀，康、雍、乾时期朝廷在甘青地区实施了一系列措施。

1. 实行"土流分治"

清朝建立之初，地方建制一如明朝，但是随着清政权的日渐稳固，地方军政建置也相应地进行了改变。在行政方面，建立了省、府、县三级建制，配之以直隶州、散州、厅等。在军事建制上，清朝的军事力量主要为八旗兵与绿营兵。清代甘青地区的"驻防八旗"，主要分布在凉州（今甘肃武威市）、庄浪，由将军、副都统、协领等统率。绿营兵则分布在各府、州、县，由总督、提督、总兵官等提辖。八旗兵、绿营兵构成了清代地方军事体系的主体。明代实施的卫所制在清初被陆续裁革，但参治于卫所中的土司被保留下来，仍属兵部管辖，只是在八旗、绿营兵之外另设有指挥使、同知、佥事、千户、百户等土职官。土司自成体系，不与八旗兵、绿营兵参设，从而形成"土流分治"的格局。在这一格局中，土司不再是地方军政建设中的主要军事力量之一，仅仅是八旗兵、绿营兵之外的一种辅助性力量，其地位远不如明代重要。从这一意义上讲，"土流分治"促使土司势力的边缘化、编户化，进而被分化、弱化，实际上已成为清代甘青地区军政建设中的一项主要举措。

2. 削弱河湟多民族走廊的土司势力，扶持游牧藏区的土司势力

雍正二年（1724），罗卜藏丹津事变后，清政府对于甘青境内各族土司的政策进行了大幅度的调整。针对河湟多民族走廊的土司，雍正三年时任川陕总督的岳钟琪奏请曰："凡切近河、洮、岷州内地番人与百姓杂处者，向通汉语，自归诚后至今，改换内地服色，无庸设立土千、百户，但就其原管番目委充乡约、里长，令催收赋科，久则化番为汉，悉作边地良民。"① 岳钟琪的奏请被朝廷采纳，此后一大批农牧交错区的土司中掺进了乡约、里长、乡老、昂索等名目，有的甚至被乡约、里长、昂索等所取代，如河州老鸦族土司名下"有乡约、有委役"，乩藏族土司王斌名下"有委役、有乡约"，红崖族"有头目、有乡老"，端言族"有头目、昂

---

① 龚景瀚：（乾隆）《循化志》卷1《建置沿革》，甘肃省图书馆藏。

锁"，回族"有乡老"，仰华族"有昂锁"，迭古族"有乡老"，川撒族
"有乡约"，牙党族"有乡约"，鸿化族"有乡约"，灵藏族"有乡约"①，
这其中"鸿化、灵藏等族或昂锁、或乡老、或乡约，均无土司"②。在循
化南番各族中，"惟扁都及南番有土司，其余皆曰昂锁，小寨亦有头
目"③。虽然清初并没有在甘青地区大规模实施"改土归流"，但这种小规
模的改变还是存在的。

与河湟多民族走廊农牧交错地带不同的是，清政府在甘青牧区非但没
有取消或削弱土司势力，反而在保留一部分土司的前提下，又对那些原本
没有实行土司制的部落，因俗而治地增设了一批土司。雍正五年
（1727），西宁办事大臣达鼐会同总兵官周开捷安插西宁、河州、洮州各
番族，清查户口，划定地界。每千户委一"千户长"，每百户委一"百户
长"，不足百户者委一"百长"，由西宁办事大臣发给委牌，"增置土司四
十家"。④ 雍正七年，保安堡王喇夫旦发动兵变，撒拉人马满舟率众响应。
岳钟琪在奏折中称其为"人多势众，沿边番族亦生畏惧，遂得肆其奸
顽"⑤。在撒拉族外委土司韩炳、韩大用的配合下，清军很快平定事变。
同年，岳钟琪奏请"将韩炳、韩大用二人各给与土千户号纸，令分辖回
族（即撒拉族——引者注）"⑥。韩炳、韩大用因此由地方任命的"外委
土司"摇身变成了"奉旨设立"的土司。乾隆元年（1736），"复准西宁
大通卫土千户一人，凉州武威县属上古城堡土千户一人，永昌县属番目土
千户一人，庄浪属番族土千户一人，古浪县千户一人，均给号纸，授以千
户职衔"⑦。道光二年（1822），陕甘总督那彦成在循化、贵德"将野番编
查户口，分立千户、百户、百总，令其递相管辖"⑧。当时循化、贵德各
族"野番"设千户十人，百户四十人，百总八十六人，什长四百人。⑨ 同
治年间西北回民大起义后，土司或驻守城寨，或组织土勇、僧兵参加镇压

① 龚景瀚：(乾隆)《循化志》卷4《族寨工屯》，甘肃省图书馆藏。

② 龚景瀚：(乾隆)《循化志》卷6《土司》，甘肃省图书馆藏。

③ 龚景瀚：(乾隆)《循化志》卷4《族寨工屯》，甘肃省图书馆藏。

④ 《清史稿》卷79《地理志》。

⑤ 龚景瀚：(乾隆)《循化志》卷1《建置沿革》，甘肃省图书馆藏。

⑥ 同上。

⑦ （清）蒋良骐：《东华录》卷197雍正四，中华书局1980年版。

⑧ 慕寿祺：《甘宁青史略》卷19，甘肃省图书馆藏。

⑨ （清）那彦成：《平番奏议》卷3，甘肃省图书馆藏。

起义军的活动。如土司赵永龄进攻起义军，祁寿山助攻西宁城，陈兴恩助攻乩思观，阿文选守老鸦峡。为奖励甘青土司的行为，同治十二年（1873），陕甘总督左宗棠令各家土司"所有应承袭人员，准照旧承业"①。但是应当看到，清政府在牧区以及撒拉族地区保留或增设土司，主要是将那些原本不受中央政权直接管辖的游牧部落纳入政府的管辖之下，将那些难以管辖的撒拉十二工交由朝廷任命的土司管辖，所以就整体而言，清代在甘青牧区保留或增设土司，并不意味着对土司势力的放纵，相反是进一步强化了对该地区的统治力度。由此看来，在"土流分治"中，无论是取消土司还是保留或增设土司，实质上都是为了强化对该地区的统治，区别仅仅在于使用的手段不同。

3. 采取各种方式与手段限制土司势力坐大

清代甘青土司虽获得了"有捍卫之劳，无悖叛之事"等赞誉，但这是站在中央层面而言，土司毕竟是土司，有它消极的一面。如何管理土司仍然是地方官吏最棘手的问题。康熙年间曾任河州知州的王全臣对此有着切身的体会。他在《河州志》卷6《艺文志下》中对河州土司病国害民的种种弊端有详尽的评价：其一，土司私设刑堂、自断诉讼。"伊等各有衙门，各设刑具，虎踞一方，威势赫莫……且擅准汉民词讼，窥伺一人稍可聊生，即商同地棍，捏词诬控，差役锁拿。被告之家不至破产不止。"其二，"伊等以土司、国师为护符，自持从无处分定例，而有司又不敢加以刑法，遂肆意妄行，毫无顾忌"，隐匿民户，逃避赋税。"其地与汉民犬牙交错，附近居民有畏其欺凌窜人者，有被其引诱窜人者，有犯法惧罪窜人者。"其三，巧取豪夺、侵占民田，所谓"有避荒抗赋窜人者，有佃种番地遂成部属者，有卖产土司遂成番地者"，"而一切丁徭、地粮遂尽遗累于里民矣"，"其与里民争地则称系伊等纳马田地，与民争丁则称系伊等守隘部落"，即使是作为公产的大禹王庙，亦被土司强行耕种，而僧侣带入寺中的香火田则变相成为寺产。凡此种种，无不暴露出土司仍然是当地最不安定的因素之一。针对甘青地区土司的种种弊端，雍正以后的清廷及甘青地方政府相继采取了一系列限制与制约的措施，主要包括：

第一，严格土官承袭制度，允许"庶支可降"。

清初土司承袭办法基本上因袭明朝旧制，凡土司请封，即以原官授

---

① 慕寿祺：《甘宁青史略》卷23，甘肃省图书馆藏。

予。随着清廷对西北少数民族地区统治的加强，土司承袭时的手续愈加严格，也愈加具体。顺治年间规定，"凡承袭之土官，嫡庶不得越序，无子许弟承袭。族无可袭者，或妻或婿，为夷众信服者，亦许承袭。子或年幼，由督抚提名注册，选本族土舍护理，俟其年至十五岁时请袭"①。顺治十六年，"鲁宏袭指挥使，赐之敕印。宏卒，嫡子帝臣幼，以族人鲁大诰代土务……二十年，帝臣袭职。卒，无嗣，母汪氏护理印务。三十一年，帝臣（庶）兄帝袭职"②。如遇有以上可袭之人都没有的特殊情况，亦可做特殊处理。如乾隆三十八年（1773），西宁苏尔莽族土百户、喇嘛噶尔旺病故，无伯、叔、兄、弟、侄、婿可以承袭，经兵部同意，将百户之职由"转生喇嘛噶尔旺瓦承袭"③。青海果洛千户一职，主要由女子担任，"其俗，土官传女"④。乾隆三十三年（1768）奏准，土官袭替定例，必分嫡庶长次，不得以亲爱过继为辞。⑤ 关于袭职的手续，先由所在地区的督抚或驻扎大臣查核应袭人员，一面让其上任办事，同时"取具该土官顶辈宗图"，司、府、厅、州、县并接邻土司"印甘各结"，及原来领得的敕印号纸，限六个月内上报吏部或兵部，经核准发给新纸，才算正式认可。⑥ 对于破坏宗支嫡庶次序袭替的土司，给予处分。"如宗派冒混，查出参究"。⑦

　　为了防止"土舍私相传接，支系不明，争夺由起，遂致酿成变乱"，顺治规定："今后每遇岁终，土官各上其世袭履历及有无嗣子，开报布政司。三年当入觐，则豫上其籍于部。其起送袭替时，有争论奏扰者，按籍立办。"⑧ 如此，在中央建立了土司世系宗支的详细档案，以防土司争袭，如撒拉族土千户韩文广于乾隆十一年十月二十一日病故，其子韩旭上报河州，再由河州官府上报兰州府、甘肃巡抚、兵部。"查旭现年十六岁，实系保安撒拉土千户韩文广原配正妻马氏所生嫡长男，并无庶出过继、乞养

　　① 《清会典》卷62；《清会典事例》卷145《土官承袭》。

　　② 升允、长庚修，安维峻总纂：（光绪）《甘肃全省新通志》卷42《兵防志》，甘肃省图书馆藏。

　　③ 《清会典事例》卷589《土官袭职》。

　　④ 青海民族研究所编：《青海省藏族蒙古族社会历史调查》，第77页。

　　⑤ 《清会典事例》卷145《土官承袭》。

　　⑥ （清）恩桂等修，（清）薛鸣皋等纂：《钦定吏部验封司则例》卷5。

　　⑦ 《清会典事例》卷589《土官袭职》。

　　⑧ 蒋良骐：《东华录》卷32顺治朝，中华书局1980年版。

异姓、假冒情弊，例应承袭父职，相应造具宗图亲供清册，取具邻户、族众、乡老人并亲叔韩文锦、邻封土司何福慧保结，同原领号纸以及旭父韩文广病故各结，一俱具详呈请。"经兵部议奏，乾隆十三年六月二十三日朱批："依议。"韩旭正式袭职。①

在甘青土司中，有的土司因为辖地广阔、族众支繁，为了使"庶支子弟"有"进身"之途，清廷采取了分袭措施。这是汉代以来"众建诸侯以少气力"的削藩政策在处理土司问题上的具体运用。分袭开始于康熙年间，由给事中陈允恭提出。其办法是分割土司的辖地由诸子降职分袭。雍正三年经清廷议准，允许庶支可降等授职。做法是先由本土官提出申请，详报督抚，然后具题请旨。庶支子弟授职"视土官各降二等"，"其分管地方，视本土官多不过三之一，少五之一"。分授不限于一次，"此后再有子孙可分者，亦许其详报督抚，具题请旨，照例分管，再降一等，给予职衔印信号纸"②。西北土司地区也采取了分散势力的措施，如陕甘总督那彦成在循化、贵德缩减了千户管辖的户数，"令千户管三百户，百户管一百户，什长管十户，是千户之族有三头人，二千户之族有七头人，头人各领所管，上邀天朝茶粮互市之恩，其势不肯相下，自必倍加恭顺，为我藩篱"③。这样做分化和削弱了藏族土司的势力。清朝政府的这一做法，既适当缓和了土官家族内部因觊觎职位而屡屡引发的争斗，有利于保持土司辖区的稳定，又通过"众建以分其势"，对一些辖地广、领户众，有力量搞割据、闹对抗的大土司，逐步削弱其力量，使中央政令能顺利地实施。

第二，划定区域，土司不得擅越雷池。

土司有固定的地域，但在清朝规定得更加严格。"凡越过分定疆界，另外追牧者，千户等罚犏牛五十条，百户罚犏牛四十条，管束部落之百长罚犏牛三十条，小百长等罚犏牛十条；如系平人，有人知觉，即将其人并家产、牲畜全部归所见人之人。"④ 土司之间发生辖地纠纷，朝廷派官员调解。《清史稿》卷359《李殿图传》载，甘肃"卓尼土司与四川松潘、

---

① 青海民族研究所编：《撒拉族档案史料》，第4—6页。

② 《清会典事例》卷589《土官袭职》。

③ （道光）那彦成：《平番奏议》卷4，甘肃省图书馆藏。

④ 张济民主编：《青海藏区部落习惯法资料集》，青海人民出版社1993年版，第285、286页。

章腊各番"争地,御史李殿图履勘,"立石达鱼山"为界。按照清政府的规定,土司不得随意外出,防止私下串通。

第三,将零散的少数民族纳入会社管理。

清朝建立之初,河湟多民族走廊相继进行了基层组织变革,将明代的里甲制度改革为清朝的会社制度等,以河州为例,康熙《河州志》卷 2《田赋志》载,知州王全臣为革除明代以来河州境内里长、甲首之流弊恶习,曾"筹划再三,乃令四乡先立保、甲、会、社,或二三十村庄连为一会,每会择其老成者举练总一人,社长或三四人,饬令稽查盗贼,巡警地方,迨居民咸听约束矣"。河州自王全臣改里甲为会社后,共设有 99会,即东乡 24 会,西乡 29 会,北乡 22 会,南乡 24 会。每会下辖若干社,大会有辖 12 社者,小会仅有 2 社。新设立的会社将许多分散的少数民族纳入其中,如《明太祖实录》卷 60 洪武四年正月载明初河州卫"置千户所八",其中有蒙古军千户所。嘉靖《河州志》卷 2《人物志·国朝武功》载:"脱晟,本州东乡麻失里(河州东三十里)人。累有军功,由蒙古千户所百户升本卫指挥佥事。"这说明直到明嘉靖年间仍然有蒙古千户所存在,但到了清代,这个蒙古千户所已不复存在,其驻地麻失里已归属于设置在东乡锁南坝的八会管辖,麻失里亦变成马十里村,村民皆姓马,信仰伊斯兰教。再如,居住在河州西乡老鸦关的老鸦族,《循化志》对其有两处记载,《官师》"土司附"称:"康熙、雍正年间犹有间见于州卷者,如老鸦族之土司马镇国……而今无闻焉,盖已夷为编户矣。"《族寨工屯》称:"老鸦族……有乡约、有委役……按乾隆二年老鸦族土司马辅国续报耕熟地……此族以老鸦关得名,而所居零星,非皆近关……今马辅国子孙尚沿土司之名,而行查造册皆不及之。不过头目之类,族民亦不服其管束也。"两处记载略有出入,前者认为老鸦族土司至乾隆末年"已夷为编户",后者认为乾隆末年时"马辅国子孙尚沿土司之名"。然无论哪种记载,至嘉庆时,老鸦族已成为河州西乡老鸦会的编户,这在《清代河州契文汇编》中有多处记载,尤其在《马白(百)岁保出卖土地契文》中有一位叫马且郎扎希的乡约画了押。从人名以及居住在河州西乡老鸦关推断,这位马且郎扎希应当是一位藏族,很可能与明清时世居河州西乡老鸦关的老鸦族土司马镇国为同族。而且老鸦关又是《清代河州契文汇编》中藏族人名和地名出现最多的地区。老鸦会的马且郎扎希不是以土司,而是以乡约身份出现在土地买卖的契约中,说明河州西乡老鸦关一带的老鸦族已从土司制度脱离为会社管理下的农户，不过依然聚族而居，马且郎扎希或许是老鸦族转为会社制度后的该部落首领。

第四，实行僧、民分治，清查田土，将经济权从土司手中剥离出来。

清朝初年，中央政府虽然保留了甘青地区的大部分土司，但并不是任其发展，而是不断削弱，这一点在清政府平定了罗卜藏丹津后表现得尤为突出。雍正元年（1723），蒙古和硕特亲王罗卜藏丹津乘康熙皇帝去世之际，举兵反清。青海蒙、藏各部首领大都追随罗卜藏丹津举事，烽火遍及青海、甘、凉等地，在整个西北地区引起了巨大的震动。雍正二年，清政府打败罗卜藏丹津后，制定了《青海善后事宜十三条》《禁约青海十二事》，并以此为基本准则，开始在甘青藏族、撒拉族中实施改革，这包括：

（1）对积极参与罗卜藏丹津之乱的喇嘛进行捕杀，作为叛乱者据点的郭隆寺也被年羹尧下令焚毁。同时整顿藏传佛教寺院，对青海、甘肃等地各佛教寺院的规模、僧侣人数等实行限制，多余僧人尽皆遣散。寺院每年由官府稽查两次，"首领喇嘛出具甘结"①，以示忠诚。"将各番族归于县官，按地输粮，不受番寺约束"②，即取消寺院的治民特权，隔断寺庙与世俗势力的联系，所属部落民户不再向寺院纳赋服役，各寺庙的支出每年由清政府量度发给。

（2）对于土司占有土地的清查，康熙时的河州知州王全臣曾采取过一些措施，如"将霸占的田地逐一清查，有主者令其取赎，无主者即将种地之回民注册，会与汉民一例抽粮当差，并严查土司不得擅受民词"③，这在当时取得了相当不俗的成效。《循化志》卷4《族寨工屯》载：

> 雍正四年，钦命西宁都统达、西宁镇总兵周，出口安插降番，清理田土，并令旧管各族将所中马香田、田地造册定赋，其起科之则，不论顷亩，每下籽一石，水地纳粮一斗五升，上旱地纳粮一斗，下旱地纳粮五升……雍正四年起科，至七年册籍始定。

---

① 《清世宗实录》卷20雍正二年五月戊辰。
② 杨应琚：（乾隆）《西宁府新志》卷15《祠祀志·番寺》，青海人民出版社1988年版。
③ （康熙）王权臣：《河州志》卷6《艺文》，甘肃省图书馆藏。

《循化志》卷6《寺院》亦载：

> 雍正四年十二月初一日转奏奉旨依议，都统达、总兵周即于雍正五年正月亲往各寺、庙、殿、庄等处查明族殿，委充乡约、里长，并敕行营、汛、地方官弁，查收本朝以及明季伊等原额国师、禅师印敕、诰命、图记等项，呈验给发。西宁镇标中军游击汇齐造册解送甘肃布政司，转解缴部随诰明。总督岳饬令地方官清查寺殿原种田地，归入版籍，与民一例起科。

对于河州关外的撒拉族，清朝政府照例清查田土，按地输粮，《循化志》卷4《族寨工屯》载："雍正二年，招降投诚……四年，西宁都统达、西宁镇总兵周，安插降番，清理地土至河州，其时中马久停，乃调土官韩大用、韩炳至州，饬令查明户口、地段、下籽数目，造册。"《清史稿》卷517《土司》云：马纪、后成、赵党只管卜，"以上三土司，所辖虽号土民，与汉民无殊，钱、粮、命、盗重案，俱归州治，土司不过理寻常词讼而已"。缺少了赋税来源的土司，再也无力承担巨额的土兵费用、不菲的管理费用和奢侈的生活费用，而缺少土兵支持的土司，已无太大的权力和号召力，这实际上是对甘青土司的釜底抽薪。

（3）取缔明时及清初所授国师、禅师等名号，"其印诰缴于礼部，不准世袭"①。雍正五年，达鼐、周开捷奏请革除前明颁给西宁一带各族寺庙喇嘛之国师、禅师明目、印册等。他们认为，"国师二字，明目不顺，宜革其职，查收敕语，给予僧纲、都纲之空衔，原管佃户，改隶民籍"。奏请获准后，即于当年由驻西宁办事大臣达鼐主持，将各寺院的国师、禅师等名号悉数革除，且收缴其明朝所颁之印敕。《循化志》卷5《土司》载："又有僧职，亦世官，如鸿化、灵藏等寺皆有国师、禅师，管理族民如土司之例。雍正五年追回敕印，改为都纲，但管本寺僧人，而族民不受其约束矣。"《循化志》卷6《寺院》载："按《明史·西域传》大国师给诰命，银印，秩正四品；禅师给敕命，银印，秩正六品。国初盖沿明旧，未及更正。至雍正时始革除。"

第五，对于不法土司，清政府随时加以整治。

---

① （乾隆）杨应琚：《西宁府新志》卷15《祠祀志·番寺》，青海人民出版社1988年版。

据《岷州续志采访录·宦迹》载:

> (汪元纲)康熙二十八年任本周抚民厅,到任后,励精图治,先以除暴安良为务,首治土司赵文暹、后君宠两家招纳亡命、匿盗分赃、武断乡曲之罪。两家勒兵拒捕,公弗恤,捕益力,卒得二人治之。后毙狱,赵解司,道被怨者击死。其党徒甚多,擒其尤者,尽法惩之,奸豪闻风沮丧……康熙三十九年,宪允抚民之详,严饬各土司不得收养汉家一人,武断民间一事。其所居腹里地方,听有司设立乡练,严行保甲并稽查私茶、私马等事。嗣是咸知敛迹,官民皆便之。①

《岷州续志采访录·宦迹》又载:

> 赫赫,旗人。雍正时任洮岷陇右道。时多纳土司赵某骄纵不法,至今彼人谈其恶迹甚多。尤甚者,如民间初婚之妇,必先召入供役,然后遣归;修署用砖瓦数十万,役民运瓦,自陶所至署二十里,排立而以手传至,不得用车马。其他横征苛敛,不可枚举。番民不堪其虐,赴辕控告。公方查办,而民已诣京叩阍。及部司札道详察,乃据实上复。土司论伏法,籍没其家;民归流为安里人。

《岷州续志采访录·宦迹》载:"咸丰十年,李怀庚到任,时土司后统绪不法,公严惩之,判土民归流者八百户。"在河州,沙马族土司苏成威以地界不清、族属不明为由,长期逃避纳粮应差,最终于雍正四年被谪戍他乡,"而沙马一族遂废矣"②。在西宁、碾伯等地,吉土司、冶土司、辛土司、赵土司等或因属民控告,或因其他原因,他们的名字大多被官府抹去,其属民融合到汉族中去。③

---

① 汪元纲修,田而襚等纂:(康熙)《岷州志》卷3《番属》,甘肃省图书馆藏。

② 龚景瀚:(乾隆)《循化志》卷5《土司》,甘肃省图书馆藏。

③ 升允等修,安维峻等纂:(光绪)《甘肃全省新通志》卷42《职官志》,甘肃省图书馆藏。

六　明清之际河州基层社会制度的变革
对伊斯兰社会的影响

（一）问题的提出

中国西北伊斯兰教的一个显著特点就是出现了众多教派与门宦，而这些教派与门宦又大多形成于明清之际的河州，这使人不得不对明清之际的河州社会刮目相待，企求深入探讨。近年来学术界探讨中国西北伊斯兰教派与门宦方面的论著非常之多，成果也十分丰厚，但仍有未尽之言，如关于教派与门宦何以大多创建于明清之际河州的问题，多数论著往往以人口相对优势、生活贫困、苏菲教派传入以及经堂教育影响等为解答，而对于明清之际河州基层社会制度的变革却很少注意。实际上正是由于明清之际河州基层社会自身的一系列变革，才使各方面的因素在河州产生了更适合教派与门宦创建的环境。那么，明清之际的河州基层社会制度究竟发生了怎样的变革？而这些变革又对河州伊斯兰社会以及河州伊斯兰教的发展产生了怎样的影响？本书正是从明清之际河州基层社会的一系列变革中，试图探求明清之际河州基层社会制度变革对伊斯兰社会的影响，进而从河州伊斯兰社会的变迁中为中国西北伊斯兰教派与门宦的创建提供一个历史的诠释。

（二）明清之际河州基层社会制度的变革

明代河州在成化十年（1474）前基本属河州卫军民指挥使司管辖，此时的河州卫是一个军政合一的管理机构。成化十年，巡抚督御史马文升奏改河州卫原治四十五里为河州，军民分治，州隶临洮府，卫仍为军民指挥使司。① 与明代河州军政机构频繁变换相比，明代河州的基层社区组织相对稳定，大体由三大类组成：一是里甲，二是土司，三是卫所屯寨，而这三种组织中里甲制的革除、土司势力的削弱以及伊斯兰掌教参与基层社区的管理应当是明清之际河州基层社区中最引人瞩目的变革。

1. 河州里甲组织的革除

明代河州里甲组织，据嘉靖《河州志》卷2《地理志·里廓》载：

---

① 《明宪宗实录》卷123；吴桢：（嘉靖）《河州志》卷1《地理志》，甘肃省图书馆藏。

"原额四十五里。嘉靖丙戌,知州张宗儒因人丁消乏,奏攒三十一里。"里设里长,里下为甲,甲设甲首,这与内地里甲制并无二致,但内地里长是择老成者为之,不拿俸禄,不世袭,而明代河州里甲制在运行过程中却出现了鲜为人知的一面,那就是里长、甲首的世代相袭,具有浓厚的部落酋长性质。这一点在康熙《河州志》王全臣呈报于清廷的"详文"中有明确记载,其云:"此旧俗相沿,有里长户、甲首户等名色。里长户世为里长,甲首户世为甲首。其甲首户悉听里长管辖。"① 明代河州基层组织中不仅里长、甲首可以世代相袭,而且中下层军官、军户以及土司、教坊掌教等均为世袭,所以说世袭是明代河州基层组织的一大鲜明的特征,而里长、甲首的世袭则是其中最具代表性的事例。

世代相袭的里长与甲首凭借着长期形成的地方势力和盘根错节的关系网凌驾于百姓之上,周旋于官府之间,甚至在一定程度上左右着地方政权。清初河州知州王全臣曾对这种势力作过深刻的描述:

> 伏查河州积弊莫过于地粮不清,里长、书手虐民之甚者也。按亩起科乃千古定例,独至河州之田地丁粮则混乱不清,至矣极矣……又里长、书手每年必下户两次,所到之处派收食用,科敛脚费,不遂其欲,即行捆绑拷打,指称该户欠某老户名下银若干,欠某老户名下粮若干,勒令赔纳……故百姓莫不敬里长、书手如神明,畏里长、书手如虎狼……先是河州地粮不清,里甲混淆,书手、里长任意飞诡,民输无地之银,官赔缺额之粮,奸积等泰然坐饱溪壑,百姓不遂其欲,即借端苛派。官司稍察其弊,即捏款诬控。是以盗窃丛生,流亡载途。而官斯土者,或以亏空去任,或以赃私落职,深受拖累,害及子孙。皆由奸积等之揭告,刁恶万端,莫敢谁何。自我朝定鼎以来,州牧之不陷溺于河者十无一二。言之殊堪发指。②

王全臣所指的里长,不仅银粮派收尽归掌握,甚至连乡民的婚娶亦无不听命于里长。所谓"是以应完银粮惟任里长派收,即男女婚娶亦必听命于里长","若百姓力穷无出,即抢夺其牲畜,折算其田产,甚且逼令

---

① 王全臣:(康熙)《河州志》卷 2《田赋》,甘肃省图书馆藏。
② 同上。

卖男鬻女，小民不敢不惟命是听"，"万种冤抑，莫由声诉"。① 在这里，里长俨然是一个世代相袭、横行乡里、鱼肉百姓的土皇帝，除了不掌握军队、司法外，其他与土司并无两样。

河州伊斯兰自元代大量迁入后，分布在河州四乡，他们或聚族而居，如撒拉族；或散落在番寨部落中，如河州珍珠族韩土司属下的他班的族中就有"土户六户，回民七户"；马圈岭族中有"回民八户"；扎麻族中有佃户"回民十三户"②；但更多的则是编户在里甲之中，与当地各民族交错居住在一起。

明代河州回族居住的里甲，由于伊斯兰掌教的存在，在社区权力构成上形成了二元结构，即社区权力与宗教权力，而国家权力由于世袭里甲的阻隔，很难向县以下的乡村纵深发展，乡村社区基本上处于国家权力的真空状态。而明代河州伊斯兰教在遵从苏菲派的各家门宦尚未创建之前，又是一个看似统一，实际却十分松散的宗教体系。各地实行的是单一教坊制，一个教坊，一个清真寺，教坊之间互不隶属，互不干涉，各自独立，各行其教。因此，当这种松散的教坊组织面对着一群独断专行、欺上瞒下、骄横跋扈的里长、甲首时，其权力的二元结构又呈现出极其的不对称。试想在一个"男女婚娶亦必听命于里长"的伊斯兰社区，其掌教的影响力是十分有限的。

清朝建立后，河州知州王全臣针对腐朽落后的里甲制度，于康熙四十四年（1705）对河州里甲制度进行了大刀阔斧的改革。改革的主要措施是推行保甲制、创建会社制、革除里甲制。康熙《河州志》卷2《田赋》载："全臣筹画再三，乃令四乡先立保甲、会社，或二三十村庄连为一会，每会择其老成者举总练一人，社长或三四人，饬令稽查盗贼，巡警地方，迨居民咸听约束矣。"③ 清代河州保甲的职责是"立保甲以查地亩……地亩即清，乃革除里长"④。虽然在清查地亩之初，总练、社长等亦参与其中，但"不过权宜之计"，其主要职责仍然是"稽查盗贼，巡警地方，迨居民咸听约束矣"。王全臣新建的保甲究竟有多少，尚不得而知，但变革后的河州共有99会，每会下辖若干社，大会有辖12社者，小会仅

① 王全臣：（康熙）《河州志》卷2《田赋》，甘肃省图书馆藏。

② 龚景瀚：（乾隆）《循化志》卷4《族寨工屯》，甘肃省图书馆藏。

③ 王全臣：（康熙）《河州志》卷2《田赋》，甘肃省图书馆藏。

④ 同上。

有2社。① 会的首领为总练，社的首领为社长。会社原本是明中叶以来普遍实行于北方民间的互助组织，② 在这里被王全臣加以改造，可谓一大创举。

世袭里甲制度的最大弊端在于封闭与人身依附关系的强化，而会社、保甲制度的最大功绩恰恰在于开放与人身依附关系的减轻。王全臣创建的会社、保甲制度革除了河州基层组织的世袭制，打破了基层首领们网织多年、一手遮天的传统权力结构，使河州基层社区组织从传统的羁縻制过渡到国家化的基层社区组织，而国家权力正是借助这一新的基层组织得以顺利地进入社区。国家权力进入河州基层社区后，基层社区中国家权力的真空状态基本结束，新的权力结构随之形成，这就是以国家权力为主导，国家权力、社区权力、宗教（神明）权力的三元结构。新的三元权力结构较之里甲制下那种封闭、半独立状态的二元权力结构，更具开放性，而百姓对于传统权力的人身依附关系也大为减弱，其所受到的剥削和压榨大为减轻，正所谓"革除里甲，令民自封投柜"，"百姓之输纳，争先恐后"，"欢然如拨云雾而睹天日矣"。③ 康熙《河州志》在评价王全臣之政绩时刻意强调："夫后之见志者，以庶事之中其最者，清地均粮，革除里役而已。"④ 可见，当时人之所以将废除明朝腐朽落后的里役制度视为王全臣为任一方时彪炳于册的政绩，原因就在于王全臣率先并彻底地在河州地区进行了基层组织的变革，而正是这些变革为清初河州伊斯兰教派、门宦的创建提供了较为宽松的社会环境。

2. 土司势力的衰弱

清初，由于统治者集中全力与南明政权和李自成、张献忠农民军余部作战，对于甘青一带的少数民族无暇顾及，在政治设置方面亦无多大变

---

① 《续修导河县志》卷2《地理志》。河州在民国初曾一度为导河县，故《续修导河县志》亦为河州地方志之一种；《续修导河县志》卷2《地理志》载："自前清光绪四十六年丁亥，知州仲山王公清丈地亩后，改村里为会社。"按光绪年号只有三十四年，没有四十六年，故此处光绪四十六年乃康熙四十六年之误。

② 《明世宗实录》卷99嘉靖八年、卷239嘉靖十九年七月戊戌；万历《大明会典》卷20《户部·读法》、卷22《预备仓》；王廷相：《俊川奏议集》卷3《乞行义仓疏》，《四库存目·集部》第53册，第466—471页；［日］酒井忠夫：《中國善書の研究》，弘文堂1960年版，第40—41页。

③ 王全臣：（康熙）《河州志》卷2《田赋》，甘肃省图书馆藏。

④ 王全臣：（康熙）《河州志》张祖谆序，甘肃省图书馆藏。

更。甘青各家土司照旧任职承袭，一如明朝。这种局面维持了80年左右，到雍正时发生了变化。雍正即位之初，和硕特蒙古亲王罗卜藏丹津乘朝廷变故，发动了武装反清斗争。雍正二年（1724），清政府打败罗卜藏丹津，并以《青海善后事宜十三条》《禁约青海十二事》为基本准则，开始在甘青藏族、撒拉族中实施改革，这其中最主要的措施就是在部分藏族以及撒拉族中确立千、百户，设置乡约。河州部分藏族部落确立千、百户，设置乡约至迟在雍正四年就已实施。雍正三年十月川陕总督岳钟琪奏议：

> 凡切近河、洮、岷州内地番人与百姓杂处者，向通汉语。自归诚后已令改换内地服色，毋庸设立土千、百户，但就其原管番目，委充乡约、里长，令催收赋科。久则化番为汉，悉作边地良民。其去州县卫所较远之部落，现在有地耕种，令按亩纳粮。[1]

此奏议得到雍正皇帝的批准。翌年，青海都统、办事大臣达鼐、西宁总兵官周开捷等在河、洮等处招徕安插番人，"遵照部议，委以千、百户、乡约，并饬地方营汛官弁会查户口田地，定其赋额"[2]。此后，河州境内各中马番族除珍珠族等少数未设乡约外，大多设有乡约，如鸿化、灵藏、乩藏、沙马、老鸦等族。[3]

在强化对河州中马番族管理的同时，对撒拉族的管理体制也相应地作了一系列调整和加强，主要有"查田定赋"和封授两个撒拉族土千户。雍正七年，川陕总督岳钟琪奏曰：

> 至撒喇回民，虽系土目韩炳、韩大用所辖，而系外委土司，职守轻微，回民奸悍者多不服。今请将韩炳、韩大用二人，各给与土千户号纸，令分辖回族，则凡不法回民，既畏营员，又见韩炳等系奉旨设立之土职，自必共相惊惕。将来编查户口、输纳钱粮等事，亦易办理。[4]

---

① 龚景瀚：（乾隆）《循化志》卷1《建制沿革》，甘肃省图书馆藏。
② 龚景瀚：（乾隆）《循化志》卷8《回变》，甘肃省图书馆藏。
③ 龚景瀚：（乾隆）《循化志》卷5《土司》，甘肃省图书馆藏。
④ 同上。

奏折上报，清廷准奏，同年六月，兵部正式封授韩大用、韩炳为"保安堡撒喇土千户"。

甘青土司调整后，国家权力虽然并未直接深入藏族、撒拉族部落中，但却极大地削弱了土司权力，使土司对属民的统治明显松弛。明末清初之际撒拉族中之所以能够出现众多传教者的身影，以及苏四十三等人甚至提出打倒土司的口号，均反映出土司难以统御属民的事实。

3. 伊斯兰掌教参与基层社区管理

伊斯兰掌教参与基层社区管理是雍正初年罗卜藏丹津事件后，清政府为强化对甘青少数民族管理而逐步采取的措施之一。河州番族设置乡约后不久，清政府即在甘肃回族中进行了类似设置。《清世宗实录》卷 112 雍正九年刑部复议甘肃巡抚许容条奏曰：

> 回民居住之处，嗣后请令地方官备造册籍，印给门牌，以十户为一牌，十牌为一甲，十甲为一保。除设立牌头、甲长、保正外，选本地殷实老成者充为掌教。人户多者，再选一人为副，不时稽查，所管回民一年之内并无匪盗等事者，令地方官酌给花红，以示鼓励。应如所请，从之。

许容条奏中的有些内容早已在河州实行，如保甲、会社制等，有些却在刑部复议后实施。以掌教稽查所管回民有无匪盗等事宜，实际上是将伊斯兰社区"稽查盗贼，巡警地方，迨居民咸听约束矣"的职能从总练、社长名下部分地转移到掌教身边。掌教虽不是乡约，但清政府试图以掌教承担乡约职能、最终过渡为乡约的意图是显而易见的。乾隆四十六年（1781）苏四十三反清斗争后，清政府在河州伊斯兰社区普遍推行乡约制，正是这一意图的纵深与强化。

同样是加强管理，但在河州中马番族中设置乡约与在河州伊斯兰社区中以掌教稽查所管回民有无匪盗等事宜所表现出的政治倾向却截然不同。前者显示的是清政府借助世俗力量对政教合一体制下的藏族土司与宗教势力的打压，其目的是加速政教分离。后者则是清政府借助非世俗力量，提升伊斯兰掌教地位，发挥伊斯兰教的教化作用，它显示的是清初统治者给予河州伊斯兰教以一定程度的重视。

清初统治者之所以对河州伊斯兰掌教如此重视，是基于如下考虑：

（1）明朝对于河州伊斯兰的管理是以羁縻管理为主，直接管理为辅；以里甲、土司管理为主，宗教管理为辅。清朝初年，随着里甲的革除、土司势力的衰退，清朝政府逐步从羁縻管理向直接管理转变，而在这一转变过程中，伊斯兰掌教在伊斯兰社区管理中的作用渐渐凸显出来，其号召力越来越大，被伊斯兰认可的程度也越来越高，因此，清政府不得不将目光转向世俗政权以外的伊斯兰教，并将依靠的重点放在掌教，而不是里甲、土司身上。应当说这是清政府通过掌教第一次将统治触角直接深入到河州伊斯兰社会之中，对于长期处于羁縻状态下的大多数河州伊斯兰而言，这无疑是一次巨大的触动。

（2）受伊斯兰教文化影响，伊斯兰社区中的宗族职能十分弱化，大多被宗教职能所取代，因此，政府利用惯以凭借的传统宗族势力作为维持地方秩序的基础基本不存在，存在的仅仅是以伊斯兰教为纽带的伊斯兰社会，故清政府只能以伊斯兰掌教扮演维持地方社会秩序、推行教化的重要角色。

（3）伊斯兰教的文化背景使传统儒学对伊斯兰基层社区的渗透难以深入，政府通过文化上的相互渗透以整合国家权力与地方基层社区的途径受到阻碍，同时，地方共同体的宗教神明与国家认可的正统神明也无法对称，难以形成以国家正统规范神明为中心的多层次的祭祀圈，从而难以在文化上与国家权力达到高度一致。因此，只有在两种文化圈中寻找出一个合适的载体才能将国家权力渗透到地方社区，而河州伊斯兰掌教作为宗教与地方绅士的代表恰恰是担负这一职责的最佳人选。

（4）如何处理好伊斯兰基层社区组织与伊斯兰教的关系始终是河州基层社区的一大难题，而河州伊斯兰掌教作为民族利益的代表，充当着宗教与基层社区的桥梁与调节器，是两者达到统一的重要中介，因此，河州伊斯兰掌教的影响与作用在基层社区的构建中显得异乎寻常的重要。

赋予伊斯兰掌教以一定的社区行政管理职能，这在河州是前所未有。它表明清初统治者已清楚地看到伊斯兰教在河州伊斯兰中的巨大影响，并迈出了第一步。与明代将伊斯兰教排斥在基层社区管理之外相比，这是清初统治者的一大进步。它清晰地表明清初统治者对于如何治理甘青伊斯兰基层社区的理念以及围绕这一理念而形成的一整套治理政策的初步建立，这就是将宗教管理引入社区管理，以行政管理与宗教管理相结合，共同构建河州伊斯兰社区管理体系。在这一管理体系中，掌教与保正、总练一道已成为不可或缺的关键环节。它既不是单一的行政管理，又与政教合一相去甚远，是清初统治者在河州地区创建的独具特色的管理体系。纵观有清一代，统治者虽然在对待伊斯兰政策上有过多次调整，但在如何治理伊斯兰基层社区的政策上却始终坚持着这一具有特色的管理理念。

（三）河州基层社会制度的变革对伊斯兰社会的影响

设立保甲制、创建会社制、削弱土司势力以及以殷实老成者充为掌教稽查所管回民社区有无匪盗等事宜，虽然仅仅是一些基层社区的变革，但它为河州伊斯兰社会带来了巨大的变化，其影响也是深远的。归纳起来有如下几点。

1. 新的伊斯兰基层社区的建立，为河州伊斯兰的交往铲除了藩篱

明代河州伊斯兰社区中的里甲是一个封闭性极强的乡村组织，在这一组织中，里长的权力因世袭而被高度强化。与此相适应的是，明代河州伊斯兰社区中的教坊也是一个世袭掌教制下的封闭性极强的宗教组织。教坊中的伊斯兰以清真寺为中心，以自然村落为活动范围，教坊与教坊之间、不同教坊中的伊斯兰之间很少往来，不存在组织上的联系。造成这一局面的原因，固然有伊斯兰教教坊制度自身的原因，但更重要的是半部落化的里甲组织，以及来自该组织中行政权力的强力束缚极大地阻碍了这种交往。中国西北伊斯兰教从教坊制转变到门宦制大多经历了一个非世袭的过渡，如在早期伊斯兰教门宦创始人马宗生、马守贞、祁静一、马来迟、鲜美珍、马明心等身上，我们很难看到"始传者之子孙世世为掌教"的宗教世家背景，但最终均过渡到了道统传系。完成这一过渡需要的因素固然很多，但有两点必不可缺：一是世袭教坊制的废除；二是伊斯兰有自由选择阿訇的权利。一般认为，明末伊斯兰经堂教育的出现和发展使这两个方面的问题得以顺利解决，但实际上，经堂教育只是在废除教坊世袭的形式上发挥了出色的作用，而对于伊斯兰有权自由选择阿訇的问题，经堂教育的影响十分有限。就明末清初河州伊斯兰而言，真正解决伊斯兰有权自由选择阿訇的问题，主要应归功于新三元权力结构下保甲、会社制度的建立。保甲、会社制度建立后，世袭、封闭、保守、半部落化的里甲组织被打破，新的伊斯兰基层社区的建立，为河州伊斯兰之间的交往铲除了藩篱。伊斯兰所受到的来自社区权力的强力打压、羁绊与种种限制大为减弱。在国家权力的主导下，此时期河州伊斯兰之间的交往空前活跃，各教

坊之间的联系更加密切，掌教的活动比以往更具流动性。伊斯兰可以走村
串乡寻求贤师圣德，掌教亦可以跨府越县传经布教，而这一切是受到国家
权力保护的。如乾隆十二年，河州回民马应焕因不满花寺门宦创始人马来
迟与老教争夺教徒，遂进京向官府表达了自己的愤恨与担忧，官府非但没
有禁止花寺门宦的传教活动，反而将马应焕"拟充军"。在官府的支持
下，"马来迟与其子国宝遂往来行教。韩哈济者，撒拉十二工之总掌教
也，师事之。于是十二工皆前开之教矣"。这表明国家权力对于破除河州
伊斯兰教坊之间的藩篱、扩大伊斯兰之间的交往以及所谓"异端""邪
教"都给予了积极有力的正面支持。同样，当马来迟与马明心在循化因
传教争夺教徒而发生冲突之前期，清政府亦表达了相同的态度，对各门宦
的传教权力给予了平等的认可，并"饬令撒拉尔十二工各举一人充当掌
教，其新寺三座分开礼拜，以杜争端"①。马通《中国伊斯兰教派与门宦
制度史略》载，据 1950 年临夏社会调查，清康、乾以来河州伊斯兰朝觐
者年年都有，每批十多人，甚至二三十人，有男有女。仅八坊、阳哇山、
乩藏、何家和东乡等地伊斯兰就有百余人朝过觐，有"哈知"称号。② 清
代河州地区之所以有如此众多的伊斯兰得以前往麦加朝觐，固然有康熙二
十三年开放海禁的因素，③ 但康熙年间开放海禁仅仅是促成清代河州伊斯
兰前往麦加朝觐的间接原因，而最直接的原因之一就是保甲、会社制的建
立使河州伊斯兰对内、对外的交往相对自由。由此可见，正是由于国家权
力的强力支持，正是由于保甲、会社制度的建立，才使河州伊斯兰拥有更
多的传教与拜教的自由。而相对自由的传经布教和相对自由的求师拜教，
恰恰是伊斯兰教派门宦得以创建的十分必要的前提条件之一。

　　当河州伊斯兰拥有相对自由选择阿訇的权利时，它反过来又在很大程
度上左右了清真寺对阿訇的选聘，这种现象的出现虽然导致了河州伊斯兰
教的分化，但这种分化对于河州伊斯兰教的学术交流以及伊斯兰教的发展
起到了巨大的推动和促进作用。清朝初年中国伊斯兰教学术活动中心之所
以能够从长安转移到河州，这与当地伊斯兰教具有宽松而热烈的学术环境
和众多拥有相对自由选择阿訇权利的教徒有着直接的关系。从这一点讲，

----

① 慕寿祺：《甘宁青史略正编》卷 18，甘肃省图书馆藏。

② 马通：《中国伊斯兰教派与门宦制度史略》，宁夏人民出版社 2000 年版，第 86、87 页。

③ 马祖灵主编：《甘肃宗教》，甘肃人民出版社 1989 年版，第 18 页；马通：《中国伊斯兰
教派与门宦制度史略》，宁夏人民出版社 2000 年版，第 85—89 页。

清初伊斯兰教派门宦对河州伊斯兰社会所进行的重新整合，正是在基层组织变革的基础上完成的。没有基层组织的变革，河州伊斯兰教派门宦的创建是很难想象的。

2. 伊斯兰掌教参与基层社区管理，使河州伊斯兰社区出现了半职业化的管理阶层，河州伊斯兰掌教的地位因此大幅提升

雍正九年，清政府在河州实施"以殷实老成者充为掌教"后，这部分掌教与伊斯兰社区中的保正、总练一道共同构成了一个新的半职业化的伊斯兰基层社区的管理阶层。我们这里之所以将其定性为半职业化伊斯兰基层社区的管理阶层，原因在于：从政治上讲，他们虽系管理者，但仅获得准官方资格，尚未跻身清代正式的官僚体系之中，仅仅由政府发证认可。从职业上讲，掌教仍然以宗教职业为主，稽查所管回民有无匪盗等事宜只是兼职，并且是与总练共同执掌这一职能。在保正、总练与兼职掌教中，后者的政治色彩最淡。从职业报酬讲，保正、总练只获得部分报酬，另一部分报酬还得靠自己从事劳动或从其他方面获得，而掌教甚至连部分报酬都不享受，他们的经济来源主要得力于清真寺的支持。从工作时间讲，这些人只是将部分时间用于公务，其他时间或从事劳动，或从事宗教活动。而我们之所以将这些赋予了部分行政职能的掌教与伊斯兰社区中的保正、总练称为新的管理阶层，是因为这一管理阶层已基本脱离了世袭的羁縻性质，正在向国家化、社区化、民族化的管理阶层演变。

河州新的半职业化伊斯兰管理阶层虽然成长于河州伊斯兰基层社区，其活动范围也在社区之内，但对他们的评价以及对他们的任命与考核权却不在社区，而是在政府手里；他们的工作内容是由国家赋予的，被列入政府工作日程；他们享有政府的部分津贴和政府给予的一部分特权，如王全臣在计算赋税额度时就曾提到："通盘合算，除绅衿享优免外，每粮一升派银五分。"① 所有这些均使这一半职业化的伊斯兰管理阶层因此带有更强烈的官方色彩，而所谓国家权力得以顺利进入伊斯兰基层社区，实际上正是借助于这些更具强烈官方色彩的半职业化管理阶层之手实现的，但同时也正是由于国家权力是借助于这些半职业化管理阶层实现的，这就决定了国家权力进入河州伊斯兰社区的有限性。

在河州伊斯兰基层社区，掌教被国家权力赋予一定的行政职能后，便

---

① 王全臣：(康熙)《河州志》卷 2《田赋》，甘肃省图书馆藏。

具备了双重身份：一方面，他是辖区内伊斯兰的宗教领袖，是伊斯兰精神家园的守护者；另一方面，他又与总练一道负责稽查所管回民社区有无匪盗等事宜，成为国家公权在伊斯兰社区的代表。这种特殊的双重身份使掌教这一半职业化管理岗位在伊斯兰中具有巨大的吸引力，掌教在河州伊斯兰社区中也因此具有更大的影响，其号召力有时甚至超过保正与总练。所以说，国家权力的进入构成了河州伊斯兰掌教地位提高的前提，而国家权力与宗教权力的结合又为河州伊斯兰掌教地位的大幅提高提供了上升通道。

河州伊斯兰掌教地位的大幅提升对于河州伊斯兰而言是一件非常重要的事情，因为明清之际的河州，伊斯兰民族经济、人口已经发展到了一定水平。而当一个民族的经济和人口发展到一定水平后，必然要构建民族化的宗教组织联系。教坊虽然也是民族化的宗教组织，但它的水平很低，影响范围十分狭小，内部也缺乏密切的组织联系，因此，河州回族社会的组织化，在宗教上必然表现为突破教坊制。突破教坊制除了保甲、会社制度的建立外，更需要新的宗教力量以及期盼有权威和号召力的经师出现，而"选本地殷实老成者"充为掌教，恰恰为在河州伊斯兰基层社区中建构这种新的宗教力量以及有权威和号召力的经师出现提供了最佳人选。

康熙年间，河州伊斯兰掌教地位的提高，极大地活跃了宗教活动，丰富了伊斯兰教的学术研究，提高了清真寺在回族社区中的地位和作用，带动了河湟一带伊斯兰的交往。正因如此，有学者曾将清真寺在回族中社会地位和作用的显著增强以及伊斯兰教学术活动的相当活跃作为伊斯兰门宦创建的前提条件之一，[1] 这是不无道理的。而此时期河湟一带伊斯兰教门宦名下的教徒动辄数万乃至一二十万，也恰恰为河州伊斯兰掌教地位的提高提供了最好的注脚。从这一点讲，河州伊斯兰掌教地位的提高，为伊斯兰教在河州地区的传播与发展提供了广阔的空间与充分的时间，为经学教义的自由交流提供了宽松的学术氛围，而这样宽松的学术氛围对于西北伊斯兰教派、门宦来说无疑是千载难逢的大好时机。

3. 明清之际河州社会的一系列变革，催生了河州伊斯兰知识阶层

在讨论河州伊斯兰知识阶层之前，首先需要明确河州伊斯兰知识阶层的身份。在明清之际的河州伊斯兰中，有怎样的资格才算是知识阶层？按

---

① 霍维洮：《近代西北回族社会组织化进程研究》，宁夏人民出版社 2000 年版，第 10 页。

照传统规矩，至少得考取生员，有了功名者才可以跻身知识阶层，但明清之际河州伊斯兰知识阶层并非如此。河州地处中国西北边荒，土地贫瘠，经济欠发达，文化教育更是瞠乎其后。观康熙《河州志》，自洪武至明末二百多年间，河州考中的进士仅六人，[①] 且多为江南戍边后裔。[②] 清代封疆大吏左宗棠曾如此评述说：甘宁青地区"汉、蒙、回、番杂处其间，谣俗异宜，习尚各别。汉敦儒术，回习天方，蒙番崇信佛教……置省以来，诸凡建设，或创或因，于武备尚详，而文治独略"[③]。然而，上述所指仅限于明清时期河州的汉族，此时期河州伊斯兰的文化与汉文化相比有着自己鲜明的特征，即非主流文化特征。明清时期河州伊斯兰由于政治、经济、文化、自然等因素的限制，尤其是伊斯兰教的影响，其通经达儒的水平不仅远不如内地，即使在本地也略逊于当地的汉族，鲜有科举入仕者。所以，明清之际河州伊斯兰知识分子中虽然也有一些汉文化修养相当不错的，如祁静一等，但他们并不以科举进士为人生的价值取向，他们的人生价值取向在经堂，而不是学堂。科举进士在河州伊斯兰文化中并不被看重。因此，所谓明清之际河州伊斯兰知识阶层，应当是指具有一定伊斯兰经学修养的群体。

河州伊斯兰知识阶层出现于明清之际，其标志性事件应当是世袭教坊制的被取代。教坊制下的经师是通过口传身授培养出来的，他们分散在各自教区内，互不往来，对社区产生的影响有限，故这些人只能是具备了宗教知识的个体，还称不上是一个知识阶层。

明清之际河州伊斯兰知识阶层的出现有两大原因，经堂教育的倡兴是其产生的外部原因。经堂教育固然培养了众多职业宗教人员，但如果世袭教坊制难以废除，则经堂教育培养出来的职业宗教人员很难被教坊聘用，因此，世袭教坊制的废除与否便成为新的伊斯兰知识阶层能否形成的内部原因。在河州，保甲、会社制度建立，掌教普遍参与伊斯兰社区行政管理后，相对自由的传经布教和相对自由的求师拜教成为可能，而世袭教坊制

---

　　① 　王全臣：(康熙)《河州志》卷 2《选举志·科第》，甘肃省图书馆藏。

　　② 　明代河州进士中有马应龙者，"其先凤阳人也"，这在《通议大夫四川按察司按察使马公墓志铭》(嘉靖《河州志》卷 4《文籍志下·记铭》) 中有明确记载。陈龙：《临夏人物志》(甘肃人民出版社 2002 年版) 将马应龙的族属定为回族，不知何据。临夏民间素有"十回九马"之说，但马应龙不在此例。

　　③ 　左宗棠：《请陕甘乡试分闱并分设学政疏》，《皇朝经世文续编》卷 53。

正是在这一背景下被新的掌教聘用制所取代。所以说河州保甲、会社制的建立是催生河州伊斯兰知识阶层的内部原因,而两者结合,为当地造就了一大批值得尊敬的伊斯兰教名师、学者。

明清之际河州伊斯兰知识阶层脱离主流文化后,其官方认同的仕途也因此被阻断,其政治地位很难伴随政治与文化的运动而在社区以外有所上升,但其经济地位却因宗教活动而呈现出强烈向上流动的趋势,许多伊斯兰知识分子正是由此走向富裕阶层,这种主流与非主流的交替消长,当视作明清之际河州伊斯兰知识阶层的基本模式。

经受过经堂教育的河州伊斯兰知识分子大量回归社区后,充任了职业宗教者或社区半职业化的管理者。他们中大多数后来成长为新兴的社区精英,少数人甚至成为中国伊斯兰教的精英。大量伊斯兰知识分子进入社区,为伊斯兰基层社区带来了新的变化:其一,伊斯兰知识分子充任社区半职业化管理者,这对于普遍提高社区管理水平具有极为现实的意义;其二,伊斯兰知识分子在基层社区的影响,为社区带来了极强的凝聚力;其三,伊斯兰知识分子的大量回归,为普及伊斯兰教、推动伊斯兰文化的发展做出了积极的贡献;其四,西北伊斯兰教派门宦的创建与河州伊斯兰知识分子积极的创教活动是分不开的,其功绩是有目共睹的。清代初期苏菲学派之所以能够在河湟一带广泛传播,正是这些伊斯兰知识分子长期卓绝的传教活动的结果。从这一点讲,明清之际河州社会制度的一系列变革以及经堂教育的倡兴催生了河州伊斯兰知识阶层,而河州伊斯兰知识阶层的形成又成为西北伊斯兰教派门宦创建的关键因素之一。

七 清代河州伊斯兰乡约制度考述

河州伊斯兰乡约制度在清代西北伊斯兰社会组织中具有非常典型的代表意义,一些学者甚至认为河州伊斯兰乡约制是中国伊斯兰乡约制度的肇始,亦有一些研究者在研究中不自觉地将中国古代乡约制度与河州伊斯兰乡约制度等同起来。① 对于这一问题,笔者不揣谫陋,在此作进一步的

---

① 参见陈永龄主编《民族辞典》,上海辞书出版社 1987 年版,第 60 页;邱树森主编《中国回族大辞典》,江苏古籍出版社 1992 年版,第 170 页;张声作主编《宗教与民族》,中国社会科学出版社 1997 年版,第 423 页;余振贵《中国历代政权与伊斯兰教》,宁夏人民出版社 1996 年版,第 185 页。

探讨。

(一) 清代河州乡约制度的推行

河州乡约制度至迟在雍正四年（1726）就已实施。雍正三年十月川陕总督岳钟琪奏议："凡切近河、洮、岷州内地番人与百姓杂处者，向通汉语，自归诚后已令改换内地服色，无庸设立土千百户，但就其原管番目，委充乡约、里长，令催收赋科。久则化番为汉。"此奏议得到雍正皇帝的批准。翌年，青海都统达鼐、西宁总兵官周开捷等在河、洮等处招徕安插番人，"遵照部议，委以千百户、乡约，并饬地方营汛官弁会查户口田地，定其赋额"①。此后，河州境内各中马番族除珍珠族等少数未设乡约外，大多设有乡约，如鸿化、灵藏、乩藏、沙马、老鸦等族。②《清河州契文汇编》（以下简称《汇编》）光绪十年"马白〔百〕岁保出卖土地契文"中载有"乡约马且郎扎西"。这个马且郎扎西显然是个藏族，他与同一契文中的"马崖旦及长子马百岁保""同亲房户内人马程保""凭中人马一拉、马玉海、马哈士哇""亲房马来存住"等③同为河州西乡老鸦关会社民。河州老鸦关自元明以来即为吐蕃老鸦族世居之地，雍正时仍为土司马镇国管辖，④故这些马姓番人并非皈依伊斯兰教后改姓马，乃老鸦族土司马镇国同族也。按照清代河州会社制度，马且郎扎希作为老鸦关会的乡约管辖着约百户藏民。

雍正四年时乡约制既已在河州番民中大力推行，那么这一制度在清初河州汉族中的推行想必不会晚于河州番民，但也不会早于康熙四十四年（1705）。理由是：康熙四十四年河州知州王全臣清查土地时，"犹恐练总⑤人等或徇情面，或受贿颠倒隐混"，"于是择才德兼优、品望素著之绅士等"，"分乡核查"。⑥王全臣以绅士等分乡核查，而不是乡约，这说明

---

① 龚景瀚：(乾隆)《循化志》卷8《回变》，甘肃省图书馆藏。

② 龚景瀚：(乾隆)《循化志》卷5《土司》，甘肃省图书馆藏。

③ 甘肃省临夏回族自治州档案馆编：《清河州契文汇编》，甘肃人民出版社1993年版，第88、91、150、155、368页。

④ 龚景瀚：(乾隆)《循化志》卷8《回变》，甘肃省图书馆藏。

⑤ 康熙《河州志》中"练总"出现过两次，"总练"出现过一次；《循化志》卷4中有"总练"，卷6中又有"马总练"之人名，故"练总"很可能是传抄过程中误将"总练"颠倒为"练总"。

⑥ 王全臣：(康熙)《河州志》卷2《田赋》，甘肃省图书馆。

康熙时河州的乡约组织尚未建立，乡约的部分职能是由"绅士"或总练代行的。

清代河州伊斯兰乡约的正式设置要远远晚于当地的番族、汉族，但类似的制度在雍正九年（1731）已见萌蘖。《清世宗实录》卷112刑部复议甘肃巡抚许容条奏：

> 回民居住之处，嗣后请令地方官备造册籍，印给门牌，以十户为一牌，十牌为一甲，十甲为一保。除设立牌头、甲长、保正外，选本地殷实老成者充为掌教。人户多者，再选一人为副，不时稽查，所管回民一年之内并无匪盗等事者，令地方官酌给花红，以示鼓励。应如所请，从之。

以殷实老成者充为掌教并行使部分行政职能，乃清统治者看到伊斯兰教在伊斯兰中日益增强的影响后所进行的一次尝试。掌教虽不是乡约，但清政府试图将掌教纳入清乡村管理体系中的意图却是显而易见的。

掌教作为一种职务早在元代汉文史料中就已出现。元至正八年（1348）定州《重建礼拜寺记》碑文中有"掌教满拉"①。元朝为管理境内伊斯兰人，曾设"回回掌教哈的司""回回掌教哈的所"，任用哈的作为伊斯兰人的掌教官员，掌理伊斯兰人宗教事务与诉讼纠纷。明朝以来，伊玛目、阿訇相继取代哈的而成为教坊内负责宗教事务的领袖，握有掌教的全权，但一般不再具有行政与司法职能。满族入关后，清政府为了将西北伊斯兰纳入其统治秩序中，重新赋予掌教一定的行政权力，以约束伊斯兰民族。乾隆二十二年（1757），清政府在清查户口时规定："各省回民，令礼拜寺掌教稽查"②，从而使掌教在稽查匪盗的基础上又增添了稽查伊斯兰户口的职能。

清代河州伊斯兰掌教有总掌教、掌教之分。总掌教、掌教多由阿訇充任，即所谓"阿訇者，掌教之名也"③，但雍正九年以后的总掌教、掌教与单纯的阿訇等宗教职务已不尽一致，它已兼掌河州县以下社会基层组织

---

① 余振贵、雷晓静：《中国回族金石录》，宁夏人民出版社2001年版，第14页。
② 《清史稿》卷120《食货志一》。
③ 慕寿祺：《甘宁青史略正编》卷18，甘肃省图书馆。

的部分功能。在循化撒拉族中，掌教一般由头人担当，总掌教则由土司兼任，亦称尕最。循化十二工，各工设掌教一人。乾隆三十四年（1769），循化撒拉族新、老教争复起，当地官府以新、老两教既不愿合而为一，亦不必强使之合，各举掌教约束稽查。撒拉族土司韩哈济就是当时花寺老教的总掌教。乾隆四十六年苏四十三反清斗争后，清政府为了进一步使掌教行政化，以便加强控制，正式在河州伊斯兰聚居区推行乡约制度，这应当是乡约制在河州伊斯兰聚居区中的最早记载。《清高宗实录》卷1141乾隆四十六年九月戊辰载：

> 军机大臣等议覆、钦差大学士公阿桂、署理陕甘总督李侍尧奏称办理兰州军务善后各事宜："一、回民新教宜严禁除也。新教之礼拜寺毁后不许复建，并不得妄称阿浑名目及收留外来回人。复选老成回民充当乡约，劝诫稽查。年终将实无新教之处联名具结咨部。一、撒拉尔回人宜严稽察也。该土司回人散处十二工，其贸易城镇者令循化厅同知给票稽核。并严饬充当兵役之禁，如有滥准承充者，参处本官。仍禁内地游匪潜往煽惑。一、回犯发遣宜定章程也。内地回民向有番地习经之禁，若将新疆缘事者发至内地，恐致诱惑生事，应即于各城互相安插。一、地方繁简宜酌改也。兰州道地居省会，番回杂处，查察非易，应改部选中缺为冲繁难兼三要缺，请旨简放。循化厅同知抚绥控驭，最为紧要，应改部选中缺为疲繁难兼三要缺，在外题补。河州太子寺地方向设州判，旋经裁汰。该处习俗黠悍，距州治又远，应复旧制，设立州判分防，均应如所请。"……从之。

该制度规定，河州回民对外不得复称总掌教、掌教、阿訇、师父等名目，统一改称"乡约"，而循化撒拉族掌教则称为总练，阿訇称乡约。[①]各乡约均由地方官择"老成""公正"之人充任，由政府颁授印札，任期一般为三年，期满更换。乡约分总乡约与乡约两级，总乡约亦称总约，一般为一人，如《汇编》同治十二年"石保住出卖土地契文"中有"总乡约石林英"；光绪二十四年"赵英保立字据契文"中有"总约杨仲举"。乡约少则一人，多时可达数人，如《汇编》同治十三年"张六十出卖土

---

① 龚景瀚：（乾隆）《循化志》卷8《回变》，甘肃省图书馆藏。

地契文"中有"乡约石凌云";光绪十一年"马伏有出卖土地契文"中有"乡约全光德、包迎伏";光绪三十四年"马福禄出卖土地契文"中有"乡约马如林、马法目、拜增禧、拜六九"等。在汉族聚居区设置的乡约称为汉约,伊斯兰聚居区设置的乡约称为回约,《汇编》光绪三十三年"王双喜等立息事合文"中同时有"回约马存义、汉约张廷玉"的画押。① 据《循化志》卷 8《回变》载,回约又分为"管寺乡约与管会乡约",其职责为:"凡礼拜念经、教经等事如有撺夺勾引诸弊,责成管寺乡约;至娼盗赌博奸拐等事,责令管寺与管会乡约一体察举。"管寺乡约亦称寺约②,《汇编》道光二十八年"李山林立分单契文"中就有寺约李山成的画押。③

河州伊斯兰乡约制建立后不断得到强化,同治元年（1862）五月,议政王军机大臣会同吏部等部议准署理陕甘总督沈兆麟复奏甘肃善后章程,规定应申明旧章,"不得分寺诵经,亦不得妄分新、旧教及添建礼拜寺,仍责成总约回民,随时稽查。朱批从之"④。同治陕甘回族起义后,河州伊斯兰乡约制度被进一步严申。光绪二十一年（1895）,清政府在镇压了河湟伊斯兰反清斗争后,变本加厉地推行乡约制度,禁止掌教、阿訇传教。⑤

对于清代河州乡约制度的建立,一些论著认为是西北伊斯兰地区实行乡约制度的开端,有的甚至认为乡约制起源于雍正年间的甘肃河州,这是值得商榷的。首先,乡约的倡行是中国古代乡治理论与实践的一项重要内容,作为理论其渊源可追溯于《周礼》;作为一级基层组织,早在北宋熙宁九年（1076）,关中吕氏四兄弟就已创立了《吕氏乡约》。明中叶以后,乡约不仅种类繁多,而且大多被赋予了一定的行政职能。满族入关后,清廷沿承了明代乡约制并大力加以提倡和推广。顺治十六年（1659）,清廷议准设立乡约;康熙九年（1670）,清廷特颁《圣谕十六条》;雍正二年（1724）,御制《圣谕广训》,令直省各州县大乡大村人民稠密之处以及山

①　甘肃省临夏回族自治州档案馆编:《清河州契文汇编》,甘肃人民出版社 1993 年版。

②　慕寿祺:《甘宁青史略正编》卷 18,甘肃省图书馆。

③　甘肃省临夏回族自治州档案馆编:《清河州契文汇编》,甘肃人民出版社 1993 年版,第 32 页。

④　《清高宗实录》卷 1141 乾隆四十六年九月戊辰。

⑤　中国第一历史档案馆保存《军机处录副奏折》"民族类回族项",第 1960 卷,第 7 页。

区和少数民族聚居的边疆地区，俱设立乡约。河州伊斯兰乡约制正是在这一背景下建立的，但不是首创。其次，乡约制在西北伊斯兰地区的推广也绝非肇始于河州。早在嘉靖初年，明政府就曾在色目人居住地设"保长"，"居人具听约束"。万历年间，明政府"以回夷编立保甲"，并令其不得集会，不得持有兵器，[①] 而这些均不在河州。1956 年，马长寿先生在咸阳县调查同治陕西回民起义时，曾在当地发现了两个石碑，其一为乾隆十年（1745）所立。碑文记载了当时渭城的几位伊斯兰领袖和村政首领，其中有掌教高启真、阿弘黑见义、咳提捕哈良规、麦尔进海有潮、总约马国文等。[②] 这较之河州伊斯兰乡约的设置至少早了几十年。最后，雍正年间河州地区推行的乡约制度大多只在番族、汉族中实施，在河州伊斯兰中实施的仅仅是以掌教兼行部分行政职能，而这显然不应与乡约制度等同起来。前者仅仅是利用掌教在伊斯兰中的威望取代了头人、土司的部分职能，后者则是将掌教的职能归总于乡约之下，以乡约制取代伊斯兰掌教，两者有明显的区别。那种把雍正九年甘肃伊斯兰掌教兼行部分行政职能看作乡约制肇始的观点并不十分恰当，况且甘肃伊斯兰掌教兼行部分乡约职能之事也并非肇始于雍正九年。清朝初年（1648），正当米喇印、丁国栋等回民义军还在与清军鏖战时，兵部左给事中郎将郝壁就曾围绕如何将尚武的回民通过隔离转变成为平和的农夫的问题向清廷献策云："将回民于各府、州、卫五、六十里之外，或有屯堡偏闲之地，子女族党另行安置，勿令养马，勿藏兵器。令渠掌教之人主之，制其出入，一意耕牧所原有田产，以消其犷悍之性。"[③] 郝壁的"长远计划"很快得到了清廷的赞同。在镇压起义军后，大量哈密和汉地的回民被清廷迁离到离固定州府、集镇和戍堡相当远的地方，在那里，伊斯兰掌教被赋予了相当大的行政权力，以确保其所管辖的回民能严格恪守相关法规。而这应当是有清一代在甘肃伊斯兰地区掌教被赋予部分行政权力的最早记载，但同样不是在河州。当然，尽管伊斯兰掌教被赋予一定的行政权力以及伊斯兰乡约的设置并非肇始于河州，但对于整个甘青地区伊斯兰而言，河州伊斯兰乡约的设置仍然是最典型和最具借鉴意义的。

---

① 秦惠彬主编：《中国伊斯兰教基础知识》，宗教文化出版社 1999 年版，第 110 页。

② 马长寿主编：《同治年间陕西回民起义历史调查记录》，载《陕西文史资料》第 26 辑，陕西人民出版社 1993 年版，第 278 页。

③ 台湾中研院历史语言研究所编：《明清史料》丙编第七册，中华书局 1987 年版。

（二）清代河州伊斯兰乡约的职能

乡约的职能自明中叶以后普遍由教化向官役转变，被赋予了众多职能，主要有：（1）调解民事纠纷，提倡邻里之间相互帮助；（2）配合官府理讼办案，履行报案、调查取证、递送传票、协拘人犯，出庭作证等职责；（3）协助官府维护社会治安，约内一旦出现斗殴不平之事，乡约要及时出面，公论是非；（4）负责催征赋役；（5）管理社学、社田，抚恤贫孤；（6）移风易俗；（7）承办官府临时摊派的杂务。① 清代河州伊斯兰乡约同样承担着上述职能，但同时又独具鲜明的宗教和民族特色。

1. 以伊斯兰教行教化之功能

劝善戒恶、以敦教化是乡约制度的初始职能。雍正九年清政府之所以在甘肃回民地区"选本地殷实老成者充为掌教"，主要目的之一就是高度重视发挥伊斯兰掌教敦睦风化的功能，以促使伊斯兰"父诫其子，兄勉其弟，姻娅族党，互相箴规，尽洗前愆，束心向善"②，故清初著名回族经学家马注说："掌教司风化之源，即为一方之官长，与众不同，须择品行学识及无过犯者，方称此职。"③ 与乡约劝善戒恶、以敦教化相比，伊斯兰教中的许多教规与乡约中的规定十分相近，如伊斯兰日常生活中的婚嫁丧葬等事，均由掌教主持；而宋代《吕氏乡约》中的乡约亦有这方面的职能。清代河州伊斯兰清真寺中一般都有成文或不成文的寺规，要求伊斯兰遵守执行。这些寺规大体包括：虔诚信主，尊经尊圣，遵守教法教规，禁酒、禁赌、禁烟、禁谣邪等；而宋代《吕氏乡约》、朱熹的《增损吕氏乡约》、王阳明的《南赣乡约》以及清代《瑶族乡约》中均有类似的规定。清代河州规模较大的清真寺一般都开设经堂教育，教经授学，使民向化，而各地的乡约中亦普遍设有义学。清代汉族地区的乡约要时时关注乡民的思想动态，乡民则定期听取乡约宣讲《圣谕十六条》和《圣谕广训》；同样，伊斯兰要定期到清真寺做礼拜，诵经尊圣，并书写"皇帝万岁、万岁、万万岁"的万岁牌和将《圣谕广训》制成碑刻，立于寺内，以教导民众安分守己。正是由于伊斯兰教与乡约制度在劝善戒恶、以敦教

---

① 王日根：《明清民间社会的秩序》，岳麓书社 2003 年版，第 394—410 页。

② 《秦边纪略》卷 1《河州卫》，青海人民出版社 1987 年版；宁夏哲学社会科学研究所编：《清代中国伊斯兰教论集》，中国社会科学出版社 1981 年版，第 5 页。

③ 勉维霖：《中国回族伊斯兰宗教制度概论》，宁夏人民出版社 1997 年版，第 174 页。

化方面有着异曲同工的作用，才使清廷在强化管理甘肃回民地区基层组织之初，首先看中了伊斯兰教之教化功能，进而将伊斯兰掌教纳入视野，作为其赖以依托的首选力量。

2. 伊斯兰乡约特殊的治安功能

（1）严禁"新教复昌"。苏四十三反清斗争后，清政府视新教（指哲赫忍耶门宦）为"邪教"，将"新教礼拜寺概行拆除"，并令河州伊斯兰乡约随时稽查约束、教化劝勉，"如查有私行传习，阳奉阴违者，照邪教律从重办理"[①]；有复昌新教者即行首告指拿。如实无新教，亦令乡约、头人每年甘结一次，地方官加结，年终汇齐送部。[②] 清政府的这一规定出台不久，就有老教乡约李应得、李化雄等禀报田五"聚众谋逆"，又有回民马世雄带眷投案。[③] 此虽非河州乡约所为，但可证河州乡约亦有此职责。光绪二十一年（1895）河湟事变后，御史胡景桂奏请"明降谕旨严禁新教名目及教首阿訇之称"，要求"地方官将回乡仿照汉民，每村每年公举保长一名，如有阿訇传教，设立老教新教名目者，严拿究办，照邪教惑人律治罪"。[④] 在河州伊斯兰居住区设保甲，早在雍正九年就已实行，但当时的保甲并不负责宗教方面的事物，河湟事变后，清朝政府为更好地控制河州伊斯兰，在乡约之外，又将保甲赋予了宗教职能，这是清朝政府对于河州伊斯兰管理的进一步强化。

（2）调解教派纠纷。明末清初，在中国西北的伊斯兰教中开始出现教派与门宦，河州是其主要的发源地。有清一代的河州不仅教派众多，门宦林立，而且教派之间的教争时有发生，故掌教、寺约往往在调解教派纠纷方面发挥着至关重要的作用，如乾隆年间循化撒拉族新、老两教矛盾激化之初，地方政府采取的主要措施就是"各举掌教约束稽查"，并举韩哈济为总掌教，以协调撒拉族各派之间的教派纠纷。

（3）严格控制河州伊斯兰。早在雍正年间，清廷即要求州府至少每年要对总掌教、掌教进行一次考核，"所管回民一年之内并无匪盗等事者，令地方官酌给花红，以示鼓励"。苏四十三举事后，清廷在严禁"新

① 《清高宗实录》卷1130乾隆四十六年五月己卯；杨怀中标点：《钦定兰州纪略》卷16，宁夏人民出版社1988年版；龚景瀚：(乾隆)《循化志》卷8《回变》，甘肃省图书馆藏。

② 《清高宗实录》卷1130乾隆四十六年五月己卯。

③ 《清高宗实录》卷1207乾隆四十九年五月癸未。

④ 《清高宗实录》卷1130乾隆四十六年五月己卯。

教复昌"的同时，对老教开始有一定的约束。规定不许再立掌教、阿訇名目，一律改称乡约；不许再添建清真寺；河州伊斯兰乡约必须协助地方政府严格稽查人口。清朝稽查人口原本是保甲的职责，但清初规定"各省回民，令礼拜寺掌教稽查"。此后，清政府在河州伊斯兰中严厉推行九家连坐之条，行公举密首之法；将伊斯兰编入牌甲，规定某户回民应归某寺，将教户与清真寺的所属关系加以明确化、固定化，并登记造册备查，故寺约稽查人口由此演变成为统治者治理伊斯兰的一项重要的政治举措。在这项举措中，正常的稽核人口已不再重要，重要的是通过寺约稽查人口，限制和约束伊斯兰的活动，使教民只能在规定的清真寺里念经，经师也只能在本寺延请，从而严防伊斯兰掌教秘密传教。按照清朝政府规定，河州伊斯兰乡约不得允许清真寺收留过往的回民，遇有寺内收留居住过往回民，即派查拿饬禁。河州伊斯兰乡约的这一职能直到民国时废乡约制改保甲制后，才由保甲执掌。①

（4）协助官府严格控制撒拉族的活动。苏四十三举事后，清廷规定：

> 撒拉尔回人不准复充循化、河州衙役及营伍兵丁，亦不准其任意至内地行走，其有往来各州县村镇贸易者，由循化同知给予照票，定以期限，事毕即令回巢将票缴销，不准在各处逗留，并责成保安、起台堡、老鸦关驻守弁兵，严切盘查，稽其出入；仍随时访察，毋令内地游匪前往该处，煽惑滋事。②

乾隆时，撒拉族居住的循化尚未从河州分离，清政府不允许撒拉族人"任意至内地行走，不准在各处逗留"，其主要意图就是限制撒拉族与河州、西宁等地的回族交往，而执行这一意图最终还是要落实到基层的伊斯兰乡约身上。

（5）调处民族纠纷。河州自古为多民族活动之地，有清一代河州境内居住着汉、回、撒拉、东乡、保安、藏、蒙古等众多民族，因此，搞好民族关系是稳定河州社会的关键，而这也是河州各族乡约的主要任务之

---

① 1938年1月21日《临夏县县长张铸荆呈》，载甘肃省档案馆编《甘肃历史人口资料汇编》第二辑下册，甘肃人民出版社1998年版，第196页。

② 杨怀中标点：《钦定兰州纪略》卷16，宁夏人民出版社1988年版。

一。在《汇编》中，凡不同民族成员间发生民事纠纷，各族乡约有义务共同协商、调解处理。如《汇编》"王双喜等立息事合文"中，王双喜等人与马存德等人因占荒山发生纠纷，"经控在案，蒙讯几堂未得结伴"，后经"回约马存义、汉约张廷玉等约集两造，从中调处"，最终将纠纷了结；再如《汇编》"江善庆立字据契文"亦载，江善庆因磨窠水道被马来成控案，蒙准传讯，但实事不甚分明，官府"遂与绅士马成义、汉约江中仓、回约王五五、耆民妥得龙、石顺儿等颁发钧谕，饬令查明禀复等因"，绅、约等奉谕同临磨窠地基，在查验上下水道等一系列取证后，经绅约复议，最终息讼结案。① 由此可见，河州伊斯兰乡约在调处回汉民事纠纷中发挥着举足轻重的作用。

（三）对河州伊斯兰乡约制度的几点认识

对于河州伊斯兰乡约制度，如果将其视作清政府"利用伊斯兰教约束回民的乡约制度"② 固然不错，但是如果历史地去考察包括河州伊斯兰乡约在内的河州乡约制，那么该制度的积极意义要远远大于它的消极影响。

1. 以保甲、会社、乡约制度全面取代了明朝腐朽落后的里役制度

明代河州对于伊斯兰的管理主要以卫所管辖下的里甲及土司为主，但明代河州的里甲制度却不同于内地。内地每乡推德高望重者一人为里长，里长不拿俸禄，不世袭。明代河州的里长、甲首却是世代相袭，具有浓厚的部落酋长色彩。对于这一点，康熙《河州志》卷 2《田赋》中有详细的记载：

> 旧俗相沿有里长户、甲首户等名色，里长户世为里长，甲首户世为甲首，其甲首户悉听里长管辖。即男女婚娶亦必听命于里长，是以应完银粮惟任里长派收……又里长书手每年必下户两次，所到之处派收食用，科敛脚费，不遂其欲，即行捆绑拷打，指称该户欠某老户名下银若干，欠某老户名下粮若干，勒令赔纳……故百姓莫不敬里长书

---

① 甘肃省临夏回族自治州档案馆：《清河州契文汇编》，甘肃人民出版社 1993 年版，第 377、405 页。

② 余振贵：《中国历代政权与伊斯兰教》，宁夏人民出版社 1996 年版，第 185 页。

手如神明，畏里长书手如虎狼……先是河州地粮不清，里甲混淆，书
首里长任意飞诡……百姓不遂其欲，即借端苛派，官司稍察其弊，即
捏款诬控。是以盗窃丛生，流亡载途……全臣廉知其弊，以为不清其
源不可，乃立保甲以查地亩……地亩即清，乃革除里长，令民自封投
柜，虽存里甲，仅虚存其名……君之立保甲以清地亩法，甚善也。

在这里，百姓从官府的银粮派收到婚娶丧葬，无不听命于里长。里长
俨然是一个世代相袭、横行乡里、鱼肉百姓的土皇帝，与土司并无二样。
针对这种腐朽落后的里甲制度，康熙四十六年，河州知州王全臣"筹画
再三，乃令四乡先立保甲、会社，或二三十村庄连为一会，每会择其老成
者举总练一人，社长或三四人，饬令稽查盗贼，巡警地方，迨居民咸听约
束矣"①。改革后的河州共设有99会，每会下辖若干社，大会有辖12社
者，小会仅有2社。② 总练、社长的设置虽未涉及乡约，但不久乡约制度
便在河湟一带的番、汉族及回汉混居的社区中普遍推行开来。它们与保
甲、会社等一道共同构成河湟地区新型的乡村管理体制。

王全臣的会社、里甲与乡约制的最大特点就在于总练、社长与乡约不
能世袭，其权力被大大地限制和削弱。因此，会社、保甲与乡约制的建
立，不仅使百姓的人身依附关系大为减弱，其所受到的剥削和压榨大为减
轻，而且对于改土归流也有着积极的推动作用，如河州鸿化、灵藏等番族
就是以"昂锁或乡老或乡约"制约土司的。③ 从这一意义上讲，革除明代
的里甲，创建会社、保甲与乡约制，何啻一般意义上的基层组织的增置与
裁革，它更像是一场废除里长甲首世袭制的基层社会组织制度的大变革，
因而具有非常重大的现实意义。故康熙《河州志》在评价王全臣之政绩
时云："夫后之见志者，以庶事之中其最者，清地均粮，革除里役而
已。"④ 可见，当时人们就已将革除明朝腐朽落后的里役作为王全臣为任

---

① 王全臣：(康熙)《河州志》卷2《田赋》，甘肃省图书馆。

② 《导河县志》卷2《地理志》。河州在民国初曾一度为导河县，故《导河县志》亦为河州
地方志之一种；《导河县志》卷2《地理志》载："自前清光绪四十六年丁亥，知州仲山王公清
丈地亩后，改村里为会社。"按光绪年号只有三十四年，没有四十六年，故此处光绪四十六年乃
康熙四十六年之误。

③ 龚景瀚：(乾隆)《循化志》卷5《土司》，甘肃省图书馆藏。

④ 王全臣：(康熙)《河州志》张祖谆序，甘肃省图书馆藏。

一方时彪炳于册的政绩之一。

2. 顺利完成了宗教组织与基层社会组织的整合

与内地相比,河州伊斯兰社会的基层建设有着极为特殊的地方,那就是浓郁的宗教氛围。这种宗教氛围为基层建设带来了许多复杂因素:其一,伊斯兰教的文化背景使传统儒学对伊斯兰基层社会的渗透难以取得效果,政府通过文化上的相互渗透以整合国家权力与地方基层社会的途径受到极大的阻碍;其二,地方共同体的神明祭祀与国家认可的正统神明无法对称,难以形成以国家正统规范之神明为中心的多层次的祭祀圈,因而难以在文化上与国家权力达到高度的一致;其三,受伊斯兰教文化影响,伊斯兰社区中的宗族势力远不如内地强大,政府利用宗族势力作为维持地方秩序的基础十分薄弱,从而使宗族势力无法在维持地方社会秩序、推行教化、培养官僚队伍后备军、征收赋税中扮演重要角色;其四,明末清初在河州兴起的伊斯兰教派门宦,无论其产生的原因如何复杂,但有一点是十分清楚的,那就是明末河州基层社会组织的腐败与无能,使其对伊斯兰的约束被极大地削弱,传教士正是在这种环境下得以跨乡越县,将伊斯兰重新组合到不同的教派门宦,而教派门宦的发展又反过来进一步冲击着基层社会组织。因此,如何处理好基层社会组织与教派门宦的关系便成为河州基层社会组织建设的一大难题;绅士作为地方社会利益的代表,充当着政府与基层社会的桥梁,是两者达到统一的重要中介,但伊斯兰基层社会之掌教、阿訇等往往具有神职与绅士的双重身份,他们既充当着政府与基层社会的桥梁,又是两种文化之间的桥梁,这使伊斯兰教及伊斯兰宗教上层的影响与作用在基层社会的构建中显得异乎寻常的重要。

正是基于这些因素,清初统治者对于河州伊斯兰教十分重视。如果说明朝对于河州伊斯兰的管理基本上是以土司管理为主、宗教管理为辅的话,那么清朝初年,随着土司势力的衰退,伊斯兰教派、门宦势力的异军突起,以及掌教等宗教上层人士在伊斯兰中的号召力越来越大,其被伊斯兰认可的程度越来越高,清政府开始将目光转向世俗政权以外的伊斯兰教,并将依靠的重点放在掌教,而不是土司。雍正皇帝正是在这一变化中,很快在实行保甲制度的同时,又赋予河湟伊斯兰掌教以一定的司法和行政职能,以便利用掌教等宗教上层人士在伊斯兰中的威望管理该地区的伊斯兰。很显然,这是清政府通过掌教第一次将统治触角直接深入伊斯兰社会之中,对于长期处于羁縻状态下的大多数河州伊斯兰而言,这无疑是一次巨大的触动。事实上，在清初相当长的时间里，统治者并未从高层次给予西北伊斯兰以足够的重视，也从未将西北伊斯兰上层作为一个民族的政治代表吸收到高层管理中去，但具体到河州伊斯兰基层社会的管理上却做得比较到位，始终将伊斯兰宗教上层摆在重要的位置。在河州伊斯兰中全面实行乡约之后，伊斯兰乡约基本上由宗教上层人士担任，而且在相当长时期内，伊斯兰乡约的设置在很大程度上已成为制约当地伊斯兰头人、土司的一项重要举措，而这些举措的实施实际上是将清政府对于河州伊斯兰的基层管理，以伊斯兰乡约为契机，开始从一种间接的、封闭的、半独立的部落状态向直接的集权化管理的过渡，并在苏四十三起义之后，最终完成了掌教向乡约的过渡，从而将伊斯兰的宗教管理完全整合到清政府的行政管理体系之中。在这个管理体系中，乡约既是伊斯兰基层的最高行政首领，又在大多数情况下充当着宗教领袖。它大多由掌教、阿訇担任，但掌教、阿訇不一定都能成为乡约。从这一点讲，清政府通过伊斯兰乡约这个重要的中介，既笼络了伊斯兰宗教上层，同时又淡化了掌教、阿訇在伊斯兰中的地位。它使不同背景的文化通过伊斯兰乡约完成了沟通与调和。

总之，河州伊斯兰乡约制的建立标志着清政府对于河州伊斯兰的管理已深入伊斯兰社会的基层，并将其整合到统一的直接的集权管理秩序之中。清政府在河州伊斯兰地区实施的乡约制度尽管存在着控制和压迫河州伊斯兰，限制河州伊斯兰正常活动的主观动机，但从客观效果看，将河州伊斯兰宗教上层以及伊斯兰基层管理纳入统一的政府管理秩序不仅有利于上通下达，而且对于国家统一与边疆安全也有着十分重要的意义，它为河州伊斯兰融入主流社会提供了有利的条件和主要途径，为清政府在西北回族聚居区实施以回治回政策奠定了基层统治的基础。河州的乡约虽然在清代晚期业已蜕化成为危害一方的土皇帝，所谓"文官相爷，武官侯，百姓的乡爷（约）为了头"[1]；虽然其宣谕教化之功能甚至演变为以国家强权为后盾的空洞无物的政治宣教，但清代河州伊斯兰乡约制的历史作用并不能因此被抹灭。

---

[1] 甘肃省编辑组：《裕固族东乡族保安族社会历史调查》，甘肃人民出版社1987年版，第109页。

经济篇

一 明朝茶马贸易政策的考量

明朝官方的"以茶易马"主要包括茶马贸易以及由此衍生出的"纳马差发"与"金牌信符"。明朝实施以茶易马的目的，简而言之有三点：一是出于军事目的，即以茶叶换取明朝最缺乏的马匹，尤其是在对北元的作战中，马匹的缺乏是明朝军队突出的软肋；二是出于政治目的，即以茶马贸易制约周边少数民族，安靖地方；三是出于财政缘由，即以茶代银交易马匹，减轻财政支出。

从军事目的讲，明朝是一个马资源十分匮乏的朝代，战马的来源一直是朝廷关注的要政，所谓"国之大政在戎，戎之大政在马"①。"古者掌兵政，谓之司马；问国君之富，数马以对。是马于国为最重。"② 据万历《大明会典》载，永乐年间全国各镇拥有军马 34 万匹，主要分布在北方各镇，其中甘肃镇拥有军马约 3 万匹。万历年间，全国各镇拥有军马数下降至 28 万余匹，其中甘肃镇拥有军马 2.2 万匹。在冷兵器时代，马匹的作用是不可或缺的，也是无法替代的。所以历代王朝都非常重视马匹的饲养与交易，这在明朝被视作马政。赵时春云："马于兵政为最大，故古以司马命官。官重兵而优于马，则兵得以欺谩抵易而马愈不振。官重马而罚过深，则兵困而马日耗。"③ 明代马政的首要任务之一是为与蒙古作战服务的。为了扩大马匹的饲养，明初曾积极鼓励军人与民间蓄养马匹并输送给朝廷。《明太祖实录》卷 176 洪武十八年十月乙卯载：

---

① 《明太宗实录》卷 45 永乐三年八月癸巳。
② 余继登：《典故纪闻》卷 6，中华书局 1987 年版。
③ 谈迁：《国榷》卷 45 孝宗弘治时七年正月乙亥。

敕谕岷州、河州、巩昌、西宁、临洮诸卫武臣曰："比者命大将军北征，军者乏战马，皆云骁腾可用者无逾陕西。今遣荥阳侯郑遇春即各卫，谕诸将校但留己所乘马，余悉送官。每马一匹给白金三锭，若非有余及有余而驽弱者皆勿送。"

《国榷》卷 9 太祖洪武二十二年十二月载："是年，定民牧法。初，民间各牧马一，纳驹一。至是五家供牧马，纳驹一。阙驹纳钞七百贯。家牧牛，岁纳犊一。其牛、马俱属监群。种马北七万，南三万。岁五马，表解一匹上京。"洪武二十三年六月，"定马户产一驹，赐钞十锭。种马及驹不及数，勿问"①。永乐时，又进一步修订牧马法。《国榷》卷 13 成祖永乐元年正月甲午载："定牧马法。牡马一匹配牝马三，岁课一驹。给军士，非征发不得擅遣。"不久，明太宗又下令，"听民蓄私马"②。但是，在以一家一户小农经济为基础的自然经济社会中，马匹在农业生产的作用远不如牛和驴，所以民间蓄养马匹的积极性不高，数量也十分有限。《明宣宗实录》卷 113 宣德九年九月甲子载：

　　罢陕西买马。时陕西右布政使王敏言："陕西今年田谷少收，边饷遥远。先买马、骡及入番诸物民间已甚劳费，今又买马给行都司军士，民实不堪。且民间马有堪用者多以易粮给边所。遗牝马及驹皆不堪用。请以二苑马寺所选赴京之马及都、行二司卫所官下所养之马给之。"上从其言，遂罢买马。命以平凉、甘肃二苑马寺马给军士。

明朝政府获得马匹的主要途径有五个方面：一是从战场上俘获而来，《明太祖实录》卷 202 洪武二十三年五月辛未载："诏陕西西宁卫以征北所获马、牛、羊万九千三百八十三给诸军牧养"；二是在与周边游牧民族互市中交易而来；三是靠中马征收，即所谓差发而来；四是从西北各游牧民族以及西域诸国的朝贡中获得；五是靠国家牧马场的蓄养，而国家牧马场所蓄养的马匹中仍然有相当大的一部分来自上述几条途径。由于明朝与北元的对峙，使明朝从北方蒙古族那里获得马匹的可能性极小，所以明朝

---

① 谈迁：《国榷》卷 9 太祖洪武二十三年六月戊辰。

② 谈迁：《国榷》卷 13 成祖永乐元年七月丙戌。

政府不得不将目光转向西北各游牧民族。这为河、湟、岷、洮地区的茶马贸易创造了绝好的商机。汉藏两地广阔的空间既是茶马贸易的巨大市场，又是源源不断的原料供应基地。因此，茶马贸易自然成为西北汉藏等民族的一种重要经济交流形式。弘治朝杨一清云："所谓以摘山之利，而易充厩之良。戎人得茶，不能为我害；中国得马，足以为我利。计之得者，宜无出此。"①

明朝政府从以茶易马获取马匹的目的是显而易见的，效果也是显著的，但明朝政府实行以茶易马又绝非仅仅是为了获取马匹，明太祖曾毫不掩饰地说："夫物有至薄而用之则重者，茶是也。始于唐而盛于宋，至宋而其利博矣。前代非以此为专利，盖制戎狄之道，当贱其所有而贵其所无耳。我国榷茶，本资易马，以备国用。"② 所谓"以备国用"，一语道出了明政府实行以茶易马的目的除了军事需要外，还有政治和财政两方面的需要。

作为政治目的，明朝政府利用藏族同胞嗜好饮茶的生活习俗，以茶叶为工具，凭借国家权力，从经济上制约藏族同胞，以达到"以茶驭番""安靖地方"的目的，而这一目的的重要性在后人看来甚至超过"以茶易马"本身。《明英宗实录》卷4宣德十年四月乙巳载：

> 敕陕西西宁卫巴哇族舍剌竹曰："昔尔兄锁南剳以捕寇功授善智禅师，副本族指挥佥事锁南儿坚藏抚绥军民，每三年进纳金牌茶马、犏牛。尔兄物故，特命尔为头目，归代其任。尔宜同锁南儿坚藏协心，共修职贡，抚安民人。如强愎肆虐，罪不尔贷。"

弘治朝重臣杨一清在一系列"茶马类"疏奏中反复阐述修复茶马旧制以抚御番夷、安靖地方的重要性。其在《为修复茶马旧制以抚御番夷安靖地方事》中论述云：

> 至我朝，纳马谓之"差发"，如田之有赋，身之有庸，必不可

①　杨一清：《为修复茶马旧制以抚驭番夷安靖地方事》，《杨一清集》上册，唐景坤、谢玉杰点校，中华书局2001年版，第73页。

②　《明太祖实录》卷251洪武三十年三月癸亥。

少。彼既纳马而酬以茶斤，我体即尊，彼欲亦遂。较之前代曰"互市"，曰"交易"，轻重得失，较然可知。夫王者不治夷狄，今责番夷以差发，非若秦、汉喜功好大，勤远略者之所为也，亦非中国果无良马，而必有待乎番夷也。盖西番之为中国藩篱久矣……

国初散处降夷，各分部落，随所指拨地方，安置驻劄。授之官秩，联络相承。以马为科差，以茶为价，使知虽远外小夷，皆王官王民，志向中国，不敢背叛。且如一背中国，则不得茶，无茶则病且死。以是羁縻之，贤于数万甲兵矣。此制西番以控北虏之上策。前代略之，而我朝独得之者也。

《明世宗实录》卷186嘉靖十五年五月乙未载：

巡茶御史刘良卿言："陕西设立三茶马司，收茶易马。虽以供边军征战之用，实以系番夷归向之心。考之律例，私茶出境与关隘失察者并凌迟论死。一何重也。盖西边藩篱，莫切诸番。番人恃茶以为生，故严法以禁之，易马以酬之。禁之使有所畏，酬之使有所慕。此以制番人之死命，壮中国之藩篱，断匈奴之右臂，非可以常法概视也。"

《明神宗实录》卷60万历五年三月甲辰载：

俺答欲赴西宁青海寺会番僧设醮，请开大马市、茶市，又求都督金印以便出入。于是按臣邢玠上疏言："茶市不可开，金印不可与。在宣大宜委曲解喻以止其来，在甘肃宜励兵秣马以防其来。阻无已之，求严内外之限。或建佛寺移番僧于俺答本巢，以杜其后；或多间谍恤熟番以察情。分党而预其防。"其言利害，情形甚悉。部覆："前岁俺答、丙兔乞建寺西海，朝廷不惜假以美名，助之物料，正思化其悍暴，鼓其恭顺耳。今度其出边设醮，原无他意，如果以建醮求请食物，须随宜给发以慰其情。请官一节，传谕本酋听贡市完再议，如果恭顺当具请朝廷授以一官，至各酋原无印信，以理谕免。"上是部言。

《国榷》卷 70 神宗万历五年九月己未载：

> 俺答汗上书甘肃巡抚求茶市。初，西番膻藏请纳马保寨，众议勿受。巡茶御史李时成行部洮州。膻藏上书言，汉人所获撒马尔失剌诸族多数百人，我膻藏无有焉。明我不侵叛矣。幸为我昭白，我且岁贡马三十，否者以我弯弓千人走卓龙耳。时成译以闻。且曰："膻藏生西番中，族极远，未尝通贡事。一朝率众来降，彼诚畏我威灵。第以洮西极边地更得此族，不益厚固藩篱耶。矧今急需马，岁增三十匹，何渠不利。"上从之。

> 俺答汗以番人入汉，久且慢我，遣其所部大都巴石虎启幕府，请得比番开茶市。众议且许之。李时成奏："番人饮酪，素相需茶。今俺答求茶者，意不在茶，在得番人耳。夫洮西一带，抵嘉峪、金城，绵亘数千里，番族星罗，虏之不敢长驱而南，以番为蔽也。顾番人以茶为命，一日无茶，则病且死。我祖宗于西宁、甘州、洮、河建置茶市，岁事招中，故番人之命悬于中国，俾世受约束，藩我西土。脱以茶市假之虏，虏逐利而专意于番，番求生而制命于虏。番虏合为一，其贻患可胜道哉。且番市岁得马五千六百余匹，是省中国六万五千余金。若虏市开，则番人之心失。番人之心失，则河以西无复安枕日矣。"上题之。兵部谓茶市不可许，但虏至称迎佛僧寺，必须用茶，量给数十篦示恩。报可。

《明神宗实录》卷 74 万历六年四月丁亥载：

> 先是俺答之子宾兔率众拨掠熟番甘藏等族头畜及岷州军马，声言要在旧洮州境外开中市马。至是兵科都给事中光懋上言："西番以茶为命，国初于西宁、甘州、洮、河诸处立茶司，岁事招番中马以羁縻之，且以制御北虏。若假茶市以与虏人，我须以茶易虏之马，虏转以茶系番之心，各番所资以为命者，既不在我，而其势不得不与虏合，伏乞敕下督抚官留心防御，传谕虏王钤束各酋速归原巢住牧，仍申明茶市禁例，不许再请。"部覆如议。上曰："这防虏保番事宜都着督抚官悉心举行，如虏人再索茶市及马市亦停止之。"

《明神宗实录》卷 84 万历七年二月载："癸巳，虏王索开茶市于洮州，以马五百匹易茶。陕西巡按罗应鹤请谕止之。章下兵部……庚子，陕西巡按御使罗应鹤题请传谕虏王俺答罕来洮州索市言者罪，恐克赖勾引部落，假借故有是役。"《明神宗实录》卷 182 万历十五年正月戊午载："户部题巡茶御史祝大舟称：茶课本为羁縻戎心，充实边厩。"

作为减轻财政支出、缓解财政压力而言，以茶易马也是朝廷的首选方式。明朝的财政收入主要来自田赋、税收，而购买马匹则是财政的主要支出之一。《明太祖实录》卷 100 洪武八年五月戊辰载：

> 遣内使赵成往河州市马。初，上以西番素产马，其所用货泉与中国异，自更钱币，马之至者益少。至是乃命成以罗、绮、绫、帛并巴茶往市之。仍命河州守将善加抚循，以通互市。马稍来集，率厚其直偿之。成又宣谕德意。自是番酋感悦，相率诣阙谢恩，而山后归德等州西番诸部落皆以马来售矣。

洪武十九年八月："行人冀忠往陕西市马，还，得马二千八百七匹。"[1] 十一月："遣虎贲左卫指挥佥事姜观、右卫千户沈成、行人任俊以钞三十九万三千六百九十锭往陕西河州等处市马，给骑士操练。"[2]《明太祖实录》卷 204 洪武二十三年九月甲寅载："陕西都指挥使聂纬以西安左、右等卫所市马七千六十匹送京师，以尝命户部运钞六十万锭往西宁、岷州、河州市易故也。"《国榷》卷 29 代宗景泰元年闰正月辛酉载："出万金市马陕西。"但是相较以茶易马而言，以钞市马不但在价格上不合算，而且在交换过程中亦存在着许多不便，如上述内官赵成往河州市马便遭遇了"其所用货泉与中国异，自更钱币，马之至者益少"的困境，以至于不得不"以罗、绮、绫、帛，并巴茶往市之"，然而更为重要的是，以钞市马所需要的巨额银钞更是明廷无法承受的开支，而以茶易马则诸多矛盾迎刃而解。杨一清在《为修复茶马旧制以抚御番夷安靖地方事》中曾举例就以茶易马与以银市马为朝廷算过一笔账，其云："臣今年正月间，量发官银一千五百七十余两，委官前去收买茶七万八千八百二十斤，

---

[1]　《明太祖实录》卷 179 洪武十九年八月癸亥。
[2]　《明太祖实录》卷 179 洪武十九年十一月甲申。

计易过儿、扇、骒马九百余匹。若用银买，须得七千余两，其利如此，但优未免用官夫运送。"杨一清所举之例虽然可节省官银五千余两，但这样做必须动用大量官夫运送，而动用大量官夫运送依然是一个棘手的问题。洪武、永乐以来茶马贸易大幅萎缩主要原因就在于缺乏官夫运送。为此，杨一清又提出一策：

> 臣于今年闰四月内，又经出给告示，招谕陕西等处商人，买官茶五十万斤，以备明年招番之用。凭众议定，每茶一千斤，用价银二十五两，连蒸晒、装篰、雇脚等项，从宽共计价银五十两。令其自出资本，前去收买，自行运送各茶司交收明白，听给价银去后。且官银一万两，买战马不过一千匹。如前所拟，卖茶二十万斤，分别三等马匹，斟酌收买，可得马几三千匹。买一马者将买三马，给一军者可给三军。

《国榷》卷44孝宗弘治十七年三月辛卯：

> 陕西运茶买马督理马政左副督御史杨一清，请招商茶输茶马司，每千斤给五十金，大约万金可得马三千匹。旧不过千匹耳，利在官，从之。一清又请复金牌信符。略曰："唐时回鹘以马易茶，宋熙宁间行之。所谓摘山之产，易厩之良，计之善也。我朝纳马，谓之差发。如田之有赋，身之有庸，非虐使于番也。纳马酬茶，体尊明顺，非互市比也。且非独以马也。西番之藩中国久矣。"

由此可见，改田赋为茶课，改以银市马为以茶易马，对于缓解朝廷的财政负担可谓是一举多得的绝佳方式，何乐而不为。

二　关于明代茶马贸易中私茶的几点探讨

（一）问题的提出

对于明代茶马贸易的研究多年来一直受到高度关注，王晓燕、李宝刚的《20世纪茶马贸易研究综述》一文从多个角度对20世纪以来茶马贸易研究的成果作了全面的总结与述评。① 李亚娟在《20 世纪 80 年代后期以来明代藏族史研究综述》一文中也对明代茶马贸易的研究成果作了综述。② 就本书关于明代茶马贸易中私茶的研究也有相当数量的论文和专著发表，其中较具代表性的论著有：王晓燕《官营茶马贸易研究》以及《明官营茶马贸易体制的衰落及原因》③、谢玉杰《杨一清茶马整顿案评述——明代西北茶马贸易研究之二》④、杜常顺《论明代西北地区的私茶》⑤、魏明孔《西北民族贸易研究》⑥、叶玉梅《明代茶马互市中的金牌信符制度》⑦ 等，其中的主要观点可以归纳为四个方面：

1. 大多数学者认为私茶产生的主要原因是明廷极不合理的茶马比价以及商人对高额利润的追求，如叶玉梅认为，"河湟地区掠夺性的、强制性的压低马价，提高茶价的结果，是导致边民冒禁私茶之险，偷运马匹出司易茶，以图高利"的主要原因。王小燕则进一步指出："明廷极不合理的茶马比价，使茶马之间产生了巨大的获利空间，直接导致了私贩充斥，商帮活跃，给垄断专营体制的运行以巨大的冲击。"

2. 萧国亮认为："私贩茶马贸易的原因除了商人追求高额利润外，也与明朝封建专制主义国家行政能力的下降密切有关。"⑧

3. 杜常顺提出："甘青少数民族对茶叶的需求量很大，仅靠给政府纳马而获得的'酬茶'是远不能满足日常生活需要的，况且还有相当一部分'野番'因不纳马，自然不能得到'酬茶'，因此大量内地商人、边民便趁机偷运茶叶出境，谋取厚利。"

4. 谢玉杰认为："走私活动盛行的根本原因在于走私是一种经济活动，随着社会经济的发展，西北游牧地区与中原农业地区的经济交流早已

① 王晓燕、李宝刚：《20 世纪茶马贸易研究综述》，《兰州大学学报》2002 年第 3 期。

② 李亚娟：《20 世纪 80 年代后期以来明代藏族史研究综述》，《西藏民族学院学报》2006 年第 4 期。

③ 王晓燕：《官营茶马贸易研究》，民族出版社 2004 年版，第 23 页；《明官营茶马贸易体制的衰落及原因》，《民族研究》2001 年第 5 期。

④ 谢玉杰：《杨一清茶马整顿案评述——明代西北茶马贸易研究之二》，《西北民族研究》1990 年第 1 期。

⑤ 杜常顺：《论明代西北地区的私茶》，《青海师范大学学报》1995 年第 3 期。

⑥ 魏明孔：《西北民族贸易研究》，中国藏学出版社 2003 年版，第 126—138 页。

⑦ 叶玉梅：《明代茶马互市中的金牌信符制度》，《青海民族学院学报》1993 年第 4 期。

⑧ 萧国亮：《明代藏汉茶马贸易的历史考察》，《民族研究》2005 年第 1 期。

突破地域之间的藩篱，而成为必然趋势。"王冰认为："明朝社会生产力的提高和商品经济的发展，必然要求扩大市场范围，放松国家控制，实行自由贸易。自由贸易的私市适合社会生产力的发展趋向和汉藏人民的共同愿望，因此具有强大的生命力。"① 何秀平认为："私茶的存在是商品经济发展的自发产物，有其存在的合理性。"②

为了更好地论述这一问题，笔者将明代的茶马贸易划分为三个阶段。通过对三个阶段的分析，笔者认为，笼统地说私茶是明廷不合理的茶马比价所导致的是不确切的，尤其是私茶的泛滥更不是明廷不合理的茶马比价所导致的；私茶在不同阶段产生的原因以及私茶所指和表现是不一样的；同时，说自由贸易的私市适合社会生产力的发展趋向和汉藏人民的共同愿望，因此具有强大的生命力等观点也显得过于笼统。

（二）明初对茶马贸易的垄断

1. 明初官营茶马贸易机构的建立与运行

在明代西北互市贸易中，茶马贸易占据了首要位置。各族商人视茶马贸易为利薮，竞相趋之。而明初政府出于政治、军事和财政等诸多方面的考量，于洪武四年对川陕茶区和西北茶市实行全面禁榷垄断，推行了严厉的茶叶专卖政策。明朝实行政府垄断的茶马贸易是从设置四川等处茶盐都转运司开始的。③ 茶盐都转运司设置的主要目的之一就是监督茶税的征收和茶叶的运输。同月，明廷"置秦州茶马司"④，这是明朝在西北地区建立的第一个负责管理和经营茶马贸易的机构。洪武七年九月"置河州茶马司"⑤。十二年置洮州茶马司。十六年五月"罢洮州茶马司，以河州茶马司总之"⑥。十九年二月"置雅州茶马司"⑦。二十九年三月，"长兴侯耿炳文奏：'秦州茶马司不便于互市，请迁于西宁。'命户部议之"⑧，并

---

① 王冰：《明朝初期汉藏茶马互市的几个问题》，《西北史地》1998 年第 3 期。

② 何秀萍：《20 世纪 80 年代以来明代私茶研究综述》，《内蒙古农业科技》2007 年第 2 期。

③ 《明太祖实录》卷 72 洪武五年二月辛卯。

④ 同上。

⑤ 《明太祖实录》卷 93 洪武七年九月己未；另《国榷》卷 5 载河州茶马司的设置为太祖洪武七年十月。

⑥ 《明太祖实录》卷 155 洪武十六年七月辛亥。

⑦ 谈迁：《国榷》卷 8 太祖洪武十九年二月己丑。

⑧ 《明太祖实录》卷 245 洪武二十九年三月己丑。

从之。永乐八年五月"皇太子设陕西茶马司"①。九年重设洮州茶马司。十一年,"设甘肃茶马司于陕西行都司城外"②。正统七年,"革陕西甘肃茶马司,仍布政司管粮官提督"③。明初岷州卫虽未设茶马司,但一直扮演着茶马司的角色。直至万历三十二年才正式设置岷州茶马司。

明初设立茶马司后,茶马贸易的规模是相当惊人的。"洪武中,川、陕皆置茶马司,收巴茶易马,颇获其利"④,同时"茶法通行,而无阻滞之惠,番马茂盛,岁至万余之多"⑤。洪武七年,"得马三百余匹,给茶三十余万斛"⑥。九年,秦州、河洲茶马司"市马一百七十一匹"⑦。十一年"以茶市马一千六百九十一匹"⑧。同年十一月:"兵部奏,市马之数,秦、河二州及庆远、顺龙茶马司所易马六百八十六匹。"⑨ 十三年八月:"兵部奏河州茶马司市马用茶五万八千八百九十二斤,牛九十八头,得马二千五十匹。"⑩ 十七年十二月,"秦州、河州茶马司及叙南、贵州、乌撒、宁川、毕节等卫市马六千七百二十九匹"⑪。十九年八月:"行人冀忠往陕西市马,还,得马二千八百七匹。"⑫《国榷》卷9太祖洪武二十三年五月辛巳载:"招谕河州诸番族以茶易马,皆降之。"二十六年,河州必里卫诸部"出马以献","得马万三百四十余匹,以茶三十余万斤给之,诸族大悦"。⑬ 三十一年,"凡用茶五十余万斤,得马一万三千五百余匹"⑭。《明宣宗实录》卷70宣德五年九月丁卯载:"镇守洮州都指挥使李达奏:'边军缺马巡哨,请运汉中府所贮茶五万斤往洮州市马。'从之。"《明宣宗实录》卷97宣德七年十二月丁亥载:

① 谈迁:《国榷》卷14成祖永乐八年五月己卯。

② 谈迁:《国榷》卷15成祖永乐十一年五月壬辰。

③ 谈迁:《国榷》卷25英宗正统七年正月己巳。

④ 顾炎武:《天下郡国利病书》卷60《陕西六》。

⑤ 顾炎武:《天下郡国利病书》卷59《陕西五》。

⑥ 《明史》卷80《食货志四》。

⑦ 《明太祖实录》卷110洪武九年十二月己未。

⑧ 王世贞:《弇山堂别集》卷89《市马考》,中华书局1958年版。

⑨ 《明太祖实录》卷121洪武十一年十一月戊午。

⑩ 《明太祖实录》卷133洪武十三年九月戊戌。

⑪ 《明太祖实录》卷168洪武十七年十二月。

⑫ 《明太祖实录》卷179洪武十九年八月癸亥。

⑬ 《明太祖实录》卷225洪武二十六年二月壬寅。

⑭ 《明太祖实录》卷256洪武三十一年二月戊寅。

镇守河州、西宁都督同知刘昭言："所征河州卫各番族茶马七千七百余匹，已征六千五百余匹，给与陕西官军操练，其未到者乃必里卫诸族。缘今年畜牧多疫死，且西番苦寒，请俟来年征之就给各卫。……西宁等卫所属番族茶马三千二百九十六匹，已征二千三百余匹给军。安定、罕东二卫路远未纳，亦请候明年征之。"上悉从之。

《国榷》卷24英宗正统三年六月乙丑载："行在大理寺右少卿陈卤、李畛赴陕西西宁，攒运川茶百万斤。"《明英宗实录》卷152正统十二年四月丙午载："巡按陕西监察御史冯靖奏，征收西宁、罕东、安定、阿端、曲先五卫番民马二千九百四十六匹，给茶一十二万五千四百三十斤。"《国榷》卷39宪宗成化十九年正月壬寅载："命四川岁输茶十万斤于陕西茶马司，给番僧，免其侯支也。"《国榷》卷44孝宗弘治十四年七月丁酉载："益洮、河、西宁中茶五百万斤。"《国榷》卷62世宗嘉靖三十六年九月辛亥载："命陕西茶课九十万斤易番马，余百万斤纳边镇备饷。"弘治年间朝廷回复杨一清书奏中云：

> 查得洪武、永乐年间旧例，三年一次，番人该纳差发马一万四千五十一匹。价茶先期于四川保宁等府约运一百万斤，赴西宁等茶马司收贮。内西宁茶马司收三十一万六千九百七十斤；河州茶马司收四十五万四千三十斤；洮州茶马司收二十二万九千斤。①

三年共约100万斤茶叶运往西宁、河州、洮州茶马司，平均每年运往三茶马司的价茶约30余万斤，足见其数额是相当大的。

茶马贸易中所易之马的用途大体有二：一是直接供给边军。《明太祖实录》卷140洪武十四年十二月乙卯载：明廷"置庄浪、西宁马驿四。庄浪卫二，曰在城，曰大通河；西宁卫二，曰在城，曰老鸦城。每驿给以河州茶马司所市马十匹，以兵士十一人收之，就屯田焉"。《明太祖实录》卷168洪武十七年十一月癸未载："命秦州、河州茶马司以所市马五百六十匹分给陕西骑士。"《明太宗实录》卷28永乐二年二月甲午载："宁夏

---

① 杨一清：《为修复茶马旧制以抚驭番夷安靖地方事》，见《杨一清集》上册，唐景坤、谢玉杰点校，中华书局2001年版，第73页。

总兵官左都督何福言：河州等处永乐元年官所易茶马多，请给军士。从之。"《国榷》宣宗宣德十年三月庚辰载："发陕西官布市马给边……十月辛亥，出京库布市马甘肃。"二是送往苑马寺畜养或有少量送至京师。《明宣宗实录》卷53宣德四年四月丙戌载：

> 行在兵部奏："甘州前卫千户石安等送官马至京。中途马多死，由不用心之故。请送法司罪之，仍追偿马。"上曰："人亦有病，岂但马。若送马人道病死者，官司未必以闻。马死不必罪，亦不必偿。"

2. 明廷对茶叶运输的垄断

洪武、永乐时期官营茶马贸易的最大特点就是交易时间、交易方式、交易地点、交易价格等全部由国家垄断，商人不得参与。这其中就茶叶运输而言，其基本流程是：政府在陕西汉中、四川保宁、成都诸府茶园以赋税的形式将茶课来的茶叶，由朝廷组织官军或民夫运送到川陕交界处，然后再由陕西官军或官府雇佣的民夫运送至各茶马司进行交易。杨一清《为修复茶马旧制以抚御番夷安靖地方事》载："四川、陕西都、布二司各委堂上官管运。四川军民运赴陕西接界去处，交予陕西军夫，转运各茶马司交收。"[1] 这种由官府指派军人或雇佣民夫运送茶叶，而不是由商人运送茶叶的做法，直到英宗时仍在断断续续地执行着。《国榷》卷26英宗正统九年十二月丙寅载："给陕西运茶军人月粮三斗。"

3. 茶马比价

茶马贸易最初是以互市形式进行的，双方自愿交易，但在内官赵成前往河州市马不久，明朝凭借茶叶垄断，在茶马贸易中开始单方面制定茶马比价，垄断价格，压低马价，抬高茶叶价格，致使茶马贸易偏离了市场规律。

洪武、永乐时期官营茶马贸易的茶马比价并无固定标准，基本上是随着政府对马匹的需求量和朝廷对马市的垄断程度不同而不断变化，如《明太祖实录》卷156洪武十六年八月壬午载："兵部奏：'定永宁茶马司

---

[1] 杨一清：《为修复茶马旧制以抚驭番夷安靖地方事》，《杨一清集》上册，唐景坤、谢玉杰点校，中华书局2001年版，第73页。

以茶易马之价，宜如河州茶马司例。凡上马每匹给茶四十斤，中马三十斤，下马二十斤。'从之。"① 这是明初官方制定的茶马比价，其中马价明显低于市场价格。此后马价忽高忽低，极不稳定。洪武二十年六月，"四川雅州、碉门茶马司以茶一十六万三千六百斤，易驼、马、骡、驹百七十余匹"②，此处的茶马比价已接近千斤茶换一匹马。洪武二十二年六月，据四川岩州卫奏报，茶马比价已达每勘中马一匹，给茶一千八百斤的峰值。明太祖谓给茶太多，"诏，茶马司仍旧，准定其价：上马一匹给茶一百二十斤；中马七十斤；驹马五十斤。番商有不愿者听"③。《明太祖实录》卷254洪武三十年七月辛未载："上谓户部尚书郁新等曰：'陕西汉中以茶易马，每马约与茶百斤。岁给茶三百万斤，可易马三万匹。宜严守关隘，禁人贩鬻。'"此后洪武朝的茶马贸易大体沿着这一比价浮动。这一比价虽低于宋元时期的茶马比价，但就整个明朝而言，茶马比价大体维持在这一水平。④《明武宗实录》卷45正德三年十二月戊辰载：

> 户部言："先是都理马政都御史杨一清定西宁、洮、河三卫茶马
> 则例，每岁征茶不过五万斤，易马不过五六千匹。今巡茶御史翟唐一
> 年之间所收茶至七十八万二千余斤，所易马至九千余匹，较之常规，

---

① 《明太祖实录》卷156洪武十六年八月壬午。

② 《明太祖实录》卷196洪武二十年六月庚申。

③ 《明太祖实录》卷225洪武二十六年二月癸未。

④ 较之明初茶马比价，宋政府确定"随市增减，价例不定"的原则是符合商品交换和市场经济客观规律的，是深谋熟虑的结果。元丰间，马源充裕，一百斤茶可换一匹马。后以茶价格下滑，要二百五十斤茶才能换一匹马。崇宁年间，"马价分为九等（良马三等，纲马六等）。良马上等者每匹折茶250斤，中等者220斤，下等者200斤。纲马六等，每匹分别折茶176斤、169斤、164斤、154斤、149斤、132斤"。南宋时，马源锐减，马价上涨十多倍，要千斤茶才能换一匹马。可以看出，茶马比价是按照市场供求关系的变化和马质优劣来确定的，可说是既公平又合理。为了鼓励吐蕃以马易茶，宋政府还规定易马的茶价低于专卖的价格，这种削价政策，既刺激了战马的来源，又"马来既众，则售茶亦多"，薄利多销，同样获得厚利。同时又规定好茶专用易马，不得商卖，雅州名山茶是川茶中的上等茶，"蕃戎性嗜名山茶，日不可阙"，用名山茶易马，最受少数民族欢迎。元朝的茶马比价不是很清楚，但有茶银比价可作参考。《元史》卷18《成宗纪》载：元贞元年（1295）3月，"遣密剌章以钞五万锭授征西元帅，令市马万匹，分赐二十四城贫乏军校"。《元史》卷43《顺帝纪》载：至正十四年（1354）3月，以皇太子行幸，和买驼、马，以军需急用和买马于北边，凡有马之家，十匹内和买二匹，每匹给钞十一锭。这两组价格均高于明朝。

利实倍之。功绩颇著，宜加旌奖。"诏升唐俸一级。

永乐初年，明成祖为怀远人，曾一度提高马价，"递增茶斤"，"由是市马者多"①，但也有例外，《国榷》卷14成祖永乐七年正月辛亥载：

> 严边关茶禁。国初番人入马，上马给茶八十斤，中马给茶六十斤，下马给茶四十斤。及上递增其数。碉门茶马司用茶八万三千五十斤，止易羸马七十匹。故严之。

《明太宗实录》卷110永乐八年十一月己丑载：

> 镇守河州卫陕西都指挥同知刘昭奏："陆续收到河州卫各番族马七千七百一十四匹。上马每匹茶六十斤，中马四十斤，下马递减之。共给茶二十七万八千四百六十斤。已选配牝马千四百三十四匹发陕西、甘肃二处苑马寺孳牧。今以马六千二百八十匹送北京。"命太仆寺牧养。

4. "纳马差发"与"金牌信符"

为了更好地实施垄断性茶马贸易，洪武朝明廷在西北地区普遍实施了"纳马差发"与"金牌信符"制。对于"纳马差发"与"金牌信符"制的性质，有学者认为是洪武、永乐时期的一种贸易行为，是茶马贸易发展到极致的一种体现；也有学者认为是一种赋税。笔者认为，它是一种特殊的赋税，其特殊之处就在于它是有偿的，开始偿钞，后改为偿茶，也有给布帛、纸、牛等，如洪武十四年九月，"四川威、松、茂州三卫以茶、姜、布、纸易马送京师"②。十四年十二月兵部奏：

> 茶、盐、银、布易马之数：秦、河二州以茶易一百八十一匹，纳溪、白渡二盐马司以盐、布易二百匹，洮州卫以盐易一百三十五匹，

---

① 《明史》卷80《食货》。
② 《明太祖实录》卷139 洪武十四年九月甲子。

庆远裕民司以银、盐易一百八十一匹，凡得马六百九十七匹。①

作为赋税，明初统治者称"纳马差发"为"土赋"，这在朱元璋的诏令中阐述得非常清楚：

> 西番之民归附已久，而未尝责其贡赋。闻其地多马，宜计其地之多寡以出赋，如三千户则三户共出马一匹，四千户则四户共出马一匹，定为土赋。庶使其知尊君亲上，奉朝廷之礼也。②

《明太祖实录》卷 220 洪武二十五年八月戊午载："西宁卫所属西番土酋亦令真奔言：'诸番族皆野居散聚，射猎为食，请岁输马二百匹为常赋'，从之。"正是"土赋"这种有偿的特性，使它又像是被大明王朝规定了交易对象、数量、价格以及交易地点的一种特殊的贸易行为。明政府不给茶，番人就不缴"土赋"，其特殊之处就在于此。这种有偿的"土赋"后来被普遍推行于河湟多民族走廊的"熟番"之中，"如田之有赋，身之有庸，必不可少"③。

明初朝廷之所以实行"纳马差发"，原因是明朝政府通过常规性的茶马贸易所获得的马匹已远远不能满足朝廷的需要。明朝政府在最初的茶马贸易中虽然规定了垄断性的价格，但如果不硬性地将交易对象、交易数额固定下来，则很难稳定地获得足够的马匹，所以"纳马差发"的实施，实际上就是将承担"纳马差发"的对象以及"纳马差发"的数额，用"土赋"的形式将其常规化、制度化。

相较"纳马差发"而言，"金牌信符"制则是为了更好地实施"纳马差发"而推行的一种保护性制度。其目的是杜绝边将无状，多假朝命扰害周边，加额多征。同时，"金牌信符"的颁发，使明朝政府又一次以法律的形式将参与"纳马差发"对象以及"纳马差发"的数额固定下来，作为征发"土赋"的凭证，以保证明政府稳定地获得最基本的"土赋"。《明太祖实录》卷 225 洪武二十六年二月癸未载：

---

① 《明太祖实录》卷 140 洪武十四年十月。

② 《明太祖实录》卷 151 洪武十六年三月辛亥；另《国榷》卷 7 太祖洪武十六年载："敕松州卫指挥金事耿忠赋西番名马，三十户输一"。同一件事有两种说法，疑《国榷》记载有误。

③ 《明经世文编》卷 115；王世贞：《弇山堂别集》卷 89《市马考》，中华书局 1958 年版。

遣使往西凉、永昌、甘肃、山丹、西宁、临洮、河州、洮州、岷州、巩昌缘边诸番，颁给金铜信符。敕谕各族部落曰："往者朝廷或有所需于尔，必以茶货酬之，未尝暴有征也。近闻边将无状，多假朝命扰害尔等，使不获宁居。今特制金铜信符，族颁一符，遇有使者征发，比对相合，始许承命。否者，械至京师罪之。"

《国榷》卷10太祖洪武三十年二月壬午载："曹国公李景隆齐金牌勘合直抵西番，给之为符契，以绝奸欺。"

金牌信符的金牌，实际为铜质鎏金。上号藏内府，下号降各番。牌符额上镌"皇帝圣旨"，下左镌"合当差发"，下右镌"不信者斩"字样。并差遣"在京官齐奉金牌招番，以验纳马"。杨一清《为修复茶马旧制以抚御番夷安靖地方事》云：

> 查得河州地方原设必里卫二州、七站，西番二十九族，原额金牌二十一面，认纳差发马七千七百五匹。西宁卫地方曲先、阿端、罕东、安定四卫，巴哇、申冲、申藏等族金牌一十六面，该纳差发马三千二百九十六匹。洮州卫地方火把、哈藏、思曩日等族金牌四面，该纳差发马三千五十匹。上号在于内附守贮。每三年一次，钦遣近臣赍捧前来，公同镇守、三司等官统领官军，深入番境劄营，调聚番夷，比对金牌字号，收纳差发马匹，给与价茶。如有拖欠之数，次年前去催收。[1]

《明太宗实录》卷49永乐三年十二月乙酉载：

> 上谓兵部臣曰："河州、洮州、西宁诸处与西番易马。朝廷本推诚抚纳远人，皆与好茶，闻近时守边头目人等多用恶谬茶欺之，甚者侵损其财物。彼虽淳厚，不肯陈告，然心未必能平。来年其遣金牌信符给西番为验，使比对相同即纳马如洪武中例，不可后期，仍榜谕边

---

[1] 另据万历《明会典》卷37《茶课》载，这41面"金牌信符"分别为："洮州火把藏、思曩日等族牌六面，纳马三千五十匹；河州、必里卫二州、七站，西番二十九族牌二十一面，纳马七千七百五匹；西宁曲先、阿端、罕东、安定四卫，巴哇、申中、申藏等族牌一十六面，纳马三千五十四匹。"但是这一记载中"金牌信符"的总数并非41面，而是43面。

地官民以朝廷怀远之意。今后马至必与好茶，若复欺之，令巡按监察御史采察以闻。"

除了规定的三年一次的"差发"外，对于临时性的官方茶马贸易明王朝也是十分欢迎。《明太祖实录》卷 168 洪武十七年十二月丁未载："西番僧人参旦藏卜输马七百八十二匹于河州卫。"[①] 洪武二十年，"西宁番僧三刺贡马"[②]。洪武二十六年十二月，明廷榜谕河州等处，禁止民间私贩官马。吐蕃之马匹无印者及牛羊杂畜之类，不问多寡，一听渡河售卖，官吏阻止者罪。《明太宗实录》卷 39 永乐三年二月乙丑载：

> 四川布政司言："诸番以马易茶者例禁夹带私茶、布帛、青纸等物出关，今番商往往以马易茶及以他货易布。司遵禁例，又虑杜绝远人。"上曰："边关立互市所以资国用，来远人也。其听之。"

5. 严禁贩卖私茶

明廷极不合理的茶马比价必然导致私茶的出现，但为了规范和垄断茶马贸易，洪武、永乐两朝都曾制定了严禁贩卖私茶的规定，如"凡贩私茶者同私盐法论罪"，"杖一百，徒三年，茶货、车船、头匹并须入官"。[③] "有以私茶出境者斩，关隘不觉察者处极刑。"[④] "祖宗茶马禁例，私通，罪必至死。"[⑤]《明太祖实录》卷 168 洪武十七年十一月乙酉载：

> 陕西都司获贩私茶者悉送至京，诏贷罪充军。先是西安中护卫军人言，巴山西乡由子午谷入山越秦岭之南，皆荒僻深邃。凡士卒逋逃及贩卖私茶者，往往于此潜匿，多为奸盗。上命陕西都指挥使司发兵搜捕，至是获之凡百四十人并私茶，送京师有司论当死。上曰："逋逃聚山泽为盗与私茶犯禁者，不可不捕，然原其情，以衣食饥寒之

---

① 《明太祖实录》卷 168 洪武十七年十二月丁未。
② 《明太祖实录》卷 217 洪武二十年
③ 《明律集解附例》卷 8《户律》"课程"。
④ 万历《明会典》卷 37《茶课》。
⑤ 杨一清：《为修复茶马旧制以抚驭番夷安靖地方事》，《杨一清集》上册，唐景坤、谢玉杰点校，中华书局 2001 年版，第 83 页。

故，亦有可矜。其宥死谪戍宁波、昌国，私茶以赐捕获军士。"

《明太祖实录》卷230洪武二十六年十二月己亥载：

命右军都督府榜谕河州等处，禁民毋鬻官马。先是朝廷以言者谓陕西各处军民往往有过河贩鬻马匹。既遣使往甘肃、西凉、西宁印烙系官之马，宜俾关吏禁绝过河私贩之弊。既又有言西人所赖者，畜牧为生，旧常以马过河鬻售。今既禁遏之，恐妨其生计。上然其言，乃命右军都督府给榜谕守关者："今后止禁官印马匹，不许私自贩鬻。其西番之人自己马无印者及牛、羊、杂畜之类不问多寡，一听渡河售易。关吏阻者罪之。"

《明太祖实录》卷238洪武二十八年夏四月壬午载：

降河州卫指挥使赵庸复为定辽右卫指挥使司指挥佥事。初庸任定辽右卫世袭指挥佥事，洪武二十六年升河州卫指挥使，坐私受番人马，法司逮论死。上以其勋旧，特宥之，复降定辽原职。

《明太祖实录》卷250洪武三十年三月丁酉载：

敕右军都督府曰："古者帝王驭世，必严夷夏之辨者，盖以戎狄之人贪而无厌。苟不制之则必侵侮而为边患矣。今朵甘、乌斯藏、长河西一带西番自昔以马入中国易茶，所谓懋迁有无者也。迩因私茶出境，马之入互市者少，于是彼马日贵，中国之茶日贱，而彼玩侮之心渐生矣。尔右军即移文秦、蜀二府长史司，启王发都司官军于松、碉门、黎雅、河州、临洮及入西蕃关口巡禁私茶之出境者，朕岂为利哉，制驭夷狄不得不然也。"

为此，太祖朱元璋不仅诏谕兵部严加防范，而且还派遣驸马都尉谢达往谕四川等地。《明太祖实录》卷251洪武三十年三月壬午载：

敕兵部曰："巴茶自国初征收累年与西番易马，近因私茶出境，致茶贱马贵，不独国课有亏，殆使戎羌放肆，生侮慢之心，盖由守边者不能御防或滥交无度，纵放私茶或假朝廷为名，横科马匹以致番人悖信朝廷。初不知此，但谓西番不顺，岂知边吏有以激之故。尝命曹国公李景隆赍金牌勘合直抵西番，以传朕命，令各番酋领受，俾为符契以绝奸欺。尚恐边卫将士巡防不严，私茶出境。尔兵部备传朕意，谕边守者知之。"于是兵部具禁约事宜，遣人赍谕川、陕守边卫所，仍遣僧管著藏卜等往西番申谕之。

《明太祖实录》卷 251 洪武三十年三月癸亥载：

遣驸马都尉谢达往谕蜀王椿曰："秦、蜀之茶，自碉门、黎、雅抵朵甘、乌斯藏，五千余里皆用之。其地之人不可一日无此。迩因边吏讥察不严，以致私贩出境为夷人所贱。夫物有至薄而用之则重者，茶是也。始于唐而盛于宋。至宋而其利博矣。前代非以此专利，盖制戎狄之道。当贱其所有，而贵其所无耳。我国家榷茶本资易马以备国用，今惟易红缨杂物，使番夷坐收其利，而马入中国者少。岂所以制夷狄哉。尔其谕布政司、都司，严为防禁，无致失利。"

洪武三十年六月，驸马欧阳伦私贩茶叶事发，"驸马都尉欧阳伦坐贩私茶事觉，赐死"，"以布政使司官不言，并伦赐死"。① 《明太祖实录》卷 254 洪武三十年八月丁酉载："兰州奏朵甘、乌斯藏使臣以私茶出境。守关者执之，请寘于法。上曰：'禁令以防关吏及贩鬻者，其远人将以自用，一时冒禁，勿论。'"《明太祖实录》卷 255 洪武三十年十月壬午载："行人高積自陕西宣谕禁鬻私茶。还，言三事：一曰乞减内地巡茶关隘；二曰选老成练达兵务之将捍御西陲；三曰民之逋粮宜从土地所宜折收。上并从其言。"《明太祖实录》卷 255 洪武三十年十一月壬子载："署佥都御史事邓文铿等自陕西稽察私茶，还京。"《明太祖实录》卷 251 洪武三十年十二月壬午载：

敕兵部曰："巴茶自国初征收，累年与西番易马。近因私茶出

---

① 《明太祖实录》卷 253 洪武三十年六月己酉。

境，致茶贱马贵，不独国课有亏，殆使戎羌放肆，生侮慢之心。盖由守边者不能御防或滥交无度，纵放私茶或假朝廷为名，横科马匹，以致番人悖信。朝廷初不知此，但谓西番不顺，岂知边吏有以激之故。尝命曹国公李景隆赍金牌勘合直抵西番，以传朕命。令各番酋领受俾为符契，以绝奸欺。尚恐边卫将士巡防不严，私茶出境，尔兵部备传朕意。谕边守者知之。"于是兵部具禁约事宜，遣人赍谕川、陕守边卫所，仍遣僧管著藏卜等往西番申谕之。

洪武三十一年十二月十一日太祖诏曰：

> 今年以来，茶贱马贵，不止国课有亏，致使戎羌放肆，盖是守边者不以防御为重。出榜以后，守把人员若不严守，纵放私茶出境，处以极刑，家迁化外，说事人同罪；贩茶人处斩，妻小入官。[①]

永乐皇帝即位后，市马者多而茶禁少驰，故永乐元年五月诏令："禁四川碉门、黎、雅、河州、临洮等处私茶。"[②]《国榷》卷 13 成祖永乐三年十二月乙酉载："谕兵部曰：'西番马至，给真茶，毋伪恶'，令巡按御史采察以闻。"永乐六年十二月十九日诏令：

> 陕西、四川地方，多有通接生番。经行关隘与偏僻小路。洪武年间，十分守把严谨，不许放过缎匹、布、绢、私茶、青纸出境，违者处死。恁户部再出榜晓谕禁约，还差人说与都司、布政司、按察司，着差的当人去各关上省会把关头目、军士，用心守把，不许透漏缎匹、布、绢、私茶、青纸出境。若有私贩出境，拿获到官，定将犯人与本处不用心把关头目，俱各凌迟处死，家迁化外，货物入官。

《国榷》卷 14 成祖永乐七年正月辛亥载："严边关茶禁。国初番人入马，上马给茶八十斤，中马给茶六十斤，下马给茶四十斤。及上递增其

---

① 杨一清：《为修复茶马旧制以抚驭番夷安靖地方事》，《杨一清集》上册，唐景坤、谢玉杰点校，中华书局 2001 年版，第 81 页。

② 《国榷》卷 13 成祖永乐元年五月戊戌。

数。碉门茶马司用茶八万三千五十斤，止易羸马七十匹。故严之。"按照这一记载，每匹羸马竟然易茶 1186 斤。《明太宗实录》卷 66 永乐五年四月戊戌载：

> 敕甘肃总兵官西宁侯宋晟曰："朝廷禁约下人私通外夷，不为不严。比年回回来经商者，凉州诸处军士多潜送出境，又有留居别失八里、哈剌火州等处，泄漏边务者。此边将之不严也。已别遣监察御史核治。自今宜严禁约，盖因哈剌火州等处使者来言其事。故戒饬之。"

从文献记载看，洪武、永乐两朝的确存在着贩卖私茶的现象，且这一时期贩卖私茶的人不仅来自民间，更为严重的是亦有大量戍边官军及其家属参与其中，所谓"近年各边贩茶通番，多系将官、军官子弟"[1]。但是也必须注意到，洪武、永乐两朝打击私茶贩运的举措与刑罚也是相当严厉的，甚至不惜诛杀当朝驸马，以儆效尤，这对于抑制私茶泛滥起到了关键作用。所以洪武、永乐两朝虽然存在着私茶贩运的现象，但私茶贩卖尚未泛滥到足以瓦解官营茶马贸易的严重程度，故杨一清在《为修复茶马旧制以抚驭番夷安靖地方事》云：

> 查得洪武、永乐年间，兴贩私茶者处死，以故，当时少有蹈之者。间有一二私犯者，包藏裹挟，不过四五斤十斤而止。行则狼顾鼠探，畏人诇捕。岂如今人之贩者，横行恣意，略不知惮……乞将兴贩私茶者，合照永乐年间旧例处死，通番并把隘卖放之人亦如之……仰惟我祖宗不嗜杀人，独于贩茶通番之禁，致严如此。[2]

（三）官营茶马贸易的破坏

大体从宣德年开始，官营茶马贸易遭到私茶的更大冲击，尤其是正统、景泰、天顺年间，官营茶马贸易极度萎缩，马贵茶贱，私茶贩运猖

---

① 杨一清：《为修复茶马旧制以抚驭番夷安靖地方事》，《杨一清集》上册，唐景坤、谢玉杰点校，中华书局 2001 年版，第 82 页。

② 同上书，第 81 页。

獗，"纳马差发"几近停止。如何解释这一现象，以往学者几乎都将此时期茶马贸易的破坏归结于私茶泛滥，而私茶泛滥的原因又是政府操纵的茶马比价明显低于市场比价。但与现代学者观点显著不同的是，明代官员在总结这一问题时普遍认为，洪武、永乐两朝的茶马贸易并没有因私茶贩卖而遭到破坏，而是宣德、正统年间政府停办了大规模的茶马贸易。本文也认为，此阶段茶马比价已不再是私茶泛滥的主要原因，更不是根本原因。根本原因是宣德、正统年间政府停办了大规模的茶马贸易，而停办的原因说起来非常无奈，也非常简单，那就是缺少足够的军民转输茶叶。具体情况是：

1. 如上所述，洪武、永乐时期官营茶马贸易的运输是由官府指派军人或雇佣民夫承担的，但是到了宣德以后，这种方式难以为继了，一方面是由于宣德、正统、景泰、天顺年间政府军队大量投入与鞑靼、瓦剌等北元军队的作战之中，尤其是正统十四年的"土木之变"，明军50万大军几乎全军覆灭，消耗殆尽；另一方面是随着土地兼并的恶性发展，太监、官豪、军官侵占屯田，军户不堪剥削，被迫大量逃亡，仅正统元年到正统三年，清军御史就清查出各地卫、所逃亡屯军达120万之多。[①] 河州卫也由明初的官军9888名，经弘治、正德以后逃亡，仅见在5559名。[②] 作为官茶运输的主要力量——官军的缺失，致使洪武以来实施的官营茶马贸易因缺乏官茶给付而不得不大幅度萎缩。为了保证边疆防御和军粮的运输，明政府不得不暂停部分官茶运输，仅宣宗时期就有三次下诏暂停部分官茶运输，如《明宣宗实录》卷41宣德三年四月癸亥载：

> 四川参政李衡奏："户部勘合，令民运河州茶马司茶六十万斤赴陕西，比因松潘等处番寇作乱，发兵剿捕，其旁近州县民皆惊溃。而发成都等府民六十余万往运军饷，民力不足。乞暂停运。"上谓尚书夏原吉曰："蜀地险民贫，今方用兵，供给实难，安可复以不急之务扰之。民扰则不安，不安则怨，怨则为非。宜从衡所言，止勿运。凡诸司有买办于彼者，悉令停止。"[③]

---

① 《明英宗实录》卷46正统三年九月丙戌。

② 吴祯：(嘉靖)《河州志》卷3《官政志·职官》，甘肃省图书馆藏。

③ 另外两次分别见《明宣宗实录》卷53宣德四年四月庚申、《明英宗实录》卷1宣德十年正月甲午。

《明宣宗实录》卷53宣德四年四月庚申载：

> 陕西绥德州奏："去年旱灾，州民艰食，及今尤甚。而上司赋役浩繁，如运粮、运茶之类，民不堪命。乞稍宽之。"上览奏以示行在户部尚书郭敦等曰："卿等宁不与朕同忧乎，恤民力当如救焚。岂可以缓运粮，可酌量使之运茶之类一切停止。"

《明英宗实录》卷1宣德十年正月甲午载：

> 行在户部奏："陕西西宁、河州、洮州番族输马一万三千余匹，当给赏茶一百九万七千余斤，欲移文四川布政司，起夫辇运。今闻其处旱潦相仍，人民艰食，乞暂停止。"上从之，且命有司善加收贮，俟丰年运给之。

《明英宗实录》卷27正统二年二月丙戌载："镇守西宁署都指挥佥事金玉奏：'市马缺茶，请发丁壮于四川运茶赴卫备用。'上以西鄙用兵，民方困竭。兹事宜少缓，须灭虏后行之。"《明英宗实录》卷118正统九年七月癸酉载：

> 镇守陕西都督同知郑铭奏："今年收纳番马，该四川运茶八十四万三千六十斤至陕西界。陕西起倩军夫运至各茶马司，用军夫二万一千七十余名。即今岁旱人饥，乞暂停运，以侍丰年。"兵部言："西宁茶马司见有茶二十五万四千余斤，请将该运茶减半，或从铭所奏暂停。"上曰："茶马国家要用，既陕西军民艰难，令侍郎丁铉等与郑铭等议，除用各茶马司见在茶外，将今该运茶减半。令有力军民陆续运去辇用。如秋后不熟，再议以闻。"

弘治年间杨一清在《为修复茶马旧制以抚御番夷安靖地方事》中云："臣今年正月间，量发官银一千五百七十余两，委官前去收卖茶七万八千八百二十斤，计易过儿、扇、骒马九百余匹。若用银买，须得七千余两，其利如此，但忧未免用官夫运送。"杨一清所举之例虽然可为官府节省官银五千余两，但令他担忧的是这样做必须动用大量官夫运送，可见动用大量官夫运送茶叶在当时是困扰朝廷的一件非常棘手的事情。而户部在回复杨一清《为修举马政事》时解释云：

> 查得洪武、永乐年间，金牌旧例，三年一次，番人该纳差发马一万四千五十一匹。价茶先期于四川保宁等府运送一百万斤。四川军民运赴陕西接界去处，交予陕西军夫，转运各茶马司交纳。转输数千里，所费不赀。宣德、正统以来，为因边方多事，运粮为急，势不能行，茶马停止。六十年来，莫之能复。[①]

在另外一篇回复中，户部就洪武、永乐两朝茶马贸易的停办同样解释曰：

> 后因边方多事，陕西军民转输军饷，无暇运茶，腹里卫分官军又各调去甘、凉、宁夏等处征操，别无官军可调，茶马因是停止。历年滋久，如曲先、阿端诸卫，貌不相通，诚恐数十年之后，虽近番亦不复知有茶马矣。[②]

上述记载明确表明，洪武、永乐两朝后，茶马贸易大幅萎缩的主要原因是缺少足够的官军或民夫转输茶叶。在这种情况下，多数曾经承担"纳马差发"的部落便停止了与朝廷的茶马贸易，渐渐与朝廷疏远，正所谓"远夷既不仰给我茶，敢谓与中国不相干涉"[③]。《明英宗实录》卷164正统十三年三月庚子载：

> 镇守洮州都指挥李信奏："正统十一年入番征收茶马，其哈偏等族番民逃窜别境，负马二百四十九匹。迨今无从招抚追纳。"上曰："番民既艰难逃避，姑免追征。仍移文各簇头目，招抚复业，务在宽恤得所。若头目故纵逃避及逃民恃顽不悛，俱重罪不宥。"

---

① 杨一清：《为修举马政事》，《杨一清集》上册，中华书局2001年版，第100页。

② 杨一清：《为修复茶马旧制以抚驭番夷安靖地方事》，《杨一清集》上册，中华书局2001年版，第73页。

③ 同上。

朝廷既无能力转输茶叶，只得依靠"汉中等处民纳茶及巡获私茶充用"。《明孝宗实录》卷 194 弘治十五年十二月庚子载：

> 户、兵二部复议监察御史王诏所奏禁商茶以通番马事。谓洪武、永乐间，茶马之法，三年一次官运保宁府等处茶于西宁等茶马司易马。后此例不行，仍取汉中等处民纳茶及巡获私茶充用。岁遣行人等官巡视。成化初，始专差监察御史。当时易马岁以万计，加之视监所收，足给边用。近年以来十不足一，盖缘私茶之禁不行，而召商报中之弊复有以坏之。请自今停开中之例，严私贩之禁，仍以民间所纳并巡获私茶以易番马，及时至市。陕西苑马寺比年马政废弛，尤宜择人整理。庶几马渐蓄盛，而边方足用。上曰茶马备边重事，所差御史务心巡理足。先年之数，此后勿再召商中茶。其苑马寺收马事宜，兵部即议处来奏。

受朝廷无能力转输茶叶的影响，宣德朝以后，朝廷只得在少数与朝廷关系极为亲密的部落中实施"纳马差发"。无怪乎杨一清在《为修复茶马旧制以抚驭番夷安靖地方事》中说道：

> 臣奉宣皇上恩威，抚且谕之，责其近年不肯输纳茶马之罪。彼皆北向稽首云："这是我西番认定的差发，合当办纳。近年并不曾赍金牌来调，止是一年一次着我每将马来换茶。今后来调时，天皇帝大法度在，我西番每怎敢违了。"……臣始至陕西，行据守备河州署都指挥佥事蒋昂呈称："河州卫每年招番易马，止是临近川卜六族、乞台、撒剌并归德中左所西番、达子二十七站，及腹里老鸦、乩藏等族熟番调来中马给茶。其黑章哑，上、下哈如，阿剳尔，朵工，远竹等族番人，递年累抚老番俱故，后生不知法度，强硬生拗，不肯前来中马。"

茶马贸易中官府角色的缺失对于私茶贩卖来说无疑是天赐良机，这也是官军无力转输茶叶后不得不接受的一个苦果。宣德、正统以来私茶贩卖的大举进入，导致茶马贸易不得不听由官府与民间共同承担主角的尴尬局面。从这一点讲，宣德、正统以来私茶贩卖并不是导致政府垄断性茶马贸易大幅萎缩的原因，而恰恰是政府垄断性茶马贸易大幅萎缩导致了私茶贩卖的猖獗。前者是因，后者是果。

2. 客观地讲，宣德朝以来朝廷对于禁贩私茶依然固守着洪武、永乐时期的法律，个别情况下甚至更加严厉，但由于官军无力转输茶叶以支撑正常的官营茶马贸易，又使官府对于严禁私茶贩运陷入尴尬的境地，许多情况下不得不睁一只眼闭一只眼。以至于严禁私茶与私茶猖獗共存构成了这一时期茶马贸易中的一大怪相。《明英宗实录》卷133正统十年九月壬申载：

> 兵部奏："刑部侍郎丁铉往川陕运茶四十二万斤有奇，赴洮州等茶马司买马。请命内臣赍领金牌信符监买。"陕西右布政使王暹亦言："每年运茶入番，其洮州等三卫军官往往夹带私茶，以致茶价亏损，马数不敷。乞遵永乐间例，仍差监察御史三员分督。庶革宿弊。"从之。

从上述记载可以看出，朝廷的严禁私茶只能对私茶贩卖起到一定的遏制作用，而且只有当私茶贩卖严重威胁到地方秩序，或地方官吏明目张胆地参与到私茶贩卖，或贪赃枉法为私茶贩卖提供保护时，朝廷才绳之以法，而查获的私茶又成为当时官营茶马贸易的主要茶源之一。

3. 如果说在第一阶段，私茶的产生的确是由于不合理的茶马比价导致的话，那么在茶马贸易的第二阶段，这种现象发生了复杂的变化。由于官营茶马贸易的萎缩，私茶大量充斥茶马市场，甚至可以说是私茶泛滥。而私茶泛滥的直接后果就是茶马比价越来越接近市场价，两者的衔接导致官营茶马贸易也不得不按照市场价进行。如此，则这一阶段的茶马差价更多是由地域、季节等因素造成的，而不是垄断造成的。既然很少有垄断所造成的价格差，那么由不合理的茶马比价所导致的私茶贩运也就基本上不复存在。

4. 既然茶马比价已与市场价衔接，为何私茶贩运不仅没有衰落，反而更加"繁盛"呢？原因很简单，由于官营茶马贸易的大幅萎缩为茶马互市留出了巨大的市场空间，而私茶乘虚而入，迅速占据市场。从这一点讲，此阶段私茶泛滥的主要原因不是市场总额迅速扩大了，而是私茶填补了官茶的缺失。杜常顺认为"甘青少数民族对茶叶的需求量很大，仅靠给政府纳马而获得的'酬茶'是远不能满足日常生活需要的,因此大量内地商人、边民便趁机偷运茶叶出境"①。这一观点如果是从上述角度谈的话,那是确切的;如果不是,则过于笼统。

(四)官营茶马贸易的改革

由于私茶的泛滥,明廷马匹资源匮乏的问题在正统年间已经暴露。到了弘治年间,当朝廷再一次迫切感受到马匹资源匮乏,派重臣杨一清重新督理茶马时,茶马贸易早已是斗转星移、物是人非了。其形势之严峻主要表现在以下几个方面。

1. 洪武、永乐以来,茶叶种植面积越来越大,茶叶课税却未见增长。个中缘由,杨一清在《为修复茶马旧制以抚驭番夷安靖地方事》中有详尽的调查,② 其云:

> 案照,先据陕西按察司佥事唐希介呈称:"汉中府金州西乡、石泉、汉阴三县,俱系产茶地方,如汉阴一县,原设在廊、新安二里,后因招抚流民增添九里,近因大造黄册,又添一里。今以十里之民,止纳二里之课。况自招抚之后,其延安、庆阳、西安等府人民流移到彼,不可胜纪。见今开垦日繁,栽种日盛。其沿江一带茶园,多不起课……看得汉中府前项产茶州、县,国初,人民户口不多,茶园亦少,多不起课。所以额客止于如此。成化年间以来,各省逃移人民聚集,栽植茶株数多,已经节次编入版籍。州、县、里分俱各增添,户口日繁。茶园加增不知几处,而茶课仍旧,致令各处奸顽官舍军民,递年在山收卖私茶,通番交易觅利。以此,番人不乐官市,沮坏马政,相应查理……访得前项州、县,所产茶斤,不假种植,随田而出。荒山茂林,耕治燔灼之余,茶从而萌蘖焉,民获其利。一家茶园,有三五日程历不遍者;有百余户典种不周者;以数十户、百余户所典茶园,止帮一户茶课。其甚少者,亦多赢余……故汉中一府,岁课不及三万,而商贩私鬻至百余万以为常,是其明验也。"

---

① 杜常顺:《论明代西北地区的私茶》,《青海师范大学学报》1995 年第 3 期。

② 杨一清:《为修复茶马旧制以抚驭番夷安靖地方事》,《杨一清集》上册,中华书局 2001 年版,第 73 页。

2. 国家所需马匹越来越多，国家苑马寺马匹畜养量却日渐枯竭。明朝初年，朝廷曾在太仆寺下设有多处苑马寺，以供边军征战之用。这些苑马寺主要集中在西北地区。《明太宗实录》卷45永乐四年九月壬成载：

> 诏设陕西、甘肃二苑马寺。寺置卿一员，从三品，少卿一员，正四品，寺丞一员，正六品，首领官主簿一员，从七品。寺统六监，而每寺先设两监，曰祁连、曰甘泉，隶甘肃苑马寺；曰长乐、曰灵武，隶陕西苑马寺。监统四苑，每苑先设二苑，西宁、大通隶祁连监，广牧、麒麟隶甘泉监；开城、安定隶长乐监；清平、万安隶灵武监。诏置监正一员，正七品，监副二员，正八品，录事一员，未入流。苑视其地广狭为上、中、下三等，上苑牧马万匹，中苑七千匹，下苑四千匹。苑有围长，从九品。一围长率五十夫，每夫牧马百匹。

永乐六年秋八月，"增设甘肃苑马寺所属威武、安定、临川、宗水四监，并前祁连、甘泉为六监。以广牧、麒麟、温泉、红崖四苑隶甘泉监；西宁、大通、古城、永安四苑隶祁连监；和宁、大川、宁番、洪水四苑隶威武监；武胜、永宁、青山、大山四苑隶安定监；暖川、岔水、巴川、大河四苑隶临川监；清水、美都、永川、黑城四苑隶宗水监"[1]。同年冬十二月，又"增设陕西苑马寺威远、同川、熙春、顺宁四监，并前长乐、灵武为六监。其中，长乐监统开城、安定、弼隆、广宁四苑；灵武监统清平、庆阳、定边、万安四苑；威远监统武安、陇阳、保川、泰和四苑；同川监统天兴、永康、嘉靖、安胜四苑；顺宁监统云骧、升平、延宁、永昌四苑"[2]。另"熙春监所辖康乐、凤林、香泉、会宁四苑，在临、巩二府陇西、会宁、狄道、金县地方"[3]。至此，陕西、甘肃苑马寺共辖12监48苑，跨陕西数郡，二千余里之地，具有相当大的规模。按明制，上苑牧马万匹，中苑牧马7000匹，下苑牧马4000匹，若统以5000匹计之，应有24万匹之多。这虽然不是十分确切的数字，但数量众多的监苑存在，至少说明河陇地区有十分广阔的牧场存在，其所牧养的马匹占明代各镇拥有

---

① 《明太宗实录》卷58永乐六年八月乙酉。

② 《明太宗实录》卷60永乐六年十二月己寅。

③ 杨一清：《为修举马政事》，《杨一清集》上册，中华书局2001年版，第9页。

马匹总数的2/3。

然而就在明太宗时期，马政之弊端已现端倪，《明太宗实录》卷219永乐十七年十二月已丑载监察御史邓真言十事，其中有关马政一事曰：

> 四日兵部职掌兵政。凡天下军马多寡虚实皆当一一周知，如某卫某所见在军马若干，欠缺若干，逃亡若干，时常点检具奏整理。今乃尸位素餐，优游度日，兵务废弛，马政不修，军伍有经三、五年、十数年空歇不补者，马匹孳生有三五年拖欠不完者，是致各卫通同弊，互相蒙蔽，贪赃坏法，非止一端，此兵部之毙也。

此后出于种种原因，陕西、甘肃苑马寺大多革去，如《明英宗实录》卷27正统二年二月戊子载："革甘肃苑马寺及西宁卫递运所，并甘肃所牧马隶陕西苑马寺。从右佥都御史罗亨信言也。"革去后的牧场"不过环数百里，又有卫所屯田及王府、功臣草场参杂其间"①。然即便如此，通计开城、安定、广宁、万安、黑水、清平六苑，"除每岁给军骑操外，可常牧马三万二千五百匹，足够陕西三边之用"②。

到了弘治年间，情况发生了惊人的变化，杨一清《为修举马政事》载：

> 本年八月内到于陕西地方，奉宣德意，备行陕西两寺监、苑官员，共修职业，以副委任。臣亲诣两监六苑，查得牧马草场原额一十三万三千七百七十七顷六十亩，见在各苑止存六万六千八百八十八顷八十亩，其余俱被人侵占。原额养马恩队军人一千二百二十名，见在牧马止有七百四十五名。牧军包揽代役及私回原卫，住坐挨拿未获九十九名，逃故累行勾捕未解三百七十六名。点亲得见在牧养儿、骟、骒马并孳生马驹，止有二千二百八十四。及查倒死亏欠马驹，弘治六年起至弘治十三年九月止，该本寺卿李克恭奏蒙兵部题准折买事例，该追折买马七千八百四八分三厘，俱各不曾追捕。弘治十三年十月起至弘治时六年六月终止，陆续倒死并被盗、走失马共三千二百八十三

---

① 杨一清：《为修举马政事》，《杨一清集》上册，中华书局2001年版，第9页。
② 同上书，第11页。

匹，亏欠驹三千七十三匹。马政之废，至此极矣。①

《明孝宗实录》卷220弘治十八年正月丙午载：

> 陕西苑马寺卿车霆奏："先时创建本寺，原设有熙春监康乐等苑，在临洮府池（地）方。后马政废弛，日渐荒闲。肃府逐以为已有。迩者修举马政，洮州、西宁三处茶马渐增，必得近西之地，庶便畜牧。乞敕兵部移文都御史杨一清委官履亩清查，属之安定苑，专以牧洮、河、西宁茶马。庶草场得复原额，而西马亦得顺水土之性。"兵部覆奏，命一清勘处以闻。

从13万余亩的牧马草场变为只存6万余亩，从牧养马匹24万余匹到如今只剩得两千余匹，明廷的马政一落千丈，废弛殆尽。正因如此，朝廷才急忙委任杨一清督理马政、茶马。

3. 困扰官方茶马贸易的主要根结——茶叶转输问题始终得不到妥善的解决。茶叶转输不仅是明初官方茶马贸易急剧萎缩的主要原因，而且也造成了中央王朝对于"纳马差发"的控制能力大为减弱。为此，明廷不断尝试以"招商纳马""开中粮茶"等各种办法，甚至一度革除难以开展茶马贸易的陕西、甘肃茶马司。《明英宗实录》卷79正统六年五月甲寅载：

> 行在户部奏："甘肃茶马司收贮官茶岁久，即今马贵茶贱，别无支销。请将正统元年以前者每茶一斤准粮一斗，与在边各卫所官员折色俸粮支用。其正统二年以后在库者，仍令如法收贮。以备买马。"从之。

《明英宗实录》卷88正统七年正月庚午载：

> 革陕西、甘肃茶马司。初设茶马司收茶、召商纳马给边，以茶偿之。其后商贩私茶自足获利，不复以马来易官茶，由此官茶积久湮

---

① 杨一清：《为修举马政事》，《杨一清集》上册，中华书局2001年版，第2页。

烂。右佥都御史程富以为言。事下户部，会官议请革去官员印信送部。茶课盘与见任官吏收支。仍令布政司管粮官提督。从之。

《明英宗实录》卷116正统九年五月丁卯载：

命刑部右侍郎丁铉、光禄寺寺丞吕泰往四川攒运茶课。时户部奏："陕西西宁、河州、洮州等卫所属各番族番民，例应三年一次纳差发马一万四千五十余匹，合用茶偿其价。宜预遣官往四川保宁等府攒运茶，赴陕西西宁等茶马司交收以俟。"故有是命。

《明宪宗实录》卷101成化八年二月丙子载："敕兵部官赍银二万两赴陕西西宁、洮、河诸处买马，以给边军。"《明孝宗实录》卷40弘治三年七月戊寅载：

巡按陕西监察御史李鸾言："西宁等三茶马司为贮茶以易番马而设。比年以赈饥故开茶易粟，其为民则便矣，而茶马司所积渐少。今各边马耗，而诸郡岁稔无事。欲易粟以赈，请于西宁、河西二茶马司各开报茶四十万斤，洮州茶马司二十四万斤，召商中纳。每引不过百斤，每篦不过三千斤。官收其十之四，余者听其货卖。总之可得茶四十万斤，约易马可得四千匹。数足即上。"户部议覆，从之。

《明孝宗实录》卷157弘治十二年十二月乙卯载：

巡按陕西监察御史王宪言："国家于河州等处设茶马司，收茶以易番马。大得制御之道。比来抚臣建议从权开中粮茶，遂令私茶难禁，而易马不利。今关辅岁稍稔，而粮茶未见其益，祇见其弊。请自今停粮茶之例，异时或有兵荒当更图之。"户部议覆。上曰："粮茶既有误易马，其停之。"

弘治年间，杨一清也曾就"开中粮茶"提出批评，其云：

但今停止商茶，户部题奉准依，许将例前报中者，照旧发卖，其数几二百万，是又一恶也。诚使私茶商贩，一切禁绝，不得通番，不一二年，番族无茶，不抚亦将自来，调之宁敢不至？臣仰承任使，恒惧无补，以速罪尤，深虑却顾，辄罄一得之愚如此。至于兴废补敝之宜，仅条陈五事于后，伏为圣明省览。乞敕户、兵二部，议其可否，覆奏行之。仍乞断自宸衷，今后有以开中商茶为言者，无赐施行。

杨一清就开中商茶的实施所提出的批评代表了相当一部分官员的忧虑和意向，但是这些意见仍然在官方垄断茶马贸易的框架内打转，并不能就茶叶转输的问题提出切实解决的办法，而开中商茶虽然试行，但大多为临时性措施，故效果亦不理想。

4. 洪武、永乐以来民间茶马贸易手法多端，茶马贸易暴露出来的诸多问题长期难以解决。说到民间茶马贸易手法多端，弘治年间都御史杨一清在其三篇奏疏中曾列举了大量私茶贩卖的现象，[①] 归纳起来主要为三大类：第一类为皇亲贵戚、官宦权势之家凭借手中权力贩卖私茶；第二类为边镇军民依托语言、地理等优势，深入各族，内外串通，贩卖私茶；第三类为一般私茶贩运者利用法律松弛之机，钻法律空子，铤而走险，贩卖私茶。详情如下：

第一类：皇亲贵戚、官僚权势之家凭借手中权力贩卖私茶。这一类中除驸马欧阳伦贩运私茶被正法外，还有一些记载。《明太宗实录》卷177永乐十四年六月乙丑载："陕西都指挥使司刘清掌宁夏卫事，私通外境，激变番夷，僭用服饰等事觉，法司当清斩罪，特命宥死，谪戍辽东。"《明宣宗实录》卷98宣德八年正月庚午载：

> 陕西巩昌府通判翟霖奏："巩昌卫都指挥佥事汪寿私造店舍五百余间停塌；私茶潼关等处；纵军民客商贩带青、红布帛段匹入关；又赍金牌买马内官人等亦带私货入番；又减番人马直，以易私马；又索番人赍见马匹诸物。比及出番，官马数少，私马数多，混同支给刍料，欺弊百端，请悉禁止。"上命姑记寿罪，其违法之事悉令改之。余事令都察院揭榜，禁止出番马。数令巡按御史、按察司官核实

① 此三篇奏疏为：《为修复茶马旧制以抚驭番夷安靖地方事》《为申明事例禁约越境贩茶通番事》《为将官滥给驿传兴贩私茶违法等事》，均见《杨一清集》上册，中华书局2001年版。

以闻。

《明英宗实录》卷 91 正统七年四月己未载：

　　镇守洮州都指挥李信率所部征茶马，受番人赂且私有所货。诸族由是多负所征。镇守陕西都督郑铭请治信及所部罪。上曰："然，先逮信所部鞫治，如涉信更处之。"

《明英宗实录》卷 96 正统七年九月辛巳载："巡按陕西监察御史孙毓奏：'镇守洮州都指挥佥事李信受番人马百匹，止以八匹给军人操备。请寘诸法。'上以事在赦前，宥之。"《明宪宗实录》卷 131 成化十年七月辛未载：

　　巡抚甘肃右副都御史朱英奏："陕西甘肃、西宁附近边方各处山口密迩西番，往年番人与我军民贸易，彼此相安。近年边臣多使人劫诱到营，折阅物价，以贱易贵，致使番族衔忿，甚至引刀自刎。殊失怀柔之道。切恐贻患将来。乞降旨榜禁，自后番人到境，止令都司委官量带人马关防接引，令与两平交易。违者俱发充军。其委官河间不举或通同鬻利者，具奏执问。"事下礼部覆，从之。

《明宪宗实录》卷 139 成化十一年三月甲子载："守备西宁都指挥赵英部下指挥受委巡茶，有私贩者馈之以马。事连英子鏻。巡按御史请逮英及鏻等并问。诏以英不知情，特免之。"杨一清在《为修复茶马旧制以抚驭番夷安靖地方事》中云：

　　但陕西禁茶地方，东至潼关，西极甘肃，南抵汉中，绵亘数千里，伏奸庋慝，无处无之……且茶禁愈严，则茶利愈厚。利之所在，趋者澜倒，伺便而发，乘隙而动者，难保必无。其间多干碍官豪势要之人，非军卫有司之力所能钤制。禁防稍疏，则纮辄如故，茶马大计为之奈何？

为此，杨一清特意在《为将官滥给驿传兴贩私茶违法等事》中列举了姚堂一案。此案中姚堂本为甘州人，欲伙同刘深等贩卖私茶数千斤至西宁。刘深乃镇守甘肃总兵官、右军都督府署都督佥事刘胜家舍人。于是姚堂密与刘深商说："你若同买得些茶，禀知总兵老爹，起得关文，给予火牌，沿途驿递讨马匹骑坐，起车装载，一同前去，卖了就回，众人感谢。"刘深欣然依允。后姚堂、刘深等在西宁贩卖私茶过程中被整饬西宁等处兵备、陕西等处提刑按察司副使萧翀查获。杨一清举奏曰：

> 臣今仰遵圣谕，申严禁令，各该军民尚知警避，刘胜将官独敢妄为。及照往年茶徒止是私窃兴贩，未闻明给应付关文，公使官司运送。况符验非公事不给，火牌非公事不遣，以之递送私茶，不无玩法太甚。再照古浪千户所把关官员，及甘州在城卫起，直抵庄浪卫，巡茶、巡捕官明知故纵，不敢盘拿，虽云畏惧主将声势，实皆蔑视朝廷宪典。事属违法，通合究问。如蒙伏乞圣明，大奋乾断，合无将刘胜提解赴京，明正其罪。仍将各卫巡茶、巡捕官及古浪把关官，通行问刑衙门查提，问拟应得罪名发落，庶使人知警畏，不敢效尤。
>
> ……
>
> 及照近年各边贩茶通番，多系将官、军官子弟。见今甘肃总兵刘胜事发，其他未发者，不止刘胜一人。以此，守备、把关、巡捕官员，不能禁治。

第二类：边镇军民依托语言、地理等优势，深入藏区，内外串通，贩卖私茶。杨一清《为修复茶马旧制以抚驭番夷安靖地方事》载：

> 访得西宁、河州、洮州地方土民，切邻番族，多会番语。各省军民流聚巨万，通番买马。顾倩土民，传译导引，群附党援，深入番境，潜住不出。不特军民而已，军职自将官以下，少有不令家人伴当通番。番人受其恐吓，马牛任其计取，变诈渐萌，含愤未发。诚恐一旦不受约束，患何胜言？

杨一清《为申明事例禁约越境贩茶通番事》亦载：

> 缘洮州卫所属思囊日等族，既邻四川松潘地方，军民贩茶，深入

各族，易换马牛，以此，洮州番夷有茶，节年易马，俱各生拗，不听抚调。洮州私茶既多，则河州、西宁远近生熟番夷相传贩卖，俱从外境相通，难以禁绝。此指一处而言，四川沿边一带，俱与番境相邻，私茶通行，一年不知若千万斤。岂徒为茶马之累，其亏中国之体，纳外夷之侮，莫甚于此。

第三类：普通私茶贩运者利用法律松弛之机，钻法律空子，铤而走险，贩卖私茶。宣德年以后，禁贩私茶的法律虽然有所放宽，但仍然明令禁止私茶贩运，由此私贩茶叶者不得不钻法律空子，铤而走险，其手法之一是利用执法程度在不同地区的差异进行私茶贩运，如洪武、永乐时期，陕西、四川两省均严把隘口，不许私茶出境。而宣德以后，"查得陕西禁茶去处，已令监察御史禁约，但四川建昌、松潘等卫禁茶，递年仍差行人省谕，不过虚应故事"①。杨一清《为申明事例禁约越境贩茶通番事》载：

> 照得四川、陕西俱系禁茶地方，屡有节奉钦依事例。近年以来，惟陕西奉行，而四川未闻。各处军民惟知陕西有禁，而不知四川有禁……各处兴贩之徒，窥知彼处产茶地方广阔，有利无禁，往往前去收买，通番货卖，不止前项已获人犯。大率陕西各年拿获茶徒，窥究所买之处，汉中十之四，四川十之六。越境贩卖者如此，本地通番卖茶之人，不言可知。且先年止于碉门、黎雅、建昌、松潘禁茶，近年又于夔州府东乡、保宁府通江、巴县、广元等处恣肆买卖。②

手法之二是化整为零，规避法律规定的处罚数额进行私茶贩运。洪武、永乐时期，兴贩私茶者处以死刑，所以即使有个别兴贩私茶者，其茶叶走私量少者四五斤，多者十数斤而已。洪武、永乐后，茶法松弛，"例则五百斤以上方才充军"③。"计使一人出本，百人为伙，每人止负五十

---

① 杨一清：《为申明事例禁约越境贩茶通番事》，《杨一清集》上册，中华书局 2001 年版，第 91 页。

② 同上。

③ 杨一清：《为修复茶马旧制以抚驭番夷安靖地方事》，《杨一清集》上册，中华书局 2001 年版，第 81 页。

斤，百人总负五千斤。各执兵器，昼行夜止，遇捕拼力，万一捉去一人，只是一人认罪，数不及五百斤以上，不过充徒，余茶总收其利，以此得计"，且"群聚势凶，莫之敢捕。官兵遥见，预为潜躲"。①

手法之三是利用法律惩罚的疏漏，铤而走险，贩卖私茶。杨一清《为修复茶马旧制以抚驭番夷安靖地方事》载：

> 查得律内，凡犯私茶者，同私盐法论罪。及查见行事例，私茶有兴贩五百斤的，照见行私盐例，押发充军陕西等边……且通番之人，明知事例，犯该充军，乃互相嘻谓："无故亦要投军，有甚打紧。"……承平之余，政玩法驰，已非一日。充军下死罪一等，而贩茶之人，其视充军，甘如饭食。罪至于徒，已非轻典，而陕西军民，宁从三年之徒，不肯出杖罪之赎。盖各处充发军人及摆站哨瞭囚徒，随到随逃，以为常事。上司亦尝立法查考，卒莫能革。其逃回者，又复贩茶，屡犯不悛。玩法至此，可谓极矣。

然而即使如此，这三类也只不过是杨一清根据自己调查得来的事例，与兴贩私茶的全部手法而言，仍只是冰山一角。

面对如此错综复杂的局势，杨一清经过反复调查和缜密筹措，在前人经验的基础上，探索了一种全新的官商合办茶马贸易的方式，即引入商人资本参与"纳马差发"，将茶叶的官买、官运、官销改为官督商运以及后来官督商运、官商共销，以期官民两便，与民分利。对于实施的原因，杨一清在《为修复茶马旧制以抚驭番夷安靖地方事》中云：

> 近年巡茶御史招番易马，止凭汉中府岁办课茶二万六千二百余斤，兼以巡获私茶，数亦不多，每岁约用茶不过四五万斤。以此易马，多不过数百匹至千匹而止。补辕抑勒，往往良驽相参。招易未久，倒伤相继。番人既病于价亏，军士复不得资用。要其事势，亦有由然。今边方在在缺马骑征，官帑有限，收买不敷，月迫岁并，士卒告困。近虽修举监、苑马政，然方收买种马孳牧，求用于数年之后，

---

① 杨一清：《为修复茶马旧制以抚驭番夷安靖地方事》，《杨一清集》上册，中华书局2001年版，第81页。

惟茶马可济目前之急。顾茶司无数万之储,纵然招致番马,何所取给?欲查照旧例,征运四川课茶,缘川、陕军民兵荒之后,创残已甚,边储飞輓,犹自不堪,宁能增此运茶之役……照得汉中府产茶州、县,递年所出茶斤百数十万,官课岁用不过十之一二,其余具为商贩私鬻之资。若商贩停革,私茶严禁,在山茶斤,无从售卖。茶园人户,仰事俯育,何所资藉?彼见茶园无利,不复葺理,将来茶课亦亏。夫在茶司则病于不足,既无以副番人之望;在茶园则积于无用,又恐终失小民之业。若不从宜处置,深为不便。臣今年正月间,量发官银一千五百七十余两,委官前去,收卖茶七万八千八百二十斤,计易过儿、扇、骡马九百余匹。若用银买,须得七千余两,其利如此,但优未免用官夫运送。止如前数,固可支持,必欲广为收易,汉中、巩昌、河西一带人民将不胜其劳扰。又恐行之既久,官司处置乖方,亏价损民,似非经常之计。

新的官商合办茶马贸易大体分两步走完,第一步为官督商运,其具体做法是:商人凭官府颁发的"茶引",自备银款到政府指定的地区收购茶叶,然后自行将茶叶运送到指定的茶马司交与政府,官府将商人运送来的茶叶,分投西宁、河州、洮州等卫,官为发卖,每处七八万斤至十万斤为止,价银官府收候,尽勾给商。其价为每一千斤给银五十两。每商所卖不得过一万斤。在这一过程中,商人不得随意收购茶叶,必须由政府给予批文,每一千斤给小票一纸,挂号定限,即"茶引"。如有多余夹带茶斤,照私茶拟断。实际上类似的方式早在杨一清提出此方案前就曾零星地使用过,《明英宗实录》卷 10 宣德十年十月壬寅载:"陕西西宁卫奏:'今茶马司缺茶买马,而四川成都诸府积有官茶。请召商于彼处,运赴本司。每茶百斤加耗十斤,不拘资次,支与淮浙运司盐六引。'从之。"《明武宗实录》卷 124 正德十年闰四月辛酉载:"总督甘肃等处军务左都御史彭泽陈言边务十二事:'一甘肃马缺,宜开纳马例,量拨两淮官盐或陕西官茶各十万引,招商上纳……余如泽议。'诏可。"《国榷》卷 24 英宗正统四年五月辛酉载:"招商于陕西纳马。"《明宪宗实录》卷 91 成化七年五月戊寅载:

　　兵部奏:"巡抚陕西都御史马文升所陈收茶易马事,深切边务,宜从所议行。令陕西布政司将库贮茶课易卖，折色银及绵花等物，并官银共三千两。遣官领送河南、湖广市茶，运赴西宁等茶马司收贮。移文巡茶官同守备分巡官市易番马。俵给甘、凉操备，并固原、靖虏、庆阳等卫缺马官军骑操。仍行甘肃、宁夏、延绥总兵巡抚等官，核实缺马官军数目，亦如前例行之。"诏可。

成化十八年，朝廷为解决陕西边民饥荒，曾于巩昌、西安、临洮、平凉、凤翔等处实施中茶。"其临、巩二府至西宁卖者，每斤纳杂粮八升；至河州者每斤六升；西安、平凉、凤翔三府赴西宁卖者每斤杂粮一斗；赴河州者每斤八升。各府给与文凭，赴巡茶御史挂号，听于产茶处收买。至十月终止。"① 弘治三年，朝廷又一度开茶易粟，"于西宁、河西二茶马司各开报茶四十万斤，洮州茶马司二十四万斤，召商中纳。每引不过百斤，每篦不过三千斤。官收其十之四，余者听其货卖。总之可得茶四十万斤，约易马可得四千匹"②。但是这些措施大多带有临时性，为一时之举，而且只涉及商人运送茶叶，并未涉及商人可以销售茶叶。

第二步为官督商运、官商共销。《明世宗实录》卷164嘉靖十三年六月乙卯载：

> 户部覆陕西巡按御史刘希龙条奏茶马四事："一除茶运以省浮费。言自汉中至茶司沿途驿递设有茶夫，岁用银二万余两，课少费多，宜从裁省。惟照旧例征银。量地远近给领解户，听其自雇，岁不过千金而足。一曰开中以便召易。言往年间中商茶岁总六十万斤，今增至百数十万斤。官茶阻滞，番马不来，规制渐坏。宜定为格，每岁召商报中，限以八十万斤，除对半给商，其在官者岁以三十万引易马，余悉积贮以备缓急。一除陈茶以清库藏。言陈茶腐浥不堪食用者，宜悉捐弃以省称盘。绝抵换之弊。一给月粮以恤牧军。言苑马寺牧军有数年不得关粮者，衣食不充，难责刍牧。宜加优恤，将应给粮令与操军一体关支。"议上，俱从之。

---

① 《明宪宗实录》卷225成化十八年三月乙亥。
② 《明孝宗实录》卷40弘治三年七月戊寅。

这种方式是在前一阶段官督商运的基础上演变而来。当茶叶运送到边关后，一半交与当地的茶马司，由政府负责收购、销售；另一半则在交货的茶马司由商人就地自行销售。销售所获的收入，一方面补贴商人所付出的成本，另一方面作为商业利润回报商人。与第一步相比较，这种方式最大的不同是允许商人将运送茶叶的另一半在交货的茶马司就地销售。新办法中最为关键的是商人在收购茶叶前，必须向朝廷纳银以换取"引票"，又称为"引茶"，凭"引票"采购茶叶，然后按规定重量压成包，运往边地交收或销售。按照明朝政府规定，每"引"可购正茶 100 斤（当时 1 斤合596.82 克，100 斤即 59.68 千克），附带损耗茶 10 斤，称为"附茶"或"副茶"，共计 110 斤，① 这在当时称为"引茶"，又称"官茶"。如此则政府通过"茶引"的方式，规定了商人收购、运输、销售茶叶的地点、数量、方式。商人只有凭"茶引""茶由"② 方能通过沿途关卡的检验。③

新的茶马贸易既缓解了政府资金短缺的窘境，又解决了政府无力转输的难题，尤其是当政府手中握有充裕的茶叶后，曾经一度衰微的"纳马差发"得到了一定程度的恢复与发展。《明神宗实录》卷 239 万历十九年八月丁亥载：

> 临巩兵备道刘光国同将领出塞，招谕报收过生、熟番人部落二万一千三百余名，安插原住牧地方。于是经略郑雒、巡抚叶梦熊奏请，熟番则照原额，生番则依定数一体中马领茶，以示羁縻，如遇掳掠一面堵截，一面报道发兵应援。今次有功文武各官宜分别叙录。著依拟行。西宁分巡肃州等道报招过熟番八万二百七十余名，经抚题称，熟番复归，生番亦附。番既慕义，虏亦畏威，甚获其利。又据各道臣石槚等所酌议安插保护六事：一湔除往罪。一番族不得苛绳汉法。一议升国师，协管生番货物，审听熟番引至城下交易。一各道审时谐俗，便于番情。一番僧班著朵等七名升受国师，各请敕印或先给剳劄。责

---

① 清顺治年间（1644—1661）附茶增至 14 斤，雍正七年（1729）更增加到 28 斤，连同正茶共 128 斤（合 76.39 千克）。以后茶商借口茶农交售的茶叶水分、灰分过多，任意增加附茶，最后竟每引高达 90 千克。同治末年（1773）左宗棠出任陕甘总督以后，改以票代引，每票 40 引，正附茶为 3205.5 千克，比雍正年间的引票，茶农少交茶 10% 左右。

② "茶由"是发给茶叶零售商的经营凭证。

③ 《明会典》卷 37《茶课》。

成管理并加赏赉议有功文武各官，并应叙录。诏从之。

杨一清整顿茶马贸易前，河州"纳马差发"的部落仅剩得 10 个左右，而《边政考》中记载的嘉靖时河州纳马族多达 40 余个，几乎与洪武、永乐时期金牌纳马的规模相当，这其中尽管有一些部落仅仅是名义上的纳马，实际上已长期不纳马，但纳马部落仍较弘治年间以前多出许多，这不能不归功于茶马贸易的改革。朝廷对此亦有评价，《明武宗实录》卷45 正德三年十二月戊辰载：

> 户部言："先是都理马政都御史杨一清定西宁、洮、河三卫茶马则例，每岁征茶不过五万斤，易马不过五、六千匹。今巡茶御史翟唐一年之间所收茶至七十八万二千余斤，所易马至九千余匹，较之常规，利实倍之，功绩颇著。宜加旌奖。"诏升唐俸一级。

《明世宗实录》卷 354 嘉靖二十八年十一月乙未：

> 兵部覆巡按陕西御史刘仑言："国初散处降夷授以官秩、金牌，令其如期纳马，而酬之以茶，名为差发。顷自金牌停格，诸番原奉给者亦多散亡，无从稽额。今按近年纳马诸番惟洮州卫列币等三族为旧所，宜补给。余如河州卫子刚巴等七族，西宁卫咎币等四族，近皆族众马蕃，可奉差发。各请增给金牌，量加官秩以系其心。其他小族仍给勘合以摄其众。往者例以三年一市，马多而滥，今宜岁一行之，务精阅相当，无取充数。"得旨，令总镇、抚、按诸臣议闻。

随着新式茶马贸易的推进，嘉靖时期，朝廷又将废弛已久的"金牌纳马"改为"堪合纳马"。《明世宗实录》卷 369 嘉靖三十年正月丁未载：

> 诏给西番诸族堪合。先是二十八年御史刘仑请复金牌勘合以便各番纳马给茶。其洮州卫列币等，河州卫子刚巴等，西宁卫咎币等诸族，族大马蕃，给以金牌。冲卜鸾单等一十七族，族小马少者给以勘合。未授职事者与之职名，原授未袭者类奏承袭。嗣后有亲抚之番亦许附入，如例请给。至是总督尚书王以旂等亦以为言下兵部议。部

覆，国初制金牌信符，每副二面，颁降西番诸族，令铃制其党纳差发马匹，给以茶引。其后西海为北虏所据，套虏又岁加侵掠，诸番所领金牌散失，渐覆迁徙内地，密迩三卫，遂不复有赏符比号之事。今番族变诈不常，北虏抄掠无已时，脱给而再失，失而又给，而又失之，如国体何。夫金牌给番，本为纳马，番人纳马意在得茶耳。各番以茶为命，不得茶病且死矣。诚严私贩之禁，则不抚自顺。虽不给金牌，马可集也。若私贩盛行，则在我无以系其心，而制其命。虽给金牌，马亦不主。今称各番告给宁以勘合，与之每岁，以是为验，使彼番属无统者易于号召，而于文移，则革去交易之名，使各效差发之诚，以正体统。至于授职、承袭，必勘明类奏，而后许之。则恩威兼济，诸夷向风矣。诏如拟行。

新的茶马贸易实施后，官方茶马贸易中的售茶主体已经由原来的政府一家独断变为政府与商人两大主体。茶马贸易中的茶马比价仍然以市场为导向，牧民手中的马匹既可以卖与政府，又可以在市场上销售。

新式茶马贸易虽然取得了可观的成效，但仍然面临着诸多困扰，这其中既有存在已久的老问题，亦有伴随新式茶马贸易而出现的新问题。就老问题而言，兴贩私茶是一个长期无法解决的顽症，只是新式茶马贸易中的私茶仅仅是指没有"茶引""茶由"而贩售茶叶的行为，而不是洪武、永乐时期泛指一切官方之外的贩售茶叶行为。就新问题而言，茶商以次充好、质次价高而导致"纳马差发"受阻，茶马司茶叶堆积、腐烂已成为新式茶马贸易中最为突出的问题。《明世宗实录》卷24嘉靖二年三月辛未载：

> 户部上言："国家令番夷纳马，酬之以茶，名曰差发。非中国果无良马而欲市之番夷也。亦以番夷中国藩篱，故以是羁縻之耳。自金牌制废，私贩盛行，各番不中马而自得茶。边吏不能禁。故私委所属抽税马且贩者，不由天全六番故道。私开小路径通嗒葛，而松、茂、黎、雅私贩尤多。自是茶禁日弛，马政日坏，而边方日多事矣。今宜严禁私茶，陕西责之巡茶御史，四川、湖广责之守巡兵备。一切市茶，未卖者验引，已卖者缴引截角。凡引俱南京户部印发，郡县无得擅印。痛革私税，一归于批验茶引所、茶课司。其总镇、守备家人、

头目、豪贩者抚按论劾无赦。仍以大明会典及律例所载申明榜示。"
从之。

《明世宗实录》卷 140 嘉靖十一年七月丁未载:

陕西巡按御史郭坼奏:"陕西临洮、巩昌等处与四川接壤,奸民
往往阑出边关私易茶马。宜于川陕孔道置兵防守。仍专设四川兵备一
员,兼摄私茶之禁。季终籍所捕获多寡以定殿最。"户部覆请。
从之。

《明世宗实录》卷 329 嘉靖二十六年十月壬戌载:

巡按陕西御史胡彦疏陈茶马事宜:"一禁冒中。洮、河、西宁等
处专以不堪马匹冒顶番名中纳。或参游等官自中并纵容其子孙冒中,
及将茶斤展转兴贩通番。俱当严行禁革。违者从重问拟。一申例禁。
弘治年间都御史杨一清所议从重处置边务,及御史刘良卿议禁异省私
茶。陈讲议令茶徒指攀首恶,张涣议禁假茶各。"奏准。事例甚严,
宜刊布遵守。疏下刑部同户、兵二部议,谓冒中之禁,宜如一清、良
卿所条画,各照地方斤数问拟发遣,乃讲与涣之奏则犹有可议者。今
后宜令巡捕官兵捕获茶犯,审有首恶者,虽辨验实迹方许呈所司诘
治,或隐护首恶又妄指平人者,不分茶斤多寡,并发烟瘴地面充军。
如巡捕官军通同卖放,勒令多攀良民者,官降一级,应捕人役枷号两
月。有赃者从重治罪。验有假茶五百斤以上者,商人园户悉照前例发
遣。檀将验过官茶及知情受寄接卖者,各从重论。茶价俱入官。官司
失于缉捕者,各论如律议入。从之。

《明神宗实录》卷 203 万历十六年九月丙辰载:

户部覆巡茶御史钟化民题:"川、陕以茶易马,此驭虏之一策。
而私茶出关之禁不严,则奸诡易生。宜分任责成。在陕者,汉中府所
属关南道臣督之,府佐一人,专驻鱼渡坝查理。在川者,保宁府所属
川北道臣督之,府佐一人专驻鸡猴坝查理。各立哨官,率州、县官兵

为防守缉补之。政于茶生之候，尤严官收，别有司存以，稽出入为市房之用。其园户余茶行所在官司给票引，与官商贸易。其无票引者论如盐法抵罪。第督之。在道臣而守法则两府佐实司纲纪焉。悉听巡茶核治。"上从之。

《明神宗实录》卷282万历二十三年二月丙午载：

> 户部题覆："陕西御史李楠议禁湖南茶引以绝夹带，建紫阳茶坊以绝假茶。事按茶课易番中马，其法甚善，乃奸商利湖南之贱，逾境私贩。番族享私茶之利，无意纳马而茶法马政两敝矣。今宜行巡茶御史召商报引先为晓谕，愿报汉兴保夔者，准中越境下湖南者通行。禁止至产茶州县设立官店、官牙，引商到店纳课。茶户依估还商牙保，将前茶运赴紫阳茶坊，告府盘验，则夹带绝矣。若乃商贩伪茶日增，番族藉减马，应如按臣议，择紫阳辐辏地面，建立茶坊一所，责成正官如法蒸晒，敢有擅换假茶者，举发重究，庶茶行马足而番汉兼便矣。"诏从之。

但此策施行没几个月就遇到问题，《明神宗实录》卷288万历二十三年八月戊辰载：

> 先是陕西巡按李楠奏禁湖南茶引以绝夹带。至是巡按刘景辰谓，禁其新报不当追其旧给。从来茶引必三四年后方得茶到。若前引尽追，则旧储既空。新招未至，空乏可虞。户部以请，从之。

为了防止私茶泛滥以及输运甚艰，明廷曾在嘉靖年以来多次改征茶叶为折色，《明穆宗实录》卷23隆庆二年八月辛巳载：

> 科给事中何起鸣条上四川茶盐二事："谓保宁府一州三县茶征本色，输运甚艰，宜如嘉靖旧例，改征折色，或解藩司为赏番之费，或解陕西备买马之用。所设甘州茶马司当为裁革。川中盐场旧定上、中、下三则纳课。迩来井塌丁逃，旧者有贩纳之累，新者有增课之扰。宜酌出产厚薄以定课额。招集壮丁广开小井，以补旧数。而保

宁、重庆、嘉定、潼川、夔州商人不利跋涉，宜量增引票，使之就近告纳。仍严立禁防使奸商不得影射。官吏不得诛求。"得旨允行。

《明神宗实录》卷182万历十五年正月戊午载：

> 户部题巡茶御史祝大舟称："茶课本为羁縻戎心，充实边厩。汉中府属岁征课茶五万四千余斤，解运茶司易马支用。又征篦工银一百三十余两，中间转运艰辛弊窦，官民俱困。且引茶岁有余积。课茶粗恶不堪，议改折色，听备买马及各处所获私茶就地变价类解，专备赏番。其年例私茶买马一百四十匹，便宜酌处。且与四川事例合自十五年为始，每斤征银二分，共该银一千八十七两一钱一分。收贮汉中府库听解苑马寺买马支用。其加派大户徭银茶夫脚价银两，悉免征派。"从之。

此政策实施十余年后改为折色、本色解量议行，并设有以茶易马的定额。《明神宗实录》卷356万历二十九年二月壬申载：

> 户部覆陕西巡按毕三才条议茶马五事："一复课茶以充国计。课茶征输，岁有定额。先因茶多余积，园户解纳艰难，以此改折。今商绝迹，五司茶空。将汉中府西乡等五州、县课茶，议覆本色，此后折色、本色仍解量议行。一辖郡邑以便责成。欲依巡盐巡仓事例，将湖广宝庆府属产茶州县与□茶经纍地方增入。敕书与川陕一体举劾。一多招引以裕茶本。有引则有茶，有茶则有马。每岁中马一万一千九百余匹，大约用茶四百余引。乞每岁招商报满五百引岁为定例。一清额地以赡刍牧。欲查弘治年间都御史杨一清丈出荒田一千二万八千余顷，拨给七监，见在马。一优茶商以寓鼓舞。"命依议行。

就新问题而言，茶商以次充好、质次价高而导致"纳马差发"受阻，茶马司茶叶堆积、腐烂已成为新式茶马贸易中最为突出的问题。《明世宗实录》卷147嘉靖十二年二月庚子载：

> 巡按陕西监察御史郭圻言茶法事宜："一均茶课，金州西乡等县

岁办地亩课茶，俱有定规。迩来园户代有消长，而官多执滞旧册，吏或卖富差贫，致园去课存，户多逃窜。宜定令十年一为清审增减，务令园课相准。一绝私贩，茶户每采新茶，晒成方块，潜入番族贸易，致官市沮滞。宜行访治。一严收支，洮、河、西宁三茶马司官吏每于茶商运到，茶斤不以时验收，或以滥恶、贮库，比及支放，新陈错出，无复调理。以致陈茶充积，朽叶无用。宜行禁止。"户部复议。从之。

《明世宗实录》卷273 嘉靖二十二年四月乙酉载：

> 陕西巡按御史张涣言："臣顷按洮、河、西宁各茶马司验得，凡系地亩课茶，俱各细美。其招商者率粗恶，不可不严为之禁。臣请造伪茶者计数多寡，比挟带私茶律，并以匿私盐律坐其所主。不然茶法日坏，为马政害不细。"事下都察院，会同户、兵二部议核，自今犯伪茶五百斤以上者，本商与转卖之人俱谪戍近卫，原系近卫者调边远主。家匿伪茶至千斤以上者，亦依前例编发。其不及数者，比私盐律。请着为令。从之。

《明世宗实录》卷317 嘉靖二十五年十一月丁卯载：

> 巡按陕西御史胡彦奏："洮、河、西宁三茶马司堆积年久不堪易马茶斤，作速估议，减价三分之二。如遇各军支放，折色月分量给。前茶即于本军应支银内扣除。在官愿领官厅。其浥烂不堪给军者，将三卫寄养茶马人户量加分赏，以资困穷。"得旨，茶马系西鄙重事，先朝榜禁甚严，何节年浥烂至十数万计，经该官员俱当追究。但年远人众，姑从宽宥。减价易银并分赏，俱允行。不为例，仍令胡彦等悉心厘正宿毙，条画良规，以闻。

除此之外，所易马匹的合理分配以及如何招徕番族纳马等也是新式茶马贸易中亟待解决的问题。《明孝宗实录》卷215 弘治十七年八月癸未载：

　　督理陕西马政都御史杨一清奏："旧例西宁、洮河等处以茶易马，每岁轮给甘肃、延绥、宁夏三镇，但甘肃密迩西宁，而延绥、宁夏去洮、河不远，况马有多寡，风土异宜。令欲将西宁之马，每年以一半给甘肃，其一半并洮、河之马，轮年给延绥、宁夏。此外若有余马仍听陕西各卫所关领。其分派防禁事宜，亦听目斟酌以行。"兵部覆奏谓："延、绥方奏缺马，请以今年洮、河马尽给延、绥。自明年以后乃悉从所拟。"上从之。命派发马匹并防禁事宜俱从一清酌量处置，务俾适。

《明世宗实录》卷433嘉靖三十五年三月癸酉载：

　　旧制陕西洮、河茶马岁易以四千八百为额，以四千一百匹分给延绥、宁夏、甘肃三镇，以七百匹发苑马寺，令各苑与孳牧儿、骒、马一同牧养，专给固原。后以边事日亟，延、宁二镇缺马，间以孳牧补给。去岁总督衙门移檄该寺，令以马五百给延绥，五百给宁夏，一千七百给固原。岁为例。于是寺臣告不敷，巡茶御史杨美益请量减前数，酌为适中，可久之制。本寺孳牧马每岁准俵二千匹，以一千五百匹专给固原，以五百匹及洮、河茶马轮给延、宁，如苑马不及二千之数，听巡按御史论治。其每年所征亏倒银两，岁终责令寺臣具籍呈之御史。收买马匹以牡二、牝八为则，以蕃孳育。部覆报可。

《国榷》卷65穆宗隆庆元年二月丙申载：

　　先是太仆寺少卿武金请去种马，可得金百二十万，许之。初，种马北七万，南三万，岁五万。京解其一给各军，后寄牧顺天属县曰寄养。山西、陕西又设苑监官牧。上苑万匹，中苑七千匹，下苑四千匹。陕西茶马司洮、河、西宁等卫番族给金牌四十一，纳马万四千五十一匹，曰差发。给茶百万斤，取于蜀。后金牌制废，止给茶易马，似互市云。

（五）问题的答案

明代的茶马贸易大致可分为三大阶段：第一阶段的主要标志是：

（1）国家从茶叶收购、运输到定价、销售等全过程实施垄断。（2）明廷极不合理的茶马比价，直接导致了私贩茶叶的出现。（3）国家对于私茶的惩罚十分严厉，因此私茶的规模有限，不足以导致官营茶马贸易的衰败。

第二阶段的主要标志是：（1）导致明初官营茶马贸易衰败的主要原因是明政府茶叶运输能力的严重不足。（2）私茶泛滥是宣德以来政府无法胜任官营茶马贸易的运输任务后发生的，前者是果，后者是因。（3）由于私茶的冲击，这一时期基本上不存在不合理的茶马比价，因此这一时期私茶的出现不再是价格问题导致的。（4）此阶段私茶泛滥的原因不一定是市场总额扩大了，而是私茶填补了官茶的缺失。

第三阶段的主要标志是：（1）国家与商人共同参与茶马贸易，商人从国家购买"茶引"，凭"茶引"将茶叶运到边地，然后将运到的茶叶一半交予茶马司继续实施"纳马差发"，另一半由商人就地销售。这一措施恰恰解决了政府运输茶叶能力不足的问题。（2）此阶段无论是政府的"纳马差发"，还是商人就地销售，茶叶的价格仍然按照市场价格执行，而此阶段私茶主要在两个环节：一是在收购环节，即商人逃避购买"茶引"；二是一些商人将质量好的茶叶自行销售，而将质次价高的茶叶交予国家，以次充好，从中牟利。

明政府的茶马贸易尽管存在着这样那样的问题，但茶马贸易的大部分时期是在政府主导下有序地进行。作为明朝政府的一项基本国策，政府主导的茶马贸易基本完成了应有的使命，即以茶易马、以茶驭番、以茶筹款。

三　论明朝与藏区的朝贡贸易

（一）明代朝贡制度

朝贡制度雏形是自公元前 3 世纪开始，直到 19 世纪末期，存在于东亚、东南亚和中亚地区的以中国中原帝国为主要核心的等级制网状政治秩序体系，是中国的主要国际关系模式之一。

1368 年明朝建立，1371 年明太祖朱元璋明确规定了安南、占城、高丽、暹罗、琉球、苏门答腊、爪哇、溢亨、白花、三弗齐、渤泥以及其他西洋、南洋等国为"不征之国"，实际上确立了中国的实际控制范围。与此同时，他还规定了国内边疆各族的朝贡制度，确定"厚往薄来"的朝贡原则。本节讨论的朝贡以及朝贡贸易仅限于明朝中央与边疆各族中的藏族。明代边疆各族的朝贡类别大体有三种：

一是例贡，即边疆各族文武官员、地方政教首领以及其他僧俗势力按照明朝规定，定期向朝廷进贡方物，以效职方之贡。这种朝贡实际上是边疆各族对中央政府承担的一种必须履行的政治义务，表明其政治上对明朝的隶属关系。例贡通常三年一次，《国榷》卷 14 成祖永乐四年五月丙午载："令云南土官三年一贡，著为令。"《明英宗实录》卷 5 宣德十年五月己亥载：

> 敕掌西宁卫都指挥佥事穆肃及其所属番民曰："尔等三年一次来京贡马，当在今岁。朕重念尔处人民艰窘，特缓其期。可待正统三年一并交收。尔等其体朕爱恤之心，各安生业。"

不过在永乐和宣德年间，也出现过一年一贡或两年一贡，甚至一年两贡的情况，因此又称岁贡。万历《大明会典》卷 108《朝贡四》载：

> 乌斯藏番僧有阐教王、阐化王、辅教王、赞善王，统化番民。又有护教王、大乘法王、大宝法王，凡七王，具赐银印，令比岁或间岁朝贡。成化十七年题准，每三年一贡……湖广、广西、四川、云南、贵州腹里土官，遇三年朝觐，差人进贡一次。

正统五年后，朝廷一度免陕西行省赴京朝贡的制度。《明英宗实录》卷 70 正统五年八月戊子载："命陕西都司、布政司各处镇守总兵官并各卫、府，今后遇有剌麻、番僧人等进贡，免其赴京。将所进马辨验，就彼给军骑操。具奏，给赏。从行在礼部奏请也。"

二是朝贡。朝贡是明朝中央确认边疆各族地方僧俗官员任职、承袭、替代的一种手段和方式，洪武、永乐年间最为常见。分为请封、请袭和请替三种。明廷对故元旧官请求新朝授职以及新兴的地方僧俗势力通过朝贡方式以求封授，皆授职名。明朝在边疆各族地方广授官职，并允其世袭传承，但承袭必须通过朝廷的审查和认可。故每到承袭，即由袭职者自己或遣人向朝廷入贡，办理相关手续。对诸王等重要人物的承袭，朝廷还要派遣专使前往敕封。有明一代的请替朝贡比较多见，如明朝在藏区规定，除三大法王的名号可由师徒或转世者继承，不必听候中央诏命外，其余五大教王和灌顶国师等，其职号的承袭、替代都必须由承袭者遣使或亲自入朝申请承袭，上缴原颁印信、诰敕，旨准后方颁赐新的印信、诰敕，完成袭职手续。这种请职朝贡，成为明朝制约和管理边疆各族首领的重要手段。《明孝宗实录》卷186弘治十五年四月丁卯载："西番瞿昙寺番僧完卜工葛藏卜及弘觉寺番僧喃尔加各来贡，因请袭其师太国师等职，从之，仍赐宴并彩缎衣服等物如例。"《明孝宗实录》卷203弘治十六年九月辛卯载："西番故灵藏寺赞善王之弟端竹坚昝遣番僧阿完等来贡，因请袭职，从之，回赐端竹坚昝彩段等物，赐阿完等宴并彩缎表里衣服有差。"

三是谢恩、庆贺朝贡。明朝边疆各族受封者在得到朝廷特殊恩惠后，如赏赐隆厚、准予袭职等，入朝进贡以示感谢。《明宣宗实录》卷13宣德元年正月癸亥载："乌斯藏大乘法王昆泽思巴遣国师班丹剳思巴，净觉慈济大国师班丹扎失、四川直龙等簇番僧出思吉监藏、天全六番招讨司招讨杨钦等贡马及方物，贺万寿圣节。"《明宣宗实录》卷32宣德二年十月丁丑载："陕西西宁卫净觉弘济大国师三丹藏卜以修完寺宇，差剌麻完卜捕黑般等进马谢恩。"弘治八年（1495），西藏大乘法王陆竹坚参巴藏卜、灌顶国师藏卜领占各遣人朝贡，"谢恩袭职"等。

此外，遇有朝廷庆贺大典，如皇帝万寿圣节、皇太子千秋节等，边疆各族受封首领也要前往朝贡，表示庆贺，如宣德元年（1426），西藏大乘法王昆泽思巴遣国师班丹扎思巴、净觉慈济大国师班丹扎失"贡马及方物，贺万寿圣节"。谢恩、庆贺朝贡具有明显的体现臣属关系的礼仪性质，朝贡的凭证为朝廷颁赐的印信、诰敕等，如西藏诸王遣使入贡，均以贡使所持具诸王印信的藏文文书为凭，经核验方能成行。成化时期，为防止伪冒诸王入贡，又颁给诸王勘合，而其他国师、禅师、喇嘛等俱以朝廷所赐敕谕为凭入贡。

明代朝贡的物品以各地的物产为主。在藏区，朝贡使团的贡物大体可分为三大类：一类是马匹，另一类是宗教物品，如佛舍利、佛像等，还有一类则是藏区的土特产品，如氆氇、硼砂、犀角、酥油、牦牛尾、盔甲等。这三类物品中，除马匹对明朝具有实用价值外，其他两类均属奢侈品，实用价值不大。而明朝对藏区朝贡者的赏赐品则恰好相反，主要是茶叶、绸缎、生绢、棉麻织品、袈裟等，均是藏区生活必需品，其中尤以茶叶为甚，回赐的茶叶数额极为巨大。明初对前来朝贡者回赐大量财物，优于市贡之利，以经济手段加强对藏区各实力派首领的政治凝聚。到明成祖时，由于对藏区采取大肆分封和优待西藏宗教首领的政策，对藏区朝贡者的赏赐也日益丰厚，如大宝法王、第五世黑帽系噶玛巴得银协巴入朝，明成祖先后七次赏赐，其中仅金、银两项每次均以百两、千两计，此外还有大量金银器皿、丝绸彩缎、钞、锭等。

明朝对朝贡者的赏赐一般分为正赏和贡品价赏两种。正赏是根据朝贡者身份和地位高低而给予的赏赐，赏赐的数额明朝前期无明确规定。赏赐的对象包括遣主、使者和随行人员三部分。使者和随行人员的赏赐在朝贡时颁给，遣主的赏赐则由使者带回。对于地位较高的遣主，如诸王等，朝廷还往往派专使回赐。除实物赏赐外，来京使者一般还有赏宴，留边听赏人员的食宿也由当地官府负责安排。此外，西藏朝贡使团往返内地，均由明朝政府沿途驿传提供食宿，并配有伴送人员为其办理登记、过关等手续。贡品价赏，即给朝贡者所进贡品的酬值，明廷对藏区所贡马匹一律给价。宣德以前，藏区所进马匹不论等地高下，都同一给价。宣德元年规定："中马一，给钞二百五十锭，纻丝一匹；下马一，钞二百锭，纻丝一匹；下下马，钞八十锭，纻丝一匹；有疾瘦小不堪者，每一马钞六十锭，绢一匹。"[①] 明朝这种优予贡利的做法，对藏区各大小地方首领、僧侣显然具有极大的吸引力。

明代藏区朝贡的路线分前后两大阶段，明朝前期，藏区地方朝贡路线或取道河湟多民族走廊的河、湟、岷、洮，或取道四川，朝廷并无规定，但因传统习惯缘故，加上北路河、湟、岷、洮道较东路四川道易行，藏区朝贡者多取此道进入内地。明朝进藏使臣也往往经河、湟、岷、洮至乌斯藏。但景泰、天顺朝以来，藏区贡使不断增多，为便于勘验管理，明朝开始对入贡路线作出具体规定。成化六年（1470）礼部议请乌斯藏赞善王、阐教王、阐化王、辅教王三年一贡，每王遣使百人，多不过百五十人。大乘、大宝法王随上述诸王贡使经四川赴京，护教王地近四川，由东路入贡。东路经过四川的碉门、雅州至成都，再沿长江东下，到扬州换船经运河北上京城。虽然明朝在阐化王等配合下，大力修通从雅州到乌斯藏的驿路，但这条贡道远不如河、湟、岷、洮道易行，乌斯藏贡使往往违例由

---

① 《明宣宗实录》卷 22 宣德元年十一月庚子。

河、湟、岷、洮道入内地。

朝贡规模，洪武时，令乌斯藏法王"比岁或间岁朝贡"①。永乐时，诸卫僧戒行精勤者，多授剌麻、禅师、灌顶国师之号，许之世袭，且令岁一朝贡。其他种族，如西宁十三族、岷州十八族、洮州十八族之属，大者数千人，小者数百人，亦许岁一贡奉，优以宴赉。②成化十七年提准每三年一贡。藏区三年一贡的规定是比照诸侯于天子的三年一大聘，取意于政治上的属意义，因而多贡并不限制，也有两年一贡、一年一贡、一年两贡者。明朝前期，对一些积极朝贡者，朝廷还派官员进藏"答其遣使朝贡之诚"。对入贡人数，明朝前期没有作具体规定，而其时每次朝贡的人数并不多。明中期以后，在朝贡贸易的刺激下，藏区朝贡人数和使团规模剧增。宣德、正统年间（1426—1449），入贡人数一般为30—40人。景泰年间（1450—1456），人数增至200—300人。到天顺年间（1457—1464）以后，人数猛增至2000—3000人，《明神宗实录》卷5隆庆六年九月丙午载："陕西苂哑、木沙等族番人焦吉、章哈尔节等凡到京及留边共一千五十一人，共贡马一百一十匹并盔甲、腰刀等物件，给赏缎、绢、钞、银如例。"

每次多达两三千人的朝贡使团穿梭于藏区与京城之间，无疑给明朝政府带来极大的财政负担。所以从成化以后，明朝与藏区关系上最感棘手的问题已远不是如何招徕藏区朝贡者，而是如何限制藏区各族首领的朝贡次数和人数。《明宪宗实录》卷78成化六年（1470）四月乙酉载：

> 工部奏："四夷朝贡人数日增，岁造衣、币赏赉不敷。"上命礼部议减各夷入贡之数。尚书邹干等具例以闻。上曰："其移文各边，今如已定年数入贡，不得违越。"干等以乌斯藏原无定立则例，"议请乌斯藏赞善、阐教、阐化、辅教四王三年一贡，每王遣使百人，多不过百五十人，由四川路入。国师以下不许贡。其长河西、董卜韩胡二处一年一贡，或二年一贡，遣人不许过百。松、茂州地方住坐番僧每年亦许三五十人来贡，其附近乌斯藏地方入贡年例如乌斯藏，亦不许五六十人。乞行四川镇守等官俱要委官审办，有印信文字者方许放

---

① 《大明会典》卷108《朝贡四》"西戎下"。
② 《明史》卷330《西番二》。

入。仍乞降敕各番王，谕以番僧入贡定数，至期各王将番僧姓名及所
贡方物各具印信。番文以凭验入。"从之。

（二）明朝与藏区的朝贡贸易

明代的朝贡贸易绝不是一般意义上的贸易，也绝不等同于朝贡。它是
明代独有的一种政治行为，并发展成为朝贡体制中至关重要的组成部分，
对明代朝贡的顺利实施发挥了不可或缺的推动作用。

中国历代的朝贡体现的主要是政治上的隶属关系，明代的朝贡贸易则
是在朝贡之中增添了经济因素，以贸易手段推动和促进朝贡的顺利实施。
其目的仍然是通过朝廷的"厚往薄来""厚给赏赐"，"以示皇帝的怀柔之
意"，所以朝贡贸易是明朝政府"恩威并至"政策的体现。

早在明朝建立之初，朱元璋就强调："盖蛮夷非威不畏，非惠不怀，
然一于威则不能感其心，一于惠则不能慑其暴。惟威惠并行，此驭夷之道
也。"①洪武三年（1370），故元吐蕃宣慰使何锁南普、镇西武靖王卜剌纳
等归降，翌年冬，"何锁南普等入朝贡马及方物。帝喜，赐袭衣"②。《明
太祖实录》卷87洪武七年正月壬午载："赐河州卫指挥同知何琐南普等
三人白金各二百五十两。"洪武十二年秋，何锁南普及镇抚刘温各携家属
再次来朝。上谕中书省臣曰："何锁南普自归附以来，信义甚坚。前遣使
乌斯藏，远涉万里，及归，所言皆称朕意。今以家属来朝，宜加礼待。乃
赐米、麦各三十石，刘温三之一。"③建文四年（1402），西宁土官、卫镇
抚李喃哥贡马，"赐钞二百锭、彩币十表里"④。

明朝初年对于周边归附各族的朝贡十分重视，明太祖一再叮嘱礼部大
臣："古之王者待远人，厚往而薄来"，"彼既慕义来归，则赉予之物宜
厚，以示朝廷怀柔之意"。⑤根据这些指示，明初朝廷不仅对各族僧侣、
番族、土官朝贡使团的人数与品级不加限制，而且要求贡品不要过侈，能

---

①　《明太祖宝训》卷6，北京图书馆古籍珍本丛刊8《皇明修文备史》，北京图书馆出版社
1992年版。

②　王世贞《弇山堂别集》卷77《降虏之赏》载："降将何锁南普，人各文绮十匹、银碗
一。又赐降将何锁南普文绮帛三十匹。"中华书局1958年版。

③　《明史》卷330《西域二》；《明太祖实录》卷125。

④　《明太宗实录》卷15洪武三十五年十二月癸亥。

⑤　《明太祖实录》卷87洪武七年正月癸亥；《明太祖实录》卷154洪武十六年五月戊申。

够表达对朝廷的"诚意"即可;相反,朝廷给予朝贡者的回赐品,虽然
最初并无明确规定,但在数量与价值上却远远超过了贡品,只是洪武时期
朝贡尚未发展成为朝贡贸易。

把朝贡发展成为朝贡贸易起始于明成祖时期。《明太宗实录》卷 19
永乐元年夏四月丁卯载:

> 河州、洮州番族朝贡,命礼部定赏例。礼部议奏:"河州卫必里
> 千户所千户,每员银六十两、彩币六表里、钞百锭。曾授金符头目亲
> 来朝贡者,银五十两、彩币五表里、钞七十锭、纻丝衣一袭。遣人朝
> 贡者,银四十两、彩币四表里、钞五十锭。中途死者,官归其丧,赏
> 赐付抚安官给之。所遣使每人银十两、彩币二表里、钞三十锭。未授
> 金符头目亲来朝贡者,银四十两、彩币四表里、钞五十锭、纻丝衣一
> 袭。附贡者,银三十两、彩币三表里、钞四十锭,付抚安官给赏。其
> 抚安,千户每员赏钞七十锭、彩币四表里,旗军人等人赏钞五十锭、
> 彩币二表里。"

《明太宗实录》卷 59 永乐四年九月壬戌载:"鸡鸣寺番僧端行领占、
洮州卫千户赵诚,奉命往八郎等族招谕眼即多匝族、马儿匝族、思曩日
族、潘官族、哈伦族。头目桑耳结巴、阿思巴等来朝贡马,赐钞币有
差。"《明太宗实录》卷 73 永乐五年十一月载:"庚申,西宁卫土官指挥
佥事李英遣人进马,赐之钞币有差……癸亥,西宁卫僧摄摄剌查等贡马及
方物,赐之钞币有差。"这里的"赐钞币有差"即是依照永乐元年礼部所
定的赏例,不过这种赏赐只是针对河、岷、洮等地的番族而言,并不鼓励
其他地区的边民献贡。《明太宗实录》卷 59 永乐四年九月己巳载:

> 礼部奏:"有守边百户献马匹。"上召百户谕曰:"尔畜马甚劳,
> 朝廷马足用,不须尔献。"命礼部还之。百户言:"臣畜马颇多,恒
> 念无以报国恩,此出臣诚心。"上曰:"尔为武臣,须马以立功,能
> 用心多畜马,可嘉矣。但汝报国在勉立军功,不在献马。"竟不受,
> 赐酒食及钞而遣之。

但是明廷却在永乐十一年允许"河州等卫舍人、旗军、番进马,赐

赍有差"①。永乐十三年，"陕西河州卫指挥王钰等进马，赐马钞八百锭，彩币四表里"②。为此，明成祖指示礼部曰："盖厚往而薄来，柔远人之道也……今后朝贡者，悉依品给赐赍，虽加厚不为过也。"③

永乐十九年，明廷将赏例范围从河、岷、洮地区扩大到各番夷朝贡。"定各番夷朝贡赏例"，仍强调"务从厚，悉依品级"④。宣宗即位后，开始对周边番夷朝贡的马匹等物定出了回赐的标准。《明宣宗实录》卷22宣德元年十月庚子载：

> 上御右顺门，谕行在礼部尚书胡滢曰："昨日御马监言，西番国师、剌麻所进马各有高下，赏赐亦宜分等第，此言亦可采。若高下同价则彼将谓朝廷混然无别。所进下者固喜，高者心必不平。卿等宜斟酌适中。"于是礼部定议：中马一，给钞二百五十锭、纻丝一匹；下马一，钞二百锭，纻丝一匹；下下马一，钞八十锭，纻丝一匹。有疾瘦小不堪者，每一马钞六十锭、绢二匹。

英宗时，针对西番朝贡的路线不同制定了相应的回赐标准，并就朝贡者返回时茶业运输等相关事宜作出了更为细化的规定。《国榷》卷26英宗正统九年（1444）二月乙酉载："安定王市茶五百斤，官运，国师二百斤，从众百斤，具自运，著为令。"万历《大明会典》卷112《给赐》"外夷下"载：

> 西番乌斯藏，洪武、永乐以来给赐不等。复定剌麻、番僧人等从四川起送来者，到京每人彩币一表里，纻丝衣一套，具本色。留边赏同……具赏钞五十锭……食茶六十斤。从洮、河州起送者，到京每人折衣彩币一表里，纻丝并绫贴衣二件。留边赏同……具食茶五十斤，靴袜钞五十锭。

在丰厚的回赐物品诱惑下，围绕朝贡而进行的贸易活动也迅猛活跃起

---

① 《明太宗实录》卷163 永乐十一年四月癸未。

② 《明太宗实录》卷139 永乐十三年四月乙亥。

③ 《明太宗实录》卷233 永乐十九年正月丙子。

④ 谈迁：《国榷》卷17 成祖永乐十九年正月丙子。

来，朝贡者趋之若鹜，如洮州卫大崇教寺番僧藏卜短竹等在成化元年正月朝贡后，成化元年七月洮州卫大崇教寺又有番僧叁竹藏卜前来朝贡。① 再如成化元年五月，"岷州卫剌答等族番人永竹官等各来朝贡方物"，成化元年七月，"岷州卫剌答等簇番僧领占藏卜、赏哈等簇番僧人乩丹端竹等各贡马及方物"，成化元年九月，"岷州卫赏哈等簇番人刽顺等各来朝贡马及方物"②。成化二年十一月，"陕西岷州卫大崇教寺剌麻番僧边爵撒节等……各来朝贡马及佛像等物"③。这种贸易虽然不是西北民族贸易的主要形式，但由于藏区贡使可免去途中一切费用，还可挟带大量赐品或私货返回，于是许多借朝贡之名进行商贸活动的喇嘛、藏商便应运而生，"其意盖假朝贡之名，潜带金银，候回日市买私茶等货"④。《明英宗实录》卷232景泰四年八月甲辰载：

> 巡抚湖广右都御史李实奏："四川董卜韩胡宣慰司番僧、国师、禅司剌麻进贡，毕日许带食茶回还。因此货买私茶至万数千斤。其铜、锡、磁、铁等器用沿涂多用人船载至成都，陆路起夫扛台，且如邛县十里、名山县二里、菅经县四里、雅州十里，其间半系僰夷土民，不惯肩挑，多是背负。送运不全，又令妇女扛抬，甚至四五百里之程，及其至日，诬以偷取茶物，逼令陪补。况岭险峻，人烟稀疏，日则野行，夜则荒宿，以彼蛮夷淫秽之俗，乱我华夏淳美之风。又经过驿站，重索酒食，稍有不从，辄用兵刃伤人。虽有伴送千百户，难于钤束。边民见其进贡得利，故将子孙学其言语，投作番僧、通事，混同进贡。请敕都察院禁约，今后私通番僧贸易茶货、铜、铁、磁、锡器物及将子孙投作番僧、通事者，俱发口外充军。四邻不首，坐以违制之罪。其番僧十名以下，不必遣官，止令军伴送，务必钤束，严切不许似前生事扰人。违者治罪，如此则外夷服化，而绝放肆之为，良善获安而免凌虐之患。"从之。

---

① 《明宪宗实录》卷13 成化元年正月戊辰；《明宪宗实录》卷19 成化元年七月丁未。

② 《明宪宗实录》卷17 成化元年五月丁巳；《明宪宗实录》卷19 成化元年七月丁未；《明宪宗实录》卷21 成化元年九月戊申。

③ 《明宪宗实录》卷36 成化二年十一月辛卯。

④ 《明英宗实录》卷177 正统十四年四月辛亥。

这种种弊端早在仁宗即位后，即由礼科给事中黄骥例举指出。《明仁宗实录》卷 8 永乐二十二年（1424）十二月丁未载：

> 礼科给事中黄骥言："西域使客多是贾胡，假进贡之名，藉有司之力以营其私。其中又有贫无依者，往往投为从人，或贷他人马来贡。既名贡使，得给驿传所贡之物，劳人运至，自甘肃抵京师，每驿所给酒食、刍豆，费之不少。比至京师又给赏及予物直，其获利数陪。以此胡人慕利往来道路，贡无虚月，缘路军民递送一里不下三四十人。俟候于官，累月经时，防废农务，莫斯为甚。比其使回，悉以所得贸易货物以归，缘路有司出军载运，多者至百余辆，男丁不足役，及女归所至之处，势如风火，叱辱驿官，鞭挞民夫，官民以为朝廷方招怀远人，无敢与其为。骚扰不可胜言。乞敕陕西行都司除哈密忠顺王及亦力把里、撒马儿罕等处番王遣使朝贡，许令送赴京来不过一二十人，正、副使给与驿马，余以驿骡。庶几陕西一路之人可少苏息。臣又窃见西域所产不过马、碉砂、梧桐，咸之数惟马国家所需，余无裨于国。乞自今有贡马者令就甘肃给军士，余一切勿受，听其与民买卖以省官府之费。"上嘉纳之，以其奏示礼部尚书吕震曰："骥尝奉使西域，故具悉西事，卿陕西人，有不悉耶。为大臣当存国体恤民穷，无侵削本根。骥所言，其皆从之。"

在河湟多民族走廊上，针对越来越多的边民、土民混杂在乌斯藏朝贡使团中的现象，英宗以来也相继制定了一系列规定。《明英宗实录》卷 70 正统五年八月戊子载："命陕西都司、布政司、各处镇守总兵官并各卫、府：'今后遇有剌麻、番僧人等进贡，免其赴京。将所进马辩验，就彼给军骑操。具奏，给赏。'从行在礼部奏请也。"正统七年，英宗敕四川三司曰："番僧入贡，多土人、边人冒随。今审实赴京，多不过三五人。回日带茶，人止二百斤。"[1] 正统九年，英宗敕甘肃总兵官宁远伯任礼、参赞军务佥都御史曹翼等官及陕西行都司等曰：

> 近者西宁等处番僧、剌麻来朝贡者甚众。缘途军民供给烦劳，况

---

[1] 《国榷》卷 25 英宗正统七年十一月癸巳。

道路辽远，彼亦跋涉不易。自今至者，惟远方化外之人如例起送，余留尔处，照旧管待听候。所进之马就彼给军骑操，方物俱贮官库第。具数来闻，用价其直。凡彼情有欲言，尔等研实即为条陈，听候处置。庶彼此两便。尔等仍善抚谕，无失朝廷怀柔之意。①

宪宗即位后，对待西番朝贡有所放松，朝贡人数猛增。《明宪宗实录》卷 40 成化三年三月庚午载："陕西文州军民千户所土番头目阿儿结等来朝贡马。礼部以所贡马少，请给半赏。既而阿儿结恳乞全给。有旨加赐彩缎一表里，以慰夷情。"《明宪宗实录》卷 54 成化四年五月庚辰载：

> 礼部奏："洮州起送藏撒下大乘法王完卜遣番僧葛竹瓦班绰等来朝贡马及方物。查无番王印信、文书，且从洮州入境，其赏赐亦宜从洮州例。"葛竹瓦班绰等乃自陈所居地方远过乌斯藏二十余程。在途五年之上方至京师，及称进马数多，乞给全赏。礼部覆请："以各僧到京者，仍各赐僧衣一袭。以慰远人之意。"从之。

《明宪宗实录》卷 66 成化五年四月庚午载：

> 乌斯藏答藏王南渴坚粲遣番僧南伦竹等由陕西洮州入贡。至是连章乞如四川入贡例赏赐。奏下礼部，以乌斯藏经陕西入者，赐例从轻。若从所请，恐乖禁例，失信外夷。合量加到京番僧衣一袭、钞五十锭、茶五十斤。存留番僧有马者纻丝一匹、茶二十斤。移文彼处镇守等官，省令各夷今后务遵敕书榜例，不得仍前故违。从之。

《明宪宗实录》卷 136 成化十年十一月甲申载："礼部奏：'陕西岷州等卫指挥使安英等违例起送大崇教等寺番僧入贡，数多。宜行所司执问。'上曰：'安英等姑宥不问，今后如例行。'"《明宪宗实录》卷 137 成化十一年正月己卯载：

> 宥陕西都指挥孙鉴等罪。先是乌斯藏阐化王遣番僧锁南桑尔结等

---

① 《明英宗实录》卷 113 正统九年二月壬午。

进贡，还至西宁留丹的等寺不复归。又冒名进贡，得朝廷敕谕并赐物，皆匿之。阐化王令其下三人者来趣之归。锁南桑尔结闭之室中，率其党缚二人手足，剜去其目，尽夺所赍器物。一人得逸去。诣鉴，告鉴执诸为恶者寘之狱。其徒行赂于鉴及西宁卫镇抚罗英，求缓其事。鉴等受之而竟不以闻。下巡按御史会官鞫实，锁南桑尔结等四人罪皆当死，其徒因发鉴等受赂事，御史请并逮鉴等治之。都察院覆奏，且言事在赦前命，俱宥之。

《明宪宗实录》卷141成化十一年五月丁巳载："礼部言：'陕西洮州卫奏送番人驼笼等族二百一十七人、也尔古等族二百八人、纳郎等族二百五十八人，各贡马及方物，违例冒滥，然既来不可拒。宜依常例给赐。'从之。"《明宪宗实录》卷141成化十一年五月丁丑载：

> 番僧戒巴僧革等一百三十七名贡马及方物。礼部奏准依例，人赏钞二十锭、绢二匹、折衣纻丝一表里、绢二匹。每马给钞三百锭、纻丝一匹。各僧言本地与岷州、西固城等处俱是生番，今赐例不及于彼。乞各僧一表里、减绢二匹，礼部覆奏。从之。

《明宪宗实录》卷205成化十六年七月丁丑载：

> 乌斯藏阐化等王所遣进马番人三丹藏卜等奏："先于成化十三年朝贡，行至岷州，因生番窃发，曾承巡抚等官省谕，劝化归顺，边境以安。乞照前乌斯藏端岳藏卜等从洮州来贡例，人给绢四匹、纻丝绫衣各一袭。"事下礼部议，宜俯顺夷情。从之。

为了限制近边藏区朝贡人数和防止诡称乌斯藏使者，明宪宗时开始在河、湟、岷、洮地区的藏族部落和寺院中实行勘合制度。《明宪宗实录》卷254成化二十年七月乙巳载：

> 升番僧都纲锁南奔为禅师，及赏剌麻桑尔加藏卜、锁南剌藏卜坚粲等彩缎表里有差。时近边番族多诡称乌斯藏各番王进贡，赐予不赀。真伪莫办。礼部奏请给番王勘合各二十道。贡时填为右验，以革

其弊。且请委西宁、河州、洮州分遣番僧赍送勘合，归日与升赏。至日，锁南奔等以送赞善王勘合回。礼部谓其涉历险阻，除边人冒贡之奸，省府库无穷之费，宜申前升赏之命。从之。

弘治年间，朝廷再次规定番僧三年一贡，且限制番僧自洮州路入贡，鼓励从四川路入贡。《国榷》卷 42 孝宗弘治三年（1490）正月丙子载："定乌斯藏番僧三年一贡。时辅教王遣使欲自洮州入，不许。"《国榷》卷 42 孝宗弘治四年二月丁巳载："驱番僧，止留百八十二人。"《明孝宗实录》卷 48 弘治四年二月庚午载：

> 乌斯藏番僧麦南三竹、桑节答儿冒称辅教王所遣使来京朝贡。礼部议奏："自河州至京师，毋虑数千里。麦南三竹等不由驿递传送，沿途关隘何以得过。是必有中国人与之交通。乞下法司根究其情。"从之。

《明孝宗实录》卷 63 弘治五年五月壬申载：

> 乌斯藏阐教王遣番僧来贡，一从洮州路，一从四川路。礼部议谓："乌斯藏例该三年一贡，今来自洮州者，是弘治四年该贡之数。其来自四川者，请准作七年贡数。至七年免来。其回赐王彩缎表里及给赐二起番僧纻丝、食茶等物，并请如例。"从之。

《明孝宗实录》卷 154 弘治十二年九月丙子载：

> 礼部以乌斯藏并长河西宣慰使司各遣人来贡，一时至者凡二千八百余人，俱应给赏，所费不赀。请行四川镇、巡等官，以后不许滥送，务查先年敕旨及本部勘合事例，有碍者径自阻回，无碍者奏请定夺。其今次滥起送官吏，请令巡按、监察御史逮问。从之。

正德年间，为了进一步规范朝贡，明廷开始在全部藏区中推广勘合制度。《明武宗实录》卷 125 正德十年五月戊戌载：

礼部尚书刘春奏："西番俗信佛教，故我祖宗以来，承前代之旧，设立乌斯藏诸司，阐化、阐教诸王。以至陕西洮、岷、四川松潘诸寺令化导夷人，许其朝贡。然每贡止许数人，贡期亦有定限。比年各夷避远莫辨真伪，至有逃移军匠人等习学番语，私自祝发，辄来朝贡，希求赏赐。又或多创寺宇，奏乞名额，即为敕赐，朝贡不绝。以故营建日增，朝贡愈广。此皆藉民财以充宴赏，继继不已，虽神输鬼运其何能应无穷之用哉。乞酌为定例，严其限期，每寺给勘合十道。陕西、四川等处兵备仍给勘合底簿。每当贡期，比号相同，方许起送。其人数不得过多，自后再不得滥自营造，则远夷知戒，民财可省。诏显、庆等二寺及洪福寺以后番僧来贡者，赏赐视宝净诸寺例。余如所议。"行之。

《明神宗实录》卷456万历三十七年三月丙寅载：

议复乌斯藏等八番入贡。先是四川巡按御史以番人混冒方物滥恶，所奉敕书洗补可疑，而通使岁诱为奸。于是尽革乌斯藏大乘、大宝、长河西护教、董卜等八番，而止存阐教、辅教二番。抚按乔璧星等复言，各藏主皆以不得贡为辱，呶呶苦辨，实滋疑畏。但令贡有定期，人有定数，物有定品，印信有定据。毋失祖宗羁縻之意，而十番不至于阻化。礼部覆上之。

（三）对朝贡贸易的评价

朝贡历代都有，对朝贡者给予一定数量的物质奖赏，即回赐也是历代奉行的做法，但是围绕朝贡而衍生出的朝贡贸易，只有明代一朝独领风骚。明代朝贡贸易虽然存在着诸多弊端，但其积极意义依然十分显著，主要表现为：

1. 明代朝贡贸易大大推动和促进了朝贡的实施

明代朝贡既有针对周边各国的内容，也规定了边疆各族的朝贡义务。这里主要以西北河、湟、岷、洮一带朝贡贸易为例，对明代与藏区的朝贡贸易进行评价。明代河、湟、岷、洮地区的朝贡贸易虽然存在着假充僧人、生番冒领回赐等弊端，但总体看，终明一代，这一地区的朝贡贸易对于朝贡的支持与推动作用远远大于各种弊端所带来的消极影响。为了更好地说明这一问题，笔者根据明代河、湟、岷、洮地区朝贡贸易的规模和特点将这一地区的朝贡贸易大体分为三个阶段，即洪武、永乐（含洪熙朝）时期，宣德至成化时期，弘治至万历时期。

洪武、永乐时期特点是，大明王朝刚刚建国，河、湟、岷、洮一带的朝贡者主要是归服于明王朝的各族首领，如河州的何锁南、西宁的李南哥等。据《明实录》记载，这一时期河、湟、岷、洮一带前来朝贡的土官、番僧等约 38 次，其中以土官身份觐见者 16 次，以番僧身份觐见者 14 次，以舍人、头目、番人等身份觐见者 8 次。从统计结果看，这一时期河、湟、岷、洮一带的朝贡基本保持着朝贡的原本宗旨，虽然制定了"厚往薄来"原则，但此时期的贡品不多，回赐的物品也有限，如洪武四年何锁南普等入朝贡马及方物，甚得太祖欢喜，然而也仅仅是"赐袭衣"。洪武十二年秋，何锁南普再次来朝，太祖谕中书省臣曰："今以家属来朝，宜加礼待。"然所赐之物也不过米、麦各三十石，镇抚刘温三之一。[①] 万历《大明会典》卷 108《朝贡四》"洮岷等处番"载："旧二年一贡，后三年一贡。大族起送为首者四五人，小族一二人。留边听赏者，大族不过十五人，小族不过七八人。"建文、永乐时，回赐的物品虽有所增加，如西宁土官、卫镇抚李喃哥贡马，"赐钞二百锭、彩币十表里"[②]，但仍能控制在一定数额之内，尚未见到经济等因素明显影响朝贡的现象，更未见到假充僧人、生番冒领回赐的案例。然而，此时期皇帝渴望安定四边的殷切心情，以及礼部赏例中丰厚的回赐条件，却吊起了朝贡者的胃口，释放出难以抗拒的诱惑和吸引力。

宣德至成化时期的特点为：第一，此时期朝贡首领的人数倍增，据《明实录》统计，从宣德元年到成化末年，河、湟、岷、洮一带朝贡的番僧、番人、土官等总计为 376 次，是洪武、永乐时期该地区朝贡总计的近10 倍，其中按地域划分，河州 37 次，岷州 189 次，洮州 81 次，西宁 69次；若按朝代划分，则宣德年间 113 次，正统年间 55 次，景泰年间 5 次，天顺年间 26 次，成化年间 177 次。朝贡人数的猛增，致使朝廷给赐的茶叶告罄。《明宪宗实录》卷 223 成化十八年正月丙子载：

---

① 《明史》卷 330《西域二》。

② 《明太宗实录》卷 15 洪武三十五年十二月癸亥。

以陕西广积库茶，价银易茶给番僧。时灵藏灌顶国师赞善王下番僧章牙劄巴等二百六十三人，劄巴监眷等一百四十九人等，每人茶五十斤，共二万六百斤。例给赐于陕西茶马司，而所司无存积者，故布政司请以茶价易茶给之。

《明宪宗实录》卷236成化十九年正月壬寅载：

诏四川岁运茶十万斤分贮陕西茶马司，以给番僧。先是巡抚副都御史阮勤奏："陕西岁办茶止二万六千余斤，而给赐进贡番僧岁或至四五万斤。遂致各僧侯支有迟至一二年者，日费廪饩，坐耗边储。乞岁运四川保宁所收茶课十万斤付陕西。接界官司转运各茶马司给之。其余则以为招番易马，给军士骑操之用。"事下户部覆奏。从之。

第二，朝贡者的身份发生变化，番僧、番人首领成为此时期朝贡的主体。洪武、永乐时期，土官、番僧朝贡人数大体相当，土官略多一点，但在宣德至成化时期朝贡总计的376次中，以番僧身份朝贡者高达243次（西宁59次，洮州47次，岷州107次，河州30次），占朝贡总计的65%；以番人、头目等身份朝贡者108次（河州2次，洮州26次，岷州76次，西宁4次），占朝贡总计的28%；而以土官、舍人等身份朝贡者仅为25次，占朝贡总计的7%。这里有两点稍加说明：一是弘治年间明廷对于土官到京袭职、朝贡开始有所限制，故土官朝贡人数明显减少。万历《大明会典》卷6《土官承袭》载："弘治十八年，罢土官纳粟袭职例，令照旧保勘、起送赴京袭职。正德初，令极边有警地方暂免赴京，余各照旧。"万历《大明会典》卷108《朝贡》"土官"载："湖广、广西、四川、云南、贵州、腹里土官，遇三年朝觐，差人进贡一次。"但明代河、湟、岷、洮地区土官数百名，若按三年进贡一次也不至于在宣德至成化的62年间，以土官、舍人等身份朝贡者仅为25人次，究其缘由，盖这一时期河、湟、岷、洮地区的土官屡屡率兵抗击北虏，其土官朝贡很可能与流官朝觐一样，属例行公事，不予记载，而这里所记载的25人次当属特殊情况。然尽管如此，番僧、番人首领朝贡人数剧增也是不争的事实。二是明代官方语境中的"番人""头目"，一般指没有任命为土官的"生番"，而这一时期有如此多的"番人""头目"朝贡，显然存在着假冒"生番"

之嫌。之所以如此，是因为正统九年二月朝廷曾规定：自今至者，唯远方化外之人如例起送，其余留原处照旧管待。① 如此一来，要想获得更多的回赐，只有假冒"番人""头目"等名号，但无论是真正的"生番"还是假冒的"生番"，能够吸引众多的边地藏族前来朝贡，对于密切中央政府与西番各族的联系毕竟是一件难得的好事。同时这一现象也说明，此时期河、湟、岷、洮地区参与朝贡贸易的群体主要集中在番僧与番族首领身上。

第三，因经济因素而朝贡者增多。洪武、永乐时期朝贡原本是一项政治性活动，但是在"厚给赏赐"的诱惑下，宣德至成化时期朝贡贸易已成为西番各族朝贡的主要动机之一，尤其是成化、天顺年间，此类情况更是屡禁不绝，如成化年间岷州番人朝贡达 75 次，番僧朝贡达 35 次；成化年间洮州番人朝贡达 26 次，番僧朝贡亦有 13 次之多。按照明朝官员的估计，在这众多的朝贡者中大约有 1/2 的朝贡者是被经济利益所驱动，有的甚至假冒身份或以次充好。《明宪宗实录》卷 21 成化元年九月戊辰载：

> 定乌斯藏番僧三年一贡例。礼部奏："宣德、正统间番僧入贡不过三四十人，景泰间起数渐多，然亦不过三百人。天顺间遂至二三千人，及今前后络绎不绝，赏赐不赀。而后来者又不可量。且其野性暴横奸诈。今乌斯藏剌麻蜡叭言千等来朝贡方物，乞降之敕，谕使三年一贡。"上从其请。因蜡叭言千等归敕谕阐化王曰："尔父祖以来，世修职贡。洪武年间三年一贡，来朝不过三四十人，往来道途，亦守礼法。近年以来增加渐多，络绎不绝。侍朝廷柔远之意。所至骚扰，察其所以，多有四川等处不逞之徒买求印信，冒作番僧，贪图财利，坏尔声名。尔居退僻，何由得知。兹特敕谕尔今后仍照洪武旧例，三年一贡。自成化三年为始。所遣之人，必须本类，不许过多。所给文书，钤以王印，其余国师、禅师等印皆不许行。惟袭替谢恩者不在三年之限。仍戒来人毋得夹带，投托之人，朝廷已敕。经过关隘官司盘诘辨验，如有伪冒，就便拏问。如此则事有定规，人无冒滥。庶不失尔敬事朝廷之意。"

---

① 《明英宗实录》卷 113 正统九年二月壬午。

《明宪宗实录》卷42成化三年五月丙子载:

> 命陕西镇守巡抚、巡按及都、布、按三司等官详议番僧进贡事宜。先是陕西按察司副使郑安言:"进贡番僧其自乌斯藏来者大率三分之一,余皆洮、岷近境寺僧、番民诡名希赏。所进羸马,辄获厚直。本以羁縻之,而益致寇攘。彼得吾所赐彩币制为脑包、战袍以抗拒官军。是虚国费而为盗资也。今宜有以限节之事。下礼部会官议,请行陕西镇巡等官讦议定与年限、人数及存留起送若干名,及凡赏与宝钞、食茶、布、褐等件,审于夷情,事体有无,相当一一议处。经久利便。具奏以闻。"从之。

弘治至万历时期,河、湟、岷、洮地区朝贡贸易中最突出的特点是朝廷对西番各族朝贡贸易的重视程度大为下降。《明实录》从弘治朝开始,对于河、湟、岷、洮地区番族朝贡只笼统地记载为"陕西外夷"或只提陕西某部落,不再强调其所在府、州、县、卫。对于朝贡者的身份也只笼统地分为"僧人"与"番人",受朝廷态度的影响,河、湟、岷、洮地区西番各族朝贡的热情也因此备受挫折,如弘治至万历时期,该地区西番各族朝贡总计为304次,其中弘治年间,该地区西番各族朝贡总计为89次(番人56次,番僧33次);正德年间,该地区西番各族朝贡总计为37次(番人26次,番僧11次);嘉靖年间,该地区西番各族朝贡总计为65次(番人55次,番僧10次);隆庆年间,该地区西番各族朝贡总计为26次(番人16次,番僧10次);万历年间,该地区西番各族朝贡总计为87次(番人57次,番僧30次)。[①] 在弘治至万历末的132年间,朝贡总计仅304次,而宣德至成化末只有62年,朝贡总计却高达376次。仅从这两组数据就明显地反映出明朝与河、湟、岷、洮地区西番各族关系的起伏变化。

弘治至万历时期,河、湟、岷、洮地区朝贡贸易中的另一特点就是明廷针对该地区朝贡贸易的泛滥而出台了一系列严厉规范的措施。这些措施有的是朝廷为了省事而放权,有的则是为了减轻财政负担而加以限制。《明孝宗实录》卷34弘治三年正月丙子载:

---

① 此数字是根据《明实录》各相关朝代统计而来。

近例，乌斯藏番僧三年一贡，令四川布政司比号相同并有番王印信、番字奏启方许。其法王卒，止用本处僧徒袭职，不由廷授。至是，辅教王遣番僧锁巴等保送大乘法王袭职入贡，乃欲自洮州而入。洮州守备官据例阻回，以其事闻。下礼部议，谓："有前例宜行。洮州守备官于锁巴内令四五人赍执勘合前往四川布政司比号，果系原降辅教王处，勘合字号相同，本司宜即差人具奏，并给与印信文书。仍令回至洮州。守备官再行审验其大乘法王处所差者，许令入贡。然不许其奏请袭职。若辅教王处所差者准作。弘治三年一贡，沿途量起人夫护送方物至京。如其字号不同及有诈冒别情，宜从四川镇巡官并洮州守备官径自奏闻。以凭区处。"从之。

《明孝宗实录》卷100弘治八年五月己酉载："西番（洮州——引者注）著落族番僧领占刼石来贡。奏乞如诸番番人例给赏。上以番人、番僧朝贡，先年各定有赏例，不可改。命大通事杨铭谕之，不许再奏扰。"万历《大明会典》卷6《土官承袭》载：

弘治十八年，罢土官纳粟袭职例，令照旧保勘、起送赴京袭职。正德初，令极边有警地方，暂免赴京。余各照旧……隆庆四年奏准，今后土官袭替，除愿赴京者，听。其余酌量嘉靖年间事例，各照品级，输忠纳米。

明初朝廷回赐西番乌斯藏等各族朝贡者的物品均为丰厚的实物，然"嘉靖六年题准，乌斯藏、长河西、朵甘思、董卜韩胡、金川、杂谷、达思蛮、加渴瓦寺、松、潘、洮、岷等处番人、番僧正赏折衣彩，具与一匹折给，有进马者，计马数与折。"①

明代河、湟、岷、洮诸卫虽然仅仅是西北地区的一部分，但该地区的朝贡以及朝贡贸易的特点却具有较高的共性，这就是明代西番各族参与朝贡的积极性和参与的程度是历代难以企及的。历代朝贡者大多只限于上层人物，范围极小，而明代西番各族参与朝贡的范围极为广泛，不仅有上层代表，即使一般的部落首领和寺院住持亦多有参与。具体地讲，在乌斯藏

————————

① 万历《大明会典》卷112《给赐三》"外夷"。

地区，参与朝贡者不仅有都指挥使以及各大法王、法王、大国师、国师等上层僧侣，即使一般僧侣亦多有参与。据《明实录》各卷统计，有明一代乌斯藏地区朝贡者共有 401 次，其中以大法王、法王、大国师、国师等身份朝贡者 116 次；只记载为番僧，而无其他名号的朝贡者 237 次；以禅师、都纲身份朝贡者 20 次，其他 28 次。在朵甘藏区，据《明实录》各卷统计，藏族朝贡总计为 343 次，其中以法王、大国师、国师等身份朝贡者 126 次；只记载为番僧，而无其他名号的朝贡者 191 次；其他 26 次。若按朝代而言，则正统、景泰、天顺三朝朝贡者最多，为 129 次，接下来为成化朝 65 次，宣德朝 61 次。[①] 在河、湟、岷、洮等汉藏交错地带，岷州及所属阶州、文县番人、番僧参与朝贡者最多。据《明实录》各卷统计，明代岷州参与朝贡的藏族寺院有 21 个，朝贡次数 71 次，而明代岷州较大的藏族寺院为 26 个，这表明主要的藏族寺院均参与了朝贡。明代岷州及所属阶州、文县参与朝贡的藏族部落有 111 个，朝贡次数 294 次，而明代岷州及所属阶州、文县藏族部落大体为 400 个，这表明有近 1/3 的藏族部落参与了朝贡。其次为洮州，明代洮州参与朝贡的藏族寺院有 13 个，朝贡次数 29 次，而明代洮州藏族寺院不足 20 个，这同样表明洮州主要的藏族寺院均参与了朝贡；明代洮州参与朝贡的藏族部落有 53 个，朝贡次数 101 次，有近 2/3 的番族参与了朝贡。明代西宁、河州番人、番僧参与朝贡者较岷州、洮州为少，不知何因。但尽管如此，明代藏区各族的朝贡无论是在人数上，还是在朝贡者涵盖的范围上都远远超出历代，也远远超出后来的清代和民国，这其中明代朝贡贸易所发挥的推动作用居功至伟。

2. 朝贡贸易带动了地方经济的繁荣

朝贡贸易并非一般意义上的贸易，它是以西番各族对国家认同的政治行为换取的经济收益，所以朝贡贸易不可能是市场规律下物与物之间的等价交易。明朝对于西番各族的朝贡一向是优惠和宽待的，如《明太祖实录》卷 254 洪武三十年八月丁酉载："兰州奏：'朵甘、乌斯藏使臣以私茶出境，守关者执之。请寘于法。'上曰：'禁令以防关吏及贩鬻者，其远人将以自用，一时冒禁，勿论。'"万历《大明会典》卷 108《朝贡四》"西戎下"记载了洮、岷等处番族朝贡时的贡物明细，共计有铜佛、画

---

① 说明：a. 此统计中许多人的身份是双重的，如既是国师，又是禅师等，这里统统按国师计；b. 大法王及大法王所遣使者均按大法王计。

佛、舍利子、马、驼、酥油、青盐、青木香、足力麻、铁力麻、氆氇、左髻、毛缨、明盔、明甲、腰刀等。当然这只是后来规范化的贡物，而在明初各种珍奇物品均可作为贡品，如《明太祖实录》卷 86 洪武六年十一月乙卯载："陕西文县土官千户赵伯达贡马二、虎二并虎、豹、狱皮。"万历《大明会典》卷 112《给赐》"外夷下"对于洮、岷等处番人、番僧朝贡后的回赐也给予了专门规定：

> 陕西洮、岷等处番僧到京并存留，每人赏折衣彩缎一表里、折靴袜钞五十锭。马，每匹每匹纻丝一匹、钞三百锭。上等马加绢一匹。驼，每只彩缎三表里、绢四匹。内瞿昙寺到京禅师加番僧衣一套。
> 陕西洮、岷等处番族到京并存留，番人每人赏彩缎二表里，捐二匹，钞二十锭，折靴袜钞五十锭。进马，每匹纻丝一匹，钞三百锭。盔甲、腰刀例不给赏……以上具许开市三日。

除此之外，明朝还允许入贡使者将多余的物品在会同馆与民间进行交易，并在京师及返回途中购买所需的物品。《明宣宗实录》卷 115 宣德九年十二月辛亥载：

> 镇守河州、西宁都督刘昭奏："比乌斯藏阐化王所遣贡使乩藏等以朝廷赐物易茶至临洮，临洮卫疑为私茶，拘留乩藏等，收茶于库。请释乩藏等，还其茶。"上命行在户部悉如昭所奏，庶不失远人之心。

《明英宗实录》卷 55 正统四年五月辛酉载：

> 行在礼部奏："番僧温卜什夏坚藏等来朝，欲买茶六千斤带回。已有明禁，未敢擅许。"上以番僧僻处远方，非可以中国法令拘也。禁之则拂其情，顺之则为民害。宜令减半，自备车辆载回。

《明英宗实录》卷 66 正统五年夏四月壬午载：

> 遣禅师葛藏、昆令为正副使，封怕木竹巴灌顶国师吉剌思已、永

耐监藏已藏卜嗣其世父为阐化王。赐之诰命、锦绮、梵器、僧服等物，并赐葛藏等道里费。葛藏等复私易茶、彩数万，以往乞官为运送至乌斯藏。礼部言茶、彩出境有禁。上以远人，特许之。但令其自僦舟车。

在上述所列贡物中，除马、骆驼供给军队外，其余贡品只供朝廷消费，即使拿到市场交易，其交易范围也十分有限，所以朝廷对马、骆驼的回赐格外重视。以马为例，万历《大明会典》卷 112《给赐》"外夷下"规定：无论是西番乌斯藏，还是洮、岷藏区，喇嘛、番僧人等每进过给军中等马一匹，赏纻丝一匹、钞三百锭，带进方物，回赐彩缎四表里。每进贡一匹马，赏纻丝一匹、钞三百锭，这在洪武年间可购买中等马 4 匹；①在弘治年间若直接购买，可买 38 匹儿、骗、骒马，若将银两购得茶叶，可购茶叶 3000 余公斤，再以茶易马，可易儿、骗、骒马 171 匹。②《明武宗实录》卷 142 正德是一年十月壬申载：

> 甘肃都御史李昆奏："边兵乏马，乞如先年陕西军职纳银买马及免比试例行之。"兵部议，马价有低昂，纳银有多寡，宜为之准。每马一匹以银十两计其直，如指挥应纳银二十五两者，令纳马二匹，加银五两；千、百户、镇抚随纳银本数纳马，并加银如之。其比试违限及祖父未经比试应住俸者，每年指挥纳银十两，千户、卫镇抚八百，百户、所镇抚五两，计年递加。俱令纳马，不及为价者纳银，随其数俱许开支。总旗免并枪者纳银八两，愿纳一匹与银相直者听议。上从之。

而这仅仅是一匹马的回赐，其回报已令人羡慕不已。实际上，据笔者粗略统计，终明一代，藏区各族朝贡次数约 1450 次，几乎每次都有贡马的记载，少者十数匹，多者数百匹上千匹，如《明太祖实录》卷 59 洪武

---

① 《明太祖实录》卷 204 洪武二十三年九月甲寅载："陕西都指挥使聂纬以西安左、右等卫所市马七千六十四匹送京师，以尝命户部运钞六十万锭往西宁、岷州、河州市易故也。"

② 杨一清在《为修复茶马旧制以抚御番夷安靖地方事》，《杨一清集》上册，第 73 页。按上述银子均是以"两"为单位计算，《明会典》中的银子是以"锭"为单位。锭是针对元宝而言。明代元宝有固定重量，约分一两、二两、五两、十两、二十两等，这里姑且按一两折算。

三年十二月辛巳载："吐蕃宣慰使何锁南普等一十三人来朝，进马及方物。"《明太宗实录》卷 73 永乐五年十一月载："庚申，西宁卫土官指挥金事李英遣人进马，赐之钞币有差……癸亥，西宁卫僧摄摄剌查等贡马及方物，赐之钞币有差。"《明宣宗实录》卷 16 宣德元年四月甲子载："陕西洮州卫指挥后广……贡马。"若仅以每次贡马 20 匹，每匹马回赐按 150 银两折算，则需白银 360 余万两，这虽然只是一个非常保守的计算，但对于明朝财政而言，已经是一笔非常庞大的开支，而这仅仅是贡品价赏，若加上朝廷的正赏，则每一番僧或番人所得到的赏赐更是丰厚满溢。如《明宪宗实录》卷 105 成化八年六月辛卯载："礼部言：'年陕西岷、洮等卫所奏送各簇番人共四千二百有奇，除给与马直不计，凡赏彩缎八千五百二十四表里，生绢八千五百二十余匹，钞二十九万八千三百余锭。'"仅成化八年一年，岷、洮两地番人、番僧朝贡的人数就已达四千多人，并获得了巨额回赐。又如《明武宗实录》卷 162 正德十三年五月己酉载：

> 初，四川天全六番招讨使高继恩为雅州奸民所诱，劫质民财，又所部番僧多娶州民女为妻妾。其后，乌斯藏直管招讨高管等袭职，回得赐番茶六万斤，遂同继恩把事夹带私茶至六倍所赐，而贿带茶尤多。所司诘治得实，并发继恩等诸奸利事。既坐党附者罪，因请逮治二招讨。都察院议覆，诏继恩姑免逮问，降敕令镇巡官戒谕之。

《明神宗实录》卷 169 万历十三年十二月辛巳载："乌斯藏大乘法王及长河宣慰使司番僧吧蜡领真等入贡，例赏约九千三百两有奇。工部以节慎库空虚，议移之四川藩司。番僧诉于礼部，引万历六年奉旨事例为言。诏仍于工部给之。"这里仅仅因为袭职、入贡，就回赐茶叶茶六万斤或赏银九千三百两，可见回赐之丰厚。

除贡品价赏之外，正赏的费用也是相当惊人的。如果按照《明会典》的规定：从四川起送来的喇嘛、番僧人等，到京每人彩缎一表里、纻丝衣一套，具本色。留边赏同……具赏钞五十锭……食茶六十斤。从洮、河州起送者，到京每人折衣彩缎一表里、纻丝并绫贴衣二件。留边赏同……具食茶五十斤、靴袜钞五十锭。① 则仅正赏一项，明朝财政每年至少需要为

---

① 万历《大明会典》卷 112《给赐》"外夷下"。

整个藏区的朝贡回赐付出白银 200 余万两。若将这些赏赐品带回当地市场交换，其巨额利润恐怕早已超出今人的想象，而其对于当地经济的促进作用更是显而易见。无怪乎西番各族番僧、番人不辞辛劳，长途跋涉，穿梭往来于朝贡的旅途，有些甚至绞尽脑汁、千方百计地混入朝贡的队列中，其奥秘之所在不言自明。所以朝贡贸易对于明朝廷而言，收获的是臣属关系的确立与强化，而对于西番各族而言，西番各族番僧、番人在完成朝贡任务回到当地后，既巩固了自己在部落中的地位，又风风光光地挣足了面子，获得了尊严，还带来了不菲的收益，搞活了当地经济，可谓政治、经济一举多得，名利倍收。

这里需要指出的是，如果我们把朝贡贸易放到更为广阔的背景之中去分析、透视，将西番各族通过朝贡而获得的巨大物质利益看作明王朝对藏区的一种变相投资的话，这之中所凸显的重大意义就更加耐人探究了，尤其是中国历朝并没有中央财政投资于边地的惯例。首先，为了吸引更多的周边民族前来朝贡和刺激朝贡者的积极性，明王朝大胆采用了贸易手段经营朝贡，并将其发展成为朝贡贸易，这在中国历代只有明朝做到了，并且做得相当出色。其次，在"厚往薄来"与"厚给赏赐"宗旨下，明朝对于西番各族朝贡的回赐物品之丰厚，价值之贵重更是除中华人民共和国之外历代王朝无法比拟的。以往在讨论明代与西番，尤其是乌斯藏的关系时，大多只提及明朝对于乌斯藏各族首领及寺院僧纲只存在着封官、封号等政治关系，很少提及有直接的经济关系。现在看来这种以回赐方式形成的巨额变相投资早已悄无声息地渗透到西番社会之中，成为明代中央王朝与藏区之间一条无形的经济纽带。如果将朝贡贸易与茶马贸易相比，则茶马贸易主要针对的是与农耕经济相毗邻的藏区，而朝贡贸易除兼顾沿边藏区外，还可纵深发展到那些无法进行茶马贸易的藏区，如乌斯藏等。这一横一纵恰恰构成了明朝对藏区经济行为的基本框架。而这正是讨论明王朝与藏区关系中无法回避和曾经忽略的重要方面。从这一点讲，明代的朝贡贸易虽然起源于朝贡，但其在经济方面所发挥的影响与作用却远远超出了朝贡范围，是朝贡本身无法完成的。再次，明王朝的这种变相投资所着眼的是人，而不是物，是以西番各族中的上层首领和僧侣为主要对象，而这些上层首领和僧侣的政治倾向与日常中的一言一行往往决定着西番各族的相背与亲疏。所以与我们今天大规模投资于藏区基础建设，热衷修建高楼大厦相比较，这种投资于人，而不是物的朝贡贸易，其所收到效果更为直接，见效更快，也最便于操作。它既有利于获取人心，又能带动一方经济的发展。当然，这样讲并不是反对投资于藏区基础建设，只是说我们在选择投资时，应当考虑到藏区与内地之间的文化差异，选用更多的适合于藏区的投资方式，而不是全国上下一种模式。最后，明王朝这种以西番各族对于朝廷认同为目的的朝贡活动，以及凭借朝贡贸易进行投资的行为，虽然收效最直接，但表现的手法却是间接的，非常人性化。既给予了朝贡者足够的尊严，又于无形之中完成了投资；既收到了政治上的认同，又促进了当地藏区经济的繁荣，确保一方平安。能取得如此理想的效果，即使明朝当朝统治者也未必完全认识到。仅凭以上几点，就足以说明明朝政府把朝贡与朝贡贸易做到了极致。

明代当朝以及后世一些官员、学者对于明代的朝贡以及朝贡贸易掺杂有许多贸易成分和虚假成分而加以责难，这固然有其合理的成分，但这只也是看到了事物的表面现象。明王朝为实施朝贡贸易的确承担了巨额的财政负担，有时甚至达到不堪忍受的地步，但明王朝却因此换来了西南与西北地区的边疆安全与稳定发展。明代藏区在长达 260 多年的历史中，除洪武初年以及宣德年间松潘地区西番举事外，几乎没有发生过大规模的反对朝廷的武装斗争。即使发生一些小规模的武装运动，大多也是由于个别官吏的胡作非为、玩忽职守，以及西番各部落间为争夺草场等而造成的，很少有因民族政策失误或民族矛盾激化而造成的冲突。较之巨额的财政负担而言，这种来自边疆稳定与发展的政治收获显然是无法用经济支出来衡量的。

当然，明王朝默许这样做也是出于明朝的实际情况所迫。明朝是一个国力并不十分强盛的朝代，仅有的一些军队大多用到防御北元上来，对于西番则主要以招抚为主，军事威慑为辅，而"厚往薄来"与"厚给赏赐"正是这一主导思想的产物。它明显地带有"金钱换和平"的主观愿望和烙印。然而正因如此，明朝所采取的许多措施，如茶马贸易、朝贡贸易等更彰显出统治者的智慧和长期的坚守。

3. 朝贡贸易为藏区社会的稳定发挥了至关重要的作用

明代藏区的这种以获取朝贡回赐为目的的朝贡贸易并非轻而易举地就可参与，而是要有一定的身份认证。在藏区大体有三类人可以参与：一类是朝廷在藏区任命的地方官员，包括各类土官；一类是明廷奉敕的宗教上层僧侣，包括各级僧纲、禅师等；一类是新归附的藏族部落首领。这些人参与朝贡的前提是对朝廷的认同，所以他们朝贡的基本程序必须从所在地方开启，必须经过所在地方的官吏同意，办理相关手续后方可起程。而且朝贡时间、路线、人数、所持印信等都要严格遵循朝廷的规定。《明宪宗实录》卷69成化五年秋七月载：

> 四川都司奏乌斯藏赞善王等遣舍人阿别等率各寺寨番僧一百三十二，起不依年例入贡，兼无番王正印文书。今已量留十数名在被守视方物，余皆遣回。乞定议令各照年例进贡或各具印信文书会同进贡。礼部言，乌斯藏地方广远，番王数多，若令各照年例进贡则往来频繁，驿递不息。若令会同进贡则地方有远近，难以齐一。宜令各王各具印信文书，于应贡年分陆续来贡。不许人数过多，仍请敕各番王知会。令其永远遵守。所贡方物既至，宜令四川三司遣人省谕准作。成化六年，分进贡起送赴京或以礼发遣，令其依限前来，务在处置得宜，以尽怀柔之意。从之。

《明孝宗实录》卷34弘治三年正月丙子载：

> 近例乌斯藏番僧三年一贡，令四川布政司比号相同并有番王印信、番字，奏启方许。其法王卒，止用本处僧徒袭职，不由廷授。至是辅教王遣番僧锁巴等保送大乘法王袭职入贡，乃欲自洮州而入。洮州守备官据例阻回，以其事闻。下礼部议，谓："有前例宜行，洮州守备官于锁巴内令四五人，赍执勘合前往四川布政司比号。果系原降辅教王处勘合字号相同。本司宜即差人具奏，并给与印信、文书，仍令回至洮州守备官，再行审验。其大乘法王处所差者许令入贡。然不许其奏请袭职。若辅教王处所差者准作弘治三年一贡，沿途量起人夫护送方物至京，如其字号不同，及有诈冒别情，宜从四川镇巡官并洮州守备官径自奏闻，以凭区处。"从之。

《明孝宗实录》卷132弘治十年十二月壬午载：

> 初，乌斯藏阐化王死，其子班阿吉汪束剳巴乞袭封阐化王。上命番僧剌麻参曼答实哩为正使、锁南窝资尔副之，同剌麻剳失坚参等十

八人共赍诰敕并赏赐彩缎、衣服、食茶等物往封之。行三年至其地，时新王亦已死，其子阿汪刭失刭巴坚参巴班藏卜即欲受封，并领所赍诰敕诸物。参曼答实哩等不得已授之，遂具谢恩方物并其父原领礼部勘合、印信、图书、番本付参曼答实哩等，赍回为左验。至四川，巡抚官劾其擅封之罪，逮至京坐斩。至是屡奏乞贷死。上以为番人不足深治，特免死，发陕西平凉卫充军，副使以下宥之。

《明孝宗实录》卷 157 弘治十二年十二月己丑载：

"乌斯藏遣禅师桑儿结吒巴等来贡，并为日莫等寺番僧喃哈星吉藏卜等五人请各袭其师禅师、都纲等职。从之。"

《明武宗实录》卷 54 正德四年九月己亥载：

礼部言："乌斯藏袭封阐化王阿吉汪束刭失、刭巴坚参巴藏卜及袭职完渴都指挥煖精藏卜进贡方物，及遣人数多，出于例外，意图厚赏。今宜准其多者为次年贡数，如例给赏。指挥无年贡者，裁其赏赉之半。其陕西河州卫指挥使王锦等违例起送，俱当究治。"诏从之，仍令今后违例进贡夷人俱拘留在边，不许滥放，违者治罪。

《明武宗实录》卷 61 正德五年三月癸未载：

乌斯藏大乘法王差剌麻绰吉我些儿等八百人从陕西河州卫入贡。礼部以其违例宜减赏及究河州卫指挥使徐经不行审验之罪。上命巡按御史逮经治之。仍令是后宜加审验，不许重冒起送。

上述两例发生在河州卫的案情，相隔仅仅一年，一例为乌斯藏袭封阐化王所为，一例为乌斯藏大乘法王所为，其表现均为河州卫指挥使审验不严。实际上很可能是乌斯藏袭封阐化王、大乘法王与河州卫指挥使王锦、徐经相互串通所致。由此看来，来自藏区的朝贡者如果不遵守朝廷的规定，就要受到明廷的相应处罚。同样，如果这些朝贡者在其所在地不能遵照朝廷的旨意行事，他根本就无从获得朝贡的资格。所以，为了参与朝贡贸易，朝贡者在其驻牧之地应当是维护社会秩序与稳定的积极因素，甚至是中坚力量。他们与朝廷任命的地方官员保持着良好的关系，他们在总体上是不会违背朝廷的旨意，更不要说这些有朝贡意愿的部落首领或宗教上层僧侣带头举事反抗朝廷了。从这一点讲，当明代的朝贡贸易能够深入藏区大部分地区，吸引来藏区主要的部落首领或宗教上层僧侣参与时，藏区的社会稳定与安全就能够得到保障。

4. 朝贡贸易加强了各民族间的交往

朝贡既是政治层面上的交往，也处处体现着民间的交往。作为政治层面上的交往，万历《大明会典》卷108《朝贡》"土官"载："湖广、广西、四川、云南、贵州、腹里土官，遇三年朝觐，差人进贡一次。具本布政司给文起送，限本年十二月终到京。庆贺限圣节以前，贡物不等。"万历《大明会典》卷58《蕃国礼》载："国初诸蕃来朝，必见皇太子及亲王。皇帝亲御殿侍宴。后止朝见上。赐宴会同馆。命礼部待之。"洪武二十六年明廷规定："凡四夷归化人员及朝贡使官，初至会同馆，主客部官随即到彼点视正从，定其高下房舍铺陈。一切处分安妥，使知朝廷恩泽。"管待官要"分豁正从人数，劄付膳部。五日一次，照例支送酒、肉、茶、面、饮食之物"①。"凡诸蕃国及四夷使臣、土官人等进贡，例有钦赐筵宴一次、二次。"②"宴毕，待宴大臣宣布，朝廷优待至意，回还之后，各守恭顺，管束部落，毋得生事扰边，自取灭亡。"③

在朝贡过程中，朝贡使官及其从官要习仪三日，接受一系列繁文缛节的礼仪训练，然后择日朝见。朝见时，大乐鼓吹振作，展现一整套皇朝仪礼并接受朝贡者的赞拜。随后诸蕃王及朝贡者还要朝见皇太子、亲王等。同样，皇帝登基及册立皇储则遣使颁诏，蕃国迎诏也必须严格按照皇朝规定的一整套仪礼规范进行。西番各族的一般土官、僧人、僧侣朝贡虽不至于享受如此隆重的待遇，但也必须经历相应的礼仪程序，接受皇朝仪礼的熏陶。不仅如此，弘治五年朝廷还规定，土官袭职后，要习礼三月，以便教化。④

如上所述，终明一代，藏区各族的朝贡使团多达1450余个，平均每

---

① 万历《大明会典》卷109《宾客》"会同馆"。
② 万历《大明会典》卷114《精膳清吏司》"管待番夷土官筵宴"。
③ 同上。
④ 万历《大明会典》卷121《土夷袭替》。

年有5.3个使团到京朝贡,而朝廷则每两个多月就要接待一个西番朝贡使团。天天有西番朝贡者在途中奔波,这些朝贡使者少则数人,多则十数人。万历《大明会典》卷99《礼部五十八》载:

> 陕西洮岷等处番僧,每寺许四五人,每年终遇大节一次赴京朝贡。洮岷等处番族每二年一贡,大族起送为首者四五人,小族起送一二人。存留听赏者,大族不过十五人,小族不过七八人。

《明宪宗实录》卷105成化八年六月辛卯载:

> 礼部言:"今年陕西岷、洮等卫所奏送各族番人共四千二百有奇,除给与马直不计,凡赏彩缎八千五百二十四表里,生绢八千五百二十余匹,钞二十九万八千三百余锭。滥费无已。正统、天顺年间各番进贡岁不过三五百人,成化初年因岷、洮等处滥以熟番作生番冒送,已立定例,生番许二年一贡,每大族四五人,小族一二人赴京,余悉令回。成化六年因按察司副使邓本端妄自招抚来贡,又复冒滥。本部复申例约束。今副使吴玘等不能严饬武备,以守边方,惟通番人以纾近患。宜降敕切责,俾遵前例。若夷情难以阻抑,亦须别白,往时何以来少之故。"奏闻裁处,诏可。

西番土官、僧人、部落头目等到京后,大多都要留住半个月至一个月,亦有数月不归者,① 如《明太祖实录》卷66洪武四年六月戊子载:

> 以吐蕃来降院使马梅为河州卫指挥佥事,故元宗王孛罗罕、右丞朵立只答儿为正千户,元帅克失巴卜、同知卜颜歹为副千户,同知管不失结等为镇抚、百户及其部属以下各赐袭衣、文绮有差。先是三年冬,马梅遣管不失结等贡马及方物,至是偕孛罗罕等来朝,复贡马及铁甲、刀箭。上嘉其诚,故有是命,且谕礼部臣曰:"时方隆兴,马梅等远来,宜早遣赴卫。"于是,复赐文绮及帛各十四,其部属以下各二匹,而遣之。

---

① 万历《大明会典》卷115《膳羞二》。

"宣德元年二月戊寅,陕西洮州卫剌麻番僧班丹坚昝、忽石门等卫头目兀龙加等来朝贡马……三月壬寅,赐陕西洮州卫等处剌麻番僧班丹坚昝,忽石门等卫头目兀龙加等钞、彩币表里、袭衣有差"①;"宣德元年四月壬辰,陕西河州卫番僧监藏领占等贡马……五月庚戌,赐陕西河州卫番僧监藏领占等钞、彩币表里有差"②。这期间除参加必要的朝觐活动外,他们也会或多或少地与京城社会各界有所接触。有如此众多的西番各族到京朝贡并有足够宽裕的时间观察京城社会,不管其动机如何,他们都要受到皇朝仪礼的洗礼,感受浩荡皇恩,这无形中深化了西番各族与中央王朝的政治交流,而大明王朝的政治理念也随之程度不同、潜移默化地渗透到西番各族的政治生活中去。

如果说西番各族在京城的主要活动属于政治层面的交往,那么他们与各地的民间交往则主要施之于往返的艰辛途中。河、湟、岷、洮地区西番各族到京城朝贡一次要耗费掉大半年的时间,一两年未归者亦不足为奇。万历《大明会典》卷149《驿传五》"勘合"曾详细地下列出了河、湟、岷、洮地区西番各族进京朝贡的里程、所需时间的明细表:

> 凡番夷勘合,正德十八年议准,各处番夷进贡回还,兵部出给俭字勘合,付伴送人等,定与每站程限二日……
>
> 岷州卫,陆路四千一百里,计六十一站,限一百二十日;
>
> 河州卫,陆路四千二百里,计六十三站,限一百二十六日;
>
> 洮州卫,陆路四千二百二十里,计六十三站,限一百二十七日;
>
> 阶州守御千户所,陆路三千七百里,计五十九站,限一百一十八日;
>
> 文县守御千户所,陆路四千二百四十里,计六十七站,限一百三十四日;
>
> 西固城,陆路四千五百里,计六十一站,限一百二十日;
>
> ……
>
> 西宁卫,陆路四千五百七十里,计七十五站,限一百五十日。

---

① 《明宣宗实录》卷14宣德元年二月戊寅;《明宣宗实录》卷15宣德元年三月壬寅。

② 《明宣宗实录》卷16宣德元年四月壬辰;《明宣宗实录》卷17宣德元年五月庚戌。

　　按照这一记载，明代河、湟、岷、洮地区西番各族进京朝贡仅一个单程就需要 4000 多里，往返要骑行近 9000 余里。途中朝贡者平均每天至少要骑行 30 余里，全程要经过六七十个驿站。每经过一个驿站，驿丞都要精心负责安排朝贡者的食宿以及马匹的草料等，这使得藏区各族朝贡者与明朝驿传官吏间保持着近距离的接触与密切的交往。在漫长的旅途中，满怀敬意与满怀欲望的西番朝贡者相伴而行，他们忍受艰辛，观察社会，体验百姓炎凉，沿途所见所闻完全是内地活灵活现的原生百态，而这一切原本只存在于他们的想象之中。不过当他们将这些观察与体验以及丰厚的回赐带回到家乡后，收获的艰辛与喜悦、体验与观察无不积淀在民族的记忆里，如此前赴后继、代代相传，在频繁的往来中，一点一滴地孕育和培养了相互间的了解。从这一意义上讲，朝贡与朝贡贸易不仅带来了政治上的认同，而且也带来了民间的交往与了解，而了解绝对是民族关系良性互动的前提。

　　除政治层面上的交流外，朝贡贸易还带来了宗教层面上的交流。在明代藏区朝贡者中，僧侣占据了主要成分，明朝对各帝师、法王及寺庙都给予了巨额赏赐或布施，成为寺庙的重要经济来源，极大地促进了寺庙经济及各寺院集团势力的发展。在藏区有许多新建的寺院都是用明朝的赏赐来修建的，如著名的格鲁派三大寺院之一的色拉寺就是释迦也矢用朝贡带回的一部分赏赐建成的，而另一部分赏赐则用于甘丹寺扩建佛殿，这大大增强了处于初建阶段的格鲁派势力。宣德九年，释迦也矢被封为"大慈法王"，"帝留之京师"①。后大慈法王返藏途中圆寂于河州，明朝在其地敕建"弘化寺"，河州弘化寺便成为格鲁派在甘青地区发展的基地和与内地联系的中转点。从永乐年间到天顺四年（1460），在前后藏格鲁派建成的四大寺院纷纷派僧人进京朝贡。麦思奔寺（哲蚌寺）于正统十四年（1449）、些腊寺（色拉寺）于景泰二年（1451）、葛丹寺（甘丹寺）于成化六年（1470）、札失卜寺（扎什伦布寺）于成化十六年（1480）先后入贡②，推进了格鲁派与明朝宗中央的关系发展，加速了寺院集团势力的形成。

---

① 《明史》卷 331 《西域一》。

② 《明英宗实录》卷 177 正统十四年四月己未；《明英宗实录》卷 205 景泰二年六月辛未；《明宪宗实录》卷 85 成化六年十一月辛丑；《明宪宗实录》卷 203 成化十六年五月丙申。

综上所述，明代与西番各族的朝贡贸易虽然有泛滥之处，但仍然可以说，在藏区，明代把朝贡以及朝贡贸易做到了极致，这主要表现为：（1）在明代藏区的朝贡中，参与者之多，参与阶层之广泛，参与地域之广大是历代望尘莫及的。（2）把经济手段引入朝贡中，从而衍生出朝贡贸易，这是明朝所独有的，其对于推动明代藏区的朝贡贡献了至关重要的作用。（3）明代藏区朝贡贸易所发挥的作用已远远超出朝贡的范畴，是朝贡无法替代的，它大大推动了藏区经济的发展、社会稳定以及藏区与内地的文化交流。（4）用朝贡贸易的方式投资藏区，这是明代的创举，尤其是把各部落上层首领和上层僧侣作为主要投资对象，这是朝贡贸易中的闪亮之处。

四　清代河州契文中的土地买卖

研究清代河州（今甘肃省临夏回族自治州）历史的学者，其所依据研究资料大多来自史籍、地方志或老人的回忆与社会调查，很少有人注意到当地的契文，而利用这些契文进行研究更是闻所未闻。所谓当地的契文主要是指甘肃省临夏回族自治州档案馆收集的近代河州地区的各类契文，这些契文被编辑成《清河州契文汇编》（以下简称《汇编》）一书。[①] 该《汇编》共收集了清嘉庆二十四年（1819）至民国初年约百年间河州地方形成的 588 件契文。契文内容涉及土地买卖、租佃、典当、兑换；房屋、场院、水磨、榨油房、铺面的买卖以及货币借贷、分家立业、养老送终、产权继承、婚丧嫁娶、招赘立嗣、乡里诉讼等诸多方面。它的收集、保存和出版可以说为深入细致地研究近代河州经济与社会提供了弥足珍贵的原始资料。由于《汇编》一书收集的契文中有近 90% 是关于土地买卖、典当、租佃的。所以，本文试图以这方面为切入点和突破口，就契文中所展现的近代河州土地交易、租佃、典当等方面予以深入细致的研究，以便从不同侧面为近代河州的历史勾勒出尽可能全面的轮廓。

（一）相关数据的交代

在探讨清代河州土地买卖之前，有必要将清代河州地区的度量单位、

---

① 甘肃省临夏回族自治州档案馆编辑：《清河州契文汇编》，甘肃人民出版社 1993 年版。

耕地面积计算方法以及银钱比价等相关数据的换算略作交代。对于这一点，《清代河州度量衡制钱地亩计算单位及方法》一文中已有粗略的考述，① 这里只将结论扼要概述：

1. 度量衡换算。清代河州不仅使用官方规定的"仓石""仓斗""仓升"，或称"京石""京斗""京升"，而且当地还流行着自定的"市石""市斗""市升"。当地的 1 市石约合仓石 2.8 石，1 仓石合市斗 3.57 斗有余。清代每仓石约为 125 斤，大体合今 150 市斤，1 仓斗约合今 15 市斤。依此推算，则清代河州地区的 1 市斗约合今天 42 市斤。

2. 播种量与土地面积。康熙四十四年（1705）后，河州地区普遍采用了一种以小麦或青稞的下籽量多少来计算土地面积的方法，即以"石""斗""升"等为土地面积的计算单位。根据《循化志》卷二《山川》"川地下籽每亩约一仓斗，旱地约八升"的记载，清代河州 1 市斗可播种川地约 2.8 亩，旱地约 3.5 亩，加权平均约为 3.1 亩。

3. 银钱比价。在《清代河州度量衡制钱地亩计算单位及方法》一文中，笔者曾对清代河州地区大小钱的比价及其与白银的比价作了一些考述，现在看来这些考述不够清晰，有必要进一步修正和补充。河州地区自清代以来不仅执行着内地通行的银钱比价，而且在当地市面上还自行着一套银钱比价和大小钱的换算方法。具体地讲，乾隆末年，河州一带的银价是"每银一两换钱一千八、九十文至一百文不等"②。结合上下文看，此处的钱当指大钱，且为"足钱"。有清一代的银钱比价变换频仍，钱之轻重实难划一，就乾隆时期而言，乾隆二十六年，曾一度出现"以平籴钱易银，时一两二钱仅易钱一千"的比价，③ 但乾隆三十六年后，因价平减铸，银钱之比有所回落，大体上讲，清朝初年的银钱之比一般维持在白银 1 两易制钱 1000—1200 文。以此衡量，乾隆末年河州一带的银钱之比基本上与内地相差不大，但是，从《汇编》的记载来看，道光二十二年以前，河州一带的土地契约统统是以小钱结算，以白银结算仅仅出现在官方的契尾中，这表明在正式的官方登记存档的土地买卖契约中是以白银结

① 武沐：《清代河州度量衡制钱地亩计算单位及方法》，《西北民族大学学报》2004 年第 3 期。

② 龚景瀚：（乾隆）《循化志》卷 2《山川》，甘肃省图书馆藏。

③ （清）王庆云：《石渠余纪》卷 5，转引自中国人民银行总行参事室金融史料组编《中国近代货币史资料》第一辑上册，中华书局 1964 年版，第 71 页。

算，而民间则为小钱，至于此时期河州地区小钱与白银的比价为多少，因《汇编》及其他文献未载，无从知晓。

《汇编》开始出现白银与小钱的比价是在道光年间，比值大体为白银 1 两易小钱 5—5.4 串文，[①] 而此时白银与大钱的比值是多少，《汇编》未载，但在当时人的一些奏折中有所反映。道光十一年陕西巡抚史谱的奏折中曾云道光年间陕西境内白银与大钱的比值是白银 1 两市价合制钱 1370—1400 文；道光二十二年陕西巡抚富呢扬阿的奏折中云当时陕西境内白银与大钱的比值是白银 1 两市价合制钱 1480 文；道光二十三年陕西巡抚李星沅的奏折中云当时陕西境内白银与大钱的比值是白银 1 两市价合制钱 1600 文；道光二十六年陕甘总督布彦泰的奏折中云当时甘肃境内白银与大钱的比值是白银 1 两易制钱 2000 文。[②]

《汇编》中以大钱结算的土地交易出现在同治二年，但此时白银与大钱的比值是多少，从《汇编》中同样无法看出。《汇编》中能够看到的白银与大钱的具体比值是在光绪十一年后才出现，比价为白银 1 两易大钱 1.5 串，这较之道光年间白银与大钱比值的比价有所回落，想必与道光年间各地官员提出的银钱之比大体应维持在白银 1 两易制钱 1500 文的建议有关。此时期河州地区白银与小钱的比价是白银 1 两易小钱约 6 串文，[③] 较之道光年间有所上升。以此推算大钱 1 串相当于小钱 4 串左右。

值得一提的是，这里所说的大、小钱均为"足钱"，多在完纳地丁银、土地交易及粮草折色（即折价）时交库所用，而河州市面上通用的实际上多为"虚钱"和"节节钱"。所谓"虚钱"即每 92 文称为 100，

---

① 此数据是根据《汇编》"道光编"中的三组契文推算出来的。具体为：第一组契文为两份，均为道光二十二年"马才国出卖土地契文"。两件契约记载的是同一笔交易，但第一份以小钱结算，下籽一斗七升的耕地卖价小钱十串文；第二份为白银结算，同样的地卖价为白银二两。第二组契文为道光二十六年"马六十一父子出卖土地契约"，同样为两件契约记载了同一笔交易，一笔以白银结算，下籽三斗六升的耕地卖价白银五两；一笔以小钱结算，同样的地卖价小钱二十七串文。第三组契文为道光二十六年马得才出卖场院契文，共三件，记载的也是同一笔交易。第一笔卖价白银二两，第二笔卖价小钱十一串文，两者均包括酒食、画字在内；第三笔卖价小钱八串文，不包括酒食、画字。从上述三组契文看，道光二十二至二十六年间白银与小钱的比价，基本是在白银 1 两合小钱 5—5.4 串文。

② 中国人民银行总行参事室金融史料组编：《中国近代货币史资料》第一辑上册，中华书局 1964 年版，第 81、119 页。

③ 此数据是根据《汇编》"光绪编"契文推算出来。

920 称为 1000，或称 1 串、1 吊，实际上只有 916 文，扣除 4 文，名曰
"底子钱"；"节节钱" 即 31 文为 100，92 文为 300。此外，还有 "九八
钱""九六钱""九五钱""九四钱" 等。①

（二）清代河州契文中的土地交易

1. 土地价格

清河州契文中土地买卖的价格以同治回族起义为界，分为前后两个时
期，前期土地买卖价格低而平稳，后期则大幅上涨，且起伏较大。

（1）同治河州回族起义前。《汇编》中同治河州回族起义前土地买卖
契文分别编在 "嘉庆、道光编""咸丰编" 和部分 "同治编" 中。属于
嘉庆年间的土地买卖契文有三件，均为小钱结算，平均地价为每斗 6.14
串。属于道光时期的土地买卖契文共 32 件，其中，以小钱结算 26 件，平
均每斗地价为 7.25 串；以白银结算 6 件，平均每斗地价为 1.45 两。属于
咸丰时期的土地买卖的契文有 16 件，其中，以白银结算的 6 件，平均地
价为每斗 1.25 两；以小钱结算的 10 件，平均地价为每斗 8.66 串。属于
同治二年河州回族起义前的土地买卖契文有 5 件，均为小钱结算，平均地
价为每斗 9.25 串。② 这里值得注意的是，咸丰年间的地价若以小钱衡量，
似乎较道光年间的平均地价略有增长，但若以白银衡量，平均地价不涨反
降了 0.2 两，这说明此时期地价并未上涨，而是银贵钱贱、小钱变小了。

（2）同治河州回族起义以来。同治时期的河州虽然是西北回族大起
义的中心之一，但却有大量的土地买卖契文被保留下来，实属不易，尤其
是在被保留下来的土地买卖契文中有 20 余件是在大起义期间签订的，这
不仅表明起义期间土地买卖仍顽强地进行着，同时也使得这些契文的史料
价值更显珍贵。

同治河州回族起义以来，河州一带地价一路攀升，并且开始用大钱结
算。其中，同治三年至十三年间以大钱结算的土地买卖契约共 33 份，平
均每斗 9.13 串，合白银约 6.1 两，这较之起义前平均每斗 1.25 两的地价
增长了 4.5 倍；以小钱结算的土地买卖契约共 22 份，平均每斗 19.5 串，

---

① 张思温：《河州经济琐谈》，载石宗源主编《张思温文集》，甘肃民族出版社 1999 年版，
第 230 页。

② 甘肃省临夏回族自治州档案馆编辑：《清河州契文汇编》，甘肃人民出版社 1993 年版，
第 1—47 页。

最高甚至有每斗小钱 30 串的记录，这较之嘉庆年间的平均每斗 6.14 串、道光年间的平均每斗 7.25 串、咸丰年间的平均每斗 8.66 串、同治头两年的平均每斗 9.25 串相比，分别增长了 3.2 倍、2.7 倍、2.3 倍和 2.1 倍。这一状况到了光绪年间不但没有好转，而且有进一步的增长，如此时期有关土地买卖的 173 件契文中，以小钱支付的有 30 件，平均每斗 31.88 串；以大钱支付的有 70 件，平均每斗 6.4 串；以白银支付的有 73 件，平均每斗 9.8 两。这种地价不仅比咸丰年间的平均每斗小钱 8.66 串、白银 1.25 两的地价有大幅飙升，甚至比道光末年乃至同治河州回族大起义期间的地价也有明显增长。

宣统时期有关土地买卖的契文虽然只有 11 件，但仍能为我们提供了一些有价值的信息，如此时期以白银结算的 6 件契文中，平均每斗地价高达 24.4 两，这较之道光、光绪年间的地价又有了成倍的提高，而与道光时期的平均每市斗 1.45 两相比，甚至提高了近 17 倍。①

2. 土地交易量

这里所说的土地交易量主要是从土地交易次数、每笔契约的平均土地交易量及土地交易总金额三个方面去考察。《汇编》中曾收集了相当数量的"契尾"，这为我们考察此时期土地交易量提供了十分珍贵的依据。清代的契尾是契税后黏附在土地买卖契约末尾的官方文书，例经皇帝裁定，由各省督抚指令布政使司印刷编号发给各州县地方官，在办理契税手续时使用。因此，清代契尾大多是以皇帝年号为依据的全国统一编号的官方文书，它基本上反映出当地经官方审核、记载的土地交易量。在《汇编》所收集的契尾中，属于道光年间的契尾有 3 件，其中最后一件契尾为道光二十年二月初二填发，编号为"闰字贰万贰千柒百伍拾壹号"②。这一编号实际上意味着在道光元年至二十年间，河州地区共进行了以土地买卖为主的在册交易为 22751 件，平均每年 1138 件。进入同治年间后，由于战乱《汇编》只保留了同治十二年、十三年两年的 5 件契尾，其中最早一件契尾的编号是"闰字玖拾柒号"，时间为同治十二年二月二十四日；最

---

① 甘肃省临夏回族自治州档案馆编辑：《清河州契文汇编》，甘肃人民出版社 1993 年版，第 51—395 页。

② 同上书，第 18 页。

后一个契尾的编号是"闰字贰千贰百叁拾号",时间为同治十三年七月。①
它表明在 2230 起以土地买卖为主的交易中虽然绝大多数是发生在同治十
二年、十三年,即左宗棠进入河州后填发的,但这并不意味着这些土地交
易都是在这两年间进行的。从契约的时间看,至少有 20% 的交易是在左
宗棠进入河州前完成的,只是时值战乱,无人填发契尾。此外,从同治十
三年八月十一日填换的"知字七千九百七十三号""知字七千九百七十四
号""知字七千九百七十六号格约""知字七千九百七十八号"等格约来
看,② 实际的交易次数远较契尾所编号数为多。同治年间的土地交易次数
虽仅为 2230 起,平均每年 172 起,但考虑到同治年间兵燹累累、百业俱
废的现实,有这一交易量已实属不易。

　　《汇编》所收光绪年间的契尾共 13 件。其中以闰字抬头的最后一个
契尾是光绪二十四年十二月二十二日编号为"闰字壹万肆千壹百叁号"
的契尾;以月字抬头的最后一个契尾是光绪三十一年六月编号为"月字
二千一百九十八号"的契文。这意味着河州地区自光绪元年至光绪三十
一年六月,仅契尾所记载的以土地买卖为主的交易共进行了 16301 起,平
均每年 526 起,这一数字仅为道光年间年平均 1138 起的 1/2,它表明随着
时间推移,清代河州地区的土地交易次数越来越少。③

　　《汇编》所收宣统时期的土地买卖契尾只有 1 件,虽不足以说明问
题,但仍能窥见一定的史实,如填换于宣统三年闰六月十六日的契尾编号
仅为"月字七十六号",这意味着从宣统元年到辛亥革命前的近三年间,
河州地区登记过的以土地买卖为主的交易仅有 76 起,年均 20 余起。这显
然不是全部的交易记载,但交易次数逐年下降却是事实。④

　　与近代河州土地交易次数逐年下降的趋势相反,此时期每笔契约的平
均土地交易量却呈上升趋势。如嘉庆年间的 3 份土地买卖契约,平均每份
的土地交易量为 1.47 斗;道光年间的 32 份土地买卖契约,平均每份的土
地交易量为 2.09 斗;咸丰年间的 19 份土地买卖契约,平均每份的土地交
易量为 2.4 斗;同治年间河州地区尽管爆发了回族大起义,但 67 份土地

---

① 甘肃省临夏回族自治州档案馆编辑:《清河州契文汇编》,甘肃人民出版社 1993 年版,
第 101 页。

② 同上书,第 90、91、99、102 页。

③ 同上书,第 123—303 页。

④ 同上书,第 381—393 页。

买卖契约，平均每份的土地交易量仍保持在 2.3 斗左右；而光绪年间的 190 份土地买卖契约，平均每份的土地交易量高达 3.23 斗。当然，如果将平均土地交易量、年平均交易次数与平均交易金额综合起来看，则起义前的土地交易的实物总量仍然大于起义后，但交易总金额却相反。以道光、光绪年为例：道光年间的总交易量为：年平均土地交易次数 1138 × 平均每起土地交易量 2.09 斗 = 2378.42 斗；总交易金额为：道光年间的土地总交易量 2378.42 斗 × 道光年间每斗土地平均单价白银 1.54 两 = 3662.77 两；光绪年间交易总量为：年平均土地交易次数 526 × 平均每起土地交易量 3.23 斗 = 1698.98 斗；总交易金额为：光绪年间土地总交易量 1698.98 斗 × 光绪年间每斗土地平均单价白银 7.56 两[①] = 12844.29 两。两者相比，光绪年间的土地实物交易量仅为道光年间的 2/3，而交易金额却是道光年间的 3.5 倍，这说明光绪年间的土地价格较之道光年间有成倍的增长。

（三）典地、当地、团地、兑地、退地

除土地买卖外，典地、当地、团地、兑地、退地等也与土地买卖有较密切的关系。《汇编》中有关典地的契约为 66 件，当地的契约为 10 件，团地的契约为 11 件，退地的契约为 6 件，兑地的契约为 7 件。典地与当地的契约合计有 76 件，约占《汇编》所载 588 件契约总数的 1/7，这说明典地与当地在清代河州无疑是很盛行的。

明清以来内地的典地与当地之间存在着一定的差异，在内地典地是指债务人直接以土地在一定期限内的经济收益抵算利息，交由债主掌管收租，而当地则是在典地的基础上，每年另加纳粮银若干。[②] 清代河州的典地与当地基本上是一回事，《汇编》中两者并没有严格的区别。《汇编》所反映的清代河州土地出典的形式主要有定期与不定期两种。光绪二十四年前，出典土地多以不定期为主，即契文中约定的"有钱当日抽赎，无钱依例耕种"或"无钱长年永远为业"。[③] 不定期出典土地至少在光绪二十四年前可以不纳契税。光绪二十四年后，甘肃布政使司"奉文奏明整

---

① 此两处数字是通过道光、光绪年间小钱、大钱、白银之间的比值换算而来。

② 杨国桢：《明清土地契约文书研究》，人民出版社 1988 年版，第 41 页。

③ 甘肃省临夏回族自治州档案馆编辑：《清河州契文汇编》，甘肃人民出版社 1993 年版，第 138、251 页。

顿契税"，对于出典土地有明文规定：

> 其活契典当田房，契载在十年以内者，仍照例不纳税；十年后原
> 业主无力回赎，听典主执契转典。若先典后卖按典卖两契银两实数科
> 税……民间典当田房，契载年分统以十年为率，限满听赎。如原业主
> 力不能赎，听典主投税过割执业。倘若原契内多载年份者，一经发
> 现，追交税银，照例治罪。

　　经过"整顿契税"后，河州出典土地契约中有关典当期限的约定开
始增多，如光绪二十九年、光绪三十三年的"侯喜信立典地土契文"中
就有"三年取赎为满""言明三年后取赎""言明六年后取赎"的字语。[①]
　　典当土地的借贷性质决定了土地的典当价只需双方自行约定，但这种
约定往往受当时土地买卖价格的制约，随着土地价格的上涨，土地的典价
亦不断上升。如道光十一年"马哈元出典土地契文"中的典地价为"下
籽二斗……典价小钱十五串六百文"；道光十九年"韩三金出典土地契
文"中的典地价为"下籽一斗……典价小钱七串五百文"；而同治十三年
马二喜出典土地时的价格已上升为"下籽二斗七升……典价小钱三十五
串"；光绪二年马查七出典土地时的价格更是下籽八升，"得到典价小钱
共价二十串文"。[②] 扣除银贵钱贱、小钱变小等因素，土地典价至少增长
了两倍。
　　在清代河州的典地契约中，还流行着借约黏附卖契的习惯，即揭借时
已将有关土地买卖的事宜预订好。如"光绪编"之"胡升贵出典土地契
文"载，胡升贵以大钱壹拾伍串整的价格将土地出典与马来速名下为业，
并约定"日后卖地找死价壹串柒百大钱文"[③]，由此可见，胡升贵日后一
旦不能赎回自己的土地，只能卖与马来速名下，且只有"死价壹串柒百
大钱文"可得。
　　土地出典者的动机大多出于土地所有者或租佃权所有者经济拮据，资
金周转一时困难等缘由。"典主"典得土地后只需承担典入土地原应上缴

---

　　① 甘肃省临夏回族自治州档案馆编辑：《清河州契文汇编》，甘肃人民出版社 1993 年版，
第 273、298、299 页。

　　② 同上书，第 7、17、100、128 页。

　　③ 同上书，第 126 页。

给国家的那部分田赋,即契约所云"随地认粮"。《汇编》中的"随地认粮"有两种形式:一种是由典主直接将田赋上缴国家,即"银粮典主讨取完纳";另一种则是由老主收取后再上缴国家,即"银粮照地完纳,地主取讨,不与典主之事"。① 之所以会出现后一种情况,很可能与土地出典后仍归原耕种者耕种有关。土地出典后,典主不再给出典者任何补偿,而"老主"或"本主"由于将出典土地上的剩余价值全部归属于典主,因此也无须支付给典主任何形式的借款利息。但问题是出典土地所产生的剩余价值要远远超过典地的借款利息,故典地对于典主来说实际上是一种带有高利贷性质的剥削。从这一意义上讲,典主不是通常所谓的"二地主",典主典入土地后再出租与"二地主"的转租土地虽属同一性质,但典进土地比"二地主"的转租土地,甚至比买进土地更有利可图,因为有些典价只需数年的粮租就捞回来了,而"二地主"靠转租土地则须在剩余价值上进行二次分配,利润率相对较低,成本回收也较典地慢了许多。然而既然如此,为什么出典者不干脆将土地出卖呢?从《汇编》看主要原因是土地难以获得,出典者不愿意放弃已获得的土地所有权或租佃权,因而不得不饮鸩止渴。

《汇编》中的"团地"就是通常所说的佃种土地。因此它与"典地"是两种不同性质的行为。清代河州最常见的团地形式是指佃种地主或寺院的土地,除此之外,一些出典土地者将所典土地团回,② 即《汇编》中常常提到的"前典后团"也是团地的主要形式之一。这种团地者既是该土地的所有者或租佃权所有者,又是该土地的佃种者。"前典后团"的团地形式在《汇编》中只出现于光绪二年以后,光绪以前未见记载。"前典后团"大多在出典土地时就已在契约中将团租(即地租)约定好,如"光绪编"之"马四十出典土地契文"中约定:"此地若典主耕种者,银粮随地完纳。本主团种者,银粮不与典主相干。"③ 又"光绪编"之"马哈义

---

① 甘肃省临夏回族自治州档案馆编辑:《清河州契文汇编》,甘肃人民出版社1993年版,第128、229页。

② 在这一点上典地与当地有所不同,在当地契约中并没有将当地团回的现象,而在典地契约中却较为普遍。

③ 甘肃省临夏回族自治州档案馆编辑:《清河州契文汇编》,甘肃人民出版社1993年版,第200页。

出典土地契文"中约定：　"本主自团每年租子除于银粮，租子二斗五升。"①

乾隆时期河州一带的团租是多少，据地方志记载有数倍于下籽量者，也有仅为下籽量的1/20者，如少数香马田即有此租率。②《汇编》中的团租由于受土质好坏、农作物种类不同、时代不同以及是否承担原地银粮等因素的影响而有所不同。大体说来，光绪二十一年河湟事变前（1895）的团租除上缴国家的田赋外，一般为播种量的1.5倍，低者不足1倍（多为烂干地），高者达3倍（团租3倍者多含有杂粮），河湟事变以来的十年间，团租上升为播种量的2.5倍，最高者为3倍；宣统年前后，团租则又下降为播种量的1.5倍左右。《汇编》中的团租均为实物地租，形式多为"死租"，后世常说的"伙种"③，即"死租"之另一种，此时尚未见到。清代河州地区小麦产量旱地一般为播种量的3—5倍，水地则高达7—10倍，但水地较少。依此推算则光绪二十一年前，清代河州地区的地租一般为收获量的35%—40%；光绪二十年后，一般为收获量50%。

从《汇编》中11件团地契约看，清代河州的团地并不需要押金或其他抵押物，也不需要筹备"酒食"或"茶食"，这一点不仅与《汇编》记载的河州土地买卖不同，而且与内地迥然不同。清代内地的佃种者在佃种地主土地时，大多要备酒、备食或备礼，以便"请田耕种"，其次还必须交保一定的"进庄银""顶首银子""批耕银"等，这实际上是防备佃户拖欠地租而收取的押金。④ 对于防止佃户拖欠地租的行为清代河州地区的团地契约中尽管只有"每年熟日讨取，不许拖欠"言语，而没有使用收押金等经济手段，但河州地区对于违约更多的是采用经济手段之外的其他手段，因此，较之内地的佃种土地，清代河州地区的团地更显原始、质朴，但违约者遭受的处罚也更为严厉。

除典地（当地）、团地外，《汇编》中与土地买卖有关的还有退地与

---

① 甘肃省临夏回族自治州档案馆编辑：《清河州契文汇编》，甘肃人民出版社1993年版，第134页。

② 龚景瀚纂：（乾隆）《循化志》卷4《族寨工屯》，甘肃省图书馆藏。

③ "伙种"在新中国成立前的临夏地区较为盛行，即地主出一半种子，剩下的一半种子以及牲畜、农具、肥料等皆由佃户负担。收获后，粮食、柴草等一切产品双方平分。

④ 中国第一历史档案馆、中国社会科学院历史研究所编：《清代地租剥削形态》（下），中华书局1982年版，第352、354、355页。

兑地。所谓退地，顾名思义就是典主将所典土地退还原主，而原主则将按照议定的退价或早先约定的典约价将典银退与典主，因此退地也被视为赎地。①《汇编》中的 6 份退地契约中均有退价，这说明所退之地只能是典入之地，而不包括团地之地。退地既可以退还给该土地的所有者，也可以退还于该土地的租佃权所有者，如《汇编》所载的退地契约中，有的退还是民田，有的则是将官地、屯地退还于该土地的租佃权所有者，而不是退还给国家。

所谓兑地是指土地所有权或使用权的交换。交换的缘由并非经济因素，而大多是出于"道路不顺""农路不便"等考虑。兑地的方式可分为"地兑地，粮兑粮"与"兑地不兑粮，各承各粮，自兑自"两种。② 兑地一般在面积大体相当的耕地中兑换，但也有土地面积不相等的情况，出现这种情况，一般要将长出的部分论价买卖，长出部分的地租由买者"照地认粮"。

（四）与土地买卖相关的赋税、契税等

清代河州普通自耕农所缴纳的与田亩有关的赋税，在"摊丁入亩"实施前主要有田赋、加增粮、照粮摊银、人头银。"摊丁入亩"后，清代河州自耕农所纳赋税按《汇编》记载，主要有田赋、科完正银、粮银加耗。清代河州的主要粮食作物为小麦、玉米、青稞、粟、洋芋，田赋多以小麦或青稞计算，清代河州的田赋是多少，地方志中有这样一组记载：

1. 康熙《河州志》卷 2《田赋》载：

> 上地……每下籽一斗者，止该完额粮二升七合（疑为一升七合——引者注），外加增粮六勺二抄八撮，共一升八合六抄七撮六圭；中地……每下籽一斗者，止该完额粮一升五合，外加增粮六勺二抄八撮，共一升五合九勺四抄二撮；下地……每下籽一斗者，止该完额粮一升三合，外加增粮六勺二抄八撮，共一升三合五勺一抄六撮四圭；下下地……每下籽一斗者，止该完额粮一升一合，外加增粮六勺

---

① 甘肃省临夏回族自治州档案馆编辑：《清河州契文汇编》，甘肃人民出版社 1993 年版，第 316 页。

② 同上书，第 310—313 页。

二抄八撮，共一升一合六勺九抄八圭。除加增粮外，照依正额粮石均摊银两，每粮一升止该完额银并草束银及停免银八厘。其丁银照户口均摊……较之往岁不过十分之一。

2. 乾隆《循化志》卷4《族寨工屯》载中马香田田赋为："每下籽一石，水地纳粮一斗五升；上旱地纳粮一斗；下旱地纳粮五升。"

3. 清康熙李天祥纂《碾伯所志》卷28《赋税篇》云："国朝定制，碾伯惟水田有赋。大都下籽粒一市斗纳仓斗粮二斗五升，上则至三斗而止。"

在上述记载中，《河州志》并未说明下籽量是以市斗还是以仓斗为计量单位，《循化志》则明确记载为仓斗，而《碾伯所志》则仓斗、市斗混用。循化厅是在道光三年从河州分归西宁府的，而《循化志》成书时循化尚属河州，因此《循化志》所载田赋本身就是河州田赋的一部分。按《循化志》所载，此时中马香田的田赋率分别是：水地为下籽量的3/20；上旱地为2/20，下旱地为1/20，平均为1/10。以此田赋率考之康熙《河州志》，可知康熙《河州志》所载田赋同样是以仓石、仓斗为计量单位，其田赋率（不含增粮）分别为：上地为下籽量的3.4/20，中地为3/20，下地为2.6/20，下下地为2.2/20。河州是农耕区，农耕历史久远，故河州的田赋率较之循化县中马香田的田赋率为高。以此观之，李天祥所云碾伯所水田的田赋率虽曰"国朝定制"，但计算方法不仅缺乏规范，且失之偏高，疑为佃户的"团租"。

《汇编》中也有大量的田赋记载，但《汇编》中纳赋的计量单位为仓斗，下籽量的计量单位究竟是仓斗还是市斗，却没有明说，这为我们考察《汇编》所载的田赋率带来了不小的麻烦。不过我们可以通过比较不同计量单位的下籽量与缴纳田赋的比值，从中考证出《汇编》所载下籽量的计量单位，例如：若以市斗为下籽量计算单位，则同治回族起义前，河州地区田赋率为下籽量的0.7/20—1.3/20，一般在1/20以下；同治回族起义以来，河州地区田赋率为下籽量的1/20—1.3/20。若以仓斗为下籽量计算单位，则同治回族起义前，河州地区田赋率为下籽量的2/20—2.9/20，一般在2.5/20以下；同治回族起义以来，河州地区田赋率为下籽量的2.5/20—3.7/20，一般在3/20以上。若以此数字与《循化志》、康熙《河州志》记载的田赋率相比较，则后者所得出的田赋率更为接近，而前者则失之偏低。

清代河州自耕农除田赋、增粮外，还要"照依正额粮石均摊银两"，康熙四十四年银两均摊的数额为每纳田赋一升摊银八厘。"摊丁入亩"前，自耕农除田赋、增粮、随粮摊银外，还要照户口摊人头银。

契税是贯穿于整个清代的税种。从《汇编》所载契尾看，清河州地区契税的税率为交易额的3%，如全部26件契尾中除宣统三年的契尾所标税率为6%外，其余25件契尾所标税率均为3%。

值得一提的是，在嘉庆年间的三件契约中，有一件契文、契尾完整无缺，且契文所载土地卖价为小钱九串文，契尾所载土地买价为白银九两，这在所有契文、契尾中是极为少见的，因而它的史料价值自然在其他契文之上。现载之如下：

1. 契文

立卖地土文字人马合有，系老鸦关里二社民，因为缺少使用，别无出产，今将祖置田地大、小两块，约下籽一斗四升。其地四至：东至赵家地，南至马家地，西至赵家地，北至梁家地。四至分明为界。央中人李伏苍说合，两家情愿，除〔出〕卖于（人）马六十二名下耕种为业。得到言定地价小钱九串整，当日交足，随地认粮，自分完纳。（立）画字小钱贰串文。亏价又割过小钱一串六百文。除酒食一道，羊一只，折合小钱贰串文，对中交足。自卖日后，若有人言词争竞，卖主一面承当。恐后无凭，立此永远卖约存照。

说合中人　　李伏仓　画字三百文

嘉庆二十五年二月初九日　立卖约人　　马合有

侄子马双希　画字钱两串

马长守　画字钱四百文

同亲房人　　马七三　画字钱四百文

马佛□　画字钱四百文

代书人　　韩文宣

2. 契尾

甘肃等处承宣布政使司布政使户　为尊旨议奏事。奉准

户部咨〈开〉：嗣后颁发给民契尾，依式编列号数，前半幅照常细书业户等姓名、买卖田房数、自价银税若干；后半幅于空白处预钤

司印，以备投税时将契价税银数目大字填写。钤印之处令业户看明，当面骑字裁开，前幅给业户收执，后幅汇同季册赍司。须至契尾者，计开：

业户马六十二买马合有田坐落　　顷　　亩，用价银　　千　百△拾九两　　钱　　分，纳税银　　拾　　两式钱柒分△厘。

右给业户马六十二　　　准此

闰字壹千壹百贰拾玖号

道光二年七月十二日①

综观上述，嘉庆年间的三件契约所反映的地价便有了一个明晰的认识。即以清代河州的"石""斗""升"计，下籽一斗五升，约合今 4.67 市亩；下籽一斗约合今 3.2 市亩。地价小钱九串文约合白银 1.7 两。每亩地价约合白银 0.37 两，折合小钱为 1.93 串文。但这并不意味着此契文所载之土地买卖的价格与契尾相吻合。对于这一点，只要对照参考《清河州契文汇编》中其他契文和相对应的契尾便可一目了然。

此外，从同治十三年八月十一日填换的"知字七千九百七十三号""知字七千九百七十四号""知字七千九百七十六号格约""知字七千九百七十八号"等格约来看，实际的交易次数远较契尾所编号数为多。

（五）清代河州土地买卖的特点

清代河州土地买卖从契约的文书形式上看与内地差别不大，土地买卖契约文书必须具备的几大要素也都较为完备，但是就土地交易的内容、交易形式等而言，清代河州地区的土地买卖仍与内地有着明显的差异，显示出自身的独特之处。

1. 清代河州土地买卖中的宗法关系

清代河州土地买卖契约中有一值得注意的现象，即三多一少，所谓三多是指契约中的亲房（亦称"房亲"）多、说合中人多（亦称"凭中人"）与亲房、中人画押收钱多，一少即保人少。清代内地土地买卖契约中一般只有 1—2 位说合中人及 1—3 位亲房参与，而《汇编》所载清代

_____

① 甘肃省临夏回族自治州档案馆编：《清河州契文汇编》，甘肃人民出版社 1993 年版，第 3、5 页。

河州地区土地买卖契约中,不仅亲房人数多于内地,而且说合中人之多尤为突出,一般有5—7人,最多时竟有10余人,如"马才国出卖土地契文"中有9位凭中人;"马麻力父子出卖土地契文""蒋钦父子出卖土地契文"中均有13位中人画押;① 个别立卖庄窠房屋契文中的凭中人甚至多达30人。② 与此相反,明清以来内地土地交易时,除中人必须参加外,大多时候还会出现保人,而清代河州土地买卖契约中只有托中,或称中人,并无保人。

土地买卖契约中亲房画押主要是证明出卖土地者的产权来源,所卖土地在房亲户姓内无人承受并与内外亲房伯叔兄弟侄等无干、无重复交易或典当、无债负准折等项。说合中人的主要作用是参与当面议定价格、监督和证明契、价两相交付等。《汇编》中的说合中人主要有两种形式:一为卖主托中人找来买主;二为买卖双方有意,托中人为凭。除说合中人外,少数出卖土地契文中还出现过"见人",见人不同于中人,主要起见证和监督作用,但又不同于保人。有些出卖土地契文中的说合中人与亲房往往合二为一,称作"亲房说合中人"或"亲房中人",如"赵彦寿立当土地契文"中的"房亲中人"就多达16人。③ 不过,更多的出卖土地契文中则只有立约人与中人,不见亲房等画押。同治年后有些出卖土地契文不仅有凭中人、见人、亲房,甚至汉、回乡约、总乡约(简称总约)、寺约、社长、保正、和议绅士、乡爷、附议约老、乡老、军功老人等也时见画押。"马有伏出卖土地契文"中就有"社长马伏,乡约全光德、包迎伏"等人的画押。④ 与上述现象相伴相生的还有画押钱的收取。有清以来,内地土地买卖中凭中人、见人、亲房等人的画押钱已基本不见收取,偶有所见也大多为象征性收取。然而在清代河州土地买卖中,画押钱的收取不仅是契约中的一项重要内容而普遍实行,而且画押钱收取之多也是内地无法比拟的。在清代河州土地买卖契约中,除立约人和代书人外,但凡参与者都要收取画押钱。画押钱的数量从几十文到上千文不等,一般在100—300文,大体占每笔契约交易额的1/9—1/6,加之每笔交易的签约几乎都

---

① 甘肃省临夏回族自治州档案馆编辑:《清河州契文汇编》,甘肃人民出版社1993年版,第21、43、282页。

② 同上书,第334页。

③ 同上书,第151、163、308页。

④ 同上书,第150页。

要备有酒食或茶食，其费用大多在 1000—2000 文，对于交易者来说，这不仅仅是一笔数量不菲的支出，而且也恐成为大多数人，尤其是出卖土地的贫困农民不堪承受的负担。

之所以会出现上述三多的现象，这首先与清代河州地区社会、经济发展滞后有直接的关系。《汇编》记载的年代大体在鸦片战争前后至 20 世纪初，这一时期中国内地大部分地区已进入近代社会，但地处西北偏远山区的河州，其近代化进程相当缓慢，商品经济对于当地经济的影响也十分有限，尤其是在广大农村，地缘与血缘相结合的乡族共同体以及以此为基础建立起来的浓厚的封建宗法关系仍然占据着主导地位。因此在清代河州，乡族共同体的脉脉温情始终笼罩在整个土地交易过程中。在土地交易时，人们更多的是借助于乡亲、宗族的影响和关系来审议、监督契约的签订、履行和解决契约履行过程中的纠纷，而不太注重法律和政府的行政力量。事实上，当地政府对于土地买卖契约的关注，在大多数情况下的确是出于税收的考虑，而不是出于法权和建设法律秩序的考虑，而这正是清代河州土地买卖契约中为何凭中人、亲房人数异常之多以及乡约、社长、保正等频频参与其中的主要原因。在这里，土地买卖的契约与其说是一份政府确认的法律文书，倒不如说是一张土地交易中的宗法关系图。只是这份宗法关系图所展现的并不总是温情脉脉的宗法亲情，它往往与复杂的经济利害关系交织在一起，这就是为什么清代河州土地买卖契约中会有那么多的凭中人、见人、亲房、乡约、社长、保正等在为自己的亲族凭中作证的同时，又毫无愧色地收取着高额画押费。既已收取了高额画押费，就必须为契约的履行和违约承担起更为严格的经济责任。从这一意义上讲，高额的画押费在某种程度上替代了保人的职能。由此可见，上述三多现象的存在虽然表明了清代河州地区社会、经济发展的滞后，但它却更加强化和突出了宗法亲族的责任，并以此为基础建立起一整套具有清代河州特色的完整的经济运行机制，从而弥补了法律功能的缺陷。

其次，河州自元、明以来就是一个回、汉、藏、蒙、东乡、保安、撒拉等多民族的聚居区。复杂的民族关系为土地买卖契约的签订、履行增加了许多内地不曾出现过的环节和必须考虑的因素。如《汇编》中若遇有回、汉之间的土地交易，双方往往要有数人以凭中人或说合中人的身份参与签约，这也就是近代河州土地交易中会有那么多的凭中人、见人、亲房参加的另一原因。

2. 土地交易的不发达

中国自战国以降土地便可以自由买卖，但直到明嘉靖前，土地买卖的内容及方式并没有太多的变化。明嘉靖后，土地买卖无论从内容还是形式上都发生了明显的变化。这其中的主要变化便是活卖与绝卖的分离更加明显、永佃权的普及、赔田契式的出现、一田二主的盛行，以及"活洒""死寄""畸零带管""包纳""悬挂掏回"等名目繁多的活买与推避税粮方式的大量出现。① 中国古代土地交易原本并无活卖与绝卖之分，然宋、元以来一些人利用土地买卖签约到官府推收过割之间形成的时间差，以"加找""勒帖""赎田"等为借口，使原已成交的土地买卖不得不更改价格、成交时间、成交条件等，这就形成了所谓的活卖，而绝卖则不受这些活情况的干扰。明清时期普遍存在的活卖与绝卖并不违背法律精神，在《大明律》《大清律例》中我们可以看到相关的规定。② 活卖与绝卖分离更加明显以及永佃权的普及、赔田契式的出现、一田二主的盛行表明封建土地交易的日趋商品化以及封建地权的不断分化，而地权的不断分化又与封建人身依附关系的进一步松弛相辅相成。这是历史的进步，因为这一切都将为中国资本主义萌芽的迅速发展创造宽松的环境和空间。但是上述这些在《汇编》中几乎没有反映，《汇编》中的土地买卖契约虽然已有向活卖与绝卖发展的趋势，但就绝大多数契约而言，仍然处在活卖与绝卖分离前的传统土地交易方式上，其体现出来的正是滞后的商品经济、超经济的封建人身依附关系和极其稳定的宗法社会。

3. 土地交易价格的变化所反映出的社会

与内地相比，清代河州的土地买卖，其土地所有权的转换速度要慢许多，但就自身而言，土地兼并程度在同治河州回族起义前后还是有相当明显的变化，其原因和这主要表现为以下几点。

（1）土地兼并与人口的关系

明清两代河州人口的增长有着自己的进程。据明嘉靖吴祯《河州志》卷1《食货志》载，明嘉靖时河州人口为：户5244，口92232，军卫户4211，口6533。③ 纂修于清康熙二十六年的《临洮府志》卷7《食货考》

---

① 王云五：《明代经济言》卷3《均田役疏》，商务印书馆1936年版；另参见杨国桢《明清土地契约研究》，人民出版社1988年版，第33页。

② 《大明律》卷5《户律·田宅》、《大清律例》卷9。

③ 杨思、张维：《甘肃通志稿》卷4《民族》亦采此说。

载：河州原额人丁折下下丁为 147921，实在下下丁 113541，屯丁实在下下丁 5969。康熙四十六年纂修的《河州志》卷 2《田赋》载旧志原额人丁共折下下丁 147585，后经康熙四十四年清查厘定河州人口为：户 49333①，屯丁原额下下丁 6314。陈士桢等纂修《兰州府志》卷 5《田赋志》提供了两组数字，一组为河州人口原额人丁 154974，实在 120690；另一组为道光十年册报的河州人口数，即户 85526，口 698196。两组人口数相去甚远，悬殊巨大，对此陈士桢未作考证，只云"自以粮载丁后，不复编审。每年仅据吏胥册报，虚实无从考核"。民国二十年黄陶庵总纂《续修导河县志》卷 4《民族》载②：同治元年，知州赵桂芳调查，户 42315，口 347825；同治十三年，知州潘效苏调查，户 27876，口 153456；光绪十八年，知州查之屏调查，户 36572，口 296125；光绪二十四年，知州杨增新调查，户 25843，口 193421。光绪三十四年，河州人口为：户 51679，口 190552。宣统元年，全国"地理调查"，河州人口为：户 51666，口 208011。③

从上述记载看出，清代河州人口高峰时为 35 万左右④，时间为咸丰末年，这较之全国人口增长高峰的康乾盛世、甘肃人口增长高峰的乾隆时期晚了几十年。清代河州人口从康熙时的 10 余万发展到咸丰末年的 35 万，虽增长一倍有余，但从《汇编》所反映出的地价以及土地交易情景

---

① 按《临洮府志》所言河州原额人丁折下下丁为 147921，实在下下丁 113541，屯丁实在下下丁 5969。康熙《河州志》所言康熙四十四年河州人口为：原额共折人丁下下丁 147585，中的"人丁"数，实为人口数。盖当时甘肃全省人丁数仅为 273292，加陕西部分也不会超过 70 万。此外，将人口写作"人丁"是当时比较常见的一种用法，如《清朝文献通考》载清乾隆四十八年，全国"总计省直人丁共二万八千四百有三万三千七百五十五……甘肃省人丁一千五百十五万九千一百有一"，这里的"人丁"应当指人口。

② 民国二年至民国十七年（1913—1928），河州改称为导河县，属兰山道。

③ 甘肃档案馆编：《甘肃历史人口资料汇编》第 1 辑，甘肃人民出版社 1997 年版，第 243 页。

④ 陈士桢等纂修《兰州府志》在道光十二年，所载人口数为道光十年，本应十分可靠，但 69 万之人口数确实令人疑窦丛生，况且道光十年时循化县已从河州分出。据《西宁府续志》卷 2《田赋》载：咸丰三年，循化人户除接管贵德拨回之保安四屯"共男女大小一十七万七千七百二十九丁口"。咸丰三年距道光三年整 30 年，若人口按翻一番算，则道光三年循化从河州分出时的人口有近 10 万，加上这些人口，道光三年时的河州人口至少在 75 万以上，这不大可能。此外，从道光十年到同治元年的 30 年间河州地区并没有大的兵燹之祸，人口又何以一下子减少到 35 万。从这一点看，《续修导河县志》所载同治元年 35 万的人口数较为客观。

看，此时期河州地区的土地关系较为宽松。这可从以下几点得到印证：第一，土地价格一直徘徊在较低的水平，甚至在道光年间略有下降。第二，土地交易虽然频繁，但土地买卖零散，单份契约的实物交易量并不大，河州地界并未形成像后来那样控制着大片土地、具有很大势力的地方豪强。第三，用来交易的土地大多为质次价低的下地、下下地，水地等产量较高的优质土地鲜有出卖。第四，同治河州回族起义前尚未见到"前典后团""团地""退地""当地"等契文，这虽不能因此断定此前从未出现过这类现象，但毕竟这一现象存在的本身就意味着此类行为的缺乏。第五，虽有大地主出现，如"嘉庆、道光编"中的马金还；但此时的大地主并未与官僚、宗教上层势力结合，其影响力有限。总之，通过上述分析可知，此时期的土地出卖者只是将家中的一小部分土地拿来交易，而其赖以生存的大部分土地并未进入流通。由于这种交易的结果并未伤及出卖土地者家庭经济的元气，所以很少有"前典后团""团地""退地"情况的出现。这说明，尽管此时期河州人口成倍地增长，但人口与土地资源之间的矛盾并未凸显，土地兼并的程度远未达到十分紧张的阶段，社会矛盾相对缓和。如果说河州同治年间的回族大起义主要是由于人口、经济原因导致的话，那么，至少从《汇编》中是看不出来的。

（2）同治大起义与土地高度集中

同治起义以后，河州地区人口锐减，仅为起义前的1/3，但土地关系却异常紧张起来，这主要表现为：第一，土地交易价格大幅增长，且居高不下。第二，地价上涨拉动了粮价的上涨。第三，大额优质土地交易频繁出现，如光绪十三年九月一个月中，仅马代伏一人就出卖给马骐45.5斗水地，总价值约450两白银。此外，马登保、胡升贵、马应海、马福海、马乙洒等也有大量土地出卖，且多归于马骐（麒）名下。大额优质土地的频繁交易说明土地所有权从一些地主手里转移到了另一些新兴地主名下。第四，团地、退地、当地、前典后团等现象增多，如马骐（麒）一人便在同治十二年至光绪二十年间共买入、典入土地约190斗。这说明此时期大量自耕农为生活所迫，不得不退地、当地，以至于脱离了自己的土地转而"团地"，成为佃户或半佃户。第五，此时期大量坟地被出卖，这种现象在同治年前尚未见到，同治年后亦很少见到，主要集中在同治年间，共有七份契约。其中仅唐马仓、唐有禄、唐吉祥等人就曾三次出卖坟地。在中国传统社会里，祖坟象征着家族的血脉与根系，不到万不得已是不会拿来作交易的，因此，祖坟的出卖说明出卖者已将最后一片土地抛卖，等待他们的唯有背井离乡。第六，在同治二年以后的土地买卖契文中开始出现"此系两相情愿，并无逼勒准折及账债累算等情"的用语。这虽然是正面的表述，但其背后恰恰反映出此类现象在民间的普遍存在，它表明同治以来随着土地兼并的激烈，人际关系也日趋紧张。以上种种迹象表明，同治回族大起义后，河州地区的土地越来越高度集中在一些新兴的大土地所有者手里，如《汇编》中常常提到的东乡马成彪（表、标）、马万隆（龙）、东川会巴苏池的马骐（麒），西乡老牙（鸦）关的马老二、西川一会的雍正兴、王玉璋，北小塬会的马来速（素、苏）、大草滩的马有成等。这些新兴的大土地所有者不仅最大限度地兼并自耕农的土地，而且也不断蚕食着其他地主的土地，如上述马代伏、马登保、胡升贵、马应海、马福海、马乙洒等便是在同治新贵们的蚕食下渐渐没落的，又如同治年间还在大量买入土地的马代、马孝个等，光绪年间则不得不将土地卖与马骐（麒）。① 这个马骐（麒）在契文中又被称为马大人骐（麒），他虽不是马海宴家族之马麒，② 但很可能是一个横断乡里的宗教上层人物。事实上，像马骐（麒）一样兴起于同治回族大起义的宗教上层人物，在当时的河州还有一大批，如马占鳌、马海宴家族、马悟真家族等。如果说同治前的地主主要靠买入、典入土地或经营小本商业起家的话，那么，兴起于同治、光绪年间的地主往往是集大官僚、大军阀、宗教上层、大地主、高利贷者五位于一身，因此，他们的实力和势力远远大于前者。从这一点上讲，同治河州回族起义为新兴贵族集团的兴起提供了契机，它大大改变了河州统治集团内部的构成，使一大批集官僚、军阀于一身的政治集团瞬间崛起，并大大加速了宗教上层的封建化进程，形成了新兴的宗教贵族。这些庞大的官僚、军阀、宗教集团不仅影响着河州的神权，而且左右着地方政权。他们中的许多人与宗教上层保持着密切的关系，并与宗教门宦势力组成了河州地主集团的中坚力量。这批地主兴起后，凭借着政治、经济、宗教上的优势不断兼并土地，扩大其经济势力，从而使同治后的河州土地关系呈现出异常的紧张。所以说，同治河州回族大起义在为新兴的政

---

① 甘肃省临夏回族自治州档案馆编辑：《清河州契文汇编》，甘肃人民出版社 1993 年版，第 196、198 页。

② 马海宴之子马麒出生于同治八年（1869），而《汇编》中的马骐于同治十二年已购买土地（见该书第 71 页）。

治、军事、宗教贵族集团步入政途铺平道路的同时，却无助于经济矛盾的缓和，相反进一步加剧了土地的高度集中。而这一点也恰恰是导致同治年后河州土地兼并日趋激烈的主要原因。

4. 回族经济的增长

河州回族在清朝以来有着长足的发展，这在《汇编》中明显地表现为：（1）《汇编》中涉及马姓回族的契约占据绝大多数，这虽然不能说明回族在当地人口中已占有多数，但足以表明回族在当地经济生活中占有举足轻重的地位。（2）《汇编》中回族是最大的土地买家，如在涉及土地买卖、典当的422份契约中，马姓回族出卖、出典土地的契约为226份，①其他姓氏出卖、出典土地的契约为196份，而马姓回族买入、典入土地的契约为346份；其他姓氏买入、典入土地的契约仅为76份，两者相差4.6倍。这其中，其他姓氏买入、典入马姓回族土地的契约仅为25份，而马姓回族买入、典入其他姓氏土地的契约为145份，后者约为前者的6倍。（3）在回族经济普遍快速增长的前提下，清代河州经济呈现出一定的区域差别。如在东乡、北乡等地的契文中，除汪姓②等个别人曾买入土地外，其余均为马姓回族买入土地，其他姓氏只是卖家；而在南乡以及西乡部分地区的契文中则其他姓氏买入土地者明显增多，如诚正兴、王玉璋等人就曾是其中最大的买家。在其他姓氏买入、典入马姓回族土地的25份契约中，大多发生在这一地区。这说明南乡以及西乡部分地区的非伊斯兰民族经济占有相当的比重。

---

① 虽然其他姓氏中也有回族，如唐姓、汪姓、赵姓、张姓、何姓等，但由于从其他姓氏中很难判断出族别，因此，这里的回族主要以马姓为准。

② 东乡的汪姓有相当一部分皈依伊斯兰教，并在皈依过程中有相当一部分改姓马，如东乡汪百户（今东乡县汪集村）现已无人姓汪而只有马姓。但在清中期汪姓改姓马之前，汪姓是否已皈依了伊斯兰教尚难判断。

民族篇

一 宋、元、明三代河、湟、岷、洮地区的藏族分布

（一）明代河、湟、岷、洮地区藏族的特点

吐蕃在明代被称作"番"或"西番"，其原意并无贬义。与元代相比，明代西番发生了许多变化，具体表现为：

1. 明代西番缺乏强有力的政治统合。元代吐蕃各部大都统合于三个吐蕃宣慰司之下，而三个吐蕃宣慰司又受制于宣政院，从而构成了国家对吐蕃地区完整的行政管理系统。从这一点讲，元代对于吐蕃的政治统合是强有力的。明朝由于受国力影响，对西番的统合能力大为减弱，其有效管辖区域只局限在河湟多民族走廊一带，而对于乌斯藏等地的管理尚停留在名义上，即遥领。明代河湟多民族走廊的河、湟、岷、洮藏区虽然作为中央王朝重点治理的区域，但同样难以建立起一个可以统合藏区各部的行政机构，而是将其分散到各个卫所中去。

2. 明代汉藏走廊河、湟、岷、洮地区的西番就其自身而言正处在一个长期互不相统的阶段。元朝曾经大力支持的、作为全藏区具有领导作用的萨迦派政教集团到了明初已严重衰落、颓废，失去了对其他教派的号召力、威慑力。萨迦派单一执政、一统政教大权的格局发生了变化，各教派之间力量对比呈现出明显的均势，并向着多元化的方向发展。萨迦派、噶玛噶举派、止贡噶举派、宁玛派、噶丹派以及后来的格鲁派等相继建立起自己的寺院。元朝末年，迅速壮大的帕木竹巴政权尽管引人注目，并大体统一了乌斯藏地区，但具有强大政治势力的帕木竹巴政权在河、湟、岷、洮藏区的宗教影响微乎其微，尚无法与噶玛噶举派、萨迦派、格鲁派同日而语。西番内部多元化的直接后果就是民族凝聚力的消弱与缺失，而民族凝聚力的削弱与缺失必然导致明代河、湟、岷、洮地区的西番只能以单一

的部落形式，而不是凝聚成一个强势整体活跃在该地区的政治博弈中。

3. 伴随着西番内部多元化的同时，明代河、湟、岷、洮地区的西番同样也面临着多种外来文化的强势冲击，如汉文化、伊斯兰文化等。明初河、湟、岷、洮地区汉文化的崛起是明朝军政建设和戍边屯田的结果，大批戍边将士的到来不仅改变了这一地区的民族分布，而且主导了该地区的政治格局和深刻影响着该地区的文化格局。明代河、湟、岷、洮地区的伊斯兰文化是由蒙元以来迁居于此的伊斯兰发展起来的，它萌芽于蒙元，明朝时发展壮大，并借助民间渠道不断向藏区渗透。明代河、湟、岷、洮地区的藏文化正是在这些强势文化的侵染下开始衰退，相当一部分西番经过几百年的文化交流，逐渐融入汉族等当地各民族中。吐蕃作为宋元以来该地区人口最多的民族格局从此被打破，其在这一地区的强势影响也大为削弱。

（二）明代河、湟、岷、洮地区的藏族分布

王继光先生曾经就明代安多地区西番部落做过深入的考证，① 一些藏族学者也在其专著中有所提及，但他们依据的主要是《明实录》《天下郡国利病书》。《明实录》各卷虽然对明代安多地区西番部落有所记载，但都是因事提及，零星散乱，缺少完整的记录。明末清初学者顾炎武的《天下郡国利病书》虽然对明代安多地区西番部落做过详细的记载，但史料多来自《边政考》。各地方志对于本地西番部落也多有记载，但最早也是清初的记载，与明代仍有很大的区别。本节根据明代张雨所著《边政考》等史籍进一步将明代河、湟、岷、洮地区西番部落的分布做一补充。

1. 河州卫

明代河州仍然是西番的主要居住区，但究竟有多少西番居住在此，史籍记载不尽相同。《天下郡国利病书》卷 59《临洮志·纳马番族》中记载河州有纳马番族 56 族。成书于康熙二十六年（1686）的《临洮府志》卷 10《茶马考》记载明代河州（含归德）有"纳马番族"55 族。成书于康熙四十六年（1706）的《河州志》卷 2《中马番族附》记载了"现在中马番族"19 族，"古族"36 族，共 55 族。不过目前所能见到的、记载

---

① 参见王继光《明代安多藏区部族志》，分载于《西北民族研究》1997 年第 1 期、1998 年第 2 期、1999 年第 2 期、2002 年第 4 期、2003 年第 3 期。

最为详尽的，莫过于成书于嘉靖二十五年（1546）的张雨《边政考》。《边政考》卷9《西羌族口》记载嘉靖年间河州有西番46族，其中纳马番族37族，人口近7万。河州所属归德守御千户所有番族11族，人口不详。即：

　　�藏族：今银川里民，纳马；老鸦族：今银川里民，纳马；弘化寺堡：番僧千名，纳马；琮（珍）珠族：禅师完卜，已故，纳马；灵藏族：与弘化寺一堡，纳马；五族系腹里。加咂族：男妇五百余名口，纳马；西番州族：男妇一千五百名口，纳马；达子州族（该族疑为蒙古族——引者注）：男妇二千名口，纳马；揽觉族：男妇五百名口，纳马；白章咂族：男妇五百名口，纳马；令咂族：男妇二百名口，纳马；刬哈族：男妇五千名口，纳马；子刚巴族：男妇二百名口，纳马；罗思曩剌族：男妇二百名口，纳马；龙卜族：男妇五百名口，纳马；保安站族：男妇一千名口，纳马；思拜思族：男妇二千名口，纳马；朵工族：男妇一千五百名口，纳马；列思把族：男妇一千名口，纳马；双逢族：男妇一千名口，纳马；引劐目族：男妇二百名口，纳马；黑达子族（该族疑为蒙古族——引者注）：男妇一千名口，纳马；英雄族：男妇一百名口，纳马；撒剌族（该族即今撒拉族，为伊斯兰——引者注）：男妇一万名口，纳马；边多族：男妇八千名口，纳马；火蓝族：男妇九千名口，纳马；捨藏族：男妇一千名口，纳马；朵藏族：男妇二十名口，纳马；川藏族：男妇二百名口，纳马；铁巳（巴）族：男妇二千名口，纳马；着亦咂族：男妇一万名口，纳马；思曩咂色纳族：男妇一千名口，纳马；咂泥族：男妇一百名口，纳马；青寺尔族：男妇三百名口，纳马；龙瓦尔族：男妇二百名口，纳马；朵日族：男妇二百名口，纳马；果儿的族：男妇一百五十名口，纳马；阿思工族：男妇二百名口，纳马；汪束族：男妇二百名口；川撒尔族：男妇二百名口；大安族、巴哈族、吉巴族：以上三族具纳马，男妇无数；乞台族：男妇六千名口；火尔藏族：男妇一万名口；吉咂族：一十名口。

　　归德所番：羌剌族、远竹族、冲卜鸾车族、些尔加族、沙藏族、失加加族、失加右族、使哈族、牙不灭六族、朵加尔加族、乞加族。

《边政考》有关河州番族的记载与《天下郡国利病书》卷 59《临洮志·纳马番族》所载河州纳马番族 55 族以及《临洮府志》记载的 55 族基本一致，只是顾炎武《天下郡国利病书》的记载中缺乞加族；《临洮府志》的记载中缺乞加族、着亦哑族，想见顾炎武的记载以及《临洮府志》的记载很可能来源于《边政考》。明成化年间，河州归临洮府所属，有临洮通判分驻河州，管辖二十四关土官及西南番 36 族。康熙《河州志》称此 36 族为"古族"，但康熙《河州志》记载的"古族"与《边政考》之记载出入较大。康熙《河州志》的 55 族较《边政考》少 14 族，即思曩哑色纳族、失加加族、引剖目族、黑达子族、边多族、捨藏族、达子州族、搅觉族、白章哑族、罗思曩刺族、龙卜族、保安站族、思拜思族、双逢族；多出 12 族，即沙马族、葱滩族、牙塘族、打刺族、向化族、古都族、巴咱族、红崖族、端言族、回回族、迭古族、仰化族。多出来的 12 族，有的是明以后出现的，如仰化族；有的则是宋代以来就一直活动于河、岷等地，并在当地西番部落中有较大影响的部落，如沙马族等。

王继光通过对《明实录》各卷的考证，又辑录出了必里等族、黑章哑族、上下哈如族、川卜族、双奔族、阿尔官族、思答令族、郎家族等。

在《边政考》所列番族中不属于纳马番族的是：汪束族、川撒尔族、乞台族、火尔藏族、吉哑族以及归德 11 族，这说明在嘉靖时明廷对这些番族的控制似有鞭长莫及之感。

2. 岷州卫

《边政考》卷 9《西羌族口》对于"岷州番"的记载不是十分清晰，只笼统记载了 200 余族，即：

> 节藏族：男妇四百二十名口，贡；竹力族：男妇三百三十名口，贡；西宗族：男妇五十名口，贡；榆树族：男妇五十名口，贡；巴龙族：男妇一百五十名口，贡；忍藏族：男妇二百五十名口，贡；鹅儿族：男妇四十五名口，贡；恶卜赤族：男妇二百八十名口，贡；捉东哈族：男妇二百名口，贡；占藏族：男妇一百六十名口，贡；剖工族：男妇一百八十名口，贡；上答刺族：男妇二百五十名口，贡；七的族：男妇三十名口，贡；下答刺族：男妇二百五十名口，贡；麻子川族：男妇三百名口，贡；栗中族：男妇一百名口，贡；栗林族：男妇四百名口，贡；多纳族：男妇一百五十名口，贡；七龙族：男妇二

百名口，贡；西宁沟族：男妇三百八十名口，贡；昔藏等一十五族：住居山后，男妇未知的数；坎卜他族、板藏族、上罗卜族、下罗卜族、尖藏族、墙框（此字为代替字，原字左边为"土"，右边为"匡"，电脑无此字——引者注）族、六工族、剌即族、剌答族、上索哑族、下索哑族、北哑族、着哑族、塞卜族、哈即族、多知族、鹊中族、八哈族、密多族、赏哈族，以上番民本卫族头吴祥等所管，属岷州招藏等里，见在；南路住坐男妇一千五百八十名口，除耕牧当差外，抽选防守寨堡番夫二百一名；剌答川，一百七十九族，男妇无数。

西固城军民守御千户所明代属岷州卫管辖，故"西固城番""岷州番"统统被后代列为"岷州番"的范畴。《边政考》卷9《西羌族口》载"西固城番"有140族（不含重复记载），人口2万多，即：

大亦辖族：男妇一百八十名口，贡；莫的族：男妇一百二十名口，贡；剖卜族：男妇五十六名口，贡；的牟族：男妇六十名口，贡；窝刚族：男妇九十五名口，贡；克牟族：男妇四十四名口，贡；剖乱族：男妇四十六名口，贡；包答族：男妇一百三十七名口，贡；小亦辖族：男妇一百六十七名口，贡；莫把族：男妇八十名口，贡；恶利族：男妇一百一十三名口，贡；颠尖族：男妇四十四名口，贡；章多族：男妇一百二十五名口，贡；纳硖族：男妇一百名口，贡；林家山族：男妇一百三十名口，贡；花园族：男妇八十五名口，贡；庙儿哑族：男妇九十六名口，贡；斜坡族：男妇一百四十四名口，贡；三罗湾族：男妇一百六十五名口，贡；大连占族：男妇一百一十二名口，贡；通花头族：男妇一百三十七名口，贡；碌砖族：男妇一百七十二名口，贡；胡桃族：男妇一百三十名口，贡；西岔族：男妇一百二十一名口，贡；苟家崖族：男妇一百八十名口，贡；东岔湾族：男妇一百六十二名口，贡；节硖族：男妇一百四十名口，贡；太平头族：男妇一百八十九名口，贡；各卜族：男妇一百五十七名口，贡；街舍族：男妇一百二十四名口，贡；多纳族：男妇九十二名口，贡；大密牙族：男妇一百九十九名口，贡；沙滩族：男妇二百三十二名口，贡；哈硖族：男妇一百五十七名口，贡；阿哑族：男妇七十五名口，贡；罗头平族：男妇七十五名口，贡；羊山族：男妇一百六十名口，贡；七合堡族：男妇一百四十二名口，贡；这多族：男妇一百九十四名口，贡；马宗山族：男妇一百五十名口，贡；八埂族：男妇八十六名口，贡；姚家埂族：男妇八十九名口，贡；密牙族：男妇一百二名口，贡；苟家平族：男妇一百六十名口，贡；大五平族：男妇二百九十二名口，贡；垭卜族：男妇一百三十七名口，贡；哈他族：男妇八十九名口，贡；麻节族：男妇一百二十名口，贡；多车族：男妇六十二名口，贡；小五平族：男妇五十五名口，贡；哈呃族：男妇七十九名口，贡；青沙坡族：男妇一百七十七名口，贡；火的族：男妇八十名口，贡；水平族：男妇一百三十七名口，贡；居木族：男妇七十九名口，贡；真文族：男妇六十二名口，贡；三各坪族：男妇八十四名口，贡；青石山族：男妇一百三十八名口，贡；小青石族：男妇一百四十七名口，贡；竹林族：男妇四十六名口，贡；竹泉族：男妇六十七名口，贡；竹蓆族：男妇一百一十九名口，贡；峰崖族：男妇九十二名口，贡；长崚山族：男妇二百四十名口，贡；真庄族：男妇一百六十二名口，贡；竹园庄族：男妇一百四十八名口，贡；阴山族：男妇五十八名口，贡；上篱笆族：男妇一百五十二名口，贡；居占族：男妇九十名口，贡；汤吉族：男妇一百二十四名口，贡；狼岔峪族：男妇一百七十一名口，贡；立堡族：男妇一百二十四名口，贡；南哈族：男妇一百二十名口，贡；憨班堡族：男妇二百一十五名口，贡；汤的族：男妇一百五十名口，贡；剌答族：男妇七十九名口，贡；峰铁城族：男妇二百六十七名口，贡；咂麻族：男妇八十六名口，贡；補的族：男妇六十二名口，贡；砟埂族：男妇一百五十四名口，贡；卧牛川族：男妇一百三十三名口，贡；憨哈族：男妇二百名口，贡；出麻族：男妇一百七十七名口，贡；商州族：男妇一百四十二名口，贡；剖哈族：男妇四十名口，贡；多尔族：男妇一百九十三名口，贡；苤咂族：男妇一百九十三名口，贡；雪埂族：男妇一百三十五名口，贡；上八埂族：男妇七十八名口，贡；剖古族：男妇一百一十七名口，贡；卜的族：男妇一百八十二名口，贡；西弄族：男妇二百一十二名口，贡；结人族：男妇七十八名口，贡；下篱笆族：男妇七十九名口，贡；容章族：男妇一百三十七名口，贡；约的族：男妇一百三十九名口，贡；铁哈族：男妇一百三十七名口，贡；立卜

族：男妇一百五十二名口，贡；阿吾族：男妇六十五名口，贡；奔锅
族：男妇三十三名口，贡；占丹族：男妇二百七十名口，贡；木节
族：男妇一百六十一名口，贡；答肉族：男妇九十六名口，贡；阿卜
族：男妇九十七名口，贡；塞平族：男妇一百八十七名口，贡；般儿
族：男妇五十七名口，贡；九蔺族：男妇一百四十三名口，贡；峰垒
城族：男妇八十二名口，贡；务头族：男妇一百三十四名口，贡；碎
垃族：男妇五十一名口，贡；好地平族：男妇七百一十八名口，贡；
铁卜族：男妇九十九名口，贡；马家垃族：男妇五十一名口，贡；肉
纳族：男妇九十一名口，贡；颠哈族：男妇一百二十二名口，贡；羊
果族：男妇一百九十名口，贡；答戎族：男妇一百三十七名口，贡；
撒裹族：男妇二百一十名口，贡；眼的族：男妇三百九名口，贡；
剌咂族：男妇一百三十六名口，贡；咂泥族：男妇一百一十六名口，
贡；东由族：男妇一百八十四名口，贡；华严族：男妇二百三十一名
口，贡；上钵（博）峪族：男妇三百九十三名口；下钵（博）峪族：
男妇二百五十名口；椒树垃族：男妇一百一名口；咂纳族：男妇一百
三名口；驴石堡族：男妇一百三十三名口；大黑峪族：男妇三百九十
三名口；小黑峪族：男妇二百六十名口；阿中堡族：男妇一百七十一
名口；乃乃堡族：男妇八十八名口；横立族：男妇六百三十二名口，
贡；咩尔族：男妇一百三十三名口，贡；喏答族：男妇一百一十一名
口，贡；哈卜族：男妇一百七十九名口，贡；潘节族：男妇一百二十
二名口，贡；阿垭族：男妇九十六名口，贡；古当族：男妇一百五十
七名口，贡；剌哈族：男妇四百九十一名口，贡。

《天下郡国利病书》卷58《巩昌府志·纳马夷人》记载的"岷州境
七十六族"，大多包含在"岷州番"与"西固城番"中。王继光在《明
代安多藏区部族志》卷4中认为岷州卫属番族有151族，虽然没有录出全
部的名称，但是从《明实录》各卷中辑出了十余个西番部落，有些部落
在上述记载中并未出现，如剌儿岗族、升朵族、花言城族、昝吾族、出麻
族、卜麻族、古尔占族、巴咂族、寨坪族、铁立族、恶由族、西卜族
等。① 成书于康熙二十六年（1686）的《岷州卫志》以及成书于康熙四十

---

① 王继光：《明代安多藏区部族志》，《西北民族研究》2002 年第 4 期。

一年（1701）的《岷州志》卷6所载明代岷州番民89族，其大多来自上述"岷州番"与"西固城番"。

此外《边政考》卷9《西羌族口》还记载了"文县番""阶州番"，这些番族有的也在岷州后来的方志出现。故记录如下：

（文县）罗家族：男妇一百五十余名口，贡；中田族：男妇一百名口，贡；羶哈族：男妇二百名口，贡；通通族：男妇二百名口，贡；博峪族：男妇二百名口，贡；咱细族：男妇二百名口，贡；答石族：男妇九十一名口，贡；千哈族：男妇一百三十名口，贡；哈者族：男妇一百五十名口，贡；日务族：男妇七十名口，贡；西仲族：男妇一百名口，贡；草坡族：男妇二十名口，贡；竹林族：男妇六十名口，贡；中领族：男妇三十名口，贡；立宗族：男妇二十名口，贡；麦工族：男妇二十名口，贡；烟雾族：男妇三十名口，贡；阴地族：男妇三十名口，贡；嘉石族：男妇八十二名口，贡；上丹堡族：男妇四十六名口，贡；鸡子坪族：男妇八十二名口，贡；马儿族：男妇四十六名口，贡；月连族：男妇七十二名口，贡；罗峪族：男妇一百名口；科卜族：男妇二百名口；冷水族：男妇三十名口；碟子族：男妇五十名口；哈撒族：男妇五十名口；七那族：男妇二百五十名口；切细族：男妇二百名口；阿赛族：男妇八十名口；落阳族：男妇八十名口；孜麻族：男妇二百名口；纳哈族：男妇二百名口；作药族：男妇六十名口；剖哈族：男妇五十名口；柔林族：男妇五百名口；庙平山族：男妇一十五名口；新寨族：男妇三百名口；登罗族：男妇三十名口；安家壩族：男妇一十五名口；水田族：男妇五十名口；羊田族：男妇五十名口；香化山族：男妇六十名口。

（阶州）生洞峪族：男妇三百余名口，贡；栗子庄族：男妇二百余名口，贡；王家山族：男妇四百余名口，贡；夏后头族：男妇三百余名口，贡；前后头族：男妇四百余名口，贡；答牙族：男妇五百余名口，贡；利族：男妇五百余名口，贡；缠平族：男妇五百余名口，贡；骆驼巷族：男妇七百余名口，贡；车岗族：男妇五百余名口，贡；古当族：男妇六百余名口，贡；曾卜庄族：男妇三百余名口，贡；羊粪庄族：三百余名口，贡；阿木族：男妇五百余名口，贡；西吴族：男妇三百余名口，贡；偷石族：男妇三百余名口，贡；石峪族：男妇二百余名口，贡；窝峪族：男妇二百余名口，贡；折石族：
男妇五百余名口，贡；纳哈族：男妇三百余名口，贡；狗头平族：男
妇三百余名口，贡；盐麦族：男妇三百余名口，贡；赵家平族：男妇
二百余名口，贡；敖儿族：男妇四百余名口，贡；劄弄族：男妇一百
名口；劄哈族：男妇一百五十名口；朝阳族：男妇二百余名口；清水
族：男妇一十名口。

《明太祖实录》卷 154 洪武十六年四月甲寅载："阶州民王思聪、李
朵儿进马，各赐衣一袭，钞二百锭。"这其中的阶州民李朵儿很可能是
番族。

3. 洮州卫

光绪《洮州厅志》卷 16《番族》形容洮州番部时云："西番为洮州
藩篱，环居三面"，这恰恰印证了《边政考》卷 9《西羌族口》对"洮州
番"的记载。《边政考》卷 9《西羌族口》记载了 252 族"洮州番"，其
记载虽详疏不一，略显凌乱，但毕竟是目前所见到的有关明代"洮州番"
最为完整的记载，即：

> 他龙十二族：男妇一千一百名口，贡；哈尔占族：男妇一千名
> 口，贡；吉古十族：男妇九百名口，贡；车六十族：男妇一千名口，
> 贡。纳马番：列哑族、劳沓族、满松族、哈杓族、六卦族、些藏族、
> 多龙族、禄尔族、撒么尔族、联原族、相古族、扯巴族、些你巴族、
> 苦苦族、瓦麻族、多藏族、落巴族、劄的族、川卜族、插多族、答失
> 六族、尾子族、麻六族、些龙族、哈尔木车族、答些族、团哑族、着
> 落寺族、着尼寺族、你尔巴寺族；纳郎七族：男妇五百名口；奔古八
> 族：男妇一千名口；尔着五族：男妇六百名口；劄来十族：男妇一千
> 二百名口；术舍九族：男妇一千五十名口；郭锁六族：男妇三百名
> 口；哈古四族：男妇二百名口；呵爵十族：男妇一千一百名口；搅龙
> 四族：男妇三百名口；恶藏族、官洛族、甘藏族、着落族、深藏族；
> 列哑板的族：男妇三千名口；喘哥族：男妇二千名口，纳马；阿中
> 族：男妇一千名口，纳马；阿讓尔族；火把族、思曩日族：二族被海
> 贼逼散，久不纳马；底思当一十族：男妇千名口，系新抚化；番民，
> 土官千户杨洪等所管该卫经历司五，总甲下见在东、西、北三路住坐

大小四十九族，男妇三千余名口。除耕牧当差外，抽选防守番夫六百
名。杨洪部下三百二十员名，土官千户昝德部下二百八十员名，二部
称雄，群番畏之。

上述记载中的"土官千户杨洪"，其祖先些的系洮州卫卓尼族人，"永乐
二年率领叠番达拉等族献地投诚"，些的五世孙旺秀于正德年间承袭父
职，调京引见后赐姓杨，更名洪。这就是后世卓尼著名的杨土司。《明太
祖实录》卷163洪武十七年七月壬戌载："（景川侯曹震）又言：'西番有
名思曩日族者，去松州计程八日，约其众三千余人，马二千余匹，牛羊以
万计，屯于刬八草地。洮河之西又有思曩日大族，其人马尤盛。'"洪武
二十六年，"西番思曩日族等来归，进马百二十匹。命给金铜信符"，从
此成为中马番族。但嘉靖时，思曩日族"被海贼逼散"，已"久不纳马"，
脱离了朝廷的控制。

王继光在《明代安多藏区部族志》卷4中认为洮州卫属番族有111
族，同样也没有录出全部的名称，但是从《明实录》各卷中辑出了十余
个西番部落，有些部落在上述记载中并未出现，如眼即多呃族、八郎族、
潘官族、哈伦族、剌答族、着藏族、搠牙族、哈藏族、马儿藏族、朵呃
族、古尔占族、沙剌族、奄藏族、九族、立落族、洛藏族、陆圆族、牙杓
族、苦牙族、他藏族、禄光族、世尔古族、纳浪族、驼笼族、哈谷族、鹊
中族等。然"番之环洮、岷而居者生、熟不下六七百族，其纳马入贡者
才十之二三"①。

4. 西宁卫

洪武时，西宁卫辖纳马"十三族"，"其诸豪有力者，或指挥、千户、
百户，各授有差"②。永乐时，"西宁卫所属隆奔、巴哇、嘉儿即、申冲、
申藏、革呃、章呃、果迷卜、西纳、隆卜、把沙十一族指挥、千百户来
朝，贡马。赐之钞、币"③。嘉靖时，西宁卫"十三族"成为14族。《边
政考》卷9《西羌族口》载"西宁卫番"有18族，除罕东、安定、阿
端、曲先四个羁縻卫外，其余14族约8750余人，他们是：

①　顾炎武：《天下郡国利病书》卷58《巩昌府志·纳马夷人》。

②　《明经世文编》卷404载。

③　《明太宗实录》卷217永乐十七年十月丁酉。

巴哇族：男妇五百名口，住牧西宁大干沟地方，纳马；西纳族：男妇八百名口，住牧西宁乩迭沟地方，纳马；申冲族：男妇六百名口，住牧西宁归德硖地方，纳马；隆奔族：男妇一千名口，住牧西宁石硖沟捨捨儿山口，纳马；贾尔即族：男妇二百五十名口，住牧西宁西川镇海堡地方，纳马；昝哑族：男妇五百名口，住牧西宁隆奔山口，纳马；革哑族：男妇四百名口，住牧碾伯静宁寺地方，纳马；隆卜族：部落人马二千有余，住牧碾伯所静觉寺地方，纳马；思果迷族：部落人马五百有余，住牧西宁板撒尔地方，纳马；章哑族：男妇五百名口，住牧碾伯古哑山口；思俄思哥尔族：男妇三百五十名口，住牧西宁红崖子沟脑；薛哑族：男妇八百名口，住牧西宁写尔缠地方；六古擦族：男妇二百五十名口，住牧西宁写尔缠地方；思冬沙族：男妇三百名口，住牧碾伯所西番沟地方。

然明代西宁卫依然是西番的主要聚居区，不可能只有 14 族，8000 余人。《天下郡国利病书》卷 62《西宁卫》载："万历十九年，经略尚书郑洛檄副使石槚、参将柳德昭收诸生番部五万八千有奇。"可见《边政考》卷 9《西羌族口》所载仅仅是熟番而已。《天下郡国利病书》卷 63《西宁卫·番族》记载西宁卫有番民 21 族，除申冲族、隆卜族、章哑族、隆奔族、西纳族、昝哑族、巴哇族与《边政考》相同外，还有 14 族《边政考》未载，即哈哑族、打卜受族（会宁伯李氏族也）、珞巴族、古迭族（指挥东祁族也）、珍珠族、那尔卜族、思果迷族、申藏族、日觉喇嘛族、巴沙族、哑思成思哥等小族、小扎尔的族、麻加族、奔剌族。

《西宁府新志》卷 19《武备·番族》载：洪武时西宁番族有 13 族，万历时番人分为 25 族，可稽考者有：

申中族，一名申冲，有户三百，口六百余；隆卜族，分上、下二族，有户二千，口四千余；占哑族，一名章哑，万历十九年，经略尚书郑洛遣使招谕之，互开其族，立二十九族；革哑族，一名哈哑，有户四百，口九百余；打不受族，有口一百余；珞巴族，有户一百，口二百五十；古迭族，有口一百余；珍珠族，有户一百余，口五百；那尔卜族，输马二十有奇；思果迷族，一名果迷卜哑，分上、下二族，岁输马约五十四匹；申藏族，其种族久已散亡；日觉喇嘛族，岁输马三十有奇；隆奔族，有户一百余，口二百五十；西纳族，有户五百，口一千五百余；思冬思哥族，有户一百，口二百余；加尔即族，有户三百，口千七百余；红帽儿族，沙州番也。一云即安定王部落。正德中为海敌（虏）残破，流沙州。后徙西宁塞外。善射，海敌畏之。时亦梗内地。万历十九年，经略尚书郑洛招抚之。一支为剌卜尔族，剌卜尔族，有户三百，口七百余；巴沙族，所属有昝咂族、思俄思哥等小族；昝咂族，巴沙小族也。巴沙散弱，全有其地。南北百余里，东西三百里。支族散处，各自为族，无统属。有大昝咂族、小昝咂族、上昝咂族、中昝咂族、下昝咂族、六古咂族、薛咂族、札尔的族、巴咂族、巴的族、设加族、思冬沙族、河洛受族、思哥迷族、剌咂族、亚思革族、仓阿思加族、冲咂族、马其沙族、马其冲杓族、思蛮咂族、诸贡族、奔阿族、思加济族、阿洛朵只族、北俺官族、哈尔麻族、工巴族、舍加族、写尔定族、荼住族、麻尔日族、麻居族、而思落迷族有国师、金印，小札尔的族其婿也。鲜迷族居大通川者，则输马于庄浪。大昝咂户一千五百，口四千。巴咂户三百，口八百有奇[①]；巴哇族，岁输马三十；小札尔的族，中马五十有奇；麻加族，有户八十余，口二百；奔剌族，有户二十，口五十余。

《天下郡国利病书》卷63《西宁卫·番族》载万历十九年，经略尚书郑洛“遣使致锁南坚错收抚”隆卜族时，隆卜族“开族八十有奇”。隆卜亦称“龙布”，按《循化志》所言乃后世之“隆务”。[②] 此外，《天下郡国利病书》卷62《西宁卫》中还载有：尔却加族、加朵朵族；王继光先生据《明实录》各卷，辑录出上述未见记载的川藏族、炒团族、昂藏族、密罗族、阿吉族、革巴族、念剉族、丹的族、羌咂族。[③]

在西宁卫西部，青海黄南地区除吐蕃时期迁来的浪加、玛巴和赛龙哇等部落外，明代又有尕加、岗毛、罗哇等部落从西藏和青海其他地区迁到尖扎滩定居。明中期，从青海湖畔迁来了许多在战争中失败的西番部落，其中和日、和尔浪等部落就聚居在今和日、浪加地区；而“热贡十二族”

① 《天下郡国利病书》卷63《西宁卫·番族》亦有类似记载。

② 龚景瀚：(乾隆)《循化志》卷4《族寨工屯》，甘肃省图书馆藏。

③ 王继光：《明代安多藏区部族志》卷2《西宁卫属》，《西北民族研究》1997年第2期。

则居住在同仁、尖扎地区，他们是加吾利吉族、阿瓦日铁吾族、多吉族、黄乃亥族、夏卜浪族、麦秀族、隆务庄族、官秀族、霍尔族、贤乃亥族、兰采族、郭加族。

二　元代河湟多民族走廊藏族社会的特点

元代藏族主要有三个聚居区：卫藏法区、西康人区、安多马区。藏文史料中一般称为卫藏、朵堆、朵麦，或乌斯藏、朵甘思、朵思麻。藏族三大区域又分为十三部，位于青海、甘肃以及川西北的朵麦即为其中一部。这实际上是沿袭了宋代的称谓。元代河湟多民族走廊与朵思麻藏区基本相吻合，其吐蕃的人口数量和部落分布格局与宋代相较也未发生太大的变化，但尽管如此，元代河湟多民族走廊的吐蕃还是与其他地区的吐蕃一道呈现出不同以往的特点，主要为：（1）吐蕃民族国家认同的整体确立；（2）出现了一统藏区的藏传佛教教派；（3）吐蕃政治格局的确立；（4）吐蕃"生户"与"熟户"界限的逐步淡化。

第一，吐蕃民族的国家认同。

吐蕃民族的国家认同在吐蕃王朝时期达到第一个高峰，此时吐蕃民族的国家认同就是对吐蕃王朝的认同，它与吐蕃的民族认同是一的。公元842 年，吐蕃赞普达玛被佛教僧侣刺杀后，王朝开始衰落，吐蕃民族长期处于互不相统与分裂割据的状态，《宋史》卷492《吐蕃传》载："其国亦自衰弱，种族分散，大者数千家，小者百十家，无复统一矣。自仪、渭、泾、原、环、庆及镇、戎、秦州及于灵、夏皆有之，各有首领。"此时期吐蕃民族的国家认同十分混乱，有将国家认同与吐蕃政权等同起来者，也有将国家认同与吐蕃部落认同或家族认同合二为一者。

进入宋代后，吐蕃对于中央王朝的认同虽然开始出现，但就吐蕃整体而言这种认同十分有限，主要体现为认同区域的局限性和认同程度的不确定性。

就认同区域的局限性而言，宋代吐蕃对于中央王朝的认同主要来自河、湟、岷、洮地区的吐蕃，而不是吐蕃全境。就认同程度的不确定性而言，宋代河、湟、岷、洮地区吐蕃民族对于中央王朝的认同有实质性的认同者，也有表面认同而实质不认同者。前者以吐蕃包家族为代表，后者以唃厮啰为代表。

北宋宝元元年（1038）十二月，宋朝加封唃厮啰为"保顺军节度使"，定岁赐彩绢千匹，角茶千斤，散茶1500斤。紧接着又派左侍禁鲁经持帝诏及帛2万匹出使青唐，"使击元昊，以披其势"①。在这里宋朝授职封赐予唃厮啰是为了联合吐蕃牵制西夏，然而唃厮啰政权虽然接受了北宋王朝的授职与封赐，却并不意味着唃厮啰政权已真正认同了北宋王朝，并接受北宋王朝的统治。唃厮啰政权接受北宋朝廷的授职封赐只是两者关系的表象，而实质上唃厮啰政权与北宋王朝两者之间的关系是因为共同抗击西夏而结成的松散的、临时性的政治与军事的联盟。北宋王朝利用唃厮啰政权牵制西夏，唃厮啰政权同样也需要北宋王朝来抗衡西夏。两者关系的实质是彼此独立的两个政权之间相互利用的关系，而不是表象所展现的臣属关系。正因如此，当宝元二年北宋派屯田员外郎刘涣出使青唐，落实唃厮啰政权出兵西夏事宜时，唃厮啰虽然隆重接待了刘涣一行，但并没有以迎接中央朝廷使者的礼仪对待刘涣。《宋史》卷492《吐蕃传》载："（唃厮啰）迎导供帐甚厚，介骑士为先驱，引涣至庭。厮啰冠紫罗毡帽，服金线花袍，黄金带，丝履，平揖不拜。延坐劳问，称'阿舅天子安危'。"所谓"阿舅天子"，是吐蕃赞普称呼唐朝皇帝的惯例，唃厮啰沿用这一惯例称宋朝皇帝为阿舅天子，一语道破了唃厮啰从未视北宋皇帝为吐蕃的天子，所以也从不会对宋王朝产生真正的国家认同。实际上，当宋王朝与唃厮啰政权共同抗击西夏的基础一旦发生变化，北宋王朝是不会容忍唃厮啰政权的存在，而唃厮啰政权也不会俯首称臣，王韶"熙宁开边"就是极好的证明。

然而与唃厮啰政权不同的是，在宋代河、湟、岷、洮地区的其他吐蕃部落或家族中，又的确存在着部分吐蕃民族将北宋视为国家加以认同的事实，如源出于秦州近边丁家族的宋代岷州吐蕃包家族②，归附后成为北宋在甘青藏区强有力的依靠者。《续资治通鉴长编》卷85大中祥符八年（1015）十二月丁亥条载："侍禁杨乘吉使西蕃嘉勒斯赍（即唃厮啰——引者注）还，言蕃部甚畏秦州近边丁家、马家二族。此二族人马颇众，倚依朝。"

大约在宋仁宗时（1023—1063），秦州丁家族开始向河、岷、洮、叠

---

① 《续资治通鉴长编》卷123。

② 汤开建：《宋金时期安多吐蕃部落史研究》，上海古籍出版社2007年版，第281页。

（今甘肃迭部县）、宕（今甘肃宕昌县）一带发展，并与当地的青唐族结合。韩琦《韩魏公集》卷15《家传》载："秦州上、下丁族瞎药怒质其父厮铎心，乃逃去与木征相和。"瞎药又称为"瞎药鸡罗"①，即北宋赐姓名为包约者。《续资治通鉴长编》卷188，嘉祐三年（1059）十月辛丑条载："辖戬既死，摩正弱不能自立，青唐族酋辖药格罗及僧罗遵迎居洮州欲立，以服洮、岷、叠、宕、武胜军诸羌，秦州以其近边逐之，乃还河州。"

丁家族与青唐族合并后，导致安多吐蕃出现了一支势力最大、人口最多的部落——青唐族。《续资治通鉴长编》卷214熙宁三年八月辛未条称："青唐族有七、八万人。"《太平治迹统类》卷16《神宗开熙河》载："时蕃青唐俞龙珂大族难制，议请讨且城之，诏乃因按边上，从数骑直抵其帐招诱之，且留宿以示不疑，龙珂率属十二万口来附。"《宋史》卷328《王韶传》云：

> 蕃部俞龙珂在青唐最大，渭源羌与夏人皆欲羁属之，诸将议先致讨。韶因按边，自变量骑直抵其帐，谕其成败，遂留宿。明旦，两种皆遣其豪随以东。久之，龙珂率属十二万口内附，所谓包顺者也。

《太平治迹统类》卷16《神宗开熙河》载："时蕃青唐俞龙珂大族难制，议请讨且城之，诏乃因按边上，从数骑直抵其帐招诱之，且留宿以示不疑，龙珂率属十二万口来附。"除俞龙珂外，瞎药亦被称为"青唐族首领""青唐家首领"。俞龙珂降宋后赐姓名包顺；瞎药降宋后赐姓名包约。《宋史》卷15《神宗二》载："庚寅，以青唐大首领俞龙珂为西头供奉官，赐姓名包顺……癸丑，河州首领瞎药等来降，以为内殿崇班，赐姓名包约。"《续资治通鉴长编》卷233熙宁五年五月庚寅条载：

> 上又欲便除裕啰格勒蕃部刺史，安石曰："恐未须如此，但令韶相度最便。"文彦博曰："近者悦，远者来，裕啰格勒官赏若过厚，则旧蕃部或不乐。"上曰："事势大小自不同。"安石曰："诚如此，

---

① 《宋史》卷492《吐蕃传》；（清）徐松：《宋会要辑稿》第199册《蕃部六》，中华书局1957年版（缩印本）。

迈凌错吉事力岂裕啰格勒之比，"上曰："迈凌错吉四百户，裕啰格
勒号为十万众，纵甚少亦必数万。"乃从安石议，下安抚司而有是
命。仍宠以阶勋，赐姓包名顺。

为报答宋朝恩泽，包顺将其"日获利可市马八百匹"① 的盐井居地奉
献给宋朝。宋朝亦将包顺及其弟包诚家族安置在岷、洮、阶州一带，并将
原属包家统领的青唐族归隶岷州。《续资治通鉴长编》卷 244 熙宁六年四
月丁亥条载："王韶等言，岷州近为羌兵所隔，势甚孤危，西京左藏库使
包顺、内殿承制包诚婴城拒敌，保全其州。"《宋会要辑稿》199 册《蕃
夷六》载："熙宁八年十月一日，诏以青唐蕃部并蕃兵隶岷州。"《续资治
通鉴长编》卷 500 元符元年（1098）七月丁巳条载："熙河奏：乞遣降羌
于岷州住坐，令包顺主管"；《续资治通鉴长编》卷 402 元祐二年（1087）
六月戊子条载，洮州之役，"本路近上首领如包顺……等最为效力"；《续
资治通鉴长编》卷 406 元祐二年十月庚子条载："包顺为四方馆使……包
诚为东上阁门使，人赐银绢各五百……以收复洮州，俘获果庄……讨羌贼
有功故也"；《续资治通鉴长编》卷 246 熙宁六年七月乙丑条载："辖乌察
率叠宕诸羌协青唐，寇盐川寨，包顺击走之"。《皇宋十朝纲要》卷 16 崇
宁二年（1103）九月乙未条载："熙河奏，乞包震等兄弟十三人分管岷州
本族人马，从之。"包震乃包顺之子，包顺曾任岷洮州蕃部都巡检使并
"乞于用南郊赦书封赠父母"，宋神宗批曰："顺自熙河开拓之初，率众来
附，又秉心忠义，前后战功为一路属羌之最。"② 由此可见，直到北宋末
年，包顺、包诚及其所统率的青唐族长期活动在岷州、洮州一带，成为北
宋治理该地区的中流砥柱。

如果说唃厮啰接受北宋王朝的加官封赐仅仅是一种表象的话，那么包
氏家族作为河、湟、岷、洮吐蕃中的巨姓望族，在接受北宋的封职后却是
真真切切地归顺了中央王朝，这其中的主要原因之一就是，唃厮啰政权是
以政权的力量对抗北宋王朝的，而包氏家族尽管人数众多，但仍然是以家
族或部落的区区之力面对中央王朝，所以其对于中央王朝的认可程度远在
唃厮啰政权之上，而他在归顺后的积极作为也是唃厮啰政权无法比拟的。

---

① 《续资治通鉴长编》卷 175 皇祐五年闰七月己丑。
② 《续资治通鉴长编》卷 300 元丰二年九月己丑。

　　包家族归顺后，利用其在蕃部的威望，积极为宋朝招诱生番。《续资治通鉴长编》卷 246 熙宁六年七月乙丑条载："初，王韶欲遣张玉讨青唐，遵裕曰：'青唐无罪，第为生羌所胁耳，但遣裨将从（包）顺往青唐。'人见顺泣诉，辖乌察知不附己，遂溃去。"《续资治通鉴长编》卷 516 元符二年润九月乙亥条载："枢密院言：今来熙河路已收复青唐、邈川等处城寨，其洮、叠一带虑有招纳未尽部族，令胡宗回应洮、叠，招纳部族及修筑城寨，专委李澄，仍委包顺同招诱，早令出汉。"《宋会要辑稿》第 84 册《职官四三》载："（元丰五年二月十八日），勘会熙河路、州、军，各有蕃官如包顺、包诚、赵醇忠之类，并是近上首领，蕃部素所信服，其势力足以招致蕃客，乞赐敕书令各官诱蕃部贩马入塞。"

　　包氏家族对于国家的认同不仅仅局限在北宋王朝。在辽代，朝廷赐包家族包世显、包疙疸为乌库哩氏。[①] 乌库哩即乌古论。《金史》卷 103《乌古论长寿》载："乌古论长寿，临洮府第五将突门族人也。本姓包氏，袭父永，本族都管。泰和伐宋，充绯翻翅军千户，取襟川寨及祐州、宕昌、辛城子，以功进官二阶。"

　　蒙古兴起后，吐蕃民族对于中央王朝的认同从局部转向整体，其端始就是蒙古阔端王与吐蕃高僧萨迦班智达举行的"凉州会谈"。会谈的主要成果是诞生了著名的《萨迦班智达至蕃人书》[②]，其主要内容包括：（1）强调了蒙古统治者对吐蕃藏传佛教的敬重及对萨迦班智达的优待。（2）向吐蕃僧俗各界说明归顺蒙古的利害关系。指出"当今之势，此蒙古之军旅多至不可胜数"，强大无比。各僧俗首领应该审时度势，权衡利弊，勿抱任何幻想。归顺蒙古是大势所趋，顺之者昌，逆之者亡。（3）声明萨迦派已带头归顺蒙古，蒙古也已授权萨迦派代理吐蕃事务。（4）讲清归顺蒙古的条件和要求。（5）开列应向蒙古纳贡的物品清单。《萨迦班智达致蕃人书》发出后，大多数吐蕃首领响应了萨迦班智达的倡议归顺了蒙古大汗。吐蕃也从此结束了长达 400 多年的分裂割据之苦。

　　元定宗六年（1251），蒙哥汗继位，将原本属于阔端管辖的藏区划分给他的弟弟忽必烈。中统元年（1260），忽必烈即位后，一方面封八思巴

　　① 《辽史》卷 14《圣宗五》。
　　② 王尧译：《萨迦班智达至蕃人书》，载南京大学历史系编《元史及北方民族史研究集刊》1978 年第 3 期。

为国师，赐予他象征权力的玉印，并规定从中央的宣政院到吐蕃各宣慰使司都元帅府，万户以上的重要官员均由宣政院或帝师提名，最终由皇帝委任；另一方面忽必烈又派遣达门等官员到西藏清查户口，设置驿站，规定贡赋数额。此后元朝政府对西藏地区又进行了两次户口清查。清查户口是中央财政对于直接管辖区体现完全主权的一项行政措施。它明白无误地表明三大藏区已全部纳入了中央王朝的管辖范围内，吐蕃民族从此成为元朝统辖下的众多民族中的一个重要民族。对此藏文史籍《朗氏家族史》有明确记述：

> 此时，西藏由在凉州的王子阔端治理，由阔端阿哈（蒙古语兄长之意）那里迎取应供喇嘛；蒙哥汗管理止贡派；忽必烈管理蔡巴噶举派；王子旭烈兀管理帕木竹巴派；王子阿里不哥管理达垅噶举派。四位王子分别管辖各个万户。①

国外一些学者将元朝与吐蕃的这种关系归结为"喇嘛与施主""檀越""施主与福田"的关系等。1962 年英国人黎吉生在纽约出版的《西藏简史》以及 1987 年范普拉赫出版的《西藏的地位》中就有此类观点。黎吉生认为，"喇嘛与施主"的关系是一种"中亚细亚式"的法师和住持关系的一种概念，在这种概念中世俗势力（即施主）给予物质援助以换取宗教权力（即住持）的精神援助，并没有明确规定谁是统治者、谁是被统治者。范普拉赫认为这是"Suiqeneris"，即自成一类的和无法比拟的特殊关系。②《西藏政治史》云：

> 公元 1295 年忽必烈汗去世了，现在我们可以看到蒙古人如何取得对西藏的军事控制，开始是萨班于 1247 年对王子阔端的归顺，整个这一时期实际行政权仍在西藏人手中。在忽必烈汗时，在蒙古统治者与西藏喇嘛之间的关系发生了具体的转变，比较阔端给萨班的信和忽必烈给帕巴（即忽必烈——引者注）的信，可以看出前者是王公

① 大司徒·绛求坚赞：《朗氏家族史》，赞拉·阿旺、佘万志译，陈庆英校，西藏人民出版社 2007 年版，第 75 页。

② 柳生祺：《评范普拉赫先生的西藏史观及其他》，《中国西藏》1991 年春季号。

与属民的关系，后者则是施主对喇嘛的关系。这信是独一无二的在中亚的施主与喇嘛关系的概念，在这里对世俗权力的支持，换来了对宗教权力的精神支持，这种关系不能用西方的政治术语来说明。我们可以审察汗王对帕巴的态度，他是如何宠信帕巴，他认为帕巴是自己的宗教师傅和西藏的最高权威，向帕巴学经和陪送帕巴直到安多地区，进一步表明了这是一种互相合作与尊重的关系。这种施主与喇嘛的关系是由蒙古的忽必烈和西藏的帕巴建立起来的。这就是西藏人与蒙古人之间政治宗教关系的基础。后来满洲皇帝和达赖喇嘛之间的关系也是如此。由于清王朝的崩溃，这种施主与喇嘛的关系也于 1911 年中断了。①

所谓"喇嘛与施主""檀越""施主与福田"的关系都是佛教徒泛称世俗施主对佛教僧侣的施舍关系，也是吐蕃佛教徒用来表达中央王朝对吐蕃佛教僧侣与寺院加以管辖、保护、封赐、施舍诸关系的一种宗教术语。"檀越"即施主，也指供施关系。其供养人中，有平民百姓，有达官显贵，也有国王皇帝。他们把私人的或国家的财物供给佛、法、僧"三宝"，称为广种"福田"。很显然，如果仅从元朝统治者皈依和崇信藏传佛教，以及打开府库赏赐吐蕃僧人这一意义上讲，元朝统治者与吐蕃教派势力之间的确存在着供施关系。如《萨迦世系史》载：

> 蒙古与萨迦结为施主与福田的关系，众生依怙法王八思巴曾三次前往汉地的大都宫廷，向薛禅皇帝及后妃、皇子等三次传授萨迦特有的三密宗大灌顶。作为第一次灌顶的供养，奉献了十三万户……作为第二次灌顶的供养，奉献了三个却喀……作为最后一次灌顶的供养，按照上师的吩咐废除了在汉地以人填河渠的做法，拯救了汉地许多万人的生命。②

---

① 孜本夏格巴·旺秋德丹：《西藏政治史》，李有义译，中国社会科学院民族研究所历史研究室藏族史组油印本，1978 年 10 月。

② 阿旺贡噶索南：《萨迦世系史（1629）》，陈庆英、高禾福、周润年译注，西藏人民出版社 1989 年版，第 108 页；达仓宗巴·班觉桑布：《汉藏史集》，陈庆英译，西藏人民出版社 1996 年版，第 161 页。

但是，如果把元朝统治者与吐蕃教派势力之间的全部关系归结为"喇嘛与施主""檀越""施主与福田"的关系，就有以偏概全之嫌了。事实上，从成吉思汗到忽必烈从来都不把宗教和政治看成两个互不相干、彼此孤立的东西。忽必烈推崇藏传佛教，重用八思巴，既有宗教上的需求，也有出于"因其俗而柔其人"的政治需要。两者相权，政治是主导，吐蕃教派势力则是依附于元朝政治统治并为其服务的特殊宗教团体。《元史》卷 202《释老传》载："元起朔方，故已崇尚释教。及得西域，世祖以其地广而险远，民犷而好斗，思有以因其俗而柔其人，乃郡县土番之地，设官分职，而领之于帝师。"政治与宗教的紧密结合构成了元朝政治生活的主要内容。所以，所谓"喇嘛与施主""檀越""施主与福田"的关系，实质上体现的是中央王朝对于西藏的主权，它反映的恰恰是被供养者对于施主主权的认同，元朝时期吐蕃民族第一次从整体上树立了对于中央王朝的认同，较之宋代吐蕃民族的国家认同只存在于部分家族或部落中的情景，元代吐蕃民族的国家认同可谓是跨越性的进步，是一个标志性的里程碑。

第二，出现了一统藏区的藏传佛教教派。

佛教传入吐蕃地区，经历了十分曲折与漫长的民族化过程。吐蕃赞普达玛（达磨）灭佛后，西藏地区的大德高僧纷纷避难于阿里（藏名俺日）、安多、西康（喀木）等地，西藏佛教几至绝迹。据藏文史籍记载，达玛灭佛后，在西藏山南一带修行的僧侣藏饶赛、约格迥和马尔释迦牟尼三人携经书法器西逃阿里，后辗转西域于阗等地到达河湟一带传法，并收当地牧童贡巴饶赛为徒。10 世纪晚期，卫藏地区鲁梅等 10 人曾到河湟一带学习佛法，返回西藏后大力弘扬佛法，西藏佛教由此复兴，称为"下路弘传"，而印度高僧阿底峡由西藏阿里地区肇端的佛教复兴运动称为"上路弘传"。佛教在藏区重新崛起后，更广泛地吸纳融会了西藏本土文化的内容，从而形成了独具西藏地域及民族文化特色的藏传佛教。宋代河、湟、岷、洮地区的吐蕃已普遍信奉这种融会了西藏本土文化的藏传佛教，使之成为河、湟、岷、洮地区吐蕃民族文化最为重要的内容。"吐蕃重僧，有大事必集僧决之。僧丽法无不免者。"① 但是，宋代吐蕃虽然普遍信仰了藏传佛教，却很少有哪一个派别能够成为一统藏传佛教的主导力

---

① （宋）李远：《青唐录》。

量。进入元代后，藏传佛教被进一步强化，其标志就是元代藏传佛教萨迦派成为全藏区覆盖面最广、影响最大、一统程度最强的派别。

萨迦派的兴起得力于款氏家族的后裔贡却杰布。据《萨迦世系记》记载，藏历水牛年（1073），款·贡却杰布（也写作款·衮乔加布）放弃宁玛教法改信新教法，在萨迦（今西藏日喀则地区萨迦县）地方修建了萨迦寺，创建了藏传佛教的萨迦派，并凭借款氏家族的贵族身份和政治地位，建立了政教合一的统治。由于萨迦派部分寺院的墙壁上涂有象征文殊、观音、金刚手菩萨的红、白、青三色花条，加之"萨迦"藏语为花色之意，所以被当地汉、回等民族称为花教。萨迦派在南宋淳祐五年（1245）以后开始向朵思麻藏区传教。到了 14 世纪中叶，因西藏教派斗争激烈，于是又有许多僧人到了朵思麻藏区，并逐渐建立了自己的寺院，青海隆务寺就是萨迦派建立的寺院。此寺院在 17 世纪初才改宗格鲁派。

萨迦派得以名扬四海、佛法昌隆，与"萨迦五祖"的发扬光大密不可分。这五祖是：第一祖萨钦·贡噶宁布，第二祖索南孜摩，第三祖智华坚赞，第四祖萨班·贡噶坚赞，第五祖八思巴·罗哲坚赞。在萨迦五祖中，四祖萨班·贡噶坚赞因学识渊博，被人尊称为"班智达"，在藏族历史上享有很高的荣誉。蒙古兴起后，正是看到萨迦派以及萨班·贡噶坚赞在藏族中享有的威望，于 1247 年由蒙古阔端邀请萨班·贡噶坚赞到凉州，举行了著名的"凉州会谈"，确立了藏族与蒙古汗国的臣属关系，藏传佛教萨迦派也因此在元朝政府的大力推崇下，达到了历史上最昌盛的时期。忽必烈掌政后，五祖八思巴被尊为帝师，领总制院（宣政院），成为元朝中央政府的一品大员。除此之外，款氏家族中先后受封或与皇室通婚者近20 人，并且在元朝政府的支持下，通过"萨迦本钦"指挥着卫藏 13 万户，在全藏区完全处于政治上的统治地位。在宗教上，萨迦派并不排斥佛教的其他教派，因而威望极高，迅速普及整个吐蕃地区，并向蒙古地区和南亚邻国传播。

正是由于元代藏传佛教萨迦派能够第一个完成一统全藏区宗教的使命，因此萨迦派在吐蕃民族中的广泛传播对于藏传佛教民族化而言是一个非常重要的时代，它标志着佛教在经历了数百年与吐蕃文化的磨合后，终于为吐蕃民族的绝大部分所接受，从而进一步确立了吐蕃全民信仰藏传佛教的文化格局。元代河、湟、岷、洮地区的吐蕃作为吐蕃的一部分，也同样显示着这一特点。

第三，吐蕃民族政治格局的确立。

宋代河、湟、岷、洮地区的吐蕃虽然也曾建立过地方政权，如唃厮啰政权，但由于政权建立的时间较短，影响范围不大，加之外部各方力量的争夺与分割，所以从总体上讲，宋代河、湟、岷、洮地区的吐蕃在大部分时间里缺乏统一的法度和政权，世俗政治势力处在分散割据、互不相统的衰微状态。但是进入元代后，这种分裂状态基本结束。元代吐蕃在中央政权的强力主导下，民族实体达到了高度的整合，形成了一统藏区的政治力量，而这一政治力量的代表就是萨迦派。

萨迦派在政治上的最大贡献是在萨班·贡噶坚赞、八思巴时期，这一时期实现了对吐蕃的民族统一与政治整合，这种民族统一与政治整合虽然不能与吐蕃王朝相比，但却极大地改善了宋代以来吐蕃"族种分散""无复统一"的局面。当然，这种民族统一与政治整合是在蒙古政治力量的主导下，在蒙元政权制度的框架内完成的。因此，元代吐蕃的这种民族统一与政治整合一开始就是有限和脆弱的，一旦失去蒙古政治力量的支持，民族统一与政治整合的程度会大为削弱。但是尽管如此，元朝与萨迦派以宗教为纽带的政治联合，为其后历代中央王朝所沿用，成为后世中央政权治理藏区的一种行之有效的模式，即在中央政权的政治框架内，借助于藏族的政治、宗教力量，建立起政教合一的地方政权。

第四，"生户"与"熟户"的界限逐步淡化。

宋代将西北吐蕃划分为"生户"与"熟户"。《宋史》卷191《兵志五》载："西北边羌戎，种落不相统一，保塞者谓之熟户，余谓之生户。"《宋史》卷264《宋琪传》载："大约党项、吐蕃风俗相类，其族帐有生户、熟户。连接汉界，入州城者谓之熟户；居深山避远，横过寇略者谓之生户。"宋人曾公亮所撰《武经总要前集》卷18《边防上》载："今之夷内附者，吐蕃、党项之族，散居西北边，种落不相统一，款塞者，谓之熟户，余谓之生户。"在这些记载中，是否入居城寨已成为划分"生户""熟户"的依据。尤其是在熙宁开边以来，把"诸路降羌分属城寨上"[①]，厚加安抚，使其成为捍边的"蕃篱"。《续资治通鉴长编》卷316元丰四年（1081）熙、河、兰、会路经制司云："自夏贼败衄之后，所至蕃部皆降附，今招纳已多，若不筑城无以固降羌之心。"元丰五年，守臣李宪

---

① 《续资治通鉴长编》卷234熙宁五年六月乙卯。

云："熙河一路……膏腴土田，占籍未遍，须增修城垒，使蕃部有土著之心，不惟地利可以助边储，亦绝敌人规（窥）取旧物之计。"其实，以是否入居城寨作为划分生户、熟户的依据，只不过是一种简单的划分，其背后所反映的实质是吐蕃对当朝政权的认同与否或认同程度的深浅，归附程度深的吐蕃称为"熟户"，相反则视为"生户"。如张方平《乐全集》卷22《秦州奏唃厮啰事第二状》载："秦州塞外熟户，有顺汉者，有顺夏州者，有顺西番者，有并不顺属名生户者。"《宋史》卷492《吐蕃传》载："自仪、渭、原、环、庆、镇戎暨于灵、夏皆有之，各有首领，内属者谓之熟户，余谓之生户。"《续资治通鉴长编》卷149庆历四年五月壬戌条引韩琦言："泾原、秦凤两路除熟户外，其生户有磋鹘、者谷、必利城、腊家城、鸥枭城、古渭州、龛谷、洮、河、兰州、迭、宕州连宗哥、青唐城一带，种类莫知其数。"韩琦《韩魏公集》卷20《家传》载：

> 臣庆历初曾知秦州，今二十六、七年矣。是时，永宁、安远之北绵亘一二百里之外，皆是西蕃熟户，其间有不授补职名，且官中亦不勾点彼族兵马者，则谓之生户，并与熟户交居，共为篱落。

　　宋朝对于这些"熟户"不仅筑城以固之，而且要授田土，募蕃兵，教以耕战。用北宋名臣范仲淹的话说："熟户恋土田，护老弱、牛羊，遇贼力斗。"[1]

　　然而，这一现象到了元代却发生了较大的变化。元朝统一后，吐蕃作为一个整体归附了蒙古。元朝统治者虽然在治理吐蕃三个宣慰司的具体方式上有所不同，虽然也常常出兵镇压那些不服从元朝管理的吐蕃部落，但在蒙古统治者的意识里，很少有将吐蕃划分为"生户"与"熟户"的概念。这一变化无疑归功于蒙古统治者对于吐蕃的政治整合，它对于元代吐蕃的政治整合与民族整合起到了极大的推动作用。

三　吐蕃十八族

　　明代甘青地区黄河以南吐蕃中最值得一提的是吐蕃十八族。吐蕃十八

---

[1] 《续资治通鉴长编》卷135庆历二年三月丁卯。

族源于北宋时的青唐族。青唐族是宋代古渭州地区①的吐蕃大族。《宋史》卷331《马仲甫传》载:"古渭介青唐之南。"《续资治通鉴长编》卷226熙宁四年八月辛酉载:"置洮河安抚司,自古渭寨接青唐武胜军,应招纳番部市易,募人营田等事,并令韶主之。"《宋史》卷328《王韶传》载:"夏人比年攻青唐不能克,万一克之,必兵南向,大略秦、渭之间,牧马于兰、会,断古渭境。尽伏南山生羌。"吐蕃十八族之名的汉文记载始见于《金史》卷98《完颜纲传》,其云:

> 贞祐四年,纲子权复州刺史,安和上书讼父冤,略曰:"先臣纲在章宗时,招怀西羌青宜可等十八部族,取宋五州,吴曦以全蜀归朝。胡沙虎无故见杀,夺其官爵。"诏下尚书省议:"谨按元年诏书云,胡沙虎屡害良将,正谓纲辈也。"乃追复尚书左丞。

青宜可等十八部族属迭州吐蕃鲁黎族,北宋时,鲁黎族就已从河、湟地区迁居迭州一带,北宋大观二年(1108)四月二十三日,童贯遣统制官辛叔献、冯瓛等统大军"自岷州入洮州南境,进逼鲁黎诸族,其首领结毡迎拒官军"②。鲁黎族与吐蕃大族青唐部有直接的关系。《金史》卷984《完颜纲传》载:

> 青宜可者,吐蕃之种也。宋取河、湟,夏取河西四郡,部落散处西鄙,其鲁黎族帅曰冷京,据古迭州,有四十三族、十四城、三十余万户,东邻宕昌,北接临洮、积石,南行十日至笋竹大山,盖蛮境也……冷京卒,子耳骨延嗣,宋不能制,縻以官爵。传六世至青宜可,尤劲勇得众,以宋政令不常,有改事中国之意。曹佛留为洮州刺史。佛留材武有智策,能结诸羌。青宜可畏慕佛留,以父呼之,请举国内附。朝廷以宋有盟不许,厚赐金帛以抚之。明昌间,属羌已彪杀郡佐反,是时纲为奉御,奉诏与曹佛留计事,因召青宜可会兵击破已彪。曹佛留迁同知临洮尹,兼洮州刺史。子普贤为洮州管内巡检使。

① 渭州,北魏永安三年(530)置,治所在陇西郡襄武县(今甘肃陇西县东南五里),因渭水而得名。辖境相当于今甘肃陇西、渭源、漳县、定西、武山等县。北宋时辖境相当于今甘肃平凉、华亭、崇信及宁夏泾源等市县。

② 《金史》卷98《完颜纲传》。

纲屡以事至洮，佛留每谓纲言青宜可愿内属，出其至情，纲辄奏之，上终不纳。及纲部署陕西，上密敕经略西事。于是，曹佛留已死，普贤为怀羌巡检使。纲至洮，驰召普贤摄同知洮州事。普贤传箭入羌中，青宜可大喜，率诸部长，籍其境土人民，诣纲请内属。纲奏其事，上以青宜可为迭州副都总管，加广威将军。诏青宜可曰："卿统有部人，世为雄长，向风慕义，背伪归朝，愿效纯诚，恒输忠力，缅怀嘉瞩，式厚褒旌览卿进上所受伪牌，朝廷之驭诸蕃固无此例，欲使卿有以镇抚部族、增重观望，是以特加改命，赐金牌一、银牌二，到可祗承，服我新恩，永为藩卫。"曹普贤真授同知洮州事，纲迁拱卫直都指挥使，迁三阶，安抚，都大提举如故。以商州刺史乌古论兖州领、曹普贤押领、青宜可勾当。诏曰："完颜纲，初行时汝未知朝廷有青宜可之事，独言可以招抚，必获其用，既而果来效顺。今汝勿以青宜可兵势重大，卑屈失体，亦勿以蕃部而藐视之。"

宋、金、元、明时期的 18 族有狭义与广义之分，"狭义十八族"是指具体的 18 个部族，如《宋史》卷 326《田敏传》载："时后桥属羌数扰边，敏诛违命者十八族。"《元史》卷 7《世祖纪》载："至元九年春正月丁丑，敕皇子西平王奥鲁赤、阿鲁帖木儿、秃哥及南平王秃鲁所部与四川行省也速带儿部下，并忙古带等十八族、欲速公弄等吐蕃军，同征建都。"《明史》卷 311《四川土司》载：

> 成化二年，镇守太监阎礼奏："松、茂、迭、溪所辖白草坝等寨，番羌聚众五百人，越龙州境剽掠。白草番者，唐吐蕃赞普遗种，上、下凡十八寨。部曲素强，恃其险阻，往往剽夺为患"……至嘉靖四十四年，宣抚薛兆干与副使李蕃相仇讦，兆干率众围执蕃父子，殴杀之。抚按檄兵备金事赵教勘其事。兆干惧，与母陈氏及诸左右纠白草番众数千人，分据各关隘拒命，绝松潘饷道。胁金事王华，不从，屠其家。居民被焚掠者无算。是年春，与官军战，不利，求救于上、下十八族番蛮，皆不应。兆干率其家属奔至石坝，官军追及之，就擒。

很显然，这里提到的"上、下十八族番蛮"实际上就是指"上、下十八寨"的"白草番",而上述"田敏诛违命者十八族"也是这一性质的称谓,它们与广义的十八族有明显的区别。广义十八族是一个笼统的称呼,它来源于吐蕃六大姓氏之一的"董(Ldong)氏族姓"。

藏族在自述历史中有从猕猴到塞、木、冬、东四大氏族或塞、木、冬、东、扎、者六大氏族的传说,其中东(董)氏有十八个部族。有关董氏部族的记载最早出现在敦煌藏文文献中,据目前所能见到的敦煌文献来看,记载董氏部族的文献是 P. T. 1287。在此文献的第 4 段中讲到赤论赞征服了北方的森波杰后,占领了相当广阔的地域,并下令将森波杰所在的"岩波"改名为"彭域"。① 此文献接着讲到了赞普大宴群臣,席间琼保邦赛唱了一首歌,鼓吹自己的功勋,并说:"洛族和埃族被彭所压服,色族和琼族被彭所安置。"② 唱毕后,赞普希望洛、埃两族中的大臣能够出来应对,但是谁也没有出来。这时尚囊白乌苏正波经赞普要求也唱了一首歌。歌中赞美了对征服森波杰有功的娘氏和韦氏功臣以及雅隆部落的雄强,并说"洛族和埃族被彭所压服,董族和东族被彭所安置"③。而在另一段有关嫁到象雄的松赞干布妹妹的唱词中说:"哎!北方的牧区有一头野牦牛,它是一头种公牛,若要杀死北方的这头野牦牛,上谷脑里要有人大声喊呀,董和东乃是彭所征服,从下谷口摇旗招集者,钱曲河的夏和布,从中心地区投石者,雅隆的洛和埃……"

敦煌藏文文献还记载了公元 702 年冬,"赞普驻于墀寨,于'南木东兆木'(Nam LDong prom)地方……主持多思麻之冬季集会议盟会"④,而"LDong prom"南语意为"白董族"⑤。"南木东兆木"亦可译作"白南董"地。而董(LDong)及南董(Nam LDong),应为董族及南族、董族之称,且往往与木雅(即中国史籍之"党项羌")联系在一起,有"董木雅"(Dong Mengag)之说。法国汉学家石泰安说,南族也往往与董族联

---

① 王尧、陈践:《敦煌本吐蕃历史文书》誊写第 44 页、"附录 2"《影印原件》,民族出版社 1992 年版,第 1563 页。

② 同上书,第 1505 页。

③ 同上书,第 1573 页。

④ 王尧、陈践:《敦煌本吐蕃历史文书》誊写第 149 页、"附录 2"(影印原件),民族出版社 1992 年版,第 1553 页。

⑤ [法] P. A. 石泰安:《川甘青藏走廊古部落》,耿昇译,四川民族出版社 1992 年版,第48 页。

接在一起称 Nam－LDong。① 因此"多弥"似可还原为"LDong mi"，即董弥；mi 为一般藏缅语族称为人之意，也就是"董族人"之意。

从上述藏文文献可以看出，"董氏族姓"曾广泛分布在脱思麻地区。《安多政教史》载：

> 噶加措周在藏区噶、东、治三大姓氏之中属于"东氏"十八个大部落中之义察氏。当吐蕃可黎可足赞普向汉地（大唐）进军时，他被任命为将领，称为"义察将军"。他的后裔繁衍在黄河南北各地，后其在河北巴燕的一支，有兄弟三人迁来这个地区。他们曾在道帏地方的冬日山一带居住过一个时期，现在还有甘加官人家族住在那里。也有人说是尖扎官人的儿子玉杂军官的后裔繁衍在这个地区云。总而言之，后者这位官人曾在桑云居住过，有大、小三个妻子，小妻有三子，名帕乃、朝加和南木拉。帕乃的后裔繁衍成喀加部落，朝加的后裔繁衍成甘加，小者的后裔繁衍成南木拉部落（在今甘肃省甘南藏族自治州夏河县完尕滩乡——引者）。②

"东氏"也称"董氏"。《安多政教史》载：

> 玛科包底多等地，有上、下阿树，它们都属于董氏族姓。有这样的歌谣："三大山峰归董氏，董氏帽顶高耸乃由此。"它们权势甚大。白日也属于董氏。噶玛噶举派红帽系第三世却贝耶歇的弟子称为清静无为者南夸坚赞，没有抛弃肉身即空行逝去，彼师氏族也是董姓，他的家族住在安木屑。在多康地区，称为董氏十八棵大树者有阿树、糅合树、息树等。③

石泰安先生曾说：

---

① ［法］P. A. 石泰安：《川甘青藏走廊古部落》，耿昇译，四川民族出版社 1992 年版，第49 页。

② 智观巴·贡却乎丹巴饶吉：《安多政教史》，吴均、毛继祖、马世林等译，甘肃民族出版社 1982 年版，第 515 页。

③ 同上书，第 228、229 页。

我试图根据"十八"这个数字而来考定董族人的居地。黄河上游地区的某些集团也受到这一数位所约束;果洛人地区、霍尔人地区、岷州、洮州、嘉绒。传说和宗教都肯定了"十八"这个数字。①

汤开建先生认为:

"十八"在藏族中应该是一个表示"吉利"的数字。古藏族中经常使用,但不一定为十八之数。如文献中出现的吐蕃"十八部""十八寨""十八首领""十八谷"及"十八王国"等,均属此类。

以上述藏文资料尤其是敦煌藏文文献比勘宋、金、元、明时期的"西番十八族",则此十八族应当是藏文史籍中的"波曲董(Po - chugdog)——被称为木波董的十八个大部族"②在安多、多康(朵甘)等广大地区的分布。因此,宋、金、元、明时期汉文史籍中常常见到的"西番十八族",除个别为具体所指外,大多为泛指,而且主要指活动在阶、岷、洮、迭、宕一带十八族。《宋史》卷42《理宗二》端平三年(1236)二月载:"阶、岷、迭、宕、十八族降。"《昭忠录》传记类三《曹有闻传》载:"汪世显麾下回回、西夏、十八族之不归附者,敌甚畏之。"

由于十八族是一个笼统的称谓并广泛分布在西北地区,故南宋朝臣在提及十八族时,常常将其作为甘、青、川一带吐蕃的代名词。明人杨士奇等撰《历代名臣奏议》卷100《经国》之《监察御史吴昌裔论蜀变四事状》云:

曰臣蜀人也,每恨三十年间蜀有危证而远不得闻,闻亦不实。今臣冒当言责用敢痛哭流涕为陛下悉言之。议者皆曰蜀经三变:一败而失四堡者,董居谊之罪也;二败而弃五州者,郑损之罪也;三败而委三关者,桂如渊之罪也。彼三人者职为厉阶,固不胜诛矣!然前车已覆,后车不戒,徒知追咎于既往,不校变通于将来。绸缪之牖不密而

①　[法] P. A. 石泰安:《川甘青藏走廊古部落》,耿昇译,四川民族出版社1992年版,第27页。

②　同上。

田甫田，洒埽之户不除而营分表，北纳十三州之款，西结十八族之谋，家计不牢，外难已至。

元太宗六年（1235），蒙古军正式伐宋前制定了三道并入的战略：一渡河、洛以窥江、淮；一由唐（今河南唐河县）、邓（今河南邓州）以窥襄、汉；一托秦（今甘肃天水市）、巩（今甘肃陇西县）以窥四川。[①] 且蒙古军第一勇将速不台"将自木波界窥我西蜀"[②]。木波四族长结什角"其地北街洮州、积石军，东南与叠州（今甘肃迭部县）羌接"，"疆境八千里"，而与十八族地界相连。由此可知，蒙古军伐宋的战略之一正是假道秦、巩，经木波、十八族地界迂回包抄西蜀。南宋魏了翁撰《鹤山集》卷20《札子》之《论坏蜀四证及救蜀五策札子》载："臣尝推原其所以坏蜀之故，四境不治而交秦巩，三军不结而结十八族。"《鹤山集》卷83《墓志铭》之《程叔运墓志铭》云："今四川制置赵敏若帅兴元上釐忧十议，曰：议十八族，议结边豪，议守险隘，议城汉中……"《鹤山集》卷76《墓志铭》之《朝请大夫利州路提点刑狱主管冲佑观虞公墓志铭》载："公檄审官统制王仕信，以十八族之师捣巩。"《历代名臣奏议》卷338《御边》之《鸣复知福州乞严为广西之备上奏》曰："前此入蜀之兵本三十万，忽抽二十万入云南，见茂州所申，自曲纳族节节透入，已至渭节村、风节村，十八族多已投拜。若得此蛮，长驱而往则大理危矣。"

元太宗八年，阶州、岷州、迭州、宕州、吐蕃十八族降于蒙古汗国。元廷针对十八族主要活动在阶、岷、洮、迭、宕一带的实际情况，在脱思麻路设置了十八族元帅府。[③] 《元史》卷5《世祖二》载：至元元年（1264）秋七月，"以西番十八族部立安西州，行安抚司事"，归巩昌路便宜都总帅府管辖。安西州所在地距洮州不远，唐贞观十三年曾在此设安西

---

① （明）黄淮、杨士奇：《历代名臣奏议》卷339《论三边备御状》，上海古籍出版社1989年版。

② （宋）袁甫：《蒙斋集》卷6《是日上不视事缴进前奏事札子》，见影印文渊阁《四库全书》。

③ 《元史》卷91《百官七》。

府，属洮州，治所在今卓尼县城附近。① 至元五年，割安西州属脱思麻路总管府。至元七年，并洮州入安西州。《元史》卷7《世祖四》至元八年丁丑载："至元九年春正月丁丑，敕皇子西平王奥鲁赤、阿鲁帖木儿、秃哥及南平王秃鲁所部与四川行省也速带儿部下，并忙古带等十八族、欲速公弄等吐蕃军，同征建都。"

北宋时，岷州包家族已成为十八族的首领，如岷州哈鲁、厮纳、蕃城、凌珪四族即属吐蕃十八族，其首领分别为包诚之子包海、包明、包喜、包猛、包文。元朝末年，包完卜乩曾任西番十八族元帅，《明太祖实录》卷60洪武四年春正月葵卯载：

> 西番十八族元帅包完卜乩、七汪肖遣侄打蛮及各族都管哈只藏卜、前军民元帅府达鲁花赤坚敦肖等来朝，诏以包完卜乩为十八族千户所正千户、七汪肖为副千户，坚敦肖为岷州千户所副千户，哈只藏卜等为各族都管，各赐袭衣、靴袜。

洪武五年，"西番十八族千户包完卜乩等来朝贡马，诏赐文绮、衣服、靴鞰有差"②。继包完卜乩之后，包锁南也曾在明初任十八族千户所的酋帅。明姚士观等编校《明太祖文集》卷8《敕》之《谕曹国公李文忠西平侯沐英等敕》载：

> 敕符到日，云及诸将知会，毋得私己容留一人在于洮州地方，后为民患。彼中人户多养马匹，务要收拾干净，不可令人作弊。其十八族地方亦养马多，除端王旧管阙阙当差不科外，其余包锁南等一了不曾当差人民，见一户出马一匹，少有不从。

《明兴野记》洪武二年中也记载了一个十八族首领包锁南，其云："十二月，巩昌守御都督郭子兴，日以妓乐歌舞自娱，十八族土番院使包锁南率部下番族、首目所授元朝宣命印信牌面来降，子兴怒无金宝马匹，

---

① 《元和郡县志》卷39"临潭县"载："安西府，在县东四十里。周明帝武成元年，行军总管博陵公贺兰祥讨吐谷浑，筑此城以保西土，后因置博陵郡。隋又为县，属洮州。贞观十二年省入临潭，十三年于此置安西府。"

② 《明太祖实录》卷72洪武五年春正月壬寅。

俱令剥皮枭示。"此包锁南与上引《明太祖文集》中的包锁南很可能为同一人，果真如此，则《明兴野记》的记载有误。

《明太祖实录》卷 60 详细记载了洪武四年时河州卫所属 8 个千户所的名称，十八族千户所是其一。洪武六年，明廷复"置洮州、常阳、十八族等处千户所六，百户所九，各族都管十七，俱以故元旧官、鞑靼等为之"①。洪武十一年岷州设卫后，十八族军民千户所划归岷州卫统辖。1958 年，岷县政府在拆除县城东门城墙时发现一块洪武十四年的《岷州卫建城碑文》，其载：

> 洪武十一年秋八月，奉大明皇帝命，指挥马烨等官开设岷卫，统率马、步、左、右、前、后、中壮士万余……十二年夏，奉敕衔将阶州、汉阳、礼店、洮州、岷州、十八族番汉军民千户所，钱粮军马并听岷州卫节制。承制奉行，钦此！②

至今仍悬挂于岷县二郎山钟亭的二郎山铜钟，铸于洪武十六年，其铭文对于岷州卫十八族军民千户所有如下记载：

> 十八族军民千户所
> 武略将军副千户：包旺
> 昭信校尉百户：马珍、包木明肖、包辇占肖、包阿速、包答蛮、郎扎即、包扎秀、赏占密
> 忠显校尉所镇抚：陈坚、谈谷智
> 忠翊校尉都管：成那速、包□、包辇占、包速南党、成先宜、□速南党只……
> 吏目：谭□
> （说明："□"表示缺字或难以辨认，"……"表示丢失字数难以确认。）

---

① 《明太祖实录》卷 79 洪武六年二月。

② 此碑现存岷县博物馆，碑文载《岷县志》编纂委员会编《岷县志》，甘肃人民出版社 1995 年版，第 669 页。

又《岷州志》卷13《职官》载："包阿速，波岽国三叠人，任本卫指挥同知"，其孙包曾，五代孙包世英亦曾任岷州卫指挥同知。波岽国即吐蕃，三叠即上叠、中叠、下叠，均在今甘肃迭部一带，与上述青宜可等迭州吐蕃鲁黎族同为一处。此外，《岷州志》卷13《职官》"副千户"条下还有包思恭、包举、包天福；"百户"条下有包启龙；"贡士"条下有包秀、包兴；"恩袭"条下有包鬼儿、包海、包虎、包美等。

汤开建先生推断岷州包家族是从秦州近边的丁家族迁移而来，似"吐蕃化"的汉人，略有不妥。宋代吐蕃青唐族大体分布在秦州、渭州（今甘肃平凉市）一带，但不是"吐蕃化"的汉人。岷州包家族应当是董氏十八部族的后裔，其包完卜乩任十八族元帅府元帅，以及洪武年间岷州卫属下十八族军民千户所之千户与大部分百户均由包家族担任便是极好的证明。

元代"西番十八族"外，还有"岷州十八族"。《元史》卷91《百官七》中既有"十八族元帅府"，又有"岷州十八族周回捕盗官"，可见"西番十八族"因居住地域不同又可分为不同的分支，如元末明初，"西番十八族"便分化为"岷州十八族"与"洮州十八族"。《明史》卷330《西番二》载：

> 岷州十八族、洮州十八族之属，大者数千人，少者数百，西番之势益分，其力衰弱……由是，诸僧及诸卫土官辐辏京师。其他族种如西宁十三族、岷州十八族、洮州十八族之属，大者数千人，少者数百，亦许岁一奉贡。

岷州十八族明初归附后，先后成为河州卫、岷州卫属下的十八族军民千户所，其首领为包家族后裔，且世居岷州，而洮州十八族则屡屡成为明初朝廷"征徼"的对象，见诸史端的有：《明史》卷2《太祖本纪二》载："洪武十二年春正月甲申，洮州十八族番叛，命沐英移兵讨之。"《明史》卷330《西番二》载："洪武十二年，洮州十八族、番酋三副使等叛，据纳琳七站之地，命征西将军沐英等讨之，又命李文忠往筹军事。"《续文献通考》卷247《四裔考·西域》载："洪武十二年，洮州十八族、番酋三副使等叛，命将讨之。"《御批历代通鉴辑览》卷100载：

洮州十八族、番酋三副使等叛，据纳琳七站地。帝命英讨之，复命李文忠往筹军事。英至洮州旧城，寇遁去，追击，大破之，擒三副使等。筑城东笼山，置洮州卫，在洮州西。

这里值得一提的是，在许多论著中，往往将"番酋三副使"误解成为洮州十八族首领，如《明太祖实录》卷123 洪武十二年七月记载："洮州十八族、番首三副使臣舒朵儿、瘿嗉子、乌都儿及阿卜商等叛，据纳邻七站之地，命征西将军沐英移兵讨之。"实际上，"洮州十八族"与"番酋三副使"是两回事。"番酋三副使"是元朝的万户，称为"且沙克嘉三副使"，或称"且达尔嘉依""切实嘉""且实勒戬""且实勒结"等。《明史》卷132《谢成传》载："洪武十一年，（谢成）从沐英征朵甘，降切实嘉，平洮州十八族。"《甘肃通志》卷30 载："沐英……洪武十年以征西副将军从邓愈出塞渡黄河，略乌斯藏……十一年，拜征西将军，征西蕃，降元万户且沙克嘉三副使，平其部落，擒洮州十八族。"《明史纪事本末》卷10 载：

秋八月，西番洮州等处戎寇乱，命西平侯沐英为征西将军率都督蓝玉等统兵征之。首取朵甘，降其万户且达尔嘉依，平其部落，俘获无算。洮州十八族番鬼（酋）据纳琳七站之地，英进兵击之。

与蕃酋"且沙克嘉三副使"不同的是，洮州十八族蕃酋名曰"汪舒多尔济""鄂温都尔""舒朵儿""乌都儿"等，并不是包家族成员。明程本立撰《巽隐集》卷4《碑文》之《黔宁昭靖王庙碑》载：

（沐英）为征西将军，总京畿、河南、陕西、山西诸军征朵甘之地，降其伪万户且实勒结，夷其部落，平纳琳七站之地，擒洮州十八族蕃酋，曰汪舒多尔济、阿勒都尔，并其众二万，获马、牛、羊二十万。

《明文海》卷67《碑二》之《黔宁昭靖王庙碑》亦载：

（沐英）为征西将军，总京畿、河南、陕西、山西诸军，征朵甘之地，降其万户且实勒戳，夷其部落，平纳琳七站之地，擒洮州十八族番酋，曰汪舒多尔济、曰鄂温都尔，并其众二万，获马、牛、羊二十万。

在明朝军队的打击下，洮州十八族瓦解了。而包家族所在的岷州十八族军民千户所也在洪武末年变成了岷州卫属下的"中左千户所"。

四　"保安人"与"保安族"关系探讨

（一）问题的由来

保安族主要聚居在甘肃省临夏回族自治州积石山保安族东乡族撒拉族自治县大河家镇的大墩、梅坡、干河滩村，俗称"保安三庄"，是我国人口较少民族之一，据2010年统计，人口约1.4万。

关于保安族的形成由于缺乏历史记载，尚未形成统一的定论，1963年出版的《保安族简史简志合编》载：

> 关于保安族的形成大体有这样几种观点：1. 保安族来源于今东乡族自治县妥家沟信仰伊斯兰教的蒙古人；2. 保安族来源于新疆迁来的蒙古人中的一支；3. 保安族原是东乡杨妥家人，明朝初年去青海同仁一带经商，娶藏族女为妻，在当地安家立业，日后子孙繁衍，便成了今天的保安族；4. 保安族原是从四川保宁府（今四川阆中县）迁去的回族，或从陕西、甘肃河州大河家等地派去青海的营武（吃粮当兵）人；5. 保安族原是临夏大河家信仰伊斯兰教的"回回"，因长期到青海同仁县经商和戍守保安城，在同仁县保安城、下庄和尕沙一带落户。[①]

1984年出版的《保安族简史》谓：

> 关于保安族的来源，民间主要有两种传说，一种认为和蒙古人的

---

① 中国科学院民族研究所甘肃少数民族社会历史调查组：《保安族简史简志合编》，甘肃人民出版社1963年版。

早年活动有关；另一种认为和回民的活动有关。而群众中的多数则倾向于前一种看法。①

1986 年出版的《积石山保安族东乡族撒拉族自治县概况》称：

> 根据在保安族地区进行的民间调查访问，并与保安族干部座谈讨论，按本民族意愿，可以就此归纳为：保安族的族源是信仰伊斯兰教的色目人，后来与回、藏、汉、土（青海同仁土族）等民族长期交往，自然融合，形成了今日的保安族。②

上述说法虽然观点不一，但均将保安族的形成确定在明朝，有的甚至提前到元朝。笔者认为，在青海同仁"保安四寨"居住的伊斯兰迁居到甘肃积石山保安族东乡族撒拉族自治县大河家的"保安三庄"之前，保安族的先民仅仅是居住在青海同仁地区隆务河畔保安人中的一部分。明代至今隆务河畔的保安地区居住着藏族、蒙古族、土族、汉族以及清代迁徙出去的伊斯兰等众多民族，他们统统被称作"保安人"。在清代迁徙出去之前，伊斯兰是当地众多民族之一。清咸同年间，保安人中的伊斯兰陆续迁往甘肃积石山的大河家，最终形成了今日全民信仰伊斯兰教的保安族。所以"保安人"与"保安族"是两个性质不同的概念，前者是统称，后者是族称。作为中国 56 个民族之一的保安族，其形成的时间应当在清朝咸同年间以后，而不是明代。具体论述如下。

（二）"保安站"与"保安人"

1. 保安站与保安堡

（1）保安站

与保安族有关的"保安"一名最早记载是作为驿站名出现在明初洪武年间。《明太祖实录》卷 122 洪武十一年（1378）十一月丙申载："陕西土鲁干保安驿丞宗失加及剌哥、美吉站黑鞑靼叛，掠驿马而去。守御千

---

① 保安族简史编辑组：《保安族简史》，甘肃人民出版社 1984 年版。

② 积石山保安族东乡族撒拉族自治县概况编写组：《积石山保安族东乡族撒拉族自治县概况》，甘肃民族出版社 1986 年版。

户李德率兵追及，斩之。"土鲁干在何处？《明兴野记》载：

> （洪武三年六月），（邓）愈遣参政朱亮祖等领兵追袭镇西武靖王卜纳剌、院使马迷，行至乞台山，亮祖谓（俞）正曰："我以边兵至锐，负荷衣粮，如此沉重，安能远征，终不如腹裹士卒轻健。"此至土鲁干河……①

《明太祖实录》卷 139 洪武十四年九月壬戌载："命凉州卫遣兵屯金塔寺山口及土鲁干口"，可见土鲁干在凉州卫与西宁卫交界处。《明兴野记》又载：

> （洪武四年）二月，以西安卫指挥使司改为陕西都指挥使司。遣本司使濮英诣各卫及沿边卫所归并军士。是月，韦正遣人招抚山后好来、阿仁、剌哥、美吉、朵的、云都、亦思麻因等七站人民。并下缺军总旗仲与等七人，委监站掌印，以土官为副，共牧人民。以归德州土官王伦奴为千户，设西番、达达二百户所，具奏。上准设，给以诰敕。

这里的"好来、阿仁、剌哥、美吉、朵的、云都、亦思麻因等"山后七站应当为元代所设，属吐蕃等处宣慰司都元帅府管辖。按照元代习惯，这些驿站名大多为驿站首领的名字或部落名。《读史方舆纪要》卷 16《陕西九》"洮州卫"载："朵的河，卫西三百里。源出川撒儿朵的族，南流入洮河。"明朝建立后，"山后七站"亦称为纳邻七站。"纳邻"乃蒙古语，意为崎岖山路。纳邻七站意即沿崎岖山路设置的七个驿站。《明太祖实录》卷 122 洪武十二年二月丙寅载："征西将军沐英等兵至洮州故城，番寇三副使阿卜商、河汪顺、朵罗只等率众遁去，我军追击之，获积石州叛逃土官阿昌，七站土官失那等，斩之。"嘉靖《河州志》卷 1《地理志·七站》记载：

---

① 陈学霖：《史林漫识》附录（三）俞本《明兴野记》（《纪事录》），中国友谊出版社 2001 年版。

  归德州，州西鄙七百里，七站方至，即古归德州。洪武初年，征西将军沐英平纳邻七站……七站：三岔、讨来、边多、保安、清水，每站马八匹，军五名，具在积石关外，长宁、银川在关内。归德地方多水田，花果蔬禾、鸟兽鱼畜，不异中华。①

  《边政考》卷 1《边图》中亦标有保安、清水、讨来、三岔、长宁、银川等站名。《明太祖实录》卷 67 洪武四年七月乙未载："遣工部主事王伯彦往河州赐山后七驿世袭土官劳哥等文绮、银椀。"这与上引《明兴野记》所载大体吻合。"劳哥"即"剌哥"，乃剌哥站的驿丞，剌哥站即以剌哥命名。《明兴野记》洪武十一年载：

  六月，归德州西番、土人汝奴叛遁亦啒地方。宋国公冯胜遣人于韦正处索马，正不与，胜憾之，于上前谮曰："韦正不以国法为重，不善治西番，致有版。"敕遣中书舍人徐光祖赍御剖谕正，赦其死，降为归德州守御千户，以陕西都指挥叶升代镇河州……十一月，剌哥站土官剌哥率合族酋长，以牛、羊、马匹、羊毛至河州易粮。升见头畜无数，欲尽得之，诡文密奏西番侵河州。上允其奏，悉收诛之。升拘番货牛、羊、马匹，尽入私家，其余六站番民，闻之皆遁去，朵甘思、乌斯藏之路自此亦梗，不复通往来矣。②

  这条记载恰恰解释了《明太祖实录》卷 122 洪武十一年十一月丙申所载"陕西土鲁干保安驿丞宗失加及剌哥、美吉站黑鞑靼叛，掠驿马而去"的原因。

  《明太宗实录》卷 65 永乐五年（1407）三月丁卯载："川卜千户所、必里、朵甘、陇达王（三）卫、川藏等族，复置驿站，以通西域之使。令洮州、河州、西宁三卫，以官军马匹给之。"这说明明初在河州、洮州、西宁等卫所范围内曾先后设有多个驿站。所以《明兴野记》中山后七驿的站名有的被保留下来，有的可能被裁撤，如"好来"很可能是嘉

---

  ① 吴祯：《河州志》，甘肃图书馆藏。
  ② 陈学霖：《史林漫识》附录（三）俞本《明兴野记》（《纪事录》），中国友谊出版社 2001 年版。

靖《河州志》中的"讨来"，"云都"疑为嘉靖《河州志》中的"边多"，边多即边都。《循化志》卷4《堡寨工屯》载：

> 边都沟世袭土百户一员锁南，管理西乡七寨，户七百九十六户……此土司承袭最久，前明永乐年间奉有敕书一道，铜牌一面，象牙图记一颗：
>
> 奉天承运皇帝敕曰：俺汉人地面西边千里草地里，与俺每好生进么道。我父皇太祖高皇帝时，那汉每好意思，多曾到有。俺即了大位子，恁河州卫边多站头目赏思，故不忘俺父皇太祖高皇帝恩德，知天道，自来进贡，十分至诚。俺见恁这好意思，与了名分。中书舍人便将俺的言语敕里面写的仔细，教他回去做昭信校尉、河州卫边多站百户，世世子孙作勾当者。本族西番听管领著。若有不听管束的，将大法度治他。你兵曹，如敕毋怠。
>
> 永乐元年五月初五日

张雨《边政考》卷9《西羌族口》中亦有"边多族：男妇八千名口，纳马"的记载。有的在《明太祖实录》中尚有保留，如"剌哥、美吉"，但在嘉靖《河州志》中已不见踪影。明初洪武九年四月，朝廷曾"改驿传俗名二百三十二，如扬州驿曰广陵，镇江驿曰京口等。皆翰林订定"[①]。《明兴野记》中没有保留下来的站名，或许在这次更俗命中被改为汉式名称，或许被罢设后又重新设置。保安站究竟是从山后七驿中翻译过来的，还是明初新设，尚不得而知，但在洪武十一年时保安站却是无可争议地存在着。

明初驿站的规模如何，不一而定，就陕西而言，《明太祖实录》卷221洪武二十五年九月壬午载：

> 上以巩昌至甘肃马驿相去甚远，马乏而人易困。乃命兵部同右军都督府遣官相度，凡百二十里以上者，中增一驿。以秦、河二州所市马分给之。其驿夫则籍于有司附近者，于是自巩昌、凉州达于甘肃，增置延来等二十九驿，驿置马三十四。

---

① 谈迁：《国榷》卷6太祖洪武九年四月壬辰。

　　按照这一记载，从巩昌到河西走廊诸卫间的驿站的规模，每驿至少有军士近百名，这与《循化志》所载一个驿站即为一个百户正相吻合。而根据《明兴野记》的记载，山后七驿的管理方式为：委旗军七人，监站掌印，以土官为副，共牧人民。保安站亦应如此。明初少数民族驿站并不纳粮。《明英宗实录》卷 22 正统元年（1436）九月丁未载：

　　　　免西宁卫达民税粮。先是镇守西宁署都指挥佥事金玉奏："洪武、永乐中，达民止当马牛，站铺耕种自食。其后设立里甲，征收税粮，以致逃窜。今又选充土军操调。今年严霜早降，秋田无收，乞照旧例止当马牛，站铺免其税粮。"事下行在户部覆奏。从之。

（2）保安堡

　　明初保安站归河州卫管辖，是河州卫至归德守御千户所间的七个驿站之一。洪武四年，明廷为加强归德地区的防御，"指挥宁正拨官军二百名备御"[①]。洪武八年，明廷"置陕西归德守御千户所一，罕东等百户所五。以故元宣政院同知端竹星吉、万户玉伦、管卜答儿三人为千户"[②]。此玉伦即上引《明兴野记》中的"归德州土官王伦奴"。嘉靖《河州志》卷 2《祠祀》载："三清观，在州西南玉伦沟。"《边政考》卷 3《洮岷河图》以及嘉靖《河州志》卷 1《地理志》"屯寨"中有玉伦沟寨，属河州卫前千户所管辖。洪武十一年，"胡兵寇陕西归德之三岔口，河州右卫指挥徐景等率兵击败，歼之。得马牛羊以万数"[③]。十三年，修筑归德土城功竣。[④]"永乐四年，都指挥使刘钊（亦为刘昭——引者注，下同）奏调（河州卫）中左千户一所归德居住守备，仍隶河州卫，委指挥一员守备。"[⑤]《明武宗实录》卷 129 正德十年九月丁酉载："守备归德指挥同知朱澜乞加署职以便统属州、县兵。兵部议，军职非有功不授，且守备例不节制。有司得旨，升澜为署都指挥佥事。"

　　调往贵德居住守备的河州卫中左千户所辖有十个屯寨，其中四个屯寨

---

①　吴祯：《河州志》卷 1《地理志》，甘肃图书馆藏。

②　《明太祖实录》卷 96 洪武八年元月戊辰。

③　《明太祖实录》卷 125 洪武十一年五月庚子。

④　杨应琚：《西宁府新志》卷 18《武备·成兵》，青海人民出版社 1988 年版。

⑤　吴祯：《河州志》卷 1《地理志》，甘肃图书馆藏。

在保安站周边屯戍，遂称为"保安四屯"①，所谓"贵德守御共十屯，而保安有其四"②。它们是季（计）屯（藏语称年都乎，意为霹雳降魔）、吴屯（藏语称森格浔，意为狮子滩，因其地形像狮子，有上、下两个寨子）、脱屯（藏语称脱加或脱嘉，意为汉人住的房子或住在高处的汉人，也有说是指脱姓村庄）、李屯（后来分为上李屯与下李屯，上李屯，藏语称郭麻日，意为红色大门，寨东门系由红土筑成；下李屯，藏语称尕沙日，意为新修之渠）。周边藏族群众称"保安四屯"为"加册子玉"（意为汉四寨子）。③《边政考》卷3《洮岷河图》在河州卫与归德守御千户所之间标有"缺（脱）百户寨""杨百户寨""杜百户寨""孙百户寨""李百户寨""吴百户寨""周百户寨""计（季）百户寨""王百户寨""史家寨""居家寨"等，其中就包括中左千户所十屯寨中的部分百户所。

河州卫中左千户所调往归德居住守备是促成保安人形成的重大事件，但值得一提的是河州卫中左千户所调往归德居住守备的时间不应为永乐四年，应当在永乐九年，且永乐九年时刘昭的职务并不是镇守河州卫都指挥使，而是陕西都指挥同知。《明太宗实录》卷120永乐九年冬十月辛卯载：

> 镇守河州卫都指挥刘昭言："河州归德千户所去卫七百余里，东距川卜千户所，西距必里卫番族，南距朵土、川藏，北距黄河罕东卫界。旧于河州卫七所拨军二百守御。浮食寓居，不敷调遣。宜全调一所。选精锐二百守城，八百屯种及运，入番买马茶。"从之。

《明太宗实录》卷161永乐十三年二月丁亥载：

---

① 实际上在学者的调查中，关于"保安四寨"的认定并不一致。吴屯人认为自己不属于四寨子，四寨子应该是年都乎、郭麻日、尕沙日和脱家四村；理由是吴屯语言和以上四村不同；脱加人认为本村不属于四寨子，四寨子应该是吴屯、年都乎、郭麻日、尕沙日。

② 龚景翰：《循化志》，记载永乐四年以河州卫中左所调贵德守卫，"有十屯，保安有其四"，保安四屯，即吴、季、脱、李四屯，另六屯为：贵德有王、刘、周三屯，尖扎有康、杨、李三屯。

③ 参见芈一之《同仁土族考察报告——四寨子（五屯）的民族历史》，《青海民族研究》第2辑，1985年；《青海土族社会历史调查》，青海人民出版社1985年版。

升陕西都指挥同知刘昭等官。先是昭等七十七人奉使乌斯藏，还至灵藏莽站，遇番贼。昭等与战，败之，贼死伤甚众，遂奔北。至是，上嘉其功，以昭为陕西都指挥使，河州卫指挥同知朱蒂为本卫指挥使，洮州卫指挥佥事丁黻为本卫指挥同知，羽林前卫正千户吕敬，洮州卫正千户房旺各为本卫指挥佥事，其千户张健，百户旗军李雄等七十余人升授有差。

依《明太祖实录》所载，刘昭在永乐十三年才被擢升为陕西都指挥使一职，永乐九年仅为陕西都指挥同知。这与嘉靖《河州志》所载略有出入。

洪武八年设置的陕西归德守御千户所是一个以少数民族为首领的流官千户所，永乐九年河州卫中左千户所调拨归德后，中左千户所成为归德守御千户的一部分，实行"土流参治"。中左千户所为流官，如《边政考》卷3《洮岷河图》在记述河州卫官军与马匹时云："归德中左所二百四十八员名，见在……归德中左所（马）五十五匹，见在。"在记述归德守御千户所时亦云："官军二百四十八员名，马五十五匹。"可见，出现在同一段记载中的归德守御千户所与中左千户所虽然分列在各自名下，但在记述官军与马匹时，两者是一致的，即归德守御千户所中的官军就是指中左千户所，但归德守御千户所还管辖着土民，其土官事宜与中左千户所无涉。

归德守御千户所建立后，即与周边的藏族保持着密切的往来。《明英宗实录》卷88正统七年正月庚午载：

> 敕镇守陕西都督同知郑铭、右佥都御使王翱及陕司都、布、按三司：近得镇守河州都指挥刘永奏，往岁冬，阿尔官等六族番人三千余到营归德城下，声云交易，后却抄掠屯军，杀伤番民，毁其居室，夺其什器。其着亦哑族番人又累于暖泉亭处潜为寇盗。及张珤擒获二人，止责偿所盗马，纵之使去。朕惟张珤、脱让为守御官，刘永为镇守官，平日即不严饬提备，临期又复失误事机，在法皆当究问。今姑从宽贷，令戴罪理事。敕至，尔铭与翱即选才干官，同三司堂上官，躬谒番寨体勘是实。谕以利害，令还归所掠，许其自新。如更不悛，敢肆侵扰，量调附近官军剿捕之。

"保安四屯"何时在脱屯的基础上修建了保安堡，史载阙如。《循化志》卷2《城池》云："按城之建不知何时，闻其初乃脱屯之堡也。"1958年在拆除位于年都乎的保安城南门时，发现城门上方有砖刻一方，刻有"重建保安"四字，记时为"万历二年吉月（1574年7月）"，同时还发现载有筑墙时各负责人姓名的木牌，均书写汉式姓名。这一发现不仅验证了保安堡的确是在脱屯基础上修建的，而且也证明在万历二年前保安堡就已存在，万历二年乃重建。《明神宗实录》卷241万历十九年（1591）十月己未载：

> 兵部覆尚书郑雒、巡抚叶梦熊修内安边条议："一置将官。洮州当房冲要地，宜于临洮适中处设参将一员，景古城设守备一员，归德、保安站复添守备、防御二员。庶缓急有资，唇齿自固。一留班军。旧例临、河之卒往戍甘凉，今洮、河危急，视甘凉殆甚。合将临、兰、河、岷四卫共兵三千二百二十五名，议留本地戍守。"……上令如议，着实举行。

按照郑雒的奏议，明廷在归德、保安站复添设守备、防御二员，以加强这一地区的防御。《明神宗实录》卷306万历二十五年正月乙巳载：

> 巡抚陕西侍郎贾待问条上洮、河防御事宜："……一议改将领。谓归德孤悬，将轻兵寡，欲改守备为游击以重事权，增募兵马以壮声势。一议复将衔。谓洮州原设副总兵，统制阶州参将及文县、旧洮、岷州、西固四守备，后改协守为参将，与阶、文将官颉颃，威令不行，欲仍改协守以资弹压。"部覆如议，惟归德改将增兵一事自万历十九年建议已经停寝。今复议改增设募，宜行该镇督、抚、熟计长便。后督抚复言改设增募事，不可已，从之。

《明神宗实录》卷345万历二十八年三月庚申载："升兰州卫指挥佥事周禄为守备，以都指挥体统行事，管归德堡游击事。"今青海同仁县年都乎古城保存着一通明代万历二十八年八月立的残碑。[1] 该碑是为纪念

---

① 该碑只留有万历"……八年八月朔日立"，据青海民族大学芈一之、席元林麟、宋挺生等专家考证，推断为万历二十八年，该碑现藏于青海同仁县年都乎寺。

"保安四屯"屯首王廷仪在驻防保安堡期间抚番有功而立。故也称《王廷仪碑》。该碑虽然年久代远,风雨剥蚀,字迹漫漶,但仍有极高的史料价值,其残文如下:

陇西郡属河州卫境外,保安建堡设官增兵饷,得彼人王廷仪抚番立功授官实迹,特以碑志拜祭云:

盖闻西域之土羌戎之地,乃唐世以来开创,故得恢复中夏,而遂遐庆矣。自我太祖高皇帝龙飞,遣卫国公谥宁河武顺王邓公征昆仑,以达河海。抚夷以边马,忠靡□不贡□□□服。以是□□豢养之恩,而番族从兹孚信者何可胜计也。

夫保安者为三秦之咽喉,挟九边之鼎峙,□地东□边多□□,西接讨来、归德,南邻捏工、莽剌,北抵果木黄河。然而番部□□□□□□□□□杰恣无时□□,以故是地无官守防,无军所恃。如彼中廷仪,向为屯首,即心怀赤忠,汉番皆并推誉。以是倡议率众,并咨各部院道,筑堡曰保安,设官曰防御,并于计、吴、脱、李四寨选士五百名,均之以月饷。河营协防兵一百名,加之以口粮。在斯地比昔称虽更□□往时有加焉。继而招中愆期,荷参台李公以廷仪抚番□□,创始□□□□□□蒙协守河州副总兵周公□□□□□□委之以该堡中军,则钤制汉番,而地方颇为得人。至如□□逼临虎穴,无资战守,遂捐集□□□□□□□颂戴如此。在廷仪恩□驭之于番,□□□□□□功之不可尽述,劳之不可尽泯。□□□□□□□廷仪高士愿隐逸不复所出,□番□□□□□俱接踵而至,再三恳求,欲为廷仪□□□□□□□其地,向时廷仪勤于王事,□□□□□□来求,虽不能文,传以述其往迹,以示□□□□其功耶。故立石纂记云。

钦差总督陕三边军务兵部左侍郎叶
钦差巡抚陕西都察院兼左副都御史贾
钦差巡按陕西川湖等处监察御史李
钦差整饬临巩兵备道兼陕西按察使刘
钦差协守陕西临河等处地方副总兵周
钦依保安筑堡防御兰州卫指挥佥事张继武
钦依保安堡防御守备兰州卫指挥佥事夏光裕

钦依保安堡防御守备河州卫指挥佥事脱九勒镌

河州副将营把总河州卫实授百户晚生何尚德顿首拜撰

本堡临造刊篆

粮房　薛英　邵希□　王天裕

督工防军　宋祥

总小旗　刘□□　马□□　马□□　□□□　□□□　郭玘关
□□

□□□刘□□　何七巴　张大牙　俞　棠　刘□□　马□□
马□□

□□□　□□□□□　□□□　　张且把

上李寨总旗　马　束　李章他　李　棠　李□□

南土木匠　巴不如牙

石匠　马巴落　马六禾

铁匠　吴屯　王□加保　李屯　□□□

（万历二十）八年八月朔日立石　画匠　梁大智

在《王廷仪碑》中出现有"钦依保安筑堡防御兰州卫指挥佥事张继武；钦依保安堡防御守备兰州卫指挥佥事夏光裕；钦依保安堡防御守备河州卫指挥佥事脱九"的署名，这恰恰印证了《明神宗实录》的记载。《明神宗实录》万历三十六年四月癸酉载："录陕西竹巴、朵川等处地方三十年九月获功，千总夏光裕等死事，中伤军丁苏官等各升赏、优恤有差。"这些均可证明在万历十九年后，明廷为加强归德保安地区的防御，的确在保安地区添设了防御、守备二职官。又《明神宗实录》卷242万历十九年十一月庚辰载："经略尚书郑雒题称：'甘肃为清海门户，归德为两川咽喉，而归德宜添设守备防守。'部覆，上着督抚官勘议奏。"《明神宗实录》卷407万历三十三年三月乙未载："准陕西总督李汶奏标下把总王彪升起台守备。"《明神宗实录》万历三十三年还有一条记载也与此有关，其云：

先是，陕西河州境外属番挫哈、郎家二族构衅仇杀，因而率众截路，抢夺公差。保安堡防御夏光裕差通官王迁（廷）仪，归德守备宋希尧差千总史载功讲喻，不伏。声言抢掠河州。参将姚德明匿不以报。及希尧被告缘事该道右布政荆州俊，议委指挥李朝栋署管载功同千总马助国、中军张燧领兵迎接，路经挫哈，各番邀载功讲事，且肆阴载，因而互相射打，射死中军张燧，及杀伤官军，掳去军马、器械颇众。继而德明调兵议剿，各番乃悔罪认罚，献首恶板麻束等三名，并送还原掳军马、器械等物。督抚李汶等前后疏闻，下兵部复议，州俊、德明姑免究，希尧、载功、助国、光裕及该管通官毕希进通行提问。板麻束等审实处决，游示番巢。杀伤官军张燧等，勘复议恤。诏从之。①

上述两条记载在多方面与《王廷仪碑》吻合，并进一步补正了王廷仪的身份，即四寨子的屯首、通官王廷仪，而不是中军。《王廷仪碑》虽残破漫漶，但仍可窥见一些史实：（1）由于保安地处关外极边之地，明廷对其管理至少在明中期以后已是鞭长莫及，所谓"无官守防，无军所恃"，此语虽有所夸张，但也反映了基本事实。（2）明廷在保安地区添设防御、守备二职官以及王廷仪承袭屯首后，"保安四屯"的建设出现了新气象。首先，重建和扩建了保安堡，设置了新的驻防机构，"筑堡曰保安，设官曰防御"；其次，整顿了四屯军队，"于计、吴、脱、李四寨选士五百名，均之以月饷"；最后，增加了兵饷，"河营协防兵一百名，加之以口粮"。（3）为修筑保安堡，王廷仪"以是倡议率众并咨各部院道"，最终获得朝廷的批准，这表明在郑雒、叶梦熊等人的建议下，经过王廷仪的努力，明朝对于保安堡的管理得以恢复，保安堡与朝廷的联系也日趋紧密。万历三十三年，受保安堡防御夏光裕差遣，王廷仪以通事身份前往挫哈、郎家二族讲喻。（4）保安堡的民族成分较多，除汉族外，还有番族。王廷仪就曾受"汉番皆并推誉"的。这里的番不仅指周边的藏族，而且也包括保安堡内的土族与伊斯兰等。（5）"保安堡"是明初为屯戍军士修建的城堡，它与"保安站"并存。

明朝中后期，尤其是嘉靖朝以来西海蒙古屡屡犯境，《国榷》卷75神宗万历十六年六月丁亥载："顺义王奢力克为西虏火落赤所购，以三千骑渡河，至临洮。声欲东寇保安、撒拉，西犯洮、岷、松、茂诸边。遂屯莽剌、涅工二川。"为此，明廷多次向保安加派官员兵士，万历二年，在

_____

① 《明神宗实录》卷416万历三十三年十二月甲寅。

铁城山北麓易地扩建保安城堡，"内设守备，专司操守，不兼屯政"，仍隶属河州卫，万历十九年十月，兵部尚书郑雒和巡抚叶梦熊在"修内安边条议"中提出："一置将官……贵德、保安站复添守备、防御两员，应防御有资而唇齿自固也。"① 在这一记载中保安站依然存在，然万历年间续修的《大明会典》中保安站已不存在。《大明会典》卷146《驿传二·水马驿下》"天下见设水马驿"载河州驿站有："长宁驿、凤林驿、银川驿、和政驿、定羌驿"，唯独不见保安驿，不知是漏记了，还是万历末年已裁革。扩建后的保安堡遗址在今青海省黄南藏族自治州同仁县隆务镇以北约7.5公里处。

2. "保安人"

保安人是由"保安站"及"保安四屯"为核心发展而来的。根据前引《明太祖实录》卷122洪武十一年十一月丙申条所载，以及《明兴野记》的记载表明，明初保安站一带除土番外，还居住有黑鞑靼等部。土番自唐朝安史之乱后就已大量居住在此地，黑鞑靼应当是元代以来驻守在此地的蒙古军后裔，张雨《边政考》卷9《西羌族口》载嘉靖年间河州46族中有"黑达子族，男妇一千名口，纳马"。黑达子族即今天同仁县隆务镇的黄乃亥部，黄乃亥意为黑蒙古。今日黄乃亥部已全部藏化。前引洪武十一年的保安驿丞宗失加，从名字推断是蒙古人的可能性较大，如《明史》卷330《西域二》"西番诸卫"的安定卫中有撒儿只失加，曲先卫中有且旺失加，均为蒙古贵族后裔，而藏族中并无此类名字。《明太祖实录》卷122洪武十二年二月丙寅有"获积石州叛逃土官阿昌，七站土官失那等斩之"的记载，但此阿昌在《明太祖实录》卷160洪武十七年三月戊戌中为阿里。从行文看，阿昌的可能性较大，阿昌、失那很可能也是蒙古人。至于山后七驿中的"亦思麻因"站，有较大可能是以伊斯兰人名命名的，但不排除是蒙古人的可能。明代蒙古人中也有叫亦思马因的。《明史》卷14《宪宗本纪》载："成化十六年春正月……保国公朱永为平虏将军，充总兵官，王越提督军务，汪直监军，御亦思马因。"《明孝宗实录》卷52弘治四年（1491）六月已丑载：

① 青海民族学院民族研究所编：《明实录青海民族史料摘抄》，青海民族学院民族研究所，1981年。

镇守宁夏总兵官都督佥事周玺卒。玺字廷玉，直隶迁安县人。初袭世职开平卫指挥使，从征北虏有功，升都指挥佥事，管五军营右掖。寻充左参郎，分守阳和。以威宁海子功进同知，转大同副总兵，再进署都指挥佥事。虏酋亦思马因入寇，玺御之，臂中流矢，督战益力。贼退，实授都督佥事，充总兵官，镇守代州兼督雁门三关。移镇陕西未几，佩征西将军印，充总兵官，镇守宁夏。以疾卒，赐祭葬如例。

《读史方舆纪要》卷45《山西七》"外夷附考"载：

十一年，加思兰攻满鲁都，并孛罗忽之众，满鲁都部酋脱罗干、亦思马因复攻杀。加思兰，亦思马因自称太师。十六年，督臣王越袭败套寇于威宁海子，自是而屡犯延、绥，大同已东，迄无宁岁。时满鲁都衰弱，入寇者复称小王子，或称把秃猛可王，即故小王子，复与亦思马因相攻。二十三年，亦思马因死。

此处的"亦思马因"均为蒙古人，因此"亦思马因"站中的亦思马因，究竟是伊斯兰还是蒙古人，尚无法断定，但有一点可以肯定，"亦思马因"站与保安站无关，盖前述保安站是与"纳邻七站"同时出现的。

明初"保安四屯"中的戍边将士同样是"保安人"的重要组成部分，甚至是"保安人"最初的核心部分。在现代学者的调查中，脱屯和李屯的老人都说自己祖先是"霍尔"①。在萨迦班智达《致蕃人书》、藏族历史文献《王统世系明鉴》《西藏王臣记》以及《安多政教史》等众多藏文史籍中"霍尔"是吐蕃人对元代蒙古人的称呼，而对于明正德年间入居青海的蒙古人则称为"苏乎"。脱屯人还说他们的祖先是成吉思汗手下多尔达拉汗四军团中多尔美赤裤勇猛者的后裔，曾经出征吐蕃。这里的多

---

① 据李克郁教授研究，在吐蕃人眼里，霍尔是元代镇守甘青地区的蒙古人，而明正德年间入居青海的蒙古人被称为"苏乎"。另有青海学者考证认为，蒙、藏两种文字中的"霍尔"均通"回纥"，指今维吾尔族先民。

尔达拉汗也被称为"道尔达答剌罕"。① 如果这一口传历史的确存在的话，那么这支蒙古军队在出征吐蕃后便驻扎在河州，所以《元史》卷34《文宗三》至顺元年（1330）有"朵思麻蒙古民饥，赈粮一月……命陕西行省赈河州蒙古屯田卫士粮两月"的记载。明初这支蒙古军队被编为河州卫中左千户所，永乐九年调往归德。《秦边纪略》卷1《河州卫》记载：

> 卫，今设副戎一。又起台堡、保安堡、归德堡守备三。土人或云：其先世夷人，居中土已久，服食男女与中国无别，且久与汉人连姻，与汉人言则操汉音，又能通羌夷语，其实心为汉，非羌夷所可及云……保安堡守备一员，马步兵一百二十八名。其地产金、褐子、氆氇。堡皆土人。据捏工川一百五十里。今其兵皆土人，无一汉人者，饷则众共分之，粮即所应输者抵之。

《秦边纪略》成书于康熙年间，此时保安一带的土人称先世为"夷人"，即蒙古人。这是关于"保安站族"源于蒙古人的最早记载。新中国成立后民族识别时保安族老人们说：保安人中有的根子是早年从循化东乡杨、妥家一带迁到保安地区的蒙古军人，有的是早年从新疆口外迁来的蒙古人，② 两者都证明保安人具有明显的蒙古族族源。

但"保安四屯"的民族构成相当复杂。《循化志》卷4《族寨工屯》"保安四屯"中对于吴屯的记载是："屯兵之初，皆自内地发往，非番人也，故今有曰吴屯者，其先盖江南人也，余亦有河州人，历年既久，衣服、言语渐染夷风，其人自认为土人，而官亦目为之番民矣。"③ 这段记载表明，"保安四屯"中有从江南来的移民，如吴屯；有蒙古人，或许还

---

① "答剌罕"是突厥、蒙古两族长期沿用的官号。最早为柔然人使用，唐代突厥称"达干"（darqan），是"专统兵马事"的武职官号，东、西突厥和回鹘都曾使用，不过到高昌回鹘时代，这个官号成为世袭的空衔。1206年蒙古立国，成吉思汗对于共同创业的功臣，授予万户、千户等有实职的官号，而对成吉思汗本人或他的儿子有救命之恩的人，则更授予答剌罕之号，答剌罕在蒙元时代是世袭封号。

② 中国科学院民研所甘肃民族社会历史调查组编：《保安族调查资料汇编》，1963年版，第1页。

③ 龚景翰：《循化志》卷4《族寨工屯》，甘肃省图书馆藏。

有回鹘人，如脱屯中的脱姓之人；① 也有从河州调拨过去的官兵，至于这些官兵的民族成分如何，《循化志》云"非番人也"，"其人自认为土人"，而官方则视这些土人为番民，这恰恰与《边政考》将"保安站族"列为河州番族极为吻合。迄今为止，还没有确切的史料可以证明，明初"保安四屯"中有伊斯兰。"保安人"中的伊斯兰除了一小部分有可能来源于"亦思麻因"站外，大多是随着"保安堡"的建成以及茶马贸易兴旺后迁居而来的。根据对今同仁地区群众的调查，该地区的藏族先民一开春就撒下种子，之后便继续进行放牧，直到八九月再回来收割粮食。土族、回回人陆续迁来后，替藏族管理庄稼，开垦这一地区。② 20 世纪 60 年代有关专家调查保安族来源时，土族阿爷色楞姆才郎讲述了保安下庄早年迁入民的情况，他说除了调的兵外，"与我们青海官厅三川巴（人）只隔一条黄河的大河家人，在我们（土族）定居此地之后，才逐渐由大河家迁居到这一带的。他们初次来也是行商，都是回回，但他们不认为自己是回民，所以藏族人把他们叫'锁乎家'，不叫回回。他们和我们（土族）先民就隔一条巷道，后来来的回回就多了，形成了'四方头'马家，藏话叫'德郎马家'，意为'四个马姓家族'，讲的话和我们保安土话差不多"。据保安族的一些老人回忆，当年在同仁四寨子共有九个"马家"，其中四个"马家"（保安语称"得让马吉"，原住脱家）迁到今甘肃省临夏回族自治州积石山保安族撒拉族东乡族自治县大河家镇甘河滩村；两个"马家"（保安语称"挂日马吉"，原住尕沙日）迁到今大河家镇的大墩村。另外三个"马家"，一个留在年都乎，一个留在郭麻日，还有一个据说在吴屯。

现代学者针对"保安站族"来源进行的大规模实地调查共有两次，第一次在 1958—1961 年，主要有青海黄南少数民族社会历史调查组所进行的社会调查；甘肃少数民族社会历史调查组临夏第一分组所进行的社会调查。由于这些调查主要是针对保安族早期的历史而进行的，因此对于"保安站族"的历史并没有展开过细的调查，只是在对年都乎等地的历史调查中涉及一些问题，归纳起来可以有这样几点：（1）四寨子居民对于

---

① 这里的脱姓很可能是从脱脱等蒙古人名改为姓氏的。《国榷》卷 31 代宗景泰四年四月乙未载："前军都督金事脱孛罗赐姓名脱顺。"《国榷》卷 32 英宗天顺元年二月甲寅载："脱脱孛罗为都督同知，赐姓名和勇。"

② 菅志翔、马艾：《四寨子的族群演变———项族群社会学的历史研究》，《青海民族研究》2006 年第 2 期。

自己的历史大多只能追溯到 500 年前，即明末清初。他们对于万历年间修筑保安城一事有较详细的记忆，再往前则集体失忆。（2）早年的四寨子是一个多民族的群体，有土、汉、回、藏等各民族，他们大多来自周边，也有说来自四川、陕西、山西、北京的。（3）当地土族群众对于自己的来历很具体，如吴屯人大部分自称来自内地，其中有说来自四川保宁府的；又如年都乎土族有说来自互助的，来自民和三川的，来自东方"尖卜落"的，来自东方"卡陇"的，但久远一点的历史又很模糊，如吴屯人对于《循化志》所说来自江南一事，很少有人知道；对于自己的祖先是蒙古人的说法，大多数并不了解，尤其是伊斯兰最不认可，一些人连蒙古人来此地的传说都没有听说过。①

　　针对"保安站族"来源所进行的第二次大规模实地调查大体在 20 世纪 80 年代，主要由青海学者芈一之等主持，其调查报告《同仁土族考察报告——四寨子（五屯）的民族历史》发表在《青海民族研究》第 2 辑（1985）。该调查报告对于同仁土族的历史分"从史籍查阅""从《王廷仪碑》看""从口碑材料看"三方面进行了探讨。在列举了口碑材料后，芈先生说：

　　　　综合上述材料，可以归纳为：①来自互助或者民和三川，但人数不是太多，有八个家庭。②来自东方，即来自内地，来此守边的。此与文献记载可相印证，而且是过去传说的"六月会"上的训词内容之一。对此，不应忽视。③来自蒙古。这种说法中矛盾较多，且非本族人士所说。但也应注意参考。④根子在霍尔。至于霍尔系指何族，尚须进一步研究。⑤至于与蒙古人打过仗，可能系明代明军与蒙古人作战之事。

对照两次实地调查的结果以及文献记载可以发现，"保安站族"来源于蒙古或霍尔的说法在清代初年出现，新中国成立初期的四寨子人已模糊不清或干脆记不得了，但在第二次调查中又集中出现了。在 20 世纪 80 年代

---

　　① 参见马克文、蔡湘 1959 年调查整理《青海省同仁县年都乎等地区的历史调查材料》《青海省同仁县年保安地区的历史调查材料》，载《裕固族、东乡族、保安族社会历史调查》，甘肃民族出版社 1987 年版；另青海黄南少数民族社会历史调查组调查整理的调查报告，现存黄南州委档案室 1958 年 6 月州委统战部案卷，文书处理号 8，第 29—47 页。

后，这一观点又得到进一步发展，说季屯与李屯的人们都自称祖先是霍尔；李屯人说泽库县霍尔瓦加保存着他们的历史，季屯人还说他们是蒙古成吉思汗御下多尔达拉汗四军团中霍尔美赤库勇猛者的后裔。季屯与李屯人都不崇信格萨尔。

造成这一现象的原因很多，一方面可能与第一次实地调查不够深入有关，另一方面新中国成立以来关于土族族源为蒙古人的观点，或多或少影响到同仁四寨子土族。但无论是文献记载还是口碑述解，明代"保安站族"的族源中有蒙古人，有汉族人，有后来成为保安族的伊斯兰，有周边藏族，这已是不争的事实。

综上可知，明代"保安人"是一个复合词，它是以"保安站"和"保安四屯"为核心形成的一个群体，并非指一个民族。张雨《边政考》卷2《河州番》载："保安站族，男妇一千名口，纳马。"之所以称"保安站族"，意即围绕保安站而形成的各族。"保安站族"中虽然有伊斯兰，但此时的伊斯兰还不能称为"保安族"。作为"保安族"的先民，他们此时只是"保安站族"中的一部分。实际上，不仅"保安人"的民族成分极其复杂，"保安四屯"所在的中左千户所亦是一个多民族的群体。《明宣宗实录》卷23宣德元年十二月乙亥载："陕西河州卫千户长吉帖木等来朝贡马。"① 嘉靖《河州志》卷2《人物志·国朝武功》进一步说："长福，河州西乡木叶里人，父长吉贴木，天顺年间，任本卫中左千户副千户……屡因军功，历升陕西都司都指挥佥事。"② 其家族成员有：长夕虎，嘉靖年间被朝廷封为"镇国将军"，协守凉州副总兵；长略，夕虎子，万历八年以"世袭指挥同知"，任贵德所分守游击。③ 从长吉贴木的名字推断，长氏家族应当是元代蒙古族或回鹘等少数民族后裔，如今长氏家族均已汉化，成为当地的汉族。

（三）保安族先民的迁徙和保安族的最终形成

保安族先民的迁徙具有重大意义，保安族先民经过迁徙最终形成了一

---

① 《明宣宗实录》卷23宣德元年十二月乙亥。

② 吴祯：《河州志》卷2《人物志·国朝武功》，甘肃省图书馆藏。

③ 见《大明诰封镇国将军协守凉州副总兵长公神道碑》，此碑至今尤存于临夏回族自治州积石山保安族东乡族撒拉族自治县徐家崖乡五十里铺村长家坟社长家后人家中；另《甘肃全省新通志》卷43《职官志》中亦有关于长略的记载。

个崭新的民族——保安族，而留居在同仁地区的"保安人"新中国成立后分别被认定为土族、藏族，但他们仍称自己为"保安人"。

对于"保安人"中伊斯兰的迁出时间，学界有同治三年、十三年等说法，也有咸丰年间的说法。《甘肃全省新通志》卷60《民族志》载："同治三年，循化厅属街子等上四工撒拉与城内寄居之保安逆回，潜行勾结，袭扑厅城。"如果《甘肃全省新通志》记载无误的话，则同治三年保安族先民已迁到了循化撒拉族居住的地区。他们在循化停留了三年又迁徙到大河家地区。初到大河家地区，"这里是一片荒芜景象，人口不多，又主要是汉族居民"①，于是很快迁到了今积石山小关乡一带，不过发现这里条件不好，而大河家距离积石关近，便于动乱时出关逃往青海，于是又迁回了大河家，并居住至今。大河家地区的甘梅、高赵家、大墩成为新的"保安三庄"。

迁居到积石隆务河畔的保安族先民仍以"保安人"自称，但由于他们共同信仰伊斯兰教，又有着共同的语言，久而久之，便被周边各民族称为保安回。他们也由保安人逐渐演变为保安族。所以，保安族的出现只能在清同治年以后。那种把保安族先民与保安族混同在一起的说法是不严谨的。

五　高昌回鹘与河州

（一）问题的由来

有关高昌回鹘的研究历来受到重视，特别是20世纪80年代以来，研究高昌回鹘的论著多达数十篇，如程溯洛《高昌回鹘亦都护谱系考》②、罗贤佑《元代畏兀儿亦都护谱系及其地位变迁》③、贾丛江《元代畏兀儿迁居永昌事辑》④、苏北海《伊斯兰教传入吐鲁番盆地考》⑤、陈国光《伊

---

① 马文渊：《保安族的迁徙》，《甘肃文史资料选辑》49辑（中国保安族），甘肃人民出版社1999年版，第16页。

② 程溯洛：《高昌回鹘亦都护谱系考》，《西北史地》1983年第4期。

③ 罗贤佑：《元代畏兀儿亦都护谱系及其地位变迁》，《民族研究》1997年第2期。

④ 贾丛江：《元代畏兀儿迁居永昌事辑》，《西域研究》2002年第4期。

⑤ 苏北海：《伊斯兰教传入吐鲁番盆地考》，《世界宗教研究》1994年第1期。

斯兰教在吐鲁番地区的传播（10—15 世纪）》①、田卫疆《试析高昌回鹘内部的三次宗教传入及其后果》②《高昌回鹘史研究刍议》③、王红梅和杨富学《元代畏兀儿的界定及其文化区域》④、尚衍斌《试论元朝中央政府对畏兀儿地区的统治》⑤、田卫疆石羊与明星《回鹘与吐蕃的文化联系述论》⑥ 等。但是，以笔者管见，几乎所有研究高昌回鹘的论著均未涉及一部分高昌回鹘迁徙、落居于河州（今甘肃省临夏回族自治州）的史实。这是一部鲜为人知的历史，在高昌回鹘的历史长河中，它虽然是一段不受关注的插曲，但对于元代以降的河州，这一史实却有着非常重要和特殊的意义。因此，对于一部分高昌回鹘迁徙、落居于河州的研究，不仅是对高昌回鹘史研究的拾遗补缺，更重要的是它确切记载了大批东迁至河州的西域民族，而这些西域民族的出现为解决河州民族史上一些悬而未决的存疑提供了新的史料和视角。

（二）高昌回鹘等西域民族落居河州

唐末开成五年（840）前后，以漠北鄂尔浑河流域为中心的回鹘汗国，因天灾、内部矛盾激化以及受黠戛斯进攻而告崩溃。大批回鹘西迁，其中部分西迁回鹘与天山以北原有的铁勒部落分别以高昌（今新疆吐鲁番）、别失八里（今新疆吉木萨尔）为都城，建立起高昌回鹘政权。⑦ 1209 年，成吉思汗西征，高昌回鹘亦都护巴尔术阿而忒的斤杀西辽监国投降蒙古。成吉思汗为表彰高昌回鹘的义举，将这一地域称为畏吾儿地面，将高昌回鹘居民称为畏吾儿，将巴尔术阿而忒的斤收为自己的第五个

---

① 陈国光：《伊斯兰教在吐鲁番地区的传播（10—15 世纪）》，《西域研究》2002 年第 3 期。

② 田卫疆：《高昌回鹘史研究刍议》，《新疆师范大学学报》（社会科学版）2001 年第 4 期。

③ 田卫疆：《试析高昌回鹘内部的三次宗教传入及其后果》，《西北民族研究》2003 年第 1 期。

④ 王红梅、杨富学：《元代畏兀儿的界定及其文化区域》，《青海民族学院学报》（哲学社会科学版）2006 年第 1 期。

⑤ 尚衍斌：《试论元朝中央政府对畏兀儿地区的统治》，《中国边疆史地研究》2001 年第 3 期。

⑥ 石羊、明星：《回鹘与吐蕃的文化联系述论》，《西北民族学院学报》（社会科学版）1994 年第 3 期。

⑦ 《宋史》卷 490《外国传六》。

儿子，约为兄弟，并将女儿阿勒屯许配给他。① "自是，有一材一艺者，毕效于朝。"②

　　高昌回鹘归降蒙古后，一直忠实于蒙古皇室，历代亦都护均尚蒙元皇室公主为妻，享有王爵。高昌回鹘曾多次深入甘、青、川一带，如巴尔术阿而忒的斤的后代，亦都护马木剌的斤就曾率蒙古探马赤军万人，随蒙哥汗围南宋合州（今四川合川东）。元世祖至元三年（1266），忽必烈命马木剌的斤之子火赤哈儿嗣位亦都护。至元十二年，盘踞西域的蒙古亲王海都、笃哇等为与忽必烈争夺西域的统治权，以十万之众围困高昌回鹘达半年之久，逼迫亲蒙古王室的高昌回鹘降附。亦都护火赤哈儿虽不为所动，但最终还是将女儿也赤迷失别"引绳坠诸城下而与之"，方获解围。亦都护火赤哈儿的义举受到忽必烈的嘉奖，"赐以重赏，妻以公主"，但高昌回鹘的政治中心也不得不暂移哈密力（今新疆哈密）。③ 后笃哇等蒙古诸王卷土重来，"北方军猝至，（火赤哈儿）大战力尽，遂死之"④。据日本学者安部健夫先生考证，这一年为元世祖至元二十二年（1285），但贾丛江先生考证，这一年应为至元二十三年。⑤

　　火赤哈儿死后，长子雪雪的斤嗣为亦都护，⑥ 并相继担任"驸马都

---

　　① 《元朝秘史》卷10，第238节。另《亦都护高昌王世勋碑》及《元史》卷122《巴尔术阿而忒的斤传》称此女为"公主也立安敦"。[波斯] 志费尼《世界征服者史》上册第50页载："因成吉思汗之死，此女没有嫁成。"成吉思汗死于1227年，在巴尔术阿而忒的斤初次见他后16年。此事说法不一，以《元朝秘史》及《亦都护高昌王世勋碑》所记为准。

　　② 《松雪斋文集》卷7《全功神道碑铭》。

　　③ 《佛祖历代通载》卷22《舍兰兰传》；另参见恰哈尔·把拉提、刘迎胜《亦都护高昌王世勋碑回鹘文之校勘与研究》，载《元史及北方民族史研究集刊》第8辑。

　　④ 虞集：《道园学古录》卷24《高昌王世勋之碑》；此碑现藏于武威市博物馆，黄文弼、耿世民先生曾对该碑的汉文、回鹘文进行过考证，但两位先生所见碑文不全；原武威博物馆馆长党寿山先生对碑文的全文有详考，见《亦都护高昌王世训碑考》，载《考古与文物》1983年第1期；另《元史》卷122《巴尔术阿而忒的斤传》中亦有相关记载。

　　⑤ [日] 安部健夫：《西回鹘国史研究》，宋肃瀛等译，新疆人民出版社1985年版，第93页；贾丛江：《元代畏兀儿迁居永昌事辑》，《西域研究》2002年第4期。

　　⑥ 据《新元史》卷116《巴尔术阿而忒的斤传》称："（火赤哈儿的斤）战殁，三子：纽林的斤，次钦察台，次雪雪的斤。"但据贾丛江《元代畏兀儿迁居永昌事辑》（《西域研究》2002年第4期）考证，雪雪的斤乃为长子，次纽林的斤，次钦察台。纽林的斤是继雪雪的斤为亦都护的。另参见恰哈尔·把拉提、刘迎胜《亦都护高昌王世勋碑回鹘文之校勘与研究》，载《元史及北方民族史研究集刊》第8辑。

尉、中书丞相，封高昌王"①，而此时次子纽林的斤尚幼，逃归元室，"诣阙请兵北征，以复父仇"，终因时势不济，壮志未酬。"有旨师出河西，俟与北征大军齐发，遂留永昌（今甘肃武威市北 15 公里永昌镇——引者注）焉。"②纽林的斤同元室的关系十分密切。元世祖忽必烈曾召见纽林的斤于大都，"赐金币巨万，妻以公主曰不鲁罕，太宗之孙女也。公主薨，又尚其妹曰八卜叉（乂）"。仁宗时，"八卜叉（乂）薨，复尚公主曰兀剌真，安西王之女也"③。纽林的斤能够三尚蒙古公主，可见其在蒙古王室心目中的地位非同一般。

纽林的斤到达永昌后，很快又出镇河州。据《亦都护高昌王世勋碑》载："会吐蕃脱思麻作乱，诏（纽林的斤——引者注）以荣禄大夫、平章政事、吐蕃宣慰使领本部探马等军镇吐蕃。"④《元史》卷 122《巴而术阿而忒的斤传》亦载："有旨师出河西，俟北征诸军齐发，遂留永昌。会吐蕃脱思麻作乱，诏以荣禄大夫平章政事，领本部探马等军万人镇吐蕃宣慰司。"此事发生在至元二十四年，它是高昌回鹘迁徙河州最直接的记载。

元代吐蕃脱思麻有专指与泛指之别。专指主要指元朝吐蕃等处宣慰司所辖脱思麻路军民万户府，大体包括安西州、岷州、洮州、文州、礼店、常阳（今甘肃甘南藏族自治州、四川西北）一带；泛指则与元朝吐蕃等处宣慰司大体相当，故吐蕃等处宣慰司亦可称为脱思麻宣慰司，司治在河州。纽林的斤所率探马等军万人镇守的脱思麻，当是泛指，即吐蕃等处宣慰司全境。

上述史料给我们透露出几点信息：（1）纽林的斤在镇戍河州时，曾以荣禄大夫、平章政事担任吐蕃等处宣慰使。荣禄大夫在元朝为从一品，与诸王秩品相同，这在所有担任过吐蕃等处宣慰使一职的人中秩品是最高的。（2）纽林的斤所领探马等军超过万人，但这只是高昌回鹘东迁永昌中的一部分，纽林的斤走后，仍有相当数量的高昌回鹘居住在永昌。（3）从"领本部探马等军镇吐蕃"推断，纽林的斤所领镇戍吐蕃脱思麻

---

① 《元史》卷 195《伯颜不花的斤传》；卷 16《世祖纪十三》。

② 党寿山：《亦都护高昌王世勋碑》，载《考古与文物》1983 年第 1 期；另参见贾丛江《元代畏兀儿迁居永昌事辑》，《西域研究》2002 年第 4 期。

③ 《元史》卷 122《巴尔术阿而忒的斤传》。

④ 党寿山：《亦都护高昌王世勋碑》，载《考古与文物》1983 年第 1 期；另见《经世大典》序录。

的军队中除高昌回鹘外，还应有其他民族成分，如灭（篾）乞人、阿力麻里人、蒙古人等。

灭乞，又作蔑吉里、灭乞里，为蒙古最早征服的北方部落之一。早在成吉思汗时，巴尔术阿而忒的斤就曾率高昌回鹘军队参与了攻打蔑乞军首领脱脱（脱黑脱阿）的军事活动，部分灭乞里人逃往高昌，被高昌回鹘亦都护收为属民。纽林的斤所率探马等军万人镇戍河州时，灭乞部又作为脱思麻探马军中的一部分，被安置在吐蕃等处宣慰司西南部，元廷在此设灭乞里站。[①] 明初河州置千户所八，灭乞军千户所便是其中之一，[②] 可见元代镇戍河州的灭乞军不在少数。

至于阿力麻里人乃葛逻禄的一支，原居住在阿尔泰山以西。8世纪中在回鹘的攻击下向西南迁至巴尔喀什湖东南伊犁河与楚河一带，附属于回鹘人建立的喀喇罕王朝。西辽强盛后，成为西辽的属部，其首领阿尔斯兰汗住海押立。1211年，成吉思汗派忽必来征哈剌鲁，阿尔斯兰汗杀西辽少监归降蒙古。居住于阿力麻里（今新疆霍城西北克跟河西）一带的哈剌鲁首领斡匝尔也率属下归附，成为最早归附于蒙古帝国的西域伊斯兰。哈剌鲁的主动归降受到成吉思汗的优待，他下令把归顺他的第一批伊斯兰称为"萨尔塔克台"[③]。高昌回鹘昔黑的斤曾奉成吉思汗之命治理过阿力麻里。

阿力麻（Alma）乃突厥语"苹果"之意，阿力麻里（Almaiiq）是"有苹果的"地方。蒙古人征服阿力麻里后将这一词汇用蒙古语译成"阿力麻土—Almatu"，"土—tu"是蒙古语表示"有……的"意思。阿力麻土—Almatu"蒙古语为苹果园。[④] 今临夏回族自治州广河县有阿力麻土乡，为东乡族聚居之地，与东乡族自治县果园乡毗邻，其北边不远处的东乡族自治县凤山乡还有叫"哈剌路（哈剌鲁）赤"的地名。在部分东乡族的历史记忆中素有其祖先来自萨尔塔之说，故阿力麻土、哈剌路赤等地名很可能是阿力麻里人随高昌回鹘迁徙至河州东乡后留下的。元代阿力麻里人在海都、笃哇举事前是元世祖抗衡西北蒙古诸王的一支重要力量，因

---

① 陶宗仪：《南村辍耕录》卷22《黄河源》附图。

② 《明太祖实录》卷60。

③ 威廉·巴托尔德：《中亚突厥史十二讲》，罗致平译，中国社会科学出版社1984年版，第133页。

④ 成振国：《元阿力麻里古城地望再考》，《西北史地》1985年第3期。

而不可能将其东迁。海都、笃哇举事后阿力麻里已不属中央政权直接管辖，因此，阿力麻里人的内迁应当与海都、笃哇的举事有直接关系。实际上，在海都、笃哇围攻高昌回鹘前，阿力麻里已被攻破，所以当高昌回鹘被打散而不得不东迁至河西永昌以及镇戍脱思麻之地时，大批阿力麻里人亦被编入探马等军随之前往。

事实上，河湟一带早在唐宋时就已有回鹘活动的大量记载。唐昭宗时，甘州回鹘乘归义军内部自相残杀、势力衰弱之机，逐渐向外扩张实力，其军队不仅扼守着从河西到唐朝的要道，还控制了河西走廊东段的河州、兰州。① 西夏鼎盛时，甘州回鹘为党项所败，其中一支移至河湟地区，投附青唐（今青海西宁市）吐蕃唃厮啰。《宋史》卷492《回鹘传》载："及元昊取西凉府，潘罗支旧部往往归厮啰，又得回纥种人数万。"《东都事略》卷129亦载："元昊取西凉府，而唃厮啰并厮铎督之众十余万，回纥亦以数万归焉。"《续资治通鉴长编》卷474云："（元祐七年六月）兰州沿边按抚司探到，董毡侄瞎扬乌尔自西海率吐蕃、回纥人马去青唐城二百里驻兵。"《曾公遗录》卷9载："（元符三年二月）王赡申，回鹘部落、蕃人万余口不肯留青唐，已随军赴湟州。"这些从西海来的回纥，据汤开建先生研究，乃龟兹回鹘，亦称黄头回鹘。10世纪末至11世纪初，龟兹回鹘受伊斯兰教影响，似乎已从西州回鹘中独立出来，建立了"龟兹回鹘国"。宋金时期，龟兹回鹘国的东界已延伸到青海湖一带。② 《宋会要辑稿》卷197《蕃夷四·龟兹》载："本国东至黄河，西至雪山，有小郡数百。"唃厮啰时，回鹘常与吐蕃姻亲。《续资治通鉴长编》卷346载："回鹘与吐蕃近世以来代为亲家。"天禧二年（1018），甘州回鹘嫁女给西蕃赞普唃厮啰。③ 元丰六年（1083），董毡子奇鼎，夏人及回鹘皆以女妻焉。④ 此回鹘女即龟兹公主，亦称伪龟兹公主。⑤《续资治通鉴长编纪事本末》卷140载："（崇宁三年四月），王厚、童贯引大军至鄯州，军于城东五里。伪龟兹国公主前封齐安郡夫人青宜结牟及酋豪李阿温率回纥、

---

① 《旧五代史》卷138《回鹘传》。

② 汤开建：《宋金时期安多吐蕃部落史研究》，上海古籍出版社 2007 年版，第 316 页。

③ 《宋会要辑稿》卷197《蕃夷四·甘州回鹘》。

④ 《续资治通鉴长编》卷340。

⑤ 参见《宋会要辑稿》卷199《蕃夷六》、《宋史》卷468《王厚传》、《续资治通鉴长编纪事本末》卷140《收复鄯廓州》、《初寮集》卷6《定功继伐碑》。

于阗般次（即贡使）、诸族大小首领开门出降。"11 世纪末至 12 世纪初，西夏占领河西后，河湟地区成为丝绸之路"青海道"的主要贸易通道。《宋史》卷 492《吐蕃传》载："厮啰居鄯州，西有临谷城通青海，高昌诸国商人皆趋鄯州贸卖，以故富强。"《宋史》卷 332《游师雄传》载："自复洮州之后，于阗、大食、佛林、邈黎诸国皆惧，悉遣使入贡。朝廷令熙、河限二岁一进。"《宋史》卷 490《于阗传》更载："元祐中，以其使至无时，令熙、河间岁一至阙。"《续资治通鉴长编》卷 381 载："（元祐六年六月）雅州之名山（茶），自兰州入邈川，至于于阗。兴元之大竹（茶），自阶州入欧家，自河州入水波。洋州之西乡茶，则可遵蕃汉所宜。"《说郛》卷 35 李远《青唐录》介绍青唐城时云："（青唐）西城，无虑数千家；东城唯陷羌人及陷羌人之子孙，夏国降羌、于阗、回纥，四统往来贾贩之人数百家居之。"元朝时，陕西关中一带仍有大量回鹘居住，《元史》卷 33《文宗二》载："奉元临潼、咸阳二县及畏兀儿八百余户告饥，陕西行省以便宜发钞万三千锭赈咸阳，麦五千四百石赈临潼，麦百余石赈畏兀儿，遣使以闻，从之。"

归附于唃厮啰的回鹘大多活动于河湟地区。明初碾伯（今青海民和县）冶土司薛都尔丁及其部落就是回鹘人后裔。① 《循化志》卷 4《族寨工屯》载，循化东乡番族中有"回回族"，但作者强调："按是族并无回民，其命名不可考。"《循化志》作者对于回族有深入的了解，该书卷 7《风俗》中专门介绍了回民的风俗；卷 8《回变》对苏四十三武装反清斗争也有详细的记载。因此，如果《循化志》作者说"是族并无回民"，那么这个"回回族"显然不具备回族最基本的特征——信仰伊斯兰教。而一个不信仰伊斯兰教又被称作"回回族"的部落，最合情理，也最具可能的解释当是宋元以来融合于河湟吐蕃的回鹘后裔。

这里需要强调的是，"回回"一词在宋代曾经是对于陕、甘、青、宁一带回鹘的俚称，但是到了元代开始称高昌回鹘、河西回鹘为"畏兀儿"，称很少称"回回"。《元史》卷 38《顺帝一》载："六月辛酉，有司言甘肃撒里畏兀产金银，请遣官税之。"元代的"回回"主要指信仰伊斯兰教的西域各族，这其中也包括喀喇汗王朝的回鹘，如《元史》卷 5《世祖二》载："括木速蛮、畏吾儿、也里可温、答失蛮等户丁为兵。"《元

---

① 《清史稿》卷 517《土司六》。

史》卷 32《文宗一》载："凡各道廉访司官，用蒙古二人，畏兀、河西、回回、汉人各一人"，这里显然是将信仰佛教的畏兀儿与包括信仰伊斯兰教的回鹘在内的"木速蛮""回回"区别开来。高昌回鹘在明中叶前，主要信仰的是佛教，很少有信仰伊斯兰教的，所以元代进入甘青地区的高昌回鹘亦应是以信仰佛教为主。《元史》卷 32《文宗一》曾记载："命高昌僧作佛事于延春阁……命高昌僧作佛事于宝慈殿。"

纽林的斤所率探马等军万人镇戍河州后，元廷设吐蕃等处招讨使司以处之，司治河州。《元史》卷 87《百官志三》载：

> 吐蕃等处招讨使司，秩正三品，招讨使二员，知事一员，镇抚一员。其属附：脱思麻探马军四万户府，秩正三品，万户五员，千户八员，经历一员，镇抚一员；脱思麻路新附军千户所，秩从五品。

吐蕃等处招讨使司原本为临时出镇机构，因而在行政归属上并不为吐蕃等处宣慰司都元帅府统领，而是归宣政院或陕西蒙古军都万户府。[①]《元史》卷 87《百官志三》载："吐蕃等处宣慰司都元帅府，秩从二品……其属二：脱思麻路军民万户府，秩正三品……西夏中兴河州等处军民总管府，秩正三品。"但由于纽林的斤镇戍河州时为一身二任，即身兼吐蕃等处宣慰使与吐蕃等处招讨使，故两者的关系密迩相依，而吐蕃等处招讨使司正是源于此，其设置一直延续到元末。

吐蕃等处招讨使司所属脱思麻探马军四万户府在元朝属上万户府。[②]《元史》卷 91《百官七》载："上万户府，管军七千之上。达鲁花赤一员，万户一员，俱正三品，虎符；副万户一员，从三品，虎符。"脱思麻探马军万户府很可能驻扎在河州南乡，为此在当地留下"万户沟"的地名。嘉靖《河州志》卷 1《地理志·屯寨》载，河州南百里有"万户沟"，明初在这里设有"万户沟寨"，戍兵屯田。清代分为上、下万户沟。[③] 明代早在建国之初就已"革诸将袭元旧制枢密、平章、元帅、总

① 《元史》卷87《百官志三》；另参见史卫民《元代蒙古军都万户府的建置及其作用》，载《甘肃民族研究》1988 年第 3、4 合期；李治安《元代分封制度研究》第五章，中华书局 2007 年版。

② 《元史》卷 17《世祖纪》。

③ 徐兆藩修，黄陶庵纂：《续修导河县志》卷 3《地理》。

管、万户诸官号"①，故万户沟应当是元代万户府驻扎于此而得名。元代吐蕃宣慰司都元帅府境内常设有六个万户府，即脱思麻路军民万户府、文扶州西路南路底牙等处万户府、常阳贴城阿不笼等处万户府、礼店文州蒙古汉军万户府、必里（呈）万户府以及脱思麻探马军四万户府。这其中只有脱思麻探马军四万户府驻扎在河州，故万户沟当属脱思麻探马军四万户府的驻扎地，而上述阿力麻土以及蒙古原等地名均距此不远。

纽林的斤于至元二十四年至二十九年（1292）一直担任吐蕃等处宣慰使都元帅。至元二十九年二月"宣政院臣言：授诸路释教都总统辇真术纳思为太中大夫、吐蕃等处宣慰使都元帅"。武宗初年（1308），纽林的斤被召还永昌，封为亦都护。② 延祐初年，元朝军队接连打败察合台汗国的军队，重新控制了畏吾儿故地，于是在延祐三年（1316）封纽林的斤为高昌王，"领兵火州，复立畏吾而城池"③，但不久又退回永昌，薨于延祐五年。

纽林的斤离开河州后，其弟钦察台依然留在河州，并继续担任吐蕃等处宣慰使一职。嘉靖《河州志》卷 3《文籍志》引延祐七年学士倪镗所撰《儒学文庙碑记》云："河州儒户张德载始自建宣圣庙于蒙塾。延祐二年，平章、宣慰使钦察台重修殿阁廊庑，绘塑贤哲。继而，宣慰使着思吉巴拨田赡学，养育人才。"康熙《河州志》卷 3 亦载：钦察台"仁宗延祐初年以驸马、平章为河州吐蕃宣慰使司宣慰使"。《元史》卷 27《英宗纪》延祐七年八月载："脱思麻部宣慰使亦怜真坐违制不发兵，杖流奴兒干之地……冬十月，帝师请以醮八儿监藏为吐蕃宣慰（司）［使］都元帅，从之。"很显然，《儒学文庙碑记》很可能是在亦怜真或醮八儿监藏上任后，为追溯前任功绩而撰写的。从时间、身份和仕宦经历看，《儒学文庙碑记》中的这个钦察台即《亦都护高昌王世勋碑》中提到的纽林的斤之子、嗣为高昌亦都护的帖睦儿补花的叔父，也就是《元史》中多次出现的曾任甘肃行省平章、知枢密院事、宣政院使的那个钦察台。《元史》卷 27《英宗纪》载："延祐七年秋七月，以甘肃行省平章钦察台知

① 《明史》卷 90《兵志二》。

② 党寿山：《亦都护高昌王世勋碑》（载《考古与文物》1983 年第 1 期）载，纽林的斤嗣为亦都护是在"幸福的猴年"，即至大元年（1308）；另《元史》卷 122《巴尔术阿而忒的斤传》亦有相关记载。

③ 党寿山：《亦都护高昌王世勋碑》，载《考古与文物》1983 年第 1 期。

枢密院事。"《元史》卷 28《英宗纪》至治三年秋七月载："宣政使钦察台自传旨署事，中书以体制非宜，请通行禁止，从之。"《汉藏史集》记载，元顺帝即位后，曾派钦察台平章到乌斯藏清查人口，统计户籍。至元二年（1336），钦察台平章又护送三世噶玛巴朗迥多尔吉返回粗卜寺。① 可见此钦察台始终是元政府中负责吐蕃事务的重要人物。实际上，早在纽林的斤担任吐蕃等处宣慰使之前，高昌回鹘将领叶仙鼐就曾率兵到过朵思麻，管理过朵思麻、朵甘思的四个驿站。并于中统三年（1263）到至元二十二年担任过吐蕃等路宣慰使。② 这说明在元中期前，朝廷对于朵思麻、朵甘思吐蕃的治理在很大程度上依赖于高昌回鹘。

《亦都护高昌王世勋碑》载，纽林的斤之子帖睦儿补花曾请求将高昌王位让与叔父钦察台，但朝廷不允，帖睦儿补花遂嗣为亦都护高昌王。而这在《元史》122《巴尔术阿而忒的斤传》中却成了"帖木儿补化……请以王爵让其叔父钦察台，叔父力辞，乃嗣为亦都护高昌王"。这其中的原因，据贾丛江先生考证为，纽林的斤继雪雪的斤为亦都护后，按照"先王之遗意"本应将亦都护称号传位于钦察台，但仕途上颇有作为的帖睦儿补花，乃大汗廷中意的亦都护人选，所以，朝廷"不允"钦察台嗣位。③《元史》卷 33《文宗二》载："高昌王铁木兒补化为中书左丞相。"

钦察台继纽林的斤之后担任过吐蕃等处宣慰使一事，证明以高昌回鹘及随属其他民族组成的探马赤军亦应有相当一部分继续镇戍河州。而钦察台的继任者着思吉巴很可能也是回鹘人，如《明史》卷 330《西域二》"安定"条载安定王领占干些儿的叔叔名叫辍思恭巴。辍思恭巴是回鹘后裔，其名字与着思吉巴非常相近，而藏族中没有此类名字。由此可见，纽林的斤所率高昌回鹘等探马赤军镇戍河州后，虽有一部分探马赤军随纽林的斤返回永昌，但仍有相当一部分由高昌回鹘等民族组成的探马赤军最终落居在河州。

① 毕达克：《蒙古在西藏的括户》，沈卫荣译，《国外藏学研究译文集》第 1 辑，西藏人民出版社 1985 年版。

② 尹伟先：《维吾尔族出身的吐蕃宣慰使叶仙鼐史事考述》，载《西北少数民族史研究》，民族出版社 2003 年版，第 201 页。

③ 贾丛江：《元代畏兀儿迁居永昌事辑》，《西域研究》2002 年第 4 期。

（三） 吐蕃等处招讨使司与蒙古千户所

洪武三年，"故元陕西行省吐蕃宣慰使何锁南普等，以元所授金银牌印宣敕诣左副将军邓愈军门降，及镇西武靖王卜纳剌亦以吐蕃诸部来降"①，这其中应包括吐蕃等处招讨使及下属脱思麻探马军四万户府。明朝按惯例将元时的万户改为千户，如礼店文州蒙古汉军万户府明初改为礼店守御千户所、必里（呈）万户府明初改为必里千户所（永乐时升为必里卫）等。那么驻扎在河州的脱思麻探马军四万户来降后是如何被安置的？《明太祖实录》卷60洪武四年正月辛卯条载：明初河州卫"置千户所八：曰铁城、曰岷州、曰十八族、曰常阳、曰积石州、曰蒙古军、曰灭乞军、曰招藏军；军民千户所一：曰洮州"②。这其中属于河州左、右卫分置后河州卫境内的只有蒙古军、灭乞军和积石州千户所。明初灭乞军千户所的位置大致在今临夏州与甘南州交界处的土门关一带，积石州千户所在今青海循化县境内，而蒙古军千户所则在今临夏州东乡族自治县境内。嘉靖《河州志》卷2《人物志·国朝武功》载："脱晟，本州麻失里人。累有军功，由蒙古千户所百户升本卫指挥佥事。"嘉靖《河州志》卷1《地理志·里廓》载："麻失里，在州东三十里。"很显然，驻扎在河州东乡麻失里的蒙古军千户所很可能就是脱思麻探马军四万户改置而来。但为何称蒙古军千户所而不称探马军千户所呢？蒙元时期，草原上的蒙古军调戍中原或其他地区，即被称作探马赤军。但元中期以后，分散在各地镇戍的探马赤军又普遍被称为蒙古军。在元中期以后的各种典籍中所记载的蒙古军，除特定条件下与探马赤军并称以示区别外，一般指的是探马赤军，③ 明朝建立后，探马赤军一词完全消失。元朝时镇戍河州的脱思麻探马军四万户由于受蒙古统领，长期与蒙古军民居住在一起，故河州人亦将这些蒙古化的探马军称为蒙古军，久而久之，高昌回鹘人便成了蒙古人。而今天的"麻失里"已变成东乡县"马十里村"，村民以马姓居多，均为信仰伊斯兰教的东乡族。同样，活动在土门关一带的灭乞军，由于长期与

---

① 《明太祖实录》卷53。

② 明初河州卫还陆续增置过一些千百户所，如洪武四年设必里千户所、八年设喃加巴千户所失保赤千户所、永乐元年设川卜族千户所，参见《明太祖实录》卷69、96、20等。

③ ［日］松田孝一：《河南淮北蒙古军都万户府考》，《东洋学报》第68卷；史卫民：《元代蒙古军都万户府的建置及其作用》，《甘肃民族研究》1988年第3、4期合刊。

当地藏族生活在一起，被当地藏族称为"霍尔藏"，意即藏化的蒙古人。而"土门关"在藏语里为"霍尔藏香告"，"香告"意为木门；"霍尔"乃当地藏族对元代、明初进入该地区的蒙古人的称呼。①

像这种将非蒙古族的少数民族称为蒙古人的例子在明初的河州还有一些，如《明太宗实录》卷78载：（洪武六年）"置洮州、常阳、十八族等处千户所六，百户所九，各族都管十七，俱以故元旧官鞑靼等为之"②。"洮州、常阳、十八族等处千户所六"后经演变成为阶州守御千户所、西固城军民千户所、洮州军民千户所、岷州军民千户所、十八族军民千户所、礼店千户所，其中十八族等处千户所首领包完卜乩就不是蒙古族。洪武四年，明廷"诏以包完卜乩为十八族千户（所）正千户、七汪肖为副千户……哈只藏卜等为各族都管"。岷县二郎山铜钟铭文中，十八族军民千户所正千户阙如，副千户为包旺。《岷州志》卷13《职官下》载有岷州卫指挥同知包阿速，这里的包阿速、包旺显然与包完卜乩为同一家族。按《岷州志》记载，包阿速为波迷国三迭人，而时任岷州卫指挥的后朵儿只班亦为波迷国三迭人，"元哈撒儿三代孙"。哈撒儿乃"岷之萨底族人"。可见包氏家族为岷州固有之西番人。洪武四年明廷"置礼店千户所，以孙忠谅、赵伯寿为正千户，添寿等为副千户。忠谅本文州汉军，为西番万户府正万户……蜀平，忠谅率其军民千户世袭达鲁花赤赵阿南、赵伯寿……等入朝贡马……遂置千户所并所属百户所"；岷县二郎山铜钟铭文中礼店千户所被分设为前、后礼店千户所，礼店前千户所正千户为张席，礼店后千户所正千户为赵□□，此赵□□很可能就是赵伯寿或其家族中人。礼店赵氏家族本为雍古氏按竺尔后裔，③ 赵伯寿很有可能是该家族的一位成员，因此礼店赵氏家族也不是蒙古族，但这些人在明初均被称为"故元旧官鞑靼"。

位于河州东乡的蒙古千户所不属明河州卫直辖的七个屯田千户所，其性质为土千户所。它是明初在河、岷、洮一带为管理元代吐蕃等处宣慰司所属蒙古军（包括回鹘、灭乞等组成的探马军）而专门设置的一种军事机构。

---

① 李振翼：《甘南藏区考古集萃》，民族出版社 2004 年版，第 115 页。

② 《明太宗实录》卷 78 洪武六年二月庚辰。

③ 《礼县大元敕赐雍古氏家庙碑》，此碑现存礼县城南郊。

脱思麻探马军除被安置在蒙古千户所外，还有相当一部分被安置到河州卫直辖的七个千户所中，如嘉靖《河州志》卷2《人物志·国朝武功》载："保勋，本州梨子里人，由军功升补宁夏卫正千户。"《国朝忠节》载："妙龄，本州样卑里人，由军功升本卫指挥佥事。"长福，河州西乡木叶里人，父长吉贴木，"天顺年间，任本卫中左千户副千户……屡因军功，历升陕西都司都指挥佥事"。其家族成员有：长夕虎，嘉靖年间被朝廷封为"镇国将军"，协守凉州副总兵；长略，夕虎子，万历八年以"世袭指挥同知"，任贵德所分守游击。[①] 另康熙《河州志》卷3《职官志》中载有明河州卫同知长克忠、指挥佥事长捷等，很可能也是长氏家族的成员。长氏家族至今仍生活在临夏回族自治州积石山保安族东乡族撒拉族自治县徐家崖乡的长家寺，均为汉族。而今日东乡县城东南10公里处亦有一处苜叶里村（亦称木也里），村民均为东乡族。而长家寺所在的村庄方位恰与当年中左千户所所处位置相当。

（四）高昌回鹘等西域民族落居河州的影响

高昌回鹘等西域民族落居河州，对于元代以来河州回族、东乡族等民族的形成产生了较大的影响。一般认为，明代河州伊斯兰民族大多是蒙元以来由西域迁徙而来的蒙古军后裔，但如上所述，元代蒙古军不但驻扎在河州周围，如西宁、岷州、洮州、必里（贵德）等地，而且也驻扎在河州境内，只是驻扎在河州境内的一部分蒙古军原本是脱思麻探马军。因此，明初河州卫散布的少数民族屯寨中有相当一部分应当以高昌回鹘、灭乞里、阿力麻里等西域人为主，而不是以蒙古人为主。这些人经过漫长的历史长河，大部分融合到了河州伊斯兰等民族中。

高昌回鹘等西域民族落居河州的史实，还可从今临夏地区的回族、保安族、东乡族部分男性成员的体貌特征上得到印证。这些男性成员的体貌特征为：高鼻大颧，深目多须，肤色和眼球之色较浅，呈淡黄色。这与清代乾嘉学派甘肃学者张澍的回忆十分相符。张澍祖籍武威永昌镇，其母亲"本元高昌王阿而的亦都护之后"，入明后改姓张氏。母舅家祭奉的祖宗

---

① 见《大明诰封镇国将军协守凉州副总兵长公神道碑》，此碑至今尤存于临夏回族自治州积石山保安族东乡族撒拉族自治县徐家崖乡五十里铺村长家坟社长家后人家中；另《甘肃全省新通志》卷43《职官志》中亦有关于长略的记载。

像，"貌皆高鼻大颧，危冠珥貂，有书'湖广行省平章政事、中书左丞相'者，有书'佩金虎符大将军者'，有书'佩珠虎符大将军'，有书'佩三珠虎符大将军者'，如此凡数十"①。这里所说的"湖广行省平章政事、中书左丞相"均为纽林的斤之子、嗣为高昌亦都护的帖睦儿补花所任。元泰定帝时，帖睦儿补花镇守襄阳，拜开府仪同三司、湖广行省平章政事。明人宋濂在其《故怀远将军高昌卫同知指挥司事和赏公坟记》一文中载：

> 公讳和赏，畏兀氏，世居高昌。曾祖纽怜（林）（的斤），事元世祖有功，封高昌王。祖帖木儿不花，中书左丞相；父不答失里，中书平章政事，皆袭王爵……公性警敏，能知时达变，幼亦绍王。封镇永昌。洪武三年，大兵下兰州，公赍印绶自永昌率府属诣辕门内附，诏授怀远将军、高昌卫同知指挥使司事，世袭其职。

宋濂的记述证明在帖睦儿补花镇守襄阳后，武威地区仍留居着一支高昌回鹘。张澍的母亲就是这支高昌回鹘王族的后裔。其形容的族人体貌体征不仅与高昌回鹘，即现代维吾尔人的体貌特征相一致，而且也与今临夏地区回族、保安族、东乡族部分男性成员的体貌特征极相吻合。

20 世纪 90 年代以来，一些学者曾尝试着用 A、B、O 血型分析方法和从 DNA 遗传学的角度对这一现象进行研究。用 A、B、O 血型分析方法研究结果显示，在西北地区蒙古、藏、维吾尔、汉、保安、东乡、裕固等七个民族中，只有东乡、保安族与维吾尔族的 A、B、O 血型分布距离最近；其中东乡族与维吾尔族血型分布的特点完全一致，呈现为 B > A > O 的态势，有别于西北地区汉族、蒙古族、藏族 O > B > A 的态势。② 从 DNA 遗传学角度研究结果显示，在蒙古人种（汉、藏、东乡、回、壮）组群中，回族与东乡族的遗传距离最接近；在被测试的各族群中，只有回

① 张澍：《养素堂文集》卷 35；另杨圣敏《回纥人的种族特征试析》（《甘肃民族研究》1988 年第 1 期）一文，也对回纥人的体貌特征作过详细的考述。
② 刘桂芝：《西北地区七个民族 ABO 血型分布特点及分析》，《西北民族学院学报（自然科学）》1990 年第 3 期，不过此文中所采集的维吾尔族样本仅局限在一个农场，其代表性有所缺陷。

族、东乡族中白种人的混杂程度大于 25%，分别为 74.1% 和 43.5%。[①]
如果结合上述高昌回鹘等西域民族移居河州的史实，则这些研究成果所反映的事实应当有一定的参考价值，即今日临夏回族、保安族及东乡族中有相当一部分成员很可能是高昌回鹘、灭乞里、阿力麻里等西域民族的后裔。

高昌回鹘及随属其他民族落居河州，不仅为河州的民族构成带来明显变化，而且也使河州人口的结构发生变化。元制：人口不足 10 万户者为下路，江北人口不满二千户为下县。[②] 元代河州路为下路，所辖定羌、宁河、安乡三县均为下县，故元代河州路所辖三县及路府人口不会超过 30 万，而落居河州的脱思麻探马军仅正军就有 1 万余户，若加之怯怜口、驱口等，其总人口不少于 7 万。此后虽有一部分被诏还，但留下来的至少在四千户以上。若以每户五口计算，则有人口 2 万，约占当地人口的 1/15。对于元代河州而言这是一个很大的移民群体。

综上所述，无论是史籍所载，还是田野调查所获，均可以证明元代时的确有相当数量的高昌回鹘等西域民族落居在河州一带，他们与先前移居至此的回鹘人一道逐渐融合到当地各民族中去，成为当地伊斯兰各民族、藏族、汉族等民族中的一员。

六　东乡族族源管窥

东乡族因居住在河州东乡而得名。不过历史上的东乡族从未被视作一个独立的民族，而是被当作回族的一部分看待，称"东乡回回"；又由于语言以古蒙古语为主，亦称为"东乡土人""蒙古回回"等。

居住在河州的东乡族与回族、保安族在外表特征上有一些共同之处，即少数成员带有西域人、藏族以及蒙古族的特征，只是东乡族的这些特征更为明显一些。正因如此，学者们对于东乡族的形成有许多说法：有以蒙

---

① 谢小冬、王迅陵、安哲等：《从群体遗传的 DNA 线所索看东乡族族源问题》，《民族研究》2002 年第 1 期；谢小冬、王希隆、周瑞霞、马克君：《回族学研究新视角》，《回族研究》2006 年第 4 期。

② 《元史》卷 91《百官七》。

古人为主之说；[①] 有回族、蒙古族、藏族、汉族等混合说；[②] 有吐谷浑人为主之说；[③] 有沙陀突厥人为主之说；[④] 有回回、色目人为主之说；[⑤] 有萨尔塔人为主之说。[⑥] 其中，混合说在新中国成立以来一直为大多数学者所认可。这种观点认为，东乡族是以居住在东乡地区的回族、蒙古族、汉族、藏族等多种民族成分融合而成的一个民族。萨尔塔人为主说是近年来影响较大的一种观点。持这一观点的学者多为本民族研究者，他们根据东乡族中部分成员自称"萨尔塔"或"桑塔"等，进而认为来自中亚的萨尔塔人是形成东乡族的主体部分。

尽管东乡族族源的说法很多，但鉴于直接记载东乡族的史籍很少，所以这些观点能够获得文献支持的几乎没有，大多处于推断。从目前研究的成果看，有关东乡族族源的研究尚未形成一个明晰的线条，只有若干个点以供考察。

（一）萨尔塔

萨尔塔源自印度语，指商人。[⑦] 在 11 世纪至 13 世纪时，突厥语中的萨尔塔已经泛指居住在中亚及我国新疆地区的伊斯兰。蒙古西征后借用了这个词，将居住在阿里麻里的哈拉鲁人以及居住在亚洲腹地的伊斯兰通称为萨尔塔，有的甚至将畏兀儿也称为萨尔塔。对于今天临夏地区部分东乡族、保安族、回族称自己来自萨尔塔的问题，有学者认为这里的萨尔塔应当是 11 世纪至 13 世纪居住在中亚的自称为萨尔塔的部落，是成吉思汗将他们签发到河州的，但这一观点至少在证据链上存在着明显的断档，如：（1）成吉思汗西征时，萨尔塔究竟是指某个确定的部落，还是泛化为统称；（2）如何证明成吉思汗将某个确定的萨尔塔部落签发到河州东乡；（3）今日东乡族部分成员虽然在外貌上有明显的西域人特征，以及他们

---

① 马鹤天文，载《新亚细亚》1936 年第 2 期；编写组：《中国少数民族》，人民出版社 1981 年版。

② 杨建新执笔：《东乡族简史》，甘肃人民出版社 1983 年版，第 10 页。

③ 马虎成：《东乡族族源研究综述》，《甘肃民族研究》1990 年第 2 期。

④ 李克郁：《浅析东乡族和裕固族的民族名称》，《青海民族学会学术论文选集》第 2 辑，1983 年编印。

⑤ 马福龙：《伊斯兰在宁夏》，《西北通讯》1946 年第 8 期。

⑥ 马志勇：《东乡族源》，兰州大学出版社 2004 年版，第 7 页。

⑦ ［苏］V. V. 巴尔托里德：《中亚简史》，耿世民译，中华书局 2005 年版，第 70 页。

自称祖先为萨尔塔，但由此断定这些人就是曾经生活在中亚某个确定的萨尔塔部落的后裔，而不是蒙古人泛称的萨尔塔后裔，这在逻辑上是牵强的。如上所述，早在宋代以来，河湟地区就曾有大量的回鹘居住于此。元代明确记载的有高昌回鹘迁入河州，而回鹘人同样带有明显的西域人的体貌特征。目前学界大部分学者认为这里所讨论的"萨尔塔"应当与古蒙古语中的萨尔塔是一致的，是统称，而不专门指某个确定的部落。正因如此，今日居住在甘肃、青海的部分东乡族、回族、保安族均有部分成员自称萨尔塔，而不是只有东乡族部分成员中自称萨尔塔。但问题是，这些萨尔塔是从何处迁徙而来的？从目前掌握的材料看，除了上述凭借阿里麻里等一些地名推断有居住在阿里麻里的信仰伊斯兰教的哈喇鲁人曾迁居到河州阿里麻土外，再没有整体被称为萨尔塔的伊斯兰迁居到河州的记载。当然没有记载并不等于没有萨尔塔的到来，但毕竟是一种缺憾。不过上述推断如果成立的话，那么从今日阿里麻土乡、果园乡的规模看，当时迁居到河州东乡的哈喇鲁人不在少数。

（二）哈木则巴巴

哈木则宗族是东乡族具有典型代表的宗族之一。有学者根据东乡族哈木则宗族的经历，推断哈木则家族是元末明初来到河州东乡传教的，但哈木则宗族的历史主要来自民间口头传说，而位于今日东乡族自治县哈木则岭拱北的《简介》则是这些传说的集大成者。其云：

> 大贤·筛黑古都卜①·弗格勒哈木则爸爸，乃是西来高人。约在元末明初（1340），大贤哈木则爸爸为首率领四十个"筛黑古都卜"从西域沿丝绸古道到临夏地区。先在和政县南门河举行了荒郊祈祷仪式求地（给）"化者"②，有过一段的串联传教活动，他们在东乡满散③集中祈祷礼拜，而后分散到全国各地，传播伊斯兰活动。东乡境内定居者有十四位，大贤自己也选择了偏僻、幽静的龙家山为居。大明洪武五年（1342 年，应为 1372 年，原文有误——引者注），大贤

---

① 筛黑古都卜：阿拉伯语，是对重要的宗教界人士的尊称，通常解释为智者、哲人、贤人。

② 化者，阿拉伯语，一种宗教仪式。

③ 满散，东乡地名，在东乡达板乡，也叫红柳滩。

主持建造了一座以中国民间建筑式样和阿拉伯建筑式样相结合的壮观雄伟新颖的清真寺，礼拜殿内有大明洪武皇帝敕赐的"回避""肃静"两个御牌。后来由于战乱兵燹，寺址也迁到了平庄寺（现今的大礼拜寺）。大贤哈木则爸爸是伊斯兰教的虔诚、忠实的传播者，精通阿尔壁①和法勒西文②。学识渊博、品德高尚，能懂好几国的语言文字，是善于社会活动的著名学者。大贤在东乡立足传教，其因一，地处偏僻，人们生活贫困，人的思想敦厚淳朴，宗教信仰心切；其因二，当地就有居住着不少的信仰伊斯兰教的中亚色目人，有乡土观；其因三，大贤从西域带来了四件珍宝，波斯文的"色者勒"③、能听万里的顺风耳——"竹筒"、阿拉伯手抄《古兰经》、"卡尔白图"④……大贤哈木则爸爸和自己的五个儿子来到东乡婚娶立家，人口繁衍，子孙增为五个房头，遍及东乡……大贤哈木则爸爸在明朝中期（1400 年左右）九十岁高龄，古历八月十六日羽化归真，葬于龙家山。为了纪念大贤恩德，五房后裔和传教群众把龙家山改名为哈木则岭……

　　关于哈木则来东乡传教的说法主要有两个版本，版本之一说：穆圣七房祖叔安巴斯率领八位"赛义德"由西域来河州东乡传教。其首领名"阿里阿塔"，在高山卜隆沟定居。海木赞（哈木则）是传说中的八家之一。版本之二说：元末明初，即 1340 年前后，哈木则带领 40 个"筛黑古都卜"从西域沿丝绸古道到河州后分散，哈木则以龙家山为传教点，后人将此山改名为"哈木则奴隆"，"奴隆"乃东乡语山岭之意。有人考证，这 40 位传教者中有 14 位在东乡传教，2 位在广河传教，1 位在太子山（临夏）传教，6 位在关川（定西）传教，3 位在武威传教，2 位在肃州传教，1 位在康乐传教，2 位在西宁传教，1 位在固原传教，1 位在西安传教，1 位在陕北传教，2 位在四川传教，3 位在新疆传教，1 位不详。⑤

① 阿尔壁，阿拉伯语，意即阿拉伯语。
② 法勒西文，阿拉伯文，意即波斯语。
③ 色者勒，可能是一种传教说证。
④ 卡尔白图，指阿拉伯麦加的天方图。
⑤ 李兴华、秦惠彬、冯今源、沙秋真：《中国伊斯兰教史》，中国社会科学出版社 1998 年版，第 243、244 页。

实际上，有关8位"赛义德"和40个"筛黑古都卜"的传说，在甘肃、青海、宁夏的伊斯兰以及新疆维吾尔族中广泛流行，并非河州东乡族所独有。在新疆莎车县有一处"乞里坦麻扎"，"乞里坦"在维吾尔语中是"四十"的意思，"麻扎"是拱北或墓地的意思。据维吾尔文资料《路巴布里艾黑巴尔》和波斯文资料记载，在西吉来历850年（明英宗正统十年，1446），从依拉提地方来了40个苏菲派传教士，在新疆叶尔羌（今新疆莎车县）从事苏菲派的宗教功修。他们出发时，老师给了一个竹杖，吩咐他们在这个竹杖能够发芽的地方停下来。他们来到叶尔羌，在此埋下竹杖，竹杖发芽了，于是就留在这里。这里因此被称为"乞里坦"。后来，他们中的七位去世，葬在叶尔羌。因为这七个人的名字前都有穆罕穆德，所以该麻扎也称"七个穆罕穆德麻扎"。这七位去世后，其他人则到甘肃、青海、宁夏一带传教。① 这一传说与甘宁青地区有关四十个"筛黑古都卜"或八位"赛义德"的传说可谓一脉相承，而且按照哈木则岭拱北《简介》中"大贤·筛黑古都卜·弗格勒哈木则爸爸，乃是西来高人，约在元末明初，大贤哈木则爸爸为首率领四十个'筛黑古都卜'从西域沿丝绸古道到临夏地区"的记载，以及伊斯兰教在中国西北传播的顺序推断，新疆莎车维吾尔的传说应当在先，甘肃、青海、宁夏伊斯兰中的这一传说在后。因此哈木则从西域到河州传教的时间应当在明正德年间以后，而不是传说的元明之际。

有学者认为《循化志》中的哈土司就是哈木则，此说颇误，理由为：（1）明代河州东乡除蒙古千户所外，尚未见到其他土官的记载。（2）传教士不是部落酋长，没有自己的部落，所以明廷无论如何也不可能让一个没有自己部落的传教士担任土官。（3）《循化志》卷5《土司》"口外向化族土司"载：

> 向化族土千户一员，哈锁南札矢，管理南乡二十一寨，番民六千八百二十六户。（按：户数与前不同，此或以实户言也。其各寨又有百户十二人，未详分管何寨。据厅、州称，千户五品顶戴，然今千户戴暗蓝顶，亦未详。）其前领茶中马，在河州十九族之内，而其首领

① 马虎成：《据我考证东乡族的主要来源》，载《甘肃文史资料选辑》第50辑《中国东乡族》，甘肃人民出版社1999年版。

不可考。雍正年间，总督岳发给委牌管理族务，历来接替俱以委牌为凭，不报部。乾隆二十九年，千户哈罗藏他开以事退革，经厅验，选哈锁南札矢承办，详准照旧接替管事，仍取亲供宗图册结备案，不报部。（按：此则向化族土司非世袭也。）

关于向化族，《循化志》卷4《族寨工屯》载：

撒喇族即今之撒喇八工，向化族即今之南番二十一寨，皆在关外……南番凡二十一寨，即中马之向化族也。以招中久停，又在口外，故当时亦已为新附……本无生熟之分，乾隆五十六年奉旨将循化、贵德所属之番归青海都统兼管，奉檄分别生熟。署同知富升阿始将起台、边都、下龙布之六寨、保安之四屯，附城稍近，时来城市者作为熟番。上龙布、合儿、阿巴喇之三十一寨并南番二十一寨，距城窎远，从不入城者作为生番。分晰造册，于是始分生熟，然纳粮一也。

口外南乡南番二十一寨（按：旧册千户一人，百户十二人，而厅卷哈千户所禀亦云："我甘家川共二十一寨，百户十二人，各有大老爷给的凭据，但未知分管何寨，亦不知所给凭据系何衙门。"当考）：甘家寨（旧册甘哈家寨），四百九十三户……头目管，住帐房；火力族（旧册火儿藏族）三百七十七户……头目管，住土房；上南刺寨，二百六十五户……头目管，住土房；黑错寨（旧册黑作寨），六百九十一户，头目管，住土房、帐房；下哈家寨，四百八户……头目管，住土房；下则盖寨，三百九十户……头目管，住土房、帐房；咱又寨，二百五十四户……头目管，住土房、帐房；多儿替寨，二十九户……头目管，住土房、帐房；常冈寨，八十五户……头目管，住土房、帐房；木垛寨，四十七户……头目管，住土房、帐房；其暗寨，二十三户……头目管，住土房、帐房；希力宁巴寨，三十一户……头目管，住土房、帐房；那力工寨，二十八户……头目管，住土房、帐房；思讬寨（旧册思计寨），三十二户……头目管，住土房、帐房；锁户洞寨（旧册锁胡洞寨），七户……头目管，住土房、帐房；章哇寨，一十一户……头目管，住土房、帐房；波合拭寨（旧册波合擦寨），一百三十九户……头目管，住土房、帐房；果莽

寨（旧册果莽寺寨），五十一户……头目管，住土房、帐房；波拉
寨，二百五十一户……头目管，住土房、帐房；哈恰、斯陀课、高达
寨，三百就是一户……头目管，住土房、帐房；上哈家寨，二百一十
一户……头目管，住帐房。

上述记载明确表明，哈土司乃明代居住在土门关外的向化族，即清代河州
南番二十一寨的土司，非东乡族土司也。

（三）麻失里与马十里

《明太祖实录》卷 60 记载了洪武四年时河州卫所属土千户所中有
"蒙古军千户所"。如上所述，这个蒙古千户所位于今临夏州东乡族自治
县境内。嘉靖《河州志》卷1《地理志·里廓》所载"麻失里，在州东
三十里"。明代河州东三十里即今东乡族自治县首府锁南坝镇。不过明代
的"麻失里"已变成今天锁南坝镇的"马十里村"。村民从外貌体征看除
少量有西域相貌者外，大多数与汉族无异。村民以马姓居多，均为信仰伊
斯兰教的东乡族。从嘉靖《河州志》的记载来看，嘉靖时蒙古千户所仍
保留着原有的名称，想见他们的文化也依然保留着。进入清朝后，"麻失
里"的文化有了质的变化，村民从不信仰伊斯兰教转变为信仰伊斯兰教
的伊斯兰，村名也由"麻失里"变为"马十里村"。

嘉靖《河州志》卷2《人物志·国朝武功》载："脱晟，本州麻失里
人。累有军功，由蒙古千户所百户升本卫指挥佥事。"从人名看，脱晟应
当是一个蒙古人。今日东乡族中妥（脱）姓仍是大姓之一，有妥家、妥
家沟、郭妥家、柯妥村、柯妥山、妥马家、妥马家山等村名，且大多分布
在果园乡。清代时今果园乡境内有一个叫吉米石的地方，就是今天的妥家
沟，居民大多姓脱或妥。值得一提的是，至迟在宣统年间东乡境内仍有叫
妥长命板、妥长命散的名字①，这类名字显然是非伊斯兰的名字，而今天
东乡境内妥姓之人几乎都是伊斯兰，这说明妥姓之人在皈依伊斯兰教的变
迁中经历了一个漫长的过程。在今日东乡县的妥（脱）、池、维、宗、
铁、下、哈、珍等姓中，有的相传来自蒙古，有的相传来自回鹘（维吾

---

① 甘肃省临夏回族自治州档案馆编：《清河洲契文汇编》，甘肃人民出版社 1993 年版，第
384、394 页。

尔)。对于这一点,20 世纪初曾经在甘青土族地区生活了近十年的 Louis Schram 在其《甘青边界蒙古尔人的起源、历史及社会组织》一书中转引一位老蒙古尔喇嘛的话说:"蒙古尔人都源自畏兀儿,早期他们住在凉州永昌马蹄寺附近。至今仍有一小部分畏兀儿住在那里。最初有三个兄弟。"① 老蒙古尔喇嘛的话似乎验证了高昌回鹘迁居凉州永昌堡,以及一部分随纽林的斤兄弟又镇戍河州的历史。

(四)怯薛

今日东乡县境内有许多元代遗留下来的与手工业相关的地名,如托木池(赤),意为铁匠;阿拉速池(赤),意为皮匠;坎迟池(赤),意为麻匠;免古池(赤),意为银匠;伊哈池(赤),意为碗匠;阿娄池(赤),意为背篓匠;毛毛,意为毛毛匠。这些村落虽分别隶属坪庄、锁南镇、免古池三个乡镇,其实都分布在相近的两条辟有大路的山梁上,方圆不过 2.5 公里,且与前所述可能是哈喇鲁人居住的果园乡(阿里麻土)相距不远。这些工匠村名的遗留显然意味着村民的祖先曾经是手工业者。那么他们是从何而来的呢?笔者认为,这些工匠村应当与元代蒙古诸王怯薛所属的怯薛有直接关系。所谓怯薛,本突厥语,后为蒙古语借用,指元朝皇室、王室以及各部首领的宿卫亲兵。《元史》卷 12《世祖纪》载:"至元十九年春正月丙午,赐西平王怯薛那怀等钞一万一千五百二十一锭",可见奥鲁赤及其后王拥有自己的怯薛,只是数量不详。《元史》卷99《兵二》载:

> 其怯薛执事之名:则主弓矢、鹰隼之事者,曰火儿赤、昔宝赤、怯怜赤。书写圣旨,曰扎里赤。为天子主文史者,曰必阇赤。亲烹饪以奉上饮食者,曰博尔赤。侍上带刀及弓矢者,曰云都赤、阔端赤。司阍者,曰八剌哈赤。掌酒者,曰答剌赤。典车马者,曰兀剌赤、莫伦赤。掌内府尚供衣服者,曰速古儿赤。牧骆驼者,曰帖麦赤。牧羊者,曰火你赤。捕盗者,曰忽剌罕赤。奏乐者,曰虎儿赤。又名忠勇之士,曰霸都鲁。勇敢无敌之士,曰拔突。其名类盖不一,然皆天子

① [比利时] Louis Schram:《甘青边界蒙古尔人的起源、历史及社会组织》,李美玲译,青海人民出版社 2007 年版,第 19 页。

左右服劳侍从执事之人，其分番更直亦如四怯薛之制，而领于怯薛
之长。

从这段记载来看，元代皇室、王室以及各部首领的怯薛中统辖着众多
的"怯薛执事"。而作为元代吐蕃等处宣慰使的纽林的斤兄弟，又是驸
马，其地位与诸王相当，因此应当与西平王奥鲁赤一样拥有相当数量的怯
薛执事，只是这些怯薛执事的种类与名称不一定与皇室完全相同，即所谓
"其名类盖不一"。上述东乡地区的托木池（赤）等工匠村名很像是这类
怯薛执事的后裔在此居住时留下的地名。在东乡，像这样的地名还有一
些，如上引怯薛执事之名有"为天子主文史者，曰必阇赤"，明代河州东
乡有"必帖里"，有"牧羊者，曰火你赤"，今东乡语称羊为"果尼"，
并有地名"果尼光"，意为羊沟；有牧骆驼者，曰帖麦赤，今东乡有地名
麦池落。有主弓矢、鹰隼之事者，曰火儿赤，今日东乡有地名和尔沟，怯
薛执事有"司闸者（守城官——引者注），曰八剌哈赤"，今东乡地名有
"八拉城、八剌赤"，意为驿站的守卫；怯薛执事有"典车马者，曰兀剌
赤"，今东乡有地名"阿拉池"，意为管驿马的人。《元史》卷100《兵政
三》"马政"条下记载，元代称官府中负责放牧的牧人为"哈赤""哈剌
赤"，今东乡地名有"哈剌赤"。嘉靖《河州志》卷1《地理志·里廓》
中有"哈剌里"，位于"州东五十里"，这很可能是元代"哈剌赤"居住
后留下的地名；今东乡与临洮县交界处有地名"苏木沟"，苏木在蒙古语
中为"箭"的意思，苏木赤即箭匠。

据《元史》卷87《百官三》载，西夏中兴河州等处军民总管府下虽
设有宁河弓甲匠达鲁花赤一职，但上述各类"怯薛执事"并不属于宁河
弓甲匠达鲁花赤管辖。原因是宁河弓甲匠达鲁花赤管辖的职责与诸王怯薛
的职责截然不同。宁河弓甲匠达鲁花赤只负责管理与弓甲有关的事务和工
匠，而诸王怯薛的管辖范围则名目繁多，除主弓矢、鹰隼之事外，还有起
草、掌管文书、主文史者，掌管诸王生活起居、烹饪饮食者，治安捕盗
者，掌酒者，典车马者，牧养牲畜者，奏乐者，等等。上引东乡地名中除
铁匠外，还有与生活用品有关的，如银匠、碗匠；与皮革、麻制品加工有
关的，如皮匠、麻匠、毛毛匠等；与竹木加工有关，如背箦匠等，这些显
然比弓甲匠达鲁花赤负责的范畴宽泛得多，而与诸王怯薛所辖怯薛执事的
性质相一致。

由于元代诸王怯薛所辖怯薛执事具有宿卫亲兵的性质，所以在历任吐蕃等处宣慰使中，驸马纽林的斤兄弟拥有宿卫亲兵的可能性最大。如果这些怯薛执事果真是纽林的斤兄弟担任吐蕃宣慰使时所拥有的怯薛执事，那么这些人的来源应当以高昌回鹘、哈剌鲁等西域民族居多。高昌回鹘、哈啦鲁等西域民族不但有着发达的商业，其手工业在当地也占据着重要的地位。所以从今日东乡遗留的地名来推断，这些工匠村名更像是蒙古地名，但人员却与高昌回鹘、哈啦鲁等西域民族的工匠在此居住有较大的关系。

以上是文献中与东乡族族源有关的一些记载，加上前面有关哈喇鲁人迁居到河州东乡阿里麻土（包括今果园乡）的推断，我们虽然很难就东乡族族源形成一个完整的链条，但初步的轮廓还是可以见到的，即：（1）明代河州东乡一带有元代时从西域迁徙过来的信仰伊斯兰教的哈喇鲁人居住，且居住地域较为广泛，因此来此居住的哈喇鲁人不在少数。（2）明代河州东乡一带有大量元代时迁居进来的工匠，这些工匠不大可能是不擅长手工业的西番或蒙古族，可能性较大的应当是西域迁徙来的工匠。这些工匠在迁来之初，有可能就已信仰伊斯兰教，也有可能信仰其他宗教，但最终皆皈依了伊斯兰教。（3）从麻失里蒙古千户所到今天锁南镇马十里村的巨大变迁，可以断定有相当数量的居住在河州东乡的蒙古人、高昌回鹘人或其他民族的人，经过漫长的历史长河，最终改信了伊斯兰教，成为今天东乡族的一部分。（4）明代河州东乡境内除上述居民外，还生活着大量的藏族，《明英宗实录》卷66正统五年四月甲戌载：

> 敕镇守陕西都督同知郑铭、右副都御史陈镒等曰："得奏言河州番民领占等先因避罪逃居结河里，招集人众，立他力管族占耕田地，不报籍纳粮。又藏匿逃亡，累劫军民及往来商旅。岷州卫指挥叶青等往彼体实，受略而还，尔等欲调官军擒捕领占之众，并治叶青等罪。朕念番性生拗，所犯亦在革前。若遽加之以兵，不免累及无辜。尔等宜从长计议，遣人抚谕令其改过自新，将聚集之众各遣回本业。所劫军民牛、羊等物，如番人事例追给还主。如彼冥顽不服，即斟酌事情，调军擒捕，务出万全。其叶青等体覆得实，执问如律。"

（5）麻失里蒙古千户所的变化虽然是个案，但在东乡族的族源中，由其他民族转化而来的案例非常之多，如藏族，河州自"安史之乱"以来就为吐蕃所据。元朝在河州设吐蕃等处宣慰使司都元帅府。这些藏族中的一部分成为东乡族形成过程中。如果考虑到东乡族族源中还有大量藏族、回族、汉族等其他民族成分的话，可以说东乡族的族源应当是多元的，其主体应当以哈喇鲁人、蒙古人、高昌回鹘人为最早的组成部分，后来又融入了大量藏族、回族、汉族等其他民族成分。

文化篇

一 洮州湫神奉祀文化的解读

（一）导言

龙神崇拜在中国十分普遍，但与大多龙神崇拜不同的是，洮州（今甘肃临潭县新城）民间祀奉的 18 位湫神（男性称"龙王"，女性称"圣母"或"娘娘"，通称湫神）均为明代开国功勋或皇亲贵戚，这在全国的龙神崇拜中十分罕见，堪称奇葩异草。1938 年，顾颉刚先生在甘青地区考察时曾对洮州湫神奉祀产生了极大的兴趣和关注，他在《西北考察日记》中写道：

> 临潭十八乡有十八龙神，其首座曰"常爷"（当地神、佛不分，均称为爷——引者注），即常遇春。其他亦并明初将领……盖此间汉人皆明初征人之后裔，各拥戴其旧主为龙神，以庇护其稼穑。①

1947 年，陆泰安在《洮州记略》中对岷县维新乡元山咀农历五月十二日高庙迎神赛会描写得更加具体生动，他写道：

> 每逢此日，洮岷抬诸神十余位赶会，村村相迎，家家恭祀，山巅形成闹市。男女人等穿红戴绿，其徒步顶礼赴会朝山者不下五千人，往来参神，逢场做戏。待诸神登山后，就在高庙的戏台下，先由抬神者乱跑乱跳，继则护神者持刀玩棒，喊声震天，飞石乱舞，杀气凌

---

① 顾颉刚：《西北考察日记》，载《甘肃文史资料选辑》第 28 辑，甘肃人民出版社 1986 年版，第 66 页。

人。人们往往将平日的新仇旧恨都搬到这儿来重演了。每年因报复而伤亡者，不可胜数。这一天，诸神供宿这庙，凡是远道前来赶会者，大都食宿于此。他们彻夜高唱，那新颖香艳的词句，婉转嘹亮的声韵，动人魂魄，醉人心神。男女问答相和，若彼此情意融合，即在庙前神龛，权作结婚前奏，同席者不以为奇。翌日诸神纷纷乘轿回府，人们就在此复仇、艳遇，以难解难分的场面结束了一年一度的高庙盛会。①

除此之外，陆俊光的《洮州东北乡》②、陈通哉的《陇南民间生活散记》③以及谷苞、陈安宅先生的田野调查中亦曾论及此事。20世纪80年代以来，随着民俗学研究的不断深入，洮州地区独特的湫神奉祀又一次引起国内学术界以及地方热心人士的关注，并发表了一系列论著，较具代表性的有：晏云鹏《洮岷地区"龙神"信仰探源》④、柯杨《苏皖古俗在甘肃洮河流域的遗存》⑤《诗与歌的狂欢节》⑥、杨士钰《论临潭新城端午节龙神赛会的文化意蕴》⑦、李璘《甘肃岷县民间的湫神崇拜》、周大明和阙岳《民俗：人类学的视野——以甘肃临潭县端午龙神赛会为研究个案》⑧等。可以说，洮州湫神奉祀已越来越多地引起学者们的关注。本节愿在前人研究的基础上，就洮州地区湫神奉祀所折射出的文化意蕴做进一步研究。

（二）洮州地区湫神奉祀的概述

在洮州民间神学系统中，比佛教、道教更为浓厚的信仰便是湫神崇

---

① 陆泰安：《洮州记略》，《西北通讯》1947年第6期。

② 陆俊光：《洮州东北乡》，《新西北》第四卷，1941年第4期。

③ 陈通哉：《陇南民间生活散记》，《西北研究》第五卷，1942年第4期。

④ 晏云鹏：《洮岷地区"龙神"信仰探源》，《西北民族学院学报》（哲学社会科学版）1998年第3期。

⑤ 柯杨：《苏皖古俗在甘肃洮河流域的遗存》，《江苏社会科学》2000年第3期。

⑥ 柯杨：《诗与歌的狂欢节》，甘肃人民出版社2002年版。

⑦ 杨士钰：《论临潭新城端午节龙神赛会的文化意蕴》，《甘肃高师学报》2001年第1期。

⑧ 周大明、阙岳：《民俗：人类学的视野——以甘肃临潭县端午龙神赛会为研究个案》，《民俗研究》2007年第2期；李璘：《甘肃岷县民间的湫神崇拜》，李璘《文史漫笔》，甘肃人民出版社2001年版，第141页。

拜。湫神奉祀在洮州十分普及，影响极大，境内湫神庙林立、香火旺盛。湫神的奉祀者主要是当地人口占绝大多数的汉族，部分藏族和土族也有崇拜龙王的。洮州地区的湫神奉祀有一村或数村奉祀一位湫神的，也有一乡祀奉数位湫神的，而"歇马店"（龙王驻足的行宫）更是遍及村村寨寨，因此当地湫神的传说远较 18 位多，18 位湫神只是较具代表性和被官衙承认的湫神。现将洮州地区 18 位湫神列表如下：

洮州十八湫神

座次	姓名	神衔	立庙地方
1	常遇春	敕封总督三边常山盖国都大龙王	冶力关乡池沟
2	徐　达	敕封陀龙宝山都大龙王	新城乡城背后
3	李文忠	敕封镇三边朵中石山镇州都大龙王	新城乡大石山
4	胡大海	敕封洮河威显黑池都大龙王	新堡乡青石山
5	郭　英	敕封普天同知显应龙王	扁都乡杨家沟
6	康茂才	敕封东郊康佑青龙宝山都大龙王	新城乡晏家堡
7	马秀英	敕封九天化身白马太山元君	长川乡冯旗村
8	朱亮祖	敕封南部总督黑池都大龙王	流顺乡上寨村
9	安世魁	敕封镇守西海感应五国都大龙王	临潭县城关镇
10	赵德胜	敕封祥渊赤察都大龙王	陈旗乡石旗崖
11	朱　氏	敕封西郊透山响水九龙元君	头永乡白土村
12	花　云	敕封四季九旱降房护国都大龙王	流顺乡水磨川
13	郭宁妃	敕封金木元君	陈旗乡牌路下
14	武殿章	敕封五方行雨都大龙王	总寨乡秦关村
15	成世疆	敕封成沙广济都大龙王	羊沙乡甘沟村
16	张德胜	敕封祥眼赤察温卜都大龙王	陈旗乡梨园村
17	韩　成	敕封水司杨四将军都大龙王	陈旗乡韩旗村
18	刘　贵	敕封金龙龙洞宝山小吉都大龙王	扁都乡刘旗村

上述湫神均为明朝开国将领或皇亲贵戚，其中徐达、常遇春、李文忠、胡大海、康茂才、朱亮祖等开国勋臣自不必待言，而郭英、赵德胜、张德胜、花云、韩成等《明史》或有传或有载；[1] 马秀英即朱元璋的马皇

---

① 郭英、赵德胜、张德胜、花云《明史》有传，分见《明史》卷 130、133、289；韩成载于《明史》卷 105。

后；郭宁妃为朱元璋的后妃、郭英的同胞姐妹；朱氏乃朱元璋的姐姐、李贞之妻、李文忠的母亲，追封曹国长公主。至于安世魁、武殿章、成世疆、刘贵等《明史》虽无载，但在《大明英列传》中为明初开国将领，如武殿章在民间说唱故事中常与李文忠等一同征战。而成世疆据当地传说为南京人，元末战乱时迁徙到临潭甘沟，洪武初年，邓愈平定河州，成世疆投入明军，随军四处征讨，屡立战功。从云南返回临潭时，路过宕昌腾腾桥遭遇土匪袭击身亡。现在甘沟成姓人家均为成世疆后裔。

甘肃地方神祇可谓千姿百态，但无论神祇的形象以及原型如何，其神学功能大多以祈求风调雨顺、五谷丰登、祛病避灾、保地方平安为主，正因如此，龙神奉祀便成为甘肃地方神祇中最为普遍的祭祀活动。各类地方神祇大多演变成龙神。中国古代龙神奉祀由来已久，但龙被赋予人物形象而演变为"龙王""龙王爷""湫神"等大抵在唐代以后，甘肃亦如此。《太平广记》卷492引《灵应传》载，唐代泾州（今甘肃泾川县）善女湫有一位九娘子水神，其社会关系十分复杂，"内外昆季，百有余人，散居吴越之间，各分地土，咸京八水，半是宗亲"。其父受封为普济王，九娘子"即王之第九女也，笄年配于象郡石龙之少子"。其夫因触犯天条，遭天谴，"覆宗绝嗣，削籍除名"。九娘子也因此受到牵连，被谪居泾州善女湫为水神。张维《陇右金石录》卷2收有唐代《泾州龙王湫祠碑》，此龙王湫祠在康熙《大清一统志》中仍见载，它很可能就是供奉九娘子神的善女湫祠。据《陇右金石录》载，宋初，泾州天旱祈雨，地方官重修善女湫庙，有《重修善女湫庙记》流传于世。唐代曾在今甘肃正宁县境内立《要册湫碑》。太平兴国二年（977），翰林学士扈蒙奉敕撰写《显圣庙碑》，奉祀要册湫神。元丰四年（1081），秦州（今甘肃天水市）大旱，地方官师迎天水县太祖山湫神于州府，设位致祭祈雨，后甘霖果致，朝廷因此特封太祖山湫水神为灵源侯。淳熙十年（1183），朝廷为阶州福津县（今甘肃武都市）保沙湫龙神庙赐额祥渊庙，知州田世雄立《祥渊庙碑》；庆元四年（1198），朝廷又加封祥渊庙神为惠泽昭应侯，有《祥渊庙加封碑》为证。绍定二年（1229），西和州（今甘肃西河县）同判吕光远、团练副馆贾子坤与大潭县（今甘肃礼县西南太塘乡）进士周公英为西和州龙神祠立《西和州灵济庙碑》。① 此外，《陇右金石录》卷3还收有宋代《成州龙池湫潭庙碑》、两当《灵应泉记》等碑铭。元代对于龙神亦十分重视，至正九年（1349），礼店（今甘肃礼县）地方曾重修湫山通济庙，立有《秋山观音圣境碑》。至正十六年，按竺尔后裔，敦武校尉、达鲁花赤阿都只在礼店率乡民重修雷王灵潭庙，并撰有《黑池德圣忠惠威显广济王神道碑记》。② 所有这些足以说明湫神奉祀在唐代以来的甘肃早有流传，只是这些湫神均为民间神话人物，尚未见以历史或当朝勋烈为原型者。进入明代后，龙的信奉被再次提高，如明太祖朱元璋就曾下诏将宗庙内的彩画蟠螭改为龙。③ 此时期甘肃境内的湫神奉祀更为普遍，并开始将历代功臣勋烈、地方英贤以及各类民间神祇整合起来，从而形成名目繁多、各具地域特色的湫神，如岷州（今甘肃岷县）、临洮（今甘肃临洮县）、秦州、成州（今甘肃成县）等地均有特色各异的湫神奉祀。但无论湫神名目如何繁多、功能如何差异，各地迎神、祭神、游神、赛神、送神等祭祀仪式却是惊人的相似，溯其本源，显然是受明代官方神灵祭祀仪式的影响。《明会典》中大凡祭祀活动，其仪式不外乎齐戒、告祝、省牲、正祭、迎神、奠帛（币）、初献、亚献、终献、饮福、彻豆、送神、望燎等。④《岷州志》载岷州官方祭祀仪式为省牲、迎神、奠帛、三献、饮福、受胙、撤馔、送神、望燎等，⑤ 与明廷几无二致。民间祭祀自然不会如此庄重、繁缛，相反却增添了游神、赛神（会）等项目以提高娱乐性。

洮州湫神信仰的历史有几百年之久。光绪《洮州厅志》卷2《风俗》载："五月五日……择月厌日，由官给箚，请十八位龙神，上朵山禳雹，回至西关外赛会，男女皆喜赴之"；《洮州厅志》卷3《建置·寺观》载："龙王庙，邑龙神有十八位，庙宇建造极多，几于庄堡皆有。天旱禳雨于神池，其应如响，乃一方之神福也。"今临潭县各地的湫神庙里仍供奉着各自湫神的木刻偶像，群众有病或灾祸时，到湫神庙内烧香，请湫神禳灾。各地湫神均有各自的祭祀日，届时信徒到湫神庙进香许愿、还愿，形

---

① 张维：《陇右金石录》卷3，民国三十二年甘肃省文献征集委员会校印，甘肃省图书馆藏。

② 同上书，卷3、卷4。

③《明太祖实录》卷60洪武四年八月壬子。

④《明会典》卷45、卷51、卷89。

⑤（清）田而穟纂：（康熙）《岷州志》卷7《秩祀》，甘肃省图书馆藏。

成规模盛大的庙会。每个湫神庙会都有固定的迎神、祭神、游神、赛神、送神等祭祀仪式。在洮州，规模最大的湫神祭祀活动在每年农历五月初五至初八。当地群众将五月初五这一天叫"跑佛爷"，各乡村的青壮年天一亮就用轿子抬着18位湫神像，跋山涉水，来到洮州新城（今临潭县新城乡）外，先举行"献羊"仪式。下午集中到东门内，经地方官员和商会会长等主持"降香"仪式后，人们便抬着自己的湫神飞跑，以最先到达城隍庙大殿落座为胜。第二天叫"踩街"，各路赛神队伍抬神轿、举銮驾、列仪仗、奏鼓乐，按座次先后出城隍庙缓缓游街，两侧住户、商店皆燃放鞭炮、焚香、迎神、谢神，然后返回城隍庙重新入座。第三天叫"上山"，18位湫神由信徒抬上城西北面的朵山，进行禳雹除灾，祈雨求丰、保佑太平的活动。回城后，在西门外岔路口"扭佛爷"，下午18位湫神返城隍庙，黄昏时出庙，各路队伍抬湫神回到各自本庙，重新接受群众膜拜。这三天各地群众在新城举行"花儿"庙会。另外，每年农历五月十二日，洮、岷两县交界处的群众还将他们信奉的湫神抬到岷县中坪高庙进行联合祭祀，只是此时两地的庙会祭祀、赛神、祈禳、还愿、唱神花儿等活动早已不再像陆泰安《洮州记略》描绘的那般"飞石乱舞、杀气凌人"了，野合现象也基本绝迹。

（三）洮州十八湫神的演变

洮州湫神奉祀与明初功臣祭祀有渊源关系。明代开国之初，朱元璋为表彰和激励有功将士，将开国功勋配祀太庙。"洪武元年，造太庙……二年孟春，享太庙以功臣，七人配享。"[1] 这七人是廖永安、俞通海、张德胜、桑世杰、耿再成、胡大海、赵德胜。[2] 同年，朱元璋敕命在江宁府东北的鸡笼山建立功臣庙，"序其封爵，为像以祀"[3]；三年，定亲王从享，皆设位，东庑西向；功臣配享，皆设位，西庑东向，定配享功臣常遇春以下凡八位。四年，太祖谓中书省臣："太庙之祭，以功臣配列庑间。今既定太庙合祭礼，朕以祖宗具在，使功臣故旧殁者得少依神灵，以同享祀，不独朝廷宗庙盛典，亦以寓朕不忘功臣之心。"全国统一后，朱元璋列功

---

① 《明会典》卷81《礼部四十》。

② 《明史》卷50《礼志》。

③ 《明太祖实录》卷38洪武三年十二月。

臣 21 人于功臣庙，并敕命全国各地立庙祭祀。① 八年，"增祀鸡笼山功臣庙一百八人"。九年，新太庙成，以徐达、常遇春、李文忠等 12 位配于西庑，罢廖永安。② 洪熙元年，升张玉、朱能、王真荣、姚广孝四人配享太庙，从而使配祀功臣增至 16 位。《明会典》卷 81《礼部四十》"功臣配享坛"记载的这 16 位功臣是：

> 中山武宁王徐达、开平忠武王常遇春、岐阳武靖王李文忠、宁河武顺王邓愈、东瓯襄武王汤和、黔宁昭靖王沐英、虢国忠烈公俞通海、蔡国忠毅公张德胜、越国武庄公胡大海、梁国武桓公赵德胜、泗国武庄公耿再成、永义侯桑世杰、河间忠武王张瑜、东平武烈王朱能、宁国忠庄公王真荣、恭敬公赠少师姚广孝。

嘉靖九年，以廖道南言，罢姚广孝。嘉靖十年，以刑部郎中李瑜议，进刘基，位次六王。嘉靖十六年，以武定侯郭勋奏，进其祖郭英配享太庙。至此，配享太庙的功臣达 17 位。在这 17 位功臣中，有的不仅为太庙配祀，而且在洪武时就已为地方所奉祀。《明会典》卷 87《礼部四十六》载：

> 如至若有明一代之臣抗美前史者，或以功勋，或以学行，或以直节，或以死事，胪于志乘，刻于碑版，匪一而足。其大者，鄱阳湖忠臣祠祀丁普郎等三十五人，南昌忠臣祠祀赵德胜等十四人，太平忠臣庙祀花云、王鼎、许瑗，金华忠臣祠祀胡大海，皆太祖自定其典。其后，通州祀常遇春，山海关祀徐达，苏州祀夏原吉、周忱，淮安祀陈瑄，海州卫祀卫青、徐安生，甘州祀毛忠，榆林祀余子俊，杭州祀于

---

① 《明史》卷 50《礼志》"功臣庙"条载："太祖既以功臣配享太庙，又命别立庙于鸡笼山。论次功臣二十有一人，死者塑像，生者虚其位。正殿：中山武宁王徐达、开平忠武王常遇春、岐阳武靖王李文忠、宁河武顺王邓愈、东瓯襄武王汤和、黔宁昭靖王沐英。羊二，豕二。西序：越国武庄公胡大海、梁国公赵德胜、巢国武壮公华高、虢国忠烈公俞通海、江国襄烈公吴良、安国忠烈公曹良臣、黔国威毅公吴复、燕山忠愍侯孙兴祖。东序：郧国公冯国用、西海武壮公耿再成、济国公丁德兴、蔡国忠毅公张德胜、海国襄毅公吴桢、蕲国武义公康茂才、东海郡公茅成……两庑各设牌一，总书'故指挥千百户卫所镇抚之灵'。羊十，豕十。以四孟岁暮，遣驸马都尉祭。"

② 《明史》卷 50《礼志》。

谦,萧山祀魏骥,汀州祀王得仁,广州祀杨信民、毛吉,云南祀沐英、沐晟,贵州祀顾成,庐陵祀刘球、李时勉,广信祀邓颙,宝庆祀贺兴隆,上杭祀伍骥、丁泉,庆远祀叶祯,云南祀王祎、吴云,青田祀刘基,平阳祀薛瑄,杭州祀邹济、徐善述,金华祀章懋,皆众著耳目,炳然可考。

《明一统志》卷32"西安府"载:"开平忠武王庙,在长安县治西。王本朝常遇春也,以开陕功,朝廷敕有司立庙,岁时致祭。"可见,洮州18位湫神就是以配享太庙的功臣为原型,根据洮州戍边将士的好恶削减增添而来,如洮州18位湫神与明初配享太庙的功臣相比,保留有徐达、常遇春、李文忠、张德胜、胡大海、赵德胜、郭英7人,削减了沐英、邓愈、汤和、俞通海、耿再成、桑世杰、张玉、朱能、刘基、真荣10人,增添了康茂才、朱亮祖、安世魁、花云、成世疆、韩成、马秀英、朱氏、郭宁妃、武殿章、刘贵11人。在削减的10人中,有的被邻县奉祀,如沐英等;有的未曾征战洮州等地,如汤和等;有的因罪削爵赐死不在祀奉之列,如刘基、桑世杰等;有的不知何故,如邓愈等。

以往认为洮州地区的戍边将士之所以将徐达、常遇春、李文忠等奉为湫神,原因是各拥戴其旧主为"神",现在看来这一观点有待商榷,如18位湫神中至少有常遇春、汤和、康茂才、胡大海等12人根本没有到过甘肃,徐达等虽曾率兵征战西北,但只是间接的统帅,而直接的首领除李文忠被奉祀为洮州湫神、沐英被奉祀为岷州湫神外,邓愈、宁正等根本不在洮州18位湫神中。再如洮州18位湫神中的常遇春、胡大海,岷州湫神中的沐英,据说都是回族。若以旧主论,则常遇春、胡大海、沐英的部下应有一定数量的回族,回族将士将自己的旧主奉为湫神,这与伊斯兰教不崇拜偶像的教规相悖。所以常遇春、胡大海、沐英等并不是以旧主的身份被奉祀为湫神的,而应当是以明初功臣的身份被洮州戍边将士奉为湫神的。以明初功臣的名义奉祀为神,这是朝廷的意愿,在当时的历史环境下,回族是不可能反对的。实际上,许多自称是戍边后裔的洮州回族,如临潭县丁姓、敏姓回族等并没有参与到18位湫神的奉祀活动中,他们与常遇春、胡大海等被奉祀为湫神无关。

如果上述推断不谬的话,洮州地区18位湫神的最终形成大约在明中期以后,依据为:(1)《明会典》卷87《礼部》及《明史》卷51《礼志》均载，郭英是在嘉靖十六年，经武定侯郭勋上奏，才被移进太庙、配飨皇祖的，而其作为洮州 18 龙王之一还要经过相当长的一段融合期才能完成，至少在嘉靖年间不大可能被奉为湫神。（2）明代立国之初，朱元璋曾下令重新厘定祀典，用礼来规范神的祭祀，"礼所以明神人、正名分，不可以僭差"。规定五岳、四渎、五镇之神一律去掉前代所奉名号，只以山水本名称神，这使得众多本已拟人化的神灵重新变为自然神灵。明太祖为此特意在诏书中强调："天下神祠，无功于民，不应祀典者，即淫祠也。有司无得致祭。"① 但时日一久，这些原本属于朝廷祀殿内的自然神灵，又被民间加封了许多名号，慢慢变成了"人鬼"。明初配享太庙的功臣原本是人，不是神，因此不太可能在功臣名下加封许多民间官号，但斗转星移，这些功臣在洮州地区逐渐演变成拥有各自名号的湫神，成为自然神灵与忠臣烈士相结合的"人鬼"。而这一过程的完成不可能在明初，应在明中叶以后。(3)《明史》卷51《礼志》载："明制，皇姑曰大长公主，皇姊妹曰长公主，皇女曰公主……亲王女曰郡主，郡王女曰县主，孙女曰郡君，曾孙女曰县君，玄孙女曰乡君。"洮州 18 位湫神中有三位女性皇戚，一位是长公主，一位是皇后，一位是王妃，但在洮州他们皆被称为元君。元君是道教对女仙的尊称，用它来称呼皇亲贵戚明显有悖于朝廷的规定，即使在民间也是绝对不允许的。但当这些人物的政治属性被渐渐淡化时，其形象才能在民间被演绎成道教人物，而这一过程的完成，同样应在明中叶以后。

（四）洮州湫神奉祀的文化蕴意

明代功臣庙正殿立有一牌位，总书"故指挥千百户卫所镇抚之灵"②，可见朱元璋敕令建立的这些"神"，应当视作军队的"偶像"，属"军神"。然而这些被朱元璋敕令在全国范围内普遍奉祀的"军神"，在明中期以后的地方志中已是桑榆暮景、身影难觅，却唯独在洮州地区这些"军神"得以独享奉祀、神运久长，这显然与洮州地区湫神奉祀中所折射出的历史、人文背景和社会环境密切相关。

1. 戍边将士在构建本土文化中发挥了主导作用

所谓主导作用，主要指两方面的因素：一是指戍边将士在明代洮州人

---

① 《明太祖实录》卷53 洪武四年元月。
② 《明史》卷50《礼志》。

口中占据了绝对优势，并一直延续到今天；二是指以戍边将士为核心创建的屯堡文化始终引领着本土文化的进程。

今日临潭县新城居民中的绝大多数都自称是明初江淮戍边将士的后裔。这显然与明初洮州卫的设置有直接关系。明朝建立之初，为了防御西番与故元蒙古势力，朝廷在河（今甘肃临夏回族自治州）、湟（今青海西宁市）、岷（今甘肃岷县）、洮（今甘肃临潭县）、松（今四川松潘县）、叠（今甘肃迭部县）、宕（今甘肃宕昌县）一带设置了众多卫所，以守备大明帝国的西北边陲，洮州卫便是其中一个重要的卫所。洮州卫的设置与洪武十二年洮州十八族番首三副使汪舒朵儿、瘿嗉子、乌都儿及阿卜商等叛乱有直接关系。为了平定这次叛乱，征西将军沐英奉命从岷州"移兵讨之"。洪武十二年，"沐英等兵至洮州故城，番寇三副使阿卜商、阿汪顺、朵罗只等率众遁去……遂于东笼山南川度地势筑城戍守，遣使来报捷，且请城守事宜，上曰：'洮州西番门户，今筑城戍守，是扼其咽喉矣。'遂命置洮州卫，以指挥聂纬、陈晖、杨林、孙祯、李聚、丁能等领兵守之"；敕"河州二卫之兵止留一卫，以一卫守洮州"；同年，改河州左卫为洮州卫，升河州、洮州卫为军民指挥使司，隶陕西都司①，五月，"金大都督府事、奉国将军金朝兴奉总兵官、征虏左副将军、曹国公钧旨，督工成造"洮州卫城②。新建成的洮州卫是一个孤悬于西番之中的移民城堡，除直属千户所外，它甚至管不了洮州千户所等土千、百户。③ 因此明初洮州卫的人口构成十分单一，主要为戍边将士。

《读史方舆纪要》卷130《舆图要览》"洮州镇"载：洮州镇属卫1，关5，寨2，堡24。马步官军6715员名，其中洮州卫有马步官军5622员名，高楼等关有马步官军72员名，杨升等寨马步官军30员名，济洮等堡马步官军450员名。此外还有舍人土兵800名。《读史方舆纪要》所用史料"大约以嘉、隆间为断"④，而嘉、隆时各地卫所屯丁多有逃离，所以

---

① 《明太祖实录》卷123、125；（嘉靖）吴祯纂：《河州志》卷1《地理志·沿革》为洪武十二年"革行都司"。又以洮州卫为右卫，河州卫为左卫。但从地理方位看，洮州在河州的东南方，故从《明太祖实录》。

② 《临潭筑城工竣碑》，此碑现存于临潭县新城乡城隍庙内。

③ 洪武十六年岷县《二郎山铜钟铭文》（此铜钟现存于岷县二郎山钟亭）记载。

④ （清）顾祖禹撰：《读史方舆纪要》"凡例"，贺次君、施和金点校，中华书局2005年版。

明初洮州卫的军队人数应较嘉、隆时明为多。但即便如此，明初洮州至少有六千余官军在此屯田戍边，若加上随军家属、军余等，则明代洮州卫仅戍边移民就有 3 万余人。① 清朝初年，除少量屯丁外，② 大部分戍边移民的后裔均转为民户。据光绪三十三年《洮州厅志》卷 4《赋役》"户口条"载：洮州自同治兵燹后，各署案卷具已焚失，故历朝户口皆不可考。自同治兵燹后至光绪五年（1879），清查汉民 3541 户，共 20430 口；回民 1250 户，10116 口。现查汉民共 5672 户，40920 口，回民共 1668 户，10683 口。由于洮州地处偏远山区，自明初戍边移民后，很少有大批外来人口迁移至此，所以上述人口中除回族有一部分来自其他地方外，大部分人口应为戍边移民的后裔。换句话说，明代洮州新城的汉文化是戍边移民嵌入进来的，它的到来为该地区的文化镌刻了鲜明的戍边移民的烙印，它使得洮州地区以戍边移民为主体的屯堡文化在构建本土文化中发挥了主导作用，这一点在"军神"向"湫神"的嬗变中表现得尤其突出。由"军神"向"湫神"嬗变实际上就是一个由"军神"到"民神"的转变过程，但是在这一过程中，"军神"很难借助国家的意志和力量，只能依靠自身的影响力完成嬗变。所以，"军神"奉祀一旦丧失或缺乏足够的民众支持，其影响力将大为减弱，从而失去自我，湮没在汪洋大海的"民神"之中。明代众多"军神"的迅速消亡均与丧失或缺乏这种足够的自身影响力有密切关系。洮州一带众多的"军神"之所以能够最终嬗变为"湫神"，恰恰折射出明代洮州地区以戍边移民为代表的屯堡文化在"军转民"的本土化过程中对当地农耕文化的强大影响，而这种强大影响恰恰是依托在明代洮州地区戍边移民在当地农业人口中占有绝对优势这一基础上。

明代洮州地区以戍边移民为主体的屯堡文化不仅在构建本土文化中发挥了极其重要的主导作用，而且在洮州地区屯堡文化甚至超越土著文化而引领着本土文化，成为本土文化中的主流文化，如明代卫学的设置就肇始于河、岷、洮地区。嘉靖《河州志》卷 2《学校志》载："洪武五年，设

---

① 杨思、张维等纂：《甘肃通志稿》卷 30《民族》在明嘉靖时洮州卫："户一千四百三十，口三千六百二十五"，这与《读史方舆纪要》所载相差甚远，故以《读史方舆纪要》为准。

② （明）杨思纂，（清）纪元续纂：《巩昌府志》卷 12《官政上》，康熙二十六年刻本，甘肃省图书馆藏。

河州府儒学，师儒五员，廪增各四十名。十二年，改置河州卫军民指挥使司"，河州府儒学遂成为河州卫学。《明史》卷75《职官四》载："又有都司儒学，洪武十七年置，辽东始。行都司儒学，洪武二十三年置，北平始。卫儒学，洪武十七年置，岷州卫〔始〕。"洮州卫学是永乐十七年李达任职内设立的。① 李达于永乐元年（1403）调任洮州，正统十年（1445）病故，其墓志铭曰："四十年间，威震边西，千里冰静。创墩台瞭望，处处农猎；开卫学教化，家家诗书。时风俗美，中外肃然。实赖公之力所致也。"洮州卫学的设置使得当地的文化教育在戍边将士的带动下有了长足的发展。

戍边移民还是该地区先进科学技术的传播者，他们将先进的生产工具和生产技术带到了当地，从而使内地先进的农业文明扩展到边地。实际上，无论是古代还是近代，汉文化对该地区的影响是最大的，既不是强大的政治、军事力量，也不是儒、道、释三教，而是汉文化中先进的科技因子。洮州地区各民族虽文化渊源、宗教信仰、语言风俗不尽相同，历史进程也先后不一，但其社会发展的取向基本上是沿循着"屯堡文化"的价值取向和进程的。洮州地区少数民族在从游牧文明向农耕文明的转换过程中，无一不是从"屯堡文化"那里潜移默化地汲取了先进的耕作技术。明代洮州地区移民文化不仅带动了当地少数民族的文化进步，同样也带动了当地汉文化的发展。但是，明代洮州"屯堡文化"强大的主导作用，又使明代洮州"屯堡文化"具有极强的排他性和封闭性，如明廷规定的历代功臣祭祀中西平郡王李晟就是一个出生于洮州，曾经为唐王朝建立过特大功勋，并在当地历史上留下显赫声名的英雄，② 然而这样一位名人却在洮州龙王奉祀中未能占有一席之地，只能入选岷州18湫神。明代洮州"屯堡文化"的这种排他性和封闭性使洮州"屯堡文化"越来越成为一个文化孤岛。

2. 湫神奉祀是国家祭祀与民间宗教的完美结合

洮州卫设置后，立即着手文化制度的建设，这其中除文庙、卫学等官方儒学体系的建设外，还有官方神学体系与民间神学体系的构建。在官方神学体系中，明初洮州卫相继建有社稷坛、风云雷雨山川坛、郡厉坛、城

---

① 《明一统志》卷37 "洮州卫军民指挥使司"。

② 《明会典》卷84《祭祀五》。

隍庙、旗纛庙、神禹庙、真武庙等，而湫神崇拜则属于民间神学体系，只是由于戍边将士在洮州卫所占据的主导地位，这种民间神学均带有浓郁的官方色彩。

明初朝廷将徐达等开国功勋奉祀为"军神"，彰显的是忠臣烈士"忠君""勇武"的伟绩和精神，它体现了国家意旨，属国家祭祀。洮州湫神奉祀由地方官绅主祭，属地方官方祭祀。对于朝廷以及地方官师而言，洮州湫神奉祀除祭奠功臣这层含义外，还有着更为现实的意义，那就是朝廷通过祭奠功臣，以达到激励戍边将士拓疆守土、立功边陲、精忠报国的目的。在明初，由于戍边将士有着较强的国家观念和责任感，所以这样的祭奠的确取得了不俗的成效。但是明中期以后，随着军屯的日益颓废，戍边将士的大量逃亡，明廷仍然依靠这种带有明显的政治说教与功利色彩的祭奠已很难唤起和激励戍边将士世世代代保卫边疆的激情与责任感。因此，军神虽然被朝廷所提倡，但很难与人民生活息息相关，其影响力亦十分有限，只能局限在军队及军属范围内。所以军神如果不能从更深层次上与老百姓休戚与共的民间宗教结合起来，就会因缺乏有效的政治基础和广泛的群众基础而难以被社会认同和继承。

相较功臣祭奠，明代洮州的湫神祭祀对于洮州戍边将士而言，有着更为切身的现实意义。"洮州隘塞临边隅，按籍大半番人居。"① 地处黄土高原与青藏高原交界处的洮州，干旱少雨，雹灾频仍，因此洮州湫神祭祀以祈求降雨、驱雹镇水为主，凡吉凶、祸福、盈亏、丰歉等事均在祈祝之列，它饱含了乡民祈福祛灾、企盼风调雨顺、五谷丰登的殷切期望。这种祭祀具有非常鲜明的民间信仰色彩，与属于精英文化的功臣祭祀所表达的象征意义大相径庭。在民间湫神祭祀的话语中，人们并不太理会或追问 18 位功臣的来历与可信程度如何，而只折服于神降灵显时的鬼怪奇异，如《洮州厅志》在提到 18 位湫神时，只云"天旱禳雨于神池，其应如响，乃一方之神福也"，却根本不提朝廷祭祀功臣的初衷，这说明在民间祭祀的话语中，18 位功臣是按照乡土神祇来塑造的，加封的官号均为民间官号，与功臣生前的官职几乎不沾边。但是，民间话语中的湫神祭祀如果不能与国家提倡的价值取向相一致，不能将国家精神包含在其中，很容易被视为"淫祠"，而明代对于民间各种宗教与迎神赛会活动是明令禁止

---

① 田而襚纂：(康熙)《岷州志》卷 19《艺文下》，甘肃图书馆藏。

的。《明会典》卷165《律例六·禁止师巫邪术》载：

> 凡师巫假降邪神、书符咒水、扶鸾祷圣，自号端公、太保、师婆，及妄称弥勒佛、白莲社、明尊教、白云宗等会，一应左道乱正之术，或隐藏图像、烧香集众、夜聚晓散，佯修善事，煽惑人民者，为首者绞，为从者各杖一百、流三千里。若军民装扮神像、鸣锣击鼓、迎神赛会者，杖一百，罪坐为首之人。里长知而不首者，各笞四十。

正因如此，明代洮州戍边将士在祈求降雨禳灾、五谷丰登时，不得不将光怪离奇的民间神祇披上官方外衣，如新城镇群众至今仍将18位湫神中的朱氏称为西郊透山响水九龙元君白土村佛爷（群众称白土娘娘）；将郭氏称为金木元君牌路下娘娘；将马秀英称为九天化身白马太山元君冯旗佛爷（群众称冯旗太太）；将武殿章称为五方行雨都大龙王伍金龙（群众称五方爷）；将刘贵称为金龙龙洞宝山小吉龙王刘旗佛爷。但是，当这些湫神在正式场合供奉时却又换上官方封号。

实际上，明代洮州的湫神奉祀就其性质而论与民间信仰并无多大区别，但地方官师对它却另眼相看，并不像对待其他民间信仰那样，目之为淫祀。其中原委恰恰与地方官师借用功臣形象宣扬国家正统文化颇有关系。作为地方官师，宣扬"忠君"与"勇武"为核心的正统文化，用"忠君"与"勇武"的观念施教于民，实现国家权力对地方社会的有效控制，原本就是地方官师应尽的职责，而尽量利用功臣故事的原型与形象，提升功臣作为神祇的象征意义，从而将"忠君"与"勇武"这一国家意识形态的重要观念输入民间社会的话语系统，正是地方官师神道设教中得以充分利用的民间信仰资源。在这里，我们不仅体察到地方官师在利用民间信仰资源，施教于民众中所付出的不懈努力，也的确看到了地方官师如何将"忠君"与"勇武"的国家精神细雨润物般地灌输到戍边将士中，以及戍边将士在奉祀明初功臣时，又如何如愿以偿地满足了祈雨禳旱、消灾避邪的祈望。从这一点讲，国家凭借湫神奉祀，很好地将地方祭祀融入国家祭祀圈中，将国家政权与洮州地方政治、国家精神与民间习俗水乳交融般地完美结合在一起，从而进一步强化了民族向心力和凝聚力，而这正是洮州地区湫神祭祀长盛不衰、得以延续到今天的主要原因之一。

3. 洮州湫神是戍边将士的自我塑造

洮州湫神作为国家价值的化身，是忠臣烈士神化和凝固了的形象，是国家对戍边将士英勇作战、拓土守疆精神的颂扬，它体现了主流文化对戍边将士的瞩望。但同时，洮州湫神还是戍边将士的自我塑造。洮州戍边将士在塑造湫神的过程中，也将自身的辉煌注入其中，使之成为戍边将士世代戍边生涯的真实写照，成为戍边将士世代奉献的自我赞誉，成为戍边将士拳拳赤子情的真实流露。正因如此，在洮州各路湫神中，无论是徐达、沐英、李文忠等开国功勋，还是安世魁、武殿章、成世疆、刘贵等传说中的英雄，无不隐含着戍边将士英勇作战、拓土守疆的形象。洮州戍边将士正是透过这些形象折射出自我，看到了曾经的辉煌。在这里，笼罩在忠臣名宦形象上"忠君"与"勇武"的国家精神，通过年复一年的湫神奉祀正一点一滴地悄然转换为戍边将士的自我激励与慰藉，成为戍边将士世世代代戍守洮州的精神支柱。所以从这一点讲，洮州戍边将士对于明初功臣的祭奠，与其说是塑造了国家神灵，倒不如说是以明初功臣为原型塑造了自我，而湫神奉祀正是这种自我价值的凝聚与展现，是戍边将士集体形象的自我升腾。

4. 洮州湫神是世代戍边将士精神家园的守护神

洮州湫神除了作为戍边将士的自我写照外，它还是戍边将士内心世界的守望者，是世代戍边将士寄托思乡之情的精神彼岸。明初洮州戍边将士从江淮等地来到洮州后，耕于斯、守于斯，洮州大地成为他们世代守望的家园。湫神对于他们而言，不仅是对往日烽火硝烟的追溯，而且还饱含着对家乡醇厚浓郁的思念，是激情与悲壮的交织。顾颉刚先生1938年在临潭新城考察时写道：

> 此间汉、回人士，问其由来，不出南京、徐州、凤阳三地，盖明初以戡乱来此，遂占地为土著；其有家谱者，大都皆都督佥事、指挥佥事及千户、百户之后。当时将领以金朝兴、李达秩最高，然其后裔亦式微矣。宋氏，明指挥佥事宋忠之后；克家自云系徐州屯头堡人。若赵、若马、若杨，皆自谓南京纻丝巷人。此间有民歌："你从哪里来，我从南京来。你带得什么花儿来？我带得茉莉花儿来。"洮州无茉莉花，其为移民记忆中语无疑也。①

---

① 顾颉刚：《西北考察日记》，甘肃人民出版社2002年版，第217、218页。

在去临潭考察之前，顾颉刚先生曾在临洮过年，其写道："三十日，旧历除夕，上街看过年风俗。夜中，心头有冤苦之妇女都到门前痛哭，且烧纸与亡者。"① 顾先生所看到的恰恰是明代戍边移民后裔的一种风俗，这种风俗不独在临洮有，在皋兰（兰州）、洮州、岷州、河州、西宁等地大凡明代甘青戍边将士集中的地方都有，如《皋兰县志》引《彭泽旧志》云："除夕，男祭于木主，妇哭于大门之内，说者谓有明之初，兰人自江南等省迁徙丁口者十居七八，妇人除夕遥祭母家亲属，天涯望哭，遂成风俗。"② 实际上，洮州戍边将士的湫神祭奠又何尝不寄托着对家乡的思念和贯穿着慎终追远的祭祖情怀。当年顾颉刚先生在临潭新城就曾看到李达后代精心保存的祖先画像，而李氏墓地以及金朝兴等戍边将领的家谱仍被后裔们细心保护着，其情感之中无不流露出戍边后裔对于逝者及家乡的怀念，而这正是今日大部分洮州人仍称自己是南京应天府绫丝巷人的主要原因。

　　洮州戍边将士的湫神祭奠往往伴随着对烽烟往事的回忆，这其中不仅蕴意和凸显着对祖先骁勇善战的颂扬，还隐约着世代戍边将士的凄切悲凉，因此，每年的洮州湫神奉祀实际上就是一次缅怀先烈、怀旧温故的回顾，如第一天跑佛爷表示兵临城下，各路将帅冲锋陷阵奋勇杀敌，一举攻入城中，守城叛军望风披靡，弃城逃跑，城中百姓喜出望外，纷纷走上街头欢迎朝廷大军的到来。第二天踩街，表示将帅们集体出动视察城防和民情，宣示军威，安抚民众。第三天上山，表示拂晓时闻报有敌情，于是众将帅到大石山登高视察，准备迎敌。敌人闻风而逃。回归途中将士们怀着胜利的喜悦，欢欣鼓舞，于是出现了扭佛爷的热闹场面。除此之外，每当湫神祭祀之日，洮州群众还要高歌祭奠神曲，追溯祖先功德。这些都足以说明洮州世代戍边将士是将湫神作为自己丰富的内心世界的寄托和倾诉的对象。

　　5. 洮州湫神强化了戍边将士的民族意识和凝聚力

　　民族意识往往在民族交往中显现出来。明初江淮将士移民到洮州戍边后，以堡寨的形式分散到西番各族之中，面对着具有浓郁宗教色彩和民间

① 《西北考察日记》，载《甘肃文史资料选辑》第 28 辑，甘肃人民出版社 1986 年版，第 36 页。

② 吴鼎新修，黄健中纂：（乾隆）《皋兰县志》卷 7，甘肃省图书馆藏。

神学色彩的西番各族，洮州戍边将士的民族意识被激活，除广泛的汉民族意识外，他们更需要一种区域范围内群体内部的文化认同，因为这种群体内部的文化认同是激励洮州戍边将士团结御敌，建设家园必不可缺的精神支柱。群体文化认同越深，群体意识就越强，洮州湫神的出现，恰恰作为一种文化载体，承担了群体文化认同的纽带，将有着共同经历的洮州戍边将士紧紧地联结在一起。所以，洮州湫神祭祀不仅仅是汉藏民族神学意义上的抗衡，更重要的是它增强了民族意识，强化了群体内部的凝聚力。它是洮州军民情感的凝聚剂，是戍边将士自我保护的一种文化力量。

6. 洮州湫神融洽了民族关系

洮州湫神虽然具有强烈的排他性和封闭性，但长期散居在藏民之中的戍边将士又不可避免地与周边各民族交流往来，以至于汉、藏、土等民族间的通婚时有发生，如临潭县八角乡的汉、藏群众每年农历五月二十五日到二十七日都要到庙华山顶的常遇春庙（俗称常爷庙）举行迎神、祭海、煨桑、诵经、赛马和唱神戏、花儿等活动。当地藏族把常遇春称为姑父。相传常遇春曾娶康多"六十家"部落的女子为妻，因此藏族同胞，包括寺院里的喇嘛每年农历五月二十五日到二十七日要在这里煨桑膜拜"海神娘娘"（海即冶海，是一个自然天池，俗称"常爷池"），献上雪白的哈达及元宝、银元、食物。卓尼勺哇的土族更是将常遇春视为本家，因有常姓，并且每年将其接至勺哇"回娘家"。实际上，常遇春并未到过洮州，所谓常遇春曾娶康多"六十家"部落的女子为妻，不过是当地汉、藏民族对于民间通婚的认同与美化。正因如此，在岷州 18 位湫神中，分巡圣母的原型被认为是甘南康多藏家女，这很可能与"海神娘娘"有关。岷州 18 位湫神中的乃慈圣母也曾在各藏川上驻坐，而藏族崇拜的白马神更是在洮州以及甘肃各地的汉族中广为信奉，所有这一切恰恰是各民族融洽相处的象征，它反映了当地汉、藏、土等民族关系之融洽。所以，庙华山庙会实际上是一个汉、藏、土等各族群众共同的节日。

7. 洮州湫神承载了民间娱乐的主要功能

洮州湫神得以长盛不衰的另一个主要原因就是洮州湫神奉祀承载了民间娱乐的主要功能。在洮州，无论是农历五月的迎神赛会，还是春节的社火表演，湫神都是主要的角色。尤其在缺乏现代传媒工具的明清时期，迎神赛会与春节社火更是洮州老百姓一年中难得的酬神娱人活动。在洮州，每年农历五月的迎神赛会都伴随有规模宏大的花儿会，参加者可达数万之众。洮州花儿会是从明清时期的迎神赛会演变而来，至今已有数百年的历史，并形成一定的"规程"，如花儿会之初都要朝山进香、祀神酬神，唱"神花儿"；其次为彻夜的自由对唱，歌词内容以情歌和生活歌为主；最后以告别歌表示一年一度的花儿会即将结束。民国时学者于式玉在《黑错、临潭、卓尼一带旅行日记》中记载了临潭嫘祖山庙会的盛况，其中说：

> 这一天有一事特别不与内地相同，就是本城的老男老女都趁这个时候东一堆、西一堆聚在一块唱情歌。他们午前在庙上唱过之后，午后回到城里并不回家，就在店里吃些饭，然后就一帮一帮在大街上走来走去的唱，直唱到天亮才散。①

洮州迎神赛会活动虽然以民间信仰为主体，但所强调的却是"生命繁荣"的审美理想。这个理想来自人类群体的基本追求，却又带有浓郁的地方特色。以洮州为例，透过迎神赛会的民间娱乐，人们可以看到乡民大众坚定乐观的信念，深深体会到民众心里的酸甜苦辣。洮州迎神赛会以它特有的方式歌颂生命，表现生的欢乐，其内容无不充满着祈求丰收、降雨祛雹、健康多子、家庭和睦等。在这一生命繁荣的主题贯穿下，民间信仰与娱乐形成了一系列意象、程式。这些意象虽然是非写实性的，如湫神的腾云驾雾、呼风唤雨、移花接木、移山倒海、创造万物等，但它展现的正是人们想象中人与自然高度和谐的理想世界，流露的正是"知足常乐""安足乐道"的超然世界观。

洮州湫神奉祀所展现的"生命繁荣"往往可以补偿民众心理的平衡。现实生活中缺少什么，人们可以从湫神奉祀中补偿什么，如洮州的苦寒、荒凉与贫瘠使得这里的人们对喜事、节日往往办得特别隆重，礼仪与物质成鲜明的对比，这其中原因之一就是人们的苦难太多、悲剧太多，这里的生活太冷清、太缺少欢乐，所以每逢此类活动，男女老少都会毫无例外地参加进来，人们纵情地敲锣打鼓、鸣放鞭炮，用虚构的神话补偿对生命繁荣的渴望，为自己制造出欢乐、喧闹的气氛，以抚慰现实带给自己的创伤，补充生命力量，鼓舞继续奋斗的勇气。

---

① 《新西北月刊》第二卷，第三、四期合刊。

在洮州 18 位湫神中有 3 位女湫神十分引人注目，她们是马秀英、朱氏与郭宁妃。中国古代的女神大体来源于两大类，一是古代流传下来的女神崇拜；二是出于各种宗教对于女性信众的吸引，如求嗣、乞巧等，这些女神虽然也有以单身出现的，但大多是作为其他神祇的配偶出现的，而洮州的 3 位女湫神并非如此，她们要么是皇帝的后妃，要么是皇帝的骨肉姐妹，而绝非古代流传下来的女神和其他神祇的配偶。在 18 位湫神中，她们是作为功臣与其他开国功臣一道被奉祀的，这在全国湫神祭祀中的确不多见。它展现了洮州戍边将士对明王朝的忠诚和对大明皇室的尊崇。但尽管如此，洮州女湫神的出现，其寓意仍然包含了女性亚文化的缘故。

在中国传统文化中，女性应自幼学习女红，静处闺帏，坐则垂帘，出必拥面，所以别嫌明微、杜窥伺也，即使异性亲戚，亦不得相见，但女性参加宗教活动虽得不到官府的提倡，却也没有过多的借口加以禁止，尤其是参拜女性独有的神祇更是女性特有的权力。在"女主内"的传统礼教下生活的妇女，既要面对现实世界的痛苦与挫折，又要忍受单调与枯燥的生活，因此她们对美好生活的企盼，对来生幸福的向往，较男性更为迫切，而参加宗教活动，除了可以心甘情愿地忍受她们所经历的痛苦与挫折，更重要的是可以满足对外面世界的好奇心，观看外面丰富多彩的生活。以娱神为借口，以娱人为目的。从这一意义上讲，造女神、祭女神，女性外出参加宗教性活动，实际上是女性家庭生活的合理外延。洮州女龙王奉祀，正是女性亚文化的表现。她的出现不仅增强了民众的亲近感，满足了女性精神世界的需求，而且也为广大妇女提供了了解外面世界、参与娱乐活动的机会。在迎神赛会上，妇女们用"花儿"许愿、还愿、求嗣、祈福、祛灾，其形式虽然粗犷，却也古拙真挚，其规模之宏大，场面之壮观，妇女雀跃之状，为内地之端午盛况所不及。从而使洮州湫神奉祀活动真正成为男女老少踊跃参加的民间活动。

（五）结论

综观上述，洮州湫神奉祀主要是以明初功臣与贵戚为原型，以民间龙神祭祀的神学功能为内容，结合官方祭祀的形式，整合而成的一个完整的民间神学体系。这一民间神学体系的建立使洮州民间神学功能得到显著提升，其湫神已不再是一个个原始形态的民间神祇，湫神奉祀也不再是一次次简单的民间祭祀活动，它是一种包含着江南文化与西北文化、汉文化与少数民族文化等诸多文化因素与情感的地方神学体系。笔者曾将明代西北边政建设中的文化建设分为官方文化体系与民间文化体系、官方神学体系与民间神学体系两大系统，而洮州湫神祭祀的形成标志着洮州地方神学体系的建立，从而成为明代西北文化建设中不可或缺的一环，为明代西北边疆的文化建设提供了巨大的支持。事实上，正是得力于民间神学体系的建立，明清以来的洮州湫神奉祀才得以神运亨通、经久不衰。

新中国成立后，洮州湫神奉祀的神学意义已大为减弱，取而代之的是洮州湫神奉祀的民族融合功能、群众娱乐功能、文化旅游功能、地方商业功能等。如今在临潭县新城乡，迎神赛会不仅是各族群众欢喜娱乐的日子，同时也是当地每年一度的大规模商业活动，吸引着众多旅游观光者前来观看。

二 岷州湫神奉祀文化的解读

（一）岷州湫神奉祀的概述

与洮州（今甘肃临潭县）一样，岷州（今甘肃岷县）也有 18 位湫神，如下表所列。

岷州 18 位湫神

座次	名 号	俗 称	原 形	庙 址
1	忠简公	南川大爷	北宋 宗泽	城郊乡南川村
2	汉代忠良	梅川大爷白马爷缩脖大爷	东汉 庞统	梅川乡杏林村
3	汉室佑风	关里二爷 白马爷	东汉 庞统	城郊乡龚家堡村
4	汉代忠良	王家三爷	三国 姜维	十里乡王家山村
5	汉代直臣	河北爷	汉代 朱云	十里乡上北小路村
6	太子太保	太子爷	北宋 范仲淹	城郊乡下北小路村
7	总督三边	黑池爷	明 胡大海	西寨乡大庙滩村
8	兵部侍郎	艰难爷	明 张锦	西寨乡坎铺塔村
9	唐代忠良	涂朱爷	唐 雷万春	清水乡清水村
10	金龙大王	大王爷	唐 李晟	宕昌县各竜庄（原属岷县）
11	珍珠圣母	崖上阿婆	天仙玉女碧霞元君	城郊乡周家崖村
12	金火圣母	金火阿婆	地方神话传说人物	城郊乡白塔寺村

续表

座次	名 号	俗 称	原 形	庙 址
13	斗牛宫主	斗牛阿婆	地方神话传说人物	寺沟乡杨家堡村
14	金花圣母	金花阿婆	兰州民女	寺沟乡纸坊村
15	乃慈圣母	奶子阿婆	地方神话传说人物	寺沟乡白土坡村
16	分巡圣母	小西路阿婆　娘娘阿婆	甘南康多藏家女	秦许乡包家族村
17	头山娘娘	透山阿婆	地方神话传说人物	岷山乡下迭马村
18	铁丝娘娘	添炕阿婆	地方神话传说人物	宕昌县哈达铺新寨村（原属岷县）

除此之外，沐英、郭英、赵德胜等也在岷州被奉祀为湫神。

岷州民间神学至迟在宋代就已相当发达，明初因得到朝廷的支持而格外兴盛。康熙四十一年《岷州志》卷18《艺文上》曾保留了一份明太祖朱元璋的《御祭岷山玉女洮水诸神文》，其曰：

> 神钟灵秀，机莫能知。然而福善祸滛，以骄人聪明正直之为也。朕命将指挥聂纬等帅兵守御是方。是方乃神所居之处，兵既临此，就命聂纬等代朕会神以祀。神其无私，尚飨。

明太祖命"聂纬等代朕会神以祀"岷山玉女与洮水诸神，可见明初朝廷对于岷州民间神祇十分重视。《岷州志》卷4《坛庙》载：洪武年间马烨任岷州指挥，其间创建了社稷坛、风云雷雨山川坛、郡厉坛、旗纛庙、城隍庙、真武庙、玄坛庙、三官庙、关帝庙、三圣庙、二郎庙、洪洞润泽祠等，其中城隍庙，"岁旱祷雨即应"；洪洞润泽祠，"下即洮河，有龙潭"，这显然是明太祖所指的"洮水诸神"中的两个。此外，现存于哈达铺新寨村掌坛李德娃家中一份立于明洪武九年（1376）的施舍庙地契文中就有关于"铁丝娘娘"的记载。其文大意为：洪武九年八月，新寨里王某愿施舍本家私地用于修建铁丝娘娘庙宇。该字据末尾有大小六堡会首具名画押。新寨村觋公发神词称"铁丝娘娘"于"洪武八年出世"，而九年又有王某施舍庙地修建铁丝娘娘庙宇，时间上较为吻合。这是岷州迄今所见最早的与湫神出世有关的书证，[1] 它印证了明太祖朱元璋御祭岷山

---

① 李璘：《乡音》，甘肃人民出版社2006年版，第123页。

玉女与洮水诸神的事实。但是，此时的"洮水诸神"似乎还停留在民间传说的阶段，并未与明初功臣祭奠和历代名臣联系在一起，更未与内地民间神话系统发生关系。在岷州，将民间传说与明初功臣或历代名臣联系在一起，从而形成自成体系的湫神奉祀文化大体起源于明初，最终形成则延续到清朝初年，理由是：

1. "兵部侍郎"即"艰难爷"的原形为岷州人张锦，乃明宪宗成化己丑科（1469）进士，官至刑部左侍郎，并未任职兵部，被乡人奉为湫神后，错封为"兵部侍郎"。从乡人误以刑部为兵部的情况推断，张锦绝非身后即被奉为湫神，而是相隔较长一段时间。

2. 珍珠娘娘作为岷州湫神大体在清代初年。康熙四十一年《岷州志》卷2《山水》载："金紫珍珠池，在城东一百二十里。州人祷雨处"，而康熙二十六年《岷州卫志》中则根本没有金紫珍珠池的记载。类似情况还有黑松泽祠，光绪《岷州续志采访录·艺文》云：

> 忠简公生于浙之乌伤，卒于东京，距岷相去甚远，岷何以有祠？按南川南二十五里，有黑松泽池。岷州凡湫神皆有池于山中，会期，皆各于池取水。意取作雨润田，故多谓之龙王。此必黑松龙王之祠，特以松、宗同音，泽字又见成，好事者故附会而为宗泽祠耳。

这些记载虽不能断定金紫珍珠池、黑松泽祠等就是在康熙二十六年至康熙四十一年出现的，但离康熙年间不会太远。

3. 兰州金花仙姑（详见后）传说始于明代，于清代被官方立祠奉祀，香火日盛，而其被岷州立为湫神不会早于清初。

4. 金龙大王（俗称大王爷）为北方掌管运河、黄河等河流的河神，神主相传为南宋末人谢绪，受封于明代。《续文献通考·群祀考三》称明景帝景泰七年（1456）十二月建金龙四大王祠于沙湾，从左副都御史徐有贞请也。《清朝文献通考·群祀考二》亦称清顺治三年（1666）敕封金龙大王为显佑通济之神。甘肃金龙大王的奉祀是从中原传入的，曾驻足于兰州金县（今甘肃榆中县）马啣山。乾隆《狄道州志》卷12《艺文上》曾载有康熙四十年知州娄玠的《马啣山金龙大王祠记》，其曰：

> 予至兰……未逾月，而民以旱闻，或曰马啣山有金龙大王者，祷

輒应。于是命父老舁至邑，焚香再拜。具巫觋以祝。郡伯许大夫、城守薛将军及文武诸僚皆晨昏往叩焉。未几，雨得，小润；再拜、再祷，越二日而甘澍沛至。吁嗟乎！王之灵应如响斯答矣。吾闻王姓谢名绪。宋之诸生也……行四，故世谓金龙四大王。王之灵在天下，而狄民独崇奉而敬祀之异于他处。昔在康熙丁未岁，大旱，前令胡鼎文亦祷于王，得大雨而岁亦不饥。因为文以记。

岷州的金龙大王是从金县马啣山传入的。这在宕昌县各竜庄（原属岷县）水头陈毛哥口述的金龙大王发神词中也可以寻到线索，其云："金州马河山出世，招宝山修行，寺儿沟歇水，各藏七川驻坐……唐朝出世，宋朝加职，兰州府做过人王地主，上管临洮府，下管洮、岷二州。"① 这里所说的"金州马河山"应当是今天榆中县的马啣山。榆中县在明清时被称为"金州"，"啣"在甘肃方言中不读 xian（咸），而读 han（寒），"马河山"应当是"马啣山"的误读。《岷州志》卷 2《山水》载："金龙大王池，在城东一百二十五里"，这说明岷州金龙大王在康熙四十一年《岷州志》成书时已落足岷州。传入岷州的金龙大王最初应为谢绪，但在与当地奉祀李晟的习俗融会后，李晟取代谢绪而成为岷州的金龙大王。

5. 范仲淹被列入岷州十八位湫神很可能与康熙年间的孔子奉祀有关。《西宁府新志》卷 14《祠祀》"历朝祀典"条"至圣先师孔子"目下载：

国朝顺治二年（1645）定文庙谥号，称大成至圣先师孔子。每岁仲春秋上丁日致祭，直省各府、州、县、卫一体遵行……国朝康熙五十一年（1712）圣祖仁皇帝上谕，以朱子熹发明圣道，轨于至正，使六经之旨大明，圣学之传有继。旧在东庑先贤之列升配大成殿十哲之次……康熙五十五年，江南学臣余正健疏请宋儒范仲淹从祀，奉旨准入两庑。

这段"国朝圣谕"被《西宁府新志》所载，则西宁府也会奉旨将范仲淹"准入两庑"。而与西宁府相距不远岷州亦应奉旨遵循。因此，范仲淹在岷州被奉为孔子配祀应当在康熙晚年，而进一步与民间神学体系的融合更

① 李璘：《乡音》，甘肃人民出版社 2006 年版，第 126 页。

应在此后。

最早记载岷州湫神奉祀的方志是康熙二十六年《岷州卫志·坛庙》，其载："黑松泽祠，在城南二十五里。有池，每岁五月十五迎赛。"康熙四十一年《岷州志》卷7《合祀》附《民间赛会》载："诸湫神庙，每岁五月十七，众里民各奉其湫神像，大会于二郎山。各备祭羊一，请官主祭。"卷11《岁时》称："然岷境称湫神者甚众，惟经长吏给帖者为正神，其他为草野之神。十六日会正神于城南古刹，计十有九位。"康熙时经官方认可的岷州湫神为19位，而不是后世之18位，盖18位湫神并不是一成不变的。《岷州志》卷19《艺文志·下》中有撰修者汪元绚所写的《岷州竹枝词八首》，其三云："社鼓逢逢禳赛时，青旗白马二郎神。踏歌游女知多少，齐唱迎神舞柘枝"。光绪庚寅进士，岷州文人尹世彩在诗中写道："五月十七二郎山，袒裼裸裎人万千。少年都是谁家子？一声姊妹一声怜。"几百年来，岷州湫神的巡域活动是当地最富含地方特色的群众活动，而在这些活动中，尤以正月元宵节和农历五月的全驾出巡最为隆重。

元宵节期间的出巡，除相关的祭祀外，全部表现为娱神活动，岷县元宵节的风情，几乎全是由此而衍生的。元宵节虽然只有部分湫神出巡，但热闹非凡。出巡是从正月十五开始，连续三昼夜。白天，各神庙进行祭祀活动，相关街区的群众依次过会，备餐烹肴，与春节无异。会区的住户都会做认真的接待准备，亲朋好友借此相互贺礼，客来人往，喜庆佳节。夜间，会区内家家张灯，按湫神巡行路线，依次迎接，俗称"接佛爷"。佛爷所至，万火齐发，鞭炮如织，礼花升空，长夜通明，人流鼎沸，酷似明代小说中元宵佳节的情景，此间民谚称其为"三天十五（元宵）三天年"。

农历五月的全驾出巡是从五月初拉开序幕，中旬形成高潮，下旬陆续结束。农历五月十五，出巡的18位湫神分头向县城集中，在城南古刹（俗称南寺）聚会三天，十七日午后，全部湫神依次登上二郎山，接受官祭，并举行盛大的迎神赛会。五月十七日二郎山举行的迎神赛会（俗称"诸湫神庙会"）既是一年中最大的祈雨祭祀活动，亦是一年中规模最大的欢庆活动。届时，四乡民众涌入县城，邻近州县的客商及群众远道赴会，《岷州志》以"万民赛会，山谷喧阗"来描述其盛况。赛会集祭祀、商贸、娱乐于一身，包容了内容丰富的地方民俗。其娱乐除"扭佛爷"

之外，还要演唱"会戏"和"花儿"竞唱活动。①

（二）岷州湫神是多元文化的汇集

1. 岷州湫神深深铭刻着戍边将士的印痕

岷州戍边将士是伴随明初岷州卫的建立从江淮迁徙而来的。洪武十一年八月，朱元璋"命西平侯沐英率陕西属卫军士城岷州，置岷州卫镇之"②。由于岷州地处明朝的西北边陲，因此明初岷州卫较内地卫所要大得多。明洪武十六年前，岷州卫辖有 5 个千户所，一万余名官军，这在《岷州卫建城碑文》中有载："洪武十一年八月，奉大明皇帝命指挥马烨等官开设岷卫，统率马步左右前后中壮士万余筑城垣"③；《岷州志》卷 13《职官下》载："当洪武之初，岷卫戍甲盈万，卫指挥分辖之"④；卷 17《艺文上》载《重建学宫记》亦云："国朝洪武中……乃设军民指挥使司，戍以甲卒万。"《读史方舆纪要》卷 130《舆图要览》"岷州条"载：岷州镇有马步官军 14938 人，其中岷州卫有军 7554 人，阶州千户所有军 2752 人，文县有军 2391 人，西固有军 1639 人。弘治、正德后，卫所衰败，屯田士兵多有逃亡，故《甘肃通志稿·民族》载嘉靖时岷州卫仅有军户 3113，口 5382。⑤ 但即便如此，我们仍可以看到在明初的岷州有 1 万余名官军戍边，若加上随军家属，则戍边移民当在 6 万人左右，而其中在今岷县境内的有近 4 万人。

如此众多的戍边移民来到岷州，势必会影响地方神学体系的构建，岷州湫神中就有几位明代功臣，如沐英、胡大海、郭英、赵德胜等显然是受到戍边将士的拥戴而被奉为湫神的，但与洮州湫神奉祀不同的是，岷州湫神中只有几位是享有国家祭奠、配祀太庙的明初开国功勋，其他则是历代名臣或当地精英。缘何如此，这与岷州文化的多元性有一定关系。

岷州建卫之初并不像洮州那样人口构成十分单一，戍边将士占绝对多

---

① 有关岷县湫神奉祀的基本概况，本文多参见李璘《甘肃岷县民间湫神崇拜》一文，见李璘《文史漫笔》，甘肃人民出版社 2001 年版。

② 《明太祖实录》卷 119。

③ 岷县政协文史资料研究委员会所编：《岷县文史资料》第 2 辑（内部发行），1990 年，第 45 页。

④ 汪元绚修，田而襚等纂：（康熙）《岷州志》，甘肃图书馆藏。

⑤ 余谠纂辑：（康熙）《岷州卫志》，甘肃图书馆藏。

数，编户人口较少。岷州自秦统一以来就是西徼重镇，明初岷州除江淮迁入的戍边将士外，还有众多的番民，被编户为 16 里，不久又"徙岐山县里民在城居之，谓之样民，总计一十七里"①。所谓样民，乃以岐山民为榜样，以示教化。《岷州志》卷 19《艺文志·下》有汪元纲所写的《岷州竹枝词八首》，其一云："家家板屋留风土，半是岐山旧样民。"由此想见岐山样民在当地有着较大的影响。上引《岷州志》卷 4《坛庙》记载明洪武间指挥马烨曾创建"洪洞润泽祠，在城东五里"，这说明在明初的岷州有相当数量的洪洞移民。他们可能是戍边将士，也可能是民户。值得一提的是，明初岷州的里如同岷州卫一样也较内地为大，这一点我们从岷州无法直接得到印证，但在河州却有这方面的例证。嘉靖《河州志》卷 2《官政志·秩官》云：明初河州卫有官军 9888 人，编户 45 里。弘治、正德以来，军屯士兵多有逃亡，但仍见在 5559 人。② 嘉靖五年（1527），"（河州）知州张宗儒因人丁消乏，奏攒三十一里"③，而此时民户却有 9 万余人，平均每里 3000 人左右。这较内地每 110 户为一里，一里之民约 600 人要多数倍。明代岷州与河州毗邻，在民里、户口方面与河州有许多相似之处，故明初岷州虽然只有 17 里，但编户人口应当不少于戍边移民，约 4 万，而明末天启元年（1621），岷州有民户 1330，口 53741。④

岷州人口构成的导致在湫神奉祀初期，明初功臣仍占有相当大的比例，但随着"屯堡文化"的式微，势必要根据多元文化群体的要求以一些历代名臣或地方精英取代明初功臣，如沐英、郭英、赵德胜等明初功臣原本也在岷州湫神之列，但如今已被其他神祇取代而不在岷州 18 位湫神之中。类似的现象在邻近的临洮县也同样存在。据乾隆《狄道州志》记载，明初临洮卫有指挥使、同知、金事、镇抚以及正、副千户等共 57 人，

---

① 田而禩纂：（康熙）《岷州志》卷 2《沿革》，甘肃图书馆藏。

② 弘治、正德以来，河州军屯士兵究竟有多少，这里有几组数据：一是嘉靖《河州志》卷 2《官政志·秩官》云：明初河州卫有官军 9888 人，弘治、正德以来，军屯士兵多有逃亡，但仍见在 5559 人。二是《读史方舆纪要》卷 130《舆图要览》云：河州镇有马步官军 9217 人，其中河州卫有马步官军 7700 人，归德所有军 148，积石等关有军 293 人，大通河等堡有军 976 人。《读史方舆纪要》所用史料"大约以嘉隆间为断"，但这一组数据很可能是弘治、正德前的数据。三是《甘肃通志稿·民族》载嘉靖时河州有军卫户 4211，口 6533。

③ 吴桢：（嘉靖）《河州志》卷 1《地理志·沿革》，甘肃省图书馆藏。

④ 余谠纂：（康熙）《岷州卫志·户口》，甘肃省图书馆藏。

其中 36 人来自江淮一带。① 与洮州一样，明代临洮府也存在着对明初功臣的奉祀，如临洮地方奉祀的 8 位湫神中有 7 位与明初功臣有关，他们是常遇春、徐达、刘基、郭英、胡大海、康茂才、花云。但是，随着本土文化的发展以及内地文化的传入，明代临洮府功臣祭祀发生了变化，这其中尤以徐达最为典型。徐达在明代是作为功臣被奉祀的，进入清代后，徐达与谢绪被共同尊奉为金龙爷，而宋代谢绪作为金龙爷传入临洮地区是在康熙以后，这在上引康熙四十年知州娄玿的《马啣山金龙大王祠记》中有明确记载。同样，濂洞爷、显神爷为二身一人，一说是明初大臣刘基，一说是唐朝开国军师徐茂公徐勋；白马爷，一说为明初将领白袍将郭英，一说为三国庞统；索爷，一说为胡大海，一说为康茂才；二郎爷，一说为杨戬，一说为明初大将花云；此外还有大郎爷为宋代杨继业长子杨延平。很显然，8 位湫神中除常遇春一直被尊奉为常爷外，其余的明代功臣进入清代后均未能独享奉祀，只能与其他神祇分享。临洮湫神的这一演变显然与明代戍边移民在临洮人口构成中并不占有绝对优势有关，它反映的正是"屯堡文化"的式微在民间神学中的体现。它同时也为我们了解岷州湫神的演变提供了颇有价值的参照。

2. 岷州湫神是国家"忠君"与"勇武"精神的延伸

岷州湫神中的功臣奉祀大体可分为四类。第一类是明代功臣，这在前面已有详论，不再赘述。

第二类是岷洮本地的功臣，如岷州人张锦，明成化年间中进士，官至刑部左侍郎，是岷州历史上担任官职最高的人。洮州人李晟，唐建中四年（783）朱泚率叛军占据京师时，曾指挥官军收复京师，并率兵在洮州抗击吐蕃。《资治通鉴》卷 224 载：

> （大历二年九月），命郭子仪将兵五万屯奉天以备吐蕃……凤翔节度使李抱玉使右军都将临洮（胡三省注：临洮，洮州也），李晟将兵五千击吐蕃。晟曰："以力则五千不足用，以谋则太多"，乃将千人出大震关至临洮，屠吐蕃，定秦堡，焚其积聚，虏堡帅慕容谷种而还。吐蕃闻之，释灵州之围而去。戊戌，京师解严。

---

① 呼延华国修，吴镇纂：（乾隆）《狄道州志》卷 10《人物下》，甘肃省图书馆藏。

李晟的曾祖曾任岷州刺史，祖父为金州刺史，李晟则担任过陇右节度使，其家族自第二代李嵩开始，"世为裨将，名列西土"。李晟从宋代开始已被列入历代功臣而享有奉祀，① 被誉为"汉有卫青、霍去病，唐有郭子仪、李晟，西北望而畏之，如此则边事息"②。明廷功臣庙从祀的功臣中仍有李晟。③ 大同、西安、凤翔、临洮等府有李晟墓④。《明一统志》卷37"洮州卫军民指挥使司"人物条下载有李晟，但明代洮州戍边文化的排他性使得本为洮州人李晟并没有成为洮州的龙王，却成为岷州的龙王。

岷州湫神中第三类功臣奉祀为历代功臣将相，即朱云、庞统、姜维、雷万春、范仲淹、宗泽。朱云作为汉代直臣，备受历代推崇。明清以来，朱云不仅享有高度赞誉，⑤ 而且被列入陕甘历史上的名人。嘉靖《陕西通志》卷34《祭祀》、卷60《人物》中均载有朱云；乾隆《甘肃通志》卷34《人物》"临洮府"条亦将朱云收录于内；岷州人将朱云奉为龙王很可能是在这一背景下选择的。三国时姜维，生于甘肃天水，传说为羌族名将，蜀汉延熙三年（240），姜维出陇西，创建了沓中大本营，为以后二十余年中多次伐魏提供了物质基础。沓中位于今宕昌与舟曲县西、岷县之南。1972年在迭部益哇沟口修筑兰朗公路时曾发现一枚姜维金印。⑥ 由于姜维曾长期驻守岷、洮、渭一带，因此备受河、岷、洮一带老百姓推崇，当地老百姓即使在今天演唱《三国演义》时，其正面形象仍为蜀国将领，而对于曹魏则多为贬词，甚至不唱曹操。所以，姜维被奉为岷州龙王乃民众推崇的结果。庞统作为西川著名文臣，其生前虽没有到过甘肃，但明清以来却被包括岷州在内的甘肃各地奉为民间神祇。这是源于甘肃民间普遍持有的褒蜀抑魏情结，更重要的是，庞统自宋代以来已纳入"名宦"之列。宋人祝穆所撰《方舆胜览》卷32《京西路》"名宦"条下列有庞统。

---

① 《宋史》卷105《礼八》。

② 《宋史》卷267《李惟清传》；另见（宋）程子撰《伊川易传》卷3，《四库全书》经部，易类。

③ 《明史》卷50《礼四》；《明会典》卷84《祭祀五》"祭历代帝王"。

④ 《明一统志》卷21、34、36。

⑤ （明）陈耀文撰：《天中记》卷22；另见黄宗羲编《明文海》卷32，《四库全书》子部。

⑥ 此金印已被破坏，详见李振翼《甘南藏区考古集萃》，民族出版社2001年版。

明代成都府有"庞统墓"与"庞将军庙"。① 嘉靖《陕西通志》卷28《祠祀一》、乾隆《甘肃通志》卷34《人物》"临洮府"条下均收录了庞统。与庞统一样，北宋明相范仲淹亦没有到过洮岷一带，但在西北却留下了广泛的影响。北宋康定元年（1040），范仲淹曾出任陕西都运转使，未几，又任陕西经略安抚副使。庆历新政失败后，被贬知邠州兼陕西四路宣抚使等。《明会典》卷85《祭祀六》"各处庙"载，南直隶苏州有范文正公祠。《大明一统志》卷32"西安府上"祠庙条下有"范仲淹祠，在邠州治东"的记载。卷36庆阳府亦有"范仲淹祠，在府城内"。卷33、卷36"西安府""延安府""庆阳府"名宦条下有范仲淹。《西宁府新志》卷14《祠祀》"历朝祀典"条"至圣先师孔子"目下载：

> 国朝顺治二年（1645）定文庙谥号，称大成至圣先师孔子。每岁仲春秋上丁日致祭，直省各府、州、县、卫一体遵行……国朝康熙五十一年（1712）圣祖仁皇帝上谕，以朱子熹发明圣道，轨于至正，使六经之旨大明，圣学之传有继。旧在东庑先贤之列升配大成殿十哲之次……康熙五十五年，江南学臣余正健疏请宋儒范仲淹从祀，奉旨准入两庑。

除上述外，有些神祇则与岷州毫无瓜葛，如庞统、朱云、胡大海、宗泽、雷万春等非但没有任职洮、岷，甚至根本就没有到过甘肃。那么，岷州人为何要将这些与岷州毫无瓜葛的名臣奉祀为湫神呢？实际上，只要细细分析，这个看似庞杂与随意的名臣榜，仍有一定的规律可言，即他们都是按照国家"忠君"与"勇武"的精神塑造出来的，如庞统、朱云、范仲淹、宗泽、张锦等属忠君类名臣；沐英、胡大海、李晟、雷万春、姜维等属勇武类功勋，而且在勇武类功勋中均有抵御外敌或平定叛军的经历。"军神"与"文神"的分设，既是岷州戍边后裔与当地民户交相影响的结果，也反映了国家祭祀与民教信仰的交融。明代神祇系统分为官神、方神、私神、坐神、走神等，岷州湫神既是一方之神，又是走神。然即使是一方之神，也必须是官方敕封，由地方官师设祭迎接。很显然，岷州龙王如果不能遵循国家"忠君"与"勇武"的精神，便很难获得地方官师的

---

① 《明一统志》卷67《成都府》。

敕封与设祭，而国家"忠君"与"勇武"的精神以及忠、孝、节、义、仁、智、礼、信等传统文化和道德规范，如果仅靠少量的民间私学和祖辈的言传身教，而不是很好地利用民间信仰这一载体，也很难有效地将这一精神灌输到民众之中。所以"忠君"与"勇武"类湫神的出现，既折射出国家精神向民间神祇的渗透，也反映了国家祭祀与民间宗教在价值观上的统一。

3. 岷州女湫神是多元文化的荟萃

岷州湫神中有 8 位是神化传说中的女神，这与洮州湫神中的 3 位女性皇亲贵戚有较大的区别，也与内地单一的女神祭祀有一定的区别。岷州女神大体由四部分组成：一是内地广为奉祀的女神与岷州当地神话人物的结合；二是兰州、河州等地奉祀的女神与岷州当地神话人物的结合；三是当地传说中的藏族女神；四是流传于本地的女神。

（1）珍珠圣母（也称崖上阿婆）。岷州的珍珠圣母最初仅仅是一位神学功能单一的女神，《岷州志》卷2《山水》载，城东有金紫珍珠池，为"州人祷雨处"。这里的金紫珍珠池很可能就是珍珠女神最初的居所，而为州人祷雨则是珍珠女神最原始的神学功能。但随着内地女神碧霞元君的传入，珍珠女神开始向多种神学功能扩展。

中国古代对于碧霞元君（又称泰山娘娘）的信仰可谓源远流长，但真正在泰山立祠奉祀则始于明代。明朝时，朝廷将碧霞元君祠扩建升格为碧霞灵佑宫，清廷又改为碧霞元君祠。碧霞元君传入岷州与当地珍珠女神融会，成为 18 湫神中珍珠圣母的原型很可能与金童玉女有关。碧霞元君的前身在明代以前被称为玉女、玉仙，而岷州早在宋代就有金童玉女的传说。《岷州志》卷6《合祀》载："岷山顶玉女神祠，向于每岁之夏，州卫之民祈消雹灾。今祠已就倾，厥祀已废。"《岷州续志采访录》载："岷州南门外之山，旧志云金童山。明初建二郎祠，遂名二郎山……洮河北岷山上有玉女祠，久废。"[①] 明太祖朱元璋曾专门诏谕御祭岷山玉女、洮水诸神。岷山玉女神日渐衰落后，碧霞元君便与珍珠女神结合在一起，成为岷州的地方神祇之一。《岷州志校注》载："珍珠圣母，一说是神话中的碧霄娘娘，亦即斑疹；一说为岷山玉女之神，大禹治水时，曾受黑玉书。

---

① 陈如平纂：（光绪）《岷州续志采访录·艺文》，甘肃省图书馆藏。

庙城东香房崖。"① 这一注释恰恰印证了珍珠圣母与岷山玉女以及碧霞元君的联系，只是碧霄娘娘为斑疹娘娘的说法乃郢书燕说，疑为碧霞元君之误。②

传说中的碧霞元君在人们心目中不啻是一位送子、护儿、疗疾、保婚的"送子娘娘"，而且还是中国北方备受崇拜的一位保佑发痘平安的痘神。清末慈禧太后就曾到北京妙峰山碧霞元君庙为儿子祈求发痘平安，并先期预诏庙祝，必俟宫中进香后，始行开庙，谓之"头香"③。碧霞元君作为痘神早在《封神演义》中就已出现，其第九十九回云："太上元始敕命，尔余龙飞父子，拒守孤城，深切忠贞之节，一门死难……乃敕封尔掌人间之时症，生死之修短……为主痘碧霞元君之神，率领五方痘神，任尔施行。"《封神演义》约成书于明代隆庆、万历年间，其所载神话故事在岷州地区广为传播虽不会早于明末，但《封神榜》《西游记》《征西》《征东》《唐王游地狱》等文学作品对当地的影响却非常大，如临夏回族自治州的康乐县就有把孙悟空与庞统一道奉为湫神的。柯杨先生曾在洮岷地区搜集了许多花儿中的"求子歌"，其中一首唱道："送子太太花娘娘，你把我没儿女的惜孳障，给上一个胖儿郎，我给你献肥羊来点长香。"④ "送子太太"即送子娘娘；"花娘娘"即痘娘娘。民间把小儿出天花叫"出花儿"。民国时把来岷州施种牛痘的人称为"花儿先生"，而这首花儿显然是唱给以碧霞元君为原型的珍珠圣母。由此可见，随着社会的发展，民众对于神祇的要求也不断增多，岷州珍珠女神正是在这一背景下被民众不断地注入新的神学功能，而内地的碧霞元君恰恰具备了这些功能，所以很快被岷州民众所接受，进而将珍珠女神为州人祷雨的原始功能与碧霞元君的送子功能、保佑发痘平安的功能结合在一起，最终成为人们心目中的湫神——珍珠圣母。

（2）金花圣母（俗称金花阿婆）。明清以来关于金花女神的传说有许多版本，但流传最广的是广州金花夫人，而与岷州金花圣母有直接关系的

---

① 岷县志编纂委员会办公室编：《岷州志校注》（未正式出版），1988 年版，第 150 页。

② 碧霄娘娘为《封神演义》第九十九回"感应随世仙姑正神"中云霄、琼霄、碧霄娘娘之一，但不是痘神。

③ 徐珂：《清稗类钞》第 5 册，中华书局 1984 年版。

④ 柯杨：《诗与歌的狂欢节——"花儿"与"花儿会"之民俗学研究》，甘肃人民出版社 2002 年版，第 43 页。

则为兰州金花仙姑。

　　金花夫人为广州明清以来的生育和送子之神，在广州地区备受崇拜，旧时广州民间普遍建有"金花庙"，专祀金花夫人，香火很盛。至今广州还有一条以庙命名的"金花街"。据《番禺县志》称，金花夫人是当地一花季女子，姓金名花，叫金花姑娘，十多岁时就做了巫女。[①] 《粤小记》云："金花本巫女。五月观竞渡，溺于湖，尸旁有香木偶，宛肖神像，因祀之月泉侧，名其地曰惠福湖，曰仙湖云。"[②] 据金花庙庙碑记载，金花生于洪武七年（1374），成仙于洪武二十二年，享年 15 岁。传说农历四月十七日是金花夫人的诞生日，是日朝拜者成群结队，络绎不绝。但是，广州金花夫人仅仅是一个地方性的送子娘娘，盛行于江南地区，在北方尚未听说有将广州金花夫人封为神祇的。

　　兰州金花仙姑的传说与广州金花夫人颇有相似之处。传说明太祖洪武元年（1368）七月七日，兰州市井儿街一家金姓居民，在祭祀织女星时生下一姑娘，取名金花。金花 17 岁时已生成一相貌秀丽、举止端庄的大姑娘。媒人上门提亲，金花不愿，父母欲强行逼嫁。一日清晨，金花不见了，只见金花纺织的线头系在窗棂上，另一头出了家门。金花的哥哥一路寻线找来，出金城关西门经范家坪、深沟桥，到永靖县关山乡何家山松树岘，见到歇息的金花，劝金花回家，金花不肯，随手将拨火棍插在路旁石板上。一时间干枯的拨火棍生出嫩芽绿叶，顷刻变成一棵大松树。后金花行至叭咪山（叭咪为一种能吃的野生栗子）蝉蜕而逝，飞升成仙。传说每当烈日炎炎、久旱不雨，金花仙姑有求必响，普降甘露。明宪宗成化四年（1468）金花诞辰百年之际，人们在黑山上为金花建庙，叫金花娘娘庙。黑山也改称叭咪山。金花从此享受奉祀。乾隆五十一年（1786），陕甘总督福康安在金花庙祈雨成功，上奏乾隆皇帝封金花娘娘为带雨菩萨，庙中神泉封为广润侯。嘉庆二十年（1815）皋兰知县、河州知州沈仁澍上表，奏请朝廷把金花庙及神泉正式晋入朝廷四时祀典对象。光绪元年（1875），清廷礼部批复，列入典祀"敕建灵圣神祠"。时任陕甘总督左宗棠奉旨加"灵感"二字，并手书了"灵感金花仙姑清封带雨菩萨普济元

　　① 李福泰修，史澄、何若瑶纂：（同治）《番禺县志》卷 53，甘肃省图书馆藏。
　　② （清）屈大均：《广东新语·神语》，中华书局 1985 年版，第 215 页；又（清）戴肇民、苏佩训：《广东府志》卷 163 引黄芝《粤小记》，清光绪五年（1879）粤秀书院刊本，广东省图书馆藏。

君"的神龛。民国二十八年（1939），兰州附近百里大旱，时西北公署长官朱绍良、甘肃省主席谷正伦率文武百官在兰州请金花娘娘降雨。祈雨场面十分浩大。如今金花娘娘庙仍坐落在郁郁葱葱的叭咪山上，古刹溪流依旧如故。每年农历三月三、四月八、七月七，远近"佛香客"赴山进香，热闹非凡。庙内存有许多明清以来名人名家所书题词匾额、碑志铭文。

兰州金花仙姑的传说在清中叶以来的甘肃广为流传，尤其在兰州、河州等地更是家喻户晓。从这一点推断，岷州 18 湫神之一的金花圣母应当是从兰州金花仙姑的传说演变而来。

（3）乃慈圣母。相传明孝宗时朝廷横征暴敛，百姓不堪负重。有一老太婆冒死上告，结果身被害而道义伸，孝宗加封"乃慈圣母"。又根据寺沟乡白土坡村村民陈阿毛口述的乃慈圣母发神词曰：

> 说起娘娘出世一场，嘉靖四年（1525）出世［另一说弘治五年（1492）出世］，六年落凡。头顶上方白水观音，落在下方喝风驾云。白马乃慈，黄马金丝娘娘，寺儿沟出世，东沟上歇水，占了鹞子林，各藏川上驻坐。①

从民间传说及发神词看，这个乃慈圣母当与明孝宗或明神宗有关，但原型绝非是伸张正义的民间女子，倒很像是明神宗万历皇帝的生母李太后。《明史》卷 20《神宗本纪》载："神宗……穆宗第三子也。母贵妃李氏……万历二十九年冬十月壬辰，加上慈圣皇太后尊号。"《万历野获编》"母后圣制"条载：

> 本朝仁孝皇后著《内训》，又有《女诫》，至章圣皇太后又有《女训》，今俱刻之内府，颁在宇内。今上圣母慈圣皇太后所撰述《女鉴》一书，尤为详明典要，主上亲漉宸翰序之，真宫阃中盛事也。然慈圣圣制又不止此，今文华殿后殿，所悬扁凡十二字，每行二字，共分六行，其文曰："学二帝三王治天下大经大法"，乃慈圣御笔。臣下但见龙翔凤翥，结构波磔之妙，以为今上御书，而实非也。古来惟宣仁皇后善飞白大书，然不过一二字，岂如慈圣备得八法精蕴

---

① 李璘：《乡音》，甘肃人民出版社 2006 年版，第 126 页。

哉！真天人也。

《万历野获编》又引《燕都游览志》载："慈寿寺神宗，为慈圣皇太后建也，宝藏阁系圣母御笔题。"[1] 慈圣皇太后又被称作圣母，是明朝历代皇后中颇有才艺的一位皇后。慈圣皇太后于万历二十九年（1581）加封，其出生于嘉靖四年（1525）或弘治五年（1492）是完全有可能的，尤其是嘉靖四年，是时念慈圣皇太后 56 岁，与乃慈圣母发神词中乃慈圣母出世的时间较为吻合。将这样一位颇有才艺的皇后演绎为民间湫神，这在洮州就有，它是明代中晚期民间社会崛起，神学平民化，上层文化与世俗文化交融的一种表现。

（4）金火圣母。金火圣母的原型是传说中河南"钧都"伯灵翁庙（俗称瓷祖庙）中一位跃火祭神的司火女神，相传是一位民间女子。岷州虽然没有瓷器业，但火神却是民间不可或缺的神祇之一。元宵节点花灯，以火祭天神是各地普遍的风俗。更何况明清时期的岷州是西北汉藏贸易的旱码头，而瓷器又是主要商品之一。因此，不排除金火圣母是由内地商人带进岷州的可能性。

（5）分巡圣母。分巡圣母为传说中蕃女。以藏族妇女为神祇，这在洮州龙王奉祀中已见端倪，如临潭县八角乡的汉、藏群众每年农历五月二十五日到二十七日都要到庙华山顶的常遇春庙（俗称常爷庙）举行迎神、祭海、煨桑、诵经、赛马和唱神戏、花儿等活动。当地藏族把常遇春称为姑父。相传常遇春曾娶康多"六十家"部落的女子为妻，因此藏族同胞，包括寺院里的喇嘛每年农历五月二十五日到二十七日也要在这里祭祀"海神娘娘"。海即冶海，是一个自然天池，汉族称为"常爷池"。所以，庙华山庙会实际上是一个汉藏群众共同的节日。在岷州，乃慈圣母也曾在各藏川上驻坐，这反映了当地汉、藏民族关系之融洽。

除此之外，铁丝娘娘很可能与祝生娘娘有关，因为祭拜祝生娘娘时，要用铁丝串起来的红花挂在祝生娘娘像前。拜的时候除了告诉祝生娘娘姓名住址及生辰以外，还要说为什么想要求子。至于岷州龙王中的斗牛宫主、分巡圣母、透山娘娘等均为地方传说中的神女孝女，其来源已不可一

---

① （明）沈德符：《万历野获编》，文化艺术出版社 1998 年版；又（清）张廷华（虫天子）辑：《香艳丛书》第三册卷 4《玉台书史》，人民文学出版社 1992 年版。

一考究。

综观上述我们可以看到，岷中女性湫神实际上是多元文化的荟萃，这里除本土文化外，还有大量的中原文化成分，有邻近地区神文化的影响，也有藏族文化的融入。

（三）结论

与洮州湫神奉祀相比，岷州的湫神更具多元性和开放性，它既融会了本土文化与"屯堡文化"，又可寻找到中原文化的脉络。它既凸显汉文化的精髓，又深受当地少数民族文化的影响。从这一点讲，求神奉祀是明清时期岷州文化建设中不可或缺的组成部分。

三　花儿

明清以来汉藏走廊的河、湟、岷、洮地区是一个多民族会聚之地，各民族均有自己绚丽多彩的民间文化，但这里论述的并不是各民族的民间文化，而是以各民族共同创建的"花儿"为研究对象，以展现各民族的文化艺术在交流、融会过程中如何创建共同的民间文化。

（一）"花儿"的流行范围与基本类型

"花儿"流行的中心在汉藏走廊的河、湟、岷、洮地区，这一地区正处在黄土高原与青藏高原交界处，也是农业文化与畜牧文化的交汇地。在几百年漫长的历史长河中，"花儿"不断向外辐射至青海东部、甘肃大部分地区、宁夏回族自治区、新疆维吾尔自治区昌吉回族自治州和陕西西部在内的广大区域。在"花儿"中心地区，"花儿"是唯一的山歌体裁，也称"山歌""野曲"；在外围地区，"山歌"与"花儿"并存，但两种称谓有严格区别，二者都可以称为"野曲"，但"山歌"从不叫"花儿"，歌手也不认为"花儿"是"山歌"。

"花儿"按其分布的地域、艺术特征及演唱的风俗习惯大致分为河湟花儿、洮岷花儿和其他地区的花儿三大类型。

1. 河湟花儿

"河湟花儿"也称"少年"，是指流行在甘青交界的黄河、湟水一带的"花儿"。这里主要生活着汉、回、藏、东乡、撒拉、保安、土族等众多民族，形成了多民族大杂居、小聚居的民族分布格局。除汉族、回族共用汉语外，其他各民族都有自己的语言。在广泛的经济、文化交流中，汉语成为不同民族之间的主要交流工具。长此以往河湟地区形成了一个内部循环，与外地往来较少的相对封闭的经济、文化共同体。"河湟花儿"就是在这样的环境中产生的艺术形式。

"河湟花儿"按照独特的主歌词格式分，主要有"齐头齐尾式"与"折断腰式"两种。

齐头齐尾式通常为四句，分两段，前段比兴，后段为赋。每句字数大体一致，上句字数比下句更为灵活，大部分为八字、九字。歌词节奏因末顿字数单双交错，奇偶相间而形成的一种独特美感，它是"河湟花儿"词式的最大特色。

折断腰式则是在齐头齐尾的上、下句之间加进一个半截句。半截句可以加在前段，也可以加在后段，成为不完全的五句形式，亦称为"单折腰"。如：

> 月牙的锅盖柳木的匣，
> 风匣哈拉，
> 柴湿着架不成火；
> 山高路远者来不下，
> 腔子上砸，
> 由不下你连我了。

"河湟花儿"按照曲调分又有"令"之说。"令"本是"洮岷花儿"对曲调的称呼，如《莲花山令》等，"河湟花儿"原只呼其名，如"尕马儿"等，后也沿用"洮岷花儿"的习惯，称其为"令"。

"令"的命名方式主要有：（1）以地名命名，如《河州令》《马营令》《南乡令》等；（2）以曲中程式化衬词命名，如《大眼睛令》《水红花令》《白牡丹令》等；（3）以民族命名，如《保安令》《东乡令》《撒拉令》《土族令》等；（4）以曲调特点命名，如《三起三落令》等。以衬词命名的曲调令占比例最大，它又分为花、人、动物、声音、劳动等多种类型，如花蕾有《水红花令》《金盏花灵》《二梅花令》《小花令》等；人物有《尕阿姐令》《尕姑舅令》《尕连手令》《大身材令》《我的人令》

等；动物类有《尕马儿令》《断尕驴令》等；声音类有《呛郎郎令》《伊啦腔令》《欧啊欧令》《三啦腔令》等；劳动类有《抹青稞呀咿令》等。河湟花儿的令远较洮岷花儿的令多，但歌词变化略逊于洮岷花儿。

2. 洮岷花儿

"洮岷花儿"主要流行在洮河上游洮州、岷州及岷江上游一带。它主要由莲花山为代表的洮州（包括今甘肃省卓尼、康乐、临洮、渭源等县）"花儿"和以岷州二郎山为代表的岷州（包括今甘肃省宕昌县）"花儿"合并而成。

"洮岷花儿"的演唱者主要是当地的汉族、藏族、回族、土族等。"洮州花儿"以"莲花山令"为主，"岷州花儿"以"扎刀令"为主，它们各自只有一种主要曲调。两种曲调的差别非常明显，但二者的歌词形式和演唱风格基本相同。

"洮岷花儿"的歌词，语言质朴、用词泼辣、描述细腻、演唱诙谐生动。歌词使用一首三句和一首四六句的"单套"和"双套"形式，这构成了"洮岷花儿"的主要特点。"洮岷花儿"使用的固定性套语较多，如"针一根，两根针""杆两根，四根杆""钢一两，米心钢"等。

"洮岷花儿"的曲调比较单一，但有许多变体，叙述性很强。远非"河湟花儿"那样繁复和突出咏叹，因此歌词的即兴创作方便、灵活。演唱时临时编凑短小精悍的歌词，俗称"草花儿"或"散花;演唱世代相传、成本成套的歌词，俗称"本子花"或称"整花"。

3. 其他地区的花儿

"其他花儿"主要是"河湟花儿""洮岷花儿"流传到周边地区，并与周边地区的山歌等民歌相互融会而形成的各具风格的"花儿"，如"泾渭花儿""宁夏花儿""新疆花儿""裕固花儿"等。这些"花儿"有的只有曲调，没有令，且曲调多借鉴当地山歌的风格，但仍保持着"花儿"的主旋律；有的则基本保持着"花儿"曲调的原貌，只是歌词部分加入了当地的内容。

（二）花儿是各民族共同创建的文化奇葩

1. 花儿溯源

关于"花儿"产生的时代，可谓众说纷纭，主要有：（1）"花儿"产生于原始社会；（2）"花儿"产生于周朝；（3）"花儿"产生于南北朝；（4）"花儿"产生于唐朝；（5）"花儿"产生于元代；（6）"花儿"产生于明代；（7）"花儿"产生于清代。这其中除第三种观点："花儿"产生于南北朝外，其余均有较详细的评论。①

"花儿"产生于南北朝的观点是岷县人李璘最早提出的，近年来岷县学者张润平再次提出。他们以南北朝时期著名文学家沈约《领边秀》中"纤手制新奇，刺作可怜仪；萦丝凤子飞，结伴坐花儿；不声如动吹，无风自裹枝；丽色倘未歇，聊承云鬓垂"②为依据，并凭借清人吴兆宜在诗题下注云"花儿是领上所绣歌童也"，进而将"歌童"与"花儿"联系在一起，但两人的区别是，李璘先生到目前为止仍认为，"还没有相关资料证明沈约诗中透露出的'花儿'和当今传唱于西部的民歌'花儿'之间，有何种关系"③，而张润平则认为《领边秀》中"花儿"比喻的是"歌童"，"歌童"也就是我们今天称谓的歌把式。④ 这实际上是个误解。沈约《领边秀》中的"花儿"指的是花朵，与前句的凤子（大蝴蝶，生长在江南橘树间）相对称，所谓"凤子藏花"⑤，之后才有"结伴坐花儿"（结伴坐落在花丛中）的景象。同样，宋代诗人赵长卿《鹧鸪天》"牙领翻腾一线红，花儿新样喜相逢。薄纱衫子轻笼玉，削玉身材瘦怯风"中的"花儿"也是指绣在衣领上的花朵。这种绣在衣领上的"花儿"，又衍生出"花工儿"。宋代诗人梅尧臣《拟玉台体七首》之七《领边绣》云："出门重新制，纤手行自整；愿作花工儿，长年承素颈。"很显然这里的"花工儿"是指刺绣、缝制、粘贴领边花朵的女红。在古代，领边的秀色是引人注目的细节，由它的演变可解读时尚的风雨阴晴。魏晋南北朝时，由楚地发源的男女皆宜的深衣已经是古装。女装多半只是两道宽边随着上衣的开口垂下来，正所谓"丽色倘未歇，聊承云鬓垂"。这时领边增添的秀色又有绕肩而披随步而飞扬的领巾，亦即帔帛。它原是从西

① 参见赵宗福《花儿通论》，青海人民出版社 1989 年版，第 53—58 页；柯杨《诗与歌的狂欢节》，甘肃人民出版社 2002 年版；武宇林《中国花儿通论》，宁夏人民出版社 2008 年版。

② （陈）徐陵：《玉台新咏笺注》卷 5《沈约诗二十四首》，（清）吴兆宜注，程炎删补，穆克宏点校，中华书局 1985 年版。

③ 李璘：《乡音》，甘肃人民出版社 2006 年版，第 12 页。

④ 张润平：《历史文化与民俗散论》，甘肃文化出版社 2012 年版，第 4 页。

⑤ （清）黎经诰：《六朝文絜笺注》卷 10《药奁铭》（作者为南朝宋鲍照），中华书局 1962 年版。

亚经中亚迤逦而来，南北朝时已进入世俗生活。南朝徐君倩《初春携内人行戏》云"树斜牵锦帔，风横入红纶"，锦帔和红纶都是指领巾，不过用树挽和风吹描写它的轻柔和飘逸。

女装至宋又是一变。南宋尤其喜欢轻薄的纱罗，缠了足的女子很少再有唐代的马上英姿，却多是"斗薄只贪腰细柳"①。束身的对襟衫子不施纽带，着时两襟微开，露出里衣和长长的粉颈，时称"不制襟"②，即如河南偃师宋墓画像砖和故宫博物院藏南宋《瑶台步月图》中的女子。对襟上缝着精致的领缘亦即领抹，领抹当日常常是单独出售的，或画或绣，或绘与绣相兼。常用的又有"影金"与"蒙金"，它与唐代的泥金相似，都是用印金的办法，即织物上面涂黏合剂，然后按照纹样把金箔贴牢，固定之后，再把多余的金箔除去。

明代女装与前不同的领边秀色是纽扣，或金或银，或金银托上嵌宝，花样多取自吉祥喜庆的各种题材，如福，如寿，如两只蜜蜂抱了一朵花的谐音喜相逢。纽扣束颈自然是光鲜的妆点，外罩里面的衫袄有了一个用两枚纽扣紧紧束住的小立领，只是领边再不露本色。如此样式在清前期的女装中依然可见，而中叶以后至晚清更把不露本色的"领边秀"发展到极致。道光时期叶调元的《汉口竹枝词》卷4《闺阁》有"蜀锦吴绫买上头，阔花边样爱苏州。寻常一领细衫子，只见花边不见绸"。其下注云："花边阔三四寸者，盘金刺绣，璀璨夺目。再加片金、金钱、阑干、辫子，相间成章，一衣之费，指大于臂。"③ 这时的领边绣把领缘的精致变成一层层纹样不同的花边相间成章而推向全身，乃至"寻常一领细衫子，只见花边不见绸"，不必说功能与装饰的相生相谐几乎消歇，"不声如动吹，无风自裹枝"的气韵生动也早已不再，何况"一裹圆"的袍子是没有曲线不见腰肢的。

之所以在这里不厌其烦地讲述领边绣的变迁，到头来只是想说明清人吴兆宜在"萦丝凤子飞，结伴坐花儿；不声如动吹，无风自裹枝"题下所注的"花儿是领上所绣歌童也"，其所指的很可能是清代南方某地的服饰习俗，而不是南北朝时期西北地区的领边秀，更不是古代羌族的领边

---

① 宋徽宗：《宣和宫词》卷1，见沙玲娜《宋词三百首全译》（上下），贵州人民出版社2008年版。

② （宋）岳珂《桯史》卷五，《四部丛刊》影元刊本、中华书局1981年点校本。

③ 王利器：《历代竹枝词·三》，陕西人民出版社2003年版，第2361页。

秀。而吴兆宜以"观下'不声'句"证明"花儿是领上所绣歌童也",实际上正是"不声如动吹,无风自裹枝"的生动注脚。所谓"不声如动吹,无风自裹枝"形容的是大蝴蝶结伴落在花丛中,虽然悄无声息,却像飞舞的蝴蝶有声有色。这与歌童绣在领边上何其相似。所以,用沈约《领边秀》一诗来证明西北民歌"花儿"产生于南北朝时期,证据尚且不足。

笔者同意"花儿"的产生不晚于明朝的观点,其主要依据如下:

(1)明代万历年间诗人高洪(弘)有诗云:

青柳垂丝夹野塘,农夫村女锄田忙。
轻鞭一挥芳径去,漫闻花儿断续长。①

(2)"花儿"的唱词中有反映明代的内容,如"洮岷花儿"中唱道:"松树林里虎丢盹,看见尕妹担的桶,人品压了十三省",又"柏木做下两只桶,尕妹担水走得稳,人品压了十三省"。这里的"十三省"是明代初期的行政区划,而不是元代或清代的。

(3)绝大多数"花儿"反映的是农业民族的活动,可以说是农业社会的产物。河、湟、岷、洮地区的汉族是主要从事农耕的民族。随着明初戍边将士的到来,该地区的农业开发出现了新的高潮。而藏族中唱"花儿"的也是那些主要从事农耕的藏族,游牧的藏族很少唱"花儿"。河、湟、岷、洮地区的藏族虽然从宋代就已陆续从事农耕业,如岷州包氏等,但都是少量的、零星的,且多为农牧混合型经济。这种农牧混合型的经济在蒙元时期并未得到多大改变。河、湟、岷、洮地区的藏族大规模地转向农耕是在明朝,而且伴随着藏族的农耕化,该地区的藏族也渐渐被汉族等其他民族同化,如岷州的包氏、洮州的虎氏等。这一过程大体持续到清中期。清中期以后,洮州、岷州、河州等地的农业藏族已经人数不多了,而游牧型的藏族更是身影难觅。河、湟、岷、洮地区的伊斯兰各民族,有的从中亚迁来时就已有少量的农业,但大部分在蒙元时期还是以畜牧业为

① 见高洪《秦塞草》(钞本),转引自赵宗福《花儿通论》,青海人民出版社1989年版,第64页。按:几乎所有讨论花儿的学者都是从赵宗福《花儿通论》中引用了高洪《秦塞草》(钞本)一诗,但该钞本收藏于何处,赵先生未说。

主，以农业为辅，但是到了明代，他们已转为亦耕亦农的民族，而且农业所占的比重越来越大。所以该地区各民族大规模参与创建"花儿"的时间不会在明代之前。

（4）从方言的使用感受"花儿"的时代信息。"花儿"绝不会突兀地产生于明朝，它是在承载前代民歌的基础上，充实、发展、演变而来的。以"花儿"所使用的方言为例，"这搭儿""兀搭儿""阿搭儿""阿么儿""兀么儿"等在"花儿"中出现的频率极高，是"花儿"常用的指示代词，如：

　　　　我拿上真心着维人里，
　　　　不知道，
　　　　你心里阿么儿价想的。

　　　　玉皇顶修下的那么高，
　　　　不知道阿么儿把泰山上，
　　　　感情是个两面刀，
　　　　不知道把谁的心伤。

　　　　杨二郎骑马者过雪山，
　　　　兵马们单，
　　　　雪山阿么儿者过哩？
　　　　隔了阴间隔阳间，
　　　　鬼门关，
　　　　等我的尕妹者坐哩！

　　　　提起个三国乱如麻，
　　　　三国待阿搭儿唱哩？
　　　　为我的身子你挨打，
　　　　我轻易价阿么儿者忘哩！

　　　　天上的云彩黑下了，
　　　　地下的雨点大了，

叫我阿搭儿坐哩哎？

三升麦子煮酒哩，
三亲六故都有哩，
羞者阿么儿开口哩。

立轮磨里水旋哩，
兀会儿我不你缠哩，
如今我爱你嫌哩，
叫我阿么儿了然哩？

实际上，"搭儿"指处所早在五代就已使用，如"一搭儿"，意为"一块儿"，如《祖堂集》卷4《丹霞和尚》载："师曰：'佛殿前一搭草，明晨粥后划去'。"元杂剧这些指示代词已十分常用，如：

恰分明这搭儿里，俺淘写相思。（《倩女离魂》三折）
道姑，敢问这搭儿是何处也？（《张生煮海》二折）
那搭儿别是一重天。（《城南柳》）
下场处那搭儿发付我。（《西厢记》二本三折）
别个菜都无，兀搭儿有盐瓜儿与客人吃。 （《原本老乞大》
12 右 03）

但是这些原本是宋元以来在晋陕官话中的用词，在"花儿"中却发生了一些变异，词尾处增加了"哩""者""个""哈"等缀词，如"阿么儿"变成了"阿么儿了""阿么儿呢""阿么儿者哩"；"阿搭儿"变成了"阿搭儿了""阿搭儿呢"，"什么"变成了"什么个"等。放到"花儿"有：

白牡丹白着耀人哩，
红牡丹红着破哩；
尕妹的跟前有人哩，
没人是陪你者坐哩。

尕马儿落在了柳林里，
柳林里有什么草哩？
一口一声的出门哩，
出门是有什么好哩？

一对犏牛犁地哩，
头上的鞭子哈绕哩；
眼看着阿哥出门哩，
心上啦刀子哈搅哩。

夜来阿搭儿站下了？
店钱阿么儿算下了？

阴山阳山山对山，
好不过松鸣岩草滩；
尕妹出来者门前站，
活像个才开的牡丹。

长饭还连油拌哩，
里头和点新蒜哩，
香者只把嘴拌哩。

白面把人吃厌哩，
想吃一屯杂面哩，
把兀阿达寻见哩。

　　这种语言上的细小变异，实际上是受周边蒙古族、藏族、突厥语族民族转用汉语的影响，其中受蒙古族的影响尤为显著，它是西北阿尔泰语系民族转用汉语后的突出风格。这种语言风格在元杂剧中已现端倪，在《蒙古秘史》等蒙文译成汉文的史籍中俯拾皆是。河、湟、岷、洮地区在蒙元时期曾经有大量的蒙古军队驻扎，尤其是元末明初，大量的蒙古军队退守到甘青地区后被安置于此。这些蒙古人进入明朝后，大多融合到当地的汉族、回族、保安族、东乡族、土族、藏族中去，并或多或少地转用汉语，这对当地的方言产生了很大的影响，因此明代河、湟、岷、洮，尤其是河、湟地区的方言深深烙上了蒙古人转说汉语的印记。这种方言形成于明代，而"花儿"使用的正是这种方言，所以从这一点看，"花儿"形成于明代是可信的。

（5）"花儿"与祭神。"花儿"与祭神是分不开的。在河、湟、岷、洮地区，大凡有点规模祭神活动都伴有祭祀性的"花儿"联袂而出。所祭之神有佛、有道，也有非佛非道，似佛似道者，但更多的是形形色色的地方神祇，如二郎神、各路湫神（龙王）、白马神等，均与农业有关。以岷县二郎山、康乐莲花山、和政松鸣岩"花儿会"为例。嘉靖《河州志》卷1《地理志·山川》载："松鸣岩灵湫，州南百里，山高岩峻，花草芬芳，有泉号灵湫，岁旱祷雨辄应。"明代松鸣岩的寺庙建筑是相当宏伟的，当地老人曾见到洪武年号的石碑。《和政县志》记有："创始于1465—1487年（明朝成化年间），有玉皇阁、菩萨大殿、圣母宫、西方顶、南无台，各栋宇然，皆在石岩之上，岩北有土坡一支，都岗寺在焉……每年四月二十六、二十七、二十八、二十九日，开龙华大会，朝拜者累千巨万，香火甚盛。"清朝痒生祁奎元在《游松鸣岩》的诗作中首记"唱牡丹"的情景："松鸣佳景除尘埃，一度登临一快哉；石磴疑从云际上，天桥浑向画中排；林藏虎豹深山古，路接羌戎绝径开；我亦龙华游盛会，牡丹听罢独徘徊。"他的《松鸣岩古风》写有："老僧新开浴佛会，八千游女唱牡丹。"岷县二郎山"花儿会"旧称"湫神庙会"，俗称"扭佛爷"。《岷州志》卷7《秋祀》所附"民间赛会"记载："诸湫神庙每岁五月十七日，众里民各举其湫神之像，大会于二郎山。各备祭羊一，请官主祭。"《岷州志》卷19《艺文志下》载有作者汪元絧所写《岷州竹枝词八首》，其三云："社鼓逢逢禳赛时，青骑白马二郎祠。踏歌游女知多少，齐唱迎神舞柘枝。"康乐县莲麓乡与临潭县冶力关交界处的莲花山上，既有佛寺，也有道观，其周围还分布着地堂殿等众多地方神祇。这里每年都要举行迎神赛会，俗称"六月六神会""六月六唱山"。

二郎神与各路湫神（龙王）是河、湟、岷、洮地区迎神赛会中出现频率最多的神祇，但值得注意的是，这些神祇的兴盛大多在明代。岷县二郎山在宋代称为"金童山""金通山"①，隔洮河与岷山"玉女峰"相望，故有"金童玉女"之称。金童山之所以改称二郎山，是因为山上有一座二郎庙。康熙二十六年《岷州志卫·壇庙》载："二郎庙，在城南外金童山。"《重修二郎庙碑记》云：

> 岷州城东南隅有二郎神祠，宋将种谔、马云先后创修。至元至正间，官民复屡缮治，神之著灵，民之敬祀，其来久矣。我圣朝龙飞抚运，及洪武十一年戊午，命指挥使淮东马烨开设卫治。次年率兵讨平乌斯藏、思窝纳邻洮园诸番寇，边境宁义。谓神有阴佑功，遂大兴祀宇。

岷州民众所祭之二郎神名为李昱，相传隋末李昱持刀入水斩蛟龙。后郡中大水，李昱乘白马，鹰犬挟弹，游于波面，水患以息。人乃追感其德，立祠于灌口江上。② 从《岷州卫志》《岷州志》的记载看，岷州二郎山至迟在明前期仍称为金童山。《太祖御祭岷山玉女洮水诸神文》中并未提及二郎山③，但明代时二郎神的祭祀活动在岷州已渐呈盛况，《岷州志》卷7《合祀》载："二郎神庙，每岁六月二十六日，民众设醮会祭。"河州二郎神庙为洪武十六年建，《河州志》卷2《典礼志》载："二郎庙，在州西北塬上……俱洪武十六年指挥徐景建。"青海地区汉、藏、土等民族信奉的二郎神相传是从河州请来的，而且是在戍边将士的带动下开始信奉的，其年代更应在明朝。

河、湟、岷、洮地区的湫神信奉由来已久，但将求神信奉与明代名臣、皇戚联系在一起则是明朝建立后的事，如洮州十八湫神（男称"龙王"，女称"圣母"或"娘娘"）。

许多学者认为"花儿"起源于迎神赛会，但从上述岷州二郎神祭奠的历史看，祭神活动最初与唱民歌很可能是分开的，但入明以后，由于祭奠二郎神、各路湫神等活动的兴起与兴盛，以及"花儿"的逐步形成，两者最终走到了一起，并且相辅相成、相得益彰。所以从"花儿"祭祀

---

① （清）顾祖禹：《读史方舆纪要》卷6《陕西》"岷州卫"，贺次君、施和金点校，中华书局 2005 年版。

② 余觉纂辑：（康熙）《岷州卫志·艺文》载《重修二郎庙碑记》，甘肃省图书馆藏。

③ 王元绹纂：（康熙）《岷州志》卷17《艺文志》，甘肃省图书馆藏。

之神大多兴盛于明代这一点看，说"花儿"形成于明代是可以成立的。

2. "花儿"是各民族共同浇筑的花朵

"花儿"之所以为各民族共同传唱，这与"花儿"诸多特点息息相关，它们是：

（1）"花儿"为各民族文化提供了展示的平台。"花儿"曲调简单，极容易上口；"花儿"有规定的曲令，但更多的是即兴发挥，触景生情，现编现唱、妙趣横生；"花儿"可以在固定的场地、固定的时间高歌引领，也可以在山林河边、路途野外、田间村头细语漫唱；"花儿"充满了年轻人的打情骂俏，也可以为老年人诉说衷肠，总之，"花儿"简便易行为广大民众最大限度地参与提供了轻松质朴的平台。在这里，信奉佛、道以及地方神祇的民族可以虔诚地唱诵"神花儿"，而信奉伊斯兰教的各民族也有适合自己民族特色的"花儿"，从而在"花儿会"上形成了你中有我、我中有你的动人场面，达到了各美其美、其乐融融的境地。在河、湟、岷、洮地区，"花儿会"期间是各民族关系最为融洽的时刻之一。在笔者参加的"花儿会"上，很少听到因为不同民族演唱各自的"花儿"而产生摩擦的。所以"花儿"的开放性与包容性铸就了"花儿"的广泛性与多元性，它是各民族的盛会，它为"花儿"的长盛不衰奠定了坚实的基础。

（2）"花儿"的民俗性是"花儿"的生命力之一。"花儿"是老百姓的歌，因此也是各民族生活习俗的汇聚与展示。在"花儿"涵盖的民俗事项中，服饰是研究者常常提及的，如：

院子角里苦根儿菜，
一心奔望我怜儿来；
我怜儿穿的蓝布衫儿，
左瞭右瞭一朵花儿。

你是青花缎的纽门（衣服上的扣子）系，
缝在我的衩口里；
把你晚上解开早上系，
羞者阿么而开口哩。

绿膝裤嘛红带带儿，
我怜儿长成一朵花儿；
插在我家瓶瓶儿里，
早晚看见魂影儿哩。

弯弯脚嘛高攥攥，
魂影儿缠了你三年，
多早才缠到我跟前。

砂罐上的石盖子，
红膝裤儿绿带子，
瞭着你时人爱哩。

梳高髻，穿半长红、绿、蓝、紫色高顶斜襟衫，胫着膝裤，足穿弓鞋，柯杨教授认为这典型的明代"人样子"。这不禁使人想到贵州省安顺一带屯堡村落中的江南遗民。这些在明初移民戍边到安顺一带的"南京人"，服饰以青、蓝色为主，男人的服饰以短对襟和长衫大襟为主。妇女始终保持大袖、长袍、尖头鞋等明代遗风。屯堡服饰是屯堡风情中一道独具特色的风景，妇女的大袖长袍尖头鞋和别具一格的"凤阳头"，与南京博物馆所藏明代服饰与发式相似。《安顺府志·民风》记："屯军堡子，皆奉洪武调北征南。妇人以银索绾发髻，分三绺，长簪大环，皆凤阳汉装也。"《安平县志·民风》记："妇女青衣红袖，戴假角，以银或铜作细练系簪上，绕髻一周，以簪绾之，名曰假角，一名凤头笄。女子未嫁者，以红带绕头上。已嫁者，改用白带。男善贸易，女不缠脚，一切耕耘，多以妇女为之。"《平坝县志·民生志》记："妇女头上束发作凤阳妆，绾一笄。""即蓄发盘作圆髻于脑后，着角质、银质等簪。"

尖头绣花鞋的制作对屯堡女人来说是一件大事。从还是十来岁的姑娘起就要在母亲的指导下开始学绣花，绣到出嫁时可绣出数十双鞋花。所用图样多是身边常见的农作物花卉和传统的花样，如荷花、瓜花、牡丹、石榴、红梅、蝴蝶、鱼、喜鹊、凤凰等。图案多为象征吉祥幸福的"双凤争鸣""喜鹊登枝""双梅吐艳""富贵牡丹"等。这些图案，不仅反映了她们的审美情趣，而且传递了她们的理念追求。如象征"多子"的石榴、蝴蝶、鱼，象征吉祥的喜鹊、凤凰，象征富贵的牡丹等。按照这些图案绣制的鞋花，要用十几种彩色丝线，讲究色彩的搭配、图样的和谐，给人以美感。在农活不太忙的六月，屯堡姑娘们三五成群邀约一起在走马转角楼上"坐六月"绣花。尽管天气炎热，但她们飞针走线寄托了自己美好的心愿，就如山歌所唱："六月虽是大太阳，绣楼却是好春光。绣个喜鹊飞出去，何时才见我的郎。"

屯堡姑娘不仅绣鞋花，还要绣帽花、枕套花、背扇花等多种衣物图案。这些衣物图案也多为花卉、鱼鸟之类的大自然生灵，她们把这些生灵绣得栩栩如生，同时又别具情趣。姑娘们一生绣出百余件花品，到出嫁"服日子"那天，集中挑到新郎家去在乡亲们面前展示自己的才艺，数量多、质量好的绣制品自然会受到众口称赞。那对姑娘们来说是最好的评价。因为这些绣制品倾注着姑娘们的心血，寄托着她们的美好向往。就如她们心灵的歌声："熬更守夜绣枕头，绣出鸳鸯戏水图。有朝一日同共枕，好比躺在云里头。"

明代洮、岷一带戍边后代的服饰与安顺屯堡明代移民的服饰何其相似，尤其是"凤阳头"与"凤头鞋"（当地俗称翘翘鞋、云云鞋），似乎出自一人之手。"花儿"中频频出现明代江南服饰的场景，说明戍边移民也是"花儿"的主要参与者。每逢赶场、庙会、走亲会友，岷、洮女人就会认真地打扮一番，无数的长袍大袖衣服和绣花鞋汇聚在一起，可说是一场别开生面的服装模特儿表演，也是一次无声的女红竞赛。那一件件工艺精美、色彩绚丽、生动鲜活的绣制品，让人不得不佩服岷、洮妇女的奇巧心智。每到此时，人们仿佛看到一幅明代民俗风情画在岷、洮村寨飘动起来。

与许多少数民族唱山歌习俗不同的是，"花儿会"并不是青年男女定情的聚会。在"花儿会"的诸多禁忌中，不允许年轻的未婚女子参加是重中之重。实际上，即使在平时，"少年"也很少有机会与"花儿"对唱情歌。尽管"花儿"中有相当多的情歌内容，而且本身就被形象地称为"花儿"或"少年"，但是在"花儿"的爱情歌曲中，我们看到最多的是"花儿"与"少年"的相思之情，却很难在歌词中发现"花儿"与"少年"有定情之举。定亲乃是父母所为，有一首定亲"花儿"为证：

甲唱：刀刀切芫荽者哩，我的娃20岁者哩，你的女娃排成队者哩，到底给谁给者哩？

乙答：红心柳，两张权，给你说个老实话，心想把女娃儿给到你的家，就看你的娃娃喜欢哪！

甲唱：一对蝴蝶配成双，娃把你的女儿喜心上，只求我连你商量。

乙唱：红牡丹，水鸳鸯，你娃我女儿配成双，这个媒人请谁当。

甲答：割竹竹儿者扎马哩，要媒人者做啥呢，咱们两个定码呢。

在包办婚姻的大前提下，"花儿"与"少年"能够做到的只能是祈盼在"花儿"中相互倾诉思念之情，而不去奢望有定情之果的实现。从这一点讲，"花儿"与"少年"的"花儿"，毋宁是悲情之歌，然而对于真正的"花儿"与"少年"而言，"花儿"之美就在于此，这就是那个年代的民俗。

与"花儿""少年"的悲情相反，"花儿"却为成年男女提供了一个思情、传情、交情、抒情、钟情、调情、放情、激情乃至纵情，最终离情的乐园。在明清围绕"花儿会"的一系列民俗中，除"漫花儿"外，还有"浪"（玩）的部分，内容包括游山观景，邀朋会友，休闲娱乐，调情野合。无论是"原始般的野合"或是"粗犷的野合"不仅是"花儿会"的主要习俗之一，而且也是"花儿会"的终结活动。缺少了这一环节，"花儿会"的吸引力会大大减弱。

（3）"花儿"承担了广泛的社会与文化功能。"花儿"之所以源远流长，这与附着在"花儿"身上诸多的社会、文化功能有着密切的关系。归纳起来主要有如下几种：

神学功能。"花儿"本身并不等同于祭祀，唱"神花儿"也只是祭祀活动的延伸，是祭祀的外围活动。早期"花儿"多含有求神、酬神、娱神方面的内容，如"求子歌""求福歌""求雨歌""还愿歌""苦心曲"等，它们是祭祀活动在"花儿"中的反映，是老百姓用娱神的形式寄托对神灵的祈盼。

娱乐功能。除了娱神功能外，"花儿"也是当地百姓最主要的娱乐项目和形式，尤其对于那些终年难得几次抛头露面的妇女来说，借助迎神赛会的浪山与漫"花儿"，是她们一年一度最开心、最纵情的时刻。她们丢下家务的拖累，摆脱礼教的束缚，冲破人心的防范，热热闹闹地"解个乏气，痛快几天"。而对于那些出门在外的脚户哥而言，"花儿"充满了对家人的思念，"花儿"驱散了旅途者心头的孤独与寂寞。在皮筏桨声的激流中，"花儿"给予了勇气，伴随着皮筏客闯过一个又一个的暗礁险滩。在田间地头，"花儿"为人们带来了欢声笑语，缓解了整日的辛劳。在山涧、在河滩、在一切能够酣畅地放歌青山白云的地方，"花儿"成了各族民众宣泄情感、寄托期盼、诉说苦难、交流喜悦的乐章，使他们那耀眼的才华无拘无束地展现。

传承文化功能。"花儿"来自民间，它不仅是老百姓的艺术，也是传承各民族传统文化、道德规范的载体。"花儿"所反映的社会生活内容极为广泛，唱词蕴含丰富，举凡农家日常生活、男欢女爱、祭神求子、祈雨禳灾、辛酸悲苦等均在演唱之列。在洮岷地区的"本子花儿"中，有许多是根据小说、戏曲演唱的历史故事，如《三国演义》《杨家将》等，目不识丁的老百姓就是在"花儿"学习了历史。在长篇的"神花儿"或在喜庆宴会上的"答喜花儿"中，村民们于无形中接受了传统文化中等级、尊卑等礼仪制度的熏陶。有"求雨歌""求子歌"唱道：

娘娘庙里木香呛，
先给天上玉皇唱，
轻风细雨落一场，
把四路八乡的庄稼长，
斗价塌者三倍上，
坐者吃肉喝酒摊子上，
穷娘娘们一搭喧一场。

一口锅嘛两口锅，
娘娘庙里跪下说，
儿子女子给一个，
亲房人等气灭过。

钢四两，量钢哩，
儿子我要一双哩，
一个送者学堂里，

一个他把羊挡哩。

手拿镰刀割柳哩，
你给佛爷奠酒哩，
把坟踏着龙口哩，
辈辈做官人有哩。

这些"花儿"为我们展示了传统农耕社会的耕读理念和官本位的心态。在河湟地区的《尕马儿令》《脚户令》以及《下四川》等小调中，我们听到了"出门人的歌"，它传承了当地回族等伊斯兰善于经商的特点和不辞辛苦的精神，如"上走了西宁的古鄯驿，下走了窑街的大通"；"十八条骡子走泾阳，二细的草帽拉驮上"；"千阳陇州固关峡，黄牛吧街道里过了"；"中坝靠的江油县，峨眉山就在个四川"；"连走了七年的西口外，没走过循化和保安"；"走罢凉州走甘州，嘉峪关靠的是肃州"；等等。

文化认同功能。这里所说的文化认同功能有两层含义：一是通过唱"花儿"所体现出的区域文化认同。在河、湟、岷、洮地区，"花儿"认同是超越民族的，各民族都认可"花儿"是各民族共同浇筑的奇葩。二是河、湟、岷、洮地区各民族又都认为"花儿"是自己文化的一部分，都能在"花儿"中寻找到属于自己文化的那一部分。各民族都有各自特色的"花儿"和"花儿"演唱的方式。形成你中有我，我中有你的区域文化圈。

四 以寿龄为名看明清时期河湟民族之融合

（一）问题的提出

明清时期的河湟地区流行着一种非常独特的习俗，那就是喜欢以家中长辈的寿龄用作人名。在中国历史上以寿龄作为人名通常有两种方式：一种是婴儿出生时以父母年龄合计数为人名，一种是婴儿出生时以祖父的年龄数为名。明清河湟地区以寿龄为名的习俗属于后者，只是有人将此作为乳名，有人将此作为名字，如同治年间河州马占鳌投降清朝时，其长子名为马七十五，当左宗棠询问马七十五为何叫这样一个奇怪的名字时，马七十五回答说，他出生时爷爷刚好 75 岁。左宗棠因而亲自为马七十五改名为马安良。20 世纪 30 年代单化普先生在甘肃民族地区调查时曾写道："五十九是马近西的乳名，因在其祖父五十九岁那年生的，纪念其祖父之意。现在甘肃人叫这样乳名的还很多。述者曾与笔者说，他的乳名唤做六十，故也有人称他为马六十。"① 成书于乾隆末年的《循化志》中有大量以寿龄作为名字的记载，如乾隆四十六年（1781）撒拉族反清斗争中的领袖名苏四十三，而在此前死于新老教冲突的"尕户长"，名韩三十八②；事变中最后退守到华林山浴血苦战的人员中有韩六十个等③；《循化志》卷 6《人物》所列乾隆四十六年在剿新教中阵亡的 320 人中，以寿龄为名者多达 122 人，占总人数的 38%。

1993 年出版的《清代河州契文汇编》④（以下简称《汇编》）中收录了大量各族民众以寿龄为名的实例，如马五十、妥六八、籴六三、陈五十七、张六十、王五十一、包六一、周四十八、贾七十存等。笔者曾对《汇编》中出现的以寿龄为人名者进行过粗略的统计，统计表明：在《汇编》出现的 2150 多个人名中，以寿龄为名者约 240 人，占总人数的11%，其中以马、妥、喇、拜、陕等为姓的伊斯兰居多，约 190 人，占以寿龄为名总数的 80% 左右。

以寿龄为名之习俗不仅在明清两代，即使在清以后的河湟地区依然存在，如灵明堂门宦的创始人马一龙，早期曾在马六三伊玛目的引荐下，接受过虎非耶学理⑤；西道堂早期信徒中有马五七儿。民国十二年（1923）在循化街子工血案中被处决的五人中有韩五十三；20 世纪 50 年代初，临夏一门宦负责人名马五十哈知（国珍，毕家场门宦主持）等。⑥ 笔者近年到临夏地区调查时，在一些边远的农村中仍能见到许多这样的名字。但是，这样一个既广泛又平常的习俗是如何产生的呢？在明清史籍和地方志

① 单化普：《陕甘劫余录》，《禹贡》1936 年第 5 卷第 11 期。

② 王树民：《乾隆四十六年撒拉事变与西北回教新旧派分立之由来》，《西北通讯》1943 年第 3 卷第 5 期。

③ 马通：《中国伊斯兰教派与门宦制度史略》，宁夏人民出版社 2000 年版，第 285 页。

④ 临夏回族自治州档案馆编：《清代河州契文汇编》，甘肃人民出版社 1993 年版。

⑤ 秦惠彬主编：《中国伊斯兰教基础知识》，宗教文化出版社 1999 年版，第 191 页。

⑥ 马通：《中国伊斯兰教派与门宦制度史略》，宁夏人民出版社 2000 年版，第 101、119 页。

中我们未见到相关的记载。当地百姓也仅仅知道是祖上流传下来的，至于究竟为什么会有如此习俗，则很少有人能说出所以然来，而学术界更是无人将此作为学术问题加以研讨。笔者近来读书时发现，这个看似再平常不过的习俗却折射出丰富的历史，它不仅涉及蒙古族、西域民族、女真族等众多民族的风俗，而且还展现了极为复杂的民族融合过程，为我们进一步深入研究河湟地区的社会及风土人情提供了鲜活的社会档案。兹论述如下。

（二）以寿龄为人名之探源

据现有汉文文献记载，这种以寿龄为名的习俗最早见之于宋金时期，且以女真人为多。《金史》卷73《完颜宗道传》载："宗道本名八十，上京司属司人，系出景祖，太尉讹论之少子也。"《金史》卷134《外国·西夏传》载："夏兵攻积石州，都统姜伯通败之。夏兵入安乡关，都统曹记僧、万户忽三十却之。"[①]《金史》卷82《乌延胡里改传》载："（乌延）卒官，年六十九。十九年，诏授其子五十六武功将军，世袭本路破朵大河谋克。"《金史》卷18《哀宗本纪》载："又置工部尚书温迪罕二十、吏部侍郎刘仲周并为参知政事。"《金史》卷84《耨碗敦思忠传》载："章帝即位，赞谟女五十九乞改葬。"《金史》卷75《毛子廉传》载："毛子廉本名八十，临潢长泰人。"《金史》卷117《王宾传》载："镇防军崔复哥、王六十之徒擐甲哗噪登楼。"

明代时，女真人的这一习俗依然可见，《明代各民族人士入仕中原考》卷1载有："七十，女真人，慕义内附授锦衣卫副千户"；"七十三，女真人，咬哈之子。天顺二年二月己亥，袭父自在州指挥佥事"；"八十，女真人，原居亦伦河卫，兀良哈之子。嗣安乐州指挥佥事"。[②]

女真人的这一习俗在后来的满族人那里被完整地保留下来。《乾隆宁夏府志》卷10《职官·皇朝职官姓氏》"洪广营游击"条下有："七十四，镶蓝旗满州，乾隆四十二年任"；"平罗营参将"条下有："四十九，满州人，乾隆三十八年任"。《西宁府续志》卷6《官师志》有"七十三，

---

① 此处的万户"忽三十"很可能是女真语"忽陈"（意为三十）与汉语"三十"混写在一起。

② 张鸿翔：《明代各民族人士入仕中原考》卷1，中央民族大学出版社1999年版。

乾隆三十四年任"；"九十，嘉庆十年任"的记载；《西域闻见录》的作者为满族人，名六十七，字居鲁。

以寿龄为名之习俗在北方草原民族蒙古人那里也十分盛行，如《元史》卷13《世祖本纪十》有"塔海弟六十"；《元史》卷45《顺帝本纪八》有"监察御史五十九"；又载："监察御史七十等，纠劾太保、中书右丞相太不花……甲子，监察御史七十、燕赤不花等劾中书参知政事燕只不花。"《元史》卷46《顺帝本纪九》载："命中书参知政事七十住谕孛罗帖木儿，罢兵还镇……闰月庚申，以宾国公五十八为知枢密院事。"《元史》卷200《列女一》载："贵哥，蒙古氏，同知宣政院事罗五十三妻也。天历初，五十三得罪，贬海南。"在蒙古族的习俗中，许多数字被认为象征着吉祥，如伊苏岱（几）表示众多，是无尽数，象征丰富，亦可引申为富有，故常用来命名。再如朵儿别者，四也；搭本者，五也；只儿瓦歹者，六也；朵罗者，七也；乃蛮者，八也；也速该，九也；哈儿班答者，十也，这些数字亦常用来命名。成吉思汗的父亲即名也速该。蒙古族婴儿出生时用祖父、外祖父或父亲的寿龄命名是希望孩子将来能像长辈一样长寿，故蒙古人名中常见有忽陈（三十）、和都齐（四十）、塔奔台（五十）、吉仁台（六十）、达兰台（七十）、乃颜（八十）、依仁台（九十）等。成吉思汗弟斡惕赤斤后裔，即取名乃颜。此外，也有用畏吾尔语命名者，如也忒迷失者，七十也；阿忒迷失者，六十也。不过，在大多汉文史籍中则直接用汉语，如五十六、七十三、八十二等。①

进入明代后，蒙古族的这些习俗仍然被保留下来。笔者曾经对《明代各民族人士入仕中原考》一书中蒙古人入仕中原后的同名者进行过翔实考证。书中著录的以寿龄为名者有116人，其中明确为蒙古族的有106人，如以"七十"为名者有9人；以"八十"为名者有4人；以"五十"为名者有11人；以"五十八"为名者有4人；以"六十"为名者有10人等。②此外，许多归附的蒙古人入仕后多改用汉人名字或被赐予汉名，如徐晟，鞑靼人，初名七十五；李真，本名五十，山后人……永乐八年，靖虏功升指挥金事，赐名李真。王信，原名六十，山后人……后来平定京

---

① 蔡志纯、洪用斌、王龙耿：《蒙古族文化》，中国社会科学出版社1993年版，第429页；王迅、苏赫巴鲁：《蒙古族风俗志》（上），中央民族学院出版社1990年版，第87页。

② 张鸿翔：《明代各民族人士入仕中原考》，中央民族大学出版社1999年版，第6、7、61、63、68页。

师升大河卫副千户。赐姓名曰王信。李荣，本名六十，胡人……三十五年，平定京师升鳌山卫副千户。赐姓名李荣。① 明朝时所谓的"山后人"、"胡人"与"鞑靼人"均指蒙古人。

清代以至今天，蒙古族中依然保留着以寿龄为名之习俗，这在众多介绍蒙古民族习俗的论著中均有记载，不再赘述。

蒙元时期，有大量的西域民族被迁徙到内地，其中一些民族中也流行着以寿龄为名之习俗，如成吉思汗时迁入华北居住在宛平的阿鲁浑人哲立理之子名六十一木八刺；阿鲁浑人满速尔家族中有六十一普刺等。②《明代各民族人士入仕中原考》卷 3 中记载了一个来自西域的阿速人，名五十八。其载：

> 五十八，阿速人，习其国书，粗涉传记……元徙漠北，为平章。洪武二十年，纳哈出就降，其众咸附，五十八亦帅众来归，历官至四品，上亲制诰辞兼译其国书赐之……"今特授尔明威将军，金河州卫指挥使司事，俾享天禄。"

阿速人，西方文献多称阿兰人。《明史》卷 330《西域二》载："阿速在沙哈鲁之东，近天方撒马儿罕。"据杨志玖先生考证，阿速人乃元朝时从高加索地区迁来的西域人，当时信基督教，属欧罗巴人种西亚型。③ 从记述推论，阿速人五十八应当是在元朝时来中国的，曾在蒙古长期生活，并身居北元平章政事高位。明初阿速人五十八率部众归附，明廷因其北元平章政事的特殊身份以及阿速人的背景，旋即被派往河州，以安抚当地的蒙古遗民和西域移民。在河州，阿速人五十八被赐以汪姓，"初上优之，不令预政，五十八亦恬退不争"，但即使如此，五十八还是"从傅颖公征阿者失力八秃，从李曹公征打里番，又从征文县上下山阪……李曹公又遣收马子山后番，番民争出马"。"洪武戊寅十二月，召赴京师，舆疾即行，道卒长安。"

除少数民族外，汉族中也曾广泛流行着以寿龄为名之习俗，如有以婴

① 张鸿翔：《明代各民族人士入仕中原考》，中央民族大学出版社 1999 年版，第 29、139、144、218 页。
② 宋濂：《銮坡集》卷 7《西域浦氏定姓碑文》，《四部丛刊》卷 21 影张缙刻本。
③ 杨志玖：《元代回族史稿》，南开大学出版社 2003 年版，第 71 页。

儿出生时父母年龄之合计数为名者，有以婴儿出生时祖父寿龄为名者，但这些往往与排行或行第交织混淆在一起，很难辨认，故在探讨汉族以寿龄为名之前，有必要对汉族中以排行或行第为字号的习俗简要加以概述。

汉族及其先祖早在夏商时就已将数字用作人名。夏代后期的几个帝王有"孔甲""胤甲""履癸"等名号。《史记》4《殷本纪》中的帝王皆以天干为名，殷代青铜器中有父丁鼎、父辛鼎、父甲鼎、父癸彝、父丁爵等。周秦时一方面将天干地支糅之五行学说以入人名，另一方面亦以伯、仲、叔、季作为人名以别次第。两汉在伯、仲、叔、季的基础上，又增添了元、长、次、幼、雅、少等，并形成了汉民族以行第命名的一大特点。

魏晋南北朝时期，受北方少数民族影响，开始以一、二、三等排列行第。《颜氏家训》卷2《风操第六》云："今南北风俗……凡与人言，言己世父，以次第称之……凡言姑姊妹女子：已嫁，则以夫氏称之；在室，则以次第称之。"王鸣盛《十七史商榷》卷63"七官"条言及《南史·武陵王纪传》与《梁书·河东王誉传》中纪与誉称湘东王绎为"七官"事时，引《资治通鉴》卷164胡三省注解释说："湘东于兄弟次第七，故云七官。"

隋唐之际，文人骚客以数字为字号渐成时尚，且花样迭出，如王藻、王素贞元中应举齐名第十四，遂以十四郎相标榜；郑綮因语言诙谐，世号郑五歇后体，省称郑五。① 不过，最常见的还是以排行为字号，这在唐代比比皆是，如韩愈《昌黎集》之《赴江陵途中寄赠二十补阙，李十一拾遗，李二十六员外，翰林三学士》《同李二十八夜次襄城》《宿神色招李二十八，冯十七》《早春呈水部张十八员外》《祭十二郎文》；张籍的《酬白二十二舍人早春曲江见招》；杜甫《草堂诗笺》之"高三十五书记适""樊三十三侍御""郑十八司户虔""二十四舅""十一舅"等；《四库全书总目》"小学"类重修《玉篇提要》称顾野王《玉篇》，唯越本最善，末提会稽吴氏三一娘写，楷法殊精；俞樾《春在堂随笔》录会稽禹跡寺唐开成五年（840）往生碑，碑末列僧尼及善信名单，信女中有陈卅一娘、吴三十娘等近三十人，很显然这些闺阁碧玉大多以行辈为名。古人称行第不独为时尚，亦是尊称。吕本中《童蒙训》卷上云："近世故家，为晁氏因以道申戒子弟，皆有法度，群居相处，呼外姓尊长必曰某姓第

几。"今人岑仲勉先生著有《唐人行第录》一书，对唐人行第进行了全面系统的辑录和整理，可考阙疑。

宋人多承唐代风气，仍以行第相称为时尚，如苏东坡排行第二，又第六、第九十二，其弟苏辙人称"九三郎"①；文天祥人称五十一、千一②；朱熹人称五十③。宋代除以行第相称外，也有特殊情况，陆游《家世旧闻》卷上载："三十八伯父讳宧，字元长，楚公长子。公得子晚，年三十八始生伯父，遂以三十八为行。"不过这种取名方法在整个宋代并不多见，只是个别文人的风骚清雅之举，难启一方之俗，与后世以寿龄为名之习俗更是了无相涉。以行第相称之风，北宋时尚浓，南宋时已呈式微之势，至元代以行第相称之俗早已沦为里巷细民无正名之人所习。俞樾《春在堂随笔》云："徐诚庵大令为余言，向见吾邑蔡氏家谱，有前辈书小字一行云：'元制庶民无职者，不许取名。止以行第及父母年齿合计为名。'"蔡氏家谱所述之现象，我们在元代以来的史籍中多有所闻。《元史》卷6《世祖本纪六》载："处州张三八、章炎、季文龙等为乱"；《元史》卷25《仁宗本纪二》载："赣州土贼蔡五九聚众作乱"。《御制皇陵碑》载，出生于元朝末年的朱元璋，原名重八，父名朱五四（后名世珍）；《明史》卷123《张士诚传》载："张士诚，字九四……有弟三人。"考之明初勋臣，开平王常遇春，曾祖四三，祖重五，父六六④；东瓯王汤和，曾祖五一，祖六一，父七一。清朝《乾隆宁夏府志》卷16《人物四》"忠"条之下有徐九九、田六六、刘八八等。但是这些人名究竟是以行第为名，还是以寿龄为名呢？我们知道，唐宋时人崇尚以行第为字号，绝不用作名讳，而寿龄则多用作人名，鲜有以父母年龄之合计或祖父之寿龄为字号者，所以上述以数字为人名者不应是行第，而应是寿龄，然寿龄又有父母年龄之合计与祖父寿龄之分，而上述所引人名又属于哪一类呢？清代学者缪荃孙在《云自在龛随笔》卷1中解释云："张士诚兄弟九四、九五、九六。元人微贱无名，以父母之年合呼之。"这显然于情于理均说不通。试想，张士诚兄弟既然名九四、九五、九六，在通常情况下应当是三年中连续出生的三个儿子，但是，每过一年，张士诚父母年齿合计应增

---

①　陆游：《老学庵笔记》卷1。

②　《宝祐四年登科录》，载民国徐乃昌《宋元三科录》。

③　《绍兴十八年同年小录》，载民国徐乃昌《宋元三科录》。

④　宋濂：《宋文宪公集》卷4，《四部丛刊本》。

加两岁，而不是一岁，故其子之名应为九四、九六、九八才对，而以九四、九五、九六呼之，似是婴儿出生时以祖父的寿龄为名更为妥帖。由此推断上述朱元璋父子等人名很可能也是以祖父寿龄为名。不过，无论是婴儿出生时以父母年龄之合计为名者，还是婴儿出生时以祖父的寿龄为名者，有一点可以确信，那就是汉族中除个别在金朝任官的汉族士人外，以数字作为字号的绝大多数与行第、排行有关，鲜有以寿龄为字号者，而以寿龄为名之习俗大多是在蒙古族兴起之后才出现的。蒙古入主中原时，汉人多以取蒙古名为时尚，如贾塔剌浑，本冀州人，其孙名六十八[1]，故蒙古族以寿龄为名之习俗很快在汉族中得以传播。

（三）以寿龄为名与明清时期河湟民族之融合

当我们了解以寿龄为名之习俗的演变后，反观明清时期河湟地区以祖辈寿龄为名的习俗的来源，可以得到一个明晰的结论，那就是明清时期河湟地区以祖辈寿龄为名的习俗主要有两个来源：一是从西域传播进来，二是受蒙古文化的影响。两者相较，受蒙古文化影响更为强烈和直接。

蒙元以来河湟地区曾有大量中亚色目人落居于此，在这些色目人中有相当一部分是信仰伊斯兰教的，他们的落居与河湟地区信仰伊斯兰教诸多民族的形成有着直接的关系。中亚色目人在迁入河湟地区的过程中也将本民族的风俗传播到该地区，如撒拉族中大量存在的以寿龄为名之习俗，应当在迁入河湟地区之前就已存在，而不是此后受其他民族影响而形成的。但是，明清以来河湟地区伊斯兰中以寿数为名之习俗受西域文化影响并不十分明显，原因是：（1）元代以来落居河湟地区的西域人数量不会太多，故以寿数为名之习俗的影响范围和程度十分有限；（2）迁居到河湟地区的西域人，虽然也有阿速人等非伊斯兰在内，但更多的是信仰伊斯兰教的。伊斯兰文化以及生活习俗通常情况下只限于伊斯兰之间传播，而河湟地区以寿数为名之习俗不仅在伊斯兰各民族中流行，在当地的藏、汉、蒙古、土族中亦普遍存在，这说明河湟地区那些以寿数为人名的藏、汉、土族以及相当一部分同、保安、东乡族，其取名方法不大可能来源于西域人的影响，而是另有途径。

笔者之所以认为河湟地区以寿龄为名之习俗受蒙古文化的影响更为强

---

[1] 《元史》卷 152《贾塔剌浑传》。

烈和直接，主要源于以下两个方面：

第一，女真人虽然有以寿龄为名之习俗，并曾统治河湟地区达百余年，但较之蒙古人，女真人对该地区的影响应当是微不足道的。河湟地区自蒙元以来曾经有大量的蒙古人迁入，这在《元代西北历史与民族研究》一书中有翔实的论述。① 明朝建立之初，这些迁入河湟地区的蒙古将领大多归附明朝。《明太祖实录》载洪武三年，明军下河州，故元镇西武靖王"卜纳刺率吐蕃部众诣征虏左副将军邓愈军门款附"。洪武四年六月，"以吐蕃来降院使马梅为河州卫指挥佥事，故元宗王孛罗罕、右丞朵立只答儿为正千户，元帅克失巴卜、同知卜颜歹为副千户，同知官不失结等为镇抚百户，及其部属以下各赐袭衣、文绮有差"②。洪武四年八月，"故元宗王子巴都麻失里、沙加失里、院使汪家奴等来降，贡马二十匹，及献铠甲器仗"③。洪武六年二月，"置洮州常阳十八族等处千户所六、百户所九、各族都管十七，据以故元旧官鞑靼等为之"④。洪武六年八月，"以故元蒙古世袭万户阿卜束等十五人为必里千户所千、百户，领其土人，镇御番汉界首"⑤。洪武八年正月，"置失保赤千户所，以答儿木为正千户，世袭其职，隶河州卫"⑥。大量蒙古人的落居使得河湟地区的民族成分发生了明显的变化，尤其是明廷规定胡人"不得姓胡姓、说胡语""不得自相婚配"，这促使落居河湟地区的蒙古人与当地色目人、蕃人、西夏人、汉人的交往更为紧密，并有相当一部分蒙古人信仰了伊斯兰教、藏传佛教，与当地其他民族共同发展成为新的民族。明代中期以后，那些在明初落居于河湟地区的蒙古人基本消失，而河湟地区的回、东乡、保安、土族，甚至一部分藏、汉族中却显现着大量的蒙古人的身影，蒙古人以寿龄为人名之习俗正是在这种民族融合的大背景下得以在当地各民族中广泛传播。从《循化志》《汇编》所反映的情况看，那些以寿龄为名的汉、藏、土等民族以及相当一部分伊斯兰各民族，其取名方法应当是受蒙古文化的影响，而这些民族中也应有相当一部分就是落居河湟地区的蒙古人后裔，且所占

---

① 胡小鹏：《元代西北历史与民族研究》，甘肃文化出版社 1999 年版，第 135、136 页。
② 《明太祖实录》卷 66。
③ 《明太祖实录》卷 67。
④ 《明太祖实录》卷 79。
⑤ 《明太祖实录》卷 84。
⑥ 《明太祖实录》卷 96。

比例不会太小。

第二，以寿龄为名之习俗虽然在明清时期河湟各民族中普遍存在，但就全国而言又表现出明显的地域性。以回族为例，如果回族中以寿龄为名之习俗主要来自西域，那么在全国的回族中应或多或少存有此类习俗，但实际上以寿龄为名之习俗除河湟地区的回族外，也仅仅在宁夏部分地区的回族中可以见到，如同治年间宁夏回族反清首领马化龙之子即名为马五十七、马五十九①，而在内地其他地区的回族中几乎看不到这一习俗。甘宁青地区在蒙元以来一直是蒙古人频繁活动和大量落居的地区，这些地区的回族也因此受蒙古文化的影响较其他地区为重，而这恰恰是以寿龄为名之习俗能够在这些地区广泛流行，而在内地其他地区鲜有见到的缘故。再看藏族，《汇编》中多次出现籴六三、籴七三、籴七六等人名②，这些人名与籴哈且郎、籴且郎、籴官兵、籴见错、籴吉祥、籴吉福、籴卓麻保、籴一旦、籴旦塄、籴哈士娃、籴大金保等均为亲属，可见应为以寿龄为人名的藏族。籴在这里并不是糴的省写，也不是华夏古姓，更不读糴（音di)，而读咱（音 zan 或 za)③，乃藏族姓氏的汉语音译。笔者在今天的河湟地区从未见到过籴姓，很可能已经消失。据《长编纪事本末》卷24载，早在五代宋金时，河湟地区就有吐蕃咱家族居住。《循化志》卷2亦载，清代河州藏族向化部落二十一寨中有"咱又寨"，其居住地与上述籴姓藏族同处一地，即河州西乡老鸦堡一带。此外，明朝时洮州底古族首领被赐姓昝，昝与籴读音相同，是否为一回事，尚待证明。藏族中以寿龄为名之习俗只在河湟地区及缘边的藏区中流行，在其他藏区这种习俗很少见到，这说明以寿数为名之习俗并不是藏族全民族的传统习俗，而是河湟地区及缘边的藏族在与蒙古族的长期交往中，受蒙古文化影响而形成的地域性习俗。

综上所述，以寿数为人名虽然是一个普普通通的地区性习俗，但在明清以来的河湟地区这一习俗却蕴含着极丰富的内涵，它为我们展示了明清时期这一地区民族融合的生动画卷，是研究这一时期社会、民俗、历史、文化的弥足珍贵的活化石。

---

① 单化普：《陕甘劫余录》，《禹贡》1936 年 5 卷 11 期。

② 甘肃省临夏回族自治州档案馆编：《清河州契文汇编》，甘肃人民出版社 1993 年版，第 16、106、109、151、188 页。

③ 《康熙字典》"米"部。

地方篇

一 明代岷州后氏家族补阙

（一）问题的提出

明代岷州"西亘青海之塞，南临白马之氐，东连熙巩，北并洮叠。南则屏翰蜀门，外则控制番境"①。《明史》称其为"岷西临极边，番汉杂处"，又称"西番，即西羌，族种最多，自陕西历四川、云南西徼外皆是。其散处河、湟、洮、岷间者，为中国患尤剧"②。岷州特殊的地理位置以及复杂的民族关系，历来为中央政府所重视。明承元祚，朝廷在岷州地区设置了岷州军民指挥使司，简称岷州卫。岷州卫实行"土流参治"，即以土官辅佐流官，以流官监管土官，以土官治土民。明代岷州卫管辖下的土官主要有岷州卫土官百户马氏、岷州卫土官指挥使后氏、岷州卫土官指挥同知包氏、岷州卫土官指挥同知虎氏、岷州卫土官副千户赵氏、岷州卫麻龙里土官百户赵氏、岷州为闾井土官百户后氏八家以及岷州番僧纲司国师后氏。清代岷州地区土司主要是前朝土司投诚后封授的，从康熙四十一年成书的《岷州志》记载来看，清王朝在岷州地区封授的土司计有副千户赵氏、百户马氏、百户后氏、百户赵氏、百户后氏等五家以及岷州番僧纲司后氏。而据光绪三十年左右成书的《岷州乡土志》③记载，岷州地

---

① 汪元绚修，田而襚等纂：（康熙）《岷州志》卷2《舆地上》，甘肃省图书馆藏。

② 《明史》卷330《西番二》。

③ 《岷州乡土志》自撰写出来以后文本就已流失在外，近百年来当地人无法看到。1984年10月上海书店根据杭州刘子亚先生提供的私人藏书，将其影印出版，作者佚名。据刘子亚先生介绍，该书记事最迟至清同治四年，原书封面盖有岷州官府的满汉文官印，书中并有增删涂改处，可知为当时州府所藏的誊清稿本。

区土司仅存有土百户马氏、土百户后氏、土百户赵氏三家以及岷州番僧纲司后氏。

岷州卫土官后氏家族是当地一大望族，其历史可上溯到宋、元时期，至今已延续三十多代，上下一千多年。明朝时，作为藏族的岷州后氏家族涌现出数位声名显赫的人物。在土官方面，有岷州卫后氏、洮州卫后氏两大支系，其中尤以后能为代表的岷州卫后氏土官，战功卓著，世任高官。在僧职方面，藏传佛教大智法王班丹札释乃岷州卫后氏家族中的杰出代表，深受永乐、宣德两朝皇帝重用，被任命为明朝掌管佛教事务的僧录司右阐教，先后在岷州兴建了隆主德庆寺、重广寺（藏语称曲德寺，后更名为大崇教寺）、圆觉寺（大崇教寺的下院）。为了表彰班丹札释的功绩，明朝政府还令礼部扩建北京大隆善寺（又叫春华寺）让其居住，并为其雕刻紫檀木等身坐像。清朝建立后，后氏家族渐渐衰落，但仍不失为颇具影响力的家族。民国以来，随着民国政府"改土归流"的实施，后氏家族已完全融合到汉族中去，作为土官最终退出历史舞台。

近年来，随着《西天佛子源流录》的汉文抄本在岷县的重新发现，以及各位专家所进行的研究，为我们研究班丹札释及其家族与时代的历史提供了宝贵的新史料。[1] 本节仅就《明实录》中有关后世家族成员的记载，对明代后氏家族的历史进行一点补阙。

（二）《明实录》中明代岷州后氏先祖

《明实录》对于明代后氏家族的记载始于《明太宗实录》，只是《明太宗实录》中记载的恰恰是《后氏家谱》等其他文献中均未出现的明代洮州卫后氏家族成员后瑛。《明太宗实录》卷38永乐三年（1405）春正月乙巳载："宁夏总兵官左都督何福请调泗州卫指挥佥事张麟赴河州卫，巩昌卫指挥佥事后瑛赴洮州卫，宁夏卫指挥佥事董聚赴宁夏前卫管马。从之。"这条记载既是《明实录》中有关明代岷、洮两州后氏家族的最早记载，也是《明太宗实录》中有关明代岷、洮两州后氏家族仅有的一条记载。此后瑛是否是明代岷州后氏家族的嫡系，尚不得而知，但从时间上推断，后瑛很可

---

[1]　参见张润平、罗炤《〈西天佛子源流录〉与班丹札释的贡献》，《民族研究》2011年第2期；苏航《大智法王班丹札释的家族与世系——以〈西天佛子源流录·佛子本生姓族品为中心〉》，《民族研究》2011年第2期；杜常顺《明代岷州后氏家族与大崇教寺》，《青海民族研究》2011年第1期。

能是后朵儿只之子，为明代岷、洮两州后氏家族的一名成员，曾任巩昌卫指挥佥事。明代岷、洮两州后氏家族的显赫主要在宣宗、英宗两朝。《明宣宗实录》卷 16 宣德元年（1426）四月载："甲子，陕西洮州卫指挥后广……等贡马……己卯，赐陕西洮州卫指挥后广……等钞币表里、袭衣有差。"《明宣宗实录》卷 27 宣德二年（1427）四月甲子载："以遣太监侯显往乌斯藏、尼八剌等处抚谕给赐，遣人赍敕驰谕都督佥事刘昭领指挥后广等调洮州等六卫官军护送出境。"《明宣宗实录》卷 42 宣德三年闰四月辛丑载："升岷州卫指挥使后能为陕西都司都指挥佥事，掌岷州卫事。"《明宣宗实录》卷 58 宣德四年九月癸丑载：

> 掌岷州卫都指挥佥事后能奏："臣祖后朵儿只，初为岷州宣慰司土官同知，洪武初归附，除岷州卫指挥佥事。父后安袭职，被召至京，改大宁右卫，从征讨战殁。臣又自立功，授指挥使。宣德二年以土官还岷州，征松潘有功，升都指挥佥事，掌岷州卫事。"

《明英宗实录》卷 13 正统元年（1436）正月己卯载：

> 上命行在礼部兵部议功赏议。上升都督佥事赵安为都督同知，指挥佥事汪寿、后能、刘永俱为都指挥同知，指挥使陈斌为都指挥佥事，指挥同知王溶等七人俱为指挥使，指挥佥事倪安等六人俱为指挥同知，正千户袁通等十四人俱为指挥佥事，副千户把都等十八人俱为正千户，百户杨名等三十六人所镇抚，藏卜等七人俱为副千户。仍赏银两、彩币有差。其余官军亦皆升赏有差。

上述记载表明：1. 后能的奏文是到目前为止笔者看到的明代官方文献中有关岷、洮两州后氏祖先的最早记载，也是仅有的一条记载。它来自明代岷州后氏土官后能为讨还被他人占据的父祖旧有家产所上的疏奏。由于这条史料是出自后朵儿只孙后能之手，又距明初仅仅过了 60 余年，所以奏文所说的家族史，相较《岷州志》《西天佛子源流录》《后氏家谱》① 等记载而

---

① 《后氏家谱》系乾隆四十四年岷州后氏苗裔补修。现存于岷州后氏苗裔后建刚家中。《岷县文史资料选辑》第 2 辑有王兆祥、鱼献琳撰写的专文《岷州后氏家族世系初考》，1990 年。

言，其可信度要高出许多。按照后能所说，明代岷、洮两州后氏家族中后能一支的祖先为后朵儿只，原名朵儿只，明初赐姓后。《后氏家谱》载后氏家族认为这个后姓的"后"，是"皇后"的"后"，而不是"前後"的"後"字简写。在前後的"後"字没有简化之前，"后"字在明代是皇后专用，所以明代后氏家族以后为姓，充分显示出姓氏的尊贵。朵儿只元朝时任"岷州宣慰司土官同知"。然元代从未设有岷州宣慰司，故笔者怀疑所谓"岷州宣慰司土官同知"乃吐蕃等处宣慰司岷州土官同知的误记。

元末镇守岷州的首领是完颜铁木尔。《岷州志》卷13《职官下》"镇守都指挥"条下载："又岷之西郭，有明季勇略将军完颜王公之墓。相传王公为元时完颜铁木尔，洪武初，率众归附，更名王完颜，受指挥职，驻节岷山。"《岷州乡土志·兵事录》亦载："明太祖洪武二年，元将李思齐自凤翔奔临洮，而岷州有元将完颜铁木亦据城守。徐达遣冯胜徇临洮，太祖又敕书招思齐，许以汉待窦融之礼，思齐降。完颜铁木遂率众归附。"又铸于洪武十六年的岷县《二郎山铜钟铭文》上有"武德将军岷州军民千户所正千户：王福德"的署名①。《岷州志》卷13《职官下》"正千户"名下亦载有王福德其人，为洪武十五年任。这个王福德很可能就是完颜铁木尔本人或其同族。《明太祖实录》卷60洪武四年春正月癸卯载：

> 西番十八族元帅包完卜乩、七汪肖遣侄打蛮及各族都管哈只藏卜、前军民元帅府达鲁花赤坚敦肖等来朝，诏以包完卜乩为十八族千户（所）正千户、七汪肖为副千户，坚敦肖为岷州千户所副千户，哈只藏卜等为各族都管，赐袭衣、靴袜。

由此可知，元末岷州守将是完颜铁木尔，为女真人；岷州军民元帅府达鲁花赤为坚敦肖，很可能与完颜铁木尔一样，也是一个蒙古化的女真人。《岷州志》卷13《职官下》载：

> 镇守都指挥后朵儿只班，波忒国三叠人，元哈撒尔三代孙，在元任甘肃行省平章，至正二年守宁夏，洪武二年率众归附，赐姓后氏，

---

① 此钟现悬挂于岷县二郎山钟亭。

授以金简诰命，擢为宣武将军，洪武十年命掌本卫事。①

《岷州志》16《人物·忠勇》附"哈撒尔"条载：

> 哈撒尔，岷之萨底族人。父堪卜底节，性骁勇，有智略，哈撒尔
> 继其武。元太祖时，主中军，伐乃蛮部，大战至晡，诸部悉溃。夜
> 走，坠崖中，死者不可胜计，余众降。泰和五年，攻西夏，复命镇抚
> 迭州。哈撒尔即后朵儿只班之祖也。

关于堪卜底节，《岷州乡土志·氏族》"后氏"载：

> 其先有堪卜底节者，萨底族番人，为宋都元帅。墓在小石门山
> 下。底节子哈撒儿，元太祖时，用伐乃蛮，征西夏有功，命镇抚叠
> 州，即为叠人。叠亦名波刕国，至其孙朵儿只班，元末，守宁夏。洪
> 武初，率众归附，赐姓后氏，擢为宣武将军。十年，命掌本卫事。朵
> 儿子安，安子能，能子成功，俱袭指挥同知。

与《明宣宗实录》所载后能之说相比，《岷州志》将明代岷州后氏的
祖先向上拓展了四代，追溯到后朵儿只的祖父哈撒儿，以及哈撒儿的父亲
堪卜底节，其所依据的是《西天佛子源流录》。从世系上看，《西天佛子
源流录》具有一定的可靠性，而且世系离得越近可靠性越大，但在明代
岷州后氏祖先的职官以及事迹的记载上存在着较大的出入，如《岷州志》
所谓后朵儿只班在元任甘肃行省平章，至正二年守宁夏等均有误，这在张
润平、罗炤、杜常顺、苏航等学者的文章中已有翔实的考述。

2. 后能在疏奏中只说后朵儿只是在洪武初归附，后除岷州卫指挥佥
事。《岷州志》根据《后氏家谱》及《西天佛子源流录》等将后朵儿只
班的归附定于洪武二年，误也。洪武二年，明朝军队刚刚攻下临洮，尚未
进入岷州。《明太祖实录》卷41洪武二年四月乙亥载：

---

① 波刕国即吐蕃，三叠指叠州（今甘肃省甘南藏族自治州迭部县），今迭部仍分上、中、
下三部，故有三叠之说。而三叠即萨底族，误也。

大将军徐达至巩昌，元守将平章梁子中、侍郎陈子林、郎中谭某、员外郎鄢某出降。既而总帅汪灵真保、平章商嵩、左丞周添祥、达鲁花赤张虎都帖木儿、万户董褆、雷清、石荣等亦继至，达皆礼待之。遂以都督佥事郭子兴守其城，送灵真保等赴京。仍遣右副将军冯宗异将天策、羽林、骁骑、雄武、金吾、豹韬等卫将士征临洮。

《明兴野记》亦载："洪武二年四月，（徐达）至巩昌，土官汪灵真保率军民以城降，达令都督郭子兴镇之。"① 同月，"右副将军冯宗异师至临洮，李思齐降，宗异遣人送之大将军营"②，立临洮卫。六月，朱元璋又遣许允德招谕吐蕃十八族、大石门、铁城、洮州、岷州等处。③

明朝军队进入岷州应当在洪武三年。《明太祖实录》卷 52 洪武三年五月载：

> 己丑，大将军徐达分遣左副将军邓愈招谕吐蕃，而自将取兴元。宁国卫指挥佥事陈德成从征西蕃，战殁于岷州，上命有司致祭，厚葬之。仍恤其家，追赠德成指挥副使，授其子千户……辛亥，左副副将军邓愈自临洮进克河州，遣人招谕吐蕃诸酋。

《明太祖实录》卷53 洪武三年六月辛酉亦载有此事：

> 故元陕西行省吐蕃宣慰使何锁南普等以元所授金、银牌印、宣敕，诣左副副将邓愈军门降，及镇西武靖王卜纳剌亦以吐蕃诸部来降。先是，命陕西行省员外郎许允德招谕吐蕃十八族、大石门、铁城、洮州、岷州等处，至是何锁南普等来降。

《明兴野记》载：

---

① 陈学霖：《史林漫识》附录（三）俞本《明兴野记》（《纪事录》）洪武二年四月，中国友谊出版社 2001 年版。

② 《明太祖实录》卷41 洪武二年四月丁丑；又《明兴野记》载："洪武二年十二月，达遣大都督冯胜追思齐至临洮。"

③ 《明太祖实录》卷53 洪武三年六月癸未；《明史》卷 330《西域二》。

（洪武三年）四月，（徐）达遣左副将军邓愈率仁和、襄阳、六安、沔阳、巩昌、临洮等卫将士数万众克河朔。土番宣政院使锁南领洮州、岷州、常阳、帖成（应为城——引者）、积石等十八族六元帅府大小头目①，赍所授元宣敕金银牌面、银铜印信，亲诣愈前降，愈悉纳之，具名闻。上以锁南为河州卫指挥同知，以其弟汪家奴为河州卫指挥佥事。改洮州六元帅府为千户府，其百户、镇抚勃敕谕锁南举之。锁南、汪家奴颁以金筒诰命，各千户、百户、镇抚俱给诰命，敕金（疑为命——引者）锁南仍颁原管土著军民。②

《明太祖实录》卷 60 记载了洪武四年正月时河州卫所属千户所、百户所的名称：

置所属千户所八：曰铁城、曰岷州、曰十八族、曰常阳、曰积石州、曰蒙古军、曰灭乞军、曰招藏军；军民千户所一：曰洮州；百户所七：曰上寨、曰李家五族、曰七族、曰番客、曰化州等处、曰常家族、曰爪黎族；汉番军民百户所二：曰阶文扶州、曰阳砠等处。

上述记载明白无误地告知，岷州是在洪武三年随着河州一同归属明朝的，因此不存在后朵儿只于洪武二年归附之说。

3. 《岷州志》卷 13《职官下》载，镇守都指挥后朵儿只班，在元任甘肃行省平章，至正二年守宁夏，洪武二年率众归附，赐姓后氏，授以金筒诰命，擢为宣武将军，洪武十年命掌本卫事。③《明太祖实录》卷 53 洪武三年六月癸卯载：洪武三年（1370）五月，左副将军邓愈自临洮进克河州，"故元陕西行省吐蕃宣慰使何锁南普等，以元所授金银牌印宣敕诣左副将邓愈军门降，及镇西武靖王卜纳剌亦以吐蕃诸部来降"。明太祖为

---

① 此处应为：土番宣政院使锁南领洮州、岷州、常阳、帖城、积石、十八族六元帅府大小头目。

② 陈学霖：《史林漫识》附录（三）俞本《明兴野记》（《纪事录》）洪武三年四月，中国友谊出版社 2001 年版。

③ 波忒国即吐蕃，三叠指叠州（今甘肃省甘南藏族自治州迭部县），今迭部仍分上、中、下三部，故有三叠之说。而三叠即萨底族，误也。

表彰锁南普的义举，赐姓何。① 洪武四年，明廷设河州卫，以宁正为指挥，"何锁南普为河州卫指挥同知，朵儿只、汪家奴为佥事……令何锁南普子孙世袭其职"②。这个朵儿只如果与明初西宁卫的朵尔只失结无关的话，应当就是岷州的后朵儿只。后朵儿只在洪武十一年岷州卫设置前一直担任河州卫指挥佥事，擢为宣武将军。洪武十一年秋八月岷州卫设置后，后朵儿只被授予岷州卫指挥佥事，而且所授的职务仅仅是岷州卫土官指挥佥事，与吐蕃等处宣慰司岷州土官同知大体相符。《后氏家谱》载：

> 明洪武二年，（后朵儿只）将所授虎符、金牌，率众归附，赐姓后氏，授以金简、诰命，擢为宣武将军。十一年开设岷州，管本卫事。十三年，开设洮州衙门，十五年随征南京，以疾卒於曲靖，赠龙虎将军，勅葬南京紫金山，入乡贤祠。

岷州卫的第一任指挥使为马烨。洪武十六年马烨仍担任指挥使一职。铸于洪武十六年的《二郎山铜钟铭文》署名下标有：

> 本卫官
> 明威将军岷州卫军民指挥使司守御官：马烨
> 广威将军指挥佥事：姚贞、潘贵、杨政

在《二郎山铜钟铭文》的署名中，无论是指挥使、指挥佥事，还是各级千、百户均未见有后氏家族成员的踪影，之所以如此，主要原因是后朵儿只明初归附后所担任的岷州卫指挥佥事一职是土官性质的职官，即岷州卫土官指挥佥事，而《二郎山铜钟铭文》中对于土官的署名是有选择的，并不是所有的土官都具有署名资格，如《明太祖实录》卷150洪武十五年十二月庚子载："岷州卫百户达锁南乩等十三人谋叛，伏诛。"这个百户达锁南乩就在《二郎山铜钟铭文》没有署名。后朵儿只死后，其子后安袭职，不久被召至京，改大宁右卫，其身份很可能改为流官，但后

---

① 朱元璋为何赐锁南普以何姓，一说因锁南普镇戍河州，故以何为姓；一说何姓是由古蒙古语"藏仁"（好、善）一词意译而得。

② 《明太祖实录》卷60洪武四年二月壬癸。

能又是土官，这在后能的疏奏中已明白无误地记载下来。另外，后朵儿只被授予的宣武将军仅属于明代 30 阶武散官中的第 22 阶，为从四品初授之阶（明代正四品武职官为指挥金事），并不能作为职官的证明，仅是一种荣衔。

4. 后朵儿只的后代中除后安外，还有永乐三年从巩昌卫指挥金事调往洮州卫任职的后瑛以及宣德元年时就已任洮州卫指挥的后广。《明宣宗实录》卷 27 宣德二年（1427）四月甲子载："以遣太监侯显往乌斯藏、尼八剌等处抚谕给赐，遣人赍敕驰谕都督金事刘昭领指挥后广等调洮州等六卫官军护送出境。"后朵儿只与后瑛、后安很可能是父子关系，而后广与后瑛也可能是父子关系。后安这一支逐渐发展成为明代岷州后氏家族，世代居住在今甘肃省岷县中寨镇小寨村，而后瑛这一支则在洮州发展，宣德初年，后瑛执掌洮州卫指挥、后能执掌岷州卫土官指挥，只是洮州后氏家族的影响远不如岷州后氏，所以后瑛与后广在明代岷州后氏族谱中从未见载。除此之外，后氏家族中还有一个后玉鲜为人知。《明武宗实录》卷 33 正德二年十二月辛巳载：

> 虏千五百余骑入凉州、永昌等堡，杀掠人畜。陕西行都司都指挥金事赵钦、王澄、凉州卫指挥同知苏济、洮州卫指挥使后玉、百户赵俊下巡按御史逮问，坐守备不设，俱拟谪戍，而澄所部无大亡失。上以澄情轻律重，宥之。降一级带俸差操。余照例发遣。

此后玉为后氏家族成员肯定无疑，但究竟是洮州后氏还是岷州后氏成员，不得而知。《岷州乡土志·氏族》"土司"载：

> 已改土把总林口土司后振兴，系后祥把古子。后祥巴古子于明洪武二十八年，以功授世袭土官百户，历五世，至后希魁；于本朝顺治十二年，授外委土百户，传至后荣昌；于乾隆六年，授正百户，历四世，至后振兴；于光绪十年，被部民控劾改土归流，土司以土把总承袭已废。

《岷州志》卷 3《舆地下·番属》载："头目后君遴，始祖后祥巴古子，系本卫人。明洪武二十八年以功授世袭土官百户。祥巴子达节，达节

子古纳令住，令住子恩，恩子承祖，相继承袭。"《岷州乡土志·氏族》
"后氏"载：

> 其先有堪卜底节者，萨底族番人，为宋都元帅，墓在小石门山
> 下，底节子哈撒儿。元太祖时，用伐乃蛮，征西夏有功，命镇抚叠
> 州，即为叠人。叠亦名波戎国。至其孙朵儿只班，元末，守宁夏。洪
> 武初，率众归附，赐姓后氏，擢为宣武将军。十年，命掌本卫事。朵
> 儿子安、安子能、能子成功俱袭指挥同知。于正统、弘治间，任本卫
> 指挥、安都指挥、能指挥同知。成功子泰，成化时，袭职任岷守备。
> 能季子成、成子章授世袭土百户，传七世，至国朝康熙间，剖委任
> 事，居攒都沟，至今袭职，此一支也；其宗，后祥巴古子，为后章头
> 目，洪武二十八年，授世袭土官百户，居间井里，传十余世，至光绪
> 初，土民归流，土司以把总承袭，此一支也；至番僧纲司，明为大智
> 法王后、班丹札释之后，其世次虽不可考，然亦本州后氏，此一
> 支也。

由此可见，明代后氏家族在洪武以来已分为数支，即岷州后能家族一
支，岷州后祥巴古子一支，洮州后瑛与后广一支，班丹札释家族一支。

（三）明代岷州后氏家族的鼎盛

明代岷州后氏家族的鼎盛是在后能担任都指挥同知一职时期。按照
《岷州乡土志·氏族》"后氏"条的说法，朵儿只子安，安子能，能子成
功，俱袭指挥同知。《岷州志》卷13《职官下》亦载：

> 后安，朵儿只班子，袭锦衣卫佥事，调大宁卫。洪武二十三年，
> 奉天征讨有功，升指挥同知。二十六年掌本卫事……后能，安之子，
> 以父阵亡由，袭职指挥同知，升指挥使。宣德三年征松潘羌夷有功，
> 升陕西都指挥佥事。正统元年奉敕镇守岷州。

但后能在疏奏中特别强调，"臣又自立功"，于是宣德二年以土官身
份还岷州，授岷州指挥使一职，而不是袭职。宣德三年，后能因征松潘有
功，升都指挥佥事，掌岷州卫事。正统元年，礼部、兵部议功赏议，升指

挥佥事后能为都指挥同知。这里值得注意的是：土官所授指挥使、都指挥佥事、都指挥同知等职，通常情况下是荣誉性的虚职，既不享受俸禄，也不参与流官事务的管理。如《明英宗实录》卷 27 正统二年二月壬戌载："给陕西河州等八卫备边土官俸。旧制土官不给俸，至是，选调赴边策应，遂暂给之，如汉官制。"《明英宗实录》卷 70 正统五年八乙酉月载："陕西凉州卫带俸回回指挥同知恪伯赤……来朝贡驼马赐彩币等物有差。"《明太宗实录》卷 46 永乐三年九月丁酉载："升陕西都指挥同知赵忠、脱列干为后军都督佥事，脱列干食禄不视事。"《明宣宗实录》卷 10 洪熙元年十月载：

> 己巳，陕西行都司土官都指挥同知李英至京，进所获安定番童一十五人及马驼……敕谕都指挥李英、指挥康寿、鲁失加曰：尔等祗事我皇祖太宗文皇帝，虑忠竭诚，奋志效力，屡著勋劳，洊加爵秩……辛未，以征安定、曲先功，升陕西行都司土官都指挥同知土官李英为右军都督府左都督，食禄不视事，给世袭诰命，并赐织金袭衣、钞、银、彩币表里……升罕东卫土官指挥使却里加、必里卫土官指挥同知康寿、庄浪卫土官指挥同知鲁失加俱为陕西行都司都指挥佥事，不理司事，给世袭诰命。

这里所谓"食禄不视事"表明朝廷破例给予脱列干、李英俸禄，但仍不能参与流官事务的管理，而却里加、康寿、鲁失加三人则既没有俸禄，也"不理司事"。与他们相较，后能的待遇有所不同。按照《明宣宗实录》卷 42 宣德三年闰四月辛丑载：后能升任陕西都指挥佥事之后，明廷特意授予他"掌岷州卫事"的职能。正统元年，后能又奉敕镇守岷州。无论是"掌岷州卫事"，还是"奉敕镇守岷州"，均证明后能在朝廷的特许下，获得了参与流官管理的职能，但他的身份依然是土官，所以不能享受俸禄。这种待遇在明代河、湟、岷、洮诸卫土官中是绝无仅有的。

后能能够受到朝廷如此信任，应当与明代岷州后氏家族的另一位重要人物有着密切关联，这位重要人物就是活跃于永乐、宣德年间的藏传佛教大智法王班丹札释。《岷州志》卷 16《仙释》载：

> 班丹札释，本卫人，俗姓后氏。在胎时，母多异征。五岁见佛

像，心慕出家，遂披剃为西僧。及长，于五台山见文殊现身受记。永
乐间，奉使乌斯国，从河州出境，渡黄河，将近昆仑山，见番人言
"满空山神来迎"，夜朦胧女引泉，回寺后，寺中忽出一泉如所梦。
既建寺于萨子山，乏石，忽大雨冲开石穴，用之不竭，今遗踪尚存。
又奉使恭卜国，过大雪山，见神扫除引路。正统庚午，诣京师庆赞宝
塔，有彩云之异，赐号宏通妙戒普慧善应慈济辅国阐教灌顶净觉西天
佛子大智法王。

所谓"班丹札释，本卫人，俗姓后氏"，表明班丹札释所在的家族是
明代岷州后氏家族的一支。洪武年间，班丹札释进入僧界。永乐二年
（1404），27岁的班丹札释作为仲钦巴的侍从觐见皇帝，留在京城任职。
西藏高僧大宝法王哈立麻得银协巴进京时，他充当翻译。其后跟随大宝法
王进藏。作为明朝的使者，班丹札释在乌斯藏联系各地的政教首领，推行
明朝政令，颇有劳绩。回京后受到永乐皇帝的奖赏，受命住持京城法渊
寺。永乐四年，班丹札释被永乐皇帝首次封为"大宝法王"。永乐十四
年、十六年，班丹札释在岷州兴建隆主德庆寺、重广寺（藏语称曲德
寺）。十七年，班丹札释被任命为明朝掌管佛教事务的僧录司右阐教。永
乐二十年，班丹札释奉命到乌斯藏审验大宝法王哈立麻得银协巴（1415
年圆寂）的转世灵童，这是中央王朝派人审验敕封藏传佛教活佛转世灵
童的最早记载。班丹札释因此成为执行中央政府审验敕封大喇嘛转世制度
的第一人。宣德元年（1426），班丹札释被敕封为"净觉慈济大国师"，
赐金印、金法冠及诰命等。为了表其功绩，明朝政府还令礼部扩建北京大
隆善寺（又叫春华寺）让其居住，并为其雕刻紫檀木等身坐像，在大隆
善寺中竖立《西天佛子大国师班丹札释寿像记》碑。同年8月又加封为
"宏通妙戒普慧善应辅国阐教灌顶净觉慈济大国师"。宣德三年，为褒奖
班丹札释在西藏的功绩，宣德皇帝特颁敕书，扩建重广寺，新赐寺名曰
"大崇教寺"，颁御制《修大崇教寺碑文》，并派官军守护该寺院。同年又
获准在岷州茶埠建圆觉寺（大崇教寺的下院）。宣德十年，宣德皇帝去
世，英宗继位，召班丹札释入京，主持修建宝塔，举行法事，超度宣德皇
帝，并加封为"宏通妙戒普慧善应慈济辅国阐教灌顶净觉西天佛子大国
师"。正统八年（1443），班丹札释奏请为全国僧人颁发度牒。准奏度僧
徒37000余人。景泰三年（1452），景泰帝又加封班丹札释为"宏通妙戒

普慧善应慈济辅国阐教灌顶净觉西天佛子大智法王"。这一年班丹札释
75 岁。

后能家族与班丹札释家族虽属明代岷州后氏家族中的不同支系，但两
者相辅相成，相得益彰。在班丹札释深得朝廷信任与重用的永乐、宣德、
正统、景泰朝，正是后能家族以岷州土官身份参与流官管理的鼎盛时期。

（四）明代岷州后氏家族的发展

从陕西都指挥佥事升为陕西都指挥同知不久，后能的政治生涯遇到了
一次较大的挫折。《明英宗实录》卷 19 正统元年闰六月辛卯载：

> 参赞甘肃军务兵部左侍郎柴车奏："都指挥佥事后能冒杀寇功，
> 升都指挥同知，受赐白金及金织衣。首实伏罪，蒙圣恩宥之，不与追
> 削，固优待之意。然不足以为戒，乞革其爵赐，以彰国家赏罚之
> 公。"从之。

后能被授予陕西都指挥同知是在正统元年正月，时隔数月，后能便以
冒功罪被讼，致使"革其爵赐"，其陕西都指挥同知一职也受到影响，从
陕西都指挥同知降回陕西都指挥佥事，其大量私役士卒等事，也被按察使
纠举。《明英宗实录》卷 47 正统三年二月癸未载："巡按监察御史贾进
言：'洮、岷番贼出没，缘都指挥、千、百户后能等私役士卒数多，摆哨
山口不敷所致，请俱究问。'上命法司姑识其过，仍移文戒之。"《明英宗
实录》卷 47 正统三年十月戊寅载："设陕西岷州卫申都口、各路山二寨，
从掌卫事都指挥佥事后能奏请也。"《明英宗实录》卷 112 正统九年正月
乙亥载："升都察院右副都御史陈镒为右都御史。时镒镇守陕西九年，任
满，奏欲赴京，掌岷州卫事都指挥佥事后能等奏留。故命升之。仍理
前事。"

从正统元年到正统九年正月，后能一直担任陕西都指挥佥事一职，
正统九年十月朝廷将后能的"掌岷州卫事"改为"镇守岷州"。《明英
宗实录》卷 122 正统九年十月甲戌载："命陕西都指挥佥事后能镇守岷
州。"永乐以来，以都指挥同知、都指挥佥事镇守卫所，这在河、湟、
岷、洮诸卫中已成惯例，如刘昭、李达分别以陕西都指挥同知镇守河

州、洮州①，"府军右卫指挥佥事金玉署都指挥佥事，镇守西宁"②，而后能是这其中唯一一位以土官身份镇守岷州的。景泰元年，明廷再次委他以重任，"升陕西都指挥佥事后能为都指挥同知，以杀获番贼功也"③。《明英宗实录》卷292天顺二年六月庚寅载：

> 镇守岷州都指挥同知后能奏："岷州卫屯田官军近承总兵官宣城伯卫颖调拨操守城池。今岁应征子粒。乞与蠲免。"奏下户部议："今各边将屯军调拨，深为不便。请移文各处遵永乐中红牌例，令屯军专一耕种，不许调拨。庶边粮有积，不惟军得以养其锐气，而民亦得以省其转输。庶为备边悠久之计。其岷州卫今岁屯田子粒核实除豁。"上从之。

后能从宣德二年以土官身份还岷州，授岷州指挥使一职，到天顺二年以都指挥同知镇守岷州，凡三十余年，番夷信服，军民安睹，可谓功勋卓著。后能死后，长子后泰袭岷州指挥使职。《岷州志》卷13《职官下》载：后能子后泰，袭岷州指挥使职，于成化五年升陕西都指挥佥事，奉敕守备岷州。《后氏家谱》亦载："后泰，即能之子，系朵儿只班曾孙，世袭岷州指挥使。成化五年，征剿羌叛有功，升陕西都指挥佥事，奉敕守备岷州。后病故。子永住教厂崖，系底藏里。"但《明宪宗实录》卷64成化五年闰二月壬戌载：

> 巡按陕西监察御史江孟纶奏："岷州番寇抄掠纵横，村堡空虚，军民荼毒。顷令岷州卫指挥后泰与其弟迩于今年正月间深入夷寨，开论再三。其生番忍藏、占藏刳王三十余族，番酋一百六十余人，熟番栗林等一十四族，番酋九十一人，转相告语，悔过来归。归我被虏人财。承当应办粮役，宰牛设誓，不敢再犯。已令副使李玘从宜赏劳。谕以朝廷恩威，皆欢跃而去。中惟熟番禄园一族，罪逆深重，不服招安。兵部因言番性无恒，朝从夕叛，未可轻信，以弛防御。宜行令巡

---

① 分见《明宣宗实录》卷28宣德二年六月辛丑；《明宣宗实录》卷4洪熙元年七月。另吴祯纂（嘉靖）《河州志》卷2《官政志·秩官》中也有关于刘昭镇守河州的记载，甘肃省图书馆藏。

② 《国榷》卷23英宗正统元年正月己卯。

③ 《明英宗实录》卷199景泰元年十二月辛未。

守边臣向化者加意抚绥，犯顺者刻期招捕，议上。"报可。

按照上述所载，成化五年闰二月，后泰仅仅是岷州卫指挥，尚未晋升为陕西都指挥佥事，而此时守备岷州的都指挥佥事是韩春。《明宪宗实录》卷66成化五年四月丁巳载：

> 赏巡按陕西监察御史江孟纶，整饬兵备按察司副使李玘，守备岷州都指挥佥事韩春各彩缎一表里，并有功官军七十二员名。指挥每员钞六百贯，彩缎一表里；千户钞五百贯，绢三匹；百户等官钞四百贯，绢二匹；总小旗钞三百贯，绢布各一匹；军舍人等钞一百五十贯，布一匹；奇功者本赏外加赏一倍，以平陕西岷、洮州番贼功也。

后泰升为陕西都指挥佥事应当在成化八年前后。《明宪宗实录》卷103成化八年四月甲戌载：

> 整饬陕西洮、河兵备按察司副使吴玘奏："岷州卫百户徐贵、刘玺怠于巡哨，番贼入寨，虏杀人畜。请治其罪。"事下兵部议，行巡按御史即彼逮问，因劾玘及守备都指挥佥事后泰提督不严，亦宜并治。上宥泰、玘，余如所拟。

《明宪宗实录》卷103成化八年四月乙卯载：

> 初，陕西洮州卫指挥使陈钦奏："生番星吉乩等累犯边，今入贡将还，请治其罪。"事下巡抚。都御史陈价会问，罪应斩。遂拘锢岷州卫狱中。既而镇守陕西太监刘祥等累奏，吉星乩等虽出没剽掠，未尝敢抗官兵。况远夷向化入贡，亦可比劫盗自归之律。宜释之，使还以弭边患。兵部先已议令祥等审处之，事久未报，至是星吉乩及熟番板的宗等五人越狱遁去。祥等因劾岷州卫指挥叶森等守护不严，而守备都指挥后泰亦失于防范，请治其罪。兵部议，从之。又虑贼怀疑惧复谋寇扰，请移文谕祥遣人至其本族，晓以恩威利害及宽释初意。上从之，而贷泰不治。

　　这里提到的后泰之弟后逊在《后氏家谱》中未见记载，在其他文献中亦未见载。据《后氏家谱》载，成化九年（1473），后泰因"图占家财、邀截实封、谋杀人命等事"被"即拘"，并为此"倒官"，被罢职。后泰的仕途就此结束，其子后永未能袭职，只得居住在底藏里教厂崖。陕西都指挥同知、岷州卫指挥一职开始转到后安一支承袭。《岷州志》卷15《世勋》载：

> 　　后成功，本卫镇守指挥同知安三代孙，袭指挥同知。弘治九年洮阳番贼为乱，成功与洮州卫指挥同知汪钊协剿，一月之内殄灭殆尽，余贼率众降。各升都指挥使，赏金牌一面，铁券一圆……后辅，本卫中所镇抚，通之子，以兄轼屡著战功，侄凤又阵亡，无后，敕赐指挥。

《后氏家谱》载：

> 　　后成功，世勋，岷州卫镇守指挥同知安三代孙。袭指挥同知。弘治九年洮阳有贼为乱，成功与洮州卫指挥同知汪钊协剿。一月之内殄灭殆尽，余贼率众降，各升都指挥使。赏金牌一面，铁卷一圆。

　　《岷州志》卷13《职官下》载：后光基，本卫镇守指挥同知安四代孙，袭指挥同知职，正德间任本卫指挥使。后良儒，本卫指挥同知、掌卫印，光基子，嘉靖二年袭任；后永亨，良儒子，袭任。《后氏家谱》载：后良成，永亨无子，良成继袭都指挥。为劫夺实封事，部议革职。令次房无碍子孙承袭。有后永福房袭河州指挥，而被教场崖武生后一龙告发："永福系大房后人，一龙实为次房无碍子孙。"经审查明确。后一龙，恩袭，岷州卫镇守指挥同知，安七代孙。天启五年（1625）以武生袭指挥同知职。于是随将先辈象形，历代诰封与家谱，从清水沟鼓乐迎接到教场崖，至清朝定鼎，降旨与国同休。

　　在后能诸子中，后通为后能次子，朵儿只班三代次孙。成化五年因杀贼有功，任岷州卫中所镇抚，属流官。后通子后凤，《岷州志》16《忠勇》附"哈撒尔"条载："后凤，安之后，本卫中所镇抚通之子，从征阶州恶儿族，先登，陷阵死之。"《边政考》卷9《西羌族口》"阶州番"中有"敖儿族,男妇四百余名口,贡"的记载,此"敖儿族"即上引"恶儿族"。后凤之弟后辅,《后氏家谱》载:后辅,世勋,后通之子,以兄屡著战功,凤又阵亡,无后,敕赐指挥。《岷州志》16《忠勇》载:"曹氏,本卫敕赐指挥后辅妻。辅早卒,氏守节六十余年。"后成,后能季子,《岷州志》卷3《舆地下·番属》载:

> 土司后永庆,四世祖后成,系镇守都指挥能之季子。明景泰间守御洮州。成子章,成化间往乌斯藏公干有功,升世袭土官百户。章子国用,国用子良伏,良伏子尚仁,尚仁子继臣,继臣子之隆,惟尚仁于万历间承袭,余止奉宪给札管理土务。永庆系之隆子。康熙三十年札委任事,居攒都沟汉地,在城北八十里。辖土民四十一庄,四百四十户。

《岷州乡土志·氏族》"土司"载:

> 攒都沟正百户土司后桂,系宋都元帅堪卜底节之裔,底节子哈撒儿子尕儿只班,明洪武时,赐姓后氏,历八世;至后章授世袭土百户,历四世;至后之隆,于本朝顺治年间,授外委土百户,之隆孙发葵,于乾隆九年授正百户,历四世;至后桂,管中马番人二百九十名,把守隘口四处。

后成子章,虽然乌斯藏公干有功,但只能升世袭土官百户,原因就在于他是镇守都指挥后能的季子。同样,名不见经传后君遴,由于不是嫡裔,也只能是世袭土官百户。

《后氏家谱》所附后泰时家产分割清单中载有后泰之子还有:后达,子后轨,后进,后遄,后逊,后良正,后良志,后遵,后迪,后远,后述(疑为后迩——引者注)。

明代洮州后氏家族中继后瑛、后广之后,见于《明实录》的有后瓛、后玉。《明宪宗实录》卷32成化二年七月乙酉载:

> 陕西巡按御史侯英奏:"洮州土番入寇,守备指挥汪钊堤备不谨,原委指挥后瓛及领哨指挥孙斌、张翰、冯洁,巡捕指挥丁亮俱怠

慢误事。请逮治其罪。"有旨姑贷之，仍责罪状，以警其后。

《明武宗实录》卷33正德二年十二月辛巳载：

> 虏千五百余骑入凉州、永昌等堡，杀掠人畜。陕西行都司都指挥
> 佥事赵钦、王澄、凉州卫指挥同知苏济、洮州卫指挥使后玉、百户赵
> 俊下巡按御史逮问，坐守备不设，俱拟谪戍。而澄所部无大亡失。上
> 以澄情轻律重，宥之。降一级带俸差操，余照例发遣。

(五) 后氏家产风波

明代岷州后氏家产风波缘起于后能。后能不仅为官显赫，而且家族人
丁兴旺，生有10个儿子。宣德四年（1429）九月，后能在疏奏中曾向朝
廷请求道：

> "土官例无俸给，臣父祖旧有田地、房屋、水磨，今悉为人占
> 据，乞令还臣，以代俸禄。"上谕尚书郭敦曰："古者公卿有圭田，
> 免其租税，使耕以自给。今文武官皆有廪禄代耕，而土官无俸，固当
> 给田土，况是其父祖旧业，其即移文有司，悉令还之。"①

笔者看到这里不由产生疑惑，即后能父祖旧有的这些田地、房屋、水
磨等是何时被他人占据的？又是用何种方式占有的？后能父祖既然自宋元
以来就已是累任高官，明朝建立后，后氏家族更是释、俗得道，权倾一
方。面对这样的家族，难道真的有人敢斗胆占据后氏家族的财产不成，这
岂不是以卵击石，怪事一桩。所以在笔者看来，这些父祖旧有的家产，要
么是他人通过合法手段获取的，要么是这些财产的归属权原本就难以厘
清，但更大的可能是后能以土官例无俸给为借口，巧立名目，向朝廷施
压，以便达到强取豪夺民财的目的。如果结合上述《明英宗实录》正统
元年、三年所载后能谎报军功以及私役士卒数多，致使摆哨山口不敷、番
贼出没等事实，可以想见后能有此作为不足为奇，绝非笔者臆想。

后能取得了父祖旧有的田地、房屋、水磨后，家产遍及岷州，据

---

① 《明宣宗实录》卷58宣德四年九月癸丑。

《后氏家谱》统计，其庄田、园圃、水磨、房屋的分布点，不重复的共有35处，东至马坞，南至宕昌城，西至西寨，北至铁城。涉及现在的乡镇：岷县有11处，宕昌有2处，围绕县城有8处，有些地名现在还无法确定属于哪一个乡镇。然而正是这份丰厚的家产，令后代纷争不已，家产分割成了祸起萧墙的主因。《后氏家谱》载：后泰袭职，企图独占家财，最终由陕西监察御史扣都指挥后泰家属，倒官。审查之后，当官写立合同，一样十本，付给个人收拾，永远为照。至此，后能取得的父祖旧有田地、房屋、水磨等家产，一分为十，分给10个儿子。其家产分割清单被《后氏族谱》记载得十分详备。

二　何锁南

说到明代河州具有代表性的少数民族人物，不能不提何锁南。但何锁南是否为土官，其族属究竟是蒙古族还是藏族，始终是一个悬而未决的问题，故在此单独列出探讨。

何锁南者，元末吐番等处宣慰司宣慰使、宣政院使。明洪武三年（1370）五月，左副将军邓愈自临洮进克河州，"故元陕西行省吐蕃宣慰使何锁南普等，以元所授金银牌印宣敕诣左副将邓愈军门降，及镇西武靖王卜纳剌亦以吐蕃诸部来降"[1]。明太祖为表彰锁南普的义举，赐姓何。[2]同年，明廷设河州卫，以宁正为指挥，"何锁南普为河州卫指挥同知，朵儿只、汪家奴为佥事……令何锁南普子孙世袭其职"[3]。何锁南的归顺，使得明朝军队几乎没有动用一兵一卒，便将元代吐蕃等处宣慰使司都元帅府所辖的各族全部招抚到明廷麾下。

何锁南任职河州卫指挥同知后，便成为日后河州赫赫有名的何土司，其家族历经明、清两朝，至民国二十一年（1932）罢职，历时561年，传承十九代。

然而正是这个何锁南，其族属问题却是一个长期悬而未决、众说纷纭

---

[1] 《明太祖实录》卷53洪武三年六月癸卯。

[2] 朱元璋为何赐锁南普以何姓，一说因锁南普镇戍河州，故以何为姓；一说何姓是由古蒙古语"藏仁"（好、善）一词意译而得。

[3] 《明太祖实录》卷60洪武四年二月壬癸。

的疑案。争论的焦点主要集中在何锁南究竟是藏族，还是蒙古族。① 坚持何锁南为藏族的学者以《清史稿》卷 117《土司》中有甘肃指挥使司指挥同知七人，"河州卫沙马族一人，顺治二年（1645），何永吉袭"的记载，进而认为沙马族既然是河州藏族的一支，而何永吉又是何锁南的九世孙，因此何锁南无疑是藏族。② 坚持何锁南为蒙古族的观点主要来自：

1. 吴景敖撰写的《清代河湟诸役纪要》载：

> 东乡（今甘肃省临夏回族自治州东乡族自治县——引者注）住民，东干最多，次为汉户，复次为蒙古人。蒙人系土司何锁南之后裔，其先世乃蒙古部落，住屯于东乡者，以杂居久，其语言、宗教均已习于东干化。汉人亦多习于"随教"。故三者原已合流而成为一体。③

2. 《中国少数民族》一书在述及东乡族来源时说：

> 明洪武三年六月，副将军邓愈到河州，派指挥使韦正招抚蒙古军，元吐蕃宣慰使锁南普、镇西武靖王卜纳剌同时出降。为了安抚河州一带的原蒙古屯戍军，明朝曾赐予锁南普何姓，封为河州卫指挥同知。从此，何锁南普世代相传，在东乡部分地区建立起土司统治。据说今东乡族自治县人民政府所在地锁南坝即来自锁南普或何锁南。④

3. 胡小鹏在《元代西北历史与民族研究》一书中认为，沙马族不属于藏族，而是元代以来落居于河州的众多蒙古部落之一，因此何锁南应为蒙古族。⑤

上述观点的相同之处在于他们都认为何锁南属沙马族，而不同之处则在于沙马族究竟是藏族部落，还是蒙古族的一支。笔者认为沙马族为唐中

---

① 还有东乡族等说法，参见陈永龄主编《民族词典》，上海辞书出版社 1987 年版；《中国大百科全书·民族卷》"东乡族"，中国大百科全书出版社 1986 年版。

② 舍力甫：《何锁南普的族属与东乡族族源问题》，《西北民族研究》1988 年第 1 期。

③ 《新中华》复刊第 1 卷第 5 期。

④ 国家民委民族问题五种丛书编辑委员会：《中国少数民族》，人民出版社 1981 年版。

⑤ 胡小鹏：《元代西北历史与民族研究》，甘肃文化出版社 1999 年版；第 141 页。

期以来就生活在河、岷一带的"番族"，但何锁南与沙马族无关，何锁南为蒙古族。具体论述如下。

（一）沙马族为藏族

沙马族又称"沙麻族""杀马族""杀麻族"等。康熙四十六年王全臣所撰《河州志》卷 2《河州卫》"中马番族附"载："珍珠族，世袭国师一人，禅师一人，土舍一；弘化族，世袭国师；灵藏族，世袭禅师；㐀藏族，世袭百户；沙马族，世袭指挥同知。"元、明时期，河州藏族中实行的是僧纲与土官的双重家族统治体系。也就是说，同一家族内既有人承袭土官职务，也有人承袭僧纲职务，所谓"兄为土司，弟为僧纲，如遇独子两职兼"。然而上述记载中的沙马族并无僧纲，这与其世袭指挥同知的政治地位极不相符。胡小鹏先生就是据此认为沙马族不是藏族，而是元代以来落居于河州的众多蒙古部落之一，所以没有此传统。但文献显示，沙马族早在宋代，甚至在唐中期就已活动在河、岷、洮一带。《资治通鉴》卷 232 唐纪四十八，贞元三年（787）载："又闻李晟克摧沙马，燧、浑、瑊等各举兵临之，大惧，屡遣使求和。上未之许，乃遣使卑辞厚礼求和于马燧，且请修清水之盟而归。"在这条史料中，沙马族的活动区域不十分明确，但李晟是出身洮州的唐朝西北著名边将。李晟的曾祖父曾任岷州刺史，祖父为金州刺史。李晟则担任过陇右节度使。其家族自第二代李嵩开始"世为裨将，名列西土"，活动区域大多在河、岷、洮一带，因此可以断定"李晟克摧沙马"的地域大体也在河、岷、洮一带。进入宋朝后，沙马族的活动更为频繁，活动区域也渐渐明晰。南宋李幼武撰《宋名臣言行录·别集》载：

> 金久不得志，还据凤翔，授甲屯田，为久留计，自是不敢轻动。王以关师古自洮、岷领李进、王师古、戴越打粮河州，袭大潭县掩骨谷镇。贼慕浯拔寨去。师古由杀马谷攻焦山务，焚田家村、园子谷，深入贼境。

南宋杜大珪编《名臣碑传琬琰之集》上卷 12 明庭杰《吴武安公功绩记》亦载：

金人久不得志则还据凤翔，授甲屯田，为久留计，自是不敢轻动。侯以熙河经略司关师古自洮、泯领先锋统制李进、前军统制王师古、后军统制戴越打粮河州，袭大潭县掩骨谷镇。敌慕洧拔寨去。师古由杀马谷攻焦山务，焚田家村、园子谷。

南宋员兴宗所撰《九华集》卷 24《西陲笔略》"平河之功士以赏薄致怨"载：

> 河州既下，诸将方籍库藏编什物。人人炫功不相能者甚众，或言当暂赏军主将，令人支钱十余万。时食物踊贵，炊饼一直钱数十。诸兵得赐掷地，大诟曰："我曹捐躯下河州，今性命之贱乃不直一炊饼也。"及退屯杀马关，兵间有道亡者。

《九华集》卷 24《西陲笔略》"河民留诸将同守城扞敌诸将共议出屯"亦载：

> 河州在陕西，承平时最富实，有原田万顷，余粮栖亩，民蔽野。距河数十里曰宁河，又有金坑，近亦废不治。诸将既下河方，议隐括库财，或传熙州敌军大至，众欲控城固守，主将惠逢曰："不可，敌众我寡，河又初附，未易守也。有如城中翻覆，外救不至，则将奈何？"即携众欲出州，民父老咸障马曰："钤辖何为，去我钤辖，但坐府中，我曹出力血战，必有当也，何患兵少。"惠谕众曰："我今去此，求援兵于外，非直去汝，将返以援汝也。汝曹一心努力守城耳。"即留都监王姓者及博军愿留者数十百人，因出屯杀马关。

上述"沙马谷""杀马关"等地名，显然与南宋时的沙马族有关，这表明南宋时沙马族的活动区域大体在河州及大潭县一带。大潭县，北宋乾德元年（963）置，属秦州。治所在今甘肃省礼县西南太塘乡。宋神宗熙宁六年（1073），熙河路经略安抚使王韶大败吐蕃，收复河州，岷县吐蕃首领木征以城降，复置岷州和政郡，属熙河路，后改秦凤路。秦凤路下辖 1 府 19 州，岷州是其一，领佑川、大潭、长道（今甘肃礼县东）三县，州治在佑川。

　　沙马族既然从唐代就已活动于甘、青一带，南宋时又活动于河、岷地区，而此时蒙古势力尚未深入该地区，故可以肯定这个沙马族绝不是蒙古族的一支，而应当是藏族部落。《续文献通考》卷 23《神宗万历四年二月巡按陕西御史傅元顺条陈茶马三事从之》载："一抚番族以安地方。谓洮西熟番古陆阿尔苔等，国初受敕，中纳茶马，与西脑生番下沙麻儿等原不同谋，不得一概大征，有妨招中。""生番下沙麻儿"所处的"西脑"在何处？嘉靖人张雨《边政考》卷 3《洮岷河图》载："河州卫，官军原额马步七千七百员名，新旧招募壮丁二千二百九十二名……西儿脑山口关，防守官军一十六员名。"嘉靖《河州志》卷 1《地理志》"关隘"亦载："西儿脑山口，州西九十里。土门关，州西九十里。"此处的西儿脑山口关正是"生番下沙麻儿"所处的"西脑"。而所谓"生番下沙麻儿"已明确无误地表明在明代官方文件中沙马（沙麻）族是"生番"（藏族）的一支。持沙马族为藏族的学者虽然早已得出这一结论，但从未涉及这些文献，也从未将沙马族的历史追溯到到唐、宋时期，所以在面对沙马族为蒙古族的质疑时难以提供更为有力的证据。

（二）何锁南不属沙马族

　　进入元朝后，沙马族的身影因《河源志》更为世人所知。元至元十七年（1280），世祖忽必烈委都实以"招讨使佩金虎符"，派他勘察黄河源头。同年冬都实回到大都，将考察结果绘图上报。元人潘昂霄根据都实之弟阔阔出的转述，写成《河源志》。明初宋濂等所修《元史》卷 63《地理志六》中的《河源附录》就是节录该书原文。其文载："至元十七年，命都实为招讨使佩金虎符，往求河源。都实既受命，是岁至河州，州之东六十里有宁河驿，驿西南六十里有山曰杀马关，林麓穹隘，举足寖高，行一日至颠。""杀马关"即沙马关的异写。元代杀马关在今临夏回族自治州和政县新营乡。清初沙马族被取缔后，杀马关更名为新营关，但与沙马有关的地名仍有保留。《石峰堡纪略》卷 4 载："同日，五岱等又奏言等于初十日打仗时，挙获活贼三名，蔡有元等供称，安定县属沙马沟马家河地方俱有新教臣。"明朝沙马关是河州二十四关之一。嘉靖《河州志》卷 1《地理志》"关隘"条有"杀马关"。张雨《边政考》卷 3《洮岷河图》载其为"杀麻关"。明初沙马族土官姓苏，入清后称苏土司，龚景翰《循化志》卷 5《土司》载："沙马族土司，苏姓，在中马十九番族之内……始祖于洪武初年归诚，奉旨安插沙马族地方。每年招中茶马……土地人民具有土司统辖。由明迄今无异。"既然沙马族苏姓土司是被"奉旨安插沙马族地方"，这似乎表明苏姓土司不是沙马族人，而是明廷"安插"到沙马族担任首领的外族人，而且很可能是蒙古人。正因如此，沙马族只有世袭指挥同知，没有僧纲。胡小鹏怀疑沙马族不是藏族的根据恐源于此。

明初沙马族在沙马关建有沙马城，但其活动中心渐渐由沙马城转移到苏集鱼嘴山上的苏家城，俗称苏土司城，是苏土司衙门所在地，遗址位于临夏回族自治州康乐县苏集镇，至今仍可辨识。苏土司强盛时，有族民两千多人，地二千倾，土兵五百余名；① 其辖地东至果园（今临夏回族自治州东乡族自治县果园乡），西至沙马关，南至安龙关，北至陡石关。此外，明代岷州卫亦设有沙马里，② 各卫属地多有穿插，形成几块"飞地"。苏土司的先祖因守隘、出兵征讨有功，曾被封为"四品指挥同知"，挂衔在河州卫。他借机兼并了周边的牙塘族、葱滩族、八扎族、古铜族等藏族部落，成为河州势力较大的土司之一。明万历时人方孔炤在《全边略记》卷4《陕西延绥略·固原在内》载："（万历）三年四月，兵备刘伯燮纠兰州将徐勋集师捣下沙麻等族，乘夜扑杀，斩级数十。而陈堂怀旧隙，又乏功，因先班师，番乃复围我师，朱宪、史经骂贼而殒。"《明神宗实录》卷44万历三年十一月丙申载："洮岷参将刘世英、河州参将陈堂俱革任，以下沙麻之役，二将怀隙不和，以致败衄。为督臣论劾故。"《明神宗实录》卷66万历五年闰八月己丑载："论破剿下沙麻番族将领功罪。参将陈堂、土官杨臻、戍边中军千把总等官、孙继祖等各降俸级。其阵亡守备等官朱宪、史经、刘应山照例升级，仍立祠致祭。"入清以后，沙马族因躲避缴纳皇粮而在河、岷二州吃上了官司。《循化志》卷5《土司》载："敕曰：如果系里民里地，应按名输徭，按亩纳粮。断未有种千顷而只纳十七顷之赋；二千余人只报十九丁之理。"雍正四年，沙马、牙塘、古洞、葱滩、八扎五族被"除名"，归属到临洮府狄道州统辖，显赫一时的沙马族土司苏成威充兵藏区。存在了近350年的沙马族从此淡出历史舞台，其属民除少量随水草南迁至甘南（今甘肃省甘南藏族自治州）外，

① 龚景翰：（乾隆）《循化志》卷5《土司》，甘肃省图书馆藏。
② 汪元絅修，田而樾等纂：（康熙）《岷州志》卷2《沿革》，甘肃省图书馆藏。

大多为耕种放牧之便，纷纷落户于鸣鹿、上湾一带而渐渐放弃族号。在汉文化影响下，说汉话，习汉事，从汉习，着汉装，从半农半牧的生活方式转向单一的农业生产。现如今康乐县西南山区的苏姓居民仍自称是苏土司后裔，却没有人称自己是何土司的后裔。

沙马族的历史告诉我们，沙马族的兴衰与何锁南家族没有任何关系。清朝初年沙马族土司被废除后，何锁南家族照常承袭，没有受到任何影响，但《清史稿》卷 117《职官四》却载："甘肃指挥使司：指挥八人……河州属一人，韩家集，旧为外委，乾隆六年韩氏改袭……指挥同知七人……河州卫沙马族一人，顺治二年何永吉袭。"对于何锁南属沙马族的问题，笔者认为《清史稿》的记载有误，理由是：

1. 嘉靖《河州志》、康熙《河州志》、康熙《临洮府志》均未提及何锁南为沙马族人。康熙《河州志》卷 3《人物》中曾详尽介绍了何锁南家族，但康熙《河州志》卷 2《中马番族附》在谈到沙马族时只是说"沙马族，世袭指挥同知"，并未与何锁南家族联系在一起。乾隆年间成书的《循化志》非常详细地介绍了沙马族历史以及沙马族被废除一事，同时也详细介绍了何锁南家族的承袭，但都没有将何锁南家族与沙马族联系在一起。《清史稿》有关何锁南的记载主要来源于清末无名氏所撰《甘肃土族番部志》①，该书记载了元末明初至清末"土族"及各"番部"在甘肃 29 个州县中的分布、沿革及世袭情况，多有谬误。然即便如此，该书仍将何锁南列入"土著"中去，与"番部"沙马族无关。

2. 明清史籍在记述何锁南时均未提及何锁南的族属问题，《明实录》没有，嘉靖《河州志》、康熙《河州志》、康熙《临洮府志》只提何锁南为河州右丞里人。明天启丙寅年（天启六年，1626）由张大同编订的《明兴野记》一书是由俞本《皇明纪事录》改编而成。俞本为洪武时期人，曾参加过邓愈、韦正等征讨西番的战役。俞本《皇明纪事录》今已无存，但其内容均记载在《明兴野记》里，然《明兴野记》亦未提及何锁南的族属问题。唯有民国时成书的《清史稿》卷 517《土司六》说："甘肃指挥同知七人，河州卫沙马族一人，顺治二年何永吉袭。"照《清史稿》的逻辑推断，何锁南家族既然归属于藏族，就应出自当地的某一藏族部落，但史志从未记载过何锁南家族曾属于当地的某个藏族部落，所

_____

① （清）佚名：《甘肃土族番部志》，清末民初灯崖阁抄本，甘肃省图书馆藏。

以《清史稿》的作者便不顾沙马族土司姓苏、何土司姓何的事实，仅凭着沙马族有世袭指挥同知、何氏家族也曾长期担任世袭河州卫指挥同知这一点，便将沙马族与何氏家族拉扯在一起。

3.《清史稿》仓促成书，错误百出，这已是不争的事实，如《清史稿》卷517《土司六》在提到狄道州的脱铁木儿时云："脱铁木儿，蒙古人。明初，授陕西平章宣慰使司都元帅，随大将军徐达招抚十八族、铁城、岷山等处，赐姓赵，更名安，授临洮卫土官指挥同知。"① 事实上，临洮赵氏土司的直系祖先是"世居临洮"的唃厮啰后裔巴命，纯正的吐蕃人。巴命传子赵阿哥昌，赵阿哥昌子赵阿哥潘，元世祖时任临洮府元帅，随宪宗蒙哥南侵攻宋，在钓鱼城战役中有奇功，蒙哥赐号"拔都"。赵阿哥潘子曰重喜，先为阔端亲卫，袭父职，后为临洮府达鲁花赤。重喜子官卓斯结，袭临洮府达鲁花赤。官卓斯结子德寿，做过云南行省左丞。② 至元明之交，镇守临洮的是赵琦，其父华严禄，系官卓斯结孙，源于巴命一系。③ 赵琦字仲玉，一名脱铁木儿，是赵阿哥昌的六世孙，元授荣禄大夫陕西行中书省平章政事，守临洮。明初率众归附，授临洮卫指挥佥事兼同知临洮府事。④ 洪武二十六年（1393），赵琦坐罪死于蓝玉党案，累及从弟赵安，遂"谪戍甘州"。永乐元年（1403），赵安"进马，除临洮百户。使西域，从北征，有功，累进都指挥同知"。后赵安又升为都督佥事、同知，充右副总兵官，以功封会川伯，禄千石，与定西伯蒋贵、宁远伯任礼"并称西边良将"。⑤

面对如此清晰的世袭谱系，《清史稿》作者不仅错误地将脱铁木儿与从弟赵安混为一人，而且仅凭着"脱铁木儿"的名字便将藏族脱铁木儿说成是蒙古族，可见其对于甘、青地区土司的民族所属以及家族承袭是何等的生疏。同样的问题，在论及何氏家族时也曾出现。《清史稿》卷517《土司六》载：

何贞南，河州人。元授陕西平章宣慰使司都元帅。明初，投诚，

① 《清史稿》有关脱铁木儿的记载同样来自清末无名氏所撰《甘肃土族番部志》。

② 《元史》卷123《赵阿哥潘传》；钱大昕：《元史氏族表》。

③ 张维：《甘肃青海土司志》，《甘肃民族研究》1983年2、3期合刊。

④ 钱大昕：《元史氏族表》。

⑤ 《明史》卷155《赵安传》。

赐姓何，授河州卫土官指挥。传至何永吉，清顺治二年，归附。五年，回变，其子扬威带兵有功，请给号纸世袭。至乾隆年，赵武袭。撒回叛乱，武同子大臣在老鸦、南岔等关防御。四十九年，石峰堡之变，父子防御尽职。嘉庆四年，教匪由川入甘，时武患病，委子大臣在南界景古城瞎歌滩防堵。同治二年，武玄孙何柄继。兵火倏起，守城有劳，复获渠魁李法正，赏戴花翎。光绪四年，袭职。

何锁南明初投诚后被授予指挥同知，这在《明太祖实录》上记载得非常清楚，而此处云"授河州卫土官指挥"，其谬显而易见。查何氏家谱，何永吉子何扬威，何扬威子何承龙，何承龙子何福慧，何福慧子何武，从没有赵武其人。《清史稿》如此错谬百出，其盲目将沙马族世袭指挥同知与何氏家族联系在一起也就不足为怪了。

（三）何锁南为蒙古族

根据笔者的考证与调查，何锁南家族既不属沙马族，也不是藏族，应当是蒙古族。论证如下：

1. 嘉靖《河州志》卷2《人物志·国朝武功》载："洪武三年，卫国公邓愈大兵至境，锁南普率众归附。太祖嘉其诚，钦授河州卫指挥同知，赐姓何氏。弟汪家奴，授河州卫指挥佥事。"《明太祖实录》卷67洪武四年八月载：

> 故元宗王子巴都麻失里、沙加失里、院使汪家奴等来（河州——引者注）降，贡马二十四匹，及献铠甲器仗。上命中书赐巴都麻失里、沙加失里、汪家奴及知院琐南辈真金绣衣人一袭、文绮七匹。

元朝宣政院名义上领之于帝师，但帝师往往年纪幼小，阅历不深，所以实权通常都操纵在作为院使的蒙古王室手里。《元史》卷39《顺帝二》载："至元二年（1336）三月，以汪家奴为宣政院使，加金紫光禄大夫"；卷40《顺帝三》载："至元六年，御史大夫脱脱为知枢密院事，汪家奴为中书平章政事"。实际上，何锁南也是院使。《明太祖实录》卷245洪武二十九年三月在回忆宁正一生云："又招降元宣政院使何锁南等"。从这几条记载来看，身为元朝宣政院院使的何锁南以及宣政院院使、中书平章政事的汪家奴是蒙古族的可能性极大，但是，此汪家奴是否为何锁南之弟的汪家奴还有待商榷。作为何锁南之弟的汪家奴早在洪武三年就已归附，而此汪家奴却是在洪武四年八月归附的。不过据《明兴野记》载：

> （洪武二年）八月，河州土官院使锁南领番戎至城下哨掠，被擒者即令浴身易衣、梳剃，给以酒肉饼饵，纵令还其家中，伤者命医治之。
>
> （洪武三年）四月，上升韩温为都督佥事……（徐）达遣左副将军邓愈率仁和、襄阳、六安、沔阳、巩昌、临洮等卫将士数万众克河朔。吐蕃宣政院使锁南领洮州、岷州、常阳、帖成（城）、积石等十八族六元帅府大小头目，赍所受元宣敕金银牌面、银铜印信，亲诣愈前降，愈悉纳之，具名闻。上以锁南为河州卫指挥同知，以其弟汪家奴为河州卫指挥佥事。改洮州六元帅府为千户府，其百户、镇抚勃敕谕锁南举之。锁南、汪家奴仍颁原管土著军民。

这里，汪家奴作为锁南之弟被明确无误地记载下来。我们知道，名字对于个人来讲只是一个符号，但对于一个民族而言，它是文化的一部分，有些名字甚至为某一民族所特有。在何锁南兄弟中，如果说锁南一名在蒙、藏民族中较为普遍存在，难以分辨出民族属性的话，那么身为元朝宣政院使的汪家奴则是个典型的蒙古族名字。Chia－nu 家奴"shave of the ... Household"组合在蒙古名字中非常普遍，如僧家奴、佛家奴、高家奴、长家奴、掌家奴、汪家奴等。"汪"并不是这个人的姓。笔者在有关藏族的汉文文献中以及在藏族群众中尚未见到过此类名字。如果汪家奴为蒙古人的话，何锁南的族属问题也就不成其问题了。然而持何锁南为藏族观点的学者在这一问题上往往不愿提及或刻意回避，以至于至今仍没有给出正面的解释。

2. 在所有论述何锁南的文章中有一条史料被长期忽略，即《明宣宗实录》卷 28 宣德二年五月丙午载："升行在鸿胪寺丞何敏为行在锦衣卫指挥佥事。敏习番语，始由通事进，至是，命与都指挥使佥事蒋贵往同松潘卫指挥吴玮招抚番寇。"《国榷》宣宗宣德二年九月乙巳载："松潘蛮就抚。行在锦衣卫指挥何敏请止陕西之兵。上命俟之。"何敏曾跟随宣德皇帝左右，一度颇得重视。《明宣宗实录》卷 20 宣德元年九月丁未载：

> 行在礼部尚书胡濙奏："比者车驾东征，大赉将士银钞。监察御
> 史沈润、给事中宋徵等监给行在右军都督佥事崔聚，重给鸿胪寺丞何
> 敏等违例多给随征运粮官军军伴五百五十八人，止应赏钞，皆冒关
> 银。皆当问罪，追银还官。"上召濙至榻前，密谕之曰："朕以廉耻
> 待人，崔聚、何敏朝夕在左右，若皆追银，彼复何施颜面。姑宥不
> 问，其不应赏银而冒给者，度今皆费用亦不必追。沈润、宋徵等当是
> 事繁致误，亦姑宥之。"

何敏是何锁南的次子，这在嘉靖《河州志》中有明确记载。由此又
可引出另一条佐证，即嘉靖《河州志》卷 3《文籍志·诰敕》载："正统
十年，皇帝遣礼部主事林璧赐祭锦衣卫致仕指挥佥事何敏：'尔以克通译
语，累使外夷。历迁要职，复补外任。方遂退休，遽尔云亡。爰念旧劳，
特遣赐祭，其歆承之。'"以往对于第二条史料中"尔以克通译语"的所
指并不十分清楚，只知道何敏除熟悉本民族语言外，还能"克通译语"，
即至少精通一种外族的语言。但问题是这里所说的本民族语言究竟指哪个
民族的语言，所精通的外族语言又是哪个民族的语言，文献中并未明确指
出。不过将上述两条史料相互参照，还是可以清晰地推断出其中的含义：
第一，史籍所云何敏"克通译语，累使外夷"中的"外夷"，结合上下文
看指的是"西番"。第二，何敏由于"克通译语"，所以"累使外夷"，
而这个"外夷"又是"西番"，那么他所精通的这门外族语言应当是"番
语"。第三，既然所精通的外族语是"番语"，那么何敏就不应当是藏族，
而更像是蒙古族。第四，正是由于何敏不是藏族，而是蒙古族，所以他
"习番语"才被看作是一种特殊的技能，才能因"习番语"，"升行在鸿胪
寺丞何敏为行在锦衣卫指挥佥事"，"命与都指挥使佥事蒋贵往同松潘卫
指挥吴玮招抚番寇"。第五，也正是因为"习番语"，明英宗才特意在
"赐祭锦衣卫致仕指挥佥事何敏"的祭词中将"尔以克通译语，累使外
夷"作为何敏一生中最值得肯定的功绩。实际上，不止何敏"累使外
夷"，其兄何铭也曾多次前往乌斯藏，《明太宗本纪》卷 65 永乐三年辛未
载："敕都指挥同知刘昭、何铭等往西番、朵甘、乌斯藏等处设立站赤，
抚安军民"；《明太宗本纪》卷 91 永乐七年二月辛巳载："陕西都指挥同

知何铭等六十人往乌斯藏等处分置驿站，还奏。赐钞币、衣服有差"。

3. 何英为何锁南的重孙，袭职为河州卫指挥同知，正统六年（1441）以功升授陕西行省都指挥佥事。① 成化三年（1467），"命河州卫指挥同知何英镇守洮州地方"②。正是这个何英，明代史籍明确载其为"陕西土人"。于谦《兵部为军务事》疏文称：统领河州八卫土、番、汉诸族土兵的"汪浒、何英，俱系陕西土人"③。《兵部为军务事》著于景泰元年（1450）六月二十四日，时何英有都察院检校的职衔。《兵部为军务事》又载："敕汪浒、何英将所集河州等八卫人马，不拘番、汉、土民等项，共辖一万，率领前去宁夏操练听调。"《明英宗实录》卷187景泰元年正月壬辰载：

> 先是锦衣卫署都指挥佥事吕贵奏："近遣署郎中汪浒等往陕西临洮等处调取土军、番民来京听用。恐路途窎远，往复艰难，况延安、绥德俱系边境，即今冬寒河冻，正贼人出没之时。乞敕停止。"事下兵部议，请行陕西镇守等官处置。至是都御史王文等亦以为不便，且言土军、番民已经选过，西宁等四卫就留各卫常川操练，临洮等四卫分送宁夏、延绥二处备冬。从之。

《明英宗实录》卷187景泰元年三月戊辰亦载："总兵官武清侯石亨言三事：'一闻虏贼将犯大同，其巢穴在断头山，去宁夏不远。请调延、绥官军及洮、岷等卫土军往宁夏堤备……'命俱从之。"《兵部为军务事》所载征调土兵一事与《明英宗实录》卷187景泰元年正月、三月所载为同一件事。另《明宣宗实录》卷37宣德三年（1428）二月称："河州所属地方多是土达、番人"；《兵部为军务事》称："陕西所属地方及洮、岷等卫番、土、官舍、军余人等"。《明宪宗实录》卷123成化九年（1474）十二月称：河州等处"所管辖者皆土达人户"。《明宪宗实录》卷157成化十二年九月载： "户部会议各处巡抚、漕运都御史等官所陈事宜：'……洮、河、岷三卫该解……缘土人习性与番人不相远，恐致激

---

① 杨应琚：(乾隆)《西宁府新志》卷24《官师·土司附》，青海人民出版社1988年版。
② 《明宪宗实录》卷45成化三年八月己亥。
③ （明）于谦：《忠肃集·北伐类》卷1《兵部为军务事》，《四库全书》第1244册。

变.'"这里明确将番、汉、土民分别开来,明代西北所称"土人",在大多数场合下指的就是"土达",即蒙古人,而很少将"西番"称为土人。何英既然为"陕西土人",因此不属于番族行列之中。李贤《边防事宜》疏称:"陕西洮、河、岷等卫所俱有土军,即今平凉地方虏寇出没,请敕陕西巡按并都、布、按三司官,分往诸卫所招集,调赴总兵杨信处随征。所得财畜,悉给予之,有功以例升赏。"①

4. 嘉靖《河州志》卷2《人物志·国朝武功》载:"何锁南,亦名锁南普,本州右丞里人。"又嘉靖《河州志》卷1《地理志·里廓》载"右丞里,在州东三里。"嘉靖《河州志》卷1《地理志·桥梁》载"右丞桥,州东三十里"。东乡族学者马志勇先生认为,此右丞里的名称当与锁南普曾任右丞一职有关,② 此言甚是。查《元史》有锁南班者曾任右丞一职。《元史》卷41《顺帝四》载:至正七年(1347)二月庚辰,"以中书参知政事锁南班为中书右丞"。此事在《元史》卷112《宰相年表》中亦得到印证:"参知政事锁南班,二月升右丞。"此外,还有一个锁南班很可能与此锁南班为同一人。《元史》卷43《顺帝纪六》:

> (至正十三年春四月)以甘肃行省平章政事锁南班为永昌宣慰使,总永昌军马,仍给平章政事俸。先是,永昌愚鲁罢等为乱,锁南班讨平之,至是复起,故有是命……至正十四年十二月丙申,宣政院使哈麻、永昌宣慰锁南班并为中书平章政事,进阶光禄大夫,监察御史。

在《元史》卷112《宰相年表》中有"十二月,(锁)南班任平章政事"。永昌等处宣慰使司都元帅府乃至正三年设置,《元史》卷92《百官八》"永昌等处宣慰使司都元帅府"条下载:

> 至正三年七月,中书省奏:"阔端阿哈所分地方,接连西番,自脱脱木儿既没之后,无人承嗣。达达人口头匹,时被西番劫夺杀伤,深为未便。"遂定置永昌等处宣慰使司都元帅府以治之,置宣慰使三

① (明)李贤:《李文达文集》卷1《边防事宜》,《明经世文编》卷36,第一册。
② 马志勇:《河州民族论集》,甘肃文化出版社2000年版,第283页。

员、同知二员、副使二员。首领官：经历、知事、照磨各一员，令史十人，蒙古译史四人，知印二人，怯里马赤一人，奏差八人，典吏二人。

　　由于永昌等处宣慰使司都元帅府是针对"西番劫夺杀伤"阔端后裔而设置的，所以由藏族人担任永昌等处宣慰使司都元帅一职并不适宜。《元史》卷44《顺帝七》载："至正十五年，永昌宣慰使完者帖木儿讨西番贼。"这表明锁南班至迟在至正十五年（1354）时已不再担任永昌等处宣慰使一职。这与元末曾经出任吐番等处宣慰使司都元帅的锁南普有着极为相似的经历与民族背景。若两人的确为同一人的话，锁南普为蒙古人的可能性较大。

　　5. 何锁南的祖籍很可能不在河州，这从几个方面可以佐证：第一，何锁南元末任吐蕃等处宣慰使，在此之前他曾任中书参知政事、中书右丞、永昌宣慰使等职，其主要活动并不在河州，尤其是何锁南果真与上述两个锁南班同为一人的话，则何锁南祖籍在河州的可能性就更小。第二，何锁南弟汪家奴为元朝宣政院使，是元末在明军的追赶下才逃至河州的。他是只身一人归附明朝，所以他的家族似乎也不在河州，但他们最终都落居在河州，成为客籍土官。第三，《循化志》卷4《族寨工屯》中逐一记载了境内各部落，《循化志》卷5《土司》中详细记述了河州"中马十九族"土司的承袭与历史，但这些部落和十九族土司并不包括何锁南家族。在记述何锁南家族时作者云："番族各土司皆厅所辖，惟何氏为河州属。"这里的"惟何氏为河州属"已明白无误地告诉我们，何锁南是河州卫的官员，虽然负责管理河州卫的土官，但并不属于河州卫的任何番族部落。从洪武三年明廷设河州卫，以宁正为指挥，"何锁南普为河州卫指挥同知，朵儿只、汪家奴为佥事……令何锁南普子孙世袭其职"① 的记载来看，何锁南更像是一个外来的、具有少数民族身份的客籍世袭土官。有文章说，清顺治二年，何锁南第九代孙何永吉曾"率子扬威领原管四十八户部落归附"，这应当是何锁南家族所辖的部落。《续导河县志》卷4《土司》载：何土司原管区域散布四乡，"东乡的何阎家、南乡的马家庄、西乡的沈家河、北乡的黑城堡、何家堡等"。何阎家在今东乡族自治县百

---

① 《明太祖实录》卷60洪武四年二月己巳。

合乡，马家庄在今临夏市南龙乡，沈家河在今临夏回族自治州积石山县，黑城堡、何家堡原在今临夏回族自治州永靖县白塔乡，1967年修建刘家峡水库，全村迁往临夏县先锋乡。从笔者的调查看，这"原管四十八户部落"并不是真正意义上的部落，而是散居在河州四乡的何氏家族的直系或旁系后裔。正因如此，嘉靖《河州志》只说何锁南为"本州右丞里人"，却不云为哪一部落之人。这进一步证明何锁南更像是一个外来的、具有少数民族身份的客籍世袭土官。

6. 散落在河州四乡的何氏后裔现已成为汉族，对于祖先何锁南的族属问题他们也说不清楚，但是他们都奉杨四郎为"祖师爷"，供在家族的家庙里，如在甘肃省临夏县北塬先锋乡何堡村何氏后代的家族庙正堂中就悬挂着一彩色帧子，帧子的第一层是佘太君像，第二层是杨四郎出征图，第三层是杨四郎归来图。何堡村何氏家族的族长何中魁老人解释说：

> 杨家将始祖杨业本姓何，后投靠北宋，才被赐姓杨。宋辽大战后，杨四郎被俘，并被辽国招为驸马，几年后自觉愧对祖宗，于是自刎而死。辽国公主只好带领与杨四郎的孩子离开辽国，来到甘肃定西生活。何锁南就是他们的后代。①

按照何中魁老人的说法，何锁南家族既不是蒙古族，也不是藏族，而是汉族与契丹族的后裔。但是何堡村的一本民国时何氏家谱中却有这样的记载：

> 一世祖：何富贵，番名香坐鲁布加，生卒年均无考，享年84岁；
> 何福禄，番名加朗扎西，前清顺治秀才，生卒年无考，享年60岁。

何土司家族最后一任土司何晋的孙女，现年80多岁的何明女士也明确地说："何土司肯定是藏族，我小的时候经常有来自青海贵德等地的藏族土民到土司衙门缴纳粮食，我的阿爷就同他们说藏话。我有时还见阿爷、阿奶穿藏袍。"不过汉人说藏语、穿藏袍、取藏名和藏人说汉话、穿

---

① 此为我的学生何威所做的田野调查。

汉服、起汉名，这在明朝中后期和清代甘青汉藏杂居区时常见到，尤其是与藏族通婚后，这种现象就更为普遍了。所以何土司家族中有人说藏语、穿藏袍、取藏名并不足以证明他们就是藏族。更何况他们还自称是杨家将中杨四郎的后代。

杨家将的掌门人是杨业，《宋史》有传，杨业原名杨重贵，被北汉刘崇赏识，改名刘继业。投靠北宋后，宋太宗又命其恢复本姓——杨。何锁南的后裔姓何，杨家将姓杨，两者风马牛不相及，然何锁南的后裔为何偏偏要将杨家将中的杨四郎奉为始祖，并编撰出如此难以自圆其说的故事呢？

要想了解这一点，不妨将何氏家族奉祀杨四郎为"祖师爷"的现象进行一番解读。首先，何锁南的后裔之所以将杨四郎奉为"祖师爷"，其目的是为何氏家族的汉化寻找出一个历史的注脚。正史中的杨四郎并未被俘，但民间戏曲中杨四郎不但被俘，而且招赘为辽朝驸马，之后又有"四郎探母"等传说。何氏家族借用杨四郎的经历并续写了这一传说，生硬地将何氏家族与杨四郎联系在一起，无非是要告诉世人，何氏家族原本就是汉人中的名门望族，后虽成为异族，但经过几百年的周折现在又回归为汉族。其次，民间有关杨家将以及杨四郎的传说虽然在明朝中后期就已基本定型和系统化，① 但传播到西北边陲的河湟一带大体应在明末清初，如乾隆年间成书的《西宁府新志》卷15《寺观》"西宁府"条下有"四郎庙，在田家寨北"的记载。西宁府的四郎庙是否为在西宁的何氏家族后裔所供奉，暂无从考证，但至少可以看出明末清初有关杨家将的故事已在河湟一带传播。而何氏家族将杨四郎奉为"祖师爷"，说明何氏家族的汉化进程在明末清初时正在进行中，只是在这一过程中很有可能还夹杂着藏文化的影响，如何堡村何氏家谱中的先祖就有汉、藏两个名字；又如光绪年间何氏家族第十八世祖何柄曾资助修建了在同治回民反清斗争中被焚毁的报恩寺，何氏"祖师爷"也因此得以进入该寺。最后，何氏家族奉祀杨四郎为"祖师爷"，无意中道出了何氏家族不是河州本地人的身世。

随着解读的深入，问题也随之而来，那就是何锁南家族如果真的是藏族的话，有必要拿杨四郎为自己的汉化说事吗？在明清时期的河、湟、

① 参见余嘉锡《杨家将故事考信录》，见《余嘉锡论学杂著》，中华书局1963年版，第417页。

岷、洮地区，藏族汉化屡见不鲜，却从未听说过哪一个藏族部落首领为此要编撰出一个汉族的祖先以证明自己的汉化是回归，况且这种编撰如果不能获得周边同胞认可的话，将招致讥笑。所以何氏家族的行为反映出何氏家族不像是藏族，其家族史也不为周边藏族所熟悉。

　　同样，锁南普归附明朝后即被赐姓何，他的两个儿子也随即改名为何铭、何敏。《明太宗实录》卷 25 永乐元年十一月丁巳载："陕西都指挥同知何铭贡马，赐钞二百锭。"何铭、何敏是两个完全汉化的名字，但此举并不符合当地藏族的习惯。当地藏族首领归附明朝后一般也有赐汉姓的，或为自己寻找一个汉姓，但考虑到作为藏族首领以及与藏文化的渊源关系，其藏式名字往往要保留数代或十数代后才渐渐改为汉化的名字。宋代吐蕃包家族归附朝廷后，赐姓包，其后代一直到明初还有叫包完卜乩、包木明肖、包辇占肖、包阿速、包答蛮、包扎秀、包辇占、包速南党等的。① 出身河州山外川卜族的珍珠族首领归附明朝后，从一世祖到十二世使用的几乎都是藏式名字，如一世名韩端月坚藏，弟韩哈麻；二世韩领占巴，兄韩礼；三世韩札矢巴，弟韩领占藏卜、韩巴麻加……十二世韩莪坚旺坚参，弟韩成璘。② 相反何锁南家族的姓名到第二代就已完全汉化了，这与藏族的做事风格相去甚远，却与明初归附的蒙古族有着极为相同的境遇。明朝建立之初，太祖朱元璋曾诏令严禁汉人姓胡姓、说胡语、穿胡服，然而大量归附的蒙古人为了免遭歧视，也纷纷改姓汉姓，取汉化名字。较之普通的蒙古人而言，何锁南曾两次被太祖朱元璋召见，是死心塌地忠诚于明朝的少数民族将领，所以其汉化的进程更自觉、更快，仅仅在第二代便将名字完全汉化，其目的就是通过名字的汉化来模糊自己的民族属性，尽可能少地让外人了解自己的过去。《大明会典》卷 11 "更名复姓"载："洪武三年……又诏，蒙古、色目人入仕后，或多更姓名，岁久子孙相传，昧其原本。如已更易者，听其改正。"《明宣宗实录》卷 59 宣德四年十月曾记载了何敏的一些言论：

　　　　行在锦衣卫指挥佥事何敏言："四川松潘等处关堡，接连生熟西番、布罗、韩胡等类番蛮。洪武中置官军严备，番蛮不敢为非。近来

---

① 参见岷县二郎山铜钟铭文。
② 龚景翰：（乾隆）《循化志》卷 5《土司》，甘肃省图书馆藏。

卫所官旗多纵家属在堡居住，与番人往来交易，及募通晓汉语番人代其守堡，而已则潜往四川、什邡、汉州诸处贩鬻，经年不回。致番蛮窥伺，乘虚作乱，烧毁关堡，劫虏人财。"

藏族很少称自己为"番"，更不会称自己为"番蛮"。何敏在短短的几句话中不仅三次使用"番蛮"一词，而且说话的语气也不像是一个藏族官员。倘若何锁南父子为藏族的话，这样的语气与用词藏族同胞是根本不能接受的，相反何锁南父子如果是蒙古族的话，便容易解释了。

7. 明洪武年间，何锁南曾两次赴京觐见太祖朱元璋，从而成为西北地区最有影响的少数民族首领之一。对于何锁南，《明太祖实录》有多处记载，但均未提及族属问题，这很可能是因为当时人早已熟知而不需要提，然而明代其他文献中为何也不提及此事呢？[①] 嘉靖《河州志》是目前所能见到的明代文献中最早也是最为详尽记载何锁南的方志，其作者吴祯就出生于河州，"系千户荫袭"，为戍边将领的后裔。吴祯外出做官后又回到河州教书著述近三十年。[②] 从他的经历看，他应当熟知这一切，但嘉靖《河州志》卷2《人物志·国朝武功》对何锁南、何英、何敏父子三人的生平事迹尽管有较为详尽的记载，却偏偏不告知何锁南的族属，显然作者是在刻意回避，尤其是面对上司世袭河州卫同知何锁南的家族，他更无必要捅破这层纸，触揭何氏家人隐秘多年的恻隐之情，所以心照不宣地刻意回避何锁南的族属问题便成为吴祯的最佳选择。

清代以降，虽然在何锁南的族属问题上不再需要隐瞒什么了，但此时人们已确实不知其究竟为何族所属，如康熙《河州志》、康熙《临洮府志》只能照抄嘉靖《河州志》的写法，对何锁南的族属问题含糊其辞、未置可否，就连对河州民族有深刻了解的乾隆时人龚景翰，在其《循化志》中也未能说出何锁南的族属，这实际上是暗示着何氏家族与其他番族（藏族）有明显的不同。

8. 20世纪90年代，有学者曾访问临夏宝觉寺法师达理。达理法师说：明代洪武年间，河州卫指挥同知何锁南在今临夏市下二社修建新官

---

① 张雨：(嘉靖)《边政考》；方孔炤：(万历)《全边纪略》有关河州或何锁南的记载，但均未涉及族属问题。

② 王全臣：(康熙)《河州志》卷2《人物志·国朝武功》，甘肃省图书馆藏。

署，因房屋华丽、规模宏伟，被同僚告发，谓何锁南有意僭越，图谋不轨。何锁南便舍家为佛寺，从四川昭觉寺请来临济宗密云和尚住锡，并名其寺曰"南溪"。洪武二十六年，密云和尚住锡宝觉寺，宝觉寺设汉僧正司，从此密云和尚便成为三陇地区临济宗的祖师。密云和尚有弟子五人，其中之一住锡南溪寺，所以南溪寺又称宝觉南寺。密云和尚住锡河州后，发愿在河州传四十代僧徒，并立法谱，达理法师位于法谱的第二十辈。①

宝觉寺原称万寿寺，又称白塔寺，近代称宝觉寺，俗称北塔。始建于唐，毁于民国。1982年宝觉寺恢复佛事活动，住持为达理法师。达理法师所云虽为口传历史，但它是关于创建宝觉寺、宝觉南寺的历史，是每一辈法师必须牢记的功课，且宝觉寺有着严格的承传谱系，所以这个口传史的可信度应当是较高的。如果真是如此，则何锁南的族属就不大可能为藏族。原因是何锁南若为藏族，其舍家所建之寺就不应当是汉传佛教的寺院，更不会舍近求远，千里迢迢从四川请来临济宗密云和尚住锡。

综上所述，何锁南为蒙古族的可能性要远远大于何锁南为藏族的可能性。

三 试论洮州回族与沐英的关系

（一）问题的由来

临潭县位于甘肃省南部洮河上游的甘南藏族自治州境内，宋元以来称为洮州。全县回族人口21000余，约占全县总人口的21%。临潭回族人民在几百年的悠悠岁月中，与当地汉、藏各族人民一道，为临潭的开发和建设做出了显著的贡献。

说到临潭县回族的来源，许多学者认为，临潭回族的来源，可上溯到元末明初。据《明史》《明通鉴》等记载，明洪武十二年（1379）春，洮州十八族番酋三副使等叛乱，明太祖朱元璋派曹国公李文忠与征西将军沐英②讨伐，平定了叛乱。后又置洮州卫，命沐英留下部分将士屯守洮州。留守将士中有相当数量的回族，如洮州卫指挥兼千户敏大铺，系南京回族人，千户敏时风、百户丁起甲等，亦系回族，其属下当多为回族。对

---

① 参见宝觉寺藏《宝觉寺史》，油印本，未公开出版。
② 关于沐英的族属问题，学界争议颇大，但本文基本不涉及此问题。

于广大戍边屯田的回族将士，明中央政府也"因俗而治"，在洮州卫修建了礼拜寺，"礼拜上寺在旧城，明洪武丁未年创建"①。礼拜上寺即今天临潭清真华大寺与清真上寺的原址，相传是由沐英建议，仿照西安著名化觉巷清真寺建筑式样修建的。有清一代，临潭回族有了很大发展，成为当地主要民族之一。据光绪五年（1879）统计，临潭县回族有 1250 户，10116 人；光绪三十三年（1907），临潭回族人口为 1668 户、10683 口。1949 年，临潭回族人口为 8385 人。中华人民共和国成立之后，当地回族人口呈现稳步增长态势，1953 年第一次人口普查时为 10740 人，1990 年第四次人口普查时，已发展到 21524 人。目前临潭回族主要分布在城关镇（11833 人）、卓洛回族乡（1715 人）、长川回族乡（2037 人）、古战回族乡（1560 人）及羊永乡（1083 人）、新城乡（1415 人）、流顺乡（461人）、术布乡（385 人）等乡镇。② 临潭回族的姓氏比较单纯，主要有丁、马、敏、苏、黎、张、李、王、单、肖、吴、鲜、牟、祁、赵、高、海等，而丁、马、敏三姓最多。

　　不过笔者仔细研阅了《明实录》等相关史志，发现沐英在平定了洮州十八族番酋三副使后，旋即调往塞北短暂出征，此后一生基本在云南征战，并未在洮州久留；参与平定洮州十八族的各省将士也陆续回到原地；留在洮州卫的戍边将士是从河州（今甘肃临夏回族自治州）左卫调来的，不属于沐英的部下。所以明初来到洮州的回族与沐英基本无关。

（二）沐英来洮州

　　沐英来洮州之前，首先到达的是与洮州毗邻的河湟地区，时间在洪武十年（1377）。这一年河湟藏族川藏诸部邀杀明使者巩哥锁南③，《明太祖实录》卷 111 洪武十年四月己酉载："命卫国公邓愈为征西将军、大都督府同知沐英为副将军，率师讨吐蕃。先是吐蕃所部川藏邀杀使者巩哥锁南等，故命愈等讨之。"为防范吐蕃，明太祖"遣使命邓愈发凉州等卫军士分戍碾北、河州等处"④。《明太祖实录》卷 112 洪武十年五月癸卯载："征西将军邓愈兵至吐蕃，攻败川藏之众，追至昆仑山，斩首甚众，获

---

① 张彦笃、包永昌纂：《洮州厅志》卷 3《寺观》，甘肃省图书馆藏。

② 参见丁汝俊等《临潭回族史》第二章，中国社会科学出版社 2013 年版。

③ 在《明兴野记》中，此"巩哥锁南"为"速南藏卜"。

④ 《明太祖实录》卷 111 洪武十年四月辛卯。

马、牛、羊十余万。遂遣凉州等卫将士分戍碾北等处而还。"此役结束后，明太祖遣使诏邓愈班师回京，至寿春时邓愈不幸病卒。沐英则留在河湟一带继续坚守。洪武十一年七月，"命西平侯沐英率陕西属卫军士城岷州（今甘肃省岷县——引者注），置岷州卫镇之"①。同年，沐英受朝廷之命，征战洮州十八族番酋来到洮州，这是沐英唯一一次到洮州。《明太祖实录》卷121洪武十一年十一月庚午载：

> 时西番屡寇边，命西平侯沐英为征西将军，率都督佥事蓝玉、王弼将京卫及河南、陕西、山西马步官军征之。上自为文告祭岳渎山川旗纛诸神曰："曩者兵争日久，老幼颠连，少壮奔逼，其苦甚矣。当是时贤愚思治，上感昊穹。上帝好生，于是命予平祸乱，育蒸黎。顾惟无能，实赖神佑。今者祸乱已平十有一年矣，惟西戎密迩边陲，岁常肆侮，特命西平侯沐英、都督佥事蓝玉、王弼等率兵致讨。惟神有灵，尚克相之。"

《明太祖实录》卷122洪武十二年正月甲申载：

> 洮州十八族番首三副使汪舒朵儿、瘿嗉子、乌都儿及阿卜商等叛，据纳邻七站之地。命征西将军沐英移兵讨之。告祭西岳诸神曰："惟神磅礴西土为是方之镇，古昔帝王知神有所司，故载在祀典，为民祈福。今予统中国，兼抚四夷，前者延安伯颜帖木儿密迩中国，屡抚不顺，告神进讨，已行殄灭，自陕西迤北民无兵祸之忧。惟河州西南土番川藏及洮州三副使瘿嗉子，虽尝以子入侍，而叛服不常，复欲为生民之患，是用命将率兵进讨，惟神鉴之。"

为了鼓舞征战西番的将士，明太祖下诏"赐京卫军士征西番者五千四百八十人绢人二匹"；又"赐河南操练征西番军士一万七千八百三十三人，钞四万五千二十六锭"；"赐征西番将校钞一万六千三百六十三锭"②。在沐英征讨西番的同时，明廷又"命曹国公李文忠往河州、岷州、临洮、

① 《明太祖实录》卷119洪武十一年七月辛巳。
② 《明太祖实录》卷121洪武十一年十一月。

巩昌、梅川等处整治城池，督理军务，边境事宜悉从节制"①。洪武十二年，由于战事的进展较为顺利，随沐英征讨的明军不久便陆续调回各自所在卫所。《明太祖实录》卷 122 洪武十二年二月癸亥载：

　　　遣使敕曹国公李文忠曰："二月十五日报至知大军已入西番，朕思之自河州至西番多不过五六日，今诸将已至其地，胜负必决矣。符至，尔即率师从洮州铁城之地取道而出。朕曾有密谕，当尊而行之。事宜速成。山西之军即令还卫。洮州克，宜择人守之。"

《明太祖文集》卷 8《敕》之《谕曹国公李文忠西平侯沐英等敕》载：

　　　三月初二日，捷音至京。云二月十八日，番寇溃散，余者见行追袭……所有随征军马，山西已行发回，甚是的当。余有西凉、宁夏未见发回，敕文到日遣回本卫。京师、陕西、河南军马令步军挟人出来，军马可尽数在彼，收拾零碎西番，然后回还可矣。

《明太祖实录》卷 124 洪武十二年四月载：

　　　乙丑，遣使敕曹国公李文忠、西平侯沐英等曰："四月庚申日交晕在秦分，主有战斗之事，己未，太白见东方至于甲子顺行而西，西征太利，尔等宜顺天时，追击番寇。"

《明太祖实录》卷 124 洪武十二年四月己卯载：

　　　遣使敕陕西都指挥使司曰："尔等将校若候与大军同还，恐误调遣，还至河州、洮州，即以书示都督张温、曹兴、周武、金朝兴、吴复、张龙令驰驿赴阙。"

《明太祖实录》卷 125 洪武十二年八月乙酉载：

———————————

① 《明太祖实录》卷 122 洪武十二年二月戊戌。

陕西都指挥使司遣人来奏，言西番首贼虽已远遁，未即擒获，恐大军既还之后，乘间出没为边民患。请发三千骑驻巩昌、临洮，彼若出没，即乘机剿除。上遣使报曰："尔言是也……且以骑兵之骁勇者就各卫训练，有警即出，乃全策也。"

同月，"陕西都司械送所获番首二十二人"，九月，"征西将军沐英等兵击西番三副使之众，大败之，擒三副使瘿嗦子等，杀获数万人，获马二万，牛羊十余万，遂班师"①，"冬十月，征西将军沐英等至京，栏致番首三副使瘿嗦子等以献，命斩之。令兵部论从征将士功，定赏升职，赐文绮钱帛有差，死事者倍其赐"②。沐英是洪武十年、十一年来到河、岷、洮之地，洪武十二年班师回京，前后整整两年。此后沐英再未到过河、岷、洮等地。《明史》卷126《沐英传》载：

> 元国公脱火赤等屯和林，数扰边。十三年命英总陕西兵出塞，略亦集乃路，渡黄河，登贺兰山，涉流沙，七日至其境。分四翼夜击之，而自以骁骑冲其中坚。擒脱火赤及知院爱足等，获其全部以归。明年，又从大将军北征，异道出塞，略公主山长寨，克全宁四部，度胪朐河，执知院李宣，尽俘其众。寻拜征南右副将军，同永昌侯蓝玉从将军傅友德取云南。

洪武二十五年六月，沐英"闻皇太子薨，哭极哀。初，高皇后崩，英哭至呕血。至是感疾，卒于镇，年四十八"。

从上述记载可以清楚地看到，沐英在河、岷、洮等地的两年间，基本上忙于军事行动，且所辖将士主要来自"京卫及河南、陕西、山西马步官军"。战事结束后，这些将士陆续回到各自的卫所。而所谓"洮州克，宜择人守之"亦表明，沐英所率的将士并没有留在洮州镇守。所谓征西将军沐英讨伐洮州十八族番酋三副使后留下部分回族将士屯守洮州的观点值得商榷。

---

① 《明太祖实录》卷126洪武十二年九月己亥。
② 《明太祖实录》卷126洪武十二年冬十月己卯。

（三）　洮州卫的设置

洮州卫是在李文忠、沐英征讨洮州十八族番酋三副使的过程中设置的。《明太祖实录》卷122洪武十二年二月丙寅载：

> 征西将军沐英等兵至洮州故城，番寇三副使阿卜商、河汪顺、朵罗只等率众遁去。我军追击之，获积石州叛逃土官阿昌，七站土官失那等，斩之。遂于东笼山南川度地势筑城戍守。遣使来报捷，且请城守事宜，上曰："洮州西番门户，今筑城戍守是扼其咽喉矣。"遂命置洮州卫，以指挥聂纬、陈晖、杨林、孙祯、李聚、丁能等领兵守之。

《筑洮城工竣碑记》载：

> 大明洪武己未（洪武十二年——引者注）春二月，大将军削平叛逆贼首汪轮朵只、赵党只乩、阿卜商并七站。各部落心怀疑二。酋长……夏五月庚午建城垣于洮河之北。东珑山之南川。屯兵镇守，以靖边域。周凡九里余，不旬日而工完。金大都督府事、奉国将军金朝兴奉总兵官、征虏左副将军、曹国公钧旨，督工成造。
>
> 洪武己未夏五月戊申吉辰立

《明兴野记》亦载："洪武十三年庚申，曹国公李文忠领大军筑洮州新城于杨撒里及岷州旧城垣，各设卫所，铨官守之。"① 不过围绕着洮州卫的设置，曹国公李文忠曾与朝廷曾产生过分歧。曹国公李文忠遣使言："官军守洮州，馈运甚艰，民劳不便。"朱元璋敕谕之曰：

> 洮州西控番夷，东蔽湟陇，自汉唐以来，备边之要地也。今羌虏既斥，若弃之不守，数年之后番人将复为边患矣。虑小费而生大患，非计也。敕至，令将士慎守，所获牛羊分给将士，亦足为二年军食。

---

① 陈学霖：《史林漫识》附录（三）俞本《明兴野记》（《纪事录》），中国友谊出版社2001年版。

阿卜商之遁，必走黑章咱之地，只于其地索之，瘿嗉子不论遁于何地，必擒缚送京而后已。①

《明太祖文集》卷8《敕》之《谕曹国公李文忠西平侯沐英等敕》中对于此次事件亦有详细记载：

> 三月初二日，捷音至京。云二月十八日，番寇溃散，余者见行追袭。然此其守御洮州城池，当仔细定夺。今拟西番已得，地方宁静，其河州两卫军马止留一卫在河州，拨一整卫守洮州。岷州原守军马且不敢拨动，但留镇静。即目铁城等处人民多不曾纳粮当差，地方多有积蓄，令军人稍取以为自供。其洮、铁二城，长阳地方人民切不可留一户在彼，尔当依朕前嘱，一应首目历历解来，乘此军势，不可再三，一了便了。
>
> ……敕谕曹国公、西平侯及蓝玉总兵等官知会。又西番人性多不怀德，畏威有之，今遣大军至彼，各各星前少有降者，不过面从而已，非心服也。敕符到日云及诸将知会，毋得私己容留一人在于洮州地方，后为民患……致之严令或迁离本土，若令及一二人，必有从令者，首目绝不可容下，应有发来，庶无后患。本处事务都了，可令岷、洮、陕西等处官军乘此就札送州，免致再三动众。此事在于彼中定拟，朝中所料未可必然，斟酌奉行。
>
> 又三月二十日，郑佛儿至京将到曹国公书所言事多系大概，内言转运艰辛，民力生受，更言洮守不守，恐久远难为转运，然此处地方皆系汉唐备边御侮要地，既逐去本处贼，徒若不守御，将久又为后患，必须守御。其地方人民一户也不要留在那里，如今守洮州就将所得牛、羊多拨些与军，折作二年官粮也可。地方人十分要打荡得干净，阿布彻走在何处？若无处寻他时，他只在黑章咱地面，那里有他亲多，去那里问要，瘿嗉子不问到那里，也要拿他来，如敕奉行。

为了进一步巩固洮州的防御，朱元璋多次遣使为陕西都指挥使司出谋

---

① 《明太祖实录》卷123 洪武十二年三月庚午。

划策,《明太祖实录》卷123洪武十二年三月丙申载:

> 敕曹国公李文忠、西平侯沐英等曰:"中国所乏者马,今闻军中得马甚多,宜趁此青草之时牧养,壮盛悉送京师。犏牛则于巩昌、平凉、兰州、洮、河之地牧之。所获西番土酋遣人送至,毋容在彼为边患也。"

《明太祖实录》卷125洪武十二年六月载:

> 壬申,遣使敕曹国公李文忠曰:"使至,言尔已还至陇州,如见前日敕符,宜且住巩昌。若再往岷、洮,恐士卒劳倦难于随从。西平侯计,此时还师洮州,凡有计略必能自决。来使言铁城一路尚有余寇剽掠,恐大军已出,无能御之者。故前谕言,必守新城尔。初使去其文有二,一欲其遗于道路,一以至尔所。今土官捕逃者以献,乃其机之应也,尔知之乎。"……辛卯,敕陕西都指挥使司曰:"报至,知西固城番人作乱,已遣八百户兵击之,恐非决胜之计,此作乱者必瘿嗦子,此虏狡黠,未易轻也。宜预防之,勿中其计。"

值得一提的是,在洮州卫设置的时间以及洮州卫是否由洮州军民千户所升置而来等问题上存在着诸多混乱。按照《明史》卷42《地理三》以及《洮州厅志》所载,洮州卫乃洪武十二年二月由洮州军民千户所升置为洮州卫军民指挥使司,属陕西都司。而按照《明一统志》卷37"洮州卫军民指挥使司"条所载:"洪武四年,置洮州卫军民指挥使司,隶陕西都司,领千户所五。"《读史方舆纪要》卷60《陕西九》"洮州卫"亦载:"洪武四年,置洮州卫军民指挥使司,领千户所六,皆在卫城内,隶陕西都司。"事实上洮州军民千户所与洮州卫的设置毫无关联,洮州军民千户所设置于洪武四年,《明太祖实录》卷60记载了洪武四年正月河州卫所属千户所、百户所的名称:

> 置所属千户所八:曰铁城、曰岷州、曰十八族、曰常阳、曰积石州、曰蒙古军、曰灭乞军、曰招藏军;军民千户所一:曰洮州;百户所七:曰上寨、曰李家五族、曰七族、曰番客、曰化州等处、

日常家族、曰爪黎族；汉番军民百户所二：曰阶文扶州、曰阳砠等处。

　　洪武十二年洮州卫设置后，洮州军民千户所依然存在。镌刻于洪武十四年的《岷州卫筑城记》① 载："（洪武）十二年夏，奉敕衔将阶州、汉阳、礼店、洮州、岷州、十八族番汉军民千户所钱粮军马，并听岷州卫节制。"铸于洪武十六年的岷县《二郎山铜钟铭文》② 所载岷州卫属官中亦有：

> 洮州军民千户所
> 武德将军正千户：虎朵尔只藏卜
> 昭信校尉百户：付答答、□哈石乩、赵哈石乩、马匹足、赵谷奴、元宜、赵速南朵只
> 忠显校尉管军所镇抚：刘平
> 忠翊校尉都管：付契奴办、马党只藏卜、杜答答、赵党只官卜

　　这些记载说明洮州军民千户所只是一个土千户所，且洮州军民千户所非但不属于洮州卫管辖，反而归岷州卫管辖。洮州军民千户所千户虎朵尔只藏卜家族日后的活动以及所担任的官职也都在岷州。

　　既然洮州卫是由"河州二卫之兵止留一卫，以一卫守洮州"而组建的，③ 那么留守在洮州的军卫其前身又是从何而来？这要从洪武六年说起。洪武六年以后，河州卫的建制发生了一系列变化，首先是设河州府，实行府、卫分治。④ 紧接着明廷为强化对河、岷、洮以及朵甘、乌斯藏等藏区的管理，于洪武七年在河州设置了西安行都卫指挥使司，并调西安左卫兵以充实河州。《明太祖实录》卷 87 洪武七年春正月甲子载："大都督府奏：'近以西安左卫兵分隶河州卫，宜以凤翔卫兵补左卫。'从之。"如此一来，河州便存在着两个军卫，隶属西安行都卫指挥使司。洪武八年十月，明廷

---

① 此碑现存岷县博物馆，碑文载《岷县志》编纂委员会编：《岷县志》，甘肃人民出版社 1995 年版，第 669 页。
② 二郎山铜钟坐落在县城南二郎山上，铜钟就悬挂在二郎山钟亭内。
③ 《明太祖实录》卷 123 洪武十二年三月庚午。
④ 《明太祖实录》卷 78 洪武六年正月庚戌。

改西安行都卫为陕西行都指挥使司，韦正为第一任陕西行都指挥使。①

洪武九年，陕西行都指挥使司罢设，河州卫仍属陕西都指挥司管辖。为防止陕西行都指挥司罢设后在管理上出现混乱，明廷于洪武九年至洪武十年将河州的两个军卫设为河州左卫与河州右卫，管辖着河、岷、洮广大地域。《明兴野记》载：

> 洪武九年丙辰五月，卫国公邓愈、西平侯沐英、南熊侯赵庸，上授以征西将军印剑，伐川藏。以都指挥使韦正为前锋，直抵昆仑山，屠西番，获牛、羊、马匹数十万以归，遂于昆仑崖石间，刻"征西将军邓愈总兵至此"，绘其地理进上。十二月，上遣中书舍人张道宁宣韦正至京，诣西征事于玄清宫，赐宴。次日，宣正于寝殿，朝皇后马氏，赐以巨珠耳坠。又降敕曹国公李文忠宴于私室，越三日于奉天门，上赐以龙衣令归。添设河州左卫。

嘉靖《河州志》卷1《地理志·沿革》载："（洪武）十年，立河州左、右二卫。十二年革行都司及河州府县，调右卫立洮州卫，改置左卫为河州卫军民指挥使司，隶陕西都司，领七千户所。"② 洪武十年，明廷在平定西番的过程中深感仅以河州为中心的防御体系极为不便，于是在洪武十一年设置了岷州卫，又在洪武十二年设置了洮州卫，并将河州左卫官军调守洮州。同年，"改河州右卫指挥使司为河州军民指挥使司，革河州府"③。《明兴野记》载："洪武十二年己未八月，改设河州右卫为河州卫，革陕西行都指挥司及河州府宁河县，河州左卫官军调守洮州。"嘉靖《河州志》卷2《人物志·名宦》载："徐景，凤阳寿州人。洪武十二年，诏改河州府县为军民指挥使司，以景升指挥使。"嘉靖《河州志》卷4《文籍志下》载《南门城楼记》云："洪武十二年，诏并为一，改曰河州卫军民指挥使司。"由此可见，留守在洮州的河州左卫是由西安左卫辗转而来的。在征讨洮州番族中河州左卫与各省将士一道受沐英统率参与征战，但河州左卫显然不属于真正意义上的沐英部下。

---

① 谈迁：《国榷》卷6太祖洪武八年十月癸丑。
② 此处应为调河州左卫立洮州卫，嘉靖《河州志》记载有误。
③ 《明太祖实录》卷125洪武十二年七月丁未。

（四）洮州戍边将士与洮州回族

无论是留守在洮州的河州左卫，还是河州右卫，其将士的祖望大多在江淮一带。嘉靖《河州志》卷 2《人物志》载："邓愈，泗州虹县人"；"徐景，凤阳寿州人"；"刘钊，滁州全椒人"。《明兴野记》明确记载河州右卫是随从邓愈一路征战来的：

> 河州军士饥甚，夜逾城而遁者七百余人。是夜三鼓，骑士俞本谓韦正曰："兵志不固，奈何？"正起云："汝呼千户来，集旗军于门下，待吾语之。"比晓，官军列侍，正扬言曰："圣天子养吾等数十年，托命边城，汝等不受暂时饥寒。吾自武安州与汝等败元游兵，擒李二左丞，曾蒙主上重赏，汝等恩归，我当独守此土，以待转运。"①

《明兴野记》又载：

> （洪武三年）四月，（徐）达遣左副将军邓愈率仁和、襄阳、六安、沔阳、巩昌、临洮等卫将士数万众克河朔。土番宣政院使锁南领洮州、岷州、常阳、帖成（应为城——引者）、积石等十八族六元帅府大小头目，赍所授元宣敕金银牌面、银铜印信，亲诣愈前降，愈悉纳之，具名闻。②

《洮州厅志》卷 11《世袭》载："金朝兴，原籍南京纻丝巷人"；"宋忠，原籍直隶二乡屯村人"；"杨遇春，明洪武扬州濠等处"；"刘贵，原籍直隶州府六安州人"；"范应宗，原籍直隶州庐州合肥县人"；等等。1938 年，顾颉刚在考察洮州新城时也写道：

> 此间汉、回人士问其由来，不出南京、徐州、凤阳三地，盖明初以勘乱来此，遂占田为土著。其有家谱者，大都皆都督金事、指挥金

---

① 陈学霖：《史林漫识》附录（三）俞本《明兴野记》（《纪事录》），中国友谊出版社 2001 年版。

② 同上。

事及千户、百户之后。当时将领以金朝兴、李达秩最高，然其后裔亦式微矣。宋氏，明指挥金事宋忠之后，克家自云系徐州屯头村人。若赵、若马、若杨皆自谓南京贮丝巷人。此间有民歌云："你从哪里来？我从南京来，你带什么花儿来？我带得茉莉花儿来。"洮州无茉莉花，其为移民记忆中语无疑也。①

明代洮州卫戍边将士中是否有回族将士，史志无直接记载，但《洮州厅志》卷11《世袭》载有指挥敏大铺，千户敏时风，敏时强；指挥丁养性、丁宏，千户丁刚、丁元吉，百户丁文臣、丁起甲等。《洮州厅志》卷8《义学下》载：

> 旧城，回民义学在西门外。乾隆五十五年经两广总督刘具奏奉上谕令直省回民设立义学，作养人才，摩义渐化等。因钦此洮州厅（福）副将观督同廪生敏晋成、丁朝弼捐建。嘉庆十五年复添修学舍于隙地，修铺面一十五间。所租藉助脩脯。光绪二十一年，武举马呈文、武生马呈图、马明德、敏步云等倡捐，禀官重建。

《洮州厅志》卷11《选举》载："敏晋成，嘉庆丙辰岁贡生，延安府安定县训导。勤于作人，彼都人士有春风化雨之颂。在家创建义塾，化导回民，民甚德之。"如今敏、丁两姓已是临潭县回族大姓，所以上述敏、丁两姓将士应当是从江淮一带戍边而来的回族，并成为临潭回族的主要来源之一，只是这些回族戍边将士并不是沐英带来的部下。

《洮州厅志》卷2《风俗》"旧洮堡风俗附"载："按旧洮堡为洮州旧地，较新城为繁富。其俗重农善贾。汉回杂处，番夷往来，五方人民贸易者，络绎不绝。其土著以回民为多。无人不商，亦无家不农。"《洮州厅志》卷3《寺观》又载，临潭旧城礼拜上寺，创建于明洪武丁未年。《洮州厅志》纂于光绪年间，其所记500年前的明初之事难免有不实之处，然而即使如其所记，亦未能证明临潭旧城礼拜上寺与明初戍边回族将士有直接关系，而所谓临潭旧城礼拜上寺是由沐英建议、取西安著名化觉巷清真寺建筑式样修建的则更是一个传说。

---

① 顾颉刚：《西北考察日记》，甘肃人民出版社2000年版，第217页。